国際取引の現代的課題と法

国際取引の現代的課題と法

澤田壽夫先生追悼

編　集

柏木　昇・杉浦保友・森下哲朗
平野温郎・河村寛治・阿部博友

信山社

謹んで澤田壽夫先生に捧げます

執筆者一同

執筆者一覧 （掲載順）

松下満雄 （まつした・みつお）	東京大学名誉教授
田中誠一 （たなか・せいいち）	弁護士・ニューヨーク州弁護士・元横浜国立大学法科大学院客員教授
阿部道明 （あべ・みちあき）	中央大学法科大学院教授
岩瀬真央美 （いわせ・まおみ）	兵庫県立大学経済学部准教授
阿部博友 （あべ・ひろとも）	一橋大学大学院法学研究科教授
髙田　寛 （たかだ・ひろし）	明治学院大学法学部教授
梅島　修 （うめじま・おさむ）	高崎経済大学経済学部国際学科教授，ニューヨーク州・ワシントン DC 弁護士
今村　隆 （いまむら・たかし）	日本大学大学院法務研究科教授
谷口安平 （たにぐち・やすへい）	京都大学名誉教授，弁護士，シンガポール国際商事裁判所判事
小梁吉章 （こはり・よしあき）	広島大学名誉教授
柏木　昇 （かしわぎ・のぼる）	東京大学名誉教授，元・中央大学法科大学院教授
小林一郎 （こばやし・いちろう）	三菱商事株式会社
富澤敏勝 （とみざわ・としかつ）	元神戸学院大学法科大学院教授
杉浦保友 （すぎうら・やすとも）	日本大学法務研究科客員教授，名古屋大学客員研究員，イングランド弁護士
大塚章男 （おおつか・あきお）	筑波大学法科大学院教授，弁護士
増田史子 （ますだ・ふみこ）	岡山大学大学院社会文化科学研究科教授
コーエンズ久美子 （こーえんず・くみこ）	山形大学人文社会科学部教授
河村寛治 （かわむら・かんじ）	明治学院大学名誉教授・（一社）GBL研究所代表理事
山浦勝男 （やまうら・かつお）	株式会社クボタ法務部
平野温郎 （ひらの・はるお）	東京大学大学院法学政治学研究科教授
高杉　直 （たかすぎ・なおし）	同志社大学法学部教授
高橋　均 （たかはし・ひとし）	獨協大学法学部教授
島岡聖也 （しまおか・せいや）	（公財）アジア刑政財団審議役・前㈱東芝法務部長・取締役監査委員
森下哲朗 （もりした・てつお）	上智大学法科大学院教授

澤田壽夫先生

は　し　が　き

　澤田壽夫先生は，平成 28 年 4 月 1 日に逝去された。『マテリアルズ国際取引法（第 3 版）』の編集会議ではなんとなく体力が弱くなられたようだという印象は持っていたが，これほど急にお亡くなりになるとは思わなかった。澤田先生から薫陶をうけた国際取引法フォーラムと国際取引法学会の有志の間で追悼記念論文集を作ろうという気運が高まり，東京大学法学部の平野温郎先生が精力的に動いてくださって，追悼記念論文集の出版にこぎ着けることができた。

　上智法学論集 50 巻 3 号には，澤田先生，花見忠先生，滝沢正先生，古城誠先生，江藤淳一先生による「〈座談会〉国際関係法学科二十五周年を記念して」という座談会の記録が掲載されている。その中で，「国際取引法」という大学院での科目に関して澤田先生と当時の文部省との面白いやりとりが紹介されている。頭の固い文部省の係官は国際公法，国際私法は理解できたが，国際組織法や国際取引法という言葉が理解できない。「そんな学問はない。だから名前を変えて，渉外商法とか特別商法とかいうのはどうだ」と言われたそうである。当時の文部省の係官の考えは『国際取引法，これはいけない。そんな科目はない』ということだった。しかし，澤田先生の説得が実って，文部省も最終的には国際取引法という言葉を使ってもいいということになったようである。また，澤田先生は「国際取引法というのは公法と私法と両方にまたがり，実体法も手続法も入るんだというような形で構成していったのでは，私が一番はじめだろうと思うのです。」と述べておられる。

　このように，国際取引法は澤田先生のような先駆者が開拓した新しい学問分野である。その内容になにが含まれるかということは実際の国際取引による。国際取引の実体は日進月歩で進化が激しい。当然に国際取引法の研究対象も随時変えて行かなくてはならない。

　澤田先生は，ドイツ概念法学がお嫌いで，コモンロー的発想が強かったのではなかろうか。昔，柏木が，先生に「私はコモンローを体系的に勉強していな

ix

いので，いまひとつ自信がないのです」と申し上げたら「法律の勉強に体系は必要ないのです」とおっしゃった。

　昔の大学での法学の講義では，多くの先生が，「講義対象の法の本質，外延，内包」について最初の1～2回の講義時間を当てることが多かった。ある先生は「○○法の本質を確定することは，学問としての○○法が成り立つための要件です」とおっしゃった。この「講義対象の法の本質」議論には問題があるように思われる。法が対象とする社会は流動的である。社会が流動的であれば，法の研究も流動的でなければならない。学問の定義にこだわり，学問に垣根をつくることが蛸壺法学を助長する。

　澤田先生のお考えは，非常に具体的で実践的で，既存の概念にとらわれていなかった。本書も，そのような澤田先生のお考えに沿うように，内容は多岐にわたっている。このようなバラエティに富んだ論文集を天国の澤田先生は喜んでくださるであろうことを確信している。最後に出版にあたっては，信山社の今井守さんに大変お世話になったことを感謝したい。

　2018年2月

編著　柏　木　　　昇
　　　杉　浦　保　友
　　　森　下　哲　朗
　　　平　野　温　郎
　　　河　村　寛　治
　　　阿　部　博　友

目　　次

はしがき（ix）

◆　I　公　法　◆

1　WTO 上級委員会手続雑感……………………………………〔松下満雄〕…5

　I　はじめに（5）

　II　WTO 上級委員会は貿易裁判所か？（7）

　III　上級委員会が判断の根拠とする事実関係（10）

　IV　上級委員会審議における「意見交換」（exchange of views）（12）

　V　差　戻　し（15）

　VI　反　対　意　見（17）

2　個人情報保護法の域外適用…………………………………〔田中誠一〕…21

　I　個人情報の保護とその国際的流通（21）

　II　OECD，APEC，EU 及び米国での個人情報保護の国際的取扱い（24）

　III　日本の個人情報保護法（JAPPI）と情報の国際的流通への対処（34）

　IV　おわりに（41）

3　モンゴルの投資法と会社法…………………………………〔阿部道明〕…43

　I　モンゴル投資関連法概観（投資政策・法体系と歴史）（43）

　II　投資法の歴史（44）

　III　投資法と外国投資の位置づけ（46）

　IV　投資法と外国投資の内容（49）

　V　会社法の歴史と会社の種類（54）

　VI　会社の設立・定款・株式・株主（55）

xi

目　　次

Ⅶ　会社の機関 —— 株主総会（57）

Ⅷ　会社の機関 —— 取締役と取締役会（60）

Ⅸ　会社の機関 —— 執行機関（executive body）と役員（64）

Ⅹ　その他の会社法の規定（65）

4　ベトナムにおける投資家対国家間紛争処理制度の発展と課題
………………………………………………………〔岩瀬真央美〕…69

Ⅰ　は じ め に（69）

Ⅱ　外国投資家とベトナム政府との間の紛争解決（ISDS）事案をめぐるベトナム国内の状況（73）

Ⅲ　ISDS 制度の整備の現状と課題（81）

Ⅳ　お わ り に（95）

5　ラテンアメリカ諸国における法人処罰法
—— 腐敗撲滅に向けた法的取組 ………………………〔阿部博友〕…99

Ⅰ　は じ め に（99）

Ⅱ　腐敗防止のための国際的枠組み（101）

Ⅲ　チリの 2009 年法人処罰法（102）

Ⅳ　ブラジルの 2013 年法人処罰法（108）

Ⅴ　コロンビアの 2016 年法人処罰法（115）

Ⅵ　総　　括（120）

6　地理的表示保護制度(GI)についての一考察
—— 地域ブランド産品の法的保護 ………………………〔髙田　寛〕…123

Ⅰ　は じ め に（123）

Ⅱ　地理的表示(GI)保護制度（125）

Ⅲ　地理的表示(GI)保護制度の問題点（135）

Ⅳ　地域ブランド産品の育成・保護を目指して（142）

Ⅴ　結びにかえて（149）

7　農産品輸入に対する貿易救済措置なかんずくアンチダンピング措置の活用 ………………………………………………〔梅島　修〕…151

Ⅰ　は じ め に（151）

目　次

Ⅱ　なぜアンチダンピング制度が農産品輸入に対抗する手段として多用されるのか（*153*）

Ⅲ　農産品特有の貿易救済調査の問題点と方策（*160*）

Ⅳ　経済連携協定による国境措置撤廃後のダンピング措置による国内産業の保護（*169*）

Ⅴ　お わ り に（*172*）

8　豚肉差額関税制度とWTO農業協定4条2項…〔今村　隆〕…*173*

Ⅰ　は じ め に（*173*）

Ⅱ　豚肉差額関税制度（*174*）

Ⅲ　WTO農業協定4条2項と直接適用可能性（*178*）

Ⅳ　豚肉差額関税制度の条約適合性（*187*）

Ⅴ　結　び（*195*）

9　国際条約に基づく私人の主体的権利
　　　　　…………………………〔谷口安平・小梁吉章〕…*197*

Ⅰ　は じ め に（*197*）

Ⅱ　わが国の事例（*203*）

Ⅲ　欧州司法裁判所の事例（*205*）

Ⅳ　フランスの裁判所の事例（*208*）

Ⅴ　税務訴訟の特異性（*212*）

Ⅵ　ま と め（*214*）

◆　Ⅱ　私　法　◆

10　継続的契約の解約の裁判例と契約履行のための投資の扱い
　　　　　…………………………………………〔柏木　昇〕…*223*

Ⅰ　は じ め に（*223*）

Ⅱ　継続的契約の裁判例における「投資」の意味（*226*）

Ⅲ　投資の対象は明確であるが，理由付けが雑ぱくである裁判例（*230*）

目　次

Ⅳ　正当に投資と費用を区別している裁判例 (*232*)

Ⅴ　初期投資と継続的契約 (*235*)

Ⅵ　投資の償却あるいは回収期間より，短い期間を契約期間と定めた場合の問題 (*238*)

Ⅶ　結　論 (*242*)

11　ポスト関係的契約論 ── バリューチェーン統治が生む契約実務の進化

……………………………………………〔小林一郎〕…*245*

Ⅰ　は じ め に (*245*)

Ⅱ　製品仕様にかかわる取引慣行 (*248*)

Ⅲ　継続的契約関係の維持管理の現代的手法 (*256*)

Ⅳ　ま と め (*266*)

12　ウィーン売買条約第 8 条に規定する当事者の意思解釈について ── 契約成立に関する事例に基づいて ………………〔富澤敏勝〕…*269*

Ⅰ　は じ め に (*269*)

Ⅱ　CISG 第 8 条の規定の意義 (*271*)

Ⅲ　契約の成立に関して CISG 第 8 条が適用された事例 (*274*)

Ⅳ　お わ り に (*291*)

13　イギリスの契約条項の黙示についての判例の動向 ── *Moorcock* 事件から *Belize Telecom* 事件を経て，*Marks and Spencer* 事件まで ……………………………………〔杉浦保友〕…*293*

Ⅰ　は じ め に (*293*)

Ⅱ　伝統的な条項の黙示の基準，*The Moorcock* 事件 (*296*)

Ⅲ　20 世紀の主要な条項の黙示についての判例 (*297*)

Ⅳ　2009 年の枢密院 *Belize Telecom* 事件 (*302*)

Ⅴ　2015 年の英国最高裁 *Marks and Spencer* 事件 (*308*)

Ⅵ　日本法への示唆 (*317*)

Ⅶ　お わ り に (*320*)

目　次

14　労働契約における通則法 12 条と絶対的強行法規
　　　　……………………………………………〔大塚章男〕…323

　Ⅰ　は じ め に（323）
　Ⅱ　絶対的強行法規の性質（324）
　Ⅲ　通則法 12 条の適用関係（328）
　Ⅳ　絶対的強行法規の範囲（330）
　Ⅴ　ローマ条約とローマⅠ規則における強行法規（333）
　Ⅵ　分　　析（342）
　Ⅶ　結びに代えて（351）

15　船舶先取特権とその準拠法
　　　　── 海事債権の実現方法についての序論的考察……〔増田史子〕…353

　Ⅰ　は じ め に（353）
　Ⅱ　前提となる状況（355）
　Ⅲ　検　　討（368）
　Ⅳ　お わ り に（376）

**16　証券の間接保有における投資者のリスクと分散型台帳技術の
　　利用について・序説…………………………〔コーエンズ久美子〕…379**

　Ⅰ　は じ め に（379）
　Ⅱ　証券口座振替決済制度について（380）
　Ⅲ　間接保有において投資者が抱えるリスク（381）
　Ⅳ　分散型台帳技術の利用可能性（391）
　Ⅴ　結びに代えて（401）

17　クラウドサービスの法的リスクや課題についての一考察
　　　　……………………………………………〔河村寛治〕…403

　Ⅰ　は じ め に（403）
　Ⅱ　クラウドサービスとは（404）
　Ⅲ　クラウドサービスの機能と役割（406）
　Ⅳ　クラウドサービス利用のメリット（408）
　Ⅴ　クラウドサービスの安全性と信頼性 ── セキュリティ対策（410）
　Ⅵ　クラウドサービスにおける法的リスクと課題（411）

目　　次

Ⅶ　クラウドサービス利用契約における扱い（*416*）

Ⅷ　法の域外適用問題（*418*）

Ⅸ　準拠法等の合意（*421*）

Ⅹ　まとめ――クラウドサービス利用契約の課題（*423*）

18　海外子会社とコーポレート・ガバナンス…………〔山浦勝男〕…425

Ⅰ　は じ め に（*425*）

Ⅱ　海外子会社での不正事案の時系列（*426*）

Ⅲ　なぜ発生してしまうのか　現状への認識（*429*）

Ⅳ　法制度面からの子会社ガバナンスの議論（*433*）

Ⅴ　海外子会社の不正のリスクへの対処（*438*）

Ⅵ　終 わ り に（*451*）

19　企業グループ内部統制と海外子会社管理の方法論
　　　………………………………………………〔平野温郎〕…453

Ⅰ　は じ め に（*453*）

Ⅱ　問題の所在（*455*）

Ⅲ　構築すべき最低水準のシステム（*458*）

Ⅳ　海外事業展開において子会社に求められる水準（*462*）

Ⅴ　モニタリング方式の限界と包括的な仕組み構築の必要性（*465*）

Ⅵ　海外子会社管理の方法論（*468*）

Ⅶ　お わ り に（*476*）

◆　Ⅲ　手 続 法　◆

20　国際商事仲裁における仲裁人の資格と公正性・独立性
　　――忌避の場面を中心に…………………………〔高杉　直〕…479

Ⅰ　は じ め に（*479*）

Ⅱ　国際仲裁人の一般的な資格制限（*483*）

Ⅲ　国際仲裁人の個別的な資格制限――公正性・独立性（*488*）

Ⅳ　準拠法の決定（国際私法）（497）

　　Ⅴ　お わ り に（500）

21　国際取引と多重代表訴訟……………………………〔高橋　均〕…503

　　Ⅰ　は じ め に（503）

　　Ⅱ　わが国における多重代表訴訟の法制化（506）

　　Ⅲ　他国の多重代表訴訟制度（513）

　　Ⅳ　ケース別の国際取引と多重代表訴訟の適用有無（519）

　　Ⅴ　今後の多重代表訴訟のあり方と制度設計（522）

　　Ⅵ　お わ り に（526）

**22　米国クラスアクションにおける和解と「消費者裁判手続特例法」
　　の実務への示唆について**……………………………〔島岡聖也〕…529

　　Ⅰ　は じ め に（529）

　　Ⅱ　クラスアクション制度の発展と問題点の概観 —— 和解への影響（531）

　　Ⅲ　和解を巡るクラスアクション手続の進行と主要な問題点の素描（534）

　　Ⅳ　新法における和解の考え方，手続，規律とクラスアクション実務からの示唆
　　　　（547）

　　Ⅴ　お わ り に（557）

**23　仲裁人の開示義務・調査義務と仲裁判断の取消し
　　　　—— 最決平成 29 年 12 月 12 日を素材に**……………〔森下哲朗〕…559

　　Ⅰ　は じ め に（559）

　　Ⅱ　最決平成 29 年 12 月 12 日（562）

　　Ⅲ　ICC ガイドライン（568）

　　Ⅳ　諸外国における裁判例の状況（572）

　　Ⅴ　法律事務所に所属する仲裁人の開示義務・調査義務（587）

　　Ⅵ　表明書と Chinese Wall（592）

　　Ⅶ　開示義務違反と仲裁判断の取消し（594）

　　Ⅷ　お わ り に（596）

澤田壽夫先生略歴（巻末）

澤田壽夫先生主要著作（巻末）

国際取引の現代的課題と法

I

公　法

1 WTO上級委員会手続雑感

松 下 満 雄

I　は じ め に
II　WTO上級委員会は貿易裁判所か？
III　上級委員会が判断の根拠とする事実関係
IV　上級委員会審議における「意見交換」(exchange of views)
V　差戻し
VI　反対意見

I　は じ め に

　筆者は1995年から2000年まで約4年半の期間WTO上級委員を務めた。それからすでに16年ほど経過し，その当時の記憶も若干不鮮明になり，またこの期間にWTOにもなんらかの変化があったかも知れない。しかし，筆者の知る限りWTO協定執行手続には根本的な変化はないようである。そこで，筆者がWTO上級委員会在籍当時，問題点と感じた事柄について率直な感想を述べておきたい。これがあながち的外れともいえないことを希望しつつ。

　WTOの紛争処理手続における上級委員会についてご存じの読者も多いと思うが，余りよくご存じない読者のために，ごくかいつまんでWTOにおける紛争処理手続，紛争処理小委員会（パネル），及び，上級委員の仕組み，役割について略述しておこう。

　WTOの実体的規則を定めているのは三つの協定であるが，それらは，(1)物品の貿易に関する多角的協定，(2)サービスの貿易に関する多角的協定，及び，(3)知的財産権の貿易関連側面に関する協定（これらは，WTOの基本協定である「マラケシュ協定」（WTO協定）附属書1A，B，及び，C）である。そして，それらに関する紛争を処理するための手続きが，紛争解決に関する了解

国際取引の現代的課題と法

（附属書 2，「DSU」（Dispute Settlement Understanding）と略称されることが多い。以下，「DSU」と略称する）に定められている。これらの協定のいずれかに関してWTO加盟国間に紛争が生ずると，当事国はそれの解決のために先ず 30 日間の協議を行う。その協議が調わない場合には，紛争当事国はWTO紛争解決機関（Dispute Settlement Body，「DSB」と略称される。以下，この用語を用いる）に対して紛争解決の付託をすることができる。DSBはWTO一般理事会のいわば別名であり，一般理事会構成国（WTOのすべての加盟国）がDSBを構成し，これらが紛争解決機関として機能する場合にこれをDSB（これは一般理事会の別名であり，同じ機関である）と呼ぶ。すなわち，DSBとは一般理事会の別名であり，実態としては同じ機関である。

　上記の付託が行われると，DSBは紛争解決小委員会（パネル）を設置する。パネリストは事件毎に 3 名が指名される。パネル報告書が出されると，DSBは「逆コンセンサス」（negative consensus）方式でそれを採択する。逆コンセンサスとは，全会一致で報告書の採択をしないこと，すなわち，これを否決することを決定することであり，この決定が行われれば報告書の採択は行われないが，この逆コンセンサス方式による不採択決定が行われなければそれの採択が行われる。紛争解決手続きにおける勝訴当事者は常に報告書の採択に賛成するので逆コンセンサスが成立することはなく，パネル報告書は常に採択される。したがって，この採択は自動的に行われるので，この決定方式を「自動性」（automaticity）ということもある。

　パネル報告書に不服の紛争当事者は，上級委員会に上訴できる。上級委員会は常設の 7 名の委員によって構成され，事件毎にそのうちの 3 名が「部会」（division）を構成して，事件の処理に当たる。上級委員会の管轄権は，事実問題ではなく法律問題に限定され，パネル報告書の協定解釈に関してそれを「支持する」（uphold），「修正する」（modify），又は，「廃棄する」（reverse）のいずれかの判断ができる。上級委員会の報告書はDSBによって逆コンセンサス方式によって採択される。

　以上の手続きによって，DSBは発足以来 500 件以上の案件を処理している。

Ⅱ　WTO 上級委員会は貿易裁判所か？

　一般的に裁判所の特徴は，他の政府機関から独立した機関であることである。これは国内裁判所についてはもとより，国際裁判所についても妥当する。例えば，国際司法裁判所（The International Court of Justice）や海洋法裁判所（The International Tribunal for the Law of the Sea）についてみると，これらは紛争当事者である国家のクレームをうけて，他の機関の掣肘をうけることなく，独立の立場から判決を下す（もっとも，これらの場合には，紛争当事国の双方が提訴に合意をしなければ裁判を行うことができず，この意味では強制的管轄権を有していない）。

　これらの国際的司法機関と対比して，WTO 上級委員会は特殊な立場にある。すでに述べたように，WTO 加盟国から他の加盟国が WTO 協定に違反するというクレームがされる場合，このクレームは DSB に対して提起され，DSB はこれをうけてパネルを設置し，当事国がパネルの判断に不服がある場合には，その当事国は上級委員会に上訴することができる。このパネル報告書及び上級委員会報告書は DSB に対して提出され，DSB はこれを逆コンセンサス方式で採択する。このように採択されると，これが正式な WTO の決定となる。

　すなわち，ここで決定を下すのはあくまでも DSB であってパネルや上級委員会ではない。パネルや上級委員会の役割は，DSB がこの決定をするために報告書を準備して，DSB を補佐することである。従って，パネルと上級委員会は DSB の補佐機関ないし付属機関という位置づけとなる。もっとも前述のように DSU において DSB はパネル報告書又は上級委員会報告書を逆コンセンサス方式で採択すると規定されており，上級委員会報告が拒否されることは事実上なく，その意味においては，実際上，上級委員会が案件処理の最終決定機関であるといえなくもない。しかし，これは実質的又は機能的意味においてであって，形式上決定機関はあくまでも DSB である。

　上級委員会は，なぜこのような奇妙な立場におかれているのであろうか。これは，WTO 設立に至ったウルグアイ・ラウンド交渉の過程と，そこにおける加盟国の思惑が反映されているからであろう。すなわち，WTO 設立の際の加盟国の思惑は，端的にいえば，WTO 協定に関する紛争解決において最終的な

紛争処理の決定は WTO 加盟国が行うべきであって，これを WTO 加盟国から独立している司法機関に委ねることは望ましくないということである。すなわち，WTO はあくまでも加盟国の自治組織（すなわち，WTO は "member-run organization"）であって，これの上位機関は存在しないということである。この立場からみると，WTO 協定を巡る紛争解決において，WTO 加盟国よりも上位に位置する司法機関がその紛争を裁き，上からの目線で加盟国を拘束する「判決を言い渡す」（hand down a decision）というのは耐え難く，あくまでも最終判断は WTO 加盟国が自らの判断で行ったということでなければならないというものである。

　しかし，あくまでもこの原則を貫こうとすると，紛争処理案件の解決は，WTO の DSB がコンセンサス方式で決定すべしということになろう。しかし，そのようにしたのでは，WTO の紛争処理手続きは機能しないおそれがある。旧ガットの紛争解決手続きにおいては，紛争処理パネルの報告書は全会一致で採択されることとなっていた。そうすると，紛争案件において敗訴した当事国はこれの採択に反対の票を投ずることができ，このような反対票が投じられれば，パネル報告書の採択はできないこととなるのであった。すなわち，旧ガットにおいては，紛争当事国のうちの敗訴国がその紛争解決のための報告書の採択に関して拒否権を有していることとなり，これではパネル手続きによって紛争が解決されるという保障はないこととなる。故ジャクソン教授がいうように，旧ガットは「生まれつきの欠陥」（birth defect）を負って生まれてきたこととなる。実際には，旧ガットはこのような制度上の欠陥にもかかわらずうまく機能したということができ，提起された紛争の大半を効果的に解決している。しかし，旧ガットが制度的欠陥を有していたという事実は覆うべくもなかった。

　そこで WTO 成立の時に起草者が考案したのは，「逆コンセンサス方式」であった。すなわち，この方式は，紛争の最終解決権限は DSB に留保しつつも，実際には上級委員会の報告書が間違いなく採択されるような仕組である。それならば，いっそ独立した貿易裁判所を設置して，これが判断を下すようにすればよさそうなものであるが，これは前述のように DSB（一般理事会）の上に上位機関を設置して，WTO 加盟国がこの上位機関の判断に従うことを意味するものであり，これは耐え難い。とすると，少なくとも形式上は DSB が決定権を有しているが，実質上上級委員会の判断が貫徹するようにしなければならな

い。逆コンセンサス方式はこのような考慮のもとに策定されたものであり，一種の妥協の産物といってよい。

　それでは WTO 上級委員会委員は「判事」又は「裁判官」であろうか。正式には WTO の上級委員は裁判官ではない。なぜなら裁判官というのは，他機関にアドバイスをするものではなく，独自の判断で判決を起案し，これを言い渡す職責を有するからである。上述のように，上級委員会の職責は DSB に対して案件に関する報告書を提出し，DSB の案件決定を補佐するというものである。しかし，DSB は上級委員会の報告書を逆コンセンサス方式で決定し，この方式では上級委員会の報告書が採択されないという事態は生じないのであるから，その意味において，上級委員会は実質上案件に関する判断の最終審であるということができる。そして，実際に上級委員会の案件審議の模様は裁判所における裁判官の審議の模様にきわめて類似しており，上級委員の役割は実質上裁判官のそれと殆ど変わりがない。上級委員会の判断は実質上 DSB から独立して行われる。このようなことから，マスコミ等において，WTO 上級委員について「WTO 判事」などとして言及している例もある。

　それでは WTO 上級委員会を改組して，名実ともに「貿易裁判所」としWTO 上級委員にも「貿易裁判所判事」の肩書を付与する案はいかがであろうか。そのようにすると，上級委員の社会的地位も上がり，士気も高くなるであろう。しかし，筆者は現状のままでよいと考えている。その理由は以下のようである。すでにのべたように，WTO 上級委員会がなぜ現在のような中途半端な立場と役割を与えられているかといえば，それは少なくとも形式上は案件について最終決定権は WTO 加盟国の手中に保持したいという加盟国の願望と，紛争を迅速かつ遅滞なく解決しなければならないという実際的要請との妥協点が，上級委員会のこの訳のわからない立場であるからである。この状況は現在でも基本的に変わっているとは言い難く，上級委員会を独立裁判所に改組して，これが加盟国に対して「判決を下す」という方式にすると加盟国から反対が生ずることは必定であり，このような改組が行われるような状況にはないと思われるからである。過去 20 年余の実績によって WTO 上級委員会は高く評価されており，その判断は WTO 解釈のみならず，国際法一般の解釈にも影響を与えるものとなっている。WTO 上級委員会は，押しも押されもしない国際裁判所としての実績を上げてきており，委員が「判事」という名前を有するか否か

国際取引の現代的課題と法

は，どうでもよいことである。上級委員会は，単なる「虚名」を追求するのではなく，現在までに築き上げた実績と名声に相応しい実績をさらに積み重ねていくことに努力すべきである。

III　上級委員会が判断の根拠とする事実関係

DSU17.6条は，上級委員会への上訴は「法律問題」（issues of law）に限られると規定する。ここからいえることは，上級委員会は自ら事実調査（de novo investigation）をして，パネルが認定した事実とは異なる事実を認定して，これを判断の根拠とすることはできないということである。しかしながら，上級委員会はパネル報告書に含まれる事実であって，パネルが判断の根拠としなかった事実を根拠として判断を下すことはできる。筆者はWTO上級委員会在籍中，このようにして上級委員会が案件について判断をした事例に遭遇したが，この場合の問題点に関して感想を述べておきたい。

問題となった事例は，カナダ雑誌事件である。この事件において問題となったのは，カナダが行う米国雑誌に対する制限である。カナダは米国有名雑誌（Newsweek, Time 等）がカナダに輸入され，これによってカナダの雑誌が売れなくなることを危惧して，米雑誌に対して輸入制限を行った。ところが，米雑誌社はカナダに子会社を設立し，そこへ衛星中継で雑誌の情報を送り，現地で米国内において販売されている雑誌と同じ雑誌を製作し販売した。ただし，この雑誌に掲載される広告は，カナダの読者向けの広告であった。このような米国雑誌は，"split-run magazines" と呼ばれた。

このようにしてカナダが行った米雑誌の輸入制限は簡単に迂回されてしまったが，カナダはこれに対する対策として，このようにカナダ内で製作された米雑誌に含まれる広告に高額の広告税を賦課することによってこの米雑誌の排除を試みた。米国はこのような高額な広告税の賦課によるカナダ製米国雑誌の販売禁止はガット3条2項1文に違反するとして，カナダを相手にWTO提訴を行った。ガット3条2項1文は，WTO加盟国は，他の加盟国から輸入される物品に，直接または間接に，国内の同種産品（like products）に課する内国税又は他の課税を超えて，内国税又は他の課税をしてはならないと規定する。パネルはカナダ国内雑誌と split-run magazines は同種産品であり，このカナダ

による広告税の賦課はガット3条2項1文に違反すると判断した。この件においてカナダは上級委員会に上訴したが、上級委員会はカナダの国内雑誌とsplit-run magazines は同種産品であるというパネルの判断は誤りであるとしてこれを破棄し、パネル報告書に含まれる他の事実を用いてカナダの国内雑誌とsplit-run magazines はガット3条2項2文にいう「直接競合品」（directly competitive products）であるとして、この規定を適用してカナダの広告税賦課を違反とした。ガット3条2項2文とは、輸入品と国産品が同種産品でない場合でも、これらが直接競合品である場合には、差別的課税が国内産業保護のために賦課されていれば、これがガット違反であるとするものである。

このように、上級委員会は、カナダ国内雑誌と split-run magazines は同種産品であるとのパネルの判断を退けて、この両者は直接競合品であると判断したのであるが、この場合、上級委員会は独自の調査によって新たな事実認定をしたわけではなく、パネル報告書に含まれている事実であってパネルがその判断の根拠とはしなかったものに基づいて判断をしている。従って、上級委員会は法律問題のみを判断の対象としているので、独自の事実認定をしてはならないという DSU の規定に違反しているわけではない。

しかし、このようなやり方には問題も含まれている。このカナダ雑誌事件当事国は、上級委員会はパネル報告書に含まれてはいるが、パネルが判断の根拠とはしなかった事実に基づいて判断をすることを、上級委員会報告書が出されてはじめて知ることになる。かかる事実は重要なものかもしれず、また上級委員会がかかる事実を根拠にガットの適用の可否を決定するのであれば、当事国、特にその中でもカナダは、かかる事実についてコメントをし、その事実の内容を詳細に説明する機会を与えられるべきである。そして、このような陳述の機会が与えられていれば、上級委員会もこの事実について別の視角から評価をすることがあり得たかもしれないのである。

この案件処理には「法の適正な手続」（due process of law）の問題が含まれているように思われる。筆者は、法制度論として、上級委員会の審議のなんらかの段階で、当事国に対してどのような事実に基づいて判断を下すのかについて開示し、当事国の意見を徴する手続が必要であると考える。その当時（及び、現在においても）、上級委員会が事件当事国と対面するのは口頭審査の場面のみであり、これ以外の書類審査においても、上級委員会が依拠する事実に関

国際取引の現代的課題と法

する説明は一切ない。WTO の紛争処理においては，法の適正手続，及び，透明性は極めて重要である。この観点から，このような事件処理に問題があることを指摘しておきたい（なお，この案件は物品の貿易に関するガットの問題か，又は，サービスの貿易に関する協定の問題かという理論的問題も含まれている。しかし，本稿の主題ではないので，この論点については省略する）。

Ⅳ　上級委員会審議における「意見交換」（exchange of views）

　DSU17.9 条は，上級委員会はその審議過程における細則として「検討手続」（working procedures）を策定すべきと規定し，このようにして策定された作業手続（以下，「手続」という）が，上級委員会審議の具体的手続法である。この手続は，1995 年の暮れに上級委員会が発足した直後に数週間にわたる熟慮のすえに策定された。手続 4.3 条によると，案件の審査に当たる部会がその案件の最終解決案を決定する前に，部会は他の委員（すなわち，部会を構成する委員以外の 4 人の委員，以下「他の 4 人」という）と「意見交換」（exchange of views）という手続きをしなければならないと規定している。DSU17.1 条は，上級委員会は 7 名の委員によって構成されるが，このうちの 3 名が部会を構成し，これが案件の審議，決定に当たると規定している。それではなぜ部会は案件に関する最終決定の前に部会を構成する委員以外の他の 4 人の委員と意見交換をしなければならないのであろうか。

　正式には，この意見交換によってすべての委員が解決される案件についての理解を深め，他の案件を解決する場合にこれを参考にし，そのようにすることによって，上級委員会の決定の首尾一貫性を確保することにある，というのがその理由である。WTO 法においては，厳密な意味における「先例拘束性」（*stare decisis*）は認められていないが，上級委員会の判断が，同一ないし類似の事案であるにもかかわらず案件ごとに異なるのでは法的一貫性を確保することはできず，法的安定性に欠ける。このような理由から，ある案件に関してある部会が策定した解決案に対して全員がそれを検討し，意見交換をすることによって，案件処理に関する法原則が各委員間に共有され，これによって上級委員会の判断の一貫性を確保しようというわけである。

　この手続要件については「意見交換」という奇妙な名称がつけられている。

1 WTO 上級委員会手続雑感〔松下満雄〕

このような手続に相応しい名称は「協議」（consultation）であろう。では，なぜこのような名称になっているのであろうか。それは DSU 17.9 条が，ある案件の審議及び決定はその案件に割り当てられた部会の専権事項であると規定しているからである。すなわち，もし案件の審議にあたって部会構成員以外の他の 4 名の委員が参加する協議があり，この協議において他の 4 名の見解によって部会の判断が左右されることがあれば，これは同規定に違反する可能性があるとの危惧があったからである。

　実際には，この意見交換の手続が設けられた理由は，上記だけではない。上級委員会が設置されたとき，ある加盟国（具体的には米国）は，案件について 3 人の委員が審査をして決定をするのであれば，同国が当事国である紛争案件において同国出身委員が参加せずに審議，決定が行われる可能性があり，このような事態は看過できないとの懸念を有していた。そこで，上級委員会はその案件審議手続中に 7 名の上級委員全員（この中には米国出身の委員も含まれる）が参加する機会を設けてこの懸念に応えようとした。これはこの手続がおかれるようになった沿革的理由である。しかし，そののちの上級委員会審議の状況をみると，上級委員は出身国のいかんにかかわらず独立の立場から判断を下しており，この懸念には根拠がないことが証明されている。

　この意見交換の制度は問題を提起すると思われる。DSU の規定からみても，案件処理に当たる部会がこの意見交換で示される他の 4 人の意見に拘束されることはないことは明白である。それでは部会がこの人々の意見を「考慮する」ことを要請されているのか。もし部会がこの意見を考慮すべきではないとすると，意見交換は単なる儀式にすぎないこととなる。この意見交換は案件が生ずるたびに行われるのであり，他の 4 人の往復旅費及び滞在費，日当を含めると巨額の費用を要し，他の 4 人の時間的，その他の負担も大きなものである。単なる儀礼的なものであれば，案件の度にこのような意見交換を行うことは無意味である。

　この点から考えれば，意見交換において表明された他の 4 人の見解は部会によって考慮され，決定の参考とされるべきと考えるのが合理的である。意見交換の目的が上級委員会委員の結束を強め相互の意思疎通を密にし，同一案件又は同様な案件に関しては同一の法律判断が出るようにすることにあるとすれば，他の 4 人の意見を考慮することはもちろん，尊重することが必要である。

国際取引の現代的課題と法

DSU の規定により案件について判断をする権限を有するのは部会であるが，このことと意見交換において他の 4 人の意見を参考としそれを尊重することとは別問題である。尊重をするが，これを採用しないこともあり得るのである。

もし案件の審議において他の 4 人の見解も考慮され部会の判断に当たって参考とされるものとすると，この 4 人も口頭審査（oral hearings）に参加し，事件当事者の陳述，見解を直接に聞くチャンスを与えられるべきではなかろうか。このようにすれば，事件当事国は自己の主張や事実関係等について詳細に，かつ，直接的にこれらの 4 人にもぶつけることができ，この 4 人は書類審査だけでは分からない論点に関する心証をうることができる。又，紛争当事国の立場からみても，他の 4 人の見解が部会の判断に影響を与える可能性があるということであれば，自己の主張や事実関係を直接にこれらの 4 人にアピールすることを望むのは当然である。これは法の適正手続きの重要な一環である。

DSU17.1 条によると，上級委員会は 7 名の個人から構成され，そのうちの 3 名が一つの案件の解決に「務める」（serve）と規定する。この場合の「3 名が一つの案件の解決に務める」という文言はどのように解釈されるべきであろうか。一つの解釈は，この規定は「3 名」すなわち部会が紛争解決過程の全部を排他的に掌握し，他者の介入はまったく認められないというものであり，この解釈を採用すれば，口頭審査についても他者（すなわち他の 4 人）の参加は認められないこととなる。しかし，このように解釈するとすれば，手続 4.3 条と 17.1 条の間には矛盾があるか，又は矛盾とまではいえないとしても，不調和があることにならないであろうか。すなわち手続 4.3 条によれば案件審議において意見交換を行わなければならず，意見交換を行う以上はこの意見交換は案件解決にとって有意義のものと解釈すべきであるからである。上記のように，これを有意義のものとするためには，他の 4 人の意見を参考にすることが重要であり，そうすると他の 4 人も口頭審査に参加して，当事国の意見を直接に聞く機会を有することは当然であるということができる。しかし，上記解釈においては，他の 4 人は口頭審査には参加できないこととなるのである。

おそらくは，DSU17.1 条の規定は上記のように狭く解釈しなければならない必然性はないであろう。これをもう少し自由に，口頭審査に他の 4 人も参加できると解釈する余地があると思われる。すくなくとも 17.1 条には，これを明白に禁止する規定は見当たらない。このように解釈すれば，口頭審査には上

級委員全員が参加し，そのうちの部会構成員3名が案件について密度の濃い審議を行い，暫定的な解決方法を策定し，その後に意見交換において他の4名に意見を徴したうえで最終決定をすることとなる。この解釈が認められず，口頭審査には委員3名のみが参加でき，他の4名は参加できないとすると，意見交換とよばれるこの手続の存在意義が問われることとなろう。

　筆者の個人的見解としての立法論を述べるならば，以下のようになる。すなわち，DSUを改正して，案件担当の部会が予備的審査と審議を行う。部会が暫定的な解決案を策定すると，この解決案は上級委員全員に提示される。全員がこの暫定案を検討した後に口頭審査が行われ，全員がそれに参加し，当事者の意見，事実等に関する直接陳述によって全員がなんらかの心証を得る。口頭審査の後に意見交換が行われ，そこで全員が当該案件及び暫定的な解決案についての見解を述べる。そして，その後に最終審議が行われ，全員参加の下で上級委員会の決定が行われる。その後，部会は詳細な点，及び，文章の推敲，様式の統一等について決定を下す。

　筆者の見解においては，この手続きの方が，現行手続きよりも合理的であるように思われる。DSU改訂の議論はWTO発足以来何回も行われているが，上記の問題が議論されたことがあることは，寡聞にして聞かない。しかし，筆者としては，上級委員時代の経験に徴して，このような問題もあることを指摘しておきたい。

V　差　戻　し

　DSU17.13条においては，上級委員会はパネルの行った法的判断及び結論に関して，これを支持（uphold）し，修正（modify）し，又は，破棄（reverse）する，と規定している。このなかには，上級委員会が案件をパネルに差戻（remand）すという文言は含まれていない。とすると，文言解釈に従う限り，上級委員会は案件をパネルに差し戻して，パネルにそれの再審査を要請する権限はなく，例えば，上級委員会が，パネルの認定した事実では，パネルが行ったような法的判断はそれに基づいて一定の法的判断をするには不十分であると判断した場合にも，案件をパネルに差し戻し，パネルに再度事実調査をして，事実認定をした上で法的結論を出すように要請することはできないこととなる。

もっとも，DSU17.13条に明記されていなくても，上級委員会には差し戻しの権限が内在的に含まれているとの解釈もあり得るであろう。しかし，差し戻し権限は上級司法機関にとって極めて重要なものであり，起草者がこれを錯誤によって挿入しなかったということはありそうもないことである。やはり起草者にはそれなりの判断があったはずであり，この「内在的権限」としての差し戻し権限を認めることはできないであろう。

それでは起草者の意図はなにであったのか。これは明白には分からないが，差し戻しするためには一定のパネルの条件が必要であり，以下で述べるように現状ではパネルにはこの条件が欠けているとの判断があり，そこで上級委員会の差し戻し権限はみとめられないとしたのであろう。

その理由について考えるに，以下の推測が成り立つ。通常の二進級制以上の司法機関においては，例えば，地裁，高裁，最高裁というように，最高裁以外の機関に関しては上級機関があり，この上級機関は判決を原審に差し戻す。たとえば，最高裁の場合には高裁に，高裁の場合には地裁にというわけである。この場合の最高裁に対する高裁，及び，高裁に対する地裁は常設機関であり，上級機関はつねに下級機関の案件を差し戻し，再審査を指示することができる。ところが，WTOの紛争解決手続きにおいては様相がいささか異なっている。すなわち，上級委員会に対する下級機関は紛争処理委員会，すなわち，パネルであるが，これは常設機関ではなく，事件の度に設置され，事件が終了すると解散する。そうすると，上級委員会は審議を行った結果，差し戻しが必要であると判断しても，これを差し戻すべきパネルが必ず存続し，差し戻しを受けて同一パネリストがこの案件を再審査することができる条件があるという保障はない。とすると，上級委員会がある案件の差し戻しをしようとしても，差し戻し先がないこともあり得る。このような事情から，上級委員会に差し戻し権限を付与するためには，下級機関であるパネルを上級委員会と同じように常設化し，上級委員会が案件の差し戻しをする場合には，その案件を審議したパネルが存在し，そこへ差し戻しが可能であるという制度的保障が必要であり，この条件が満たされていない現状において上級委員会に差し戻しの権限を認めることは適切ではないというのが，DSU起草者の考えであったと思われる。

従来からいくつかの案件において，上級委員会はパネルの判断について，その判断はパネルが認定した事実と異なり，この事実からこの法的結論を出すこ

とができないとしてパネルの判断を破棄した。その場合，当事国が上級委員会に対して，その案件に関して法的検討を続けて，法的結論を出すことを求めたものもあるが，上級委員会は法的検討を続行して結論を出すためには認定されている事実が不十分であるとして，法的検討を行わず事件はそれで終了となったものがいくつもある。

　このような事態となった場合，さらなる事実認定と法的判断を求める当事国の立場はどのようになるであろうか。当事国としてできることは，新たな事実関係を主張して再度提訴をして新たなパネルを起こし，これに審議をしてもらうことである。この場合，この案件についてすでにパネルの結論は出ているので，既判力（res judicata）が働き，再度の提訴はできないのではないかとの疑問が生ずるが，当事国の主張する事実はそれまでの審議において検討対象となった事実とは異なるので，既判力の問題は生じないと思われる。しかし，当事国にとっては再度提訴という煩雑なことをせねばならず，追加費用も発生する。しかし，このような問題が生ずるのは現行制度の欠陥に由来しており，現在では，これ以外に解決の方法はない。なお，この問題は理論的には制度論として興味あるものであるが，WTO当局によって緊急に改善を要する事項としては受け止められていないようであり，現在において，これを解決しようという機運にあるとはいえない。

VI　反　対　意　見

　上級委員会検討手続3.2条は，上級委員会とその部会はその決定が全会一致でなされるように努める，と規定する。そして，部会が全会一致に至らない場合には，判断は多数決によってなされると規定する。この規定は，上級委員会部会の決定が全会一致ではなく多数決（すなわち3/2）でなされることがあることを想定している。すなわち，部会会員1名の反対意見がありうることが想定されている。ここで生ずる問題は，このように反対意見が生じた場合に，この反対意見を匿名にしてでも公表するかである。これについてDSU，及び，検討手続きに何らの規定はなく，したがって，これは規定の解釈問題ではなく，ポリシーの問題であると思われる。

　この点に関しては，少なくとも二つの観点があり得る。その一つは，反対意

国際取引の現代的課題と法

見がある場合でもこれを発表しないというものであるが，これの根拠は上級委員会がもし反対意見を発表すると，当該事件処理過程において上級委員会内部にも異論がったことが明らかになり，この事件における WTO/DSB 勧告の実施の妨げになる恐れがあるというものである。すなわち，いかなる WTO/DSB 勧告に関しても，勧告を受けてそれを国内的に実施しなければならない当事国としては，国内において実施のための法律，規則，慣行等の改正を行わなければならず，改正をしようとするとこれに抵抗する反対勢力が存在するのが通常であろう。かかる反対勢力の観点からみると，当該事件の判断において上級委員会の内部にも異論があったということは，国内の抵抗勢力に何らかの正当性，又は，抵抗の根拠づけとなる理由を与えることとなる可能性がある。かかる可能性を考慮すると，仮に案件処理において部会内に反対意見があったとしても，WTO/DSB 勧告を滞りなく実施するためには，これを伏せておくべきであるというものである。

その二は，反対意見がある場合には，これを公表すべきであるというものであるが，その根拠は以下のようである。すなわち，もし反対意見を公表しないとすると，部会としては反対意見を圧殺するか，又はなんらかの妥協を試みるかということとなるが，反対意見がよほど不合理なものでない限りこれを完全に圧殺，無視するということは簡単ではない。また妥協を試みる場合には，妥協の結果，報告書を貫く論理が必ずしも首尾一貫せず，明白，又は，鮮明ではなくなることがあり得る。この場合，鋭敏な読者であれば，かかる論理的不備，不鮮明に気が付くのであり，こうなるとこの報告書の価値に影響を与え，場合によっては，その説得性を傷つけることとならないとは限らない。この点を考慮すると，部会に反対意見があればそれは公表をすべきである，というのである。

この両者の主張にはそれぞれにもっともな理由があるが，筆者としては，反対意見がある場合には，それを公表するべしという論に与したい。その理由は以下のようである。WTO 紛争処理手続きにおいて，上級委員会報告書の演ずる役割にはきわめて大きなものがある。いったん上級委員会の報告書が発出されると，これは権威ある WTO 法解釈の論拠として上級委員会自体やパネルはもとより，加盟国，他の国際機関，国際裁判所等において参照され，先例として扱われる。権威ある国際的司法機関として，上級委員会報告は事実上国際法

解釈の権威としての地位を与えられている。確立し権威ある国際的司法機関という点から判断すると，上級委員会部会の審議過程で反対意見が表明されたのであれば，これは包み隠さず報告し，一般の参考に供すべきと思われる。WTO紛争処理手続において重要なのは手続きの透明性である。そして，反対意見の表明はこの透明性確保のための重要な要素である。

また，先述のように，部会審議において反対意見があるにも関わらずこの事実を伏せ，文言上の妥協によってことを解決するのが権威ある機関のすべきこととは思われない。反対意見にも多数意見と同様に傾聴すべき点があることは事実である。これを公表することによって，後に類似の事件について検討するパネルは多様な意見があることを学ぶ機会を与えられるであろうし，一般社会は上級委員会もまた人間組織の一つである以上，部内に多様な意見があることを知って，かえって上級委員会に対する信頼が増すであろう。

なお，上級委員会部会が反対意見を公開しない理由として，反対意見を公開するとDSB勧告を実施する加盟国内において，その実施に抵抗する勢力がこれを理由として実施に抵抗するので，反対意見は公開しないとの立場があり，従来から上級委員会は基本的にはこの立場をとってきた。しかし，WTO成立以来20年を経過し，この間にWTO紛争処理手続，またそのなかでも上級委員会の達成した成果はめざましいものがある。すなわち，上級委員会は高い国際的評価を獲得し，その実績に伴って当然にそれにふさわしい権威を帯びるに至っている。この点からみても，上級委員会がその審議過程で反対意見が表明され，その内容はかくかくしかじかのものであることを公表しても，それによってDSB勧告を実施する加盟国内で抵抗勢力がこれを利用して反対運動を行い，その結果，その国におけるWTO勧告の実施が阻害されるとは思われない。

ちなみに，米国，日本，その他の主要国の国内最高裁においては，いずれも判決に関して反対意見があればこれを公表している。これらの国において最高裁は高い評価を受け，この判断には皆が従う姿勢を有している。これらの国においては，最高裁がその判決に伴って反対意見を公表したからといって，この判決に従わないとか，その判決の実施が阻害されるということはありそうもないことである。他山の石とすべきである。

なお，WTO上級委員会が反対意見を表明する場合，これを匿名にすべきで

国際取引の現代的課題と法

あろう。これは DSU17.11 条が，上級委員会報告書の中で表明されている各部会員の見解は匿名にすべきと定めているからである。推測するに，各部会員の氏名を公表すると，公表された見解によってその意見の持ち主が困難な立場に立ちうることを慮ったものと思われる。

2　個人情報保護法の域外適用

田 中 誠 一

　Ⅰ　個人情報の保護とその国際　　Ⅲ　日本の個人情報保護法
　　　的流通　　　　　　　　　　　　　（JAPPI）と情報の国際的流
　Ⅱ　OECD, APEC, EU 及び米　　　　通への対処
　　　国での個人情報保護の国際的　　Ⅳ　おわりに
　　　取扱い

Ⅰ　個人情報の保護とその国際的流通

　経済のグルーバル化が進み，コンピュータで処理された個人情報が瞬時にし
かも大量に越境して移動しても不思議でない時代になった。個人情報を正当に
利用する利便性と本人（データ主体）の保護をどう両立させるかは大きな課題
である。データ主体が知らないうちに個人情報が個人情報保護の不十分な国に
越境移転する（さらに再移転することもある）とデータ主体の権利利益が侵害さ
れる（又は権利保護が縮小する）おそれがある一方，そうした越境データ移転が
過度に制限されると（手続的なコストが増大する等して）企業のグローバルな経
済活動に支障が生じることにもなる[1]。データ主体の個人情報の保護について，
プライバシーとの関係では OECD の 8 原則等もあり，日本，EU，米国，その

---

(1)　国内の物理的なサーバだけに個人データの保存を認めるデータ・ローカライゼーショ
　ンに対して，TPP 協定第 14・11 条は（締約国が正当な公共政策の目的を達成するため
　の措置の採用や維持の余地は認めつつ）事業の実施のための個人情報の越境移転を認め
　る。「2011 年に公表された OECD の報告書では，越境データ移転を制限する規定を設
　けている国は，すでに 60 にのぼっている」とされている（宇賀克也『個人情報保護法
　の逐条解説（第 5 版）』（有斐閣，2016 年）175 頁）。

『国際取引の現代的課題と法』澤田壽夫先生追悼〔信山社，2018 年 4 月〕　　*21*

他数か国にそれぞれ「個人情報を保護する法」があるが，現在のところ，基本的に，個人情報保護は各国の国内法によっている。従って，どの国で個人情報が取得・処理・管理・利用・流通・侵害等されるかによって，データ主体の保護は異なりうるし，個人情報を取得した企業や個人にとっても遵守すべき個人情報保護規制はどこの国の法の適用を受けるかによって異なることになる[2]。また，そうした個人情報保護法の適用はその国の他の保護法益，たとえば，表現の自由や個人情報の利用に伴う便益等との関係で影響を受けることも予想される[3]。どこの国の個人情報保護法の適用を受けるかによって検討しておくべき事項は異なりうるし，制裁金や刑罰の関係も含め，どこの国の監督機関又は裁判所でそうした法の適用を受けるか（又は受けないか）によっても影響を受ける。加えて，ある国から他の国に個人情報が移転される場合，移転先の個人情報保護法制次第でデータ主体の権利の保護に大きな差が生じることもありうる以上，「外国への個人情報移転」について，特にそれがデータ主体の十分かつ明確な「同意」なしに行われる場合については，慎重な手続が要求される。

　日本の個人情報の保護に関する法律（以下，「JAPPI」。以下において，特に明

---

(2)　どこの国の法が適用されるかについて，早川吉尚「準拠法の選択と『公法』の適用」国際私法年報5号（2003年）212頁は，「国際私法が伝統的に準拠法選択の手法として用いてきた『法律関係からのアプローチ』」に対して，「『法規からのアプローチ』，すなわち，ある法の適用範囲は地理的にどこまで及ぶのかを探る手法」が「『公法』の領域において伝統的に用いられてきた」と指摘する。本稿は，その意味では，日本の個人情報保護法の域外適用を「法規からのアプローチ」で考えるものである。

(3)　米国では，個人情報保護等のプライバシーも含め，政府の干渉に対する関係での個人の「自由」を中心に考えるが，欧州ではプライバシーだけではなく個人データ保護も基本的人権として「個人の尊厳」を重視する傾向があるといわれる。OECD のプライバシーガイドラインはそうした欧米の異なるアプローチの妥協点といえるのかも知れない。日本では，2017年1月31日の最高裁決定が，「検索結果の提供は検索事業者自身による表現行為という側面を有」し，「インターネット上の情報流通の基盤として大きな役割を果たしている」としつつ，「当該事実を公表されない法的権利が優越することが明らかな場合には，検索事業者に対し，当該 URL 等情報を検索結果から削除することを求めることができる」としており，「個人の権利保護に過度に傾いた欧州司法裁判所判決とは異なる立場に基づく判断」（石井夏生利『個人情報保護法の現在と未来』（勁草書房，2017年）470頁）といわれる。検索結果の削除について，データ主体の「忘れられる権利」（つまり，「公表が長く継続されない権利」）と，表現の自由，情報の流通や（データ主体以外の）「知る権利」等との優越性の判断は，国によっても，また，個々の事実関係によっても異なることがあろう。

示しない場合の条数は同法の条文である）は，平成 15 年 5 月 30 日に公布され，平成 17 年 4 月 1 日に全面施行されたが，当初予想されていなかった過剰反応や過剰保護等も指摘され，個人情報を利用する企業活動の国際化への対応等も含めて，平成 27 年 9 月 9 日に「個人情報の保護に関する法律及び行政手続における特定の個人を識別するための番号の利用等に関する法律の一部を改正する法律」が公布され，平成 29 年 5 月 30 日には全面施行されるに至った。その目的は（個人情報の利活用の明確な方向性のもとに）「個人情報の有用性」に配慮しつつ「個人情報」に関する「個人の権利利益」を保護することにあり，経済活動のグローバル化のなかで，国境を越えることのある個人情報に関して，同法の域外適用や国外への個人情報移転についてもそうした立法目的にそって考える必要がある。

　ある国の法はその国の主権が及ぶ領域内の行為に適用される属地主義が原則であり，その国の主権が及ぶ範囲とその国の法の地理的適用範囲は一致することが基本であるが，その国で設立された（又はその国に拠点を有する）企業の場合には，その企業に対する規制として，その企業の活動ということで国外の行為であっても設立国（又は拠点国）の法が適用されることがあるし，それは，その国の国民や居住者の場合にも同様の場合がある（属人主義）。さらには，企業や個人の活動のグローバル化に伴い，国外でなされた行為であっても国内に有害な効果をもたらす行為で，行為者がその効果を意図又は予測してなした場合等には，これを規制しないとその法の目的が達せられないために国外の行為に対しても法適用がなされる場合もある（効果理論）[4]。インターネット等を通じて，日本国内の個人から取得した個人情報を利活用するのに，国内の企業の場合と国外の企業の場合とで，実質的に，法的な意味で差がない場合もある。「論理的にいって，属地主義を根拠としないすべての国家管轄権の行使は『管轄権の域外適用（extraterritorial exercise of jurisdiction）』に該当する」[5]とすれ

---

[4]　たとえば，米国においては，1982 年外国取引反トラスト改善法のもとで，「米国外の取引であっても，米国への『輸入取引または輸入通商』に関する場合，あるいは，米国内の通商または輸入通商に対して『直接的，実質的，かつ合理的に予測できる効果』を有する場合には，米国反トラスト法が適用される」が，「これは，『効果理論』の考え方に基づき，どのような場合に『効果』が認められるかを具体化したものと考えられる」とされている（アンダーソン・毛利・友常法律事務所監修「域外適用法令のすべて」（きんざい，2013 年）18-19 頁）。

国際取引の現代的課題と法

ば，少なくとも，属人主義や効果主義の観点からある程度までの域外適用の必要性や合理性は否定できないであろう。国際法上，どこまでどのような域外適用が認められるかについては明確ではないが，JAPPI は明文で域外適用される場合を規定した。問題は，国外の者への適用は明文の規定がある場合に必ずしも限定されず，明文の規定がない場合でも，法の趣旨等から国外の者に適用が認められる場合がありうること，加えて，域外適用が過大であると，特にその法執行の場合に他の国の主権と衝突する場合もありうる一方，そうした域外適用を全く認めないと，国際的に法適用の空白が生じることもありうることである（当該の外国が適用する法を有しない場合には，本来は日本国内であれば規制される行為が，いずれの国の法でも規制されない事態もありえないではない）。域外適用においては，そのいずれの場合においても，主権の衝突の問題に留意して法の適用や法の執行を考えるべきことになる。

　本稿では，長きにわたり澤田先生のご指導を受け，また域外適用に興味をもってきた法曹のひとりとして，まずは OECD，APEC 及び欧米の「個人情報の越境データ移転ルールと域外適用」について概観し，個人情報の国際的な流通とそれに関する法の適用の問題を考えてみた上で，JAPPI の越境データ移転ルールと域外適用について検討してみたい。

II　OECD, APEC, EU 及び米国での個人情報保護の国際的取扱い

　個人情報保護の国際的取扱いについてはいくつかの論点があるが，以下では，OECD，APEC，EU 及び米国での「個人情報の越境データ移転ルールと域外適用」について参考になりそうな点を概観しながら，そうした論点について簡単に整理し，JAPPI の越境データ移転ルールと域外適用を考える上での参考にしたい。ただし，OECD，APEC，EU 及び米国での個人情報保護の内容，国際的取扱いの詳細や異同について述べるのは本稿の目的ではなく，また，その紙幅もないので，以下では，日本からみて，越境データ移転ルールと域外適用に関して論じるのに必要な範囲にできるだけ絞って整理してみたい。

　また，本稿は，JAPPI の越境データ移転ルールと域外適用について考察す

---

(5)　小松一郎『実践国際法（第 2 版）』（信山社，2015 年）30 頁。

ることを主な目的としており，プライバシー権やそれに基づく民事的救済（差止や損害賠償請求等）については，関連する範囲で簡単にふれる程度にとどめざるを得ない。米国では「プライバシー」の問題として個人情報保護が議論されるのに対して，欧州諸国では 1973 年ころから「個人情報保護法」が制定され「プライバシー」とは別の基本的権利と認識されてきており，個人情報保護について異なった歴史をたどってきていることには興味がもたれるし，プライバシー権と個人情報保護との関係はよく考えておくべき論点である[6]。

1 OECD（経済協力開発機構）のプライバシー保護

（1）OECD の 1980 年プライバシーガイドライン（1980 年 PG）[7]は，プライバシーに関する諸原則について初めて国際的な合意が得られたもので，その後の各国の立法に大きな影響を与えた。ただ，OECD には，EU 加盟国のほか，米国，カナダ，日本等も加盟しており，加盟国間の利害調整も必要で，1980 年 PG は「欧州の法律が個人データの国外処理を制限する条項を設け，米国との利害対立を生んだために，情報の自由な流れと個人のプライバシー保護を調和させるよう委ねられたこと」[8]がその制定の契機とされている。その後の情報通信技術の飛躍的な進歩を背景に，1980 年 PG は 2013 年に改正されたが，2013 年プライバシーガイドライン（2013 年 PG）は，欧州式でも米国式でもな

---

[6] プライバシー権と個人情報保護法制との関係について，岡村久道『個人情報保護法（第 3 版）』（商事法務，2017 年）3 頁は，「私人間におけるプライバシー権は，名誉権等と同様に人格権の一種であり，それを侵害された者が，侵害者に対し，侵害行為の差止めや損害賠償等を請求しうる私法上の権利である。公法部門（公権力）に対するプライバシー権もまた，個人の人権としての性格を有している」のに対して，日本の個人情報保護法制は，「個人情報の有用性に配慮しつつ，侵害の未然防止という見地から，主として個人情報の適正な取扱いに関するルールを法制度として明確化しようとする事前規制（未然防止装置）のための制度である」として，日本の個人情報保護の法的枠組みは，プライバシー権と個人情報保護法制という「二重の法制度を中心として成り立っている」とする。形式的に第 16 条第 1 項に抵触しても，それ自体が不法行為としての違法性を備えるとまでいうことはできないとする裁判例もある（東京地判平成 27 年 10 月 28 日ウェストロー 2015WLJPCA10288014）。

[7] 東京高判平成 14 年 1 月 16 日（判時 1772 号 17 頁）は，OECD 加盟国において，OECD のガイドラインは「法的な拘束力を有するものではない」が「不法行為の成否を考える上での参考事情になる」とする。

[8] 石井・前掲注(3) 464 頁。

く，中立的又は妥協的な立場でとりまとめられたルールとされる[9]。

(2) 1980 年 PG においては，国内適用における基本原則としての OECD の 8 原則があり，「個人情報の保護と自由な流通の確保の整合性を図り，国際流通のバランスをとること」を目的としているといわれるが，2013 年 PG の議論に際しては，人権保障をさらに主張する立場とそれに反対する立場の論争もあり，結局，2013 年 PG では OECD の 8 原則そのものは変更されなかった。ただ，2013 年 PG では，第 3 部の「責任の履行」に，プライバシーリスク評価を含むプライバシーマネジメントプログラムのほか，重大なセキュリティ侵害が生じた場合に通知を求めること等が規定され，それらは後述する EU 一般データ保護規則（GDPR）にも継承されている。

(3) 2007 年のプライバシーを保護する法の執行における越境協力に関する理事会勧告や 2010 年に設立された GPEN（Global Privacy Enforcement Network）（2017 年 9 月時点で，EU，米国及び日本を含め，47 の国や地域のプライバシー当局がメンバー）にも見られるように，越境データ移転は，プライバシー・個人情報保護と情報の自由な流通を調和させるための大きな課題で，越境執行協力はそうした課題解決に向けての取組の一環である。2013 年 PG は，2007 年越境執行協力勧告を踏まえプライバシー執行機関による効果的な執行の仕組みを設け，情報共有を強化するように求めており，上記の GPEN もそうした仕組みのひとつである。

(4) 越境データ移転ルールについては，2013 年 PG 第 4 部の「国際的適用における基本原則－自由な流通と合法的制限」に規定され，データ管理者はその管理下の個人データの所在地にかかわらず継続的に責任を負うとともに，「加盟国は，自国と他の国との間における個人データの国際流通について，ガイドラインに一致する継続的な保護のレベルを保つために，(a) 他の国がガイドラインを実質的に遵守している場合，又は，(b) 効果的な執行メカニズム及びデータ管理者により導入される適切な措置を含め，十分な保護措置がある場合，この流通を制限することを控えるべき」で，「個人データの国際流通に対するいかなる制限も，顕在するリスクに比例した制限でなければならず，データのセンシティビティ並びに処理の目的及び状況を考慮すべきである」とされる[10]。

---

(9) 石井・前掲注(3) 464 頁。

(5) 2013 年 PG には，域外適用そのものについての規定はないようである。1980 年 PG に関する説明覚書では，裁判管轄権や法律の選択といった「法の衝突」の問題について「多種多様な戦略や提起された各種の諸原則についての議論を通じて，このような急速な技術変化とガイドラインの非拘束的な性格という観点からして，現在，特定の詳細な解決策を試みるべきではないという考え方を確認した」[11]とされている。

2　APEC（アジア太平洋経済協力）におけるデータ保護

(1) APEC では，2004 年に APEC 域内でのデータ保護と流通に関して APEC プライバシーフレームワークを定め，2007 年には APEC データ・プライバシー・パスファインダー計画を策定して，それが，2010 年の越境プライバシー執行取決め（APEC Cross-border Privacy Enforcement Arrangement）（CPEA）や 2012 年の越境プライバシールール（APEC Cross Border Privacy Rules）（CBPR）システムへと結実した。

(2) CPEA はデータ保護機関の間の情報共有及び執行協力を促進するための協定であるが，CBPR システムを執行する際の執行機関の協力を促進することも含まれている。CBPR システムは，アジア太平洋地域の越境データ流通に関する重要な国際的取組で，企業等が APEC のプライバシー原則に適合しているか否かを認証する仕組みである。日本は 2014 年 4 月に CBPR システムへの参加を認められ，2016 年 1 月には JIPDEC（日本情報経済社会推進協会）がそのための責任団体として承認された。同年 12 月には JIPDEC から最初の認定事業者（個人情報の取扱いが APEC のプライバシー原則に適合していると認定された事業者）が公表されている。

3　EU の個人情報保護法制

(1) 1995 年 EU データ保護指令は「規則」ではなく「指令」にとどまり直接の法的強制力はなく，EU 加盟各国は個人データ保護法を各国で制定していた

---

(10)　和訳は，堀部政男・新保史生・野村至『OECD プライバシーガイドライン 30 年の進化と未来』（JIPDEC，2014 年）182 頁による。

(11)　「OECD プライバシーガイドラインの説明覚書（1980）」第 22 条（法の衝突）74（和訳は，堀部ほか・前掲注(10) 273-274 頁による）。

が，重要な事項についてはその規制を統一し，（インターネットの普及等に伴う
リスク増大等に対処して，EU データ保護指令を発展させ）個人データの保護を強
化する「一般データ保護規則」（General Data Protection Regulation）（以下，
「GDPR」）が 2018 年 5 月 25 日から施行される（GDPR 第 99 条第 2 項）。

　(2) EU データ保護指令では，「十分なレベルの保護措置」を確保していない
第三国[12]への個人データの移転が禁止されている（同指令第 25 条）。3 段階の
規律で，まず，①欧州委員会が十分な保護レベルを決定（十分性を認証）して
第三国等へのデータ移転を認める場合があるが，2017 年 9 月時点で，欧州委
員会から「保護措置の十分性」の認証を受けたのは 11 の国と地域にとどまる
（後述する米国のセーフハーバーやプライバシーシールドは「国単位での保護措置の
十分性の認証」とは異なる側面もあるがそれを加えれば 12 となる）[13]。②欧州委員
会が十分性の決定をしていない国や地域への移転の場合には，EU データ保護
指令に従って，事業者が適切な安全保護措置を講じることで十分性の原則を満
たす場合がある（これには，第 29 条委員会の指針に準拠し監督当局が承認する拘
束的企業準則（Binding Corporate Rules）や欧州委員会が採択又は承認した標準契
約条項（Standard Contract Clauses（SCC））による場合等がある（ただし，SCC に
関して必要な手続が加盟国によって異なることがある））。③それでも「十分な保
護レベル」を達成できない場合には，個別的な特別の状況における特例（たと
えば，データ主体の十分かつ明確な「同意」，契約履行等に必要な範囲，公益に関す
る重要な理由による要件を満たす等）によって越境データ移転が認められる場合
がある。

　(3) GDPR は，第三国へのデータ移転に関して，基本的にデータ保護指令を
継承し，具体的な規定を加えている（GDPR 第 44 条乃至第 49 条）が，違反した
場合の制裁が厳しいことにも注意が必要になる（GDPR 第 83 条第 5 項(c)）。①
欧州委員会が十分な保護レベルを決定（十分性を認証）すれば第三国等へのデー

---

[12]　この場合の「第三国」は欧州連合 28 か国に EEA 3 カ国（ノルウェイ・リヒテンシュ
　　タイン及びアイスランド）を加えた以外の国をいうが，Brexit で英国が数年後にどう
　　なるかは不透明である（英国は，EU から「十分性の認定」を受ける方向との予想もあ
　　る）。

[13]　日本は EU から「十分性の認証」を受けていないが，2017 年 7 月 6 日の日本と EU
　　の「個人データの越境移転に関する政治宣言」において，日本と EU とは 2018 年の早
　　い時期までに目標を達成すべく話し合いを進める方向が確認されている。

タ移転が認められ（GDPR 第45条第1項），EU データ保護指令第25条第6項に基づく欧州委員会の「十分性」の決定は変更等されるまでは効力を有する（GDPR 第45条第9項）が，上記のとおり，同指令のもとで「十分性」が認証されている国や地域は限定されている。②拘束的企業準則（Binding Corporate Rules）は継続され（GDPR 第46条第2項(b)，第47条），標準契約条項（Standard Contract Clauses（SCC））は Standard Data Protection Clauses（SDPC）となるが現行の SCC が改訂又は破棄等されるまでは SCC がそのまま利用できる（GPDR 第46条第2項(c)(d)・第5項）（監督機関が承認した契約条項については GDPR 第46条第3項が規定している）。その他，行動規範（GDPR 第46条第2項(e)）や認証制度（GDPR 第46条第2項(f)）等による場合もある。③さらには，個々の特別な状況における例外として，データ主体の十分かつ明確な「同意」がある場合，契約履行等に必要な場合，公益に関する重要な理由がある場合等がある（GDPR 第49条）が，それぞれ例外としての適用を受けるための要件の詳細に注意が必要である。

　⑷ EU データ保護指令では，域内管理者による処理のほか，法適用のある場所にある域外管理者や域内に設置された設備を（単なる通過でなく）利用する域外管理者への適用が想定されていた（同指令第4条）が，GDPR は，個人データの所在が域内かどうかを問わずに域内の管理者／処理者による個人データ処理に適用されるほか，域内のデータ主体に対する商品又はサービスの提供に関連して個人データの処理がなされる場合や域内の行動を監視することに関係して個人情報処理行為がなされる場合には域外の者にも適用される（GDPR 第3条）。域内での商品やサービスの「提供」に関しては「そうした提供をする想定」が明らかか否かの判断が重要になる（GDPR 前文23）し，また，たとえば，域外の者がインターネット上で域内の自然人を追跡（トラッキング）してプロファイリング等の技術によってその好み等の判断に個人データを利用することは域内の個人の行動を「監視」するもので，域外の者にも GDPR が適用される（GDPR 前文24）。

　上記の域外適用は，標的規準[14]に基づいているといわれる。管理者／処理

⒁　標的規準とは，「外国の行為者が，自国の個人を標的として何らかの行為を行った場合に，その行為に対して自国法が適用可能であるとするもの」（日置巴美・板場陽一郎『個人情報保護法のしくみ』（商事法務，2017年）145頁）とされている。

者が EU 域内に商品やサービスを提供しているかどうかを判断するには,「管理者又は処理者が, EU 域内の 1 つ以上の加盟国に所在するデータ主体に商品又はサービスを提供することを想定していることが明らかか否かを確認」すべき (GDPR 前文 23) で, 同前文 23 では,「管理者, 取扱者又は媒介者のウェブサイト, 電子メールアドレス又は他の連絡先に単にアクセスできる」ことや,「管理者が設立された第三国で一般に用いられる言語を使用しているにすぎない場合」はかかる意図を認定するには十分ではなく,「1 つ以上の加盟国内で一般に用いられる言語又は通貨を利用して, かかる言語での商品又はサービスを提供する可能性がある場合や, EU 内の消費者又は利用者に言及するといった要素」から管理者の意図が明らかにされる。ただ, GDPR の域外適用範囲は, その具体例が GDPR の条文上明らかではなく, 今後, 第 29 条作業部会や欧州委員会が何らかのガイドラインを発表することが期待される。

4 米国の個人情報保護法制

(1) 米国には個人情報保護に関して包括的な一般法はなく, 個別の具体的な分野や事情に応じて個別の連邦法 (たとえば, 信用情報の分野での 1970 年公正信用報告法や医療分野での 1996 年の健康保険の移転性と説明責任に関する法) や州法がある[15]。オバマ政権は 2012 年にデジタル時代の消費者プライバシー権利章典の政策大綱を発表し, 2015 年には個人データ保護についての規定も含む「消費者プライバシー権利章典法」(Consumer Privacy Bill of Rights of Act of 2015) を発表したが, 米国の個人情報保護法制は EU データ保護指令や JAPPI のような分野横断的な保護法制 (オムニバス方式) ではなく, 個別分野ごとの法制 (セクトラル方式) が採られており, EU のような体系的な法制度がないこと等から, 米国は EU の十分性認定を得ることが難しいと考えられていた。

そこで, EU データ保護指令のもとで, EU から米国に越境データ移転を実現するために, 同指令の「保護の十分性」の要件を満たすものとして, 2000 年に米欧間で「セーフハーバー協定」が締結された。米国商務省のセーフハーバープライバシー原則及び関連する FAQ に適合して EU の求める要件を遵守

---

[15] 米国において, 個人情報を含むプライバシーの問題に関して, 公的部門との関係だけでなく, 私人間における不法行為等との関係でも (主として判例による) 法の発展があることはいうまでもない。

しているとする自己認証を米国商務省に登録する「セーフハーバーの枠組み」のもとで，EUから米国に個人データが移転できるようになったが，たとえば，登録企業がプライバシーポリシーで公表した個人情報に関する措置を遵守していない場合には，米国連邦取引委員会（FTC）が，連邦取引委員会法第5条a項の「不公正又は欺瞞的な行為又は慣行」として法執行（排除措置，民事制裁金，司法的救済の請求等）すること等で，「EUの求める要件」の履行を担保する仕組みであった。

　(2)　しかし，「セーフハーバーの枠組み」は，（枠組みへの参加は自由だが）参加した以上は米国法のもとでFTC等による執行で担保されるという，基本的に自己認証に基づく仕組みであり，その仕組みの脆弱性からセーフハーバー協定によりつつ同時にSCC等で「保護レベルの十分性」を確保しておく方が安全との見方もあった。2013年6月以降，エドワード・スノーデン氏の告発から，いわゆるPRISM計画や電話通信傍聴が報道され，米国NSA（National Security Agency）の監視問題に関心が高まるなかで，2015年10月6日の欧州司法裁判所における「セーフハーバー協定」無効判決[16]に至り，2016年2月に，米欧間の新たなフレームワークとして，「プライバシーシールド」が発足した。プライバシーシールドの詳細をここで述べることはできないが，「セーフハーバー」と比較した場合の特徴は，①EU域内から個人データの移転を受ける米国会社のデータ処理についての義務が強化され，EUと米国商務省はそれを定期的に審査し，FTC等の法執行のもとで，不履行の場合には制裁があり，米国商務省のプライバシーシールド・リストから削除の可能性もあること，②米国の公的機関のアクセスについて予防措置と透明性を高めたこと，③EU市民に対してより多くの権利を付与すること（EU市民はデータ保護当局に苦情申立ができ，裁判外紛争処理やオンブスパーソン（行政監察官）制度もある）等である。

　(3)　米国の個人情報保護分野の法の域外適用について本稿で論じる紙幅はないが，モリソン判決[17]のルールに従えば，個々の事案における個々の適用法に関してそれぞれ個別的に判断されるものと思われる。すなわち，まずは，適用法に域外適用を認める規定があれば（国際的な礼譲等の観点からのバランスの

---

(16)　Case C-362/14, Maximillian Schrems v. Data Protection Commissioner, Digital Rights Ireland Ltd. [2015] ECLI: EU: C: 2015: 650.

問題等も含め）同規定の適用範囲の解釈の問題になる（つまり，基本的に域外適用は議会の意図による）。適用法にそうした規定がなく，「域外不適用の推定」が覆らない場合には，当該の事案そのものの域外性が問われ，適用法の規制の「焦点（focus）」からみて「許容される米国内の適用」かどうかの判断になる（モリソン判決では，適用法の「焦点」である株式の売買が米国外でなされ，域外適用が否定された）。ただ，その場合，個々の事実関係のもとで個々の制定法の域外適用の範囲を個別に評価せねばならず，判例は「域外不適用の推定」を多様に適用しているから，適用法を検討しただけでそうした範囲を予測することは容易ではない[18]。

　ひとつの例として，たとえば，米国内で適法に取得された個人データが米国外のサーバに保存された場合，当該サーバの管理者は米国裁判官の令状に基づいて当該の個人データを開示すべきであろうか。この問題に関し，米国第2巡回区連邦控訴裁判所は，2016年7月14日，米国企業が米国外のサーバに保存したデータについて，モリソン判決に言及して，米国での捜索押収令状（Search and Seizure Warrant）によって開示を求めることはできないと判示した（マイクロソフト判決）[19]。当該の令状は，麻薬捜査に関して，電子通信プライバシー法のTitle IIとして1986年に制定された通信記録法（Stored Communications Act）（SCA）に基づいて治安判事によって発布され，マイクロソフト・コーポレーション（MC社）に対して電子メールサービスのユーザに関するデータやユーザが送受信したメッセージの内容等の開示を求めるものであった。MC社は米国内のサーバに保存されていた情報は開示したが，アイルランド・ダブリンのサーバに保存されていた情報については要求を拒否し，米国外のサーバに保存されたデータに対する米国の令状は無効だと主張した。ニューヨーク南部地区連邦地方裁判所が，罰則付召喚令状（Subpoena）の場合と同様，米国外に

---

[17]　Morrison, et al. v. National Australia Bank Ltd. et al., 561 U. S. 247（2010）．モリソン判決については拙稿「米国連邦証券法詐欺防止規定の域外適用」横浜法学23巻3号（2015年）275頁参照。同判例の法理の近時の適用例として，RJR Nabisco, Inc. v. European Community, 136 S. Ct. 2090（2016）．

[18]　Ralph H. Folsom, Michael Wallace Gordon, Michael P. Van Alstine & Michael D. Ramsey, "International Business Transactions（10th Edition）"（Nutshell Series）（WEST ACADEMIC, 2016）page 390.

[19]　Microsoft Corp. v. United States, 829 F. 3d 197（2d Cir. July 14, 2016）.

保存されていても令状を受けた当事者が米国内の場合には開示義務があると判断したため，MC社が控訴した。第2巡回区連邦控訴裁判所は，モリソン判決に言及し，「域外不適用の推定」のもとで，①SCAの規定には域外適用を認める根拠はなく，②SCAは，サピーナ（Subpoena）ではなくワラント（Warrant）と規定しており，「Warrant」という用語で規定していることからも，議会はSCAを域外適用しない意図とし，さらには，③SCAの焦点（focus）は法執行のための開示ではなく新しい技術との関係でのユーザ・プライバシーの保護にあり，保護されるべきユーザ・プライバシーは米国外（アイルランド）にあって，（MC社がデータを簡単に米国内に移せるとしても）開示につきSCAの域外適用を認めないことが議会の意図であるとして，米国外のサーバに保管されたデータの開示を認めなかった。

　他方，ペンシルバニア東部地区連邦地方裁判所は，ユーザは米国内におり，その個人データはGoogle Inc.（グーグル社）の数カ所のサーバに移動し，米国外のサーバにある時もあるが米国内のサーバにある時もあるという事実関係のもとで，押収の場所及びプライバシーの侵害に関する上記のマイクロソフト判決の域外性の分析について，むしろ，合衆国憲法第4修正との関連では，グーグル社は定期的に個人データを移動しており外国から米国に個人データを移転させることは「意味のある干渉」ではないから「外国での押収」ではなく，プライバシーの侵害は被侵害者の居住地（つまり，米国内）で発生するから域外適用とはいえず，国際的な礼譲等からも本件の事実関係のもとでは「SCAの許容される国内適用」であって域外適用ではないとして，グーグル社に開示を求めた[20]。

　SCAに域外適用を意図した規定がないとすれば，その規制の「焦点」が問題になるが，それがプライバシーの保護であればだれのプライバシーがどこで侵害されたのか（合衆国憲法第4修正や裁判官が発した「Warrant」そのものの内容等との問題であればどこで「捜索・押収」がなされたのか——プロバイダー会社の所在地かデータの所在地か）等が問題になるが，前者の判例はそれを「プライバシーの保護で米国外（アイルランド）」とし後者の判例では「米国内でのアクセ

---

[20] In re Search Warrant No. 16-960-M-01 to Google, In re Search Warrant No. 16-1061-M to Google, Memorandum of Decision（Feb. 3, 2017）.

国際取引の現代的課題と法

ス制限の問題」としていて，前提となる事実関係が異なる上に，域外適用その
ものだけでなく他の論点も多いが，SCAという個別法の解釈だけにとどまら
ず，個人データの国境を越える開示が認められるかどうかやデータ・ローカラ
イゼーションとの関係等の重要な論点もあり，今後の動向に興味がもたれる。

Ⅲ　日本の個人情報保護法（JAPPI）と情報の国際的流通への対処

1　JAPPIは，個人情報の保護に関する官民共通の基本理念等を定めた部分
（第1章から第3章）と民間部門に対する一般法としての部分（第4章）がある
オムニバス（統合）方式だが，公的部門に適用されない同部分（第4章）を独
立させている点でEUのオムニバス方式とは異なり，同部分（第4章）を民間
部門に対する一般法として定めている点では米国のセクトラル方式（個別分野
別方式）とも異なる。個人情報取扱事業者の義務については三層構造で，（散在
情報も含む）個人情報，（体系化された）個人データ，（データ主体の関与が可能
な）保有個人データに関して，要配慮個人情報についての特則等はあるが，基
本的には，情報の内容ではなく，処理形式や存在形式で区分され，第15条乃
至第18条と第35条は個人情報（個人データや保有個人データも含む），第19条
乃至第26条は個人データ（保有個人データも含む），第27条乃至第34条は保
有個人データが，それぞれの義務の対象になっている。

2　越境データ移転（外国にある第三者[21]への移転）

日本の個人情報取扱事業者（移転元）が国内で取得した個人データを国外の
第三者（移転先）に移転することを規制すること自体は，移転元である日本国

---

[21]　ここでの「外国にある第三者」の「第三者」は，日本法人からのデータ移転との関係
では，法人格の異なる者という意味であり，日本法人の支店や駐在員事務所であれば同
一法人内ということでその所在場所が国外であっても第三者ではないが，子会社や関連
会社であっても法人格が別であれば「第三者」である（個人情報保護委員会「個人情報
の保護に関する法律についてのガイドライン（外国にある第三者への提供編）」（「外国
第三者提供GL」）5頁）。また，外国法人が日本国内に事務所を設置したり日本国内で
事業活動を行って「個人情報取扱事業者」（第2条第5項）に該当する範囲では「外国
にある」第三者ではない（同外国第三者提供GL 5-6頁）。ただし，当該外国法人が日
本国内で事業活動を行っているかどうか等は事案ごとの事実に基づく判断になる。

内の個人情報取扱事業者への適用であるから域外適用ではなく，第75条も外国にある事業者が本人以外の第三者から当該本人の個人情報を（間接的に）取得する場合を含んでいない[22]。しかし，そうした移転についての規制は，間接的に国外の移転先（そうした移転を受ける第三者）に影響を及ぼす。JAPPI とそうした移転先である第三者の国の個人情報保護規制が実質的に同じであれば，そうした移転があっても当該個人情報のデータ主体は同等の水準の保護を受けられるが，2017年9月時点では日本の個人情報保護委員会規則でそうした同等の水準の国と定めたものはまだない[23]。また，「個人データの提供を受ける者が，個人情報の取扱いに係る国際的な枠組みに基づく認定を受けている」場合も，同様に，そうした移転があってもデータ主体は日本国内と同等の保護を期待できる[24]。

　さらには，「個人情報取扱事業者と個人データの提供を受ける者との間で，当該提供を受ける者における当該個人データの取扱いについて，適切かつ合理的な方法により，法第4章第1節の規定の趣旨に沿った措置の実施が確保されている」場合（JAPPI 施行規則第11条第1号）にもそうした「措置の実施の確保」でデータ主体が適切に保護されうる。ここでの「適切かつ合理的な方法」について，事例1として「外国にある事業者に個人データの取扱いを委託する場合」は「提供元及び提供先間の契約，確認書，覚書等」により，事例2として「同一の企業グループ内で個人データを移転する場合」は「提供元及び提供先に共通して適用される内規，プライバシーポリシー等」によることが該当すると例示されている[25]（要件に差はあるが，ある意味では，「日本版SCC」や「日本版BCR」ともいえようか）。この場合，提供元と提供先との間でそうした「措

---

[22]　個人情報保護委員会「『個人情報の保護に関する法律についてのガイドライン』及び『個人データの漏えい等の事案が発生した場合等の対応について』に関する Q&A」〈http://www.ppc.go.jp/files/pdf/kojouhouQA.pdf〉（閲覧日：2017年9月30日）（「Q&A」）8-2参照。

[23]　前掲注[21]「外国第三者提供GL」2頁（※1）。

[24]　JAPPI 施行規則第11条第2号の場合であり，たとえば，提供先の外国にある第三者が（前述した）APEC の CBPR システムの認証を取得している場合が該当するとされている（前掲注[21]「外国第三者提供GL」32頁）。

[25]　前掲注[21]「外国第三者提供GL」6-7頁。ただし，その内容は具体的に「JAPPI 第4章第1節の規定の趣旨に沿った措置の実施を確保する」ものであることが必要である。

置の実施の確保」が図られればよいことになるが，JAPPI の適用を受けるのは提供元であるものの，提供先の国外の第三者も（そうした措置に拘束されないと個人データの提供を受けられないという意味で）間接的に JAPPI の影響を受ける。

　日本国内だけでクラウドサービスが提供され個人データを日本国内だけで取扱っていると認められる場合にはクラウド業者に個人データの提供があっても「外国にある第三者」への提供にはならないから，第24条の対象外となり[26]，かりに「委託」に該当しても（第23条第5項第1号で「委託」の場合の受託者は「第三者」に該当しないから）問題ではなかったが，国外のクラウドサーバを利用する場合には（第23条ではなく）第24条の適用が問題になる。個人情報保護委員会は，「クラウドサービスの内容は契約により異なり得るため一律に規定することはできません。一般論として，契約条項により『外国にある第三者』が個人データを取り扱わない旨が定められており，適切にアクセス制御を行っている場合等においては，当該『外国にある第三者』は当該個人データの提供を受けて取り扱っているとはいえない場合も想定されます」[27]としている。クラウドサービスの内容がどのようなものであれば「個人データを取り扱わない」ことになるのか，そうした「契約条項」にもかかわらずクラウド上で保管された情報（クラウド業者からいえば顧客情報）に個人データが現実に含まれている場合には「個人データを取り扱ったことになる」のか，特に，そうした個人データにいかなる処理も加えない「記録と保管だけのクラウドサービス」で，「個人データの処理は第24条の規制対象である個人情報取扱事業者本人だけが直接に行う」場合は，クラウド事業者は，電気通信事業者等と同様に社会的なインフラを提供しているだけで「個人データを取り扱っていない」のではないか等々について疑念が生じる。結局は，第24条の規制の趣旨から，「外国にある第三者への提供」（「第三者」や「提供」の範囲等）をどのように解釈するか，データ越境移転をどのような場合にどこまで認めるかの解釈の問題と思われるが，「個人データを取り扱わない」との基準だけでは不明瞭さが残る。個人情

---

(26)　前掲注(22)「Q&A」9-6。

(27)　個人情報保護委員会「『個人情報の保護に関する法律についてのガイドライン（外国にある第三者への提供編）（案）』に関する意見募集結果」〈http://search.e-gov.go.jp/servlet/PcmFileDownload?seqNo=0000151057〉（閲覧日：2017年9月30日）No. 693。

報取扱事業者としては，第24条に従って，たとえば，クラウド業者との間で
「当該提供を受ける者における当該個人データの取扱いについて，適切かつ合
理的な方法により，法第4章第1節の規定の趣旨に沿った措置の実施」（JAPPI
施行規則第11条第1項）も同時に確保しておく方が（データ主体の権利保護の側
面からも）安心ということにはなりそうである。

3 域外適用と域外執行

(1) 域 外 適 用

　第75条は，「第15条，第16条，第18条（第2項を除く），第19条から第
25条まで，第27条から第36条まで，第41条，第42条第1項，第43条及び
次条の規定は，国内にある者に対する物品又は役務の提供に関連してその者を
本人とする個人情報を取得した個人情報取扱事業者が，外国において当該個人
情報又は当該個人情報を用いて作成した匿名加工情報を取り扱う場合について
も，適用する」と規定している。「外国の事業者がインターネット等を通じて
国内にある者に対して物品やサービスの提供を行っている場合には，その事業
活動の一部が日本においてされていると評価することが可能であり，日本との
間の特別な関連性を認めることができるため，外国の事業者に日本法の適用を
及ぼす根拠となり得」るし，「外国の事業者が取得した個人情報の本人が日本
の領域内にいる場合に，その本人の権利利益を保護する観点から，日本として
その外国の事業者に個人情報の適切な取扱いを求める必要性があるといえ」
る[28]。第75条の規制は，「国内のデータ主体を標的とした個人情報の取扱」
を対象にしており，「標的基準（target criteria）の考え方と親和的である」[29]と
言われる。

　適正な取得に関する第17条や第18条第2項は，日本の居住者から直接に個
人情報を取得する場合で，取得過程の重要な部分が日本でなされるので，当然
にJAPPIが適用になるから第75条に規定がないとされる[30]。第75条には第

---

[28]　瓜生和久編著『一問一答平成27年改正個人情報保護法』（商事法務，2015年）144頁。

[29]　宇賀・前掲注(1) 329頁。本条の域外適用は，日本国内のデータ主体に対する事業に
　関連してそのデータ主体の個人情報を直接に取得した事業者が日本国外で当該個人情報
　等を取扱うか否かを基準にしており，「当該個人情報等を管理するサーバの所在地が日
　本国内にあるか外国にあるかを基準とするものではない」（宇賀・前掲注(1)，330頁）。

国際取引の現代的課題と法

23 条や第 24 条も明示的に含まれているから，国外での第三者提供先が日本国内か国外かによってその時点でどちらかの条項の域外適用の問題になる[31]。第 26 条は，データ主体からの取得ではなく，第三者からの取得で，第 75 条とは場面が異なり，日本との関係が希薄なため，第 75 条の対象とされていない。匿名加工情報の作成等に関する第 36 条は域外適用の対象になっているが，（自ら個人情報を加工して作成したものではない「匿名加工情報」の第三者提供を受けた）匿名加工情報取扱事業者に関する第 37 条乃至第 39 条は，「本法を適用することを正当化するほどわが国との関係が強くないとの判断の下，外国の事業者には適用されない」ものの，「わが国の国民の権利利益の侵害が少なからず発生するような立法事実が確認されれば」「上記のような立法政策を再考する必要が生ずる」[32]とされている。加えて，国外の者にどのように JAPPI を域外執行するのかの問題があるが，この点は後述する（Ⅲ 3(2)）。また，一定の範囲の者については，憲法が保障する基本的人権への配慮から，個人情報取扱事業者の義務に関する規定（第 4 章）を適用しない（第 76 条）から，そうした者には第 75 条も適用されない（ただし，個人情報データベース等不正提供罪（第 83 条）は適用される）[33]が，第 75 条で第 76 条（適用除外）や第 43 条（個人情報保護委員会の権限の行使の制限）は域外適用されるから，第 75 条で域外適用される義務規定でもその義務が適用されないことがある。

また，第 75 条は，域外適用される条文を明文で規定しているが，外国の事業者に適用される条文をすべて網羅的に規定しているわけではなく，たとえば，海外から国内の居住者の個人情報を直接に取得する者に対して，第 75 条には規定されていない第 17 条や第 18 条第 2 項が適用され「適正に取得」すべきことは当然とされている。国内のデータ主体から個人情報を直接に取得する場合には属地主義から当然に JAPPI が適用され，同法に域外適用についての明文の規定を置くまでもない（むしろ，属地主義による場合で域外適用ではなく，第 75 条はそうした直接取得後の行為に域外適用される条文を規定している）としても，

---

(30) 宇賀・前掲注(1) 324 頁。

(31) 前掲注(22)「Q&A」9-10。

(32) 宇賀・前掲注(1) 325 頁。

(33) 第 82 条及び第 83 条の規定は，日本国外においてこれらの条の罪を犯した者にも適用される（第 86 条）とされ，第 83 条については両罰規定もある（第 87 条）。

第 75 条に規定されていない条文でも国外の者に適用される場合があることには注意が必要であろう[34]。

JAPPI の域外適用は，効果理論（注(4)参照）や消極的属人主義ではなく標的規準（注(14)参照）によっているといわれる[35]。属人主義とは，国際法上，法の適用関係を定めるに当たって，場所を問わずに人の属性（主として国籍）に着目して法を適用する立場を意味する。近代国家は領域国家であることから，伝統的国際法は属地主義に基礎を置いてきたが，グローバリゼーションの進展に伴って，国家管轄権の域外適用が重要な問題になってきた。保護主義は，国家の利益に着目して，国家の利益が害される場合に国家管轄権を認めるのに対し，属人主義のうち，行為者の属人性を基準にして国家管轄権を認める立場を積極的属人主義といい，被害者の属人性を根拠にして国家管轄権を認める立場を消極的属人主義というが，上記のとおり，JAPPI は，消極的属人主義や効果理論ではなく標的規準によっているといわれる。JAPPI が（想定又は意図して）[36]「標的とされた国内データ主体の個人情報の取扱」を規制対象としているとすれば，JAPPI の域外適用は標的規準のもとで，効果理論での「効果の予見可能性」による場合よりも，その域外適用の範囲は制限的なものになりそうである。

(2) 域 外 執 行

第 75 条においては，域外適用される条項違反に関して指導・助言と勧告（第 41 条・第 42 条第 1 項）[37]までに限られ，報告徴収・立入検査（第 40 条）や命令

---

[34] 第 75 条に明示的に規定されている条項以外には JAPPI が域外適用されることはないのかも議論すべき課題である。同条の反対解釈から域外適用は同条の場合に限定されるという意見もあろうが，同条に規定されていない第 17 条や第 18 条第 2 項も（属地主義に基づいて）国外の者の適用されるのであれば，第 75 条に規定されていなくても JAPPI の個々の条文の解釈によって属人主義や効果理論等に基づく適用が合理性や必要性に基づいて認められる可能性がないとはいえない。ただ，JAPPI が「標的規準」によるのであれば，「標的規準」のもとに個々の条文の域外適用が制限的に解釈されることが論理的であり整合的でもあろう。

[35] 板倉陽一郎「個人情報保護法制の国際的調和」自由と正義 2015 年 9 月号（日本弁護士連合会，2015 年）34 頁。

[36] 前述のように GDPR の前文 23 からは GDPR の域外適用では「管理者／処理者の想定や意図」が明らかかどうかが重視されるようであるが，その想定や意図がどのように認定され，どのように域外適用されるのか等，その適用の実際はまだわからない。

国際取引の現代的課題と法

（第42条第2項第3項）は域外適用されない。罰則（第85条・第87条）を伴う報告徴収・立入検査や法的拘束力を有する命令（罰則は第84条・第87条）を国外の者に適用すると外国の主権侵害のおそれがあることを懸念しての規定である。国外の事業者に対してどこまで日本の行政庁が行政処分をなしうるかには議論があるが，JAPPIは自制して予め他国との主権衝突を回避したものといえようか。しかし，外国事業者が個人情報保護委員会の助言や勧告に自主的に従う場合もあろうし，従わない場合でも，域外適用が明確で，その違反が明らかであれば，たとえば，違法行為の実例の公表等もありうるかも知れない[38]。JAPPIは，個人情報保護委員会が，当該外国の個人情報保護法令を執行する当局に対して，その職務の執行に資すると認める情報の提供をすることができる（第78条第1項）と規定し，これにより外国執行当局に法執行を依頼できるようにするとともに，外国執行当局からの協力依頼に応じて保有個人情報を提供できるようにした。この場合に，JAPPIの執行に関してだけ情報提供できるという制限がない[39]ことにも注意したい（第78条では「個人情報保護委員会の職務」に相当する職務の遂行に資すると認める情報の提供に限られるが，同委員会は外国施行当局の要請があれば（法務大臣又は外務大臣の事前確認を得て）一定の場合を除き外国の刑事事件の捜査等への提供情報使用に同意できる）。前述のCPEAやGPENにおける情報共有の枠組み等においても，第78条により効果的な情報提供が期待される。また，外国執行当局による法執行でJAPPIの域外適用の必要性が事実上なくなることもあるかも知れない。

---

(37) これらの指導・助言・勧告は強制力のない事実上の協力要請で，行政処分ではなく行政指導（行政手続法第2条第6号）であろうが，当該の行政指導に対し，場合によって，趣旨・内容・根拠等の明確化（同法35条第1項）や書面交付の請求（同法第35条第3項）のほか，行政指導の中止その他必要な措置の請求（同法第36条の2）も考えられる。

(38) ただし，悪質事業者の名称の公表等が，国民に対する情報提供というよりも制裁又は強制手段となる場合もありうるし，「情報提供を主たる目的とする公表であっても，特定の者に不利益を与えることが予想される場合，事前の意見聴取を行うべき」（宇賀克也『行政法概説Ⅰ　行政法総論（第5版）』（有斐閣，2013年）138頁）場合もあるかも知れない。

(39) 日置ほか・前掲注(14) 149頁。

Ⅳ　お わ り に

　域外適用は，国内法の適用を領域外の主体や行為にも及ぼしてその規制の実効性等を図る仕組みであるが，ある国の法適用や法執行をいたずらに領域外に拡大すれば，他国の主権との衝突を招き，国際的（また長期的）に関連する保護法益間でのバランスのとれた解決に至らないおそれがある。JAPPI のように，明文で域外適用を認めつつ，その法執行について自制するのは（その自制の範囲には議論がありうるが）ひとつの有力なアプローチである。域外適用による違法評価だけでどこまで事実上の効果を有しうるかの問題もあるが，そうした違法評価の積み重ねが，国際的な法執行の試金石になるかも知れない。情報提供や執行協力等は国際的な解決に向けての重要な取組であり，さらなる効果的な問題解決のための国際的な協力やそのための仕組みの重要性が強調される。そうした努力のうちにも，諸国間の法統一に向けての努力も継続するであろうし，個人情報保護においては国際的に共通の土台が築きやすい側面もあり，相互的な十分性の認証等も含めて，今後の進展が期待される。

　域外適用は，これまで抽象的に論じられることもあったが，それぞれの法目的に照らして必要な場合は明文で規定されることも多くなってきた。判例法の国とはアプローチに差がありうるが，そうした趨勢も理解して適切に実務対応する必要がある。本稿では，結局のところ，あまり目新しい考察もできなかったが，いつも微笑みながら赤ワインを楽しまれた澤田先生を偲びつつ，筆を擱きたい。

　〔付記〕本稿は，2017 年 9 月 30 日の脱稿時点までに入手できた情報に基づくものである。

3 モンゴルの投資法と会社法

阿 部 道 明

I　モンゴル投資関連法概観
　（投資政策・法体系と歴史）
II　投資法の歴史
III　投資法と外国投資の位置づ
　け
IV　投資法と外国投資の内容
V　会社法の歴史と会社の種類

VI　会社の設立・定款・株式・
　株主
VII　会社の機関 ── 株主総会
VIII　会社の機関 ── 取締役と取
　締役会
IX　会社の機関 ── 執行機関
　（executive body）と役員
X　その他の会社法の規定

I　モンゴル投資関連法概観（投資政策・法体系と歴史）

　モンゴルは社会主義の人民共和国時代を経て自由化の時代に入り，1992 年に新憲法が制定された。新憲法制定の前後に多くの重要な法律が制定され，その後もそれらを時代に合わせて頻繁に改正しながら着実な法整備を図ってきている。モンゴルの法体系は原則として大陸法系と言われているが，新しい会社法を見ると委員会制度や独立取締役など米国の制度の影響がみられる部分もある。

　モンゴルは歴史的に南北に位置するロシア・中国という大国に挟まれており，否が応でも政治経済ともに両国の影響を受けてきている。特に最近の投資流入を含む中国の影響力は極めて大きい。従って，経済的安全保障の観点からは，その他の国からも積極的に投資を受け入れて経済関係を深め投資国のバランスをとるために第 3 隣国政策をとっており，米国・日本・韓国・ドイツ・インドなどがその対象となっている。また，鉱物資源が豊富なためにその採掘は同国経済にとって極めて重要なだけでなく，外資にとっても魅力的であり，外資は

『国際取引の現代的課題と法』澤田壽夫先生追悼〔信山社，2018 年 4 月〕　　*43*

国際取引の現代的課題と法

ここに集中している。従って，戦略的に重要な鉱床については保護的な政策をとることもある。ただ，最近はこれらの資源からの収入を利用して，ハイテク産業分野を強めようと指向している。一般的に言えば，現在のモンゴルの外資受入政策はリベラルで開放的であり，一部の業種を除いては投資は自由で外資比率の制限もない。

II　投資法の歴史

1　投資法とその改正の流れ

モンゴルの外国投資法が最初に制定されたのは 1990 年であるが，これはまだ人民共和国時代であって，その内容も不十分であった。その後，政治体制の自由化に伴って，1993 年に本格的な外国投資法が制定された。この法律はその後何回も重要な改正を経ることになるが，最新の投資法が 2013 年に制定されるまでは，ずっと外国投資受入に関する基本的な法律として機能してきた。

この外国投資法は，何回かの改正を経ているわけであるが，その中で重要な改正と考えられるのが 2002 年と 2008 年の改正である。この 2 回の改正を含む 10 年間にわたる大きな改正点は，各種の手続きを簡素化するためのワンストップ・サービスの整備，外資企業がモンゴル国内で事業を営むにあたっての税務環境の変化を防ぎ安定的な状態を維持するための安定化協定の整備，外国投資企業の定義の明確化（外資比率 25 ％以上でかつ各投資家の最低投資金額が 10 万米ドル以上）[1] などである。

2　2012 年の外資規制と 2013 年の新投資法制定
(1)　外資規制の背景

順調に開放政策を進めていたモンゴル外国投資法であるが，2012 年に至って戦略的業種への外資参入を許可制にするという初めての規制強化が行われた。その背景としては中国資本による鉱山の支配を防ぐ思惑がある。この規制は 2009 年ころから準備はされていたようであるが，2012 年に至って制定が急が

---

[1]　後述の通り会社法には最低資本金の要求がないため，中国・韓国の企業を中心として，少額の出資で会社を設立して，不正物資の輸入をしたり，プロジェクトに絡んで大勢の外国人が流入するなど，投資効果を生まないような事態が発生したためと言われている。

れたのは，同年4月に，中国のアルミ大手のチャルコ社が，カナダ企業の所有するモンゴルの南ゴビのサウスゴビ・サンズ社（SGS社）の過半数の株式を取得することを発表したことが原因である。SGS社はモンゴルの戦略的鉱山の一つであるオユントルゴイ炭鉱を所有しており，またその石炭は主に中国に輸出されているため，中国企業が同社を支配すると，売主と買主が同一となって，同鉱山の石炭を中国が支配することになることをモンゴル政府が懸念したものと考えられている。

(2) 外資規制法の内容

このような状況を受けて，モンゴル国会は2012年5月に外国投資法の改正として「戦略的重要性を持つ分野で営業する事業体における外国投資を規制する法律」（外資規制法）[2]を成立させた。この法律によれば，鉱物資源・銀行と金融・メディアと通信の3つが戦略的分野に指定されている。ただ，何が具体的に戦略的分野であるかは不明確である。該当する分野に投資する外国企業は，当該事業体の33％以上の株式を取得する場合にはモンゴル政府の許可を得なければならないとされている[3]。この許可に関しては，形式上は法に列挙されたような危険や悪影響がある場合以外は許可をしなければならないとされてはいるが，実際にはこの許可を得るのはなかなか難しいものではないかと考えられていた。また，外国企業が当該事業体の49％以上の株式を取得し，かつ投資額が1000億トゥグルグ（現在のレートで約4122万米ドル）[4]を超える場合には，レベルを1段あげて国会の承認が必要である。さらに，明示規定ではないが，外国の国有企業によるモンゴルへの投資の場合には，戦略的分野であるか否か，また出資比率にかかわらずすべてモンゴル政府の許可を必要とすると考えらえている。

---

(2) 各種文献では，本法は「外資規制法」のほか，「戦略的外国投資法」「外国投資調整法」「戦略的業種への外国投資管理法」「SFI法」など様々な訳語で呼ばれている。

(3) そのほかにも，許可を得なければならないケースとして，経営陣，取締役会やその他の意思決定機関を支配する場合，国内外の鉱物市場の独占を引き起こす可能性のある場合，モンゴル鉱産物の輸出の価格設定市場に影響を与える可能性のある場合などがあげられており，モンゴル政府が鉱産物取引に対する外国の支配を警戒しているのは明らかである。

(4) 2017年9月9日現在の為替レートで＄1＝2425MNT（トゥグルグは英語でMNTと略される），1MNT＝＄0.00041（ちなみに，1円＝22.49MNT）。

国際取引の現代的課題と法

(3) 外資規制法の影響とその廃止

この外資規制法による悪影響が中国企業以外へも及ぶのではないかとの懸念に対しては，法律の遡及適用はされないとされ，また第3の隣国からの投資は引き続き歓迎するとの説明がなされていたようである。しかし，法律内容の周知が十分ではなく，許可のプロセスも不透明であり，投資家に不信感をもって見られたこともあって，2012年のモンゴルへの直接投資は著しく減少した。日本企業による鉱山開発も悪影響を受けたようである。これを受けて，モンゴル政府は，2013年10月に外資規制法を廃止するとともに，外国投資と国内投資を統合させた新しい投資法を同年11月1日から施行させた。これによって，外資規制法による規制は一時的なものとなり[5]，モンゴルの外資政策は再び開放政策に戻ったと評価できる。

Ⅲ　投資法と外国投資の位置づけ

1　外国投資に対する基本スタンス

2013年投資法は内外投資に対する取り決めを一本化して，内資と外資を一定の例外を除いて公平に扱うこととした。このやり方は，最近のアジアの投資法の流れであって，インドネシア，ベトナム，ミャンマー，カンボジア，ラオスなどの東南アジア諸国も同じ手法をとっている。また，投資法の基本スタンスとして，一定の禁止業種や許可が必要な業種を除いては投資は自由であって，外資に対する出資比率の規制もない[6]。また，製造業だけでなくサービス業についても広く開放されている。従って，外資としては原則として100％出資も合弁会社も自由に選択することができる。

ただ，一定の場合に外資企業が内資企業と異なる規定の適用を受ける場合もあるので，外資企業の定義を知っておく必要がある。その定義は，資本金の25％以上が外資による出資であって，かつ各投資家の投資金額が10万米ドルまたはそれに相当するトゥグルグ以上でなければならない（投資法3.1.5条）。

---

(5) この2012年外資規制法による規制は，新投資法においても，同じ3業種に関して，外国国営企業がその33％以上の株式を所有する場合には許可が必要という形で残っており（投資法21条），依然として中国企業への警戒心が強いことがうかがわれる。

(6) ただし，前掲注(5)参照。

気を付けなければならないのは，以前の外国投資法では外資の投資金額が10万米ドル以上となっていたものが，新法では，各投資家となっており，例えば外国投資家が2社の場合には各社が10万ドルで合計20万ドルの投資が必要ということになることである。外資としてもこの条件を満たさない形で投資を行えば，内資企業とみなされてその扱いを受けることとなる。なお，会社法には最低資本金の規定がなく，内資の出資額についての規制はない。なお，投資法制の安定化を印象づけるために，投資法改正には議会の3分の2以上の賛成を必要とするとして改正の要件を厳格化したが（6.10条），この規定は2015年4月に効力が停止されている。

2　外国投資の形態

　外国投資家によるモンゴルへの投資の形態としては，会社設立や株式取得などによる会社形態での出資と契約による投資が列挙されている（5条）。前者としては，単独（独資）で設立するものと現地資本と合弁で設立するもの，および同じような形を株式買収または会社の統合や合併で実現する方法がある[7]。後者としては，コンセッション，プロダクトシェアリング，マーケティング，マネージメント，リース，フランチャイズなどの契約形態によって投資するものがあげられる。

　実際には，通常の外国投資は会社設立の方式で行われることが多く，その場合に設立する会社の形態は後述の通り有限責任会社が圧倒的に多い。一方で，契約形態による方式の中で他国でもよく見られるのはコンセッション方式である。これは，社会資本の整備に民間資金を利用しようとするもので，官民パートナーシップ（Public-Private Partnership＝PPP）の形でプロジェクトが遂行される[8]。2010年にコンセッション法が制定されている。コンセッションの認められるセクターは，インフラと建設，ハイウエイ，空港，エネルギー，環境，教育，健康・芸術・スポーツ・旅行，鉄道とされている（2013年決議317号）。また，コンセッションの形態として，BOT，BT，BOO，BOOT，BLT，

---

(7)　このほかに駐在員事務所が設立可能であるが，営業行為はできない（3.1.6条）。

(8)　コンセッションの定義は，「本法律に基づく契約を基礎として，基本的な社会的またはインフラのサービスを大衆に提供するために，国家または地方政府の所有する資産を保持・運用・創設・改良する独占的権利」とされている（コンセッション法3.1.1条）。

国際取引の現代的課題と法

DBFO, ROT の 7 種類[9]が列挙されている（コンセッション法 4.1 条）。プロダクトシェアリングの一例としては，油田開発が石油法（2014 年に改正）に従って，モンゴル政府と投資家の契約によって行われることがあげられる。

3　外国投資の担当部門

　モンゴルの外資担当部局の編成は政権交代の影響なども含めて変動が激しく外国人にはわかりにくいところがある。2012 年以前は外国投資は外国投資貿易庁（FIFTA）が担当していたが，2012 年の政権交代後にその機能は経済開発省の外国投資調整・登録局（DFRIR）に引き継がれ，その後これが投資局として統合された。さらに，2016 年にはまた組織改正があり，政府の委員会として国家開発委員会（National Development Agency ＝ NDA）が設立された。NDA は国家の経済の安定を確保し，統合された社会経済および投資の政策を策定し実行することに責任を持つとされる。この目的のために，NDA は（外資か内資かにかかわらず）すべての投資関連の業務を担当しており，モンゴルの投資環境に関する情報の投資家への発信も行っている。また，NDA は，投資家の投資手続をスムーズに進めるために各種手続の一本化を図るべくワンストップ・サービスを実施しており，登録自体の申請受付や証明書の発行に加えて，登録事前サービスと登録事後サービスも一括して提供している。さらにNDA のほかに，投資保護評議会（Investment Protection Council ＝ IPC）が内閣府の中に設立されて外国投資家からの投資関連のクレームの評定を行っている[10]。

---

(9)　BOT は Build-Operate-Transfer，BT は Build-Transfer，BOO は Build-Own-Operate，BOOT は Build-Own-Operate-Transfer，BLT は Build-Lease-Transfer，DBFO は Design-Build-Finance-Operate，ROT は Renovate-Operate-Transfer を意味する。

(10)　日本企業の合弁で設立されて携帯電話事業を行うモビコム（Mobicom）が通信規制委員会から不当な規制を受けたとして提訴した事案では，IPC は委員会の規制を違法なものであるとの判断を下した。

IV　投資法と外国投資の内容

1　投資の禁止と許可

(1)　ライセンス法概略と禁止業種

モンゴルでは投資は内資外資を問わず基本的には自由であるが，業種によっては投資が禁止されているもの，許可を得なければならないものがあり，これらは2001年に制定されて都度改正されているライセンス法（License Law）[11]に規定されている。従って，投資に関しては投資法と合わせてこのライセンス法をしっかり読まなければならない。

ライセンス法では4つの業種に関して投資を禁止している（ライセンス法8条）。それは，①アヘン，麻薬の生産，輸入および販売，②ポルノの組織，広告および販促，③カジノの営業（自由貿易地域を除く），④マルチ商法，ピラミッド商法によって利益を得るビジネス，である。

(2)　許可を要する業種

投資に許可を要するのは，公共の利益，人間の健康，環境および国家安全保障に悪影響を与える恐れのあるものを規制するためと説明されている（1条）。許可を要する業種は法に列挙されているが（15条），その項目は法律の制定時から比べて大きく減少してきており自由化の流れが見て取れる。しかし，その項目数は今でも少なくはない。現在，許可が必要とされている業種としては，銀行，銀行以外の金融機関（ノンバンク，保険，証券など），その他の財務経済関連（監査，資産評価，税関ブローカー，公証人など），環境関連，教育・文化・科学関連，燃料・エネルギー関連，職業紹介，産業貿易関連（爆発物・宝石・貴重金属の生産販売，鉱山，石油の探査・生産・利用，アルコール・たばこの輸入，鉄鋼業，工作機械，燃料の販売など），食物・農業関連（作物の種の生産，アルコール飲料・たばこの生産など），健康関連（薬品・医用機器の生産・輸入・販売，医療行為など），著作権の代理人，建設関連（エレベーター・クレーンの動作など），道路・輸送・旅行関連（鉄道の建設と運営，航空業，道路の建設と修理，海運業な

---

(11)　ビジネス・ライセンス法，事業活動の特別許可法，事業特別許可法などとも訳されている。

ど），情報・通信・技術関連（ラジオの電波利用，通信ネットワークの開設と運用
など），標準化と測定関連（測定機器の生産・販売・修理），原子力・放射能関連
（原子力施設の設立・修理・破棄，原子力・原子力物質の運用，原子力物質の輸出入
と輸送など）など結構広範な業種があげられている[12]。

(3) 特別の許可

ライセンス法で定められた一般的な許可のほかに，投資法は外国国営会社に
よる投資に対して特別の許可を定めている。上述の2012年に突然制定された
外資規制法による3分野への規制自体は当該外資規制法の廃止によって消滅し
たが，同じ業種について新投資法は外国国営会社の投資に対してのみ，別の形
での規制を残した。これによると，外国国営会社は，鉱業，銀行・金融業，マ
スコミ・通信の3業種についてモンゴル法人の株式全体の33％以上を取得す
る場合にはモンゴル政府の許可を受けなければならないとされている（投資法
21条，22条）。外国国営会社の定義は，全株式の50％以上を外国政府が直接
または間接に所有している法人を指すことになっている（3.1.11条）。ここで
の審査の内容は，安全保障の基本原理に抵触していないかどうか，法令規範を
守る条件を満たしているかどうか，競争制限や独占を生み出すことにならない
か，政府の歳入やその他の政策・事業に深刻な影響を与えないかどうかである
（22.4条）。

2　投資の優遇措置

(1) 税務上の優遇措置

投資を奨励するために優遇措置が定められている。以前は，外国投資家向け
の優遇措置があったが，内外投資家を同等に扱うことになってからそれは廃止
された。現在は税務上の優遇措置としては，幅広い業種について10％の投資
減税が認められている。外資に関しては，これらの優遇措置は二重課税防止条

---

[12]　モンゴルの投資は自由化が進んでいると言われているが，実務の現場ではトラブルの
　　生じることもあるようである。例えば，不明瞭な理由でライセンスが得られなかったり，
　　部品などを内資企業から調達することを条件とされたり，課税対象外であるのに課税さ
　　れたり，法律や政府方針が政治的な理由で変更されて案件の進捗が停滞したりなどであ
　　る（「貿易・投資円滑化ビジネス協議会資料：モンゴルにおける問題点と要望」2015年
　　版より）。

約に従って外国で税金を支払った企業に対して与えられるものであるが，日本とモンゴルの間には二重課税防止条約が締結されていないので日本企業には適用されない[13]。

　また，これとは別に所得税関係として各種の減免税，減価償却費の短期間償却，損失金の繰延計上，従業員の研修費の課税所得からの控除，また輸入機械設備の関税の免除と付加価値税の免除などが定められている（投資法11条）。具体的には税法で調整が行われる。

(2) 非税務上の優遇措置（土地利用権を中心に）

　非税務的な優遇措置として最も大きいのが土地の関連である。モンゴルにおいては，憲法によって土地は国家またはモンゴル国民のみが所有できるとされている。つまり，モンゴル法人も土地の所有はできないことになる。また，モンゴル国民は，外国人・外国法人・外資企業に土地を譲渡することも禁じられているため，外資企業がモンゴル人から土地を購入しても無効となる。モンゴルの土地に関する概念としては，所有，占有，使用の3種類がある。「占有」とは契約で定める条件に従って，法の許す範囲で土地を自己の管理下に置くことであり，「使用」とは所有者または占有者との契約で定める条件に従って土地を利用することである。モンゴル法人は土地の占有ができるが，外国人・外国法人・外資企業は土地の占有もできない。外国人・外国法人・外資企業は土地の利用権を取得することができるのみである。従って，外資企業が事業を営む場合には土地使用契約を締結して土地の利用権を取得することになる。投資法では，優遇措置として，土地法よりも長い期間の土地利用権を認めており，初回期間としては60年まで許されている。また，この期間は1度だけ40年まで更新することができる（投資法12.1.1条）。

　その他の優遇措置としては，①経済自由区・工業団地で事業を営む投資家に優遇措置として，登記・進出手続の簡素化を行うこと，②インフラ・生産・科学・教育プロジェクトへの優遇措置として，外国からの労働者・専門家の人数を増やし，外国人雇用税を免除し，関係の許可取得手続を簡素化すること，③イノベーション・プロジェクトへの資金拠出への優遇措置として，輸出するイ

---

[13]　日本とモンゴルの間には，BIT（二国間投資協定）は比較的早くから締結されており（2002年3月24日発効），また，最近になってそれにとって代わるEPA（経済連携協定）も締結発効された（2016年6月7日発効）。

ノベーション製品の生産への資金拠出に保証を与えること，④外国投資家とその家族にマルチビザおよび在留許可を与えること，があげられている（12.1.2条〜12.1.6条）。

3　投資の保護

(1) 投資の保護

投資の保護は外国投資家にとって最も重要な課題の一つである。モンゴルの投資法においても，以下のような投資家への保護が定められている（6条）。

① 投資家の資産は違法に没収・差押を受けないこと，
② 投資家の資産の収用は公共の利益のために法律の手続によって全額補償によってのみ行われること，
③ その資産補償は市場価格によって行われること，
④ 投資家の知的財産権を保護すること，
⑤ 納税義務を完全に履行していることを条件として自己の資本（事業収益，配当金，業務上得た対価，海外融資による元本と利息，清算による分配金など）を自由に海外に持ち出すことができること，
⑥ その際に自由に外貨に交換して送金すること。

(2) その他の投資家への便宜

また，同条には，以下のような投資家への便宜措置も規定されている。

① 投資奨励のための税務上，非税務上の支援措置を受けられること，
② 安定化証書を発行することまたは投資協定を締結することによって，税率の安定化を保証すること，
③ 投資家と当局の間の契約関係に関する紛争を外国または国内の仲裁機関で解決すること。

(3) 投資家の権利義務

このほかに，投資法は，投資家の権利として，投資の内容を独自に決定すること，複数の分野に投資すること，投資の実施の範囲内で輸出入を行うこと，外貨を購入すること，資本を処分して外国との相互送金を行うことなどをあげている。また，投資家の義務として，商品や会計基準を国際基準に合わせることを含む事業遂行にかかる常識的な義務も規定している（7条）。

4 投資安定化協定と投資協定

モンゴルにおいては，安定的な投資を呼び込むために，一定の要件を満たした投資に対して投資安定化証書（stabilization certificate）を発行してその期間中の税率の安定化を保証する制度をとっている（13条〜19条）。この制度は直接的な税の優遇措置ではないが，税が変更された場合に投資家にとって有利に扱うというものである。つまり，証書の有効期間中に対象となる税（14.1条で法人税，関税，付加価値税，有用資源使用料を列挙）が法令によって引き上げられた場合にはその効力は及ばず，逆に引き下げられた場合にはその効力が及ぶこととなる（13.4条）。

安定化証書が発行される条件としては（16.2条），まず一定の投資規模を満たす必要があるが，これは投資分野，投資規模，投資地域によって異なり，認められる場合にもその期間が異なってくる。鉱山採掘・重工業・インフラ分野とその他の分野では，前者に方に大きな金額の投資が求められており，同じ金額レベルの場合には後者の方が認められる期間が長い。投資規模のほかに求められている条件は，法律に定められた自然環境アセスメントを実行すること，安定した雇用を生み出すこと，先進技術を導入することである（16.1条）。

なお，モンゴルの社会経済の長期的持続的発展のために重要な輸入代替製品や輸出製品の生産であり，5000億トゥグルグを超える金額の投資を行い，かつその建設作業に3年以上かかるようなプロジェクト，および，安定化証明の条件を満たすプロジェクトで付加価値を有する製品加工業でその製品を輸出するものについては，通常の安定化証明の有効期間の1.5倍の期間を与えることとなっている（16.3条）。

5000億トゥグルグを超える金額の投資を行う投資家は，安定化証明を取得しているか否かを問わず[14]，当局との間で事業環境を一定に保持するための投資協定の締結を求めることができる（20.1条）[15]。投資家は，安定的な雇用，

---

[14] 投資協定締結規則1.1条。

[15] 投資の形態の話に出てくる「コンセッション，プロダクトシェアリング，マーケティング，マネージメント，リース，フランチャイズなどの契約形態」と，ここでいう「投資協定」は全く別のものであるが，言葉上は紛らわしいので注意が必要である。モンゴル政府による投資法の非公式英訳では，前者を agreement 後者を contract としている。本稿では，前者を「契約」，後者を「協定」（投資協定）とした。

国際取引の現代的課題と法

先進的な技術の導入などについての情報を提供しなければならない。この協定を締結すると，法律で定めた保証に加えて，税環境の安定化および調整・財務支援を受けることができる（20.4条）。投資協定は，安定化協定の期間を超えて締結することができる（20.3条）。

V　会社法の歴史と会社の種類

1　会社法の歴史

　モンゴルで会社法に相当する法律が最初にできたのは1991年の企業法であり，その歴史は非常に浅い。その後，1995年にパートナーシップ・会社法が制定されたが，そのうちで会社に関する規定はその後に会社法に引き継がれたために，現在，同法はパートナーシップ法として残っている。企業法においては，会社の規制が十分に整理されていなかったため，1999年に初めていわゆる会社法が制定された。この時点で，会社は株式会社と有限責任会社に分類された。しかし，モンゴルの経済・投資・貿易の活発化によって，この会社法にも不備が露呈してきたために，2011年に至って，現行会社法となる新会社法が制定された。注目されるのは，この法律は委員会制度や独立取締役制度の導入といった形で米国法の影響を受けていることである。後述の通り，モンゴルでは圧倒的に有限責任会社が多い。また，株式会社の多くは旧国営企業が民営化されたものとなっている。

2　会社の種類

　モンゴルの会社の種類は有限責任会社と株式会社の2種類である（会社法3.4条）。ただ，モンゴルの会社法では，有限責任会社でも「株式」「株主」という用語を使用しており，「持分」とか「出資者」とは称していない。有限責任会社はその株式の処分権が定款で制限されている会社である（3.5条）。これに対して，株式会社は，その株式を自由に処分することのできる会社である（4.1条）。有限責任会社の発起人の数は50名以下である（5.1条）。有限責任会社は株式の私募はできるが公募はできない（5.2条）。有限責任会社の株主は他の株主が第三者にその株式を売却する場合には，持株に応じた先買権を持つ（5.3条）。モンゴルの会社の圧倒的多数は有限責任会社の形で設立されている。

株式会社は，公開株式会社と非公開株式会社に分かれる。公開会社は，その株式が有価証券取引機関（証券取引所）に登録されてそこで自由に取引が行われるものであって，いわゆる上場会社である（3.7条）。非公開株式会社は，その株式が有価証券預託機関に登録され取引機関以外の閉鎖市場で取引されるものである（3.8条）。株式会社は，その株式を公募または私募の形で発行することができる（4.3条）。株式会社の株式の譲渡は自由であるが，株主間の契約でその処分権を制限することができる（4.5条）。

なお，モンゴルの会社法は株式会社と有限責任会社を別々の章立てで説明する構成をとっておらず，また上述の通り有限責任会社にも株主・株式の用語が使用されているため，各会社のみに適用される条項は都度その旨示されている（取締役会設置義務に関する75.2条など）。

Ⅵ 会社の設立・定款・株式・株主

1 会社の設立

会社は発起人会議の決定により設立できる（13.1条）。1人の発起人による会社設立も可能である（13.2条）。非公開株式会社においては株式を私募で募集する（13.5条）。設立総会は発起人が招集し（14.1条），発起人の中から議長を選任する（14.5条）。設立総会においては，会社の設立，定款，授権株式数，発行株式数，発起人による取得価格，取締役会を持つ場合には取締役の選任など，発起人への設立費用の償還，株式払込日などを決定する（14.3条）。発起人全員の出席で会議は成立し，出席発起人の3分の2の多数で決議される（14.4条）[16]。出資の中に現物出資がある場合には，その価格を評価機関が評価して発起人会議に提出しなければならない（14.6条）。その価格は発起人会議出席者全員で承認しなければならない（14.7条）。会社設立決議から30日以内に国家の登録機関に登録しなければならない（15.1条）。

---

[16] 実際には3分の2とは明示されておらず，super majority とされている。super majority の定義は法令には書かれていないが，3分の2以上を意味するとの最高裁判所の解釈が出されている（2007年6月18日）。

国際取引の現代的課題と法

2　定　款

定款は設立の基本となる書類である（16.1条）。定款の絶対的記載事項は，①社名と略称および（株式会社，有限責任会社などの）会社の形態を示す語，②授権株式と発行株式について，数，クラス，額面価格および資本金，③優先株式を発行する場合には，その授権数，株主の権利，④取締役会を設置する場合には，取締役の数，⑤株主総会における株主の権利，取締役会と監査役会の権利（法で定めるもの以外で），⑥会社の遂行する業務，⑦その他で定款に反映すべき事項，となっている（16.2条）。

なお，定款の変更は株主総会の出席株主の3分の2の賛成を必要とする（17.1条）[17]。定款変更によって自らの権利が悪い影響を受ける株主で，当該変更に反対票を投じるかまたはその投票に参加しなかった者は会社に対して株式買取請求権を行使できる（17.2条）。

3　資本金と出資と払込

1999年会社法では最低資本金が定められていたが（株式会社1000万トゥグルグ，有限責任会社100万トゥグルグ），新会社法では最低資本金の規定は撤廃された（30.4条）。これによって形の上では資本金1トゥグルグの会社も認められることになり，設立手続が緩和された。普通株と優先株の額面金額の総額が資本金（「定款資本」と称する）となる（30.1条）。

出資は現金出資と現物出資の両方が可能である。現物出資の対象は動産・不動産であり，土地・建物・機械・設備・知的財産権などが考えられる。出資の払込時期については規定がない。払込時期は設立総会で決定することになるが（14.3.6条），法でその期限は定められておらず，また一括払込か分割払込も可能なのかについても法の規定はないので，すべては設立総会で決定することになる。

4　株式と株主権

株式には普通株と優先株があるが，優先株の発行は任意である（32.3条）。優先株やその他の証券（転換社債など）は普通株に転換することができる

---

[17]　前掲注[16]と同じ。

56

（39.1条）。株式は額面株式として発行される（32.4条）。

　株主の権利としては通常の会社法の通り自益権と共益権が考えられる。自益権は経済的な利益を受ける権利であって，配当請求権と清算時の残余財産分配権が中心である。優先株の保有者には普通株への配当の前に優先的に配当を受ける権利がある（35.1.1条）。共益権は会社の経営に参加する権利であって株主総会における議決権がその中心である。普通株保有者は持株数に応じた投票権を持つが，このほかに以下のようないわゆる少数株主権を持っている。

① 議決権株式の5％以上を保有する株主は株主総会への追加議題提案として，取締役会または執行機関（executive body）に対して，取締役会または集計委員会の選挙に候補者を指名することができる（66.1条）。

② 議決権株式の10％以上を保有する二人以上の株主は，取締役会（設置しない場合には業務執行担当者（executive management））に対して，株主総会の開催の提案または要求をすることができる（61.1.2条）。

③ 上記②の提案または要求が拒否された場合には，当該株主は裁判所に提訴することができる（61.6条）。

④ 上記②の提案に従った株主総会の招集決定が10営業日以内になされない場合には，当該株主または独立取締役は株主総会を招集することができる（61.7条）。

⑤ 株主総会に欠席したかまたは出席したが反対票を投じた株主は，株主総会の手続上の瑕疵があればそれを理由として裁判所に提訴したり（70.1条）金融規制委員会に異議申立をすることができる（70.2条）。

⑥ 株式の10％以上を保有する株主は，株主総会参加権利者一覧（株主名簿）の作成を請求してそれを閲覧することができる（64.6条）。

⑦ 後述の通り，株主代表訴訟を提起する権利（各株主84.7条，1％以上保有する株主86.1条）も規定されている。

Ⅶ　会社の機関——株主総会

　モンゴル会社法における会社の経営機関は株主総会，取締役会（株式会社では必須，有限責任会社では任意）および執行機関である。

国際取引の現代的課題と法

1 通常総会と臨時総会

会社法は株主総会が会社の最高統治機関であることを明示する（59.1条）。株主総会には設立総会を別にすると，通常総会と臨時総会がある（59.3条）。定時総会は取締役会（設置しない場合には執行機関）が招集し，各事業年度終了後4か月以内に開催される（59.4条，60.1条）。臨時総会は取締役会（設置しない場合には業務執行担当者）が，①取締役の50％以上が不在となったとき，②10％以上の株式を持つ2人以上の株主の要求の時，③損失が総資本の30％を超える時，④債務超過状態が2年連続で生じたとき，⑤取締役会が招集を決定した時，⑥監査委員会が招集を決定した時，⑦その他定款で規定するときに招集する（61.1条）。なお，上述のⅥ4①の通りに，少数株主の議題提案権も認められている。

2 総会決議事項

株主総会で決議しなければならない事項は以下の通りかなり多くなっている（62.1条）。

① 定款変更または新たな定款の承認（資本金の変更はこれに含まれる）
② 会社の統合，合併，分割，変換による会社再編
③ 債務の株式化，新株発行とその数の決定
④ 会社の形態の変更（株式会社，有限責任会社間の変更）
⑤ 清算と清算委員会の任命
⑥ 株式分割と統合
⑦ 取締役の選任と解任
⑧ 株式，有価証券の優先引受権を行使するかどうかの決定
⑨ 取締役が作成する年間業務財務諸表の承認
⑩ 重要な取引の承認（11章で定義される）

　重要な取引とは，①会社の総資産の25％を超える市場価値を持つ財産または知的財産の売却・購入・処分・質入，②発行済普通株式の25％を超える数の普通株式の発行およびその購入権またはそれに転換可能な証券の購入権の発行であり（87.1条），その財産および知的財産の市場価値は取締役会が決定する（87.2条）。

⑪ 利益相反取引の承認（12章で定義される）

⑫ 自己株式の取得

⑬ 定款に規定されない取締役の報酬・賞与額の承認

⑭ 取締役の提出する年次報告書（96.4条）の承認（事業活動，組織，資本など）

⑮ 取締役会決議によって株主総会事項とされたその他の事項

⑯ 会社法，定款で定めるその他の事項

3　有限責任会社の追加決定事項

取締役会を設置しない有限責任会社の株主総会においては，上記2に加えて以下を決定することができる（62.2条）。

① 有価証券の発行

② 執行機関（executive body）の権限の確認

③ 執行役員（executive director＝CEO），執行機関（executive body）のメンバーの選任，その権限の確認，解任

④ 執行機関（executive body）メンバーの報酬と賞与の承認

⑤ 執行機関（executive body）が年度事業財務に関して作成する報告書の承認

⑥ 会計監査人の選任と契約の締結

⑦ 配当額とその支払手続の決定

⑧ 執行機関（executive body）の内部組織の承認

⑨ 支店および駐在員事務所の設置

⑩ 会社の財産および財産権の市場価格の決定（55条）

⑪ 会社法，定款に定めるその他の事項

⑫ 執行機関（executive body）または株主の提案するその他の事項

4　定 足 数

議決権株式の50％以上の出席で決議が有効となる（69.1条）。定足数は定款で加重することができる（69.2条）。定足数が満たされなかった場合には，議題を変更しない遅延総会を20日以内に（69.6条）開催できるが，その際には定足数は議決権の20％以上となる（69.4条）。ただし，特別決議事項を決定する場合には，この定足数は3分の1となる（69.5条）。

国際取引の現代的課題と法

委任状によって代理人を出席させることができる（68.1条）。

5 投票と決議

　投票は1株1議決権で行われる（63.2条）。通常の決議は出席株式の過半数の賛成で決定される（63.5条）。ただし，取締役の選任に関しては，投票数の多い候補者から選任される。また，いわゆる特別決議事項に相当する重要事項（上記のⅦ2の①から⑥で示した定款変更，会社再編，新株発行，会社の形態変更，清算と清算委員会の任命，株式合併分割統合）については，出席株式の3分の2以上の賛成で決定される（63.7条）[18]。

　株式会社では外部投票（external voting）というシステムを使って株主総会を開かないで決議を行うことができる（73.1条）。外部投票は定時総会では使用できず臨時総会でのみ使用できる（73.2条）。外部投票については取締役会が決定する（73.3条）。議決権株式の50％以上の株主による投票用紙の提出によって外部投票が有効と判断され，投票の過半数の賛成で決議される（73.7条）。

Ⅷ　会社の機関——取締役と取締役会

1 取締役

　取締役会は株主総会の間（非開催期間）の会社の運営組織と位置付けられている（75.1条）。公開株式会社は取締役会を設置しなければならないが，有限責任会社は定款で定めなければ取締役会を設置しなくてもよい（75.2条）。実際，有限責任会社では設置されないことが多い。

　取締役の人数は定款で定められるが，公開株式会社（および国営会社）では9名以上でなければならない（75.4条）。また，取締役の少なくとも3分の1は独立取締役でなければならない（75.4条）。モンゴル会社法全体から見るとこの独立取締役の要求は非常に唐突な印象を受けるが，米国会社法の影響を受けたことは明らかであろう。有限責任会社では取締役の人数に規定はない。また，有限責任会社が取締役会を持つときには独立取締役は要求されないが，定款で設置することができる（75.5条）。モンゴル会社法は取締役会秘書役（Sec-

---

　(18)　前掲注(16)と同じ。

60

retary of Board of directors）という制度も置いているが（82.1条），これも英米法流の Secretary を取り入れたものと思われる。取締役と秘書役は，コーポレート・ガバナンスの講習を受けて証明書を取得しなければならないとされており，これもユニークな規定である（75.8条）。

取締役の資格要件は特に記載されていないので，国籍要件も居住要件もないと考えられる。取締役の選任と解任は株主総会の投票によって行われる。取締役の選任は累積投票で行うことができる（77.1条，77.3条）。

2 取締役会

取締役会は原則として月に1度開催される（80.1条）。取締役会メンバーの過半数の賛成投票によって取締役会会長が選出される（78.1条）。会長が取締役会の招集と議事進行を行う（78.2条）。取締役と執行機関（executive body）も取締役会を招集することができる（80.3条）。取締役会の法定の権限は以下のとおりである（76.1条）。

① 会社の事業活動と方針の決定
② 定時および臨時の株主総会の招集
③ 株主総会の議題，総会に出席できる株主，その他の株主総会に関連する事項の決定
④ 会社の授権未発行株式の限度での株式の発行
⑤ 普通株式に関連する証券および定款で定めるその他の証券の発行
⑥ 財産および知的財産の価格の決定（55条）（独立取締役のみの投票）
⑦ 自己株式およびその他有価証券の取得と償還
⑧ 執行機関（executive body）の選任と改選，その権限の決定
⑨ 執行機関（executive body）と締結する契約の条件，そのメンバーへの賞与，その責任と義務の決定
⑩ 会計監査人の選任と契約条件の決定（独立取締役のみの投票）
⑪ 会社の年次事業・財務報告書の作成
⑫ 配当とその支払方法の決定（定款に定めのない場合）
⑬ 取締役会と執行機関（executive body）の規則の承認
⑭ 支店と駐在員事務所の設立
⑮ 株主総会に提出する会社再編に関する決議の作成とその再編の実施

国際取引の現代的課題と法

⑯ 大規模取引の承認（11章）

⑰ 利益相反取引の承認（12章）（独立取締役のみの投票）

⑱ その他法律や定款で定める事項

　取締役会の定足数は３分の２であり（80.5条），出席取締役の３分の２の賛成で決議されるが（80.6条）[19]，大規模取引（11章）の承認は取締役会の全員一致で行う（88.1条）。ただし，全員一致の決定ができなかった場合には，株主総会の議題として出席株主の過半数の賛成で決定される（88.2条）。また，取締役会不設置の有限責任会社においては，株主総会の全員一致で決定する。利益相反取引（12章）は，利益相反のない取締役の議決権の過半数の賛成で決定されるが（92.1条），一定の場合には，株主総会の利害関係のない出席株式の過半数で決定しなければならない（92.3条）。

3　委員会と秘書役

　新会社法は米国の影響を受けて新たに委員会制度を導入した。取締役会は必要に応じて特定の問題を担当する常任または一時的な委員会を設置することができるが（81.1条），株式会社においては，監査委員会，報酬委員会，指名委員会の設置が義務付けられている（81.2条）。また，これらの３委員会の３分の２以上のメンバーは独立取締役でなければならない（81.2条）。監査委員会の委員長は独立取締役でなければならない（81.4条）。有限責任会社では３委員会の設置は要求されないが，これを設置することもできる。

　モンゴル会社法は，また，英米法流の秘書役（Secretary of Board of Directors）[20]という制度を置いている。秘書役は取締役会会長の提案によって取締役会が任命する（82.1条）。秘書役の義務は，以下の通りである（82.2条）。

① 取締役会の文書と記録を保持して株主に通知する

② 株主総会と取締役会の準備のために，通知，議題，決議案，その他の文書を準備，提出する

③ 株主総会と取締役会の議事録を保管し，決議を検証し，実施状況を監視する

---

[19]　前掲注⑯と同じ。

[20]　これは会社の秘書役ではなくて，取締役会の秘書役という位置づけである。

④ 株主総会，取締役会，取締役，その他利害関係者の調整を行う

⑤ 取締役会の内部活動を調整し，円滑にする

なお，秘書役が取締役とともに，コーポレート・ガバナンスの講習を受けて証明書を取得しなければならないのは上述の通りである（75.8条）。

4 独立取締役

モンゴル会社法は株式会社に3分の1以上の独立取締役を置くよう定めているが，その定義は以下である（79.1条）[21]。

① 会社の普通株式の5％以上を単独でまたは他者と共同で保持していないこと

② 会社またはそのグループ会社の職に就いていないこと

③ 公的サービス事務所を除いて公務員の職についていないこと

④ 会社との間でいかなる取引もないこと

独立取締役の義務として通常の取締役の義務に加えて以下が列挙されている（79.3条）。ここではいわゆるモニタリングの義務が課せられていることがわかる。

① 取締役会や執行機関（executive body）の活動・政策・決定が会社に不利益を与えていないかどうかの監視，会社の活動が法律・規則・手続を遵守しているかどうかの監視，違反や利益衝突の防止，違反を解消するよう関係者に要求すること，その要求に応じられなかった場合には当該事項を取締役会の審議にかけてさらには株主総会の審議にもかけること

② 会社活動の透明性とアクセスのしやすさを維持することに関して執行機関（executive body）を指導し，監視し，それに関する要求をすること

③ 個人として株主総会に出席し，取締役会の決定に関連して出された異なる意見を報告し，株主の質問に答えて説明を行うこと

国や地方公共団体が所有する会社またはそれらが50％以上を出資する会社の独立取締役は，上記に加えて以下の義務を負っている（79.4条）。

① 国および地方財産を用いて業務やサービスを購入するための法律に従っ

---

[21] 79.1条は何故か「指名委員会は以下の条件を満たす独立取締役を指名しなければならない」という表現をしているが，これが会社法上の独立取締役の定義と考えてよい。

国際取引の現代的課題と法

た購入の提案をすること

② 執行機関（executive body）の締結する契約に関する物品・業務・サービスの購入活動が法の原則に従っているかどうかを監視すること

有限責任会社においては独立取締役の設置は強制されないが，定款に記載することでこれを置くこともできる（75.5条）。モンゴルではそもそも株式会社の数が少なく，また国営企業が転換したものが多いので，現段階では実際にこの独立取締役の制度がガバナンスとしてどれだけ機能するかは疑問である。

IX　会社の機関 —— 執行機関（executive body）と役員

1　執行機関

モンゴル会社法は取締役（会）と執行機関を峻別する。執行機関（executive body）とは定款や取締役会との契約の範囲内で日々の活動を行う（manage）ものと定義されている（83.1条）。執行機関（executive body）は定款で別途定めない限り1名が務める（83.2条）。1名のみが務める場合にはその個人は執行役員（executive director）と呼ばれる（83.3条）。実際には1名で務めることが多いようであるが，これはいわゆる社長とかCEOにあたる役職ということになる。複数で務める場合には，社長とその他の（日本の会社に見られる）執行役員がいる状況を想像すればよい。単独の執行役員は定められた権限の範囲内で委任状なしに会社の代表として契約の締結を含む業務執行を行うことができる（83.8条）。複数で務める場合にはその代表者(長)が選任されて会社を代表することになる（83.12条）。執行機関（executive body）は取締役を兼務することができるが，取締役会会長となることはできない（83.4条）。監督と執行の最低限の分離を図っているものと思われる。法律や定款で別の定めがなく，取締役会（設置しない場合には株主総会）が同意する場合には，執行役員または複数いる執行機関メンバーは別の会社の経営組織の公職を兼務することができる（83.5条）。取締役会（設置しない場合には株主総会）は執行機関（executive body）の権限をいつでも終了させることができる（83.15条）。

2 役員の責任

(1) 役員の定義と義務

モンゴル会社法は，役員という概念を設けてその義務と責任を明示している。役員（Governing persons of a company）の定義は，直接的または間接的に会社の意思決定のプロセスに参画し取引や契約を実施する者であって，取締役，業務執行担当者（executive management team），執行役員（executive director），最高財務責任者（CFO），会計統括担当者，専門家，取締役会秘書役はこの役員に含まれるとしている（84.1条）。ただ，この中には曖昧な役職もあり，すべての役職の人員をそろえる必要はないと考えられる。

役員は会社の利益にかなった意思決定をしなければならない。役員は法律と定款を遵守して，利益相反を避け，会社の秘密を保持し，担当職務の遂行に関して贈物や報酬を受け取ってはならない（84条各号）。

(2) 役員の責任と代表訴訟

役員はその義務を履行せず，または違反を繰り返すことによって会社に損害を与えた場合には，個人財産からその賠償をしなければならない（84.6条）。損害が取締役会の決定によって引き起こされた場合は，その決定に反対したまたは会合に出席しなかった取締役はその責任を免除される（84.7条）。有限責任会社において，発行済株式の20％以上を利害関係者と一緒に保持する株主は，上記の役員と同じ責任を負う（以下の株主代表訴訟含む）（84.10条）。

取締役または執行機関（executive management）がその義務の履行を怠った場合には，会社の株主は，その経営者（governing person）に対して会社が被った損害を賠償するよう訴訟を提起することができる（84.7条）。これはいわゆる株主代表訴訟であって，提訴権者の持株数に下限がないので，1株の株主からこの権利を持つと考えられる（84.7条）。

X　その他の会社法の規定

1　支配株主の責任

モンゴル会社法は支配的立場にある株主に特別の責任を負わせている。支配株主とは，支配株式（controlling block of shares of a company）つまり会社の普通株式の3分の1以上の株式を持つ者をいう（56.1条）。単独でまたは他者と

共同で支配株式を求める者は会社法または証券法に従ってオファーをしなければならない（56.2条）。また，単独でまたは他者と共同で会社の株式の10％以上を保有する者，およびその他の方法で会社の経営を支配する力を持つ者は，その権限の誤った行使で会社が損害を被った場合には，自らの資産をもって賠償しなければならない（9.4条）。この責任の対象は支配株主よりもさらに拡大されている。

2　配　当

定款に定めがない限り，取締役会（設置されない場合には株主総会）が利益配当を決定する（46.1条）。利益配当は会社が税金を納めた後の純利益から支払われる（46.8条）。定款で定めがない限り，現金，財産，会社の有価証券，他社の有価証券で支払われる（46.7条）。普通株式への配当の条件は，配当後に会社が支払能力を有すること，配当後に自己資本が定款資本・優先株の未払配当金・優先株の清算価格の合計を上回ること，会社が償還義務を負う有価証券をすべて償却していることである（47.1条）。優先株の配当の条件は，配当後に会社が支払能力を有することと会社が償還義務を負う有価証券をすべて償却していることである（47.3条）。配当後に自己資本が25％以上減少する場合には，支払日から15営業日以内に書面で自己資本残高を債権者に通知しなければならない（47.4条）。

3　解散・清算

会社は株主総会の決定または民法・会社法・その他の法律に基づいた裁判所の決定によって清算される（26.1条）。裁判所の清算決定は，破産・株主の不在・法で定めるその他の事情によって行われる（26.2条）。取締役会（設置しない場合は執行機関）は，清算委員会の任命，清算期間と手続，債権者への支払後の残余財産の分配手続を含んだ清算案を作成して株主総会に提出する（26.3条）。

〈参考文献〉
・趙　勁松著，R&G 横浜法律事務所編「モンゴル法制ガイドブック」（民事法研究会，2016 年）

3 モンゴルの投資法と会社法〔阿部道明〕

- 久野康成公認会計士事務所・東京コンサルティングファーム「ロシア・モンゴルの投資・M&A・会社法・会計税務・労務」（TCG 出版，2013 年）337 頁・346 頁
- 徳本穣（編集代表）「モンゴル法・第 5 回：モンゴルにおける事業展開の形態（上）（下）国際商事法務 43 巻 2 号 237 頁・3 号 413 頁（2015 年）
- 「モンゴル投資ガイド，（第 II 部）モンゴルへの進出に必要な手引き」JICA 東中央アジア部 96 頁（2013 年）
- 「モンゴルビジネス環境ガイド」JICA53 頁（2017 年）
- マイケル・アルドリッチ（文責）「モンゴルの法制およびビジネス環境」セミナー講演，ホーガン・ロヴェルズ・インターナショナル LLP（2010 年）
- 「戦略的業種への外資参入を承認制に（モンゴル）」JETRO 通商弘報（2012 年）
- 「モンゴルの新たな戦略的外国投資法——一時的な不便さか？」Hogan Lovelles（2012 年）
- 「外国投資調整法」原口総合法律事務所（2013 年）
- 「モンゴル，外資規制緩和へ」企業法務ナビ（2013 年）
- 「投資法と投資基金法が 11 月から施行，対内投資の回復図る（モンゴル）」JETRO 通商弘報（2013 年）
- 「モンゴルにおける問題点と要望」貿易・投資円滑化ビジネス協議会（2015 年）
- 在モンゴル日本大使館資料 16 頁（2012 年）

モンゴル法の翻訳：
- 投資法英訳：Communications Regulatory Commission of Mongolia のホームページより（最終閲覧 2017 年 9 月 14 日）

  http://www.crc.gov.mn/en/k/2lw/1q

  または http://ambasadamongolii.pl/wp-content/uploads/2014/10/Foreigninvestlaw_Unofficial_translation.pdf#search=%27mongolia+investment+law%27
- ライセンス法英訳：Communications Regulatory Commission of Mongolia のホームページより（最終閲覧 2017 年 9 月 14 日）

  http://www.crc.gov.mn/en/k/xe/1q
- 投資法和訳（非公式訳）JETRO 海外調査部（2015 年）
- 投資法施行細則和訳（非公式訳）JETRO 海外調査部（2015 年）
- 投資契約締結規則（非公式訳）JETRO 海外調査部（2015 年）
- 会社法英訳（Unofficial translation）JICA モンゴル投資ガイド添付書類（2013 年）
- 会社法和訳メモメモ livedoor Blog（2014 年）（最終閲覧 2017 年 9 月 14 日）

  http://mongolian.blog.jp/archives/1005478900.html

4 ベトナムにおける投資家対国家間紛争処理制度の発展と課題

岩瀬真央美

Ⅰ	はじめに	Ⅲ	ISDS 制度の整備の現状と
Ⅱ	外国投資家とベトナム政府		課題
	との間の紛争解決(ISDS)事案	Ⅳ	おわりに
	をめぐるベトナム国内の状況		

Ⅰ　は じ め に

　「ドイモイ（刷新）」政策が1986年に採択される前のベトナムでは，内政・外交上の困難を打開するために，1977年4月に外資導入条例が制定され，1979年以降の「新経済政策」期においても輸出拡大が優先的な課題の1つとして提起されていた。しかし，この対外経済関係拡大の試みは，当時の国際環境のために，実効性を伴わないものとして終わっていた。この時期の外国投資の導入は，もっぱら国内経済の不足・不備を補完するための副次的なものとしてのみ位置付けられており，また実際面ではソ連・東欧諸国との関係に限定されていた[1]。しかしベトナムは，1986年のドイモイ政策によって対外経済開放を本格化させ，貿易活動の活性化や外国投資の導入促進などが進められた。外国投資の導入においては，1987年12月に外国投資法（1988年1月発効）が制定されるとともに，1990年のイタリアとの二国間の投資協定締結を皮切りに，二国間投資協定を含めた諸条約の締結が進められた[2]。今日までベトナムは継

---

[1]　白石昌也「第1章　社会主義国家ベトナムの市場経済──対外経済開放策の現状と将来」白石昌也，糸賀了，渡辺英緒監修『ベトナムビジネスのルール：法制・投資実務・税務』（日経 BP 出版センター，1995年）29頁。

国際取引の現代的課題と法

続して対外経済開放政策を推し進め，二国間では直近で2014年にトルコと二国間投資協定を締結し，多国間では1998年のアジア太平洋経済協力（Asia Pacific Economic Cooperation; APEC）参加，2007年の世界貿易機関（World Trade Organization; WTO）加盟や環太平洋パートナーシップ（Trans-Pacific Partnership; TPP）協定の締結交渉への参加など，国際経済体制への参入を加速させている[3]。

外国投資活動に関する国際的な法的枠組みは，歴史的には，外国投資家が投資受入国から何らかの不当な待遇を受けて損害をこうむる場合への対応措置として発展し，投資母国を中心とする様々な取組の中で構築されてきた。外国投資家の保護については，二国間，多国間あるいは地域間などで締結される投資協定網の拡大とともに発展し，近年では特に，投資協定が定める外国投資家と投資受入国との間の紛争解決（Investor-State Dispute Settlement）条項（ISDS条項）を根拠とする投資協定仲裁の件数が急増して，日本を含めた多くの国で投資協定仲裁への関心が高まっている[4]。ベトナムでの外国投資活動に関しては，ベトナム政府を被申立国とする最初の投資協定仲裁が2004年に申し立てられたのち，2017年7月31日現在，ベトナム政府を被申立国とする5件の投資条約仲裁の存在が知られている[5]。この他にベトナムでの投資活動において

---

(2) 白石・同上30-31頁。

(3) United Nations Conference on Trade and Development（UNCTAD）, "International Investment Agreements Navigator,"〈http://investmentpolicyhub.unctad.org/IIA〉（閲覧日：2017年9月21日）.

(4) 外国投資活動をめぐる国際法制度発展の歴史について参照：濱本正太郎「第11章投資条約仲裁」谷口安平＝鈴木五十三編著『国際商事仲裁の法と実務』（丸善雄松堂，2016年）491-494頁。

(5) UNCTADデータベースでは，2017年7月末現在として，以下の5件が掲載されている。参照：UNCTAD, "Investment Dispute Settlement Navigator,"〈http://investmentpolicyhub.unctad.org/ISDS〉（閲覧日：2017年9月21日）.

　・Trịnh Vĩnh Bình and Binh Chau Joint Stock Company v. Socialist Republic of Vietnam（Trịnh Vĩnh Bình事件）：1994年越蘭投資協定に基づいて2004年に付託されたUNCITRAL仲裁規則によるストックホルム商業会議所（Stockholm Chamber of Commerce; SCC）での仲裁。非公開を条件として和解し，2007年に和解を内容とする仲裁判断（和解仲裁判断）により終結。

　・Michael McKenzie v. Vietnam（McKenzie/South Fork事件）：2000年越米貿易協定に基づいて2010年に付託されたUNCITRAL仲裁規則による常設仲裁裁判所（Per-

4 ベトナムにおける投資家対国家間紛争処理制度の発展と課題〔岩瀬真央美〕

は，投資協定仲裁に至らない国家機関などとの紛争が一般的に生じており，日本企業にもあてはまる[6]。特にベトナムでの投資活動の場合，外国投資家と国

---

　manent Court of Arbitration; PCA）での仲裁。2013 年にベトナム勝訴の仲裁判断が下される。

・Dialasie SAS v. Socialist Republic of Vietnam（DialAsie 事件）：1992 年越仏投資協定に基づいて 2011 年に付託された UNCITRAL 仲裁規則による PCA での仲裁。2014 年にベトナム勝訴の仲裁判断が下される。

・RECOFI v. Viet Nam（Recofi 事件）：1992 年越仏協定に基づいて 2013 年に付託された UNCITRAL 仲裁規則による PCA での仲裁。2015 年にベトナム勝訴の仲裁判断が下される。

・Trịnh Vĩnh Bình v. Viet Nam（第 2 次 Trịnh Vĩnh Bình 事件）：1994 年越蘭投資協定に基づいて 2014 年に付託された国際商業会議所（International Chamber of Commerce; ICC）国際仲裁裁判所（ICC International Court of Arbitration）での仲裁。係争中。もっとも 2017 年 7 月末に筆者が確認した時点では，この事案は掲載されていなかった。後述。

(6) 日本企業によるベトナム投資においては，税制，ODA 案件のインフラ整備事業などをめぐるベトナム当局との紛争の存在が，日本やベトナムの報道機関によって報道されている。

・Nhật Tân 橋建設事業における，交通運輸省による用地回収の遅れをめぐる東急建設と交通運輸省との間の紛争。参照：「(ASIA Inside) ベトナム，東急建設の苦悩 工期延滞費巡り国際仲裁」2013/7/16 付日本経済新聞朝刊；SỸ LỰC, "Phung phí hàng trăm tỷ đồng tiền ngân sách（財政予算数千億ドルの浪費），" Báo điện tử Tiên Phong, 02/08/2013 〈http://www.tienphong.vn/kinh-te/phung-phi-hang-tram-ty-dong-tien-ngan-sach-639616.tpo〉（閲覧日：2017 年 9 月 21 日）；Anh Minh, "Lời cảnh báo từ công trình cầu Nhật Tân（Nhật Tan 橋建設からの警告），" Bao Đầu tư điện tử, 10/08/2013 〈http://baodautu.vn/loi-canh-bao-tu-cong-trinh-cau-nhat-tan-d1486.html〉（閲覧日：2017 年 9 月 21 日）. なお，Tiên Phong 紙によれば，用地回収の遅れから外国請負業者が補償請求の提訴を行う危機に直面している他のインフラ整備プロジェクトとして，ノイバイ空港第 2 ターミナル事業（ハノイ市 Sóc Sơn 県）や Hà Nội - Lào Cai 高速道路事業がある。

・BOT 契約（1996 年外国投資法以降の投資法で規定されている投資形態の 1 つ。2014 年投資法では PPP 契約の 1 形態として規定されている）をめぐる紛争。大林組がホーチミン市東西大通りプロジェクトに関連して，香港にある「商事に関する国際裁判所（ICC）(Tòa án Quốc tế về thương mại (ICC))（ママ）」にホーチミン市都市交通施設建設投資委員会（同市東西大通りプロジェクト管理委員会）を提訴した。参照：Q. Hiền, "Dự án Đại lộ Đông- Tây: Nhà thầu khởi kiện chủ đầu tư（東西大通りプロジェクト：請負業者が投資主体を提訴），" BÁO NGƯỜI LAO ĐỘNG ĐIỆN TỬ, 04/03/2013 〈http://nld.com.vn/thoi-su-trong-nuoc/du-an-dai-lo-dong-tay-nha-thau-khoi-kien-chu-dau-tu-20130304095743356.htm〉（閲覧日：2017 年 9 月 21 日）.

・BOT 方式による高速道路事業に関する事案。第 1 フェーズの高速道路化と第 2 フェー

有企業との間の商事紛争が ISDS 事案に発展して投資協定仲裁に至るという社会主義市場経済体制をとるベトナム特有の問題が存在している[7]。

　ベトナムは，2016 年末現在，65 の二国間投資協定（うち 4 協定が失効）と投資章を含む 24 の自由貿易協定（うち 1 協定が失効）を締結し，2017 年 6 月末現在，投資章を含む EU とベトナムとの間の自由貿易協定（Free trade agreement between the European Union and the Socialist Republic of Viet Nam; EVFTA）と東アジア地域の包括的経済連携（Regional Comprehensive Economic Partnership; RCEP）の 2 つの FTA の締結交渉を進めている[8]。あわせてベトナム政府は，外国投資活動に関する国内法整備の中で，投資法の紛争解決条項において，投資協定の ISDS 条項に基づいて外国投資家がベトナム政府を訴える権利を明記

　　ズの 6 車線への拡張を内容とするハノイ市 Pháp Vân - Cầu Giẽ 道路を高速道路に改修するプロジェクトについて，参画に向けてベトナム政府と積極的に協議を進めていた中日本高速道路株式会社（NEXCO 中日本）は，投資コストを理由として撤退した。参照：Tiến Mạnh -Đình Quang, "Đường Pháp Vân Cầu Giẽ được thu phí thế nào?（どのように Phap Van - Cau Gie 道路の手数料を収集するか？），" Báo Giao thong, 13/10/2015 〈http://www.baogiaothong.vn/duong-phap-van--cau-gie-duoc-thu-phi-the-nao-d123603. html〉（閲覧日：2017 年 9 月 21 日）.

(7)　「4 外国投資家がベトナム政府を訴える」と題する報道（Thế Kha, "Tập trung giải quyết vụ 4 nhà đầu tư nước ngoài kiện Chính phủ（4 外国投資家が政府を訴える事件の解決に集中），" Báo điện tử Dân trí, 13/07/2015 〈http://dantri.com.vn/xa-hoi/tap-trung-giai-quyet-vu-4-nha-dau-tu-nuoc-ngoai-kien-chinh-phu-1437478568.htm〉（閲覧日：2017 年 9 月 21 日）.）では，「Recofi, TVB, Sài Gòn Metropolitant（ママ），Sezako を含む 4 外国投資家」が，「国際仲裁評議会（Hội đồng Trọng tài Quốc tế）（ママ）」にベトナム政府を訴えていることと合わせて，生産物分与契約に従う優遇税に関する紛争事案において，「国際仲裁評議会（ママ）」がベトナム石油ガス集団（Petrovietnam）の主張を認めた旨を報道している。さらにこの記事の中では，ホーチミン市に本拠地を置く協同組合 Sài Gòn Co.op とフランス投資家（DialAsie）との間の不動産賃貸借契約をめぐって紛争となった DialAsie 事件に関連して，[案件の] 承認や [問題] 解決の責任が地方政府や省庁の権限に属する場合に外国投資家が政府を訴えた事態について計画投資省関係者は，「外国投資家が提訴の際に明記する『住所』は政府である。彼ら [外国投資家] は，政府が [紛争となった案件の職務を] 管理しており，[その職務] 運営が不適切であると認識する。[彼らにとっては，] Sài Gòn Co.op のような機関は国家機関であって，国家代理がその領域を管理していると認識する」と述べている。このように，国有企業や協同組合が国家機関に相当する存在として認識されるベトナムでは，省庁や地方政府だけでなく，国有企業との紛争が，ベトナム政府による関与によって ISDS 事案に発展する可能性が高いといえる。

(8)　UNCTAD, *supra* note（3）.

し，外国投資家のより一層の保護を図っている[9]。その一方でベトナム政府は，ISDS の経験を踏まえて，ISDS 手続に関する国内体制の整備，強化を図ることを目的として，2014 年 1 月 14 日付国際投資紛争解決を調整する規制の発布に関する政府決定第 04/2014/QĐ-TTg 号[10]（政府決定第 04/2014/QĐ-TTg 号）を制定するとともに，新規の投資協定の締結交渉について，次第に慎重になっている[11]。

　このような状況を踏まえて本稿では，まず，ベトナムにおける ISDS 事案を取り上げて，投資活動と ISDS の現状を明らかにする。その上で ISDS 制度に関する議論を分析し，ベトナムにおける ISDS 制度の現状と課題を検討して，今後の方向性を提示したい。

II　外国投資家とベトナム政府との間の紛争解決（ISDS）事案をめぐるベトナム国内の状況

1　ISDS 事案に関する情報公開の現状

　ベトナムに関連する ISDS 事案のうち，2017 年 7 月末時点で投資協定仲裁として UNCTAD データベースに掲載されている 4 件の終結事案は，全て UNCITRAL 仲裁規則を適用した仲裁で処理されている。また，主としてベトナムの主務官庁と外国投資家との間で締結されるインフラ建設契約など，個別の契約に関連する ISDS 事案に関しては，当該契約の紛争解決条項に基づいて処理されている[12]。現在これらの紛争処理の内容は一般には公表されておらず，各関係者による公表や各種の報道，種々の有料データベースなど，2 次資料によってその内容を垣間見ることができるに留まる[13]。また，現時点は，ベトナム政府やベトナム企業などが関与する ISDS 事案に関しては，次項で取り上

---

[9]　Nguyen, Thanh Tu and Vu, Thi Chau Quynh, "Investor-State Dispute Settlement from the Perspective of Vietnam: Looking for a 'Post-Honeymoon' Reform," TDM 1 (2014) ⟨https://www.transnational-dispute-management.com/article.asp?key=2041⟩（閲覧日：2017 年 9 月 21 日）.

[10]　Quyết định số 04/2014/QĐ-TTg ngày 14 tháng 01 năm 2014 của Thủ tướng Chính phủ về việc ban hành Quy chế phối hợp trong giải quyết tranh chấp đầu tư quốc tế.

[11]　Nguyen and Vu, *supra* note (9).

[12]　Nguyen and Vu, *supra* note (9).

げる司法省による報告の他には，公的な文書は管見の限りでは存在せず，ベトナム政府による公式見解や一次資料の公開は極めて限られている。

2　ベトナム政府による情報公開

　ベトナムでは，2014年以降，司法省が政府決定第04/2014/QĐ-TTg号に基づいてISDS手続におけるベトナム政府の代理機関としての任務と権限を遂行している（第2条，第7条）。司法省は，毎年公表する年次報告[14]において，「国際法活動，司法と法に関する国際協力」として，ISDS事案を取り上げているが，その内容は極めて限定的なものに留まっている。

　報告第15/BC-BTP号（司法省，2014年）[15]では，2013年末現在，「国際紛争解決に参加する政府のために法的側面に関する代理の職能を実現する」ことに関して，司法省は各省・機関と調整して，「DialAsie事件，McKenzie/South Fork事件，Recofi事件」などのような，複雑・敏感な内容をもつ「16の紛争事案において，ベトナム側のために利益を最大限保障」したことが公表されている。しかし，報告第15/BC-BTP号（司法省，2014年）は紛争事案の件数と当時UNCTADデータベースにおいて公表されていた3つの事件名を記述するに留まり，各事案に関する具体的な記述は一切なされていない。翌年の報告第05/BC-BTP号（司法省，2015年）[16]では，2014年末現在，「法的な指揮と代理」に関して司法省は，「国際紛争解決において，各省・機関・地方

---

⑬　ベトナム政府関係者（司法省と計画投資省）の共著による論考（Nguyen and Vu, supra note（9).）においても，ベトナム政府が被申立国となった投資協定仲裁について，ベトナム政府の公式文書ではなく，ベトナム国外の有料データベースなどの情報を用いており，論考の中で当該情報自体の検証はできていないことを明らかにしている。

⑭　"Báo cáo Số ○/BC-BTP Tổng kết công tác tư pháp năm △ và phương hướng, nhiệm vụ, giải pháp chủ yếu công tác tư pháp năm □（△年司法活動総括及び□年司法活動の主要な方向，任務，方策の報告第○/BC-BTP号）"の文書名で，前年（△年）の司法活動のまとめと当年（□年）の司法活動の方針などが示される文書で，通常毎年1月に公表され関係諸機関に報告，調整，通知などのために送付される。報告先には，書記局や政府首相，政府副首相など国家の上層部が含まれている。

⑮　Bộ Tư pháp, Báo cáo số 15/BC-BTP ngày 20/01/2014 về Tổng kết công tác tư pháp năm 2013 và phương hướng, nhiệm vụ, giải pháp chủ yếu công tác năm 2014.

⑯　Bộ Tư pháp, Báo cáo số 05/BC-BTP Tổng kết công tác tư pháp năm 2014 và phương hướng, nhiệm vụ, giải pháp chủ yếu công tác tư pháp năm 2015,（Hà Nội, ngày 12 tháng 01 năm 2015), pp. 23-25.

政府と調整して，国際紛争事案を解決する政府に対して助言を行っている」が，その中には「DialAsie，Recofi，TVB，Saigon Metropolitan などのような，多くの投資紛争事案」があると述べ，特筆すべき点として，「外国投資家が国際仲裁評議会（Hội đồng trọng tài quốc tế）（ママ）にベトナム政府を訴えて何百万米ドルもの賠償を請求」した「South Fork 事件（米国）と DiAlasie（ママ）事件（フランス）において，防衛に成功した」旨を明記している。報告第 05/BC−BTP 号（司法省，2015 年）は，報告第 15/BC−BTP 号（司法省，2014 年）では示されなかった「TVB」と「Saigon Metropolitan」を投資紛争事案として明記しているが，「TVB」は，UNCTAD データベースに掲載されている 2004 年付託の Trịnh Vĩnh Bình 事件を指していると考えられる。報告第 12/BC−BTP 号（司法省，2016 年）[17]では，「国際紛争解決における政府のための法的な指揮と代理」について，「2013 年からの司法省の新しい任務」であるが，「多くの重要な成果を連続して収めることができた」と述べている。報告第 12/BC−BTP 号（司法省，2016 年）によれば，「2 つの国際投資紛争事案の成功（2013 年に 1 件，2014 年に 1 件）」に続いて，2015 年にベトナム政府は，「勝利を引き続き獲得して，3 番目の［成功］事案を追加」した。現在司法省は，「外国投資家がベトナム政府を訴えた 2 つの事案の解決において，各省庁・地方政府との調整」を続けると同時に，「各国際法問題を処理し，外国投資家が各級人民委員会を訴える各紛争を解決する能力の向上において，幾つかの地方政府を互助」している。しかし，報告第 12/BC−BTP 号（司法省，2016 年）では，各紛争事案に関する具体的な記述が欠けているだけはなく，報告第 15/BC−BTP 号（司法省，2014 年）と報告第 05/BC−BTP 号（司法省，2015 年）において記述されていた個別の事案名への言及もなされていない。もっとも，UNCTAD データベースと報告第 05/BC−BTP 号（司法省，2015 年）に記載された各事案の終結年を考えると，報告第 12/BC−BTP 号（司法省，2016 年）で言及された係争中の 2 件のうち 1 件は，Saigon Metropolitan 事件であると考えられる。直近の司法省報告である報告第 01/BC−BTP 号（司法省，2017 年）[18]は，「第 1 部：2016 年司法活動状況　Ⅱ．各具体的領域における活動結果　8．国際法活

---

[17]　Bộ Tư pháp, Báo cáo số 12/BC-BTP Tổng kết công tác tư pháp năm 2015, nhiệm kỳ 2011−2015; định hướng nhiệm kỳ 2016−2020 và nhiệm vụ, giải pháp chủ yếu công tác năm 2016, (Hà Nội, ngày 20 tháng 01 năm 2016), pp. 33−37.

動，司法と法に関する国際協力」において，「a）国際法活動」の結果として，「国際投資紛争解決活動」を項目立てている。しかし，その内容は，報告第12/BC-BTP 号（司法省，2016 年）とほぼ同じで，「2016 年，司法省は各省庁とともに，ベトナム政府を助け，引き続いて外国投資家との紛争事案における3 番目の完全勝利を獲得した。司法省は，各省庁・地方政府を引き続き主導・調整して，外国投資家との2 つの紛争事案を解決する政府のために，法的代理の任務を実現している。また，司法省は，国際法の各問題を処理し，地方の国家機関と外国投資家との間の紛争を解決する能力の向上において，地方政府と調整し，互助する」と記述するに留まる。

　司法省は年次報告とは別に，年度途中においても司法活動報告[19]を公表している。2015 年1 月から7 月までの司法活動報告などに関する報告第245/BC-BTP 号（司法省，2015 年)[20]において，上記の報告第12/BC-BTP 号（司法省，2016 年）や報告第01/BC-BTP 号（司法省，2017 年）に記載された5 つの事案[21]に加えて，ベトナム政府が外国投資家との間で抱えている紛争事案として，韓国国籍を有する投資家がVinalines を訴えたSK 事件，台湾国籍を有する投資家がQuản Ninh 省人民委員会を訴えたHow Yu 事件，チェコ共和国国籍を

---

(18) Bộ Tư pháp, Báo cáo số 01/BC-BTP Tổng kết công tác tư pháp năm 2016 và phương hướng, nhiệm vụ, giải pháp công tác năm 2017, (Hà Nội, ngày 03 tháng 01 năm 2017), pp. 20-21.

(19) "Báo cáo số ○/BC-BTP Kết quả công tác tư pháp △ tháng đầu năm □ và nhiệm vụ trọng tâm, giải pháp chủ yếu công tác những tháng cuối năm □（□年初の△か月司法活動結果及び□年末数か月の活動の重心［をおく］任務，主要な方策報告第○/BC-BTP 号)" の文書名で，当該年（□年）について，公表の前月（△月）までの司法活動の結果と残りの期間の活動の方針などが示される文書で，関係諸機関に報告，通知などのために送付される。報告先には，書記局や政府首相，政府副首相など国家の上層部が含まれている。

(20) Bộ Tư pháp, Báo cáo số 245/BC-BTP Kết quả công tác tư pháp 7 tháng đầu năm 2015 và nhiệm vụ trọng tâm, giải pháp chủ yếu công tác những tháng cuối năm 2015, (Hà Nội, ngày 27 tháng 8 năm 2015), pp. 27-29.

(21) 報告第245/BC-BTP 号（司法省，2015 年）では，ベトナム政府が完全な勝利を収めて国際仲裁手続が終結した3 事案（Recofi 事件，TVB 事件，Saigon Metropolitant 事件（ママ)），仲裁決定施行の終結［手続］を進めている1 事案（South Fork 事件），係争中の1 事案（DialAsie 事案）の5 事案が明記されている。このうち，「Saigon Metropolitant（ママ）事件」と記載されている事案は，報告第05/BC-BTP 号（司法省，2015 年）や報告第204/BC-BTP 号（司法省，2017 年）で「Saigon Metropolitan」と記述されている事件を指していると考えられる。

有する投資家が Hà Tĩnh 省人民委員会を訴える意向を通知した Sezako 事件，ベルギー国籍を有する投資家が Bình Thuận 省人民委員会を訴える意向を通知した Nguyễn Quốc Cường 事件の4事案をあげている[22]。これら4事案について，報告第245/BC-BTP 号（司法省，2015年）では，事件名と紛争当事者のみを明記するに留まり，それ以上の記述はない。UNCTAD データベースには掲載されてないことから，投資協定仲裁に至っていない ISDS 事案であると考えられる。なお，How Yu 事件については，Quảng Ninh 省人民委員会の文書[23]から，Hạ Long 市と Bạch Đằng 橋を結ぶ道路案件に関して，外国資本を有する合弁企業である How Yu（Việt Nam）建設有限責任会社（How Yu 社）との間で締結した BT 契約を Quản Ninh 省人民委員会が終了させたことをめぐり，How Yu 社がベトナム国際仲裁センター（Vienna International Arbitral Centre; VIAC）に申し立てた事案を指していると考えられる。他の3事案に関するベトナム政府などの文書については，管見の限りでは公表されていない。

また，2017年1月から6月までの司法活動報告などに関する報告第204/BC-BTP 号（司法省，2017年）[24]によれば，司法省は2017年上半期に3つの ISDS 事案を処理しており，2事案（Saigon Metropolitan と Recofi）において勝利を獲得して仲裁評議会（Hội đồng trọng tài）（ママ）による事件の終了が宣言され，1事案（TVB2 事件）[25]について手続を継続している。このほかにも司法省は，投資家が提訴の意向を通知した3つの事案について政府による解決を支援する

---

(22) なお，2013年中間報告（Báo cáo 197/BC-BTP Kết quả công tác tư pháp 9 tháng đầu năm 2013 và nhiệm vụ trọng tâm, giải pháp chủ yếu công tác đến hết năm 2013, (Hà Nội, ngày 26 tháng 08 năm 2013).）や2016年中間報告（Báo cáo 189/BC-BTP Kết quả công tác tư pháp 6 tháng đầu nhiệm vụ trọng tâm 6 tháng cuối năm, (Hà Nội, ngày 22 tháng 7 năm 2016).）における ISDS に関する記述は，2015年中間報告（報告第245/BC-BTP 号（司法省，2015年））よりも簡略化された内容である。

(23) Ủy ban nhân dân tỉnh Quảng Ninh, Thông báo số 251/TB-UBND ngày 07 tháng 11 năm 2014 Kết luận của đồng chí Đỗ Thông - Phó Chủ tịch Thường trực Ủy ban nhân dân tỉnh tại cuộc họp ngày 06/11/2014 về kiểm điểm tiến độ triển khai Dự án đường nối TP Hạ Long với cầu Bạch Đằng（2014年11月7日付 Hạ Long 市と Bạch Đằng 橋を結ぶ道路案件の進捗状況の点検審査に関する2017年11月6日の会合における Đỗ Thông 同志－Quảng Ninh 省人民委員会常任副委員長の結論［に関する］通報第251/TB-UBND 号).

(24) Bộ Tư pháp, Báo cáo số 204/BC-BTP về công tác tư pháp 6 tháng đầu năm và nhiệm vụ trọng tâm, giải pháp chủ yếu công tác 6 tháng cuối năm 2017, (Hà Nội, ngày 24 tháng 7 năm 2017), pp.12-13.

国際取引の現代的課題と法

⑵ 報告第 204/BC-BTP 号（司法省，2017 年）では，「他の 1 事案（TVB2 事件）」と記
述するのみで，事案の説明は一切なされていない。しかし，外国の報道機関によるベト
ナム語報道（Tường An, "Doanh nhân Trịnh Vĩnh Bình tái khởi kiện nhà nước Việt Nam（企
業家 Trịnh Vĩnh Bình，ベトナム国家を再び提訴），" RFA, 2017-07-10〈http://www.rfa.
org/vietnamese/in_depth/second-court-of-trinh-vinh-binh-vs-vn-ta-07102017080253.
html〉（閲覧日：2017 年 9 月 21 日）.）から，非公開を条件として 2005 年に和解し，2007
年に和解を内容とする仲裁判断（和解仲裁判断）が下されて終結した Trịnh Vĩnh Bình
事件に関連して，Trịnh Vĩnh Bình 氏が，ベトナム政府による当該和解仲裁判断の履行を
求めて ICC 国際仲裁裁判所に提訴した第 2 次 Trịnh Vĩnh Bình 事件を指していると考え
られる。当該報道によれば，Trịnh Vĩnh Bình 氏は，Trịnh Vĩnh Bình 事件（第 1 次提訴）
が非公開を条件として終結したことから沈黙を守っていたが，第 2 次提訴に至り，第 1
次提訴の和解内容を公表するに至っている。この他，ボイス・オブ・アメリカ（Voice
of America; VOA）も，VOA 特別プロジェクトとして，Trịnh Vĩnh Bình 氏とベトナム
政府との間の紛争に関して，第 1 次提訴から第 2 次提訴に至るまでの一連の経過を特集
した「Vụ kiện 2 thế kỷ: Trịnh Vĩnh Bình vs Chính phủ Việt Nam（2 世紀の訴訟：Trịnh Vĩnh
Bình 対ベトナム政府）」を公開している（〈https://projects.voanews.com/vu-kien-trinh-
vinh-binh-vs-chinh-phu-vn/〉（閲覧日：2017 年 9 月 21 日）.）。

なお，2017 年 8 月定期政府記者会見（8 月 30 日午後）（Nhóm PV, "Nội dung Họp báo
Chính phủ thường kỳ tháng 8/2017," Báo điện tử Chính phủ, 30/08/2017〈http://baochinhphu.
vn/Hoat-dong-Bo-nganh/Noi-dung-Hop-bao-Chinh-phu-thuong-ky-thang-82017/315398.
vgp〉（閲覧日：2017 年 9 月 21 日）.）では，第 2 次 Trịnh Vĩnh Bình 事件に関する政府の
見解を問う Tuổi trẻ 紙記者からの質問に対して，Mai Tiến Dũng 大臣・政府官房主任が，
以下のように回答している。

政府と首相の見解は，国内に進出する各外国企業のために極めて平等な経営環境
を構築することである。現在，国際裁判所（toà án quốc tế）（ママ）は，紛争，法
律条項違反について，審理している。新聞各社が知っているように，投資保護は必
要な問題であり，地方政府・機関がその約束に違反し，または正しく実現せず，
［そして］法律条項を正しく実現しないために，外国投資家は一様に政府を訴えて
いる。現在この問題は裁判所（toà án）（ママ）が検討しており，我々は待たなけ
ればならない。

首相が指導する見解は，我々は，［外国投資家に対して］非常に透明な環境を構
築し，［その］信頼を構築するというものである。この 8 か月間，各外国投資企業
の新規登記資本・追加資本・株式購入資本は，233 億米ドル，前年同期比 45.1 ％
増となったが，これは自然に生じたことではない。

党，国家，政府を領導する各同志の［各国への］巡回が，各国家，特に各投資集
団にとって非常に大きな信頼を構築している。現在，ベトナムへの投資の波は非常
に良好であるが，しかし我々は，どこの地区・地方政府が法の規定を正しく実現し
ていないのか，そのためにいつまでも紛争が生じていることについて，再検査・再
審理しなければならない。この紛争は完全に解決されていないために，彼［Trịnh
Vĩnh Bình 氏］が国際裁判所（ママ）に提訴している。この点に関して，具体的な

4 ベトナムにおける投資家対国家間紛争処理制度の発展と課題〔岩瀬真央美〕

ために，文書の研究を調整している。

3 ベトナム国内における ISDS 事案の理解

個別の ISDS 事案に関する情報は，投資協定仲裁であれば，その事件名は UNCTAD データベースに掲載されることで明らかになる（Ⅱ1）。しかし，ベトナムが国家と他の国家の国民との間の投資紛争の解決に関する条約（ICSID 条約）の非締約国である現在，その具体的な内容について，ベトナム政府が積極的に公表する可能性は，これまでの状況を考えると，極めて低いといえる。投資協定仲裁に至らない ISDS 事案にいたっては，部外者は事案の存否自体についても，関係者や報道機関などによる情報公開などに依存せざるを得ない。ベトナム国内の報道機関（ベトナム国営放送局，新聞，雑誌など）は，ベトナム政府が被申立国となった投資協定仲裁や外国投資家との間で紛争となっている ISDS 事案について報道しているが[26]，報道される事案やその内容は，ベトナ

結果を得られ次第，我々は各同志に対しても提供する。

この政府記者会見での政府見解が公表されたことを受けたかのように，ベトナム国内の各報道機関は一斉に政府記者会見の内容を報道し，第2次 Trịnh Vĩnh Bình 事件や関連する情報，ISDS 制度に関する専門家の見解などについて報道している。参照："Bộ Trưởng Mai Tiến Dũng: Toà án quốc tế đang xem xét 'vụ kiện tỷ đô' (Mai Tiến Dũng 大臣：国際裁判所は「10 億ドル訴訟」を審理している)," VietnamPlus, 30/08/2017〈http://www.vietnamplus.vn/bo-truong-mai-tien-dung-toa-an-quoc-te-dang-xem-xet-vu-kien-ty-do/463859.vnp〉（閲覧日：2017 年 9 月 21 日），TRẦN THẮNG LONG, "Từ vụ ông Trịnh Vĩnh Bình: Trọng tài khác gì tòa án?（Trịnh Vĩnh Bình 氏事件から：仲裁は裁判と何が違うのか？)," Báo điện tử Pháp Luật thành phố Hồ Chí Minh, 30/08/17〈http://plo.vn/phap-luat/tu-vu-ong-trinh-vinh-binh-trong-tai-khac-gi-toa-an-724371.html〉（閲覧日：2017 年 9 月 21 日）；TRẦN THẮNG LONG, "Vụ Trịnh Vĩnh Bình: Thủ tục tố tụng ra sao?（Trịnh Vĩnh Bình 事件：訴訟手続はどのようになされるのか？)," Báo điện tử Pháp Luật thành phố Hồ Chí Minh, 30/08/17〈http://plo.vn/phap-luat/vu-trinh-vinh-binh-thu-tuc-to-tung-ra-sao-724311.html〉（閲覧日：2017 年 9 月 21 日）.

なお，第2次 Trịnh Vĩnh Bình 事件は，UNCTAD データベース掲載の 1994 年越蘭投資協定に基づいて 2014 年に手続が開始された「Trịnh Vĩnh Bình v. Viet Nam」を指していると考えられる。しかし，2017 年 7 月末に筆者が確認した時点では，この「Trịnh Vĩnh Bình v. Viet Nam」は掲載されていなかった。参照：UNCTAD, *supra* note (5).

[26] 司法省の年次報告，中間報告で事件名が明記された事案のうち，ベトナム国内の報道機関が取り上げたものは，確認できた限りでは，UNCTAD データベースに掲載された 4 事案（Trịnh Vĩnh Bình 事件，McKenzie/South Fork 事件，DialAsie 事件，第2次 Trịnh

国際取引の現代的課題と法

ム政府が公開を認める程度の内容に限定されていると考えられる[27]。また，報道された内容も，法的な正確性を欠いていると考えられるものもある[28]。

Vĩnh Binh 事件）と未掲載の1事案（SK 事件）である。

　SK 事件は，ベトナム国有企業（Vietnam National Shipping Lines; Vinalines）と韓国企業（SK Engineering & Construction Co., Ltd; SK 建設）との間の商事紛争に起因する事案である。Vân Phong 国際積替港の整備事業の第一期工事において，Vinalines を発注者，SK 建設とベトナム水路建設総公司（Vinawaco）を請負人として，2009 年に締結された建設施工契約第 03/VP/2009/HĐ－HHVN 号（2009 年契約）に関する商事紛争が，ベトナム国際仲裁センター（Vietnam International Arbitral Centre; VIAC）での仲裁に付託された。Vinalines が，VIAC での仲裁判断の取消を求めてハノイ市人民裁判所に提訴したことで，SK 建設とベトナム政府との間の ISDS 事案にまで発展した。例えば参照：Bá Tú, "Vinalines đòi hủy phán quyết của trọng tài: Tự lựa chọn, không tuân thủ（Vinalines は仲裁判断の取消を要求する：自ら選択し，遵守しない)," Diễn đàn Doanh nghiệp, 26/07/2014〈http://enternews.vn/vinalines-doi-huy-phan-quyet-cua-trong-tai-tu-lua-chon-khong-tuan-thu.html〉（閲覧日：2017 年 9 月 21 日）.

　なお，司法省の報告では取り上げられていないが，ホーチミン市の Thủ Đức 浄水場プロジェクトをめぐる外国請負業者と投資主体との間の紛争も報道されている（Ánh Nguyệt, "Tranh chấp quyết liệt 5, 7 triệu USD（580 万米ドルの激しい紛争)," BÁO NGƯỜI LAO ĐỘNG ĐIỆN TỬ, 18/03/2010〈http://nld.com.vn/xa-hoi/tranh-chap-quyet-liet-5-7-trieu-usd-20100317101237773.htm〉（閲覧日：2017 年 9 月 21 日）.)。

(27)　国際ジャーナリスト組織「国境なき記者団」（RSF，本部パリ）が公表した 2017 年の世界各国・地域の報道の自由度の順位によれば，ベトナムは 180 カ国・地域中の 175 位である（"2017 World Press Freedom Index － Vietnam,"〈https://rsf.org/fr/vietnam〉（閲覧日：2017 年 9 月 21 日）.)。もっともこのような報道に対しては，ベトナムの声放送局（Voice of Vietnam; VOV）（ベトナム政府直轄の国営放送局）による反論もなされている（「国境なき記者団ベトナ ムにおけるインターネットの自由を歪曲」VOV5（対外向け放送チャンネル），2013 年 5 月 6 日〈goo.gl/6pxH1k+〉（閲覧日：2017 年 9 月 21 日）.)。

(28)　例えば，SK 事件（前掲注(26)）に関する報道（Lan Nhi, "Cái giá của rủi ro（凶運の価格)," Thời báo Kinh tế Sài Gòn, 10/8/2014〈http://www.thesaigontimes.vn/118597/Cai-gia-cua-rui-ro.html〉（閲覧日：2017 年 9 月 21 日）.) では，仲裁判断取消訴訟の審理が開かれていないことに関して，「[法律の] 規定（訴状受理後 90 日）に従っていない」とされているが，2010 年商事仲裁法（法律第 54/2010/QH12 号）や 2014 年 3 月 20 日付商事仲裁法の幾つかの規定の施行を指導する最高人民裁判所裁判官評議会決議第 01/2014/NQ－HĐTP 号（Nghị quyết số 01/2014/NQ－HĐTP ngày 20 tháng 3 năm 2014 của Hội đồng thẩm phán Toà án nhân dân tối cao hướng dẫn thi hành một số quy định Luật Trọng tài thương mại）（最高人民裁判所裁判官評議会決議第 01/2014/NQ－HĐTP 号）の該当条文には，「90 日間」の根拠となる文言は規定されていない。

Ⅲ　ISDS 制度の整備の現状と課題

　ベトナム政府が関与する ISDS 事案は，［共産党］書記局，政府首相などの国家の上層部に司法省が提出する年次報告や中間報告などの公式文書において，その存在を確認することができる。しかしその報告内容は，事件名や紛争当事者名など極めて簡単なものに留まっているため，ベトナム政府の ISDS 制度自体に関する見解などは，これによっては十分に検討できない。しかし，ベトナムでは，2005 年投資法において初めて ISDS 条項が明記され，2005 年投資法を全面改正した現行の 2014 年投資法においても ISDS 条項が規定されている。国会における法律案の審議については，関係資料や審議録が国会や国会事務局などのウェブサイトで公開されており，政府や議員などの見解が示されている。そこでⅢでは，国会の資料に加えて，政府による対応措置，投資法に関する法律書や解説書などを取り上げて，ISDS 制度に関するベトナム国内での議論を明らかにして，ISDS 制度の現状と課題を検討する。

1　投資法が定める ISDS 制度に関する国会審議

　ベトナムの外国投資法制度は，1977 年 4 月 18 日付ベトナム社会主義共和国での外国投資に関する条例を発布する政府評議会議定第 115/CP 号[29]（1977 年外国投資条例）を嚆矢として発展してきた。1987 年には，1977 年外国投資条例を廃止して，ベトナムにおける外国投資法第 04/LCT/HĐNN8 号[30]（1987 年外国投資法）が制定された。1990 年と 1992 年の 2 度にわたる一部改正を経て，1996 年に，1987 年外国投資法を全面改正するベトナムにおける外国投資法第 52-L/CTN 号[31]（1996 年外国投資法）が制定され，2000 年に一部改正が行われた。2005 年には，外国投資と内国投資とに分けていた法制度を統一する投資法第 59/2005/QH2005 号[32]（2005 年投資法）が制定された。2014 年，2005 年投

⑵⑼　Nghị định số 115/CP ngày 18 tháng 4 năm 1977 của Hội đồng Chính phủ ban hành Điều lệ về đầu tư của nước ngoài ở nước Cộng hoà xã hội chủ nghĩa Việt Nam.

⑶⑼　Luật Đầu tư nước ngoài tại Việt Nam số 04/LCT/HĐNN8 ngày 29 tháng 12 năm 1987.

⑶⑴　Luật Đầu tư nước ngoài tại Việt Nam số 52-L/CTN ngày 12 tháng 11 năm 1996.

⑶⑵　Luật Đầu tư số 59/2005/QH11 ngày 29 tháng 12 năm 2005.

資法を全面改正する 2014 年投資法第 67/2014/QH13 号[33] (2014 年投資法) が制定され，2016 年の一部改正を経て今日に至っている。

⑴ 第 11 期国会第 8 会期（2005 年投資法）

（ⅰ）2005 年投資法

　第 11 期国会において 2005 年 11 月に制定された 2005 年投資法は，全 10 章 89 か条からなり，第 2 章投資保障におかれた紛争解決条項（第 12 条）[34] において，ベトナム政府と外国投資家との間の投資に関する紛争を解決する方法を定め，外国投資法制上初めて ISDS 条項を規定した（第 4 項）。第 12 条第 4 項は紛争当事者について，「外国投資家」と「ベトナム国家管理機関」とを規定するが，この「国家管理機関」は，第 81 条[35] が規定する政府，計画投資省，

---

[33]　Luật Đầu tư số 67/2014/QH13 ngày 26 tháng 11 năm 2014.

[34]　第 12 条　紛争解決
　　第 1 項　ベトナムにおける投資活動に関連する紛争は，法の規定に従い交渉，和解，仲裁又は裁判所を通じて解決される。
　　第 2 項　各内国投資家間，又は，内国投資家とベトナム国家管理機関との間の紛争であって，ベトナム領土における投資活動に関連するものは，ベトナムの仲裁又は裁判所を通じて解決される。
　　第 3 項　一方の当事者が外国投資家又は外国投資資本を有する企業である紛争，又は，外国投資家間の紛争は，以下の機関，組織の中の一つを通じて解決される。
　　　a）ベトナム裁判所
　　　b）ベトナム仲裁
　　　c）外国仲裁
　　　d）国際仲裁
　　　đ）各紛争当事者が設立に合意する仲裁
　　第 4 項　外国投資家とベトナム国家管理機関との間の紛争であって，ベトナム領土における投資活動に関連するものは，ベトナムの仲裁又は裁判所を通じて解決される。ただし，権限を有する国家機関の代理と外国投資家との間で締結された契約において，又は，ベトナム社会主義共和国が加盟国である国際条約において，他の合意がある場合を除く。

[35]　第 81 条　投資に関する国家管理責任
　　第 1 項　政府は，全国土の範囲において，投資に関する国家管理を統一する。
　　第 2 項　計画投資省は，投資活動に関する国家管理の実現に関して，政府に対して責任を負う。
　　第 3 項　各省，省級機関は，自己の任務，権限の範囲において，分業された領域への投資活動に関する国家管理を実現する責任を負う。
　　第 4 項　各級人民委員会は，自己の任務，権限の範囲において，政府の分配に従い，地区における投資活動に関する国家管理を実現する責任を負う。

各省・省級機関，省級人民委員会であるとされている[36]。

2005年投資法のもとでは，ベトナムにおける投資活動に関連する紛争の解決方法として，法の規定に従う交渉，和解，仲裁又は裁判所が規定されているが（第12条第1項），外国投資家と「ベトナム国家管理機関」との間の紛争の場合は，原則として，ベトナム仲裁あるいはベトナム裁判所による解決がなされる。しかし，当該紛争に関しては，外国投資家が「権限を有する国家機関の代理」との間で締結した契約やベトナム社会主義共和国が加盟する国際条約においてこれと異なる合意があれば，当該合意の内容に従って解決される（第12条第4項）。

(ii) 国会審議

2005年11月4日，投資法案草案（dự án Luật Đầu tư）に関する第1回目の国会審議が行われ，24の省・中央直轄都市選出の28名の議員が当該草案に対する意見を述べ，意見が集中した事項の1つは紛争解決条項であった[37]。紛争解決条項に関する意見のうち，Tây Ninh省選出のTrần Hữu Hậu議員，Bắc Ninh省選出のĐỗ Ngọc Quang議員が，ISDS条項案（第12条第4項）に関して意見を述べている[38]。Trần Hữu Hậu議員は，外国投資家は，「投資家とベトナム管理機関（ママ）との間の紛争は（…）ベトナムの仲裁又は裁判所によって解決される」とする規定に同意しないであろうと指摘し，その最大の理由とし

(36) "Giải quyết tranh chấp về đầu tư giữa Chính phủ và nhà đầu tư nước ngoài（政府と外国投資家との間の投資に関する紛争解決），" TRƯỜNG ĐẠI HỌC KIỂM SÁT HÀ NỘI, 〈http://tks.edu.vn/WebThongTinKhoaHoc/Detail/482?idMenu=117〉（閲覧日：2017年9月21日）.

(37) "Thông cáo số 15 Kỳ họp thứ 8, Quốc hội khóa XI," Cổng thông tin điện tử Quốc hội, 10/12/2006, 〈http://quochoi.vn/hoatdongcuaquochoi/cackyhopquochoi/quochoikhoaXI/kyhopthutam/Pages/thong-cao.aspx?ItemID=21615〉（閲覧日：2017年9月21日）. なお，2017年8月末現在，国会上程された「投資法案（Dự thảo Luật Đầu tư）」と「国会の第1回会合後の投資法案草案の一定程度を改定する解説，受取報告（Báo cáo giải trình, tiếp thu chỉnh lý một bước dự án Luật Đầu tư sau phiên họp thứ nhất của Quốc hội）」は公表されていない。

(38) BIÊN BẢN THẢO LUẬN TẠI HỘI TRƯỜNG（Ghi theo băng ghi âm），Buổi sáng ngày 04/11/2005（2005年11月4日午前の審議録）；"Buổi sáng ngày 4-11-2005: Thảo luận ở Hội trường dự án Luật Đầu tư," Cổng thông tin điện tử Quốc hội 12/12/2006〈http://quochoi.vn/hoatdongcuaquochoi/cackyhopquochoi/quochoikhoaXI/kyhopthutam/Pages/bien-ban-ghi-am.aspx?ItemID=23219〉（閲覧日：2017年9月21日）.

て「公平な判断が行われないことを恐れている」ことをあげ，草案編纂委員会の条文案は合理的であると認めつつ，「我々は紛争解決における主導権や主権を維持」すべきであり，わが国の国家管理機関について，「外部の仲裁に外部の規定を任意に使用して判断させることはできな」いと主張する。しかし同時に，ベトナムには WTO 加盟に向けた法整備が必要であることから Hậu 議員は，主権の維持と WTO 加盟とを同時に実現する打開策として，修正案「外国投資家とベトナム国家管理機関との間の紛争は，ベトナム裁判所，ベトナム仲裁又は国際仲裁を通じて解決される。」を提案した。おそらく Hậu 議員は，主権の行使が制約される問題への対処として，仲裁の付託同意を規定する国際条約などの優先適用を認める文言を条文案から削除した修正案を提示しているといえる。しかし，Hậu 議員の修正案は，紛争解決方法の外国投資家による任意の選択，特に国際仲裁の選択を確保するものではなく，また選択の方法や手順なども不明瞭で，外国投資家の権利保護を目的とする ISDS 条項としては十分でないといえる。これ対して Đỗ Ngọc Quang 議員は，条文案（第 12 条第 4 項）について，ベトナムに投資している各国がこれまでにベトナムと締結した投資協定に符合していると評価する。また，ベトナムとの投資協定を締結していない国についても，これらの国は，「ISIT 条約（Công ước ISIT）（ママ）の締約国であり，当然にこの条約に従い紛争は解決される」と述べて，条文案を評価しているといえる。しかし，Quang 議員が指摘する「ISIT 条約」が具体的に何を指しているのかは，審議録から確認することはできない。この点において Quang 議員の意見も，十分ではないといえる。

　2005 年 11 月 21 日には，2005 年 11 月 4 日の審議を受けて修正された投資法案（dự thảo Luật Đầu tư）に関する国会常務委員会委員による報告がなされた後，12 の省・中央直轄都市選出の 13 名の議員が当該法案に対する意見を述べているが，この審議においても，紛争解決条項に対する意見が集中した[39]。もっとも，11 月 21 日での審議における議員の意見に対する国会常務委員会の回答である国会常務委員会報告第 459/UBTVQH11 号[40]では，ISDS 条項は取り上げられていない。そのため，2005 年 11 月 21 日の審議では，ISDS 条項に関す

---

[39] "Thông cáo số 27 Kỳ họp thứ 8, Quốc hội Khóa XI," Cổng thông tin điện tử Quốc hội, 10/12/2006 〈http://quochoi.vn/hoatdongcuaquochoi/cackyhopquochoi/quochoikhoaXI/kyhopthutam/Pages/thong-cao.aspx?ItemID=21627〉（閲覧日：2017 年 9 月 21 日）.

る議員の意見は出されなかったと考えられる。

(2) 第13期国会第7会期および同第8会期（2014年投資法）

(i) 2014年投資法

　第13期国会において2014年11月に制定された2014年投資法は，全7章76か条からなり，第2章投資保障におかれた紛争解決条項（第14条）[41]は，2005年投資法の紛争解決方法の枠組みを基本的に引き継ぐ一方で，条文見出しを「紛争解決」（2005年投資法）から「経営投資活動における紛争解決」（2014年投資法）へと改正して，条文見出しにおいて対象となる紛争類型を明確化している。2014年投資法は，ベトナムにおける経営投資活動に関連する紛争解決方法として，まずは交渉，和解を定めた上で（第14条第1項），外国投資家と「権限を有する国家機関」との間の紛争の場合については，原則として，ベトナム仲裁あるいはベトナム裁判所により解決される。しかし，当該紛争に関しては，契約に従う他の合意がある場合やベトナム社会主義共和国が加盟する

---

(40)　UỶ BAN THƯỜNG VỤ QUỐC HỘI, Báo cáo số 459/UBTVQH11 giải trình, tiếp thu và chỉnh lý dự thảo Luật Đầu tư trình Quốc hội thông qua, (Hà Nội, ngày 28 tháng 11 năm 2005).

(41)　第14条　経営投資活動における紛争解決
第1項　ベトナムにおける経営投資活動に関連する紛争は，交渉，和解を通じて解決される。交渉，和解できない場合，紛争は，この条の第2項，第3項及び第4項の各項での規定に従い，仲裁又は裁判所において解決される。
第2項　各内国投資家，外国投資資本を有する経済組織の間，又は，内国投資家，外国投資資本を有する経済組織と権限を有する国家機関との間の紛争であって，ベトナムの領土における経営投資活動に関連する紛争は，ベトナムの仲裁又はベトナムの裁判所を通じて解決される。ただし，この条の第3項で規定する場合を除く。
第3項　各投資家間の紛争であって，当該投資家のうちの少なくとも一方の当事者が外国投資家又はこの法律の第23条第1項で規定する経済組織であるものは，次の機関，組織のうちの一つを通じて解決される。
　　a）ベトナム裁判所
　　b）ベトナム仲裁
　　c）外国仲裁
　　d）国際仲裁
　　d）各紛争当事者が設立に合意する仲裁
第4項　外国投資家と権限を有する国家機関との間の紛争であって，ベトナムの領土における経営投資活動に関連するものは，ベトナム仲裁又はベトナム裁判所を通じて解決される。ただし，契約に従う他の合意がある，又は，ベトナム社会主義共和国が加盟国である国際条約が他の規定を有する場合を除く。

国際取引の現代的課題と法

国際条約が他の規定を有する場合には，これに従って解決される（第14条第4項）。

(ⅱ) 国 会 審 議

法律案草案（投資法案草案）に対する国会議員の意見収集のための審議が行われた第13期国会第7会期と法律案（投資法案）の国会通過のための審議が行われた同第8会期では，関係機関が作成した諸文書が国会に提出されている。これらの文書のうち第7会期において作成・提出されたものには，ISDSへ言及するものがある。

① 第13期国会第7会期

政府『投資法（改正）案草案に関する意見受取解説書』（2014年3月）[42]は，計画投資省が起草した法律案草案（投資法案草案）の案に対する関係省庁の意見をまとめたものである。政府が国会常務委員会に上程した投資法案草案は，この関係省庁の意見を受けて計画投資省の案を修正したものである。各条文案に対する各省・部局の意見のうち，「第10条国家機関と外国投資家との間の紛争解決」[43]について，司法省とVCCIの評価委員会は，「2項，3項：修正して，条文見出しと統一させる。内国投資家と国家との間の投資紛争解決における仲裁の方法の廃止を提議する。当該紛争においては実際には，国家－投資家紛争を解決するために［は，］仲裁が用いられる場合は存在しない。4項：契約または国際約束が規定を有する場合においてのみ，仲裁（ベトナムまたは国際）への提訴を認めることを提議する。」と述べている。計画投資省はこの意見を受けて，条文見出しを「投資活動に関連する紛争の解決」へと改めている。また，仲裁によって国家と投資家との間の紛争を解決する際の条件を追加し，各当事者間の契約に従う仲裁合意または仲裁による紛争解決に関する規定を有するベトナムが加盟する国際条約がなければならないとした。なお，この追加は，後述する投資法案草案第11条に「補充」された第5項を指していると考えられる。

政府『投資法（改正）案草案に関する詳細説明書』（2014年3月）[44]では，「各

---

(42)　Bản giải trình tiếp thu xin ý kiến về Dự án Luật Đầu tư (sửa đổi).

(43)　計画投資省が起草した案の紛争解決条項（第10条）は，条文見出しが「紛争解決」から「国家機関と外国投資家との間の紛争解決」に修正されている他は，2005年投資法第12条の文言をそのまま引き継いでいる。

投資促進保護条約に従い，ベトナムの約束と同様に国際慣行とも符合するために，投資法案草案第11条[45]は，投資活動における紛争解決に関して，第5項を補充した。これに従うと，国家機関と投資家との間の紛争の仲裁を通じた解決は，各紛争当事者間の契約またはベトナムが加盟する国際条約に従い，仲裁合意がある場合においてのみ，実現される」との説明がなされている。この第11条第5項は，第2項，第3項に定める仲裁による紛争解決について，ISDSの場合は紛争当事者間の直接的な仲裁合意（契約）に加えて，ベトナム政府の事前の仲裁付託への同意（条約）を認め，これらが必要であることを，確認的に規定したものといえるが，これに相当する条項は2005年投資法には存在していなかった。もっとも，仲裁による紛争解決に仲裁合意が要件となることは仲裁法制度上当然であり，2014年6月23日の審議のために上程された法律案では，この第5項は削除されている。

　政府『投資法（改正）案の影響評価報告』（2014年3月）[46]は，法律案によっ

---

(44)　Bản thuyết minh chi tiết về Dự án Luật Đầu tư（sửa đổi）.

(45)　政府が国会常務委員会に上程した投資法案草案の紛争解決条項（第11条）は，以下の通りである。

第11条　投資活動における紛争解決

第1項　ベトナムにおける投資活動に関連する紛争は，交渉，和解，仲裁又は裁判所を通じて解決される。

第2項　各内国投資家間，又は，内国投資家と国家管理機関との間の紛争であって，ベトナム領土における投資活動に関連するものは，ベトナムの仲裁又は裁判所を通じて解決される。

第3項　一方の当事者が外国投資家又は外国投資資本を有する企業である紛争，又は，外国投資家間の紛争は，以下の機関，組織の中の一つを通じて解決される。

　a）ベトナム裁判所

　b）ベトナム仲裁

　c）外国仲裁

　d）国際仲裁

　d）各紛争当事者が設立に合意する仲裁

第4項　外国投資家とベトナム国家管理機関との間の紛争であって，ベトナム領土における投資活動に関連するものは，ベトナムの仲裁又は裁判所を通じて解決される。ただし，権限を有する国家機関と外国投資家との間の契約に従い，又は，ベトナムが加盟国である各国際条約に従い，他の合意がある場合を除く。

第5項　国家機関と投資家の間の紛争解決であって，本条第2項及び第3項の各々の規定に従う仲裁を通じるものは，各紛争当事者間の契約に従い，又は，ベトナムが加盟国である国際条約に従い，仲裁の合意がある場合においてのみ実現される。

国際取引の現代的課題と法

て影響が生じる問題として，投資保護に関する規定の改正を指摘している。現行法（2005年投資法）の現状については，「国内法と国際法との整合性を欠いて一貫せず，透明で堅固な仕組みの欠如によって，国家機関と投資家との間に紛争が発生する原因となっている」と指摘している。そこで，「投資家にとって魅力的で，信頼でき，より透明な投資環境を創造するために，現行法とベトナムが加盟する国際条約に符合するように，投資を保護する措置を改善する」ことを目的として，法律案として，第1案（現状維持）と第2案（国際条約に従い，ベトナムの約束に符合する投資の保護に関する規定を更新・完成する）を提示する。この第2案は，「過去においてベトナムが合意した投資保護に関する国際約束」を果たすために，「ベトナムが加盟する各国際条約の条件と規定の路線に符合するように，外国投資家間を区別しない旨（最恵国待遇の原則）について国家の約束を補充」し，「法・政策の変更によって投資登記認証書で規定された投資家の利益に対して悪影響を及ぼす場合において，国家が約束する方向性に従い，投資優遇維持の継続を保障するだけでなく，投資登記認証書の規定に基づいた投資条件について，投資家が以後も直接適用できるように，投資保障の内容を補充」するなど，現行法を改正・補充するものとなっている。この影響評価報告は，第2案の長所の1つとして「投資を管理する過程において，管理機関の責任を結合し，より一層高める」ことをあげる一方で，「欠点」については，「投資保障に関する約束を拡大することは，投資家の各利益の保障において，国家の義務を高めると同時に，管理機関の責任をより一層増加させる。法体系が改善過程にあり，法の施行も未だに多く制限されている文脈においては，投資保障の約束を拡大することは，各管理機関にとっては，挑戦である。そして，管理機関がこのような各約束を実現しない時，この条項によって政府が訴えられる危機を発生させ得る」と指摘する。この欠点として指摘された「政府が訴えられる危機」という記述は，ISDSを意識していると考えられる。

政府『投資法（改正）案草案に関する提案第89/TTr-CP号』（2014年4月10日）[47]は，上記2014年3月の2つの文書（詳細説明書と影響評価報告）を取

---

(46) Báo cáo đánh giá tác động của Dự thảo Luật Đầu tư (sửa đổi).

(47) Tờ trình số 89/TTr-CP về Dự án Luật Đầu tư (sửa đổi).

88

りまとめたもので，「3投資の保障（第2章）」について，「現行投資法の投資保障に関する規定は，投資法の発布時点では，国際慣習とともにベトナムが締結した投資促進条約とも符合する基盤として，各投資家によって評価されている。しかしながら，ベトナムが過去に合意した投資の保護に関する国際約束と符合するように，投資保障政策を改善し続ける」ために，「法律案草案第11条は，投資活動における紛争解決に関する第5項を補充した。これによれば，仲裁を通じた国家機関と投資家との間の紛争解決は，各紛争当事者間の契約に従い，または，ベトナムが加盟する国際条約に従い，仲裁合意を有する場合においてのみ実現される」旨を指摘している。

　2014年6月23日午前に行われた法律案の審議では，23名の議員が意見を述べたが，紛争解決条項に関して意見が集中することはなかった[48]。なお，Quảng Trị省選出のHà Sỹ Đồng議員が，紛争解決条項（第12条）[49]を取り上げたが，第12条第3項についてであり，ISDS条項（第4項）に関するものではない[50]。

---

[48]　"Thông cáo số 27 kỳ họp thứ 7, Quốc hội khóa XIII," Cổng thông tin điện tử Quốc hội, 27/07/2014 〈http://quochoi.vn/hoatdongcuaquochoi/cackyhopquochoi/quochoikhoaXIII/kyhopthubay/Pages/thong-cao.aspx?ItemID=28284〉（閲覧日：2017年9月21日）.

[49]　政府が国会に上程した投資法案の紛争解決条項（第12条）は，以下の通りである。
第12条　投資活動における紛争解決
第1項　ベトナムにおける投資活動に関連する紛争は，交渉，和解，仲裁又は裁判所を通じて解決される。
第2項　各内国投資家間，又は，内国投資家と国家管理機関との間の紛争であって，ベトナム領土における投資活動に関連するものは，ベトナムの仲裁又は裁判所を通じて解決される。
第3項　一方の当事者が外国投資家又は外国投資資本を有する企業である紛争，又は，外国投資家間の紛争は，以下の機関・組織の中の一つを通じて解決される。
　　a）ベトナム裁判所
　　b）ベトナム仲裁
　　c）外国仲裁
　　d）国際仲裁
　　d）各紛争当事者が設立に合意する仲裁
第4項　外国投資家とベトナム国家管理機関との間の紛争であって，ベトナム領土における投資活動に関連するものは，ベトナムの仲裁又は裁判所を通じて解決される。ただし，権限を有する国家機関と外国投資家との間の契約に従い，又は，ベトナムが加盟国である各国際条約における規定に従い，他の合意がある場合を除く。

国際取引の現代的課題と法

② 第 13 期国会第 8 会期

第 13 期国会第 8 会期では，国会常務委員会『投資法（改正）案草案の受取，改訂，解説に関する報告第 767/BC-UBTVQH13 号』（2014 年 11 月 4 日）[51] が国会に提出されているが，そこには ISDS に関する記述はない。2014 年 11 月 24 日に，投資法（改正）案（dự thảo Luật đầu tư（sửa đổi））に関する議員の意見に対する国会常務委員会委員による報告がなされた後，法律案は採決され，国会を通過した[52]。なお，2017 年 8 月末現在，第 13 期国会第 8 会期の審議録は公表されていない。

2　ISDS 事案に対する投資受入国（被申立国）としてのベトナム政府の対応

ベトナム政府は，1986 年のドイモイ政策の採択後，投資協定の締結や国内法の整備を行い，外国投資を積極的に導入してきた。そのため，外国投資活動の過程において紛争が発生するようになり，ベトナム政府は，投資協定の ISDS 条項に関連する紛争処理を経験することになった（Ⅱ）。ベトナム政府の ISDS の経験は，一連の外国投資法制の整備に反映されることになり，ベトナム政府の投資政策，特に対内投資政策の 1 つとして，外国投資家との投資紛争において被申立国となることを前提とする政府決定第 04/2014/QĐ-TTg 号が制定され（Ⅰ），2014 年投資法第 14 条第 4 項が定められている。

ベトナム政府が被申立国となった ISDS 事案に関するベトナム政府による公式発表は，現在のところ極めて限られている（Ⅱ）。ベトナム政府関係者であっても，ISDS 事案に直接関与していなければ，個別事案に関して公表されている情報の正確性を確認できない状況にある（Ⅰ）。その一方で，UNCTAD デー

---

(50)　BẢN TỔNG HỢP THẢO LUẬN TẠI HỘI TRƯỜNG（Ghi theo băng ghi âm），Buổi sáng ngày 23/06/2014（2014 年 6 月 23 日午前の審議録）："Buổi sáng ngày 23/06/2014: Quốc hội biểu quyết thông qua Luật hải quan（sửa đổi）; Thảo luận ở hội trường về dự án Luật đầu tư（sửa đổi），" 24/06/2014〈http://quochoi.vn/hoatdongcuaquochoi/cackyhopquochoi/quochoikhoaXIII/kyhopthubay/Pages/bien-ban-ghi-am.aspx?ItemID=28317〉（閲覧日：2017 年 9 月 21 日）.

(51)　Báo cáo số 767/BC-UBTVQH13 ngày 4-11-2014 về tiếp thu, chỉnh lý, giải trình dự án Luật đầu tư（sửa đổi）（Trình Quốc hội thông qua tại Kỳ họp thứ 7, Quốc hội khoá XIII）.

(52)　"Thông cáo số 27 kỳ họp thứ 8, Quốc hội khóa XIII," Cổng thông tin điện tử Quốc hội, 27/11/2014〈http://quochoi.vn/hoatdongcuaquochoi/cackyhopquochoi/quochoikhoaXIII/kyhopthutam/Pages/thong-cao.aspx?ItemID=28867〉（閲覧日：2017 年 9 月 21 日）.

タベースで公開される投資協定仲裁だけでなく，投資協定仲裁にまでは至らないようなベトナム政府が関与する ISDS 事案について，ベトナム国内外の報道機関がその一部を明らかにすることがある。ベトナム国内の報道については，ベトナム政府・共産党の「管理」下に置かれていることを踏まえてその内容を検討しなければならない[53]。しかし，ベトナム政府による個別の ISDS 事案や ISDS 制度に対する「非公式」の見解は，ベトナム国内の報道に間接的に反映されていると考えることもできる。

　2016 年 6 月にベトナム政府は，2016 年 6 月 14 日付 2016 年−2020 年段階の国際法及び投資紛争の解決に関する公務員及び省庁の職員の能力育成に関するプロジェクトを承認する政府首相決定第 1063/QĐ-TTg 号[54]（政府首相決定第 1063/QĐ-TTg 号）を公布している。政府首相決定第 1063/QĐ-TTg 号においてベトナム政府は，外国投資や各省庁・地方政府による法的活動・法制活動について，これに関する国家活動を行う公務員に対して，その国際法問題を処理する知識と技能を向上させるための方向性・任務・方策を提供する旨の方針とともに，一歩ずつ段階的に，国際投資紛争解決の領域における法の専門家集団を形成して，この活動のための物質的・技術的基礎を増強する旨の方針を明示している[55]。司法省も，報告第 12/BC-BTP 号（司法省，2016 年）において，国際投資紛争に関して司法省が抱える問題や原因の 1 つとして，一部の地方政府による紛争処理の法的枠組みに関する理解不足を指摘するとともに[56]，司法活動の報告対象事項に「国際投資紛争解決活動」を個別に取り上げた報告第 01/BC-BTP 号（司法省，2017 年）では，2017 年の活動方針として，当該紛争解決活動の全責任を負う組織としての能力強化と成果の達成を掲げている。司法省は，ISDS 事案における政府代理としての機能強化に努めると同時に，公

---

(53)　国際ジャーナリスト組織・前掲注(27)。

(54)　Quyết định số 1063/QĐ-TTg ngày 14 tháng 6 năm 2016 của Thủ tướng Chính phủ: Phê duyệt Đề án nâng cao năng lực cho đội ngũ công chức, viên chức các bộ, ngành, địa phương về pháp luật quốc tế và giải quyết tranh chấp đầu tư quốc tế giai đoạn 2016-2020.

(55)　Trịnh Hải Yến, Giáo trình luật đầu tư quốc tế（国際投資法教科書），(Nhà xuất bản Chính trị quốc gia Sự thật, 2017), pp. 248-249; Dương Cầm, "Giải quyết tranh chấp đầu tư quốc tế: Phòng ngừa để tránh rủi ro（国際投資紛争解決：凶運を回避するための予防），" Báo điện tử Đại biểu nhân dân, 25/08/2017 〈http://daibieunhandan.vn/default.aspx?tabid=81&NewsId=394730〉（閲覧日：2017 年 9 月 21 日）.

表してきた司法活動報告などにおいて中央・地方を含めたベトナム政府全体による外国投資活動に対する適切な対応の重要性を指摘している。近年司法省は，外国投資家との対立がISDS事案に発展してベトナム政府が国際仲裁に訴えられる事態を予防し，訴えられた際にはこれを適切に解決することを目的として，各級の人民委員会（地方政府）を含めたベトナム政府の能力向上活動を積極的に行なっている[57]。

3　ベトナムにおけるISDS制度に対する法的理解

　ベトナム国内の法曹や法学関係者のISDSに対する見解などは，法律雑誌や法律書，各種報道機関によるインタビュー記事など，種々の媒体を通じてうかがい知ることができる。しかし，ベトナムの法律書は，条文の文言をそのまま記述しているだけのものも多く，投資法の解説書についても同様である[58]。

　ハノイ法科大学の講義科目「投資法」[59]の指定教科書であったハノイ法科大

---

[56]　なお，報告第15/BC-BTP号（司法省，2014年）や報告第05/BC-BTP号（司法省，2015年）など司法省が公表してきた司法活動報告においては，各国際条約など対する評価や意見の質が低く，外国投資事案などに対する法的意見が混乱している点や，各国際条約の締結交渉に参加し，国際法の問題，特に国際紛争を解決するための十分な能力を有する専門家が育成されていない点などを指摘している。

[57]　例えば，2015年10月開催のUSAIDとの共催による国際投資紛争の予防・解決に関するワークショップ（"Hội thảo Phòng ngừa và giải quyết tranh chấp đầu tư quốc tế," CỔNG THÔNG TIN ĐIỆN TỬ BỘ TƯ PHÁP, 16/10/2015 〈http://moj.gov.vn/qt/tintuc/Pages/hoat-dong-cua-cac-don-vi-thuoc-bo.aspx?ItemID=2235〉（閲覧日：2017年9月21日）.），2016年8月開催の国際投資紛争の予防・解決のための能力向上セミナー（"TẬP HUẤN NÂNG CAO NĂNG LỰC VỀ PHÒNG NGỪA, GIẢI QUYẾT TRANH CHẤP ĐẦU TƯ QUỐC TẾ.," Sở Kế hoạch và Đầu tư tỉnh Bình Dương, 05 Tháng Chín 2016 〈http://sokhdt.binhduong.gov.vn/tap-huan-nang-cao-nang-luc-ve-phong-ngua-giai-quyet-tranh-chap-dau-tu-quoc-te.aspx〉（閲覧日：2017年9月21日）.），2016年10月開催の司法学院・ホーチミン市人民委員会内務局との共催による国際紛争の法・解決に関するワークショップ（"Tổ chức lớp bồi dưỡng kiến thức pháp luật, giải quyết tranh chấp quốc tế," Trung tâm bồi dưỡng cán bộ（Học viện Tư pháp）〈http://hocvientuphap.edu.vn/qt/tintuc/Pages/hoat-dong-cua-hoc-vien.aspx?ItemID=1336〉（閲覧日：2017年9月21日）.），2016年11月開催のホーチミン市人民委員会司法局・ドイツ法律国際協力院（IRZ）との共催による国際投資紛争を予防・解決する技能に関するワークショップ（"Tranh chấp trong đầu tư quốc tế do thiếu kinh nghiệm," Pháp luật Việt Nam điện tử, 22/11/2016 〈http://plo.vn/kinh-te/quan-ly-kinh-te/tranh-chap-trong-dau-tu-quoc-te-do-thieu-kinh-nghiem-666685.html〉（閲覧日：2017年9月21日）.）などがある。

学『投資法教科書（第2版）』（人民公安出版社，2008年）[60]の場合，ISDS に関する記述は一般的なものに留まっている。同書「第8章国際投資法に関する基本的諸問題」の内容は，UNCTAD 報告書のベトナム語翻訳[61]の引用であり，ベトナム政府が被申立国となった事例への言及はない。2005年投資法第12条第4項（ISDS 条項）については，条文の言い換えに留まる説明であり，かえって文の構造が複雑になり，不明瞭な文章になっている（84～85頁）[62]。ISDS 条項の意義については，「各投資家の利益だけでなく国際慣習に符合すべきある」と考える「ベトナム国家の立場が提示」されている点を指摘しているが（86頁），それ以上の記述はない。

外交学院教員 Trịnh Hải Yến 博士は，『国際投資法教科書』（国家政治事実出版社，2017年）[63]の冒頭において，ベトナムが関与する ISDS に関する国内情報は限定的で，秘密に分類されている研究テーマが存在することを明らかにしている（6頁）。そのため，同書「第9章ベトナムと国際投資法」の内容が，ベトナムが締結した投資協定の状況，当該協定の簡単な内容紹介，国際条約の国内

---

[58] 例えば，条文として初めて独立した ISDS 条項が定められた2005年投資法の解説書（Nguyễn Ngọc Dũng（Biên soạn），Hỏi và đáp luật đầu tư，（Nhà xuất bản Chính Trị Quốc Gia，2006).）の場合，ISDS 条項が定められた背景やその意義など，また，ベトナム政府側の紛争当事者が，「ベトナム国家管理機関」から「権限を有する国家機関」に改正された2014年投資法の解説書（Bích Hạnh, Hỏi - đáp về Luật đầu tư năm 2014，（Nhà xuất bản Chính trị quốc gia Sự thật，2015).）の場合は，当該改正の背景やその意義などは，明記されていない。なお，Những nội dung cơ bản của Luật Đầu tư/Key issues in the investment law，（Nhà xuất bản Tư pháp，2007).は，「4. 紛争解決及び外国法の適用」において，2005年投資法第12条（紛争解決条項）の意義として，独立，明白，不偏の紛争解決制度の創設をあげているが，ISDS 条項自体への言及はない。

[59] 2017年8月末現在，ハノイ法科大学の講義科目には，「投資法」の他にも，「国際商事紛争解決」，「投資受入国と外国投資家との間の紛争解決」，「国際投資法」，「国際商事仲裁」が開講されているが，現時点では投資法を含めたこれらの科目の指定教科書はなく，「国際商取引法教科書」，「国際私法教科書」，「国際公法教科書」などの関連科目の指定教科書が参考文献として採用されている（2017年3月3日付ハノイ法科大学教員 Nguyễ Đức Việt 講師からのメールによる回答）。

[60] Giáo trình Luật đầu tư（Tái bản lần thứ hai），（Nhà xuất bản Công an nhân dân，2008).

[61] Vụ Pháp chế - Bộ Kế hoạch và Đầu tư, Một số nội dung cơ bản của các hiệp định đầu tư quốc tế，（Nhà xuất bản Lao Động，2003).

[62] なお，第4版（2011年）の記述も一字一句同じ内容である。

[63] Trịnh Hải Yến, *supra* note（55）.

国際取引の現代的課題と法

履行のための法制度など，一般的な説明に留まっていることは，必然であると
いえる[64]。投資協定が定める ISDS 条項に基づく紛争解決方法についても，ベ
トナムの ISDS 事案として UNCTAD データベースを紹介した上で，各事案の
内容は通常秘密とされている旨を指摘するに留まる。もっとも，投資協定仲裁
については，ベトナムに対して経済的・時間的にも多くの資源を不当に要求す
るものであるが，同時に，投資受入国を訴える権利は投資協定が投資家にもた
らす重要な利益の 1 つであり，別の側面では，ベトナムの各個人や会社も，外
国への投資において，ベトナムが締結した協定によって国際的な保護を享受で
きる（248 頁）と評価している。またベトナム政府の対応については，政府決
定第 04/2014/QĐ-TTg 号や ISDS における各省庁・地方政府の公務員・職員
などの能力向上のための提案を積極的に策定していることをあげて，ベトナム
における外国投資活動を促進するために安定した統一的な法的環境の構築に貢
献している（248 ～ 249 頁）と評価している。現時点において，ベトナム政府は，
被申立国の立場から ISDS 制度の構築を進めざるを得ない状況にあり（Ⅱ），
一般的にベトナムでは ISDS 体制の構築とベトナム政府の組織強化の重要性が
指摘されている[65]。しかし同書では同時に，ベトナム政府による投資協定の
締結が，外国投資家のみならず，ベトナム投資家の対外投資にとっても重要で
ある旨が指摘されている。この点で同書は，ベトナムにおける ISDS 制度の構
築においては，被申立国の立場からだけでなく，外国投資家の本国の立場から
の視点が同時に必要であることを示唆するものである。

---

[64] ベトナムに関連する投資協定仲裁制度に関する他の論考にも，ベトナム政府が被申立
国となる際の対応について見解を提示するものがあるが，提訴された事案については事
件名の指摘に留まっている。参照：Chau Huy Quang/Logan Leung, "Mechanisms for
International Investment Dispute Settlement: a lesson learned for Vietnam," PACIFIC
INTERNATIONAL ARBITRATION CENTRE（PIAC），06/10/2015〈http://en.piac.
vn/Default.aspx?tabid=67&ctl=ViewNewsDetail&mid=386&NewsPK=255〉（閲 覧 日：
2017 年 9 月 21 日）．

[65] Nguyen and Vu, *supra* note（9）；Bạch Thị Nhã Nam, "TPP và khả năng Việt Nam bị kiện
trong các tranh chấp đầu tư － Kỳ 2 và hết（TPP と各投資紛争においてベトナムが訴えられ
る可能性 2 完）," Luật Khoa tạp chí, 12 Feb 2016〈http://luatkhoa.org/2016/02/tpp-va-kha-
nang-viet-nam-bi-khoi-kien-trong-cac-tranh-chap-dau-tu-ky-2-het/〉（閲覧日：2017 年 9 月
21 日）；"Giải quyết tranh chấp về đầu tư giữa Chính phủ và nhà đầu tư nước ngoài," *supra*
note（36）．

Ⅳ おわりに

現時点でベトナムでは情報公開が制限されていることもあり，1次資料を用いた ISDS 制度の研究は，困難な状況にある。また国会においては，ISDS 制度への関心は一部の議員に留まっており，その理解も十分ではないといえる（Ⅲ 1）。現在司法省を中心に，ISDS 制度の広報活動が進められているが（Ⅲ 2），ISDS 制度に対する司法省の立場は，毎年の司法活動報告で示されているように，被申立国としての国家体制の強化である。司法省は，報告第 12/BC-BTP 号（司法省，2016 年）において，2016 年から 2020 年までの司法活動の方向性の 1 つとして，「特に TPP 協定，EVFTA，ベトナム－ユーラシア経済連合 FTA について，国際法に符合する国家の領土主権，利益に関する闘争過程と同様に，国際統合，国際条約の交渉・締結・実現のなかで発生する各法的問題の処理において，司法部門が参加する役割と効果を促進する。国際投資紛争・国際貿易紛争を防止する効果を高める各方策を引き続き展開・提出するとともに，TPP 協定と EVFTA の枠組みにおける紛争解決の仕組みを効果的に実現する。ベトナムの合法的権利・利益の効果を保障するために，各国際約束における各規定の迅速な運用を研究・提出する。党・国家の方針・方向性に符合する法と司法に関する各国際協力活動について，その効果を主体的・積極的に実現して，法改革・司法改革・法権国家建設の過程において，効果的に奉仕する。締結した各協力合意の実現について，これを再検討・評価する」旨を掲げている。この中で明記された TPP 協定と EVFTA は，各々異なる ISDS 制度（前者は ISDS 条項の濫用防止措置，後者は投資裁判制度の導入）を採用しており，ベトナム政府（司法省）は，各協定が定める「紛争解決の仕組み」を同時に「効果的に実現」できる ISDS 制度を構築しなければならない状況におかれているといえる。

また，ベトナム政府が経験した 4 件の投資協定仲裁は，UNCITRAL 仲裁規則に基づいたものであったことから，その審理や判断は非公開とされ，ベトナム政府も公式文書などによる情報公開に消極的である（Ⅱ）。しかし，2013 年に UNCITRAL において条約に基づく投資家対国家仲裁の透明性に関する UNCITRAL 規則[66]が定められ，2014 年には条約に基づく投資家対国家仲裁の透

明性に関する国際連合条約[67]（モーリシャス透明性条約）が採択されている。
UNCITRAL 透明性規則が適用される場合，仲裁手続と関連する文書は原則的
に全て公開されることになり，手続の秘密性に関する原則が逆転することにな
る[68]。ベトナムは，2014 年 1 月のトルコとの二国間投資協を締結して以降，
二国間での投資協定を締結していないが，TPP 協定や EVFTA の他にも，投
資章を有する FTA として，2015 年に韓国やユーラシア経済連合との FTA を
各々締結している[69]。これらの諸協定のうち TPP 協定では仲裁手続の透明性
に関する条項が置かれている一方で（第 9.24 条），2015 年にベトナムが韓国と
の間で締結した越韓 FTA[70] では ISDS 条項が定める UNCITRAL 仲裁規則に
ついて，「2010 年に改定された国連国際商取引法委員会の仲裁規則」を意味す
る旨を定義するだけでなく，注釈において「確認のためであるが，条約に基づ
く投資家対国家仲裁の透明性に関する UNCITRAL 規則はこの章において適用
されない」旨を明記している（第 9.28 条）[71]。報告第 12/BC-BTP 号（司法省，
2016 年）で示された 2016 年から 2020 年までの司法活動の方向性では，TPP
協定，EVFTA，ベトナム－ユーラシア経済連合 FTA 以外の国際条約の締結
交渉については明記しておらず，報告第 12/BC-BTP 号（司法省，2016 年）以
後に公表された司法活動報告でも同様である。これまでの状況を考えると，現
時点では，ベトナム政府はモーリシャス透明性条約の署名などについて検討し
ていないと考えられる。しかし，投資協定仲裁手続の透明性についても，ベト
ナム政府は，見解を異にする協定への対応を求められているといえる。
　今後ベトナムは，TPP 協定や EVFTA だけでなく[72]，将来締結する二国間・

----

[66]　UNCITRAL Rules on Transparency in Treaty-based Investor-State Arbitration.

[67]　United Nations Convention on Transparency in Treaty-based Investor-State Arbitration.

[68]　濱本・前掲注(4) 491-494 頁。

[69]　UNCTAD, *supra* note（3）.

[70]　Free Trade Agreement between the Government of the Republic of Korea and the Government of the Socialist Republic of Viet Nam.

[71]　なお，ベトナム－ユーラシア経済連合 FTA も，ISDS 条項において UNCITRAL 仲裁規則に基づく仲裁を規定するが，UNCITRAL 仲裁規則を指定する条項は定められていない。

[72]　もっとも，TPP 協定の発効自体は，2017 年 1 月の米国の離脱宣言を受けて不確定な状況に置かれている。

4 ベトナムにおける投資家対国家間紛争処理制度の発展と課題〔岩瀬真央美〕

多数国間の投資協定やFTAによる条約網の形成・拡大に対応するために，条約網全体の中で各条約の整合性を考慮して，ISDS制度を検討する必要にこれまで以上に迫られているといえる。ベトナム政府は，従来のように被申立国としての立場からだけでなく，今後は投資家の本国としての立場からも，現在のISDS制度を再検証し，新たなISDS制度を構築することが求められている。ISDS制度を整備していく上では，ISDS制度をめぐる世界の動向だけでなく，自らの経験を分析して，問題を明らかにすることが重要になる。ベトナム政府は，ISDS事案の情報公開を制限する従来の方針を見直す時期にきている。

5 ラテンアメリカ諸国における法人処罰法
── 腐敗撲滅に向けた法的取組

阿 部 博 友

Ⅰ　は じ め に
Ⅱ　腐敗防止のための国際的枠
　組み
Ⅲ　チリの 2009 年法人処罰法

Ⅳ　ブラジルの 2013 年法人処
　罰法
Ⅴ　コロンビアの 2016 年法人
　処罰法
Ⅵ　総　括

Ⅰ　は じ め に

　極度の貧困をなくし持続的な経済発展と開発を促進することで繁栄を共有し
ようとする国際社会における共通した目標の障害となっているのが腐敗の存在
である[1]。腐敗とは，私的利益の獲得のために公的責務に違背する行為の総称
であり贈収賄，横領行為その他権力の濫用を含む広い概念[2]であるが，企業が
主導する国際取引は公的部門と深い関わりを有するため，2004 年に国際連合
はグローバル・コンパクトの 10 番目の原則に腐敗防止義務[3]を追加した。海
外における腐敗行為防止については，米国の海外腐敗行為防止法[4]が先駆的役
割を担ったが，1997 年には経済協力開発機構（OECD）の閣僚会合で国際商取

---

[1]　Kevin E. Davis, "Does the globalization of anti-corruption law help developing coun-
　tries?", in Julio Faundez and Celine Tan（Eds）, *International Economic Law, Global-
　ization and Developing Countries*（Edward Elgar, 2012）at 283.

[2]　Joseph S. Nye, "Corruption and Political Development: A Cost-Benefit Analysis", *61
　AM. POL. SCI. REV. 417, 419*（1967）.

[3]　原則 10 は「企業は，強要や贈収賄を含むあらゆる形態の腐敗の防止に取り組むべき
　である」と定める。

[4]　The Foreign Corrupt Practices Act of 1977, 15 U. S. C. 78m, et seq.

『国際取引の現代的課題と法』澤田壽夫先生追悼〔信山社，2018 年 4 月〕　　*99*

引における外国公務員に対する贈賄の防止に関する条約（以下「OECD条約」という）が署名された。また，2010年には英国贈収賄法が成立するなど国内法による企業の腐敗行為についての規制も強化されつつある。

　本稿は，ラテンアメリカ諸国の腐敗防止のための法人処罰法[5]を検討対象とする。この地域では，政治腐敗の歴史が長く根深い腐敗の蔓延が政治問題となって久しい。もともと公職者の倫理観念は全般的に高いとは言えない状況の下で，近年の経済発展で膨らんだ利権が汚職を誘発している。しかし法制面ではチリにおいては2009年に法人処罰法[6]が成立し，続いてブラジル[7]およびコロンビア[8]でも法人処罰法が成立した。その他，メキシコ[9]やアルゼンチン[10]においても同様の立法が考察される[11]。以下に法人処罰法のラテンアメリカにおける先駆的な立法例とされるチリ，ブラジルおよびコロンビアの法人処罰法を検討し，それらに共通する特質と課題の検討を試みる。

---

(5)　ラテンアメリカ諸国における腐敗防止に向けた国内立法は，概ね腐敗防止法および法人処罰法の制定という2段階を経ている。腐敗防止法とは刑法に外国公務員への贈賄罪を新設した上で，贈収賄罪の罰則強化を図ることなどを主目的とする立法であり，法人処罰法は法人の関係者による腐敗防止法違反について，法人にも制裁を科すことを主目的とする立法である。なお，腐敗防止法ないし法人処罰法という用語は，その立法目的にしたがって区分した便宜的名称であり，実際の法令名とは必ずしも一致していない。

(6)　2009年12月2日付法律第20.393号。

(7)　2013年8月1日付法律第12.846号。

(8)　2016年2月16日付法律第1.778号。

(9)　メキシコ行政責任一般法は，2016年7月に制定され2017年7月から施行された。

(10)　アルゼンチンの法人処罰法案は，2017年10月時点で国会審議中である。同法案によれば法人の関係者による腐敗行為について，それが法人による不適切な管理によって生じた場合には当該法人は刑事責任を負う。

(11)　中央アメリカでは，ベリーズ（2007年腐敗行為防止法），パナマ（2007年改正刑法），ニカラグア（2007年改正刑法），エルサルバドル（2006年改正刑法），ガテマラ（2012年改正刑法）など主として刑法の改正を通じて法人処罰規定を新設した。また南アメリカではペルーの2016年4月16日付法律第30.424号（2018年1月施行予定）が腐敗行為関連犯罪について法人に対する行政制裁を規定している。その他カリブ地域でも，ドミニカ共和国（2006年商業・投資における腐敗防止法）やジャマイカ（2001年不正行為防止法）が法人処罰法の性格を有する。

II　腐敗防止のための国際的枠組み

　腐敗の核心的課題である贈賄規制については，国際取引のグローバルな展開に伴い国内の法規制から国際的法規制へと発展を遂げた[12]。米州機構による地域的枠組みとして特筆すべきは，1996年3月にカラカスで採択された米州腐敗防止条約であろう。本条約は，腐敗行為を見出し，それを処罰し撲滅する必要性を条約国が確認し，そうした目的に向けて締約国間で協力することを目的としていて，腐敗問題に対する国際的取組としては先駆的な枠組みである[13]。

　次に，企業活動のグローバル化・ボーダーレス化の進展に伴い，公正な国際取引慣行の樹立に向けて，1997年にOECD条約が採択された。同条約は，不当な利益の取得のために外国公務員に対して金銭等の不当な利益を供与することを締約国の国内法において犯罪と規定し，さらにそれに関わった法人の制裁について立法する義務[14]を定めている。ラテンアメリカ諸国は何れも大陸法系の伝統的な刑法理論[15]の下で，刑法の適用対象が自然人に限定されていたので，こうした問題解決に向けて法人処罰法の制定に動き始めている。

　2000年には国際的な組織犯罪の防止に関する国際連合条約が成立した。この条約は，重大な犯罪の実行についての合意，犯罪収益の資金洗浄を犯罪化すること，条約の対象となる犯罪に関する犯罪人引渡手続を迅速に行うよう努めること，また，捜査，訴追，及び司法手続において最大限の法律上の援助を相互に与えることなどを規定している。さらに2003年には，腐敗の防止に関する国際連合条約が採択された。この条約の目的は，組織や個人の腐敗行為から

---

[12]　腐敗に関する国際的な規範形成の歴史に関しては Abbot, Kenneth and Snidal, Duncan, "Values and Interests: International Legalization in the Fight Against Corruption", *31 Journal of Legal Studies 141*（2002）を参照。

[13]　Giorleny D. Altamirano, "The Impact of the Inter-American Convention Against Corruption", *38 U. Miami Inter-Am. L. Rev. 487*（2007）, at 488.

[14]　同条約の下で，加盟国には法人による贈賄禁止規定と違反した場合の処罰についての立法措置が義務付けられている（条約第2条）。また刑事責任が法人に適用されない場合であっても，外国公務員に対する贈賄について，加盟国は刑罰以外の制裁（金銭的制裁を含む）であって効果的で均衡がとれ，かつ抑止力のある制裁を立法によって確保する義務を負っている（同第3条2項）。

[15]　法人は自然人と異なり犯罪意思（*mens rea*）を持ち得ないという考え方。

国際取引の現代的課題と法

別表　国際条約の批准状況

	米州腐敗防止条約	OECD 贈賄禁止条約	国連組織犯罪防止条約	国連腐敗防止条約
チリ	署名：1996年3月29日 批准：1998年9月22日	書類寄託：2001年4月18日 国内施行：2002年10月8日	署名：2000年12月13日 批准：2004年11月29日	署名：2003年12月11日 批准：2006年9月13日
ブラジル	署名：1996年3月29日； 批准：2002年7月10日	書類寄託：2000年8月24日 国内施行：2002年6月11日	署名：2000年12月12日 批准：2004年1月29日	署名：2003年12月9日； 批准：2005年6月15日
コロンビア	署名：1996年3月29日 批准：1998年11月25日	書類寄託：2012年11月20日 国内施行：2012年11月14日	署名：2000年12月12日 批准：2004年8月4日	署名：2003年12月10日 批准：2006年10月27日

生じる経済犯罪を防止することにあり，上述の組織犯罪防止条約を補完する役割を担っている。

　上記の腐敗防止のための国際条約のチリ，ブラジルおよびコロンビアについての署名・批准状況は別表に示した通りであり，これら諸国が国際社会との協調を通じて腐敗問題に取り組もうとする積極的な姿勢がうかがえる。

Ⅲ　チリの2009年法人処罰法

　チリ刑法典は，1874年に制定されその翌年から施行された。同法典は，現在もその効力を維持している。同法典第Ⅱ部（犯罪各論）第6章[16]には，国内の公務員への贈賄罪[17]が規定され，また公務員による収賄罪[18]が規定されているところ，法律第19.829号[19]及び第20.341号[20]により，外国公務員等へ

---

(16)　同章は公共秩序および公衆安全を脅かす罪について規定する。

(17)　刑法第250条。何人も公務員（el empleado público）の権限の範囲内の作為または不作為の対価として，公務員または第三者に対し，経済的利益を供与又はその約束をした場合は，2か月以上3年以下の禁錮刑および公務員資格停止処分に処される。

(18)　刑法第248条，第248条の2および第249条。

102

5　ラテンアメリカ諸国における法人処罰法〔阿部博友〕

の贈賄に対する刑罰規定が，チリ刑法典（第251条の2および第251条の3）に規定された。ただし当該規定の適用対象は自然人に限定される。

　大陸法の法体系の伝統を承継するチリにおいて，従来から法人はその関係者による犯罪について刑事責任を問われることはないと考えられてきたが，チリ政府は2009年3月に法人の刑事責任に関する法案を国会に提出し，これが同年11月に法律第20.393号[21]（以下「チリ法人処罰法」という）として公布された。同法は，マネーロンダリング罪[22]，テロ組織への資金提供罪[23]および国内または外国公務員への贈賄罪[24]という3類型の対象犯罪（以下「対象犯罪」と総称する）について，一定の条件の下で法人[25]に刑事責任を科す法律である。チリ政府は2001年4月に書類を寄託したOECD条約に基づき[26]法人処罰法を制定する義務を負っていたが，それにも増してOECDへの加盟を希求する当時のチリ政府の意向が強く反映されていた模様である[27]。なお，腐敗行為防止に向けて法人処罰規定を，刑法を改正する形式で立法する例は，中米地域ではパナマ，ニカラグア，エルサルバドル，ガテマラなど多く見られるが，南アメリカ諸国では，法人に対する行政制裁を前提とする立法例が多く，チリ法人処罰法刑事法やアルゼンチンの2016年10月20日付法人処罰法案は例外的である。なお，チリ競争法（1973年法規政令第211号。直近の改正は2009年法律第20.361号）においては，競争法違反行為について法人に対する行政制裁が規定されている（チリ競争法第26条）。

---

(19)　賄賂に関する刑法典を改正する法律第19.829号（公布日2002年9月30日）。

(20)　行政機関に対する特定犯罪の規制に関連して刑法典を改正する法律第20.341号（公布日2009年4月16日）。

(21)　正式名称は「資金洗浄罪，テロ組織への資金供与罪および贈賄罪に関する法人の刑事責任を定める2009年12月2日付法律第20.393号」。

(22)　法律第19.913号第27条（2003年）。

(23)　法律第18.314号第8条（1984年）。

(24)　チリ刑法典第250条および第250条の2。

(25)　本法の法人（personas juridicas）とは，総ての私的法人および国営企業のすべてを含む（チリ法人処罰法第2条）。

(26)　前掲注(14)参照。

(27)　チリ大統領メッセージ（MENSAJE Nº 018-357, in *Historia de la Ley Nº 20.393*, at 4-8（国会法案審議情報を国会図書館が作成した編纂記録）。

国際取引の現代的課題と法

1 チリ法人処罰法の目的

チリ法人処罰法第1条は，①対象犯罪について法人のオーナー（dueños），支配者（controladores），責任者（responsables），幹部職員（ejecutivos principales）または代表者（representantes），もしくは法人管理者または法人監督者（quienes realicen actividaded de administración y supervisión）（以下「法人関係者」と総称する）がチリ法対象犯罪に直接的又は間接的に関与した場合に，一定の条件の下で法人に刑事罰を科すこと[28]，そして同法に定める法人の刑事責任の調査・訴追手続きについては法人処罰法の諸規定が適用されることなどを定めている。なお，同法に定めのない項目については，刑法総則規定（刑法典第Ⅰ部），刑事訴訟法および対象犯罪に関連する諸法令の諸規定が補完的に適用される[29]。

2 法人処罰の前提条件

チリ法人処罰法は，法人に対して刑事責任を追及する前提として，①法人関係者（自然人）によるチリ法対象犯罪行為の存在，②上記行為が直接または間接的に法人の利益のために行われたか，それらが法人関係者の直接的または間接的関与によって行われたこと，ならびに③上記行為が法人の指揮監督義務（deveres de dirección y supervisión）違反の結果として生じたことの3要件を規定している[30]。なお，チリ法人処罰法は，上記③で掲げられた法人の監督責任が具体的にどのような内容であるのか直接的には規定していないが，この点同法が定めるコンプライアンス・プログラム（modelo de prevención de los delitos）を，法人関係者によるチリ対象犯罪への関与が認定された時点より前に当該法人が採択し実施していた場合は，同法人は監督責任を履行していたものとみなすと規定している[31]。このように，法人の指揮監督義務をコンプライアンス・プログラムの策定・実施と実質的に同一視する法律構成がチリ法人処罰法の特色である。なお，法人関係者が，それら自身または第三者の利益を図

---

[28] 法人関係者の直接的な指揮下にある自然人による対象犯罪規定の違反行為についても，上記条件を前提として法人は刑事責任を負う（チリ法人処罰法第3条2項）。

[29] チリ法人処罰法第1条。

[30] 同第3条1項。

[31] 同条3項。

ることのみを意図してチリ法対象犯罪に関与した場合も，当該法人についての
刑事責任は生じない[32]。

3　法人に適用される罰則

　法人に適用される罰則は，①法人の解散またはその法人格の取消措置（ただ
し国営企業および公共サービスを提供する私企業の場合で当該役務の提供の中断が
社会に重大な影響または深刻な被害を与える場合にはこれらの刑罰は適用されな
い）[33]，②国家機関との取引または契約締結の一時的または恒久的な禁止措置，
③税制上の優遇措置の全部もしくは一部の喪失，または一定期間についての優
遇措置受給資格の喪失，および罰金（multa a beneficio fiscal）である。罰金額
は犯罪の程度によって異なるが，最高額は 2 万 UTM[34]となっている。更に，
上記の罰則の他に付随的に適用される罰則[35]が課される可能性があり，それ
には法人を有責とする判決要旨の公表や，犯罪に用いられた物品等の没収が含
まれる。

　なお，チリ法人処罰法第 17 条は，法人処罰の量刑に関する基準を規定して
いる。基本的には犯罪の規模や該当法人の規模，業態，および経済力，法令等
への違反の程度，違反による影響の規模および違反が及ぼす経済的影響がその
量刑判断の基礎であるとされる。

4　コンプライアンス・プログラム

　チリ法人処罰法第 4 条は，法人の刑事責任の阻却事由ともなり得るコンプラ
イアンス・プログラムの要件について規定する。同条によれば，①法人はコン
プライアンス責任者（un encargo de prevención）を任命し，②同責任者の権限
を定め，③違法行為の予防のためのシステムを構築しなければならない。

　上記①に関して，チリ法人処罰法は法人の執行機関は，コンプライアンス責
任者を任命しなければならないと定めているが，コンプライアンス責任者の任

---

[32]　同条 4 項。

[33]　同第 8 条 1 号。

[34]　UTM（Unidad Tributarias Mensuales）は月間課税単位を意味する。2 万 UTM は
2017 年 10 月現在で約 1 億 7 千万円相当。

[35]　チリ法人処罰法第 13 条。

期は３年間と定められ，再選が可能である。上記②について，法人の執行機関はコンプライアンス責任者にその役割を果たすために十分な手段と権能を与える必要があると規定している。特に法人の規模や経済的能力に応じて，コンプライアンス責任者が十分に機能を発揮するに必要なリソースが与えられなければならないし，また責任者が執行機関と直接対話を可能として，最低でも半年に一度はその活動状況などを報告できる体制の構築が必要である。上記③について，責任者は執行機関と協力して違法行為を防止する体制を構築しなければならないとされる。そのためには法人の一般的活動または業務のプロセスを明確にして対象犯罪のリスクがそのどの部分に潜んでいるのか分析する必要がある。また法人の構成員が対象犯罪を予防し業務を遂行するための手続，規則および業務手続きを確立しなければならない。また，法人の執行機関や監査機関が対象犯罪を予防するために必要な手続きを明確にしなければならない。そして法人の内部における対象犯罪の予防システムに違反した者についての報告手続きや懲戒の内容を明確にするとともに，それを法人内部の構成員に徹底しなければならない。

　チリ法人処罰法の下で法人は違法行為の予防システム（コンプライアンス・プログラム）の認証（certificación）を政府指定機関から受けることが可能である[36]。実際には，チリの証券・保険局は，企業のコンプライアンス・プログラムの認証に関する権限を各地域の組織に委譲している。なお，当該プログラムの認証によって生じる法的効果について見解は分かれているが，2014 年に検察庁が策定した法人調査のガイドラインによると，認証されたコンプライアンス・プログラムの存在のみによって法人への責任追及が免除されることはない[37]。因みにチリ法人処罰法が同国で初めて本格的に執行されたのは，2013年に報じられた Industrias Ceresita 社事件についてであった[38]。

---

[36] チリ法人処罰法第４条。

[37] OECD, *Chile: Follow-up to the Phase 3 Report & Recommendations*, May 2016, at 4.

[38] 現地紙 Revista Capital の 2013 年 5 月 17 日付記事。同記事によると，Ceresita 社は首都部のレコレッタ地区における工場建設について，化学塗料の工場建設を計画していたにも関わらず，その事実を隠し操業許可を取得するために約 36,000 ドル相当を公務員に贈賄した容疑で調査がなされたが，その後検察庁と和解が成立し，同社はコンプライアンス・プログラムの構築と実施を約し，工場の廃棄した上で工場跡地を地域コミュニティーに譲渡した。

5 調査手続きの条件付き中断（suspención condicional）

対象犯罪について調査手続き中の法人であっても，裁判所の承認を経て，検察庁との和解が認められる。和解の内容は①和解金の支払い，②コミュニティー・サービスへの従事，③財務状況の定期的報告，④コンプライアンス・プログラムの構築と実施，⑤その他検察庁が適切と認めるその他の条件（これらは重複的に適用される場合もある）であるが，これらの条件の履行期間は6か月以上3年以下と定められている[39]。

6 執行機関および訴追手続き

チリ法人処罰法第Ⅲ編（第20条〜29条）は執行手続について規定している。同法の執行権限は検察庁（Ministerio Público または Fiscalia General de la Nación）にある。検察庁は全ての刑事犯罪を執行する権限を有し，国家検察官が率いる独立した機関であり，2003年5月に専門部局である特別汚職防止局（Unidad Especialisada en Anticorrupción）を設立した。検察庁は，汚職犯罪の刑事訴追に関する一般指針を2007年に公表したほか，2010年にはオフィシャル・レター第440/2010号[40]を，また2014年には「腐敗行為に関する一般指針」[41]，「外国公務員への贈賄対策の法的支援対応と分析に関するガイドライン」[42]そして「法人刑事責任の調査に関するベスト・プラクティス」[43]をそれぞれ公表している。他方でチリ法人処罰法の執行上の問題としては，執行機関の集権化が進展していないことから非効率であるという指摘や，不正行為の内部告発者の保護が不十分であるという指摘，そして法人に対する罰則が不十分であるなどと指摘されている。

---

(39) チリ法人処罰法第25条。

(40) 23/08/2010 Oficio FN N 440-2010 (Instrucción General que imparte criterios de actuación para la investigación y persecución penal de las personas jurídicas.

(41) Oficio FN N° 699-2014 de Fiscalia General.

(42) Guía de Apoyo Jurídico y Análisis para Investigaciones Relativas al Delito de Soborno Transnacional.

(43) Guía Práctica Buenas Prácticas de Investigación Responsabilidad Penal de las Personas Jurídicas.

国際取引の現代的課題と法

7 小 括

チリ法人処罰法はその対象犯罪をマネーロンダリング罪，テロ組織への資金提供罪および国内または外国公務員への贈賄罪と広く定めている。また，法人関係者を支配者，責任者，代表者，幹部職員または管理者と広く定義しているが，法人処罰の適用については，法人関係者の違法行為が「直接または間接的に法人に対する何らかの利益のために行われた場合」という限定が存在し，かつ当該違法行為が法人に課された指揮監督義務に違反した結果であることを条件としている[44]。さらに法人処罰法第3条3項は，法人の構成員等が犯行に及んだとしても，それ以前に当該法人が，法人処罰法に規定するコンプライアンス・プログラムを確立し，それを実施していた場合には当該法人は指揮監督義務を履行していたものと推定すると規定しているので，コンプライアンス・プログラムの公的機関による認証制度も併せ考慮すると，そうした認証を取得している法人に対して刑事責任を追及することは，事実上困難であると予想される。

Ⅳ ブラジルの 2013 年法人処罰法

チリ法人処罰法の制定に次いで，ブラジルにおいて 2013 年法人処罰法（Lei Anti-corrupção－法律第 12.846 号－以下「ブラジル法人処罰法」という）[45]が成立した。2011 年のブラジル競争保護法（法律第 12.529 号）における行政制裁規定（同第 37 条）と同様に，ブラジル法人処罰法の下では法人関係者による違反行為について法人に行政制裁が科される。同法の立法趣意書（exposição de motivos）によると，本法の目的は，国内外の行政に対する違法な行為，特に腐敗行為が企業によってなされた場合の企業責任を定め，ブラジルが締結している条約上の義務を履行することにある。ブラジルにおいては，法人処罰法の制定の他，2011 年には全面改正された競争保護法[46]が制定され，またマネーロン

---

[44] チリ法人処罰法第 5 条。

[45] 正式名称は，「国内外の公的行政機関に対する違法行為による法人の行政上および民事上の責任の賦課について定め，その他の措置を規定する 2013 年 8 月 1 日付法律第 12.846 号」。本法は，2014 年 1 月 29 日から施行された。本法は通称 "Clean Company Act" と紹介されているが本稿においてはブラジル法人処罰法と記す（前掲注(5) 参照）。

5 ラテンアメリカ諸国における法人処罰法〔阿部博友〕

ダリング規制法[47]が 2012 年に改正[48]され，さらに 2013 年には組織犯罪処罰法[49]が制定されるなど経済法制の改革が進展している。

1 成立の背景

ブラジル刑法典[50]第 333 条は国内の公務員に関する贈収賄の罰則を 2 年以上 12 年以下の禁錮または罰金もしくは併科と規定している[51]が，1997 年 12 月に OECD 条約に署名し，2000 年 6 月 15 日付の政令第 125 号に基づき，2000 年 8 月に批准書を寄託したことから，同条約を国内で施行するために，刑法及び 1998 年 3 月 3 日付法律第 9.613 号を改正する内容の 2002 年 6 月 11 日付法律第 10.467 号を成立させ，同法は直ちに施行された[52]。同法による改正の結果，現在の刑法第 11 編には，第 2 章－A（「外国の行政機関に対する個人による犯罪」）として，第 337－B 条乃至第 337－D 条が設けられた。しかし，当該規定の適用は自然人に限定されることから，2007 年の OECD 贈賄作業部会による審査の結果，ブラジルにおける法人処罰規定の欠如は OECD 条約違反に該当すると問題が指摘されていた。そこで，2010 年に国会に法人処罰法案が提出され，2013 年 8 月に公布され，腐敗防止法として成立し 2014 年 1 月 29 日から施行された[53]。ブラジル法人処罰法は，厳格責任原則に基づく法人の行政上および民事責任[54]について規定している[55]。法人関係者[56]が，その所

---

(46) 2011 年法律第 12.529 号。

(47) 1998 年法律第 9.613 号。

(48) 2012 年法律第 12.683 号。

(49) 2013 年法律第 12.850 号。

(50) 1940 年 12 月 7 日付法規政令第 2.848 号は，1942 年 1 月 1 日から施行され現在も効力を有する。

(51) ブラジルにおいても他の多くのラテンアメリカ諸国と同様に刑法の適用対象は自然人に限定される。

(52) 第 337－B 条（国際商取引における贈賄）の罰則は 1 年から 8 年の禁錮刑および罰金である。

(53) 多年に亘り議論されてきた同法案が突然議会で承認された背景には，2013 年 6 月にブラジル全土を巻き込んだ民衆による大規模な抗議デモの影響が大きいといわれている。

(54) ブラジル法人処罰法第 2 条は，「本法は，国内外の公的行政に対する法人の行政上および民事上の厳格責任について定める」と規定する。ここで法人の厳格責任とは，法人の法的責任について過失の有無は議論されないという趣旨である（Marco Vinicio Petrelluzi and Rubens Naman Rizek Junior, *LEI ANTICORRUPÇÃO* (São Paulo: Sarai-

---

109

国際取引の現代的課題と法

属する法人等の利益のために違法行為をなした場合は，当該法人はすべての民事責任を負担する[57]。

2　対象犯罪

　ブラジル法人処罰法第5条は，「本法律の目的において，国内外の公的行政に対する侵害行為とは，第1条単項[58]において定める法人[59]が行うすべてのもので，国内外の公的財産に対する行為，公的行政の支配原則に反する行為，ブラジルが批准する国際協定に反する行為」であると規定し，次の5つの行為類型を列挙する[60]。具体的には，①公務員または公務員と関係のある第三者に対して直接的または間接的に，不当な利益を約束し，申し出，または付与すること，②本法に定める不法行為の実行に対する融資，費用負担，支援または何らかの形による補助金の支給すること，③自身の本当の利害関係または実行された行為の受益者の身元を隠蔽または偽装するために，介在者として個人または法人を利用すること，④公共入札における談合等の不正行為[61]，および⑤公的機関，公共団体，公務員の調査または監督の活動を妨害することとされている。

---

va, 2014), at 53）。

[55]　Renato de Oliveira Capanema, "Inovações da lei 12.846/2013" in Melillo Donis do Nascimento（Editor), *LEI ANTICORRUPÇÃO EMPRESARIAL*（Belo Horizonte: Editora Fórum, 2014) at 17.

[56]　違法行為を行った職員の身分は問題にならない。また，違法行為による利益の一部のみが法人に帰属する場合であっても法人に法的責任が生じる。

[57]　ブラジル法人処罰法第2条。

[58]　ブラジル法人処罰法第1条は，法人格の有無や組織形態にかかわらず，すべての営利社団，会社および組合等に本法が適用される他，外国会社のうち本社，子会社または営業所がブラジル国内に設立されている場合も本法が適用されると規定する。

[59]　2015年には検察庁指針（Nota Técnica No. 01/215）を発布し，ブラジル法人処罰法の適用対象は，中小企業を含む総ての法人でありブラジル経済開発銀行（BNDES）の融資を受けている企業も含まれる旨を明確にした。また国営企業への適用に関しては2016年6月30日付法律第13.303号（国営企業，公営企業，混合資本企業およびその関係会社に関する法律）により確認された（同第94条）。

[60]　これらは例示ではなく限定列挙である（Petrelluzi and Rizek, *supra* note 54, at 62）。

[61]　本項目に関しては，入札談合をはじめ7つの行為類型が規定されている（ブラジル法人処罰法第5条Ⅳ号）。なお，入札談合の行為者に対する罰則は1993年6月21日付法律第8.666号に規定されている。

110

3 法人の責任

ブラジル法人処罰法第 6 条は，同法に定める侵害行為に対する責任を負う法人に対しての行政制裁について，制裁金の賦課および有責に関する特別公告であると規定している。

① 制裁金については，違法行為が生じた直前の会計年度の総収益から税金を除いた金額の 0.1 ％から 20 ％相当とし，享受した利益の金額が推定可能な場合は，その金額を下回らないものとすると規定する[62]。なお，法人の総収益の基準を使用することができないとき，制裁金は R ＄ 6,000 から R ＄ 60,000,000 までとされる[63]。なお，上述の通り，本法はブラジル企業のみならず，同国に本社，支店，営業所等を有する外国企業にも適用され[64]，また支配会社，被支配会社，関連会社，あるいは該当する契約がある場合は企業連合の構成会社は，本法に定める行為の実行について連帯して責任を負う[65]。

② 有責に関する特別公告について，法人処罰法第 6 条 5 項は，「有責の特別公告は，決定書の抜粋の形で発表され，法人の負担により，違法行為のあった領域および法人の活動領域で発行部数の多い通信媒体を通じて，またはそれが存在しない場合には全国紙において，これを公表するものとする」と規定している。

4 行政責任の付加賦課に関する手続の主体

ブラジル法人処罰法第 8 条は，「法人の責任の調査のための行政手続の開始および審判の権限は行政，立法，司法の三権それぞれの公的機関または公共団体の長に委ねるものとし，相手方の抗弁および幅広い弁護の権利を保護しつつ，職権または告発に基づき手続きを開始する」と規定する。また，連邦行政権については，「法人の責任に関する行政手続の開始，あるいは開始した手続きについてその遵守または修正の状況を確定するための本法に基づいた指図を行う同等の権限を連邦総監督省（CGU）長官に付与」[66]している。CGU は，法律第

---

[62] ブラジル法人処罰法第 6 条本文 I 号。
[63] 同第 6 条 4 項。
[64] 同第 1 条単項。
[65] 同第 4 条 2 項。
[66] 同第 8 条 2 項。

国際取引の現代的課題と法

10. 683 号に基づき，2003 年に創設された連邦政府の機関であるが，2016 年の法律第 13. 341 号[67]によって廃止され，その権限と機能は新組織[68]に承継された。

ブラジル法人処罰法第 7 条は，同法上の制裁の適用に際しては，以下の 9 項目を考慮すると規定している。つまり，①違反行為の重度，②違反した者が取得した利益または取得を試みた利益，③違法行為の既遂の有無，④損害または損害の危険の大きさ，⑤違法行為により生じた負の効果，⑥違反者の経済状況，⑦違法行為の調査のための法人の協力，⑧法人内における内部統制，監査，内部告発，倫理規定，行動規定に関する制度および手順の有無，および⑨損害を受けた公的機関または公共団体と法人との間で交わしていた契約の価値である。

上記⑧の法人内部における内部統制やコンプライアンス・プログラム（o programa de integridade）に関連して，違法行為に関連した企業が当局にコンプライアンス・プログラムに基づく制裁金の減額を申し立てた場合，当局は，「プログラムの制定・適用について法人の上級管理者がコミットし支援を行っているか否か」など 2015 年の立法府命令第 8. 420 号[69]が定める 16 の基準に従ってその適合性を判断し，その条件に適合すると認定された場合は，制裁金の減額を認める可能性がある。

なお，行政制裁の賦課手続に関しては 2015 年に CGU により省令第 910 号が発布され詳細な手続規則が示されたが，その後 2017 年 6 月 23 日付省令第 1. 381 号により一部修正が図られている。

---

[67] 正式名称は，「政府組織について規定する 2003 年 5 月 28 日付法律第 10. 683 号および 2008 年 12 月 24 日付法律第 11. 890 号を改正し，2016 年 3 月 16 日付暫定措置令第 717 号を廃止する 2016 年 9 月 29 日付法律第 13. 341 号」。

[68] 名称は "o Ministério da Transparência, Fiscalização e Controladoria-Geral da União-CGU"（日本語訳は透明性促進，監査および監督省）。

[69] 正式名称は，「2013 年 8 月 1 日付法律第 12. 846 号の規則を定める 2015 年 3 月 18 日付立法府命令第 8. 420 号」。コンプライアンス・プログラムに関しては同命令の第 41 条および第 42 条参照。また同命令第 42 条 4 項に基づく委任により CGU が 2015 年 4 月 7 日付省令第 909 号（正式名称は「法人のコンプライアンス・プログラムの評価に関する 2015 年 4 月 7 日付省令第 909 号」）。

5 司法的責任について

ブラジル法人処罰法第18条は,「行政手続における法人の責任は,その司法的責任の可能性を排除するものではない」と規定する。この責任は公共民事訴訟法(1985年7月24日付法律第7,347号)[70]の手続を経て法人に科される制裁である。法人処罰法第19条は,同第5条に定める行為の実施を理由として,連邦総監督省長官,州政府,連邦直轄区,市町村政府は,それぞれの検察当局,司法当局またはこれと同等の組織,あるいは国家検察庁を通じて,違法行為を行った法人に対して一定の制裁[71]を適用することができると規定している。

6 リニエンシー合意について

ブラジル法人処罰法第16条は,各公的機関または公共団体の長は,同法に定める行為の実行に責任を負う法人との間で制裁減免の合意をなし,調査および行政手続に対する効果的な協力を要請することができると規定している。その条件は,①当該法人が不法行為の調査のための協力に関心を示した最初の当事者であること,②法人が,合意の締結を申し出たその日以降,調査対象となっている違反行為への関与を完全に止めていること,および③法人が不法行為に対する自らの関与を認め,調査および行政手続に対して完全かつ永続的に協力し,要求があった場合には必ず自らの負担においてすべての訴訟手続に出頭することである[72]。

なお,リニエンシーに合意した法人は,有責に関する特別公告(ブラジル法人処罰法第6条本文II号)および公的金融機関等からの助成等の禁止(同第19条IV項)の制裁を免除され,適用される制裁金(同第6条本文I号)について3

---

[70] ブラジル法人処罰法第21条。なお,法律第7,347号は,環境または消費者等に生じた損害賠償責任を追及するための公共民事訴訟(ação civil pública)に関する法律。公共民事訴訟制度の下で,検察庁その他の公共機関は,環境や消費者その他の集団的利益に関する損害賠償責任の追及訴訟を提起することが認められた。

[71] 制裁は,①財産,権利,違法行為により取得した優遇または直接的・間接的利益に相当する価値の喪失。ただし被害者または善意の第三者の権利はこの対象から除外される,②活動の部分的な停止または禁止,③法人の強制的解散,および④最低1年かつ5年を上限として公的機関または公共団体,公的金融機関または公的機関が支配する金融機関からの奨励金,補助金,助成金,寄附金,借入金の受け取りの禁止。

[72] ブラジル法人処罰法第16条1項。なお,立法府命令第8,420号にリニエンシー合意に関する詳細な規定が置かれている(同命令第28~40条)。

国際取引の現代的課題と法

分の2相当額を上限として減額される[73]。また，制裁の減免合意の効力は，所定の条件を満たす場合，この合意書に連名で署名する同一経済グループの構成法人にも適用される[74]。

7 小 括

ラテンアメリカ諸国において権利意識を高めた国民の公権力への監視の目は厳しさを増していて，ブラジルでは大型の腐敗事件が相次いで摘発され，大統領に対する弾劾裁判にも及んでいる[75]。ブラジル法人処罰法の施行にもかかわらず，ブラジルにおける腐敗は改善の兆しがなく，NPO組織のトランスパレンシー・インターナショナルが公表している腐敗認識指数[76]によると，ブラジルに対する評価は厳しさを増していて，ここ数年ポイントを下げ続けている[77]。

他方でブラジル政府は，2014年10月にOECD腐敗対策作業部会により実施されたOECD条約の執行状況に関するフェーズ3調査に基づく勧告の実施に関する報告書を提出し，同部会はその評価を行った[78]。ブラジルはOECDが提示した39件の勧告を概ね実施しつつあるが，民間セクターにおける不正通報者の法的保護の欠如という問題が指摘されている。

ブラジル法人処罰法は，無過失責任原則に基づく行政制裁とコンプライアンス・プログラムの策定・実施による制裁の縮減システムを組み合わせることで，腐敗防止に向けた精緻な法制度が構築されているが，執行の権限と責任を承継する新組織が検察庁との実効的な連携を図りつつ厳格な法執行を実現できるかが今後の課題である。

---

[73]　同第16条2項。

[74]　同第16条5項。

[75]　2016年8月31日付 New York Times 記事。

[76]　トランスパレンシー・インターナショナルは毎年専門家による評価とアンケート調査に基づき腐敗認識の程度（CPI）を国別にランキングしている。腐敗が少なく清廉な国ほど上位にランクされる。

[77]　2016年度の調査においてブラジルは176か国中第76位であった。

[78]　OECD, Brazil: Follow-up to the Phase 3 Report & Recommendations（February 2017).

V　コロンビアの 2016 年法人処罰法

コロンビアは，2004 年の刑事訴訟法の改正を通じて，法人に対して法人格の一時停止処置や強制的解散措置を命じる権限を裁判所に付与した。ただし，チリ法人処罰法やブラジル法人処罰法と比較し得る法人処罰法制の構築は，2011 年腐敗防止法[79]の制定を経て，2016 年に至って漸く法人処罰法[80]が制定されることになった。なお，2009 年のコロンビア競争法（法律第 1.340 号）には，競争法違反行為に関する法人への行政制裁規定が既に存在する。

1　行政機関に対する犯罪に関する法人の責任（法人処罰法第 35 条に基づく 2011 年腐敗行為防止法第 34 条の改正）

コロンビア刑法第 91 条は，直接または間接を問わず，行政機関に対する刑事犯罪[81]または公的資産に関連する可罰的行為（delito contra el patrimonio público）をその法的代表者（representantes）または業務執行者（administradores）が行うことによって利益を得ようとする法人にも適用される。同条は，法人に対して業務の停止，法人の商工会議所における登録抹消及びその商業施設の一時的閉鎖といった制裁について規定している。刑法第 91 条が適用されるための要件は，行政機関に対する犯罪または公共資産に対する犯罪について，法人の代表者または役員が，当該法人の利益をはかるために罪を犯したことが前提となる。また，コロンビア法人処罰法は，上記の法人に対する制裁について，行為者（自然人）に対する刑事責任の追及とは独立して，法人への直接的な責任追及が認められると規定しているが，制裁金の賦課については実行者（自然人）に対する刑事罰が確定することを条件とすると規定している。この場合，会社監督局（Superintendencia de Sociedades）[82]は，最低賃金の 200,000 倍まで

---

[79]　正式名称は「腐敗行為の予防，調査および制裁強化ならびに行政の実効的管理に関する 2011 年 7 月 12 日付法律第 1.474 号」。

[80]　法律第 1.778 号（2016 年 3 月 11 日公布）。正式名称は「海外腐敗行為に関する法人の責任を規定し，腐敗撲滅に関するその他の措置を規定する 2016 年 2 月 16 日付法律第 1.778 号」。

[81]　コロンビア刑法典の第 II 部各論の第 15 章が規定する行政関連犯罪のことで公務員に対する贈賄罪も含む。

国際取引の現代的課題と法

の制裁金（multa）[83]を科すことができる。上記の改正は，法人処罰法第 35 条に基づく 2011 年腐敗行為防止法第 34 条の改正によってもたらされた。

2　外国公務員への贈賄に関する法人の責任（コロンビア法人処罰法第 2 条）

外国公務員への贈賄罪については，上述の 2011 年腐敗行為防止法に基づく法人制裁規定（同法第 34 条）とは独立して，法人処罰法の諸規定に従って調査および制裁の賦課がなされる（法人処罰法第 35 条 2 項）。そして，違法行為に関わった個人への刑事訴追とは独立して，法人に対する調査や制裁の賦課がなされる[84]ので，その意味において法人に対する直接的な行政責任を定めた法令である。

コロンビア法人処罰法第 2 条は，法人は，当該法人または当該法人に従属する法人の従業員，役員，取引先（contratistas），関係者（asociados）が，国際取引（transacción internacional）[85]に関連して海外公務員に，その権限に属する何らかの行為を実行させるか，実行させないか，もしくは遅延させる目的をもって，何らかの経済的価値または利益を直接的または間接的に供与し，申し入れをし，または約束をした場合は，法人処罰法の各条項に基づき行政的制裁を課されると規定している。なお，法人に対して責任を追及し制裁を科す権限を有するのは会社監督局である。

3　制裁の内容

第 4 条は，会社監督局が法人に科すことができる制裁について規定している。それらは，①最低賃金の 200,000 倍までの制裁金[86]，② 20 年以内の政府機関との契約締結の禁止，③ 1 年以内の制裁内容の公告，および④ 5 年間の政府援

---

[82]　会社監督局は，商業・産業・観光省の管下の政府機関で商事会社（sociedades comerciales）の査察等を通じて経済秩序の維持に関する責任を担っているほか，会社の倒産処理や組織内の紛争に関する権限を有する（2015 年 5 月 26 日付政令第 1,074 号）。

[83]　2017 年 10 月時点の最低賃金は $ 820.857（コロンビアペソ）であるのでこれを同時点の為替で円換算した場合は約 64 億円になる。

[84]　コロンビア法人処罰法第 4 条。

[85]　「取引先」，「関係者」および「国際取引」という用語についてはいずれも法令中に定義が存在しないために意味が曖昧であるとの問題が指摘されている。

[86]　前掲注[83]参照。

助の受給禁止である。こうした制裁の決定については，(a) 違法な行為によって得られた利益の額，(b) 違反行為に係る法人の資産規模，(c) 違法行為の繰り返しの有無，(d) 調査への協力の程度，(e) 違法行為の隠蔽の有無，(f) 会社監督局による証拠収集手続の前に違反行為を認めたか否か，(g) 同第23条に基づくコンプライアンス・プログラムの制定，実施の有無，およびその実効性の程度，(h) 予防対策（medidas cautelares）の実施の程度，(i) 合併等に際してのデューディリジェンスの程度，(j) 犯罪事実の通報の有無等を考慮して判断されることになる[87]。

4 コンプライアンス・プログラム

会社監督局はその管轄する法人について，コンプライアンス・プログラム，腐敗防止のための内部監査，および内部統制の仕組みを振興する義務を負っていて，その透明性を高め，外国公務員に対する贈賄を防止する態勢の構築を推奨しなければならない[88]。会社監督局は，対象法人の資産の規模，収入額の規模，従業員数および事業目的などを勘案して，上記のコンプライアンス・プログラム，内部監査，および内部統制の構築と実施義務が適用される法人の範囲を画定することとされている[89]。

5 リニエンシー・プログラム

法人の有責行為について通報を行い，会社監督局の調査に協力し，または証拠を提出した法人については，当該法人に対する制裁の免除または縮減が認められる[90]。会社監督局は，①提供された情報が法人の責任追及または個人の責任追及にどの程度有用であるのか，②法人が以下に迅速に会社監督局に情報を提供したのかを勘案して制裁の免除または縮減の程度を決定する[91]。また，会社監督局は法人処罰法第20条に基づき，2016年7月26日にコンプライア

---

[87]　コロンビア法人処罰法第7条。

[88]　同第23条1文。

[89]　同第23条2文。会社監督局は，2016年7月26日付決議（Resolución 100-002657）によってコンプライアンス・プログラム実施義務が課される法人の範囲を公表した。また同決議に関するQ&Aも同時に公表した。

[90]　同第19条。

[91]　同上。

国際取引の現代的課題と法

ンス・プログラムに関するガイドライン[92]を公表している。

6　調査妨害および協力義務違反の禁止

法人処罰法に基づき会社監督局は対象法人の調査権限を有し，①法人の事務所等の捜査を通じて証拠等を収集する権限，②法人または自然人に情報の提供や事実関係の確認を求める権限，および③刑事訴訟法の諸規定に基づき尋問を行う権限が付与されている[93]。こうした会社監督局による調査に関連して，情報や書類を隠匿し，必要な情報の提供を拒絶し，または情報へのアクセスを認めない法人に対して，会社監督局は違法行為の時点における最低賃金の200,000倍までの制裁金を科すことができることになった[94]。

7　執 行 機 関

国家総検察庁（Procuraduría General de la Nación）は公務員に対する懲戒権限を有し，また国家総監督局（Contraloría General de la Repúblic）は国家資産の監督および保護の役割を担っている。これらの政府機関の最新の年次報告書によれば，その処理能力を超える膨大な件数の通報を受け，年間5,000件を超える調査を実施しているが，それらの大部分は刑事訴追には至っていない。また，検察庁は腐敗行為防止に向けて20名程度の検察官で組織される特別組織を設立したが，顕著な効果は現れていない。

コロンビアにおいては，公務員による腐敗が蔓延していて，これらの事件を処理する検察官や訴訟を担当する裁判所の人員や能力を凌ぎ，腐敗防止に向けた捜査および事件処理の非効率をもたらしていると批判されている。一方で法人処罰法は，行政に対する犯罪および公的資産に対する犯罪についての調査およびい制裁権限を会社監督局に付与していて，今後同局が如何に効率的な法執行を遂行できるか注目されている。

---

[92]　CIRCULAR EXTERNA No. 100-000003 del 25 y 26 de julio de 2016（2016年法律第1.778号第20条に基づく違法行為の予防に係る企業倫理プログラムの実施ガイドライン）。

[93]　コロンビア法人処罰法第20条。

[94]　同第21条。

8 小 括

コロンビアにおいては，2011 年腐敗防止法の下では，法人に行政制裁が下される前提として，法人代表者または業務執行者が行政機関に対する犯罪に関与し，さらにその目的が法人の利益獲得に向けられていた場合に限定されていた。ところが，2016 年法人処罰法は，法人関係者の範囲を拡大[95]し，それらが国際取引に関連して外国公務員に，利益供与等の申し入れをし，または約束をした場合に当該法人に対して行政制裁が科されることになった。また，法人による当該作為または不作為について行政責任を追及するための調査およびその処分は，違法行為者（自然人）に対する責任追及とは独立した調査であり，違法行為者に対する有罪判決の有無にかかわりなく実施される[96]。

上記の通りコロンビア法人処罰法の下で，法人関係者（自然人）に対する責任追及とは独立して，法人に対する責任が追及される対象犯罪は，外国公務員等に対する贈賄罪に限定されている。その他の，行政機関に対する刑事犯罪または公的資産に関連する可罰的行為については，法人の法的代表者または業務執行者が犯行に関与した場合に限定され，また制裁金の賦課は制裁金は，法人関係者に対する刑事罰が確定することを条件としてなされるなど，法人の責任の範囲が極めて限定的である。

外国公務員等に対する贈賄罪に議論を限定すると，コロンビア法人処罰法の特徴は，法人関係者による不正行為について，法人に無過失責任を問うブラジル法人処罰法との共通性が見出され，そこではコンプライアンス・プログラムの策定と実施は，法人に対する行政制裁の縮減の一要素となる[97]が，このプログラムの実施のみによっては法人の有責性は阻却されない。この点がチリ法人処罰法との差異であるといえよう。

---

[95] 当該法人または当該法人に従属する法人の従業員，役員，取引先（contratistas），関係者（asociados）が法人処罰法の下での関係者とされる（コロンビア法人処罰法法第2条）。

[96] コロンビア法人処罰法第4条。

[97] 同第7条1項7号。

Ⅵ　総　括

　法人処罰法の制定は，米国の海外腐敗行為防止法や英国贈収賄法など，コモンロー諸国にとどまらず大陸法諸国にも広がりを示しており，例えばフランスの 1994 年刑法[98]をはじめとして，イタリアの 2001 年立法府命令第 231 号[99]やスペインの 2010 年 6 月 22 日付法律第 5 号[100]などを挙げることができる[101]。上述の通り，ラテンアメリカ諸国においても 21 世紀以降，法人関係者による腐敗行為等について，自然人のみならず，法人に対する制裁を規律する立法例を見出すことができる。それを刑事罰として立法する諸国であっても，または行政制裁と規定する諸国であっても，適正なコンプライアンス・プログラムの実施を犯罪構成要件，または制裁の縮減要素として規定するなど，法政策的配慮から法人によるコンプライアンス・プログラムの普及に注力している姿勢が共通している。

　ところで，米国においては，1909 年の New York Central & Hudson River Railroad Co. v. United States 事件判決[102]において，国会はエージェントによる違法行為について法人に刑事罰を科す権限が初めて確認された。チリ法人処罰法は 2009 年に制定されたので，そこにはほぼ 1 世紀の間隙が存在する。その間，米国においては，組織体に関する連邦量刑ガイドライン[103]が 1991 年に制定された結果，効果的なコンプライアンス・プログラムを実施し，かつ当局の捜査に協力することで法人は量刑の縮減を図ることが可能となった[104]。それは必然的にコンプライアンス・プログラムの一層の普及につながっていった。

---

[98]　Mark Pieth and Radha Ivory (Eds), *Corporate Criminal Liability: Emergence, Convergence, and Risk* (Springer, 2011) at 147-176.

[99]　Decreto Legislativo 231 del 2001.

[100]　正式名称は「1995 年 11 月 23 日付組織法第 10 号を改正する 2010 年 6 月 22 日付組織法第 5 号」。

[101]　法人処罰法の展開に関しては Edward B. Diskant, "Comparative Corporate Criminal Liability: Exploring the Uniquely American Doctrine Through Comparative Criminal Procedure", *118 Yale L. J. 126* (2008) 参照。

[102]　N. Y. Cent. & Hudson River R. R. v. United States, 212 U. S. 481, 493-98 (1909).

[103]　1991 Federal Sentencing Guidelines for Organizations.

5 ラテンアメリカ諸国における法人処罰法〔阿部博友〕

さらに法人処罰論は，組織法の分野でも展開された。つまり，法人を運営する役員の責任の範囲について，従来は特段明らかな疑いがなければ役員は不正に関して調査義務を負わないとされていた[105]が，Caremark事件判決[106]によって内部統制システム構築に関する役員の法的責任が明確にされた。さらに，エンロン事件を契機に企業改革法[107]が2002年に制定され，2006年にはドッドフランク法[108]が制定されるなど，法人の法的責任論は，会社法のみならず証券法・証券市場法の領域に議論が波及している。

翻ってラテンアメリカ諸国の会社法に目を転じると，それらは総じて古く近代化が図られていない[109]。また証券市場法制に関してもコーポレート・ガバナンスや内部統制などについて十分な議論の展開がなされていないため，その整備が進められていない状況にある[110]。また，同族経営企業が多く株式所有の集中度が高い企業形態や，国営企業が産業の主要部分を占めるといったラテンアメリカ特有の企業形態についてもコーポレート・ガバナンスのあり方や内部統制の仕組みを議論する際に検討が必要となるであろう[111]。

ラテンアメリカ諸国における法人処罰法の導入は，法人による腐敗行為の防止措置を促進する上で，一定の効果が認められると思われるが，その反面一部の構成員による違法行為の責任について必ずしも帰責性が認められない株主に

---

[104]　Peter J. Henning, "Symposium: The FCPA at Thirty-five and Its Impact on Global Business: Key note: Be Careful What You Wish For: Thoughts on a Compliance Defence Under the foreign Corrupt Practices Act", *73 Ohio St. L. J. 883*（2012），at 896.

[105]　Graham v. Allis-Chalmers Mfg. Co., 188 A.2d 125（Del. 1963）.

[106]　In re Caremark International Inc. Derivative Litigation, 698 A. 2d 959（Del. Ch. 1996）.

[107]　Sarbanes-Oxley Act of 2002, Pub. L. No. 107-204, 116 Stat. 745（2002）.

[108]　Dodd Frank Wall Street Reform Act and Consumer Protection Act, Pub. L. No. 111-203, §922, 124 Stat. 1376（2010）(codified at 15 U. S. C. §78u-6（2006）).

[109]　ラテンアメリカ諸国全般のコーポレート・ガバナンスに関しては Alberto Chong and Florencio López-de-Silanes, *Corporate Governance in Latin America*（Inter-American Development Bank, Research Department, Working Paper #591 を参照。ブラジル会社法については，拙稿「ブラジル企業法制の基礎（第2回）ブラジル会社法の概要」国際商事法務40巻3号（2012年）423-430頁参照。

[110]　ブラジルの証券市場法制について拙著「ブラジル企業法制の基礎（第3回）ブラジル資本市場法の概要」国際商事法務40巻4号（2012年）590-596頁参照。

[111]　Mierta Capaul, *Corporate Governance in Latin America*（Word Bank, 2003）.

国際取引の現代的課題と法

経済的負担を強いる結果となり，また当該法人の従業員や取引先にも悪い影響を及ぼしかねない。しかし，他に腐敗防止に向けた有効な施策が見出せないため，法人処罰法の執行は今後も強化されるであろう。かかる状況の下で，法人は形式的にコンプライアンス・プログラムを導入するのみではなく，内部統制の仕組みを創出しつつ，それを実効的に運用するメカニズムを構築する必要がある。ラテンアメリカ諸国は，OECD 条約はじめ国際条約に基づく国際協約上の義務を履行するために，または政治腐敗に抗議する民衆運動に後押しされる形で，腐敗行為防止法および法人処罰法を制定した。それは腐敗撲滅に向けた大きな一歩ではあるが，腐敗を根絶するには収賄組織および贈賄側となる法人のコンプライアンス態勢の確立や倫理的活動の確保が不可欠である。上記の観点から，ラテンアメリカ諸国は，今後一層の腐敗撲滅に向けて，行政組織法，会社法や証券市場法の変革を通じて，役員および管理職員による内部統制システム構築の義務を確立するなど多角的な法整備に取組む必要がある。

6 地理的表示保護制度(GI)についての一考察
── 地域ブランド産品の法的保護

髙 田　寛

Ⅰ　は じ め に　　　　　　　Ⅳ　地域ブランド産品の育成・
Ⅱ　地理的表示(GI)保護制度　　　保護を目指して
Ⅲ　地理的表示(GI)保護制度　Ⅴ　結びにかえて
　の問題点

Ⅰ　は じ め に

　わが国の多くの地域には，長年培われた伝統的な生産方法や気候・風土・土壌などの生産地の特徴が，品質などの特性に結びついている産品（以下「地域ブランド産品」という）が多く存在している。長年，地方創生[1]や地域活性化が叫ばれているが，これらの施策の一つに，地域ブランド産品の育成・保護がある。

　2002 年に知的財産基本法が制定された折に，原産地表示，地理的表示（Geographic Identification: GI）などによる地域ブランド産品の育成・保護が検討され，その後 2005 年，商標法の一部改正により，地域団体商標制度が導入された。翌年 4 月から，登録の応募が開始され，2017 年 8 月 31 日までに登録された地域団体商標は 616 件に及び，一定の成果を上げている[2]。

---

(1)　第 2 次安倍政権で掲げられた，東京一極集中を是正し，地方の人口減少に歯止めをかけ，日本全体の活力を上げることを目的とした一連の政策。2014 年，第 2 次安倍改造内閣発足時に発表された。
(2)　特許庁 HP（登録産品一覧）〈https://www.jpo.go.jp/torikumi/t_torikumi/t_dantai_syouhyou.htm〉（as of Sep. 24, 2017）。

『国際取引の現代的課題と法』澤田壽夫先生追悼〔信山社，2018 年 4 月〕　　*123*

また，地域団体商標制度とは別に，2014年6月1日，「特定農林水産物の名称の保護に関する法律」（平成26年法律第84号）（以下「地理的表示法」という）が成立した（2016年12月26日改正）。これにより，わが国で地理的表示（GI）保護制度が本格的にスタートした。2017年9月15日現在，登録産品は42を数え，徐々にその数を増やしつつある[3]。

2017年度の「知的財産推進計画2017」（2017年5月16日知財戦略本部会合決定）では，産業財産権分野において，「攻め」の農林水産業・食料産業等を支える知財活用・強化として，地理的表示（GI）の国内外での保護の充実を挙げている[4]。

地理的表示（GI）保護制度は，商標法における地域団体商標制度と同様に，商品等に付される表示を保護するという目的をもつが，保護の対象や，その育成・保護の方法が異なる。特に，地理的表示（GI）保護制度は，「世界貿易機関を設立するマラケシュ協定附属書一Cの知的所有権の貿易関連の側面に関する協定」（以下「TRIPS協定」という）[5]に根拠条文を持ち[6]，各国は，世界規模で，その保護を図っている[7]。

2017年7月，わが国とEUとの経済連携協定（EPA）で，それぞれが保護することになった地理的表示（GI）の品目を公表した。わが国は，EUの農産品71品目，EUはわが国の農産品31品目を，それぞれの市場で保護することに合意した[8]。このように地理的表示（GI）は，各国とのEPA/FTA交渉で，

---

(3) 農林水産省HP〈http://www.maff.go.jp/j/shokusan/gi_act/register/〉（as of Sep. 24, 2017）。

(4) 内閣府知的財産戦略推進事務局「『知的財産推進計画2017』（2017年5月16日知財戦略本部会合決定）概要」（2017年5月）5頁〈https://www.jpo.go.jp/shiryou/toushin/shingikai/pdf/newtokkyo_shiryou21/01.pdf〉（as of Sep. 24, 2017）。

(5) 特許庁HP〈https://www.jpo.go.jp/shiryou/s_sonota/fips/trips/ta/mokuji.htm〉（as of Sep. 24, 2017）。

(6) TRIPS協定22条，23条等。

(7) 諸外国における地理的表示（GI）保護制度については，社団法人日本国際知的財産保護協会の「諸外国の地理的表示保護制度及び同保護を巡る国際的動向に関する調査研究」（平成24年3月）に詳しい〈https://www.jpo.go.jp/shiryou/toushin/chousa/pdf/zaisanken_kouhyou/h23_report_01.pdf〉（as of Sep. 24, 2017）。現在，100以上の国で地理的表示（GI）の保護が図られている。

(8) 農林水産省HP〈http://www.maff.go.jp/j/kokusai/renkei/fta_kanren/f_eu/index.html〉（as of Sep. 24, 2017）。

各国の保護の方法をめぐり，熾烈な議論が展開されている。

　本稿では，地域団体商標制度と対比しつつ，比較的新しい地理的表示（GI）保護制度の抱える問題点を整理し，より効果的な地域ブランド産品の育成・保護を検討する。

II　地理的表示(GI)保護制度

1　地理的表示保護制度

(1)　地理的表示（Geographic Identification: GI）

　地理的表示（GI）とは，農林水産物・食品等の名称であって，その名称から当該産品の生産地を特定でき，産品の品質等の確立した特性が当該生産地と結びついているということを特定できるものである。たとえば，「地名＋りんご」という地理的表示（GI）は，地名と産品名から構成される[9]。ただし，地名を含まない地域と結び付きのある名称でも可としている[10]。

　具体的には，生産地と産品の特性が，密接に結びついているもので，伝統的な製法，地域伝統の文化・行事等の人的な特性と，気候・風土・土壌等の自然的な特性が，品質，社会的評価・評判等の産品の特性に深いかかわりがあり，これらに強い結びつきがあるものである。このように，ある生産地における人的な特性や自然的な特性と，産品の特性とが結び付いており，そのことを認識かつ特定できる産品の名称が地理的表示（GI）であり，これらが地理的表示（GI）保護制度で保護される[11]。

　地理的表示（GI）保護制度の保護対象は，「特定農林水産物等」であるが，この「特定」の要件として，①特定の地域等を生産地とするものであること，及び②確立した特性（品質や社会的評価等）がその生産地に主として帰せられるものである（法2条2項）。特性は，品質だけでなく，社会的評価も含まれることから産品の受賞歴も含まれる。ただし，その特性は，確立したものでなけ

---

(9)　粟津侑「地理的表示保護制度について」貿易と関税 751 号（2015 年）27-28 頁。

(10)　農林水産省「地理的表示法 Q&A──特定農林水産物等の名称の保護に関する法律」（2016 年）11 頁〈http://www.maff.go.jp/j/shokusan/gi_act/faq/pdf/doc17.pdf〉（as of Sep. 24, 2017）。

(11)　粟津・前掲注(9) 29 頁。

ればならず，他の産品と区別できる一定の特性を有した状態で，概ね25年程度の生産実績が求められる[12]。

生産地との結びつきについては，品質や社会的評価等の特性が，その生産地と強く結びついていることであり，地域団体商標の要件よりも，強いことを要求している。すなわち，単に生産されているだけでは足りず，その地域だからこそ得られた特性であるという繋がりがあることが求められる[13]。

(2) 地域ブランド産品の課題

地理的表示（GI）保護制度の導入の背景は，大きく分けて二つの課題があると考えられている。

一つには，長年，地域ブランド産品の品質の統一化が図られず，産品のブランド価値の向上が図られていなかったことである。たとえば，「○○りんご」という地域に根付いた産品があり，一般のりんごよりも甘いというPRを続け，地域ブランド化している場合，「○○りんご」の品質の統一化が図られていないと，実際に市場に出回る「○○りんご」が，PR内容と異なり十分に甘くないものが出回り，「○○りんご」のブランド価値を低下させることになりかねない[14]。

ある産品の事例では，昭和50年代から栽培を開始し，その後ブームにより，地域名が先行して全国的に周知されたものの，生産主体ごとの品質格差が大きく，低品質産品の存在により需要者の評価が低下しつつあった。このため，市による認定シールの取組みや組合によるホームページでの周知を行っているが，低品質産品の排除の効果は薄かったという[15]。

二つ目の背景としては，ブランドへのただ乗りが行われている実態があることである。たとえば，「○○りんご」がブランド化されて知名度が高まってくると，その名前を悪用し，ただ乗りしようと考える者で出てくる。その結果，そういった者が市場に出す「○○りんご」は，PRされているような甘いものではなく，これにより，ブランド価値が損なわれてしまうことになりかねな

---

[12] 藤村浩二「地理的表示保護制度概要（商標制度利用者向け）」特許研究 PATENT STUDIES No. 63（2017年）61-62頁。

[13] 藤村・前掲注[12] 62頁。

[14] 粟津・前掲注(9) 26頁。

[15] 農林水産省・前掲注(10) 2頁。

い[16]。

　ある産品は，昭和40年代から栽培を開始しているが，火山灰土壌という土地条件の悪さを克服するため，古くから盛んな畜産の堆肥を活用し地力を高め，品質を向上させた。その結果，トップブランドとして全国的な知名度を得たが，ブランドに便乗し，そのブランドの基準を満たさないものが名称を冠して販売されていた実態があった[17]。

　このように，地域ブランドには，長年，品質の管理や侵害の対応について課題が存在していた。これらの課題を克服するため，国は，地理的表示（GI）保護制度を導入し，地域ブランド産品の具体的な名称，表示を国に登録して，これを地域の共有財産として保護するものである。これに似た制度として地域団体商標制度があるが，対象産品や保護の仕方が異なる。地域団体商標制度との違いについては後述する。

(3) 地理的表示法

　2014年6月1日，「特定農林水産物の名称の保護に関する法律」（平成26年法律第84号）（以下「地理的表示法」という）が成立した（2016年12月26日改正）。これにより，わが国で地理的表示（GI）保護制度がスタートした。

　地理的表示（GI）保護制度は，地理的表示（GI）を生産地や品質等の基準とともに登録するもので，産品の品質について国が「お墨付き」を与えるものである。すなわち，地理的表示（GI）だけでなく，品質等の基準も併せて登録し，これにより登録された基準を満たすものだけが地理的表示（GI）を使うことができる[18]。

　このために，一定の基準を満たすものに「地理的表示」（GI）の使用を認め，地理的表示（GI）保護制度の登録された産品であることを示す標章「GIマーク」[19]を付すことになる。これにより，品質を守るもののみが市場に流通することになり，「GIマーク」により，国の品質に対する「お墨付き」があるかどうかがわかり，他の産品と差別化が図られるようになる。これによって，地域

---

⑯　粟津・前掲注(9) 26-27頁。

⑰　農林水産省・前掲注⑩ 2頁。

⑱　粟津・前掲注(9) 30頁。

⑲　登録された産品の地理的表示と併せて付すもので，産品の確立した特性と地域の結びつきが見られる真正な地理的表示産品であることを証するもの。

国際取引の現代的課題と法

ブランド産品の課題の一つであった品質の統一化が図られるようになる[20]。

また，不正な地理的表示（GI）の使用について，行政が取り締まることになる。そのため，地理的表示（GI）を使用する者にとって，地域団体商標のような訴訟等の負担がなくなり，自分たちのブランドを守ることが可能になる。これによって，地域ブランド産品のもう一つの課題であるブランドへのただ乗りというような不正行為への対応は，地理的表示（GI）を使用する者ではなく国が取締まりを行うので，不正行為を実効的に抑止することが期待されている[21]。

ただし，生産者が地理的表示（GI）を使用するためには，登録された団体への加入が求められる。いわゆる，地域内アウトサイダー（団体には加入していないが，同様の地域ブランド産品を地域内で生産している者）には，地理的表示（GI）の使用は認められていない。

これは，地域団体商標制度と同様であり，登録生産者団体[22]は，生産・加工業者に加入の自由を認めなければならず，正当な理由なく加入を拒んではならない[23]。なお，登録生産者団体は，生産・加工業者が加盟するブランド協議会のような団体でも可能である。また，複数の生産者団体を登録することも可能である[24]。

このように，地域ブランド産品の地理的表示（GI）を登録した団体の規模等にもよるが，一般に，地域共有の財産として，地域の生産者全体が使用可能となり，地域ブランド産品としてのブランド力を維持できることが期待される。

(4) 手 続 き

地理的表示（GI）保護制度の手続きとしては，まず，生産者や加工業者を構成員とする団体が，生産地や品質等の基準の説明とともに，登録してほしい地理的表示（GI）を国に申請をする。申請書には，名称，生産地，特性，生産の方法，生産地との結びつき，伝統性などを記載する。また，申請書の添付書類

---

[20]　粟津・前掲注(9) 30 頁。

[21]　粟津・前掲注(9) 31 頁。

[22]　地理的表示法 3 条 1 項。

[23]　地理的表示法 2 条 5 項は，「…法令又は定款その他の基本約款において，正当な理由がないのに，構成員たる資格を有する者の加入を拒み，又はその加入につき現在の構成員が加入の際に付されたよりも困難な条件を付してはならない旨の定めのあるものに限る。」と規定している。

[24]　粟津・前掲注(9) 33 頁。

として，明細書（登録団体ごとの品質の基準），生産行程管理業務規程（登録団体が行う品質管理業務に関する定め）[25]がある。これにより，国は審査を開始し，所定の要件を満たすと認められるものについて，その地理的表示（GI），品質等の基準と申請をした団体を登録する[26]。

品質管理に関しては，地理的表示（GI）保護制度に登録された登録生産者団体が，品質が基準を満たすように，生産行程管理業務規程に基づいて品質管理を行う[27]。なお，確認に際して専門的な成分分析等が必要な場合には，外部の専門機関に委託することも可能である。そして，登録生産者団体は，年1回以上，生産行程管理業務の実情について，実績報告書を国に提出しなければならない[28]。これにより，国は生産行程管理業務が適正に行われているかどうかを確認する。

さらに，登録団体の自主管理だけでなく，品質管理が適正に行われているかどうかを農林水産大臣がチェックをする。特に，生産行程管理が適切に行われていないのではないかと疑われる場合には，国が立入検査等をすることによって，実際の生産行程管理の実情を把握し，取り締まることになる。このような厳しいチェック体制により，品質が一定の基準を満たすようにする[29]。

ただ乗り等の不正行為があった場合については，国に対して通報することにより国が認識・調査し，不正行為を停止するよう求める等の措置命令を直接行うといった方法で，取り締まりを実施する[30]。この場合，地理的表示（GI）の除去や抹消を命じることになる。

また，団体の構成員でない生産・加工業者が地理的表示（GI）を使用した場合や，団体の構成員である生産・加工業者が登録された品質等の基準を満たしていないものに地理的表示（GI）を使用した場合も取り締まりの対象となる。このような形で国として取り締まりを行い，最終的には刑事罰をもって対処することになる[31]。

---

(25)　地理的表示法2条6項及び7条2項2号。
(26)　地理的表示法12条1項。粟津・前掲注(9) 33頁。
(27)　地理的表示法34条1項。
(28)　地理的表示施行規則15条3項6号。
(29)　粟津・前掲注(9) 32頁。
(30)　粟津・前掲注(9) 37頁。
(31)　地理的表示法43条1項。

国際取引の現代的課題と法

2 地域団体商標制度との関係

(1) 地理的表示(GI)保護の正当性

地理的表示（GI）の保護は各国で推進されているが，はたして地理的表示（GI）を保護する正当性はあるのだろうか。これについては，学説としては，テロワール説と産業政策説の二つがあるとされる。

テロワール説とは，土地と産品の特質との間には不可欠な結合（テロワール）[32]があるという前提の下，その土地の外部では誰も真に同一の産品を生産することができないため，その土地の生産者はその産品名を排他的に使用する権利を有するという考え方である[33]。この考え方をとっているのは，主にEUであり，これによって地理的表示（GI）保護制度を正当化し，諸外国との交渉にあたっている。しかし，当該生産地で生産されなくても，同じ特質のものができる可能性があり，テロワール説は，完全なものとは言えないという指摘もある[34]。

なお，わが国は，地理的表示（GI）保護制度は，①特定の地域等を生産地とするものであること，及び②確立した特性（品質や社会的評価等）がその生産地に主として帰せられるものであることが要件として定められている（法2条2項）ので[35]，わが国はEUと同じく，テロワール説を根拠としていると考えられる。

一方，産業政策説は，農業政策，消費者保護政策といった一定の政策目的を実現するために地理的表示（GI）を保護する制度であるとする考え方である[36]。地理的表示（GI）保護制度についても，政策目的を実現するための制度，すな

---

[32] テロワール（Terroir）とは，「土地」を意味するフランス語 terre から派生した言葉で，ワイン，コーヒー，茶などの品種における，生育地の地理，地勢，気候による特徴を指す。

[33] 伊藤成美・鈴木將文「地理的表示保護制度に関する一考察——我が国の地理的表示法の位置づけを中心として」北海道大学知的財産法政策学研究 Vol. 47（2015年）225頁〈http://www.juris.hokudai.ac.jp/riilp/wp-content/uploads/sites/6/2015/12/47_11-%E8%AB%96%E8%AA%AC_%E4%BC%8A%E8%97%A4%E3%83%BB%E9%88%B4%E6%9C%A8.pdf〉（as of Sep. 24, 2017）。

[34] 伊藤=鈴木・前掲注[33] 225頁。Justin Hughes（今村哲也訳）「シャンパーニュ，フェタ，バーボン（3）：地理的表示に関する活発な議論」北海道大学知的財産法政策学研究 Vol. 33（2010年）292-310頁。

[35] 藤村・前掲注[12] 61頁。

わち地域に係る表示（標識）に化体する当該地域の特定の産業の信用を保護し，あわせて消費者や取引相手を保護することを通じて，産業の発達を目指す制度と理解することが妥当とされている[37]。

米国は，テロワール説よりも産業政策説に近い考え方をとっており，この違いが，旧大陸（EU）と新大陸（米国，豪州，カナダ，ニュージーランド）の熾烈な地理的表示（GI）に関する議論を引き起こしている。

(2) 地域団体商標制度との差異

地域団体商標制度は，地域ブランドを適切に保護することにより，事業者の信用の維持を図り，産業競争力の強化と経済の活性化を支援することを目的に，2005年，商標法改正により導入されたものである[38]。すなわち，地域の名称及び商品の名称等からなる商標について，一定の範囲で周知となった場合には，事業協同組合等の団体による地域団体商標を認める制度であり，地名と商品等の普通名称の組み合わせからなる。

地名に関しては，通常の商標のみならず地域団体商標としての登録も可能である。地名と商品名のみから構成される標章は，基本的に商標登録が認められない可能性が高く[39]，商標法3条2項により登録が認められることがあるが，そのためには，全国的な周知性が要件とされている[40]。地名と商品名からなる商標の中には，この要件を満たして商標登録されたものもあるが[41]，当該要件の充足が困難であることが多い[42]。このような状況下で，地域ブランドの振興のため，商標登録の要件を緩和した地域団体商標制度が創設された。

地域団体商標制度の登録要件としては，①団体の適格性，②地名と商品の密接な関連性，③出願人の使用による一定程度の周知性の獲得，④商標全体とし

---

(36) 伊藤＝鈴木・前掲注(33) 225頁。荒木雅也「地理的表示保護制度の意義」知財管理55巻5号（2005年）572-573頁。青木博文「地理的表示の保護と商標制度」法学雑誌49巻1号（2008年）52頁。

(37) 伊藤＝鈴木・前掲注(33) 226頁。

(38) 商標法7条の2第1項。

(39) 商標法3条1項3号。

(40) 伊藤＝鈴木・前掲注(33) 226頁。東京高判昭和59年2月28日判時1121号111頁。田村義之『商標法概説（第2版）』（弘文堂，2000年）189頁。

(41) 夕張メロン（商標登録第2591068号），宇都宮餃子（商標登録第4546706号）などがある。

(42) 田村・前掲注(40) 94-95頁。

国際取引の現代的課題と法

て商品の普通名称でないこと，などがある[43]。しかしながら，地域団体商標
制度では，上述の地域ブランド産品の課題を克服することは難しいといえる。

　第1点目の地域ブランドの品質の統一化が図られず，産品のブランド価値の
向上が見られないことについて，現行の商標制度では，対応できないことがあ
げられる。なぜなら，商標制度はあくまでも商標を登録することによって，そ
れを保護するものであり，その商標が付されている産品の品質を保証するもの
ではないからである。

　すなわち，商標登録時に，その産品がどのような品質を備えているかという
基準等が，別途登録されるわけではなく，品質の維持・管理はあくまで商標権
者の自主的な行為となる。このため，商標として登録することで，品質等が直
ちに制度的に担保，保証されるものではない[44]。

　このように，商標制度では，品質を守る取組みはあくまでも自主的な取組み
に過ぎず，品質を制度的に担保することはできない[45]。この点，地理的表示
（GI）保護制度は，地域ブランド産品の品質を国が保証する制度をもってい
る[46]。

　2点目のブランドへのただ乗りが行われている実態についても，現行の商標
制度では，対応することが難しいといえる。商標制度に登録された商標は，商
標権者に商標権があり，これがブランドへのただ乗りによって侵害されている
場合には，商標権者は侵害者に対し，侵害行為の差止めや損害賠償請求をする
ことになる。これは，商標権者が個別に訴訟を提起して対応するほかなく，こ
れは商標権者にとって負担が大きいといえる[47]。

　すなわち，商標権は私権であり，侵害への対応は訴訟などによる自力救済で
あり，農林漁業者等が行うには一定の限界がある[48]。この点，地理的表示（GI）
保護制度では，ブランドへのただ乗りをしている者に対し，行政罰を科すもの
である[49]。

---

(43)　農林水産省・前掲注(10) 3 頁。
(44)　粟津・前掲注(9) 27 頁。
(45)　農林水産省・前掲注(10) 2 頁。
(46)　地理的表示法 4 条。
(47)　粟津・前掲注(9) 28 頁。
(48)　農林水産省・前掲注(10) 2 頁。
(49)　地理的表示法 21 条，39 条乃至 43 条。

(3) 商標法との調整

　すでに商標登録されている名称を，地理的表示（GI）として登録することは，基本的にできない。しかし，商標権者本人が申請を行う，又は商標権者の承諾を得た場合に限り，地理的表示（GI）の登録が可能である。登録は，①商標権者自ら，又は商標権者から承諾を得た生産者団体が，地理的表示（GI）の登録を申請し，②生産地と結び付いた品質等の特定や生産方法を規定する品質基準を策定することになる。なお，商標権者の承諾が撤回された場合には，地理的表示（GI）登録の取消事由となる。

　たとえば，「○○りんご」の商標権を有する者は，地理的表示（GI）の登録をすることにより，生産地と結び付いた品質等の基準も登録された地理的表示（GI）が登録されたことを示す「GIマーク」の使用が可能となる。その結果，ただ乗りなどの不正行為は国が取り締まってくれることになるので，大きなメリットが得られる。ただし，地理的表示（GI）に登録されると，地域共有の財産となるため，独占排他的な使用はできなくなる[50]。

1）先に商標が登録されていた場合

　上述のように，原則として，登録商標と同一又は類似の名称は，指定商品と同一又は類似の商品について，地理的表示（GI）として登録を受けることができない[51]。ただし，例外として，商標権者自身又はその者の承諾を受けた者は，上記の場合でも，「地理的表示」（GI）の登録が可能である[52]。

　これに伴い，地理的表示法附則4条に基づき，商標法26条に第3項が新たに追加され，地理的表示法3条1項に基づき，地理的表示（GI）を商品等に付す行為[53]，当該表示を付したものを譲渡等する行為[54]については，不正競争防止法の目的でなされない場合に限り，商標権の効力が及ばないこととされた。したがって，地理的表示（GI）を適法に使用する者に対し，商標権者は権利行使ができない[55]。

---

[50]　農林水産省・前掲注(10) 14頁。

[51]　地理的表示法13条1項4号ロ。

[52]　地理的表示法13条2項。

[53]　商標法26条3項1号。

[54]　商標法26条3項2号。

[55]　伊藤＝鈴木・前掲注(33) 250-251頁。

国際取引の現代的課題と法

(参考)地理的表示(GI)と地域団体商標との違い

	地理的表示(GI)	地域団体商標
保護対象(物)	農林水産物、飲食料品等(酒類等を除く)	全ての商品・サービス
保護対象(名称)	地域を特定できれば、地名を含まなくてもよい	「地域名」+「商品名」等
登録主体	生産・加工業者の団体(法人格のない団体も可)	農協等の組合、商工会、商工会議所、NPO法人
主な登録要件	・生産地と結び付いた品質等の特性を有すること ・一定期間(概ね25年)継続して生産された実績があること	・地域の名称と商品が関連性を有すること(商品の産地等) ・商標が需要者の間に広く認識されていること
使用方法	地理的表示は登録標章(GIマーク)と共に使用(義務)	登録商標である旨を表示(努力義務)
品質管理	・生産地と結びついた品質基準の策定・登録・公開 ・生産・加工業者が品質基準を守るよう団体が管理し、それを国がチェック	商品の品質等は商標権者の自主管理
効力	地理的表示及びこれに類似する表示の不正使用を禁止	登録商標及びこれに類似する商標の不正使用を禁止
効力範囲	登録された農林水産物等が属する区分に属する農林水産物等及びこれを主な原料とする加工品	出願時に指定する商品若しくはサービス又はこれと類似する商品若しくはサービス
規制手段	国による不正使用の取締り	商標権者による差止請求、損害賠償請求
費用・保護期間	登録:9万円(登録免許税) 更新手続なし(取り消されない限り登録存続)	出願・登録:49600円(10年間) 更新:48500円(10年間) ※それぞれ1区分で計算
申請先	農林水産大臣(農林水産省)	特許庁長官(特許庁)

〔出典〕特許庁「地域団体商標と地理的表示(GI)の活用 Q&A」(2015年) 5頁〈https://www.jpo.go.jp/torikumi/t_torikumi/pdf/t_dantai_syouhyou/t_dantai_syouhyou.pdf〉(as of Dec. 24, 2017)。

2) 先に地理的表示(GI)が登録されていた場合

　後行商標の登録の可否に関する規定は，地理的表示法及び商標法のいずれにおいても設けられていない。そのため，商標法の登録要件[56]の解釈によって判断されると思われる。また，後行商標が登録された後でも，地理的表示(GI)を使用できる者以外の第三者は，登録された地理的表示(GI)と類似するものを，登録されたものと同じ区分[57]に属する農林水産物等に付すること等が禁止されるため[58]，その範囲では当該後行商標を使用することはできないと考えられる[59]。

---

[56] 商標法4条1項7号，15号，16号。
[57] 地理的表示法3条2項かっこ書。
[58] 地理的表示法3条2項。
[59] 伊藤＝鈴木・前掲注(33) 250-250頁。

134

Ⅲ　地理的表示(GI)保護制度の問題点

1　地理的表示法の趣旨と TRIPS 協定

　地理的表示法は,「この法律は, 世界貿易機関を設立するマラケシュ協定附属書一Cの知的所有権の貿易関連の側面に関する協定に基づき特定農林水産物等の名称の保護に関する制度を確立することにより, 特定農林水産物等の生産業者の利益の保護を図り, もって農林水産業及びその関連産業の発展に寄与し, 併せて需要者の利益を保護することを目的とする。」とし, TRIPS 協定に基づいて, 地理的表示(GI)保護制度を確立することをうたっている[60]。このように, 地理的表示(GI)保護制度は, TRIPS 協定をわが国で国内法制化したものといえる。

　TRIPS 協定は, 地理的表示(GI)を,「ある商品に関し, その確立した品質, 社会的評価その他の特性が当該商品の地理的原産地に主として帰せられる場合において, 当該商品が加盟国の領域又はその領域内の地域若しくは地方を原産地とするものであることを特定する表示をいう。」と定義している[61]。また, TRIPS 協定が, 知的財産権の貿易関連に関する協定という性質上, TRIPS 協定前文第4段, 1条2項及び第Ⅱ部第3節の記述から, 地理的表示(GI)保護制度も, 著作権, 商標, 意匠, 特許等と並び,「私権たる知的財産権」と位置付けられている[62]。

　しかしながら, わが国の地理的表示(GI)保護制度では, 上述のとおり, 他の知的財産権のように登録により権利を付与するという法律構成はとらず, 国が行政上取り締まるという方法をとっている。これについて, わが国の地理的表示(GI)が, 他の知的財産権のような純粋な私権でないことから, 知的財産権としての性質に疑問を呈する者もあるが, そもそも, TRIPS 協定は, 加盟国の妥協の産物であり, その法制化については, 加盟国の裁量を大幅に認めているので, わが国として, 地域ブランド産品の保護・育成のため, もっとも効

---

[60]　地理的表示法1条。

[61]　TRIPS 協定22条1項。

[62]　田中佐知子「新たな地理的表示保護法案『特定農林水産物等の名称の保護に関する法律案』をめぐる要考慮点」AIPPI Vol. 59 No. 7(2014年)507頁。

率的な方法を選択したものと思われる。

　すなわち，地理的表示（GI）は，TRIPS協定では，知的財産権の一つとして認識しているが，わが国では，地理的表示（GI）保護制度を，あえて私権を行使することができる知的財産権の一つとしてとらえず，その違反に対しては，行政ルールとして取り締まりをすることにより地理的表示（GI）保護制度を導入したことが伺える。

2　WTO紛争解決パネル

　TRIPS協定の整合性で問題となるのが，地理的表示（GI）保護制度と商標の共存である。上述のようにわが国の地理的表示法は，商標との共存を認めている。EUでも同様に，商標との共存を認めているが，TRIPS協定は，「登録された商標の権利者は，…その使用を防止する排他的権利を有する。」と規定し，商標の排他的権利を認めている[63]。

　これに関して，米国及び豪州が，それぞれEUを相手に，商標と地理的表示（GI）の共存を許す規定を持つEUのGI保護法，すなわち，WTO紛争解決パネルが設置された2003年当時に施行されていた「農産品及び食品の地理的表示及び原産地呼称に関する1992年7月14日付理事会規則（EEC/2081/92）」[64]が，TRIPS協定16条（商標の排他的権利を定めた規定）に違反するとして，WTOに申し立てを行った（DS174/DS290）[65]。この1992年の理事会規則（EEC2081/92）は，現在のEUのGI保護法「農産品及び食品の品質関連措置に関する2012年11月21日付欧州会議及び理事会規則（EEC/1151/2012）」[66]（以下「EU規則」という）の前身であり，米国及び豪州によってWTO紛争解決パネルに持ち込ま

---

[63]　TRIPS協定16条1項。

[64]　COUNCIL REGULATION (EEC) No 2081/92 of 14 July 1992 on the protection of geographical indications and designations of origin for agricultural products and food-stuff 〈http://eur-lex.europa.eu/legal-content/EN/TXT/PDF/?uri=CELEX:31992R2081 &from=EN〉 (as of Sep. 24, 2017).

[65]　田中・前掲注[62] 512頁。

[66]　REGULATION (EU) No. 1151/2012 OF THE EUROPEAN PARLIAMENT AND OF THE COUNCIL of 21 November 2012 on quality schemes for agricultural products and foodstuffs 〈http://eur-lex.europa.eu/legal-content/EN/TXT/HTML/?uri=CELEX: 32012R1151&from=en〉 (as of Sep. 24, 2017).

れ，2005 年にパネル報告書が採択された[67]。

　結果的には，紛争解決パネルは，TRIPS 協定違反ではないという判断を下したが，TRIPS 協定 16 条（商標の排他的権利を定めた規定）には違反すると明確に示した。しかし，TRIPS 協定 17 条（商標権の例外を定めた規定）は，「加盟国は，商標権者及び第三者の正当な利益を考慮することを条件として，商標により与えられる権利につき，記述上の用語の公正な使用等限定的な例外を定めることができる。」と規定さてれおり，紛争解決パネルは，この要件を満たすため，結果的に，TRIPS 協定に違反しないと判断した。

　すなわち，TRIPS 協定 17 条により，加盟国に大幅な裁量権が与えられていると解される。このため，加盟国の独自の判断が尊重され，商標権と地理的表示（GI）は共存することができると考えられている。このような加盟国の大幅な裁量権は，TRIPS 協定そのものが，加盟国の妥協の産物であることを如実に物語っているといえよう。

3　旧大陸と新大陸の対立

　米国及び豪州が WTO に申し立てた紛争解決パネルは，旧大陸（EU）と新大陸（米国，豪州等）の地理的表示（GI）保護制度に関する熾烈な戦いがある。

　たとえば，米国におけるパルメザン（PARMESAN）チーズの商標登録がある。もともと，このチーズは，北イタリア原産のパルミジャーノ・レッジャーノという硬質チーズが原産である。パルミジャーノ・レッジャーノとは，北イタリア地方のポー川とレノ川にはさまれたエミリア・ロマーニャ地方で，中世以来承継されてきた製造方法により，手間暇かけて生産されるチーズである[68]。

　ところが，新大陸に渡った欧州からの移民たちは，このパルミジャーノ・レッジャーノに似たチーズを新大陸でも作るようになり，近代化された大規模な農業経営や食品加工ビジネスによって効率的に大量生産されるようになった。

---

[67]　田中・前掲注(62) 521 頁（注 30）。田中佐知子「通商交渉を契機とする新たな知的財産保護立法をめぐる考察：我が国における地理的表示（GI）保護制度の検討にかかる考慮事項——WTO 紛争解決事例（DS174/DS290）から得られる示唆を踏まえて」横浜弁護士会専門実務研究 7 号（2013 年）参照。

[68]　田中佐知子「『地理的表示』の本質と制度整備における留意点——とらえどころのない地理的表示（GI）を理解するために」AIPPI Vol. 59 No. 4（2014 年）263 頁。

国際取引の現代的課題と法

　さらに，そうした大量生産のチーズは，パルミジャーノ・レッジャーノに対応する英語の「パルメザン（PARNESAN）」などと表示されて世界中の市場に向けて大量に供給されるようになった[69]。

　こうなると，北イタリア原産のパルミジャーノ・レッジャーノの生産者としては，自分たちが本家本元であるという自負があるので，地理的表示（GI）によって，自分たちのチーズを守ることを考えるのは当然のことである。一方で，新大陸のパルメザン（PARNESAN）チーズの生産者も，何とか自分たちの，工夫を凝らして製造したチーズの存在を守りたいと思うに違いない。そこで，新大陸のパルメザン（PARMESAN）チーズの生産者は，商標を取得することによって守ることになる。

　実際に，米国の Grande Cheese Company は，2003 年 5 月 15 日に，「PARMESAN」という商標登録出願を行い，2005 年 2 月 1 日に商標登録された（登録番号：2922657）。ただし，この登録商標は，登録簿に示す商標を離れて，「PARMESAN」を使用する排他的権利を要求するものではないとの前提（出願人の権利放棄（Disclaimer））のもと登録されている[70]。

　このように旧大陸と新大陸との間には，自国の商品を守るために，地理的表示（GI）をめぐる熾烈な戦いが繰り広げられており，それは，EPA/FTA 交渉の主要な議題の一つになっている。

　現に，2017 年 7 月のわが国と EU との EPA 交渉では，北イタリア産のパルミジャーノ・レッジャーノの地理的表示（GI）の保護をめぐって議論が交わされた。その結果，英語訳のパルメザンチーズの名称も保護する方針となった。しかし，わが国では，米国産や国産原料を使った同名の粉チーズがパルメザンチーズとして広く流布しているので，その使用が注目されるところである。

　このように，一方で，自国の領域内に伝統に根差した欧州固有の地理的表示（GI）産品を数多く有する旧大陸諸国は，いわば「本家」として地理的表示（GI）による保護に積極的である。一方で，新大陸諸国は，効率的で自由な生産方法及び自由な名称の使用によって大規模でグローバルな食品ビジネスを展開したいという事業者の立場を反映し，地理的表示（GI）には消極的である。

---

[69]　田中・前掲注[68] 263 頁。

[70]　田中・前掲注[68] 263-264 頁。

138

特に，商標の権利が地理的表示（GI）保護によって損なわれることに関しては，強い懸念を有している[71]。

このように，地理的表示（GI）に関しては，TRIPS 交渉の当時から旧大陸と新大陸で対立があったが，上述の WTO 紛争解決パネル（DS174/DS290）[72]も，その一端の表れである。

4 地理的表示(GI)の保護に対する例外

旧大陸と新大陸の TRIPS 協定の交渉の対立は，地理的表示（GI）の保護に対する例外として，TRIPS 協定は，以下のように規定している[73]。

(1) 第一の例外：「先使用」

TRIPS 協定には，ぶどう酒等の地理的表示（GI）について，先使用に関する規定がある。具体的に，TRIPS 協定 24 条 4 項は，① 1994 年 4 月 15 日（WTO 協定合意の日）前の少なくとも 10 年間，又は②同日前に善意で継続して使用してきた場合については，引き続きその表示の使用が認められると規定している[74]。すなわち，ぶどう酒については，明確に，先使用が認められる形となっている。この規定は，古くからぶどう酒の製造が盛んな EU にとっては有利な規定である。

(2) 第二の例外：「先行商標」

TRIPS 協定には，既存の商標と地理的表示（GI）の関係に関する規定が定められている。TRIPS 協定 24 条 5 項は，① TRIPS 協定第 6 部の定めるところに従い，加盟国においてこの節の規定を適用する日，又は②地理的表示（GI）が本国で保護された日のいずれかの前に，商標が善意で出願されていた場合，当該商標の登録の適格性若しくは有効性又はこれらの商標を使用する権利は害されないと規定している[75]。これにより，TRIPS 協定は，地理的表示（GI）と商標の共存を許すと考えられている。基本的に，先行商標の権利は，地理的

---

[71] 田中・前掲注(68) 264 頁。

[72] World Trade Organization HP〈https://www.wto.org/english/tratop_e/dispu_e/cases_e/ds174_e.htm, https://www.wto.org/english/tratop_e/dispu_e/cases_e/ds290_e.htm〉(as of Sep. 24, 2017).

[73] TRIPS 協定 24 条 4 項乃至 6 項。

[74] 伊藤＝鈴木・前掲注(33) 233 頁。

[75] 伊藤＝鈴木・前掲注(33) 233 頁。

国際取引の現代的課題と法

表示（GI）に害されない。これは，新大陸に有利に働く。

(3) 第三の例外：「普通名称」

TRIPS協定には，普通名称に関する規定も定められている。TRIPS協定24条6項は，加盟国の地理的表示（GI）として保護されているものであっても，他の加盟国の領域内で普通名称として用いられている場合，当該他の加盟国においては，TRIPS協定上の地理的表示（GI）に係る規定（第2部第3節の規定）を適用しないことが許容されると規定されている。したがって，この場合，当該他の加盟国では，地理的表示（GI）として保護する必要はない。たとえば「サツマイモ」のように，いったん普通名称となった場合には，地理的表示（GI）として保護することはできない。これはEUにとっては不満が残る規定であり，普通名称の「取り戻し」を求める動きが見られるようである[76]。

5　EUとの関係

EUには，わが国と同様に，地理的表示（GI）の保護に関し，「農産品及び食品の品質関連措置に関する2012年11月21日付欧州会議及び理事会規則（EEC/1151/2012）」（EU規則）が存在する。そもそもわが国の地理的表示法は，EUとの通商交渉でEUから地理的表示（GI）の保護を求められたことが導入に至った契機の一つであり，また，EUのGI保護法を参考に立案されたものである[77]。

EU規則に先立ち，1992年，EUの成立にあわせ，「農産品及び食品の地理的表示及び原産地呼称に関する1992年7月14日付理事会規則（EEC/2081/92）」を導入したが，米国や豪州との間のWTO紛争に係るパネル報告書の勧告を受け，2006年，新たに「農産品及び食品の地理的表示及び原産地呼称の保護に関する2006年3月20日付理事会規則EEC/510/2006」が定められた。2012年に再度改正されたものが現行のEU規則である[78]。また，さらなる詳細が欧州委員会実施規則（EU）No. 668/2014[79]及び欧州委員会委任規則（EU）No. 664/2014[80]によって規定されている[81]。

---

[76]　伊藤＝鈴木・前掲注(33) 233頁。高倉成男「地理的表示の国際的保護」知財研フォーラム40号（1999年）26頁。

[77]　田中・前掲注(62) 507頁。

[78]　伊藤＝鈴木・前掲注(33) 235頁。

140

6 地理的表示保護制度(GI)についての一考察〔髙田　寛〕

EU 規則では，地理的表示（GI）の不正使用に対して，各 EU 加盟国が，行政上及び司法上の適切な手段をとるべきことが規定されており（EU 規則 13 条 3 項），さらに，出願主体である団体は，適切な法的保護を確保するための措置を講ずる資格を有するとされている[82]。

EU における高品質な農産品・食品の名称を保護するための制度としては，原産地呼称保護（Protected Designation of Origin: PDO）[83]，地理的表示保護（Protected Geographical Indication: PGI）[84]，伝統的特産品保証（Traditional Specialty Guaranteed: TSG）[85]の 3 種類がある。PDO は PGI に比べて産品と産地の結びつきをより重視しており，生産工程（生産，加工，調製）のすべてが一定の地理的領域内で行われている必要がある。TSG は，他の類似産品とは区別できる特徴を有していなければならないが，POD 及び PGI では，EU 加盟国以外の第三国原産の産品も EU で認定，登録されると，同様にロゴをラベルに表示することができる[86]。

商標との関係では，先行する商標の評判及び名声並びにその使用期間の長さに照らして，地理的表示（GI）を登録すると産品の真の同一性に関して消費者

---

(79) COMMISSION IMPLEMENTING REGULATION（EU）No 668/2014 of 13 June 2014 laying down rules for the application of Regulation（EU）No 1151/2012 of the European Parliament and of the Council on quality schemes for agricultural products and foodstuffs〈http://eur-lex.europa.eu/legal-content/EN/TXT/PDF/?uri=CELEX:32014R0668&from=en〉（as of Sep. 24, 2017）.

(80) COMMISSION DELEGATED REGULATION（EU）No 664/2014 of 18 December 2013 supplementing Regulation（EU）No 1151/2012 of the European Parliament and of the Council with regard to the establishment of the Union symbols for protected designations of origin, protected geographical indications and traditional specialities guaranteed and with regard to certain rules o sourcing, certain procedural rules and certain additional transitional rules〈http://eur-lex.europa.eu/legal-content/EN/TXT/PDF/?uri=CELEX:32014R0664&from=en〉（as of Sep. 24, 2017）.

(81) ジェトロ・ブリュッセル事務所「EU の地理的表示（GI）保護制度」（2015 年 12 月）4 頁〈https://www.jetro.go.jp/ext_images/jfile/report/07001948/EU_GI_Report2015.pdf〉（as of Sep. 24, 2017）。

(82) EU 規則 45 条 1 項(b)。

(83) EU 規則 5 条 1 項。

(84) EU 規則 5 条 2 項。

(85) EU 規則 18 条 1 項。

(86) ジェトロ・ブリュッセル事務所・前掲注(81) 4 頁。

国際取引の現代的課題と法

に誤認を生じさせるおそれがある場合，当該地理的表示（GI）は登録されないこととされている[87]。

　一方，登録された地理的表示（GI）の保護[88]に後行商標が抵触する場合，当該商標の登録が拒絶又は無効とされる[89]。したがって，地理的表示（GI）の登録後，これを想起させる商標は登録出願が拒絶される。ただし，登録された地理的表示（GI）に係る産品明細書の条件に合致する商品につき商標登録出願する場合には，地理的表示（GI）の保護[90]に抵触せず，商標の登録が可能であるとされている[91]。

　概して，EU の地理的表示（GI）保護制度は，非常に細かく規定されており，地理的表示（GI）を積極的に進めていることが伺える。

Ⅳ　地域ブランド産品の育成・保護を目指して

1　地理的表示(GI)保護制度の効果

　EU では，地理的表示（GI）保護制度がどのような効果を上げているかを調査したレポート（Study on assessing the added value of PDO: PIG products）[92]が，2013 年 12 月に公表された。

　このレポートによれば，ほとんどの産品で地理的表示（GI）の産品は，類似産品に比べ高い価格が達成できたようである。差が小さいものでは 2 〜 3 ％程度しかないが，差が大きいものでは 2 倍の価格差がある。また，最終産品の生産者のグロスマージンが，地理的表示（GI）の産品の場合，類似産品よりも高くなっている。高い場合には，類似産品の 3 倍にもなる。グロスマージンが類似産品より高い要因としては，産品の本質的特徴の変化や，マーケティング戦

---

[87]　EU 規則 6 条 4 項。伊藤＝鈴木・前掲注(33) 250 頁。

[88]　EU 規則 13 条 1 項。

[89]　EU 規則 14 条 1 項。

[90]　EU 規則 13 条 1 項。

[91]　伊藤・鈴木・前掲注(33) 249-250 頁。

[92]　"Study on assessing the added value of PDO/PIG products（Executive Summary）"，Areté Research and Consulting in Economics（December 2013）〈https://ec.europa.eu/agriculture/sites/agriculture/files/external-studies/2013/added-value-pdo-pgi/exec-sum_en.pdf〉（as of Sep. 24, 2017）.

略・ツールの効果，輸出志向戦略，流通網の短縮による影響，プロモーション手法や消費者認知の違いが考えられる[93]。

このように，地理的表示（GI）を付した産品は，高い付加価値が付き，他の類似産品よりも収益性が高いことから，地方創生や地域活性化の観点からも，わが国でも大いに期待できると思われる。

また，地理的表示（GI）を付した産品の生産者のメリットとしては，知的財産の保護，産品の可視性の向上（たとえば，展覧会への参加など），新市場へのアクセス向上（現在の市場への浸透率向上よりも新市場参入に有効），投資補助金や促進助成金へのアクセス向上が考えられる。

地理的表示（GI）の産品の付加価値創出に対する有効要因としては，製品の本格的な差別化，生産量増加の達成，輸出志向の上昇，消費者の地理的表示（GI）の産品に対する適度な認知や信頼，強固なサプライチェーン，政策立案者や当局の地理的表示（GI）の産品に対する注目などがあげられる[94]。

このように，地理的表示（GI）の産品はメリットが大きいことから，できるだけ多くの地域ブランド産品が，地理的表示（GI）保護制度を利活用し，地方創生や地域活性化に取り組む必要があると思われる。

2 地理的表示(GI)保護制度の評価

わが国の地理的表示（GI）保護制度が，地域ブランド産品の育成・保護にはたして有効に利活用されているのだろうか。以下，現行の地理的表示法の懸念事項とその解決策を検討したい。

(1) 地域の共通財産としての地理的表示(GI)

地理的表示法は，「生産行程管理業務を行う生産者団体は，明細書を作成した農林水産物等が特定農林水産物等であるときは，当該農林水産物等について農林水産大臣の登録を受けることができる。」と規定し，登録の主体要件を「生産行程管理業務を行う生産者団体」に限定している[95]。

すなわち，登録の効果として，登録生産者団体の構成員たる生産業者らは地理的表示（GI）を使用することができるが[96]，それ以外の者による地理的表示

---

[93] ジェトロ・ブリュッセル事務所・前掲注[81] 11頁。

[94] ジェトロ・ブリュッセル事務所・前掲注[81] 11頁。

[95] 地理的表示法 6 条。

国際取引の現代的課題と法

（GI）またはこれに類似する表示の使用は基本的に禁じられている[97]。すなわち，登録生産者団体に所属していない限り，たとえ同一地域の生産業者，いわゆる地域内アウトサイダーが，地理的表示（GI）の明細書とおりの一定の基準を満たした商品を生産しても，その商品に地理的表示（GI）を使用することはできない[98]。

このことは，特定の者により排他的に使用される独占的な権利ではなく，地域において，一定の品質基準を満たした商品に地理的表示（GI）を使用することができ，その使用が特定の団体及びその構成員に限定されないという「地域の共有財産」であることに矛盾することになる[99]。

そのため，登録生産者団体の入会・脱会は自由でなければならず，正当な理由なく恣意的に特定の生産・加工業者を排除してはならない。これについて，地理的表示法は，登録生産者団体を「法令又は定款その他の基本約款において，正当な理由がないのに，構成員たる資格を有する者の加入を拒み，又はその加入につき現在の構成員が加入の際に付されたよりも困難な条件を付してはならない旨の定めのあるものに限る。」としている[100]。当然のことながら，登録生産者団体は，加入者の生産物の品質に関し，指導を十分に行うことが前提にある。

地域内アウトサイダーに関する同様の問題が，地域団体商標制度でも，実際に博多織事件として勃発した[101]。この事件では，被告である博多織の生産者が，原告である団体（商標権者）に加入を申し込んだが，断られたため「博多帯」という標章を使用したところ，原告が地域団体商標である「博多織」に類似するとして，商標法違反で訴えた事件である。裁判所は，権利濫用法理で原告を敗訴としたが，被告が，原告の加入を認めなかった理由が，評判が悪い，組織

---

[96] 地理的表示法3条1項。

[97] 地理的表示法3条2項。

[98] 田中・前掲注(62) 507頁。

[99] 田中・前掲注(62) 507頁。第186回国会衆議院本会議会議録23号〈http://www.shugiin.go.jp/internet/itdb_kaigiroku.nsf/html/kaigiroku/000118620140513023.htm〉（as of Sep. 24, 2017）。

[100] 地理的表示法2条5項。

[101] 福岡地判平成24・12・10（平成23(ワ)1188），福岡高判平成26・1・29判時2273号（2015年）116-127頁。

が大きい等の理由で，正当な理由とは言い難いものであった。

　裁判例からは，具体的な真相を読み解くことができないが，一般的に予想される理由として，特定の事業者に対する何らかの嫌がらせが考えられる。生産者団体とはいえ，実際の構成員として業務や会議に携わるのは自然人であるので，そこには複雑な人間関係が生じる。場合によっては，構成員が脱退する可能性もあるが[102]，現行の地理的表示法では，脱退した構成員が，地域ブランド産品としての地理的表示（GI）の品質を保ったまま生産を続けたとしても，当該地理的表示（GI）は使用できなくなる。これは，まさに，その使用が特定の団体及びその構成員に限定されないという「地域の共有財産」であることに反する。

　現行の地理的表示法の下での解決策として，地域内アウトサイダーは，登録産品について，新たな生産者団体を立ち上げ，事後的に加わることもできる。地域団体商標の申請主体は法人である必要があるが，地理的表示（GI）保護制度の団体は，法人である必要はないので，比較的容易である。したがって，既に登録されている生産者団体に属していない者が地理的表示（GI）を使用した場合には，加入の自由が担保されている登録生産者団体に加入するか，又は，別の生産者団体を立ち上げ生産者団体の追加を申請するか，という選択肢がある[103]。

　これらが不可能な場合，地域内アウトサイダーに対しても，地理的表示（GI）が使用できるよう，救済措置を講ずる必要があるのではないだろうか。たとえば，登録生産者団体が，その団体に加入しなくても，地域内アウトサイダーから申請があれば，その品質をチェックし，一定の基準を満たしていれば地理的表示（GI）の使用を許可する方法が考えられる。

　ただし，登録生産者団体が，地域内アウトサイダーに対して敵対しており，恣意的に地理的表示（GI）の使用を認めないことがあった場合は，不当に拒絶された地域内アウトサイダーは，国に報告し，国が立入検査を行うことも考えられるであろう。

---

[102]　博多織事件では，平成18年4月時点での団体（博多織工業組合）の組合員数は47名であったが，平成23年3月18日時点での組合員数は48名であった。その間，9名が脱退し10名が新規加入している（判時2273号（2015年）126頁）。

[103]　藤村・前掲注(12) 62頁。

国際取引の現代的課題と法

いずれにせよ，地理的表示（GI）の使用は，「地域の共有財産」という考え
から，その使用は登録生産者団体に限らず，地域内アウトサイダーに対しても
広く認めるような制度設計の変更が必要であると考える。

(2) 品質管理と措置命令

地理的表示法は，「農林水産大臣は，次に掲げる場合には，登録生産者団体
に対し，明細書又は生産行程管理業務規程の変更その他の必要な措置をとるべ
きことを命ずることができる。」と規定し，地理的表示及び「GIマーク」の不
正使用に対しては，措置命令を行い，改善されない場合には罰則が科されるこ
ととなる[104]。措置命令を規定する同法21条の「次に掲げる場合」として，1
号から3号まで挙げている。

法21条1号は，その構成員たる生産業者が，法3条2項（地理的表示）若し
くは4条（GIマーク）の規定に違反し，又はこれらの規定の違反について農林
水産大臣より発せられた措置命令に違反した場合，登録生産者団体は，これら
の規定を遵守させるために，生産業者に必要な措置をとるよう命じられると考
えられる[105]。

登録生産者団体としてみれば，その地域ブランド産品のブランド力は，個々
の生産業者の産品の品質保持の努力にかかっており，その保持のためには，自
主的に，生産業者を指導及び管理することになるであろう。ところが，登録生
産者団体に加入していない地域内アウトサイダーが，「地域の共有財産」とし
て，地理的表示（GI）及び「GIマーク」を使用していた場合には，その地域
内アウトサイダーの指導及び管理が問題となる。そのため，地域内アウトサイ
ダーに，地理的表示（GI）及び「GIマーク」の使用を許諾した登録生産者団
体に，一定の権限を与え，地域内アウトサイダーが，地理的表示（GI）及び
「GIマーク」の規定に違反した場合には，その使用の許諾を取り消すなどの措
置が必要となろう。

このように，「地域の共有財産」として，地域内アウトサイダーにも地理的
表示（GI）及び「GIマーク」の使用を認める場合には，それを許諾した登録

---

(104) 地理的表示法21条。

(105) 中嶋和明「特定農林水産物等の名称の保護に関する法律について」パテント2015,
Vol. 68, No. 7 (2015年) 50頁〈https://system.jpaa.or.jp/patents_files_old/201507/jpaa
patent201507_043-056.pdf〉(as of Sep. 24, 2017)。

生産者団体に，地域内アウトサイダーに対する指導及び管理の権限，並びに措置命令があった場合，必要な措置がとれるようにしておいた方がよいと思われる。

また，法21条2号は，明細書に定められた法7条2項2号乃至8号に掲げる事項が，特定農林水産物等登録簿に記載の事項に適合していない場合で，登録生産者団体は，明細書の変更について命じられると考えられる。

法21条3号は，生産行程管理業務の方法が，農林水産省令で定める基準に適合していない場合[106]，生産者団体が生産行程管理業務を適確かつ円滑に実施するに足りる経理的基礎を有しないとき[107]，生産行程管理業務の公正な実施を確保するため必要な体制が整備されていると認められないとき[108]のいずれかに該当する場合で，登録生産者団体は，生産行程管理業務規程の変更又は生産行程管理業務を適切に行うために必要な措置をとるよう命じられると考えられる[109]。

罰則としては，地理的表示（GI）が不正使用された場合，不正使用者に対する行政措置として，農林水産大臣による命令が出され，命令違反の場合，個人に対しては5年以下の懲役又は500万円以下の罰金（併科可），団体に対しては，3億円以下の罰金が科される。また，「GIマーク」が不正使用された場合には，不正使用者に対する行政措置として，農林水産大臣による命令が出され，命令違反の場合，個人に対しては3年以下の懲役又は300万円以下の罰金（併科可），団体に対しては，1億円以下の罰金が科されることになる[110]。

このように，地理的表示（GI）及び「GIマーク」の不正使用に対しては厳しい罰則規定があるが，これらは行政措置であり，登録生産者団体が，自ら不正使用者に対して訴訟を起こすことは想定していない。そのため，登録生産者団体は，自ら訴訟を提起する労力から解放され，これがわが国の地理的表示法のメリットともいうべきものであるが，逆に，行政の取り締まりが迅速になさ

---

[106]　地理的表示法13条1項2号ロ。

[107]　地理的表示法13条1項2号ハ。

[108]　地理的表示法13条1項2号ニ。

[109]　中嶋・前掲注[105] 50頁〈https://system.jpaa.or.jp/patents_files_old/201507/jpaapatent 201507_043-056.pdf〉（as of Sep. 24, 2017）。

[110]　地理的表示法39条乃至43条。

国際取引の現代的課題と法

れない場合には，被害が拡大するおそれがある。そのためにも，行政の取り締まりの迅速な対応が望まれる。

　一方で，国の取り締まりが十分でない場合も考えられる。国の迅速な対応が望めない場合，登録生産者団体が，私権たる知的財産権として，違反者に対して訴訟を提起できる道も検討すべきではないだろうか。そこには，地理的表示（GI）を，私権たる知的財産権としてどう位置付けるかという法的な問題がある。

(3) 遺伝子組換え技術との関係

　地域ブランド産品とは，長年培われた伝統的な生産方法や気候・風土・土壌などの生産地の特性が，品質などの特性に結びついている産品であり，長年，品種改良等の地道な努力が重ねられ，今日のブランドを築き上げてきた産品であるが，この品質向上の延長線上に，遺伝子組換え技術（Genetically Modification: GM）[111]による品種改良が考えられる。

　今までは，品種の交配等による従来の品種改良にとどまっていたものが，CRISPR/Cas9[112]などのような最新のゲノム編集技術による遺伝的な操作を行った産品を，その名称から当該産品の生産地を特定でき，産品の品質等の確立した特性が当該生産地と結びついているということを特定できるものと称することができるかという問題が生じる可能性がある。

　地理的表示（GI）ができる産品とは，生産地と産品の特性が，密接に結びついているもので，伝統的な製法，地域伝統の文化・行事等の人的な特性と，気候・風土・土壌等の自然的な特性が，品質，社会的評価・評判等の産品の特性に深いかかわりがあり，これらに強い結びつきがあるものである。このような産品に，遺伝子組換え技術（GM）を施した場合，遺伝子組換え技術（GM）により品質，社会的評価・評判等の産品を維持することになるので，伝統的な製法，地域伝統の文化・行事等の人的な特性と，品質，社会的評価・評判等の産品の特性との係わりが薄くなると考えられる。こうなると，遺伝子組換え技術（GM）を施すこと自体が，地理的表示（GI）の要件を満たさなくなると考えられる。

　しかしながら，消費者は，農水産物に関しては，あくまでも品質や美味しさ

---

[111]　遺伝子組換えの方法を使って，宿主生物に異種生物の遺伝子を導入し，遺伝子機能を発現させることにより，有用生体物質の生産，種の人工的改変などを目的とする技術。
[112]　ゲノム中で任意の領域を切断できる遺伝子改変ツール。

を追及することが考えられるので，遺伝子組換え技術（GM）を施さなかった地域ブランド産品よりも，遺伝子組換え技術（GM）を施した一般の市販の産品の方が品質や美味しさが勝っていた場合，地域ブランド産品のブランド力は低下することになり，地理的表示（GI）保護制度が意味をなさなくなるおそれがある。

　現時点では，地理的表示（GI）制度に対しては何ら規制はないが，このような事態を避けるため，地理的表示（GI）の地域ブランド産品に対しても，ある一定程度の遺伝子組換え技術（GM）を施すことを許すことも考えられよう。逆に，遺伝子組換え技術（GM）を施さないというブランドを確立することも可能である。このように，地域ブランド産品に対する遺伝子組換え技術（GM）については，今後十分に議論すべき問題であると考える。

V　結びにかえて

　地理的表示（GI）制度は，わが国では比較的新しい制度ではあるが，1995年発効の TRIPS 協定にその根拠条文があり，現在，世界100以上でその保護が図られている。特に，地理的表示（GI）をめぐって，旧大陸と新大陸との間で熾烈な議論が交わされており，わが国の地理的表示（GI）制度も無関係ではない。

　他方，地理的表示（GI）制度は，地方創生や地域活性化の大きな施策の一つであり，地域ブランド産品のブランド力向上のため，生産者からは，地域ブランドの価値が守られ，産品の特徴を消費者に伝えられやすくなり，また消費者からは地理的表示（GI）により正しい商品選択ができることが期待されている。

　現時点では，この地理的表示（GI）の登録はまだ42と少ないが，今後，より地理的表示（GI）の保護及び育成を目指すならば，地域内アウトサイダーの処遇をどうするか真剣に検討すべきであろう。地域ブランド産品を「地域の共有財産」と位置付けている以上，同一地域内で同等な品質が担保されるのであれば，登録生産者団体の加盟生産者に限らず，広く地理的表示（GI）制度を活用すべきではないだろうか。

　また，わが国の地理的表示（GI）保護制度では，他の知的財産権のように登録により権利を付与するという法律構成はとらず，措置命令等により，国が行

国際取引の現代的課題と法

政上取り締まるという方法をとっている。地域ブランド産品の保護・育成のため，もっとも効率的な方法を選択したものと思われるが，国の取り締まりが十分でない場合も考えられる。このような場合，私権たる知的財産権として，違反者に対して訴訟を提起できる道も検討すべきであろう。すなわち，地理的表示（GI）を，知的財産権としてどう位置付けるかという問題が検討課題としてある。

最後に，地域ブランド産品に，遺伝子組換え技術（GM）を施した場合，伝統的な製法，地域伝統の文化・行事等の人的な特性と，品質，社会的評価・評判等の産品の特性との係わりが薄くなると考えられる。すなわち，地理的表示（GI）の要件とは，遺伝子組換え技術（GM）というまったく別の要素が入り，地域ブランド産品の品質に大きく影響を及ぼす場合，地理的表示（GI）を使用してよいのかという問題が発生する。これも，一つの地域の特性として評価し法的の保護するのか，又はこれを排除するのかによって，地理的表示（GI）による地域ブランド産品の戦略が大きく異なってくるであろう。

いずれにせよ，地理的表示（GI）保護制度の歴史は浅く，今後，色々な法的課題を検討することによって，地域ブランド産品の保護及び育成を図っていく必要があると思われる。

〔付記〕本研究は，平成 29 年度科学研究費(16K13333)の研究成果の一部である。

7 農産品輸入に対する貿易救済措置なかんずくアンチダンピング措置の活用

梅 島 修

I はじめに
II なぜアンチダンピング制度が農産品輸入に対抗する手段として多用されるのか
III 農産品特有の貿易救済調査の問題点と方策
IV 経済連携協定による国境措置撤廃後のダンピング措置による国内産業の保護
V おわりに

I はじめに

　世界貿易機関（以下「WTO」）[1]を創設するに至ったウルグアイラウンド交渉から，わが国は農産品について「コメは一粒たりとも入れない」という趣旨の国会決議に象徴される頑なな交渉ポジションをとりつづけ[2]，その後のWTOドーハ交渉でも関税の上限設定を阻止することに汲々としたため，国際通商交渉をリードすることができなかったと言われている[3]。TPP[4]に至っては，「最後に残ったコメが，関税ゼロの恐怖にさらされるということなのです。まさに瑞穂の国の存亡が問われているといっていいでしょう」[5]とまで主張され，交渉に参加することすら困難を極めた。

---

(1)　World Trade Organization。1995 年 1 月発足。
(2)　山下一仁「WTO 農業協定の問題点と交渉の現状・展望」RIETI Discussion Paper Series 05-J-020（2005）11 頁〈http://www.rieti.go.jp/jp/publications/dp/05j020.pdf〉（閲覧日：2017 年 7 月 28 日）。
(3)　馬田啓一「WTO 体制と FTA の行方」日本国際経済学会研究年報（2006 年）151, 159 頁，上野達雄「経済のグローバル化と構造改革」大阪産業大学経済論集 8 巻 1 号（2006 年）85-86 頁，山下・前掲註(2) 37 頁。
(4)　環太平洋パートナーシップ協定。

『国際取引の現代的課題と法』澤田壽夫先生追悼〔信山社，2018 年 4 月〕　　*151*

これらの言葉が象徴するように，自由貿易化に対するわが国の農業分野の根強い反対の根底に，農産品を輸入から保護する手段は一般関税及び農業セーフガードを含む通常の国境措置以外にないという誤った認識があるように思われる。

米国政府は，国内産業が輸入に対抗する措置を求めた場合，貿易救済措置，特にアンチダンピング措置（以下「AD 措置」）をその対応策の中心にしている。最近では，メキシコ産砂糖について，AD 措置としてメキシコ砂糖生産者及び輸出者に砂糖の最低輸出価格を約束させ，相殺措置としてメキシコ政府と輸出数量制限に合意している[6]。

他方，わが国が農産品輸入に対して発動した貿易救済措置は，ねぎ，生しいたけ及び畳表に対して 2001 年 4 月 23 日から 200 日間課したセーフガード暫定措置 1 件にとどまる[7]。この事例は，措置の対象とする輸入産品（以下「対象輸入」）の主たる供給国であった中国が，当時 WTO に未加盟であったことから，WTO 加盟国には認められていない対抗措置を発動したため，最終措置に至らずに終了している[8]。

しかし，その後，WTO に加盟した中国は，WTO 加盟国が中国産品に課した AD 措置，相殺措置に対して，アンチダンピング協定（以下「AD」協定）[9]，補助金及び相殺措置に関する協定（以下「SCM 協定」）[10]に反するとして WTO 紛争解決機関に提訴して，措置を撤廃するよう求める対応をしている[11]。も

---

(5) 荻原新次郎「Trans-Pacific Partnership 第 3 の構造改革」（がもがわ出版，2011 年）32 頁。

(6) *Amendment to Agreement Suspending the Antidumping Duty Investigation on Sugar from Mexico*, 及び *Amendment to Agreement Suspending the Countervailing Duty Investigation on Sugar from Mexico*, 2017 年 6 月 30 日締結〈https://www.commerce.gov/news/press-releases/2017/07/us-mexico-sign-final-amendments-sugar-suspension-agreements〉（閲覧日：2017 年 7 月 23 日）。

(7) 経済産業省セーフガード措置ウェブページ〈http://www.meti.go.jp/policy/external_economy/trade_control/boekikanri/trade-remedy/sg.html〉（閲覧日：2017 年 7 月 23 日）。

(8) 「ねぎ等 3 品目に係るセーフガードに関する主な経緯等について」経済産業省平成 13 年 10 月 24 日日中議連関連資料 4-2〈http://www.meti.go.jp/policy/trade_policy/asia/china/data/chinaSG.pdf〉（閲覧日：2017 年 7 月 23 日）。

(9) *Agreement on Implementation of Article VI of the General Agreement on Tariffs and Grade 1994.*

(10) *Agreement on Subsidies and Countervailing Measures.*

7 農産品輸入に対する貿易救済措置なかんずくアンチダンピング措置の活用〔梅島 修〕

はや，かつてのような対抗措置は発動していない[12]。

かかる状況に至っているにも関わらず，わが国が農産品輸入に最終的な貿易救済措置を課した事例はない。AD措置，相殺措置に至っては，農産品生産者から当該措置を求める申請すら行われたことがない。宝の持ち腐れをしているとさえ言える状況である。

本稿は，世界的に，輸入から国内産業を保護する手段としてなぜAD措置が多用されているのかを説明し，WTO紛争において問題とされた農産品輸入に対する貿易救済措置特有の問題点を検討する。その上で，米国の例を参考としつつ経済連携協定が進展する中でのわが国での活用方法を提言し，もって，澤田壽夫先生がご尽力されたルールに則った公正な国際取引の発展に寄与せんとするものである。

Ⅱ なぜアンチダンピング制度が農産品輸入に対抗する手段として多用されるのか

わが国は，1995年のWTO協定発効以降2017年末までに，AD措置発動の条件とされている調査[13]を7件開始し，そのうち6件について暫定又は最終措置を発動，2件について調査中である[14]。相殺措置は，これまで1件発動している[15]。それらは全て工業製品を対象としたもので，農産品は含まれてい

---

(11) 中国がWTO紛争に提訴した15件のうち，中国産品に対する貿易救済措置に関する事例が12件（DS252, DS368, DS379, DS397, DS399, DS405, DS422, DS437, DS449, DS471, DS515, DS516）を占めている。

(12) 経済産業省通商政策局編「不公正貿易報告書2017年版」全国官報販売協同組合（2017年）62頁。

(13) WTO加盟輸入国は，貿易救済措置を発動するにあたり，対象輸入の価格及び数量，対象輸入による国内産業が被っている損害の状況，及び必要とされる措置の程度について調査を行い，その結論に基づいてしなければならない。AD協定1条，SCM協定10条，セーフガード協定3.1条。

(14) 経済産業省アンチ・ダンピング（不当廉売）関税措置ウェブページ〈http://www.meti.go.jp/policy/external_economy/trade_control/boekikanri/trade-remedy/ad.html〉（閲覧日：2017年12月28日）。

(15) 経済産業省相殺措置ウェブページ〈http://www.meti.go.jp/policy/external_economy/trade_control/boekikanri/trade-remedy/cvd.html〉（閲覧日：2017年12月28日）。

国際取引の現代的課題と法

ない。

しかし，貿易救済措置は，工業品輸入に限られたものではない。WTO 加盟国は，1995 年以降 2016 年 6 月末までの間に，農林水産品及び加工食品輸入に対して，109 件の AD 措置，34 件の相殺措置，36 件のセーフガード措置を発動している[16]。このデータは，国内の農林水産業を輸入から保護する措置として，AD 措置が選好されていることを示している。

本章では，各貿易救済措置の特徴から，世界的に AD 制度が多用されている理由を明らかとする[17]。

1　セーフガード措置の特徴と問題点

セーフガード措置は，公正な貿易による産品の輸入が急増したことにより国内産業に重大な損害が生じているときに，国内産業を一時的に保護するための措置である。この措置は自由貿易体制における例外的措置であって，不公正な貿易行為に対抗して発動する AD 措置，相殺措置と根本的に異なる[18]。

この性格を反映して，セーフガード措置には次の制限が課せられている。

・対象輸入が，最近，突然に，急激にかつ著しく増加した場合に限り，発動できる[19]。
・かかる輸入急増は，WTO 協定発効時には予見されなかった事情の発展の結果であり，関税引き下げなど WTO 協定において負った義務の効果によるものでなければならない[20]。

---

[16]　関税分類第 1 部乃至第 4 部（動物，植物，それらの油脂，調整食料品）の産品に対する措置（1 か国の 1 産品を 1 件と認識）の合計。このデータは WTO ウェブページ〈https://www.wto.org/english/tratop_e/adp_e/adp_e.htm〉中の "Statics on anti-duping"，〈https://www.wto.org/english/tratop_e/scm_e/scm_e.htm〉中の "Statics on subsidies and countervailing measure，〈https://www.wto.org/english/tratop_e/safeg_e/safeg_e.htm〉中の "Statics on safeguard measures"（閲覧日：2017 年 7 月 28 日）から入手した。

[17]　各貿易救済措置の概要については，梅島修「貿易救済措置に関する WTO 判例の概観［上］」国際商事法務 43 巻 7 号（2015 年）1020-1022 頁参照。

[18]　*Argentina-Footwear*（*EC*）上級委員会報告書，*Argentina-Safeguard Measures on Imports of Footwear*, WT/DS121/AB/R, adopted 12 January 2000, para. 94.

[19]　セーフガード協定 2.1 条；*Argentina-Footwear*（*EC*）上級委員会報告書・前掲注[18]，para. 131.

154

7 農産品輸入に対する貿易救済措置なかんずくアンチダンピング措置の活用〔梅島 修〕

・国内産業は，かかる輸入急増により<u>重大な損害</u>を被りまたは被るおそれがある状態でなければならない。この損害の程度は，AD 措置・相殺措置の発動要件である「実質的損害」よりも重い[20]。

・セーフガード措置として，追加関税及び輸入数量制限を課すことができるが，<u>当該措置は毎年，軽減</u>されなければならない。さらに，輸入数量制限は，通常，過去 3 年間の平均輸入量以上でなければならない[22]。

・セーフガード措置は，<u>当初 4 年間を最長</u>とし，その後に延長した場合であっても全体で 8 年間を超えてはならない[23]。

・措置を発動したときは，<u>輸出国への補償</u>を要する。ただし，輸入の絶対量が急増したことを原因とする場合，当該補償は<u>当初 3 年間に限り不要</u>である[24]。このため，セーフガード措置は，実務上，輸入絶対量の急増があった場合に限られ，さらに 3 年間に限定される。

・セーフガード措置は，<u>全ての国・地域からの輸入に課さなければならない</u>[25]。よって，全世界を敵に回して措置を発動することとなる。ただし，総輸入量の 3 ％以下である途上国からの輸入で，当該途上国からの輸入合計 9 ％以下を除く[26]。

セーフガード措置は，このように，その発動及び維持要件が厳格である一方で措置の程度及び発動期間が限定的であるため，使い勝手が悪い。このため，先進国はセーフガード措置をあまり用いていない。たとえば，米国は WTO 協定発効以来 6 件のセーフガード措置を発動したが，2001 年の鉄鋼セーフガー

---

(20)　GATT 19 条 1 項；*Korea–Dairy* 上級委員会報告書，*Korea–Definitive Safeguard Measure on Imports of Certain Dairy Products*, WT/DS98/AB/R, adopted 12 January 2000, para. 85.

(21)　セーフガード協定 2.1 条；*US–Lamb* 上級委員会報告書，*United States–Safeguard Measures on Imports of Fresh, Chilled or Frozen Lamb Meat from New Zealand and Australia*, WT/DS177/AB/R, WT/DS178/AB/R, adopted 16 May 2001, para. 124.

(22)　セーフガード協定 7.4 条，5.4 条。

(23)　セーフガード協定 7.1 条乃至 7.3 条。だたし，同協定 9 条に，途上国が発動するセーフガード措置に対する例外が規定されている。

(24)　セーフガード協定 8.1 条乃至 8.3 条。

(25)　セーフガード協定 2.2 条。

(26)　セーフガード協定 9.1 条。

国際取引の現代的課題と法

ド措置以降 16 年近く発動していない[27]。EU も，過去 3 件の発動事例がある
のみで，2005 年を最後としてセーフガード措置を発動していないのである[28]。

2 なぜ相殺措置の発動件数は少ないか。

相殺措置は，補助金を享受した産品が輸入され，当該輸入により国内産業が
損害を被っているまたはそのおそれがある場合に発動できる[29]。相殺措置を
求める申請についての国内生産者の支持要件，国内産業の損害の要件，発動期
間，補償義務の不存在などは，次節に述べる AD 措置の場合と同様である。
相殺措置としては，補助金額を上限とした相殺関税，輸出者との合意に基づく
輸出価格制限，さらに，AD 措置では認められていない，輸出国との合意に基
づく輸出数量制限を行うこともできる[30]。

しかし，相殺措置の利用は，AD 措置に比してはるかに少ない。WTO 協定
発効後 2016 年 6 月末迄に，相殺措置を最も発動している米国が 98 件（AD 措
置は 368 件），EU は 37 件（同 310 件），次いでカナダの 27 件（同 133 件）となっ
ている[31]。

相殺措置の最大のユーザーである米国は，中国産品に対して 36 件，次いで
インドに対して 10 件発動しているが，いずれも，当該国の相殺可能な補助金
制度が明らかとされたことが大きい。中国については，2007 年，米国商務省
が政策を変更して中国産品に対して相殺措置を賦課できることを明らかとし
た[32]ことが引き金となり，個別の相殺措置調査を通して中国の補助金制度が
明らかとされている[33]。インドは向こう 5 年間の貿易政策を公表して，みず

---

(27) "Investigations Under Section 201 of the Trade Act of 1974", 米国国際貿易委員会
　　セーフガード措置ウェブページ〈https://www.usitc.gov/trade_remedy/publications/
　　safeguard_pubs.htm〉（閲覧日：2017 年 7 月 23 日）参照。トランプ政権は，2018 年 1
　　月 22 日，2 件のセーフガード措置を発動すると発表した。

(28) WTO データ　前掲注(16)。

(29) GATT 6 条 3 項及び 6 項，SCM 協定 19.1 条。

(30) SCM 協定 18.1 条。また，前掲注(17) 参照。

(31) WTO データ　前掲注(16)。

(32) *Memorandum for David M. Spooner, Assistant Secretary for AD/CVD Policy and
　　Negotiation, re: Countervailing Duty Investigation of Coated Free Sheet Paper from the
　　People's Republic of China-Whether the Analytical Elements of the Georgetown Steel
　　Opinion are Applicable to China's Present-Day Economy,* March 29, 2007.

から輸出促進措置を明示している[34]。これにより，同国の補助金制度を把握することは容易である。しかし，他の輸出国の補助金制度を特定することは容易ではない。

さらに，相殺措置を賦課するための調査は，個別の補助金について，輸出国が交付する形態（贈与，融資，減免税，モノ・サービスの低額提供などの資金面での貢献），それにより受領企業にもたらされた利益，さらに，交付は特定の企業または産業に限定されていること（特定性）を示す証拠に基づいて開始されなければならない[35]。

これら要因に加え，農産品に対する一定の補助金については，WTO協定発効から9年間は相殺措置から免除されるという特例があったことも影響していよう。SCM協定5条第2文は，ある国が交付した補助金による他のWTO加盟国への悪影響について，「農業に関する協定第十三条に規定する農産品に関して維持される補助金については，適用しない」と定めている。農業協定13条(a)及び(b)は，農業協定付属書2に含まれる国内助成及び各国の譲許表第4表に記載された国内助成に対して「実施期間」は相殺措置を課すことができないと規定している。「実施期間」は，延長されることなく2003年末[36]をもって終了した。したがって，現在では，補助金が交付された農産品に対して相殺措置を課すことは可能である[37]。

このように相殺措置は，AD措置に比べ，数量制限を含む約束を行うことができるという利点があるものの，そもそも輸出国が補助金を交付していない産品は相殺措置の対象とならないこと，国内生産者は個別の補助金制度の概要を

---

[33]　ホワイト＆ケース外国法事務弁護士事務所「非市場経済国に対する補助金相殺関税措置の運用実態に関する調査報告書」平成23年3月参照。

[34]　直近のものとして *Foreign Trade Policy* [*1st April, 2015-31st March 2020*] the Government of India, Ministry of Commerce and Industry, Department of Commerce (2015), Chapters 3 and 4, pp. 57-83〈http://dgft.gov.in/exim/2000/ftp2015-20E.pdf〉（閲覧日：2017年7月23日）参照。

[35]　SCM協定11.2条(ii)，1条，2条。また，*China-GOES* パネル報告書，*China-Countervailing and Anti-Dumping Duties on Grain Oriented Flat-Rolled Electrical Steel from the United States*, WT/DS414/R and Add. 1, adopted 16 November 2012, upheld by Appellate Body Report WT/DS414/AB/R, paras. 7.58-7.61.

[36]　農業協定1条(f)。

[37]　山下・前掲注(2) 24頁。

国際取引の現代的課題と法

調査開始を申請する前に把握していなければならないこと，さらに，過去に農産品に対する除外措置が存在したという点から，発動件数が少ないと思われる。

3　AD 措置の特徴と制約

前節に示した通り，AD 措置は，他の貿易救済措置よりも選好されている。なお，世界最多の発動国はインドで 599 件である[38]。

AD 措置は，ダンピング価格で輸入された産品により国内産業が実質的損害を被りまたはそのおそれがあるときに課すことができる[39]。その主な特徴は，次の通りである。

・ダンピングマージン（対象輸入の輸出国における正常価額から輸出価格を差し引いた額）を上限として関税を課すことができる。正常価額としては，輸出国の国内販売価格を用いる。ただし，当該価格が使用できないときは，第三国輸出価格または構成価額を用いる[40]。また，中国，ベトナムの産業を非市場経済と認定したときは，正常価額として市場経済国の価値を適用することができる[41]。

・輸入国政府は，AD 関税に代えて，輸出者または生産者とダンピングを生じない価格で輸出する価格約束を締結できる[42]。価格約束は農産品の AD 措置として比較的多く利用されている。たとえば，米国が現在実施している価格約束全 7 件のうち 3 件は農産品に対するものである[43]。

---

[38]　前掲注[16]。2016 年 6 月末現在。

[39]　GATT 6 条 1 項 2 項，6 項(a)，AD 協定 9.1 条。

[40]　GATT 6 条 1 項，AD 協定 2.2 条。

[41]　GATT 注釈及び補足規定 6 条 1.2，AD 協定 2.7 条。また，中国 WTO 加盟議定書 15 条，ベトナム WTO 加盟議定書作業部会報告書 255 項。ただし，中国産品を 2016 年 12 月 10 日以降，ベトナム産品を 2018 年末以降，非市場経済と扱ってよいかは議論がある。この点について，梅島修「中国産品輸入に対する AD 税賦課：中国 WTO 加盟議定書 15 条 a 項 ii 号の失効の意味と対応策」RIETI ディスカッション・ペーパー（2017）〈http://www.rieti.go.jp/jp/publications/summary/17070002.html〉（閲覧日：2017 年 7 月 23 日）。

[42]　AD 協定 8 条。

[43]　米国商務省はメキシコ産砂糖，メキシコ産生トマト，アルゼンチン産レモンジュースについて，価格約束を実施している。〈http://enforcement.trade.gov/agreements/index.html〉（閲覧日：2017 年 7 月 7 日）。

7 農産品輸入に対する貿易救済措置なかんずくアンチダンピング措置の活用〔梅島　修〕

・AD 措置は，最終措置の発動から 5 年間，継続することができる。当該期間が終了するときまでにダンピング及び損害が継続しまたは再発する可能性があると判断されたときは，更に 5 年間，措置を延長することができる。その後も同様である[44]。
・AD 措置は，通常，国内産業の申請に基づいて開始される。この場合，国内生産の 25 ％以上が当該申請を支持していなければならない。ただし，例外的に，輸入国政府が職権で調査を開始することができる[45]。
・AD 調査を開始するために必要とされる正常価額および輸出価格の証拠は，価格見積書など，それらが代表的な正常価額及び輸出価格であることが分かるもので充分である[46]。

　このように，AD 措置には，輸入産品のダンピングマージンが AD 関税の上限となるという制約があるものの，セーフガード措置で要件とされる，措置を国内産業の損害を除去する程度にとどめる，発動期間中に措置を漸次緩和する，輸出国に補償する，といった義務はない。国内産業は対象輸入により「実質的損害」を被っている程度でよく，当該輸入の「急増」が原因である必要はない。さらに，AD 措置の発動を検討する際に，WTO 協定において約束した関税の引き下げや輸入枠の拡大などによって想定された影響であったか否かを考慮する必要もない。これらに加え，AD 措置は，その発動期間に絶対的な制限はない。事実，米国は，日本産 PC 鋼より線に対して 1978 年から現在も継続して AD 関税を課している[47]。

　相殺措置は輸出国による補助金の交付行為に対抗するものである以上，おのずと措置の対象は限定される。ダンピングには，そのような第三者の行為による制約はない。また，補助金に関する調査開始要件に比べ，ダンピングに関する調査開始要件を充足することは容易である。

---

[44]　AD 協定 11. 3 条，11. 5 条。
[45]　AD 協定 5. 1 条，5. 4 条，5. 6 条。
[46]　*Mexico-Steel Pipes and Tubes* パネル報告書，*Mexico-Anti-Dumping Duties on Steel Pipes and Tubes from Guatemala*, WT/DS331/R, adopted 24 July 2007, para. 7. 41.
[47]　2017 年 7 月現在。また，ITC より線報告書，U. S. International Trade Commission, *Prestressed Concrete Steel Wire Strand from Brazil, India, Japan, Korea, Mexico, and Thailand*" Publication 4527, April 2015, 1 頁，I-8 頁参照。

国際取引の現代的課題と法

これらの違いが，国内産業を保護する措置として，セーフガード措置及び相殺措置よりも AD 措置が選好されている理由であると思われる。

Ⅲ　農産品特有の貿易救済調査の問題点と方策

前章では，国内の農産品生産者を輸入産品による損害から救済する措置として AD 措置の利便性が高いことを見てきた。本章では，貿易救済措置を発動するにあたり，国内産業の立場から，農産品であることから注意すべき点について検討する。

WTO 加盟輸入国が農林水産品に対して発動した貿易救済措置のうち，AD 措置 9 件，相殺関税 4 件（AD 措置と同一の案件 2 件を含む），セーフガード措置 5 件について，WTO 紛争パネル，上級委員会の判断が示されている[48]。それら紛争を検討したところ，対象輸入が農産品であることから生じたと思われる争点として，対象輸入の定義から決定される国内産業に含めることのできる生産者の範囲，また国内産業の業績データの問題が浮かび上がった。以下では，それらの争点について議論する。

1　国内産業に含めることのできる生産者の範囲
(1) 問 題 点

農産品の場合，肉類は枝肉，部分肉で輸入される例がほとんどであって，精肉目的の牛や豚が生きたまま輸入される例はまれであろう。野菜，果物も，輸入品は缶詰めや加工品，冷凍品が相当部分を占めるであろう。それらの場合，輸入国内市場において輸入品と直接に競争している産品は，農家が栽培している作物や養育している動物ではなく，それらの加工食品である。

加工食品の生産者は加工業者であるが，加工業者は輸入品との競争による加工食品の国内市場価格の下落の一部または全てを原料購入価格に転嫁してしまうことが考えられる。その場合，加工業者以上に，原料供給者である農家が輸入により損害を被っており，原料供給者を国内産業に含めなければ，国内産業

---

[48]　次の WTO 紛争解決事例：DS429, DS427, DS422, DS337, DS335, DS277, DS264, DS132（以上，AD 措置事例），DS427, DS277, DS257, DS236（以上，相殺措置事例），DS238, DS207, DS177/DS178, DS166（以上，セーフガード措置事例）。

7 農産品輸入に対する貿易救済措置なかんずくアンチダンピング措置の活用〔梅島　修〕

の損害が立証できない可能性がある。

1999 年 7 月に米国がラム肉（14 ヶ月未満の羊の肉）を対象輸入として発動し
たセーフガード措置では，かかる状況が生じていた[49]。米国国際貿易委員会
（以下「ITC」）[50]は，AD 及び相殺措置調査に関する次の 1930 年関税法 771 条
(4)(E)の[51]規準を本セーフガード調査に準用して，ラム肉の原料生産者である
仔羊の生育者，肥育者をラム肉国内産業に含めた[52]。

　(a) 加工農産品は原材料から単一の連続工程を経て生産されていること。
　(b) 原材料農産品の生産者または栽培者と加工農産品の生産者との経済利益
　　　は相当程度に合致するものであること。

この扱いが WTO 紛争において問題とされた[53]。

(2) WTO パネル・上級委員会の判断

WTO 上級委員会は，国内産業はセーフガード協定 4.1 条(c)の規定から対象
輸入と同種の産品又は直接に競合する産品を生産する者から構成されるので
あって，当該産品の原材料の生産者を国内産業に含めることは同条及び 2.1 条
に反するとした。さらに，本件調査において ITC は生きた仔羊がラム肉と直
接競合する産品であると認定していない点も指摘して，ITC の判断を踏まえ
ても，国内産業にはラム肉の生産者のみが含まれる，との判断を示した[54]。

(3) 対　応　策

上述のラム肉産業のように，食品加工業者のみならずその原料生産者を国内
産業に含めないと国内産業の損害が立証できないのではないかと思われる場合
には，中間財を含め国内産業に含めたい全産品を定義して，当該定義を対象輸
入の定義とすることである。

---

(49)　*US-Lamb* パネル報告書, *United States-Safeguard Measures on Imports of Fresh,
Chilled or Frozen Lamb Meat from New Zealand and Australia,* WT/DS177/R, WT/
DS178/R, adopted 16 May 2001, as modified by Appellate Body Report WT/DS177/
AB/R, WT/DS178/AB/R, para. 7.51.

(50)　U. S. International Trade Commission。米国の貿易救済調査において国内産業の損害
調査を担当する。

(51)　Codified as 19 U. S. C. § 1677 (4)(E).

(52)　*US-Lamb* パネル報告書・前掲注(49)，para. 7.50.

(53)　同上，paras. 7.52-7.54.

(54)　*US-Lamb* 上級委員会報告書・前掲注(21)，paras. 85-86, 90, 95-96.

161

AD協定，SCM協定，セーフガード協定のいずれも，対象輸入の範囲について何ら制限を課していない。対象輸入は1つの「産品」を構成すると定めているが，同質の物から構成するとはされていない[55]。また，調査当局は，対象輸入の範囲をその裁量で決定することができ[56]，対象輸入の範囲，定義方法について説明する義務を負わない[57]。

他方，AD協定及びSCM協定は，国内産業は，対象輸入の「同種の産品」，即ち対象輸入とすべての点において同一の産品[58]を生産する者であると規定している[59]。この「同種の産品」の範囲は，対象輸入との物理的同一性を要件としている点でGATTの「同種の産品」の範囲[60]よりも狭い。セーフガード協定では，国内産業は対象輸入の同種の産品及び直接競合する産品を生産する者と定義されており[61]，国内産業にはAD協定及びSCM協定，さらにGATTの「同種の産品」よりも広い範囲の産品の生産者を含むと思われるが，いずれの協定にせよ，国内産業に含まれる国内生産者の範囲は，貿易救済措置の対象輸入の範囲により画定されるのである[62]。

WTOパネルは，同種の産品の検討は調査当局により対象輸入の範囲が決定された後に行われるものであって，同種の産品が対象輸入の範囲を決めるもの

---

[55] *EC-Salmon（Norway）* パネル報告書・後掲注[63]，para. 7. 49.

[56] *US-Zeroing（Japan）* 上級委員会報告書，*United States-Measures Relating to Zeroing and Sunset Reviews*, WT/DS322/AB/R, adopted 23 January 2007, para. 115; *US-Softwood Lumber V* パネル報告書・後掲注[64]，para. 7. 153.

[57] *Dominican Republic-Safeguard Measures* パネル報告書，*Dominican Republic-Safeguard Measures on Imports of Polypropylene Bags and Tubular Fabric*, and Add.1, WT/DS415/R, WT/DS416/R, WT/DS417/R, WT/DS418/R, adopted 22 February 2012, para. 7. 181.

[58] AD協定2. 6条，SCM協定15. 1条脚注46。

[59] 同一の産品がない場合にはまたは極めて類似した性質を有する他の産品。AD協定4. 1条，SCM協定16. 1条。

[60] *Japan-Alcohols* 上級委員会報告書，*Japan-Taxes on Alcoholic Beverages*, WT/DS8/AB/R, WT/DS10/AB/R, WT/DS11/AB/R, adopted 1 November 1996, pp. 19-22；内記香子「セーフガードにおける『国内産業』の画定基準」荒木一郎＝川瀬剛編『WTO体制下のセーフガード』（東洋経済新報社，2004年）38-40頁。

[61] セーフガード協定4. 1条(c)。

[62] Judith Czako, Johann Human and Jorge Miranda, *A Handbook on Anti-Dumping Investigations*, Cambridge（2003），233-234頁。

ではないことを明確にしている[63]。そして，同種の産品の範囲は，対象輸入の範囲と一致する限り AD 協定，SCM 協定に整合しているとの判断を示している[64]。したがって，損害を被っている国内生産者の産品の定義を対象輸入の定義とすることにより，WTO 協定に整合的に国内産業を画定することができる。セーフガード協定では，直接競合産品の生産者まで国内産業に含めることができるが，「直接競合産品」の範囲に同種の産品の原材料が含まれるとすることには疑問があり[65]，本節で問題としている点については，変わるところはない。

したがって，国内産業に原料生産者を含めたいのであれば，対象輸入の定義に，当該原料を含めておけばよいのである。たとえば，米国ラム肉セーフガード措置事件であれば対象輸入の定義として，ラム肉及び生きた仔羊，としておけば，WTO 協定の問題は生じなかったものと思われる。

対象輸入に含めた原材料が輸入されていない場合，対象輸入と国内の原材料とは直接競合していないのであるから原材料生産者については損害認定できないのではないかという疑問が生ずる[66]。しかし，かかる議論は，上述のパネル，上級委員会が説明する通り，調査当局が対象輸入の範囲を定義する裁量及び当該定義に基づく同種の産品を生産する国内生産者を特定する義務を制限するものではない。また，対象輸入により国内産業が受けた影響分析は，実際に輸入された製品タイプと同一の国内製品タイプに対する影響に限定されるものではなく，また，個別企業ごとに評価する必要もない。当該分析は対象輸入により国内産業全体に「結果として生じた影響」を評価すればよい[67]。

---

[63] *EC-Salmon*（*Norway*）パネル報告書，*European Communities-Anti-Dumping Measure on Farmed Salmon from Norway*, WT/DS337/R, adopted 15 January 2008, and Corr. 1, para. 7.51; *EC-Fasteners*（*China*）パネル報告書，*European Communities-Definitive Anti-Dumping Measures on Certain Iron or Steel Fasteners from China*, WT/DS397/R and Corr. 1, adopted 28 July 2011, as modified by Appellate Body Report WT/DS397/AB/R, para. 7.267.

[64] *US-Softwood Lumber V* パネル報告書，*United States-Final Dumping Determination on Softwood Lumber from Canada*, WT/DS264/R, adopted 31 August 2004, as modified by Appellate Body Report WT/DS264/AB/R, para. 7.156.

[65] 内記・前掲注[60] 58頁。

[66] Fernando Pierola, *the Challenge of Safeguards in the WTO*, Cambridge（2014），115-116頁。

国際取引の現代的課題と法

通常の調査では，対象輸入の範囲を拡大した結果，国内産業に含まれる国内生産者が多岐，多数に亘ることとなる。それにより，産品によっては国内産業全体として実質的または重大な損害が認定できないこととなるおそれがある。しかし，本節では，国内産業の損害認定を的確に把握するために国内産業に含まれる国内生産者の範囲を拡大することを検討しているものであるから，問題とならない。他方，対象輸入の範囲を原材料に拡大した場合に国内産業のデータ収集の十分性が問題となる点については，次節で検討する。

2　国内産業の損害データの代表性
(1) 問題点
輸入国の調査当局は，貿易救済措置を発動するにあたり，国内産業が対象輸入により損害を被っていることを，十分な国内産業の業績データに基づいて証明しなければならない。

農産品の国内生産者が多岐，多数に及ぶ場合，全ての生産者から損害の状況に係る業績データを入手することは困難を極める。他方，AD 及び相殺措置のための調査手続期間は通常 12 カ月，最長でも 18 カ月とされている[68]。セーフガード協定はセーフガード調査の手続期間について特段の定めをおいていないが，情報収集にいたずらに時間を要していては，国内生産者の救済が遅れてしまう。

このように情報収集にかけることのできる時間には制約があるところから，国内生産者が多数に及ぶ場合，その一部の者から得た情報及び公的統計データなどに基づき国内産業の損害の状況を判断しなければならないこととなる。その場合，調査当局は，国内産業の十分な情報に基づいて損害の状態の判断を行っているかが問題となる。
(2) WTO パネル・上級委員会の判断
米国ラム肉セーフガード措置事件において，WTO パネルは[69]ITC が国内産業に重大な損害があるとの判断の基礎としたデータのうち，仔羊については全

---

[67]　*EU-Footwear*（*China*）パネル報告書，European Union-Antidumping Measures on Certain Footwear from China WT/DS405/R, adopted 22 February 2012 paras. 7. 413, 7. 453.

[68]　AD 協定 5. 10 条，SCM 協定 11. 11 条。

164

体の約 6 ％に過ぎないこと，肥育者の一部期間の財務データが不足していること，ITC の質問状に回答した屠（と）畜解体業 4 者の生産する枝肉の市場占拠率は不明であることなどから，当該情報は，国内産業の「相当な部分」を占めるとは思われず，国内産業の代表性に欠けると判断した。さらに，パネルは，本件調査において収集した情報は 7 万に及ぶ飼育者のサンプルとしては統計的に有効ではないことを ITC 自身が自認している点を指摘し，より多くの飼育者から情報を収集すべきであったとした[70]。

上級委員会は，調査当局は国内生産者の相当な部分に関するデータを有している必要はなく，産業によってはかかる情報収集は不可能であり非現実的である，との認識を示したうえで，調査当局は国内産業の実態を把握するに十分な程度の代表的なデータを持っていなければならないとし，この事例で米国ITC が基礎としたデータに国内産業の代表性はないとしたパネル判断に誤りはないと判断した[71]。

(3) 対応策の検討

米国ラム肉セーフガード措置事件における問題点は，少数の国内生産者の申請に基づいてセーフガード調査を開始した後に，他の国内生産者からデータ提供などの協力を得られないことが判明したところにあると思われる。

セーフガード協定は，国内生産者からのセーフガード措置の申請を要件としておらず，調査当局は職権で調査を開始できる[72]。そのため，調査当局は，国内生産者から十分な協力が得られることの確認を行わないままセーフガード調査を開始することができる。その結果，上述のラム肉事件のように，調査開始後に国内産業を代表するといえるだけの生産者から情報提供を受けられないことが判明することとなり得る。

即ち，米国ラム肉セーフガード措置事件は，調査を開始する時点において，国内産業を代表しているとするに十分なデータを収集することができることを確保しておくべきであることを示唆しているのである。

---

(69)　本パネルは，本稿の前節で議論した国内産業の範囲は問題ないとの前提で検討するとした。*US-Lamb* パネル報告書・前掲注(49)，paras. 7. 119.

(70)　*US-Lamb* パネル報告書・前掲注(49)，para. 7. 218-7. 220.

(71)　*US-Lamb* 上級委員会報告書・前掲注(21)，para. 132.

(72)　Pierola・前掲注(66) 195 頁。

国際取引の現代的課題と法

この問題は，AD 措置及び相殺措置の調査が，調査当局の職権により開始される場合[73]も同様である。しかし，殆どの AD 及び相殺調査は，国内生産者等からの調査開始を求める申請に基づいて行われる[74]。その場合，調査当局は，国内産業の生産量の 25％以上を生産する者が AD 調査または相殺措置調査に賛成し，かつ賛成した者の生産量は反対した者の生産量を上回っている場合のみ，調査を開始することが認められている[75]。

農産品の場合，生産者が多数に及ぶため，この要件は大きな障害となり得る。他方，調査開始時点で，一定程度の国内生産者が調査に協力することを確保することができるという利点がある。ただし，調査対象とした生産者が国内産業の一部のセグメントに偏ったものである場合，当該生産者の業績データは国内産業を代表していないとされるおそれがあることに注意を要する[76]。

AD 及び相殺調査においても国内産業を代表しているデータに基づいて国内産業の損害認定を行うことは，WTO パネル及び上級委員会により認められている。EC サーモン事件パネルは，サンプリングデータに基づき国内産業の損害を認定することは AD 協定 3 条に反するものではないとの見解を示している[77]。また，上級委員会は，EC ファスナー事件において，統計的に有効なサンプルは国内産業を代表するものであることを確保するための適切な方法の一つである[78]と述べている。

(4) 実例の検討

本節では，米国における最近の農産品の AD 及び相殺措置調査の事例であるメキシコ産砂糖及びカナダ産生きた豚の AD 調査において，国内生産者の支持及び業績データがどのように確保されたかを検討する。なお，米国法は，AD 協定及び SCM 協定とほぼ同等の国内産業支持基準を採用している[79]。

(i) メキシコ産砂糖

---

[73]　AD 協定 5. 6 条，SCM 協定 11. 6 条。

[74]　AD 協定 5. 1 条，SCM 協定 11. 1 条。

[75]　AD 協定 5. 4 条，SCM 協定 11. 4 条。

[76]　*EC-Fasteners*（*China*）上級委員会報告書, *European Communities-Definitive Anti-Dumping Measures on Certain Iron or Steel Fasteners from China*, WT/DS397/AB/R, adopted 28 July 2011, para. 416.

[77]　*EC-Salmon*（*Norway*）パネル報告書・前掲注[63], para. 7. 130.

[78]　*EC-Fasteners*（*China*）上級委員会報告書・前掲注[76], para. 436.

7 農産品輸入に対する貿易救済措置なかんずくアンチダンピング措置の活用〔梅島　修〕

(ア) 調査開始要件の充足

申請者であるアメリカ砂糖連合[80]は，AD 調査及び相殺措置調査の申請において，同申請は調査開始のための十分な支持を得ていることを，サトウキビ粗糖及び精製糖に分けて立証していた。よって，調査開始要件を検討する商務省は，それに従って検証した[81]。

商務省は，サトウキビ粗糖については，米国農務省の世界農産品需給見積り[82]に基づくと米国内の全サトウキビ粗糖生産者は申請者または申請者である組合の組織員であるから，サトウキビ粗糖生産量の 100 ％が調査開始を支持しているとした[83]。精製糖については，米国内総生産量を農業安定局 2013 年度年次甘味料市場データ報告書に[84]基づいて特定し，甜菜製糖生産量とサトウキビ製糖生産量とそれら製糖業者である申請企業の生産量と比較して，調査開始要件を満たしていると認定した[85]。

(イ) 国内産業の損害データの収集

ITC は，米国生産者は，甜菜栽培者 3,913 者，甜菜加工は甜菜栽培者の協同組合 7 者 23 拠点，サトウキビ農家 666 者，サトウキビミル 13 者，サトウキビ製糖者 7 社であったと認定した[86]。

かかる状況において，ITC は，甜菜加工業者に甜菜の大規模供給者リストを提出するよう，またサトウキビミルにサトウキビ供給者上位 10 者を特定す

---

[79]　国内生産者による支持要件が充足されているか否かの判断は商務省が行う。1930 年関税法 702 条(c)(4)(A)及び 732 条(c)(4)(A)，codified as 19 U. S. C. § 1671a (c)(4)(A)，1673a (c)(4)(A)。

[80]　申請者は 8 団体から構成されている。*Sugar From Mexico: Initiation of Antidumping Duty Investigation*, 79 Fed. Reg. 22, 795, April 24, 2014 参照。

[81]　*Analysis of Industry Support for the Antidumping and Countervailing Duty Petitions Covering Sugar from Mexico*, AD Investigation Initiation Checklist, Sugar from Mexico, Attachment II 及び Countervailing Duty Investigation Initiation Checklist, Attachment II April 17, 2014（以下「メキシコ産砂糖調査開始チェックリスト付属書 II」），at page II-18.

[82]　World Agricultural Supply and Demand Estimates (WASDE).

[83]　メキシコ産砂糖調査開始チェックリスト付属書 II，II-9 頁。

[84]　FY 2013: Yearly Sweetener Market Data Report (FY 2013 SMD).

[85]　メキシコ産砂糖調査開始チェックリスト付属書 II，II-10-12 頁。

[86]　ITC 砂糖報告書，U. S. International Trade Commission, *Sugar from Mexico*, publication 4577, November 2015, 20 頁。

国際取引の現代的課題と法

るよう要請した[87]。そして，当該データに基づき 92 栽培者に質問状を送付し，87 の米国栽培者から回答を受領している[88]。さらに，粗糖生産業者及び精製業者 26 者に質問状を送付し，米国内の砂糖生産の大部分（vast majority）を占める粗糖生産・精製業者 25 者が回答している[89]。

このようにして，米国 ITC は，申請者の協力を得て，米国の主要な栽培者及び大部分の加工業者のデータを収集している。

(ii) カナダ産生きた豚

(ア) 調査開始要件の充足

商務省は，養豚業者 124 社が提出した申請書を精査し，申請書に記載されている国内生産者により調査開始要件が充足されていることを確認した[90]。

(イ) 国内産業の損害データの収集

ITC は，数千におよぶ国内生産者を調査することは不可能であるとして，大規模生産者 5 者を含む，国内生産量の 41.4 ％を占める 68 者から得た情報に基づき，損害の程度を検討した[91]。また，ITC は，当該データを補完するため，生産量等については米国農務省データ，輸入量については輸入統計など，二次情報にも依拠した[92]。国内価格については，輸入者及び国内購入者質問状に対する記述回答にも依拠した[93]。

(5) 対応策の結論

メキシコ産砂糖及びカナダ産生きた豚のいずれも，AD 措置を求める申請の段階において，既に，国内産業を代表する国内生産者からの支持が確保されている。これは，公式に申請書が提出される前に，調査当局と国内生産者との間，さらに国内産業団体の間で国内生産者の支持及び調査協力について，詳細な支

---

(87) 同上，III-1 頁，脚注 3。

(88) 同上，III-1 頁。

(89) 同上，III-1 頁。米国産業の損害分析では当該 25 者から受領したデータに基づいたとしている。同 I-5 頁。

(90) *Notice of Initiation of Antidumping Investigation: Live Swine From Canada*, 69 Fed. Reg. 19815, 19816, April 14, 2004, fn.1.

(91) ITC 生きた豚報告書，U. S. International Trade Commission, Live Swine from Canada, Investigation No. 731-TA-1076 (Final), Publication 3766, April 2005, 11 頁，III-1 頁。

(92) 同上，11 頁。

(93) 同上，12 頁。

168

援と綿密な打ち合わせがなされているとみられる。

このように，農産品の生産者をWTO協定に整合した調査に基づく貿易救済措置により保護するためには，調査開始の前段階において，調査に精通した者が国内生産者からのデータ収集を支援し，調査開始後，十分な情報を収集することができるよう整えておくことが重要であろう。

Ⅳ 経済連携協定による国境措置撤廃後のダンピング措置による国内産業の保護

近年，多くの経済連携協定が締結され，発効したことにより，多くの農産品の国境措置が削減，撤廃されてきている。例えば，EUとの経済連携協定では，わが国は，EU産のワイン，豚肉，パスタなどについて即時または段階的に関税を撤廃または大幅に削減することに合意した[94]。このような場合，第三国産品の輸入は関税割当，高関税等の国境措置により制限されている一方で，国境措置を緩和，撤廃した相手国からの輸入が拡大して国内産業を促進する諸施策の効果が弱まり，国内産業に損害を与えるという状況が生じ得る。

本章では，かかる状況においてAD措置及び相殺措置が機能することを，メキシコ産砂糖調査を例として検討する。

1 背 景

米国農務省は，収穫年度初頭に設定した米国内の人間による消費見込み量の85％のうち54.35％をサトウキビ加工業者に，45.65％を甜菜加工業者に割当て，さらに，当該割当量を前期実績等に基づき各加工業者に割当てている。各加工業者は，割当量を超過して生産した分については在庫するか，米国の人間による消費市場以外に販売しなければならない[95]。

米国農務省は，また，市況商品与信会社（Commodity Credit Corporation，以

---

[94] *EU-Japan trade agreement: text of the agreement, Schedule D: Schedule of Japan* 〈http://trade.ec.europa.eu/doclib/docs/2017/december/tradoc_156519.pdf〉及び *Section 1 Notes for Schedule of Japan* 〈http://trade.ec.europa.eu/doclib/docs/2017/december/ tradoc_156480.pdf〉（閲覧日 2107 年 12 月 28 日）。

[95] ITC砂糖報告書・前掲注[86]，17-18頁。

国際取引の現代的課題と法

下「CCC」）を通じ，融資を「砂糖融資レート」で加工業者に提供している。2012/13年度の「砂糖融資レート」は，サトウキビ粗糖1ポンド当たり18.75セント，甜菜粗糖1ポンド当たり24.09セントであった。加工業者は，融資を当該レートで粗糖現物によりCCCに代物弁済することができる。したがって，市況が砂糖融資レートを下回ったときは代物弁済が選択される。CCCは，代物弁済された粗糖を，輸出するか人間消費以外の市場に売却しなければならない。2012/13年度にはFFP用エタノール生産市場へ売却している[96]。

これらに加え，米国は，WTO譲許表において，年間1,231,484STRV[97]の粗糖，24,251STRVの精製糖を1次税率で輸入するとしており，収穫年度初頭にUSTRが1次税率での輸入量を各国に割当てている。2次税率は輸入禁止とも言える税率を設定している[98]。

これらの制度により，米国市場における粗糖・精製糖価格は高値に維持されている。2013/14年度までの10年間では，世界価格よりも62.8％から78.6％も高く維持されていた。あるITC委員は，当該制度により国内競争は制限され，非効率な生産設備が維持されており，生産者は採算の取れない期間であっても，生産能力の限界で生産するインセンティブがあると指摘している[99]。

しかし，2008年より，メキシコ産砂糖についてはNAFTAに基づき関税割当の対象外とされ，輸入数量制限は課せられていなかった[100]。

2 損害の状況とITCの判断

ITCは，メキシコ産砂糖は国内産業に実質的損害を与えたと認定した[101]。

メキシコ産砂糖輸入は，2011/12年度の1.1百万STRVから，2012/13年度には2.1百万STRVに増加し，2013/14年度も2.0百万STRVを維持していた[102]。かかる輸入増は顕著な価格下回りを伴っていた。特に，メキシコ産砂糖の大部分を占める1品種の輸入は，2012/13年度から2013/14年度当初に顕

---

[96] 同上，18頁。
[97] STRVとは，粗糖換算ショートトンの略。
[98] ITC砂糖報告書・前掲注[86]，19頁。
[99] 同上，39頁。
[100] 同上，17頁。
[101] 同上，3，13，38頁。
[102] 同上，24頁。

170

著に増加し，国内の同種の産品価格よりもしばしば 20 ％以上低かったと認定した[103]。

　同時期，国内消費並びに国内産業の生産量及び出荷量のいずれも増加したものの，急激な価格下落により，国内産業の財務状況は顕著に悪化した[104]。米国栽培者は粗利，営業利益ともに減少し，2013/14 年度には赤字となった[105]。米国ミルは，粗利，営業利益，純利益とも減少し，営業利益及び純利益は 2013/14 年度に赤字となった[106]。米国加工業者も，粗利，営業利益，純利益のいずれも減少し，営業利益は 2012/13 年度及び 2013/14 年度には赤字であった[107]。

　以上から，ITC は，顕著かつ増加する対象輸入により粗糖及び精製糖の国内価格が引き下げられたことにより，国内産業の出荷額，販売額がきわだって減少したため，国内産業の財務状況は悪化した[108]との判断を示した。

3　分　析

　この事例は，輸入国政府が輸入制限及び国内産品の国内市場への販売制限を実施している場合であっても，自由貿易協定に基づき輸入制限の対象外とされた輸入が増加し，国内市場価格が下落した状況においては，通常の事例と同様に，国内産業は当該輸入により損害を受けていると認定して，AD 措置及び相殺措置を発動することができることを示している。

　また，この損害認定の過程において，米国国内市場の価格が依然として国際市場価格を大きく上回っていることは，予測されなかった事情の発展を要件としていない AD 措置・相殺措置においては障害とならないことを明確にしたものとしても，今後の参考となる。

---

(103)　同上，28 頁。
(104)　同上，33 頁。
(105)　同上，33-34 頁。
(106)　同上，35 頁。
(107)　同上，36 頁。
(108)　同上，36 頁。

国際取引の現代的課題と法

Ｖ　おわりに

　AD措置は，セーフガード措置に比して，輸入国にとってはるかに使い勝手がよい制度である。相殺措置と比較しても，AD措置の方が発動は容易である。

　わが国の農産品は，これまで高関税及び関税割当等の数量制限により守られてきたところから，貿易救済措置により国内農業を保護する必要性は低かったと思われる。しかし，今後，経済連携協定における合意に従って相手国からの輸入に対する国境措置が撤廃されてゆくところである。今後は，必要に応じて，貿易救済措置，特にAD措置による保護を積極的に活用すべきである。

　他方，農産品について国内生産者がAD措置を求める場合，農産品特有の問題に対処する必要があるが，農産品の国内生産者はAD措置を含め貿易救済措置を申請した経験に欠けている。したがって，わが国の農産品がAD措置による適切な保護を受けられるようにするためには，調査当局を含め関係官庁及び貿易救済措置の専門家が，輸入からの保護を必要とする農産品産業を積極的にサポートし，AD措置を受けられるような体制を整えるべきである。

172

8 豚肉差額関税制度と WTO 農業協定 4 条 2 項

今 村 　 隆

Ⅰ　は じ め に　　　　　　　Ⅳ　豚肉差額関税制度の条約適
Ⅱ　豚肉差額関税制度　　　　　　合性
Ⅲ　WTO 農業協定 4 条 2 項と　Ⅴ　結 　 び
　　直接適用可能性

Ⅰ　は じ め に

　関税制度は，主に租税法や国際経済法の問題ではあるものの，国際取引法に
も非常に関係している制度である。そもそも関税とは，関税法，関税定率法及
び関税暫定措置法等に基づき，輸入貨物に課し，原則としてその貨物を輸入す
る者から徴収する租税である。一般的には，租税は，税収確保が第一次的な目
的である。関税も，古くは税収確保を第一次的目的としていたが，現在は，先
進国における関税は，国内産業の保護を第一次的目的としている[1]。このよう
な関税は，自由貿易と国内産業の保護との均衡の中で採られている制度であり，
両方の観点での考察が必要となる。

　本稿では，我が国の関税制度の中でいささか特殊な制度であるが，豚肉差額
関税制度を検討することとする。これは，平成 5 年のウルグアイ・ラウンドの
交渉が妥結した後，平成 6 年から関税暫定措置法により導入された制度である。
この豚肉差額関税制度については，WTO の農業協定（以下単に「農業協定」と

---

[1]　大蔵省関税研究会編『関税法規精解　上』（日本関税協会, 1979 年) 5, 10 頁，金子宏『租
　　税法（第 22 版)』（弘文堂，2017 年）781 頁。

『国際取引の現代的課題と法』澤田壽夫先生追悼〔信山社，2018 年 4 月〕　173

国際取引の現代的課題と法

もいう）4条の2項に反しないかが問題となり，まず刑事事件で争われ，東京高裁平成25年11月27日判決（判タ1406号273頁）[2]で違反しないとされたが，その後，行政訴訟でも争われている。筆者は，これらの行政訴訟について，選任弁護士として国の代理人を務めたが，これらの行政訴訟の中で公刊されているのは，東京地裁平成28年3月17日判決（訟月63巻1号112頁，確定，以下「本判決」という）である。これらの行政訴訟で問題となったのは，農業協定4条2項の直接適用可能性や豚肉差額関税制度を定めた関税暫定措置法の同協定適合性などである。これは，条約の直接適用可能性という一般的な問題だけではなく，関税の意義も問題となっていて，自由貿易と国内産業との均衡の観点での検討が必要となる。

　筆者は，上記行政訴訟の国側の代理人ではあるが，差し支えない範囲で，できるだけ客観的な立場でこれらの問題について論じることとしたい[3]。なお，本稿での筆者の見解は，あくまでも学者としての個人的な見解であり，国の見解を代表するものではないことをお断りしておく。

II　豚肉差額関税制度

1　豚肉差額関税制度の概要

　豚肉の差額関税制度とは，我が国に輸入される豚肉に対し，関税暫定措置法（以下「措置法」という）2条2項，同法別表第1の3（暫定関税率表）及び第1の3の2（基準輸入価格表）によって定められた暫定税率で課される従量税（specific duty）と従価税（ad valorem duty）の組合せの関税の制度である。なお，従量税というのは，課税物件たる物品の個数，重量，長さ，容積，面積等の数量を課税標準として課される関税であり，従価税というのは，課税物件たる物品の価格を課される関税である[4]。

　具体的には，次図1のとおり，豚肉の差額関税制度は，輸入品の価格が分岐点価格（従量税適用と従価税適用の分岐となる輸入価格）以下の場合には，豚肉

---

(2)　平成26年3月28日に上告棄却となり，確定している。
(3)　原告代理人の志賀櫻弁護士は，訴訟提起前に豚肉差額関税制度についての著書（同『豚肉の差額関税制度の断罪する』（ぱる出版，2011年））を著しており，原告の視点での問題点を指摘している。

174

8 豚肉差額関税制度とWTO農業協定4条2項〔今村　隆〕

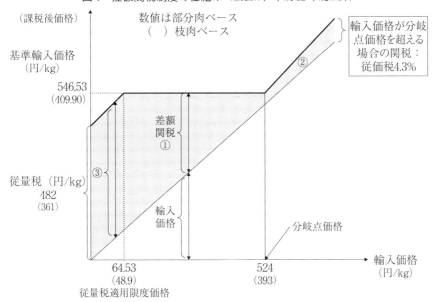

図1　差額関税制度の仕組み（数値は，平成12年度以降）

の重量1キログラム当たりの従量税（次図の③の部分。ただし，課税後の価格が一定の基準輸入価格を超えるときには，基準輸入価格と輸入価格の差額に引き下げた額（上図の①の部分））を課すことにより，国内養豚農家を保護する一方，輸入品の価格が分岐点価格より高いときには，一定率の従価税を課す（上図の②の部分）ことにより，輸入品の関税負担を軽減し，消費者等の利益を図るという関税の組合せの制度である。

なお，関税の税率には，法律が定める「国定税率」と条約によって協定された「協定税率」とがあり，国定税率には，関税定率法別表が定める「基本税率」と暫定措置法が定める「暫定税率」とがある。豚肉は，基本税率が輸入価

---

(4) 従価税は，物価に弾力的で課税の公平性に優れるという長所があるものの，課税標準である物品の価格の捕捉が困難であり，執行の負担が大きいという短所がある（前掲精解上12，13頁）。一方，従量税は，物価に非弾力的であるという短所があるものの，課税標準の捕捉が容易であり，執行の負担が小さいとの長所がある（前掲精解上14頁）。このように従価税と従量税とは，一長一短であり，どちらがより合理的であるとはいいがたい。

格に対する5％の従価税とされているが，協定税率で従量税と従価税の組合せ
とされ（後記2(3)のとおり，譲許表により公布），更に措置法の定める暫定税率
で従量税の一部が自主的引下げにより修正されているのである。

　この制度で特徴的なのは，従量税の部分は，基準輸入価格が限度とされてい
るところから，基準輸入価格と輸入価格との差額が関税額となるが，分岐点価
格までは，輸入価格が上昇するほど差額部分が減少し，関税額が減少すること
である。そのため，刑事事件では，輸入価格を過大に申告して関税を脱税する
との特殊な態様の脱税事件が摘発されているのである。前記東京高裁平成25
年11月27日判決もそのような態様の脱税事件である。

2 豚肉差額関税制度の経緯

　まず，議論の前提として，豚肉差額関税制度の経緯を述べることとする。

(1) ウルグアイ・ラウンド交渉前の制度

　そもそも豚肉差額関税制度の前身は，昭和46年に導入されたが，これは，
畜産物の価格安定等に関する法律に基づく豚肉の安定基準価格と安定上位価格
の合計額の2分の1に相当する額として定められる基準輸入価格と輸入価格と
の差額が関税として課税されるとの制度（以下「旧制度」という）であった。
前記1の図と比較すると，①と②の部分は同じであるが，③の部分が①と同じ
であり，基準輸入価格を下回る額が課税されることとされていた。

　そもそも豚肉についてこのような特殊な措置が採られたのは，夏場は豚が太
りにくくなり，出荷頭数が減少すること等により価格が上昇する一方，秋から
冬にかけては出荷頭数が増加すること等により価格が下落することから，年間
を通じた価格変動が激しいというの特性がある一方で，牛肉と比較して，国産
と輸入品との品質の差が小さい等の特徴があるからである。

(2) ウルグアイ・ラウンド交渉過程

　しかし，昭和61年9月にウルグアイ・ラウンドの貿易交渉が開始し，平成
5年12月に妥結して，平成7年1月にWTOが成立したが，ウルグアイ・ラ
ウンド交渉の過程で，それまでEUなどでみられた農産物に対する可変輸入課
徴金などの非関税措置が問題とされ，平成3年12月，GAAT事務局長のダン
ケル合意案で「例外なき関税化」の方針が示され[5]，この提案に基づいて具体
的に産品ごとに加盟国間の交渉がなされた[6]。このような交渉経過は，「モダ

リティ文書」という作業用の文書に定められているが[7]，このモダリティ文書の中で，従量税か従価税又はその両者の組合せによる関税に転換することが加盟国間で合意された。

このような過程で，我が国の旧制度の豚肉差額関税制度も非関税措置ではないかと問題とされるようになり，我が国も，旧制度を改め，上記モダリティ文書で表されている合意に基づき，豚肉差額関税制度を従量税と従価税の組合せとすることとし，ウルグアイ・ラウンド交渉の過程で，その譲許表[8]を他の国々にも示した。

(3) ウルグアイ・ラウンド交渉後の国内的措置

そして，平成5年12月のウルグアイ・ラウンド交渉が妥結したが，その後，我が国は，豚肉の差額関税制度の従量税部分について，国内的措置として，上記譲許表の範囲内で，分岐点価格の前後で課税後の価格が逆転しないようにするため，自主的な引下げをすることとし，平成6年12月にこの自主的引下げについてGATT事務局に通報し，また，同月，上記譲許表を公布した。さらに，我が国は，WTO成立後の平成7年2月に，上記自主的引下げについての通報をWTO加盟国に回付した。

このようにして，我が国の現行の豚肉差額関税制度が成立したものである。ここで確認しておくべきは，第1は，旧制度は，従量税と従価税の組合せではなく，農業協定4条2項の「通常の関税」には当たらず，あくまでも国内法的措置としての非関税措置に当たるものであったが，現行制度は，従量税と従価税の組合せであり，後記Ⅳのとおり，農業協定4条2項の「通常の関税」の枠内であると考えられること，第2に，譲許表を公布していることから，旧制度とは異なり，WTO加盟国間での引下げ交渉の対象ともなり得るものであると

---

(5) ダンケル合意案の内容は，外務省経済局国際機関第1課編『解説 WTO協定』（日本国際問題研究所，2003年）105頁を参照されたい。

(6) ウルグアイ・ラウンドにおける農業交渉の経過の概要については，T. E. ジョスリンほか（塩飽二郎訳），『ガット農業交渉50年史』（農山漁村文化協会，1998年）175-216頁を参照されたい。

(7) T. E. ジョスリンほか・前掲注(6) 219頁，327頁注3。

(8) 譲許（concession）とは，国家間で一定の水準を超えて関税を課さないことを合意することであり，譲許表というのは，譲許の具体的水準を規定した表である。譲許表は，条約であり，しかも直接適用される条約であり，関税法3条但書の「条約」に当たる。

国際取引の現代的課題と法

いうことである。

Ⅲ　WTO 農業協定 4 条 2 項と直接適用可能性

1　農業協定 4 条 2 項の意義

　このような我が国の豚肉差額関税制度が農業協定 4 条 2 項に反するのではないかが問題となる。

　そもそも農業協定とは，WTO 協定附属書 1A のうちの協定の一つであり，WTO の一般規律からの逸脱を許容する特別規定である。農業貿易は，ガット体制下で，GATT の一般原則からの逸脱が事実上許容される例外分野として特別の扱いを受けてきた。WTO 体制になっても，特別の分野として取り扱われている。これは，農業が自由貿易になじまない特殊性をもっているからである。このように農業貿易は，一般の産品とは異なる面もあるが，WTO 農業協定では，①農産品市場アクセス，②国内補助金の削減，③輸出補助金の削減という 3 本の柱で農産品貿易の自由化を進めることを定めている。

　農業協定 4 条 2 項は，上記①の農産品市場アクセスのうちの重要な柱であり，WTO 成立以前に行われていた非関税措置を廃止して，すべて関税化するという規定である。これは，前記Ⅰ 2 (2)のウルグアイ・ラウンドでのダンケル合意案の考え方に基づくものである。

　具体的には，農業協定 4 条 2 項は，下記のとおり規定している。

　　「加盟国は，次条及び附属書 5 に別段の定めがある場合を除くほか，<u>通常の関税（ordinary customs duties）</u>に転換することが要求された措置その他これに類するいかなる措置（注）も維持し，とり又は再びとってはならない。

　　注　これらの措置には，輸入数量制限，可変輸入課徴金，最低輸入価格，裁量的輸入許可，国家貿易企業を通じて維持される非関税措置，輸出自主規制その他これらに類する通常の関税以外の国境措置（特定の国について承認された 1947 年のガットの規定からの逸脱として維持されているものであるかないかを問わない）が含まれるが，1994 年のガット又は世界貿易機関協定附属書 1A に含まれている他の多角的貿易協定における国際収支に関する規定その他の農業に特定されない一般的な規定に基づいて

178

維持される措置は含まれない。」（下線筆者）

なお，上記規定は，1947年のGATTと1994年のGATTについて言及しているが，GATT（General Agreement on Tariffs and Trade, 関税及び貿易に関する一般協定）は，元々は，1947年に署名された協定であるが，その後，WTOが，その発足直前の1994年に，1947年のGATTを引き継いでおり（WTO協定附属書1Aにおける「1994年の関税及び貿易に関する一般協定」），そのため2つのGATTが存在しているのである。

ここで注目すべきは，本文の下線部分の「通常の関税」について，どのようなものがこれに当たるかの定義規定や要件を定めた規定がなく，（注）ということで例示しているにすぎないことである。これは，ウルグアイ・ラウンドで，「通常の関税」は，従量税か従価税又は両者の組合せであることが必要条件とされたものの，十分条件について，加盟国間の合意ができなかったため，例示にとどめたものと考えられる。そこで，農業協定4条2項が要請している「通常の関税」の意義について不明確で解釈上の争いが生じたのである。

一方，豚肉差額関税制度は，脚注の「最低輸入価格」に当たるのではないか，そうすると，「通常の関税」には当たらないのではないかが問題となるのである。そこで，そもそも農業協定4条2項が我が国において直接適用されるのかが争われたのである。

2 農業協定4条2項の直接適用可能性

(1) 直接適用可能性の意義

条約については，self-executing（自己執行的）とか直接適用可能性ということが問題とされる。self-executingとは，米国由来の考え方であり[9]，一方，直接適用可能性というのは，EU由来の考え方である[10]。

特に米国でself-executingの問題が注目を集めるようになったのは，「フジイ事件」での1952年カリフォルニア州最高裁判決[11]である。これは，日本で出生したが，長年米国で暮らしていた原告が，1948年にカリフォルニアで土地を購入したところ，市民権取得の資格がない外国人の土地所有権を制限する

---

(9) 岩沢雄司『条約の国内適用可能性』（有斐閣，1985年）159, 160頁。

(10) 岩沢・前掲注(9) 219頁以下。

(11) Fujii v State, 38 Cal.2d, 242 P.2d 617 (1952).

国際取引の現代的課題と法

外国人土地法に基づいて，州にその土地を没収されたとの事案である。1審裁判所は，この没収を適法と認めたが，控訴裁判所は，この外国人土地法は，人種等により差別していることから国連憲章に反するとした。これに対し，上記州最高裁判決は，国連憲章の人権規定を self-executing でないとして，この没収を適法としたのが嚆矢である[12]。しかし，self-executing との用語は，条約が直接適用可能であるかの問題で用いられる場合と条約が国内的効力を有するかの問題でも用いられる場合があり，混乱を生じることから，両者を区別するために，self-executing の用語は，現在では我が国の裁判例では用いられていない[13]。そこで本稿でも，「条約の国内的効力」と「条約の直接適用可能性」という用語を用いることとする[14]。

条約の国内的効力は，それぞれの国の憲法上条約の効力をどのように扱っているかの憲法体制の問題である。我が国は，憲法98条2項で条約の国内的効力を認めており，また，序列としては，憲法の下にはあるが法律より優位であるとされている。本件でも，農業協定4条2項が国内的効力を有することは争いがない。

一方，条約の直接適用可能性は，条約が「それ以上の措置なしに適用されること」である[15]。そして，条約が国内法による補完・具体化がなくてもそのまま国内法として直接に実施され，私人の法律関係について国内の裁判所と行政機関の判断根拠として適用できるというためには，主観的要件と客観的要件とが必要であるとするのが我が国における通説である[16]。

---

[12] 岩沢・前掲注[9] 159，160頁。

[13] シベリア抑留訴訟において，1審の東京地判平成元・4・18判時1329号36頁は，国内的効力の直接適用可能性を区別しないまま，自動執行力との用語を使用したが，控訴審の東京高判平5・3・5判時1466号40頁は，国内的効力と直接適用可能性を区別して用いていて，これ以降，裁判例では，「直接適用可能性」との用語を用いることが定着している。

[14] 近時の学説は，条約の直接適用可能性とは別に「間接適用」という考え方を認めている（小寺・前掲国際法第2版116-117頁，岩沢雄司『条約の国内適用可能性』333頁）。これは，国内法を通じて条約を間接的に適用することであり，条約が直接適用可能でないことを前提に，裁判所や行政庁が国内法の基準として参照し，国内法を国際法に適合するように解釈することであると考えられる。

[15] 小寺彰ほか編『講義国際法（第2版）』（有斐閣，2010年）114頁。

[16] 山本草二『国際法（新版）』（有斐閣，1994年）105頁，小寺・前掲注[15] 115-116頁。

ここで主観的要件というのは，締約国の意思という意味であり，このような主観的要件が必要であることは，1928年3月3日の「ダンチッヒ事件」についての常設国際司法裁判所の勧告的意見[17]で認められているところである。

一方客観的要件というのは，条約の当該規定が明確で，その内容を具体化する法令をまつまでもなく国内的に執行可能なことである[18]。

我が国で直接適用可能とされている条約は，具体的には，①国際航空運送についてのある規則に関する条約（ワルソー条約），②船舶衝突ニ付テノ規定ノ統一ニ関スル条約，③海難ニ於ル救難援助ニ付テノ規定ノ統一ニ関スル条約，④国家と他の国家の国民との間の投資紛争の解決に関する条約，⑤国際連合の特権及び免除に関する条約，⑥国連本部協定，⑦万国郵便条約，⑧子に対する扶養義務の準拠法に関する条約，⑨国際航空運送規則の統一に関するモントリオール条約，⑩国際物品売買契約に関する国際連合条約などである[19]。このほか，租税条約の直接適用可能性が問題となるが，例えば，日米租税条約11条2項のように「一定の税率を超えないものとする」ことを規定している場合，これは，①一定の税率（限度税率）の範囲内で，それぞれの締約国が国内法で定めた税率で課税することを許容するということと，②限度税率を超えた税率を定める国内法を制定することは許さないということの2つの意味を有すると考えられる。この場合，①の意味から見ると，当該条項は一義的ではない（具体的な税率を導くことができない）から直接適用可能とはいえないが，②の意味から見ると，当該条項は一義的かつ明確であるから，その限りにおいて直接適

---

[17] これは，第1次大戦後，ポーランド鉄道局の勤務に移ったダンチッヒ鉄道職員が，ポーランドとダンチッヒとの間で締結された職員協定に基づいて行ったポーランド鉄道局に対する金銭支払い訴訟について，ダンチッヒ裁判所が管轄権を有するか否かが問題となった事案で，国際司法裁判所は，「職員協定は国際協定である。国際協定は一般には私人に対し直接権利義務を創設し得ないが，締約国の意思により，国際協定の目的が個人の権利義務を創設し，かつ国内裁判所により強行される規則を当事国で採択することもあり得る。そして，職員協定の条項を見てみるとそのような意思だったと確認できる。」（下線筆者，宮崎繁樹編『基本判例双書国際法』（同文館，1981年）8頁）として管轄権を認めるとの意見を勧告した。

[18] 山本・前掲注[15] 105頁。

[19] ①ないし⑧については，谷内正太郎「国際法規の国内的実施」広部和也ほか編『山本草二先生還暦記念論文集』（勁草書房，1991年）118，130，131頁，⑨及び⑩は，小松一郎『実践国際法』（信山社，2011年）281，282頁で直接適用可能とされている。

国際取引の現代的課題と法

用可能と考えられる[20]。

　なお，以上は，条約一般についての直接的適用可能性の要件であるが，関税の場合，関税法３条但書の「ただし，条約中に関税についての特別の規定があるときは，当該規定による」との規定の意義が問題となる。この但書は，譲許表によって関税の税率が修正される場合（協定税率）を想定した規定と考えられ[21]，直接適用可能な条約上の規定であることを前提とする注意的な規定であり，農業協定４条２項のような規定が当然に直接適用されることを定めた規定とは考えられない[22]。そこで，農業協定４条２項も一般の条約と同様の基準で直接適用可能か否かを検討する必要があるのである。

(2) 本判決の判旨

　本判決は，まず，「条約の直接適用可能性の有無は，それぞれの条約締結国において，当該条約の条項につき，国内において直接適用可能性を有するものとして当該条約を締結しているか否かという主観的基準と，その内容を具体化する法令を待つまでもなく国内で直接適用できるだけの明確性，完全性があるかという客観的基準によって判断されるべきことになる。」（以下「判旨１」という）とした上，「…① a）WTO協定自体は，その基本的な性格として，国家と私人との間の権利義務を規定することを直接的な目的としているとは認められないこと，b）WTO設立協定自体には，WTO協定について，当然に加盟国の国内における直接適用可能性を認めるかのような条項は存在せず，一方で，WTO設立協定16条４項が，加盟国において，自国の法令及び行政上の手続をWTO協定に適合したものにするように定めていること，c）WTO協定では，信頼性の高い，包括的な紛争解決手続であるWTO紛争解決手続が整備されており，その内容も，加盟国相互間による協議（合意）による解決が優先されるものとなっていること，d）WTOの主要加盟国ではWTO協定には国内（域内）における直接適用可能性がないものとして取り扱われていることなどからすると，WTO協定自体について，WTO協定が条約締結国の国内において当然に直接適用可能性を有するものとして締結されたものとは認められず，また，②WTO農業協定４条２項自体についても，これが国内産業の保護

---

(20)　谷口勢津夫『租税条約論』（清文社，1999年）38頁。

(21)　大蔵省関税研究会編・前掲注(1) 75頁。

(22)　本判決も同旨の判断をしている（訟月63巻１号137頁）。

182

を目的とする関税について規定するものであり，当然に加盟国の国内において直接適用されるというような規定内容になっていないことからすると，WTO農業協定4条2項につき，加盟国の国内において当然に直接適用可能性を有するものとしてWTO協定は締結されたものではないと認めるのが相当である。」（以下「判旨2(i)」という）とし，さらに，「…我が国は，WTO協定を締結するに際し，WTO農業協定4条2項が直接適用可能性を有することを前提とした対応を行っておらず，同項については，専ら関係する国内法の整備等によって間接的にこれを適用することが予定されていたものと解されるから，我が国は，同項について，直接適用可能性を有しないことを前提としてWTO協定を締結したものと認めるのが相当である。」（以下「判旨2(ii)」という）とし，「以上によれば，我が国は，WTO協定を締結するに際し，WTO農業協定4条2項が直接適用可能性を有することを前提としていたとは認められないから，条約の直接適用可能性の有無についての主観的基準からすると，WTO農業協定4条2項は，我が国における直接適用可能性はないものと認めるのが相当である。」として，結論として，主観的要件を満たさないとして直接適用はされないとした。

(3) 本判決の検討

　判旨1は，条約の直接適用可能性についての前記(1)の通説に基づく考え方であり，異論はない。条約の直接適用可能性について，前記(1)のとおり，通説は，「主観的要件」，「客観的要件」としているに対し，本判決は，「主観的基準」，「客観的基準」としている。これは，直接適用可能性が法律上明文で規定されたものではないので，「要件」との用語を避け，「基準」との表現を用いたものと考えられるが，内容は同じであり，本稿では，「主観的要件」，「客観的要件」との用語を用いることとする。

　まず，検討すべきは，本件の先例とも考えられる「西陣ネクタイ事件」である。これは，養蚕農家の保護を目的として日本政府が生糸の一元輸入制度を導入した結果，国際価格より高い国内価格で生糸の購入を強いられた京都西陣のネクタイ生地製造業者が，本件一元輸入制度はGATT17条及び2条4項違反であると主張して国家賠償を請求した事案であり，京都地裁昭和59年6月29日判決（判タ530号265頁）は，「…，原告ら指摘のガット条項の違反は，違反した締約国が関係締約国から協議の申入や対抗措置を受けるなどの不利益を課

国際取引の現代的課題と法

せられることによつて当該違反の是正をさせようとするものであつて，それ以上の法的効力を有するものとは解されない。したがつて，本件条項がガット条項に違反し無効であつて，本件立法行為を違法ならしめるものとまでは解することができない。」（下線筆者）とし，上記一元輸入制度の立法を無効とすることはできないとした[23]。これは，GATT の上記規定の直接適用可能性を否定する趣旨と考えられるものの[24]ただ，その根拠など明確でなく，学説からは，批判もあったところであった[25]。

　なお，本判決は，判旨2(i)及び(ii)のとおり，主観的要件だけで直接適用可能でないと判断したが，本稿では，客観的要件についても検討することとする。

　(i) 主観的要件

　本判決は，主観的要件として，WTO 協定の性格等（判旨2(i)）と我が国の意思（判旨2(ii)）を根拠として，主観的要件を満たさないとしている。判旨2(ii)は，ダンチッヒ事件」ダンチヒ事件以来論じられている締約国の意思であり，特に問題はない。

　問題は，判旨2(i)である。冒頭で述べた東京高裁平成25年11月27日判決は，「… WTO 協定につき直接適用可能性が肯定されるか否かは，我が国の国内法に依拠して決まるものであるが，本件に即していえば，WTO 農業協定4条2項の内容及び性質を基礎として，我が国における三権分立の在り方，国内法制の状況，訴訟における請求や主張の形態なども勘案して総合的に判断することになる。」（下線筆者）とした上，「… WTO 協定の内容は，GATT との対比においてより詳細かつ明確になったとはいえ，なお交渉を通じた柔軟な紛争解決の余地が排除されたわけではなく，規律の柔軟性が残っている部分もあると考えられる。また，アメリカ合衆国及び EC（…現在は，EU が WTO 加盟国としての EC の地位を承継）は，WTO 協定を国内・域内に実施する法令において直接適用可能性を明示的に否定しているところ，日本及びアメリカ合衆国及び EU 加盟国との間では貿易が盛んに行われており，こうした状況下で日本のみが WTO 協定の直接適用可能性を肯定することになれば，これらの国との関

---

[23]　控訴審の大阪高判昭和61・11・25訟月33巻8号2062頁や上告審の最判平成2・2・6訟月36巻12号2242頁も，1審判決の結論を是認している。

[24]　中川淳司ほか『国際経済法（第2版）』（有斐閣，2012年）98頁。

[25]　松下満雄「判批」ジュリスト956号（1990年）76頁など。

係でWTO協定上の義務履行に関して著しい不均衡が生じ，不利益を被ること
にもなりかねない。このことは取りも直さず，立法及び行政による裁量権の行
使がWTO協定に関する司法審査によって制約されるということになるが，こ
れは日本国憲法が採用する権力分立の観点からも好ましいものとはいえない。
そうすると，WTO農業協定との関係で差額関税制度の適法性ないし有効性が
問題となっている本件においても，WTO協定の直接適用可能性を認めるべき
根拠を見出し難い。」として直接適用可能性を否定している。この判決が，直
接適用可能性について加盟国間における消極的相互主義[26]をも考慮した点に
ついては，直接適用可能性について，各国における権力分立のあり方や国内法
制の状況，訴訟における請求の形態なども考慮して総合的に判断するとの最近
の有力な見解[27]に基づいていると考えられる。

なお，ECJ（欧州司法裁判所）は，1999年のポルトガル対理事会事件ECJ判
決[28]で，「WTOルールが共同体法に適合するよう確保する役割が共同体法司
法権に直接委ねられるのを受け容れるならば，共同体の立法又は執行機関は共
同体の貿易相手国の立法又は執行機関が有するのと同様の行動の自由を失うで
あろう。」（パラ46）と判示し，直接適用可能性を否定しており，また，米国は，
1995年のWTO協定の締結をしたが，その際，連邦議会が，1994年にWTO
協定に承認を与えるとともにウルグアイ・ラウンド協定法（Urguay Round
Agreement Act）を制定し，米国国内法上，WTO協定を米国法よりも下位に
位置づけ，さらに，WTO協定の直接適用可能性を私人との関係で否定してい
る（同法102条（c））。

一方，本判決は，判旨2(i)で，WTO内部での紛争解決手続の存在や消極的
相互主義を主観的要件として判断しているが，ダンチヒ事件で述べられていた
狭義の主観的要件とは異なるものである。しかし，WTO協定のような多国間
条約の場合には，それぞれの締約国が加盟する前提として，そもそもの条約が

---

[26] 消極的相互主義については，東史彦「日本におけるWTO協定の直接適用可能性」亜
細亜法学43巻2号（2008年）113頁以下を参照されたい。

[27] 中川淳司「国内裁判所による国際法適用の限界」国際法外交雑誌100巻2号（2001
年）3，4頁。

[28] Portuguese Republic v Council of hte European Union, C-149/96。この判決について
は，庄司克宏「EC法秩序におけるWTO方の位置付け」貿易と関税2001年6月号93
頁の評釈がある。

加盟しようとしている国の間でどのような性質のものと理解されているかが重要であり，判旨2(i)の事情も主観的基準に含まれると考える。

なお，本判決後の刑事事件で東京高裁平成28年8月26日判決（判時2349号120頁）(29)も，本判決とほぼ同じ判断枠組みで，農業協定4条2項の直接適用可能性を否定している。

(ii) 客観的要件

次に，農業協定4条2項が，客観的要件を満たすか，言い換えると「そのまま適用できるほどに明確であるか」を検討する。

我が国は，「条約法に関するウイーン条約」（以下「条約法条約」という）を締結しており，条約の解釈に当たっては，同条約に従って解釈がなされなければならない。そのような観点でみたとき，農業協定4条2項を解釈すると，まずは，同条項本文の「通常の関税（ordinary customs duties）」の意義を明らかにする必要がある。しかし，農業協定4条2項は，前記1のとおり，「通常の関税に転換することが要求された措置」を禁止するものであるが，どのような措置がこれに当たるかについて，同項の脚注で，輸入数量制限，可変輸入課徴金，最低輸入価格などを例示するにとどまり，それ以上に禁止される措置についての要件を規定するものではなく，直接適用可能といえるほど規定内容が明確であるとはいえない。

さらに，農業協定4条2項の「通常の関税」は，必要条件として，従量税と従価税の組合せであることが要請されていると考えられるが，十分要件は明確ではない。後記Ⅳ(1)の第1次チリ価格事件の2002年上級委員会決定は，2002年の小委員会が「通常の関税」について，経験的な意味と規範的な意味があるとし，経験的には，従量税と従価税の組合せであることし，規範的には，「外的要因を考慮することなく，物品の価格又は量にのみ基づいて課されるもの」とする形式的な基準に基づく判断を覆し，4条2項の目的に照らして，4条2項の脚注に掲げられている国境措置と類似しているものとの実質的基準で判断すべきとしている。そうすると，「通常の関税」という意味が，一義的ではなく，明確ではなく，国内裁判所において，従量税と従価税の組合せによる関税が，4条2項の「通常の関税」でないと判断するのが困難である。

---

(29) 平成28年12月15日に上告棄却となり，確定している。

このような理由から，農業協定4条2項が客観的要件を満たしているとはいい難いと考える。

Ⅳ　豚肉差額関税制度の条約適合性

1　WTO 紛争処理委員会決定

WTO の紛争解決機関（Dispute Settelement Body, DSB）の決定には，農業協定4条2項の解釈が問題となったものがある。一つは，チリの価格帯が問題となった事件で，第1次チリ価格帯事件と第2次チリ価格帯事件があり，もう一つは，ペルーの価格レンジ事件である。これらのうち，第1次チリ価格帯事件の後記2002年上級委員会決定が先例といってもいい一番重要な決定である[30]。それぞれの事件について検討することとする。

(1)　第1次チリ価格帯事件

(ⅰ)　価格帯の概要

チリは，1986年以来，小麦粉その他の農産物について，価格帯を設定して，これに基づいて関税を課していた。これに対し，アルゼンチンが WTO の紛争解決機関に解決を申立てたものである。

ここで問題となったチリの価格帯とは，次図2のとおり，上限価格と下限価格を定め，①輸入価格が価格帯の範囲内の場合には，従価税，②輸入価格が下限を下回る場合には，従価税＋従量税（下限価格－参照価格），③輸入価格が上限を上回る場合には，従価税－還付金（上限価格－参照価格）とする制度である。

価格帯の上限価格と下限価格は，毎年，産品ごとに，過去5年間の特定海外市場における FOB 価格に基づいて，その下底（最低値）及び上底（最高値）のそれぞれ25％を除いた価格に，「通常の輸入費用」を加えて決定されて（使用される海外市場がどこであるかや「通常の輸入費用」の算出方法は規定されていな

---

[30]　小委員会や上級委員会の決定は，その事件限りの解釈であり，他の加盟国を拘束するものではないと考えられている。WTO 協定の解釈は，閣僚会議と一般理事会の排他的権限だからである（9条2項）。しかし，実際の紛争手続きでは，過去の小委員会や上級委員会の決定で示された解釈を援用して議論をしており，事実上の「判例」として参照されている（中川淳司『WTO 貿易自由化を超えて』（岩波書店，2013年）126，127頁）。

図2 チリ価格帯の仕組み

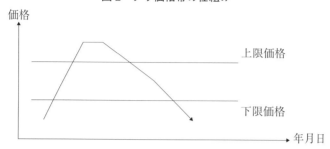

い），大統領令で公示される。上記②の参照価格については，毎週，チリに関連する海外市場（それがどこかは明らかにされておらず，これを特定する法律等もない）の対象産品の最低 FOB 価格を使って決定される（「通常の輸入費用」による調整の対象にはならない）。参照価格は公表されないが，税関当局で一般人も閲覧できる。これらの価格はいずれも可変である（小委員会決定・パラ 7.39, 7.44）。

このようにチリの価格帯制度は，年間で定められる大統領に基づく価格の決定過程が不透明である上毎年変動するばかりか，従量税を課す場合の参照価格の決定機の基準となる海外市場も不明で不透明であるばかりか週ごとに変動するものであった。

さらに，このような問題点に加えて，第1次のチリ価格帯事件における価格帯は，①下限価格を下回る部分が，譲許表の譲許を超える部分があったこと，②下限価格の算定に当たり，下から 25 ％を恣意的にカットしていたことなどの問題点もあった。

(ⅱ) 決定の要旨

このような問題点を指摘して，2002 年小委員会決定（WT/DS207/R）[31]は，チリ価格帯を農業協定4条2項違反と判断した。これに対し，2002 年上級委員会決定（WT/DS207/AB/R）は，理由付けは異なるものの，小委員会の判断を是認した。

---

[31] 第1次チリ価格帯事件の小委員会と上級委員会の決定については，中川淳司「チリの農産物に対する価格拘束制度及びセーフガード措置」調査研究報告書・経済産業省 HP がある。

小委員会は,「通常の関税」とは, 経験的には, 従量税又は従価税（又はその組合せ）の形式を採っているもの, 規範的には, 物品の価格又は量にのみ基づいて課されるものであり, 海外市場の変動等の外的要因（factors of exogenous nature）を考慮することないものであるとした[32]。したがって,「通常の関税」とは,「価格や数量のみに基づいて算定される税をいい, 外的要因に基づいて適用されない関税」をいうとし（パラ7.52）, チリの価格帯は, 物品の価格や数量とは切り離された外的要因により決定されており, 従量税又は従価税（又はその組合せ）によるものではなく,「通常の関税」に当たらないとした（パラ7.62）。

これに対し, 上級委員会は, 規範的に, 常に, 外的要因を考慮することなく, 物品の価格又は量にのみ基づいて課されるものであるとするとの小委員会の見解は認められないとし（パラ271）[33], その理由として, 各国は, 関税の税率を定めるに当たり, 海外市場の推移といった外的要因を考慮に入れているからであるとした（パラ273）。そして, 上級委員会は,「通常の関税」について要求されているのは,「従価又は従量率」の形で表現するべきであるということのみであり（パラ277）,「通常の関税とは, 外的要因に基づいて適用されない関税をいう」との小委員会の定義（パラ7.52）には同意しないとした。その上で, 上級委員会は, チリの価格帯は, 従量税と従価税の組合せであり,「通常の関税」と同じ形式を採っているとしたものの,「可変輸入課徴金」及び「最低輸入価格」に「類似した」国境措置であるとの結論を左右しないとして, 小委員会の判断を是認した（パラ279）。

---

[32] 小委員会は, 農業協定の英語版では, 4条2項で「ordinary custom duties」と規定しているが, フランス語版では,「droits de douane proprement dits」とスペイン語版では,「derechos de aduana propiamente dichos」と規定されていることに着目し（下線筆者）, フランス語表記の「proprement dit」やスペイン語表記の「propiamente dicho」は,「真の」あるいは「厳密な意味における」との意味であり, 英語表記の「ordinary」も, 経験的だけでなく規範的にも解釈すべきであるとしている（パラ7.51）。

[33] 上級委員会は, 小委員会が「通常の関税」の意義についての英語版とフランス語・スペイン語版との用語のニュアンスの違いから経験的だけでなく規範的意味をもつとした点について, 条約法条約33条4項「…各正文の比較により, 第31条及び前条の規定を適用しても解消されない意味の相違があることが明らかになった場合には, すべての正文について最大の調和が図られる意味を採用する。」の解釈規則をどのように考慮したかは不明であるとしている（パラ271）。

国際取引の現代的課題と法

　小委員会の決定は，「通常の関税」について，明確に定義づけることを目指したものであるが，各国での関税のあり方をみると，外的要因をも考慮しているのが実際であり，上級委員会のいうとおり，従量税か従価税又は両者の組合せであることが必要条件であっても，十分条件でないというべきであろう。そうすると，十分条件は何かが問題となるが，「農業協定４条２項の趣旨に反すること」ということとなろう。そうすると，第１次チリ価格帯事件の上級委員会の決定によると，農業協定４条２項の「通常関税」とは，①従量税又は従価税（又はその組合せ）の関税であり，かつ，②同項脚注に例示されている措置又はこれに類する措置であって，同項の目的である透明性及び予測可能性を欠如するものと考えられる。

　(iii) チリの価格帯の特徴

　チリの価格帯は，価格帯の上限価格と下限価格や重量税を課す場合の参照価格の決定過程が不透明であるばかりか可変であり，主な争点としては，農業協定４条２項の脚注の「可変輸入課徴金」に当たるかであったが，下限価格が同注の「最低輸入価格」に当たるかも問題となったのである。ここで注目すべきは，小委員会は，「最低輸入価格とは，それ以下で輸入品が加盟国に入る一定の価格水準を意味している。」（パラ7.34）。とした上，チリ価格帯の下限は最低輸入価格の代用のように機能しているとした（パラ7.45）のに対し，上級委員会は，「最低輸入価格」の定義についての小委員会の決定を是認し（パラ236-237），小委員会の上記決定（パラ7.45）にある程度同意するとしたが，小委員会は，国内価格に関連しているかどうかに重きを置きすぎているとし，たとえ，海外価格に関連して設定されていたとしても，下限を設定するに当たり，下から25％を恣意的にカットし，また，輸入費用を加えていて，不透明で予測不可能な方法であることに重きを置くべきとしていることである（パラ246）。すなわち，農業協定４条２項に反するか否かに当たり，後記２のとおり，透明性が非常に重要な意味をもっており，単に価格水準というのではなく，そのような価格水準の決定の透明性が問題なのである。

　(2) 第２次チリ価格帯事件

　第２次チリ価格帯は，第１次チリ価格帯事件の決定を受けて，①下限価格を下回る部分が譲許表を超える部分を譲許表の水準にまで引き下げ，②下限価格を毎年1.5％ずつ引き下げることとし，③参照価格を２か月ごとに修正するこ

ととした。

しかし，2006年小委員会決定（WT/DS207/RW）は，修正されたチリ価格帯も農業協定4条2項違反と判断し，2007年上級委員会決定（WT/DS207/AB/RW）[34]も，小委員会の判断を是認した。これらの決定では，第1次チリ価格帯事件での上級委員会の決定の判断が前提とされ，これに基づき判断がなされている。

(3) ペルー価格レンジ事件
(i) 価格レンジの概要

ペルーは，1991年以来，粉乳，米及び砂糖等について，価格レンジを設定し，これに基づいて関税を課している。これに対し，グアテマラがWTOの紛争解決機関に解決を申立てたものである。

ここで問題となっているペルーの価格レンジ（Franja de Precios）は，チリの価格帯と類似した制度であり，下図3のとおり[35]，国際市場価格から上限

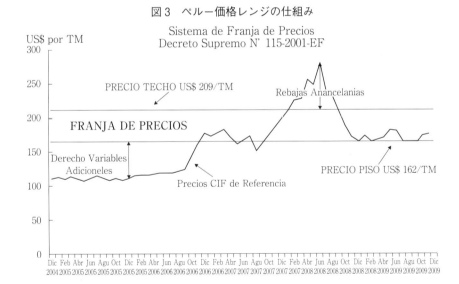

図3　ペルー価格レンジの仕組み

------

(34) 第2次チリ価格帯事件の小委員会と上級委員会の決定については，米谷三以「チリー農産物に関する価格帯システム（21.5条小委員会手続）」調査研究報告書・経済産業省HPがある。

国際取引の現代的課題と法

価格（Precio Techo）と下限価格（Precio Piso）とを算出し，これを幅として，それを下回る場合に，追加関税（Derecho Variables Adictionales）として，従価税の税率を定めて課税するとの制度である。

(ii) 決定の要旨

これに対し，2014 年の小委員会決定（WT/DS457/R）は，ペルー価格レンジを可変輸入課徴金ないしはこれに類似の措置と認定した。ただし，上記追加関税が，直接的に一定の閾値を下回る価格でペルー市場に参入しないことを確保する証拠はないとして（パラ 7.360），最低輸入価格には当たらないとし，2015年上級委員会決定（WT/DS457/AB/R）も，小委員会の判断を是認した。これらの決定でも，第 1 次チリ価格帯事件での上級委員会の決定の判断が前提とされ，これに基づき判断がなされている。

(iii) ペルーの価格レンジの特徴

ペルーの価格レンジは，チリの価格帯と類似しており，価格レンジが可変であり，主な争点は，農業協定 4 条 2 項の脚注の「可変輸入課徴金」に当たるかが問題となった。ペルーの価格レンジでも，下限価格が「最低輸入価格」に当たるかが問題となったが，そもそも輸入を制限する価格水準となるかが問題となり，その立証がないとして，「最低輸入価格」であることは否定されたのである。

2 農業協定 4 条 2 項の趣旨

そもそも国境措置には，関税と，数量制限を始めとする関税以外の措置があるが，GATT は，数量制限を一般的に廃止（同 11 条 1 項）する一方で，関税を許容していた。数量制限が，価額又は数量で上限が固定されるためいかに競争力があってもそれを超えて外国市場に進出することはできないため，最も強固な貿易障壁であるのに対し，関税は，産品が品質，価格の点で強い競争力をもっている限りこれを乗り越えて外国市場に進出できることから障壁の度合いが比較的軽いものであると考えられているからである[36]。

---

(35) この図は，2014 年の小委員会決定パラ 7.117 で，ペルーの経済金融省の HP に価格レンジの説明として登載されている図として引用されている図である。

(36) 津久井茂充『ガットの全貌〈コンメンタール・ガット〉』（日本関税協会，1993 年）364 頁。

ところが，GATT は，元々，農産品については，11 条 2 項で，一定の場合に輸入制限をすることができるなどの例外を規定しており，また，25 条 5 の規定に基づくウエーバー（逸脱）や EC 諸国が可変輸入課徴金制度を導入したことなどにより，農産品貿易については，従来鉱工業品に比べ限定的な形でGATT の規定が適用されていた。

このような状況において，前記 II 2 (2) のとおり，昭和 61 年 9 月にウルグアイ・ラウンド貿易交渉が開始されたが，このウルグアイ・ラウンドにおいて，農産品に対する各国の国境措置が見直され，平成 3 年 12 月のダンケル・ペーパーにより，加盟国においてそれまで採られてきた数量制限等の国境措置を包括的に関税化するとの考え方が打ち出されたのである。農業協定 4 条 2 項は，このような考え方に基づき作成されたものであり，米国のそれまで認められていたウエーバーを否定し，更に，GATT11 条 1 項の数量制限だけに限らず，当時の EC 諸国などが採っていた可変輸入課徴金等もその関税化の対象とすることにより，農産品に対する国境措置を多角的貿易交渉の対象とし，市場アクセス条件を改善しようとするものである。

農業協定 4 条 2 項により，特例措置（附属書 5）を適用する場合，及び，特別セーフガード（第 5 条）を発動する場合を除き通常の関税以外の国境措置は関税化されることになったが，この規定は，関税化することとされた措置そのものを維持あるいは再びとってはならないのみならず，そのような措置に代わり，同様の輸入制限効果を有する措置をとることも禁止している。

このような農業協定 4 条 2 項の作成経緯から明らかなとおり，同条項は，特例措置を適用したものを除き，数量制限等の通常の関税以外の国境措置を関税化することにより，従来鉱工業品に比し限定的な形でのみ GATT の規律が適用されていた農産品貿易についてもより強化された規律を適用し，公正で市場指向型な農業貿易体制を確立する基礎を作るという農業協定の趣旨・目的に資するものである。また，加盟国における国境措置の透明性を高めることで，将来の加盟国間の貿易交渉が容易になることが見込まれた。

この点は，前記 1 (1) の第 1 次チリ価格帯事件の上級委員会も，「このように，彼ら（筆者注・ウルグアイ・ラウンド加盟国）は，原則として，通常の関税が唯一の国境保護の形となることを想定していた。通常の関税は非関税障壁よりも，より透明性が高く，容易に定量化できるので，これらは，貿易国間でさらに容

易に比較でき，したがって，そのような関税の上限額は，将来の多国間貿易交渉において，より容易に低減できる。ウルグアイ・ラウンドの交渉国は，市場アクセスが，譲許と関税の低下及びミニマム・アクセス枠を通じて，長期的にも短期的にも，改善されることで合意した。」（同委員会決定パラ200）とし，「それ故，農業協定の第4条は，農産物の輸入を阻害する一定の市場アクセス障壁を通常の関税に転換するよう要請するための法的手段として適切であると見られている。」（同決定パラ200）としているところである。

このように農業協定4条2項の意義は，それまでの不透明でありかつ予測が困難な様々な国境措置を関税化することにより，上記のような意味での透明性及び予測可能性を高めることにある。

そうすると農業協定4条2項は，加盟国間の農産品の国境措置を関税化することにより，輸出入に当たっての透明性や予測可能性を確保することにとどまり，それ以上に加盟国間の農産品における輸出入の自由化を図ることまで目的としているのではなく，この点を区別して考えるべきである。

3　豚肉差額関税制度の条約適合性

豚肉差額関税制度が，仮に，WTOの紛争解決機関で問題となるとすると，第1次チリ価格帯事件での上級委員会の決定の判断が前提となる。そのような観点で，豚肉差額関税制度を検討することとする。

①豚肉差額関税制度は，従量税と従価税の組合せであり，「通常の関税」の必要条件を満たしている。豚肉差額関税制度の基準輸入価格は，従量税の枠内での自主的引下げ部分であり，最低輸入価格とは，その性質が異なっている。

②豚肉差額関税制度は，ウルグアイ・ラウンド交渉前の制度と異なり，譲許表の対象となっており，加盟国間での交渉事項となっていて，ウルグアイ・ラウンド交渉前の制度とは本質的に異なっている。

③チリ価格事件でも問題となった価格帯の下限は，行政庁の判断で変動するものであり，透明性や予測可能性を欠いていたが，豚肉差額関税制度の基準輸入価格は，法律で定められていて，固定されており，変動可能性がなく，透明性や予測可能性も満たしていて，農業協定4条2項の趣旨に反しない。

一方，現在の豚肉差額関税制度が，譲許された従量税をその範囲内で免除するとの形をとっていたとしても，従前の差額関税制度の維持であり，豚肉の自由な貿易を阻害する効果をもつことから，農業協定4条2項違反しているとする見解[37]もある。

確かに，現行の豚肉差額関税制度は，前記Ⅱ1の図1にあるとおり，旧制度と類似していると言わざるを得ない。しかし，現行の制度は，前記Ⅱ2のウルグアイラウンドの交渉を経て，譲許表の対象とされたものであり，分岐点価格の前後で課税後の価格が逆転しないようにするため自主的な引下げがなされているものの，これは譲許表の範囲内での国内的措置にとどまり我が国の国内法の問題であり，農業協定4条2項に反するものではないと考える。

V 結 び

以上，豚肉差額関税制度と農業協定4条2項との関係を論じてきたが，豚肉差額関税制度については牛肉などの場合の関税制度とはかなり異なっていることなどからその合理性について批判も多いところである。しかしながら，それは，国内法の問題であり，前記Ⅱ2のとおり，ウルグアイ・ラウンドの各国との交渉を経たものであることを軽視すべきでなく，豚肉差額関税制度が農業協定4条2項違反となることはないと考える。このように本判決は，いささか特殊な関税制度についての問題ではあるが，WTO協定の直接適用可能性についての一般的な判断をしたものであり，今後，この点についての先例として重要な意味をもっている。

さらに，本判決は，租税法と国際経済法との関係についても重要な意義をもっている。租税法とWTO協定の関係としては，我が国の酒税が問題となった「第2次酒税事件」での1996年の小委員会決定（WT/DS8, 10, 11）や同年の上級委員会決定（WT/DS8, 10, 11/AB/R）のように租税法とWTO法との抵触が争われる問題もある。この事件は，我が国の酒税法が焼酎，ウイスキーなど蒸留酒の種類ごとに税率格差を設けていたのが，GATTの内国民待遇違反と

---

(37) 谷口安平「我が国の裁判所は日本法のWTO協定違反を判断し得るか？」NBL1069号（2016年）34-35頁。この論文は，原告側の鑑定意見書として書かれたものを論文の形にして公表したものである。

されたものであるが，税収確保を目的とした酒税法と自由貿易の促進とを目的
としたWTO法との抵触が，WTOの紛争解決機関で問題となったのである。

　一方，関税は，前記Ⅰで述べたとおり，現在では，先進国においては，税収
目的よりも国内産業の保護という目的が強いため，本判決では，WTO協定と
の抵触が問題となったのではなく，国内産業保護のための関税がWTO協定の
規律の許容範囲内といえるかが問題となったのである。その意味では，本稿で
扱った行政訴訟は，国際経済法における関税の位置づけをどう考えるかの問題
であり，租税法とWTO協定との抵触の問題ではないと考えられる。

　しかし，そうはいっても，自由貿易の要請と国内産業の保護との均衡をどの
ようにとるかは非常に難しい問題であり，豚肉差額関税制度に限らず今後も議
論がなされていくべき問題であると考える。

9 国際条約に基づく私人の主体的権利

谷口安平・小梁吉章

Ⅰ　は じ め に　　　　　　Ⅳ　フランスの裁判所の事例
Ⅱ　わが国の事例　　　　　Ⅴ　税務訴訟の特異性
Ⅲ　欧州司法裁判所の事例　Ⅵ　ま と め

Ⅰ　は じ め に

　国際条約[1]の規定を根拠に裁判所に訴えを提起した場合，この規定はどう扱われるか，という問題は，最近しばしば取り上げられている。筆者の一人（谷口）も後掲（注⑯参照）のように，最近のいわゆる豚肉差額関税事件において裁判所に鑑定書を提出した経験もあり，改めてより広い比較法的視野からこの問題を考察してみたい。
　わが国でこの問題は，国際条約の「直接適用」とか「国内適用可能性」あるいは「自動執行力」という観点で論じられている。これに対して，欧州の判決を見ると，国際条約の「直接的効果」という表現が使われている。一見しただりでは「直接適用」と「直接的効果」は同義のようであるが，判決を仔細に検

---

[1]　1969 年 5 月 23 日の条約法に関する条約は「条約（treaty）とは，国と国の間において文書の形式により締結され，国際法によって規律される国際的な合意」をいうとし，括弧書きで「名称のいかんを問わない」としている。わが国の外務省設置法は「条約その他の国際約束」と表記している（同法第 4 条 1 項 4 号）（銀行法第 4 条 3 項を参照）。国際約束には条約（treaty），憲章（charter），規約（covenant），条約（convention），協定（agreement），議定書（protocol），規程（statute），取極（arrangement），交換公文（exchange of notes），宣言（declaration），声明（statement）などが含まれる。

『国際取引の現代的課題と法』澤田壽夫先生追悼〔信山社，2018 年 4 月〕　　*197*

国際取引の現代的課題と法

討すると実はそこに私人の主体的な権利の見方について根本的な違いがあることが分かる。具体的に事例を見てみよう。

1　わが国の行政訴訟判決の例 ── 最一判平成元年3月2日（取消訴訟）

　昭和56年法律第86号による改正前の国民年金法は，廃疾認定日に日本国籍を有していたことを障害年金の受給資格としていたが，この規定と憲法第25条，経済的・社会的及び文化的権利に関する国際規約（昭和54年条約第6号，A規約）第9条などの国際条約の規定との適合性が問われた事件である。原審で原告・控訴人は「A規約の平等原則はそれ自体充分明確に規定されており，即時に裁判規範として機能する」などと主張したが，原判決（大阪高判昭和59年12月19日）は「締約国内において立法措置がとらるべきものではあるが，同規約において認められる権利についての諸規定が，そのまま同規約の締約国内において既に施行されている法律や，右法律に基づいてなされた処分の効力を判断する基準となるものではない」などとして控訴を棄却した。

　最高裁はA規約の規定について「締約国において，社会保障についての権利が国の社会政策により保護されるに値するものであることを確認し，右権利の実現に向けて積極的に社会保障政策を推進すべき政治的責任を負うことを宣明したものであつて，個人に対し即時に具体的権利を付与すべきことを定めたものではない」とし，上告を棄却した[2]。この判決はA規約の直接適用を否定したものと解されている。

　国民年金法は，被保険者の資格，給付に関する処分等について不服がある当事者に社会保険審査会への再審査請求を認め（第101条1項），さらに処分の取消しの訴えを認めている（第101条の2）。この事件の原告は国内法の規定により訴えを提起することができるが，国際条約を根拠とすることはできないということである。

---

[2]　大阪高判平成17年10月27日も，国民年金法による障害年金の不給付決定の処分に対する決定取消請求の訴えで，A規約とともに市民的及び政治的権利に関する国際規約（B規約）の規定に違反するかが問われた。裁判所はA規約第2条の規定は「締約国において，その権利の実現に向けて積極的に社会保障政策を推進すべき政治的責任を負うことを宣明したもの」とし，「自動執行的性格を根拠づけ得るような文言がない」とした。

2 欧州の行政訴訟の例

一方，欧州の裁判所の判決では，国際条約の規定から原告の訴えの提起の権利を導いている。

(1) 欧州司法裁判所 2015 年 1 月 13 日判決（取消訴訟）

これは 1998 年 6 月 25 日に調印された「環境に関する，情報へのアクセス，意思決定における市民参加，司法へのアクセスに関する条約」（オーフス条約）に関する事件である。この条約は「現在及び将来の世代のすべての人々が，健康と福利に適した環境のもとで生きる権利の保護に貢献するため，締約国はこの条約の規定にしたがって，環境に関する，情報へのアクセス，意思決定における公衆参画，司法へのアクセスへの権利を保障する」（第1条），第 9 条 3 項は「各締約国は，国内法で規定している要件がある場合は，その要件に合致する公衆が，環境に関連する国内法規に違反する民間および公的機関の作為および不作為について争うための行政または司法手続へのアクセスができることを確保しなければならない」と定める（下線は筆者による。以下同じ）。ここでいう「公衆」とは「十分な利益を有する者」または「締約国の行政訴訟法が権利侵害を要件とすることを要求している場合は，権利の侵害を主張する者」をいい，「この条約の範囲内で司法への広範なアクセスを付与するという目的に合致するように判断」される（第9条2項）。欧州連合では，その域内に適用される規範（規則，指令などをいい，欧州連合二次法という）で欧州の環境法関連の行為の再審査の請求の申立権を公衆を代表する団体に認めている。

事件はオランダの環境当局がその一部地域について，欧州法が充足を求める環境保全基準の適用猶予を申請し，欧州委員会が決定でこれを認めたことに端を発する。その後，同国の環境保護団体がオーフス条約第9条2項にいう「公衆」として，欧州連合規則に従って欧州委員会に決定の再審査を求めたが，欧州委員会がこの請求を棄却する決定をしたため，環境保護団体がこの再審査請求棄却決定の取消しを欧州司法裁判所に求めた。原告がオランダの国内裁判所ではなく，欧州司法裁判所に訴えを提起したのは，欧州連合運営条約に「取消訴訟」が規定されているためである[3]。これは欧州連合二次法や欧州連合機関の行為の取消しを求める訴訟のことで（第263条1項，2項），私人・私法人も「当該行為の直接の名宛人である場合，または直接的かつ個人的に関係する場合」にはこの訴えを提起することができる（同4項）。

国際取引の現代的課題と法

　オーフス条約第9条3項について，2011年3月4日判決で欧州司法裁判所は「直接的効果はない」としていたことから，今回も環境保護団体の訴えは棄却された。ただし判決は「欧州連合が当事者である国際条約の規定は，まず，当該条約の精神，仕組みと文言に反することなく，また，これら規定の内容が無条件かつ十分に詳細である場合には，欧州法に基づく行為の取消の訴えの根拠または違法性の抗弁の根拠として主張することができる」としている点は注目に値する[4]。

(2) フランス・コンセイユ・デタ2012年4月11日判決（取消訴訟）

　これは，同国の移民支援団体が移民労働者条約（ILO第97号条約，わが国は未批准）を根拠として提起した行政訴訟（権限踰越訴訟）である。この条約の第6条1項は，各締約国に対して合法的な移民労働者に対して報酬，労働時間，有給休暇，労働組合加入，宿泊施設などの面で自国民と同等の待遇をするように求めている。また，同国は国内法で居住者の快適な住居に住む権利（居住権）を規定しているが（建築居住法典第L. 300-1条），2008年9月にこの権利の享受を欧州連合・欧州自由貿易連合・スイス国籍の者と「それ以外の外国人労働者の場合は，滞在許可取得者」に限定する法令改正をしたので，支援団体が改

----

(3) 欧州司法裁判所の権限は，①取消訴訟（欧州連合機関が発した規則，指令，決定についてその取消しを求める訴訟。加盟国，他の欧州連合機関，関係する私人・私法人が提起することができ，私人・私法人の場合は，第一審裁判所が管轄し，その判決に不服であれば司法裁判所に上訴することができる，263，264条），②不作為訴訟（欧州連合機関の不作為について加盟国，他の欧州連合機関，関係する私人・私法人が提起することができる，265条）③義務不履行訴訟（加盟国が欧州連合の指令を国内法化することを怠るなど基本条約に基づく義務を履行しない場合に，欧州委員会，他の加盟国が提起する，258〜260条），④損害賠償請求訴訟（欧州連合機関の行為が取り消された場合，欧州連合機関が関係する私人・私法人に損害を賠償する，268条），⑤先決質問の付託（加盟国国内裁判所に訴訟事件が係属し，その判断にEUの基本条約や規則，指令などの規定が適用される場合に，国内裁判所が司法裁判所にその文言の解釈に関して質問することを認める制度，267条）がある（Marianne Dony, Droit de l'Union européenne, Ed. de l'univ. de Bruxelles, 2014, pp. 303-333）。従って私人・私法人も取消訴訟などを提起可能である。

(4) 直接的効果の有無は，一つの国際条約でも個々の条文によって異なる。オーフス条約第9条3項に直接的効果がないとされているが，同条約第6条（特定の活動に関する意思決定への公衆参画）の2項（環境に関する意思決定などについての関係公衆への広告または個別の通知）と同3項（公衆参画手続の時間的余裕設定）について，コンセイユ・デタ2006年5月9日判決第292398号は直接的効果を認めている。

200

正法令の取消しを求めた。フランス行政裁判法典は，取消訴訟（権限踰越訴訟）などを規定しているが[5]，法文には原告適格に関する規定はなく，事案ごとに訴えの利益の正当性，確実性などの観点から判断している[6]。

この事件でコンセイユ・デタは「憲法第55条に従い国内法体系に適法に統合された国際条約の規定が私人に直接，訴えによって主張することのできる権利を創設する場合，行政行為または法令が国際条約の規定に含まれた規範に適合しなければ，その取消しまたは廃止を求める根拠として有効に主張することができる」とし，さらに「締約国が表明した意図と条約の論理，その内容と文言に鑑み，当該規定が国家間の関係を規律することだけを目的とするのではなく，私人に対する効果を生じるのにあらためて補完的行為を必要としない場合，裁判所はこの国際条約の規定に直接的効果を認める」としている。そして移民労働者条約の第6条は「国家間の関係を規律するだけではなく」，「当該政令に対して主張することができる」として改正法令規定を無効とした。

以上の判決から導き出される仮説は次の通りである。

日本の裁判所は，国際条約を援用する訴えが提起されても，国内法に基づいて原告に適格性が認められる場合に限って，国際条約が直接適用されるか否か，そのための要件の充足を検討している。直接適用の要件には，主観的基準と客観的基準がある[7]。

一方，欧州司法裁判所とフランスのコンセイユ・デタの判決では，国際条約の規定が原告に訴えを提起する権利，すなわち主体的権利（*le droit subjectif*）

---

(5)　フランス行政裁判法典（Code de justice administrative）は，権限踰越訴訟（取消訴訟）のほか，全面審判訴訟，解釈訴訟，処罰訴訟を定めている。権限踰越訴訟は，コンセイユ・デタ1950年2月17日判決第86949号（Lamotte夫人事件）によって解釈によって創設された訴訟類型である。事件は，第二次大戦中の地方自治体による土地使用許可処分に対する取消しの訴えで，コンセイユ・デタは「行政法に規定がない場合も，許可行為についてコンセイユ・デタに権限踰越の訴えをすることを排除しない」としたことに遡る。

(6)　わが国の最一判昭和39年10月29日は「（旧）行政事件訴訟特例法1条にいう行政庁の処分とは，所論のごとく行政庁の法令に基づく行為のすべてを意味するものではなく，公権力の主体たる国または公共団体が行う行為のうち，その行為によつて，直接国民の権利義務を形成しまたはその範囲を確定することが法律上認められているものをいう」としているので，わが国では移民支援団体による訴えは却下されると思われる。

を創設するならば，この権利創設という直接的効果によって原告には適格性が生じるというアプローチをとる。

この仮説が正しいか否かを判断するには，さらに複数の事案を検討しなければならない（Ⅱ，Ⅲ，Ⅳ）。また税務訴訟の特異性について若干検討する（Ⅴ）。最後に結論をまとめる（Ⅵ）。

なお本稿では，もっぱら欧州司法裁判所とフランスの裁判所の裁判例を比較対象としているが，その理由は次の通りである。

わが国では，国際条約の国内法体系における位置づけについて一元論をとる[8]。また国際条約は憲法には劣後するが国内法よりも優位にあるとされている[9]。欧州司法裁判所は，一元論と条約優位論をとり，フランス憲法も一元論と条約の国内法優位を規定し，わが国での国際条約の国内法体系における位置づけと共通している[10]。一方，イギリスは国際条約についてはそのままでは

---

(7) 東京地判平成 28 年 3 月 17 日は「我が国では，所定の公布手続を了した条約は，他に特段の立法措置を講ずるまでもなく，当然に国内的効力を承認しているものと解されるところ，国内的効力が認められた条約が国内において直接適用可能か否かは，次のとおり，主観的基準と客観的基準によって判断する」とし，主観的基準（要件）として，「条約締結国が当該条約の直接適用可能性についてどのような意思を有していたのか」，客観的基準（要件）として「規定の文言につき条約解釈の原則に従って解釈した上で，そのまま国内的に適用できる程度に明確であることが必要」としている。

(8) 昭和 21 年 9 月 26 日の第 90 回帝國議會貴族院・帝國憲法改正案特別委員會で憲法担当の金森徳次郎国務大臣が「明治ノ憲法ガ出來マシテ以來，條約ハ直チニ法律トシテノ効力ガアルモノカドウカト云フコトニ付キマシテハ，相當議論ガ闘ハサレテ居ツタヤウデアリマス」，「其ノ國内法トシテノ内容ヲ持ツテ居リマスル條約ハ，之ヲ公布スレバ直チニ國内法トシテノ力ヲ持ツテ居ル」，「直チニ此ノ條約ノ公布ニ依リマシテ，法律ト同ジ効力ヲ持ツ」と述べている。

(9) 昭和 21 年 8 月 26 日の第 90 回帝國議會貴族院・本會議で高柳議員の質問に対して金森国務大臣は「国内法ニ法律ト條約トハ並立的」であるが，「條約ノ方ニ特別ナル尊重ヲ加ヘナケレバナラヌ」と答えている。

(10) 欧州司法裁判所 1972 年 12 月 12 日判決第 21-24/72 号（International Fruit Company 事件）は「欧州共同体の行為の有効性は国際法の規定の観点から評価される」とした。またフランス憲法 55 条は「法に従って批准され又は承認された条約または協定（les traités ou accords）は，公布後，各条約又は協定について，他の当事国が適用することを条件に，法律よりも優越した権威を有する」と規定している。ちなみにオランダ憲法第 93 条は「内容によりすべてのひとを拘束する条約または国際機関の決定は，公布後拘束力を有す」，第 94 条は「当国で施行される法令は，その適用がすべてのひとを

国内では適用されず、国内法への変容を要する（二元論）ので比較の対象にならない[11]。アメリカ憲法はわが国と同じ一元論を規定するが、国際条約と国内法を同列に置き、後法優位原則をとり[12]、また国際条約に自動執行力を認めるか否かの判断権限は、わが国のように司法権にあるのではなく、上院の機能であるとされているので[13]、比較対象にならない。

Ⅱ　わが国の事例

わが国の行政訴訟の例を見たので、次に民事訴訟と税務訴訟の事例を検討してみよう。

　　拘束する条約または国際機関の決定に抵触するときは、適用されない」と規定して、条約優位を明らかにしている。
(11)　2017 年 2 月 17 日のイギリス下院の文書は「政府は毎年、当国にかかわる約 30 の国際条約の交渉、署名、批准の責任を負う」が、「国際条約がイギリス国内法を変更することはない。イギリスは『二元論』の国であり、国際条約が国際法の下で政府についてのみ権利と義務を創設することをいう。政府が条約を批准する場合、一議会の関与を得るとしても－これは立法ではない。条約の規定が国内法の一部になるには、立法府がこれを国内法に統合しなければならない」としている（House of Commons, Parliament's role in ratifying treaties, Briefing Paper, No. 5855, 17 February 2017）。1990 年判決（J H Rayner (Mincing Lane) Ltd v Department of Trade and Industry). は「国王特権は議会の関与なしに、国内法または個人の権利を変更するまでは及んでおらず、条約は、立法により国内法に統合されない限り、英国の法を構成しない」としている。
(12)　アメリカ憲法第 6 条 2 項は「憲法に従って制定される米国の法律および米国の権威のもと締結され、また締結されるべき条約は、全国の至上の法律であり、各州裁判官はこれらに拘束される」としながら、条約と連邦法・州法は後法優先原則（Last-in-time rule）によるとしている。Whitney v. Robertson 124 U. S. 190 (1888) は「アメリカ憲法によって条約と法律は同等であり、その間で抵触すれば、条約が自動執行力を有することを条件に後の規範による」とした。
(13)　タクシル教授は、アメリカ憲法上、国際条約は個人にも直接適用されることを認め、裁判官に条約規範の遵守を命じているが、現実にはそうではないとし、アメリカ法にいう自動執行力（self-executing）の概念を欧州法にいう「詳細かつ完全」という概念に対応するとし、「フランスでは条約の規範の適用可能性を解釈するのは裁判官であって、ウィーン条約法条約の基準に従っている」が、「アメリカでは政治権力と司法権力が分立し、現実には、外国条約の批准の際に上院が自動執行力を有するか否かを決める」としている（Breard v. Greene:: 523 U. S. 371 (1998) を参照）（Bérangère Taxil, Les critères de l'applicabilité directe des traités internationaux aux États-unis et en France, *Revue internationale de droit comparé*, 2007-1, pp. 159, 163）。

国際取引の現代的課題と法

1　民事訴訟——最大決平成 25 年 9 月 4 日

　この事件の当時の民法第 900 条 4 号ただし書前半部分は「嫡出でない子の相続分は，嫡出である子の相続分の二分の一」とすると規定し，この規定に従って家庭裁判所が分割審判を行ったことに，共同相続人の一人が不服として，市民的及び政治的権利に関する国際規約（昭和 54 年条約第 7 号，B 規約）第 26 条，児童の権利に関する条約（平成 6 年条約第 2 号）第 2 条 1 項は出生による差別を禁じているなどとして即時抗告したが，これが棄却されたため，特別抗告した事件である。民法第 907 条 2 項は共同相続人間で遺産分割協議が調わない場合，家庭裁判所に請求することを認め，家事事件手続法第 13 節が審判事件として規定する。

　最高裁は，B 規約については自由権規約委員会が設けられ，児童の権利条約については児童の権利委員会が設けられ，これら委員会が条約の履行状況等について締約国に意見の表明，勧告等をしているとし，B 規約について「我が国の嫡出でない子に関する上記各条約の履行状況等については，平成 5 年に自由権規約委員会が，包括的に嫡出でない子に関する差別的規定の削除を勧告し」たこと，「各委員会が，具体的に本件規定を含む国籍，戸籍及び相続における差別的規定を問題にして，懸念の表明，法改正の勧告等を繰り返してきた」こと，「児童の権利委員会が，本件規定の存在を懸念する旨の見解」を示していること，以上を挙げ，民法第 900 条 4 項ただし書前半が「憲法 14 条 1 項に違反し無効でありこれを適用することはできない」とした。この事件では，条約の規定は憲法審査の上での考慮の一つにとどまっている。またこの事件は相続人間の遺産分割という民事事件であり，手続は家事事件手続法第 191 条に規定されており，原告適格はこれに根拠がある。

2　税務訴訟——最一判平成 21 年 10 月 29 日[(14)]

　この事件は，税務当局がある日本企業の法人税について，租税特別措置法のタックス・ヘイブン対策の規定に基づいて，シンガポール共和国の子会社の未処分所得を親会社の所得金額に算入する更正処分等をし，この日本企業がタックス・ヘイブン対策税制の規定を「所得に対する租税に関する二重課税の回避及び脱税の防止のための日本国政府とシンガポール共和国政府との間の協定」（平成 7 年条約第 8 号，日星租税条約）第 7 条 1 項に違反するなどとして，更正

204

処分の取消しを求めたものである。国税通則法第114条は「国税に関する法律に基づく処分に関する訴訟については」「行政事件訴訟法その他の一般の行政事件訴訟に関する法律の定めるところによる」としており，本事件の更正処分が原告である日本企業に直接かつ個別に関係することが明らかであるため，裁判所は，原告の適格性については一切論じていない[15]。

なお税務訴訟としてこのほかに，差額関税とWTO農業協定が問題とされた事例がある。東京高判平成25年11月27日は「WTO農業協定は国内の裁判規範として直接適用されるものではない」として直接適用しなかった。関税法は納税者の訴えの提起を規定しているので（第93条），この判決は原告適格について論じていない。また，東京地判平成28年3月17日も同種の事件で，原告はWTO農業協定の直接適用を主張したが，裁判所は「WTO農業協定4条2項が直接適用可能性を有することを前提としていたとは認められない」「WTO農業協定4条2項は，我が国における直接適用可能性はない」とした。前者と同様に原告適格を論じていない[16]。

III 欧州司法裁判所の事例

欧州司法裁判所の管轄する事件は，かならずしも行政訴訟，民事訴訟，税務

---

[14] 筆者の一人は以前，この事件について，誤って「わが国の租税特別措置法に基づくタックス・ヘイブン税制がシンガポールとの租税条約に違反するとされた事件がある」と紹介したことがある。正しくは「わが国の租税特別措置法に基づくタックス・ヘイブン税制がシンガポールとの租税条約に違反するかが争われたとされた事件がある」であり，ここで訂正する（小梁「憲法裁判所と欧州司法裁判所」広島法学33巻3号（2011年）231頁）。

[15] 酒井教授は「租税訴訟においては，『原告適格が問題となることはほとんどない』と考えられてきた。これは，課税処分，更正の請求に対する通知処分，異議決定及び審査裁決等を受けた納税者は，その取消訴訟を提起する原告適格を有していることが明らかであることが多いことにその理由があると思われる」としている（酒井克彦「行政事件訴訟法改正と租税訴訟（上）」税大論叢47号（2005年）330頁）。租税条約の直接適用については，原武彦「租税条約の自動執行力に関する考察」『租税資料館受賞論文集第21回（2012年）上巻』（公益財団法人租税資料館，2013年）を参照。

[16] この件については，谷口安平「我が国の裁判所は日本法のWTO協定違反を判断し得るか――最近の豚肉差額関税訴訟に関連して」NBL1069号28頁（2016年）28頁を参照。

[17] 欧州司法裁判所2005年4月12日判決第C-265/03号（先決問題の付託）も類似する。

国際取引の現代的課題と法

訴訟と分けられるものではないが，比較対象のため，一応このように区分して
検討する。

1　行政訴訟——欧州司法裁判所 2003 年 9 月 30 日判決第 C‐93/02 号（Biret 対欧州理事会事件）

これは欧州理事会が定めた指令によって輸入ができずに損害を被ったとして，
私法人が欧州理事会に対して損害賠償請求した事件である。当時の欧州共同体
条約は第 288 条で欧州共同体の機関の行為による損害について賠償責任を規定
し，第 235 条で裁判権を欧州司法裁判所に与えていた（現行の欧州連合運営条
約はそれぞれ第 340 条 2 項，第 268 条）。

1981 年の欧州指令第 81/602/CEE 号は動物飼料へのホルモン剤使用を，ま
た 1988 年の欧州指令第 88/146/CEE 号は禁止剤を含む飼料を与えられた動物
および生肉の輸入を禁じていた。1994 年に WTO 協定が調印され，欧州理事
会がこの調印を承認した（決定第 94/800/CE 号）。WTO 協定の附属書・衛生植
物検疫措置の適用に関する協定（SPS 協定）第 5 条 1 項は「加盟国は，関連国
際機関が作成した危険性の評価の方法を考慮しつつ，自国の衛生植物検疫措置
を人，動物又は植物の生命又は健康に対する危険性の評価であってそれぞれの
状況において適切なものに基づいてとることを確保する」としており，1996
年 5 月と 11 月，アメリカとカナダは欧州共同体の牛肉輸入禁止を違反として
WTO 紛争解決機関に申し立て，1998 年 1 月，紛争解決機関上級委員会は欧州
共同体の輸入禁止を SPS 協定違反としたため（ただしその後，ホルモン剤の危険
性が改めて確認され，欧州委員会は 2000 年にも禁止の継続を提言している），輸入
禁止措置による損害の賠償を請求した。

2002 年 1 月，欧州第一審裁判所は「欧州共同体と第三国が締結した条約は，
共同体機関と加盟国を拘束」し，「条約の規定は発効と同時に共同体の法体系
を構成」するが，「欧州司法裁判所の判例上，欧州法体系における条約の効果
はその性格と目的から決定され」，「WTO 協定は，その性格と論理に鑑み，欧
州裁判所が共同体機関の行為の適法性を判断する際の規範にならない」として，
原告の請求を棄却した。裁判所は「WTO 協定は国家等の関係の規律と管理を
目的とし，私人を保護するものではな」く，「相互性と互恵に基づいた交渉原
則に立つ」とした。控訴審にあたる欧州司法裁判所も WTO 協定には<u>直接的効</u>

果はないとした。

2 民事訴訟——欧州司法裁判所 2003 年 5 月 8 日判決第 C-438/00 号 （Deutscher Handballbund 事件）

この事件は，欧州共同体が将来の加盟国と締結した協力協定の規定を根拠としている。スロヴァキア共和国は 2004 年 5 月 1 日に欧州連合に加盟するが，それに先立つ 1993 年 10 月 4 日に欧州共同体と協力協定を締結した。第 38 条 1 項は，欧州共同体加盟各国にスロヴァキア人労働者に対し自国民待遇をするように義務付けていた。事件は，スロヴァキア国籍のハンドボールの選手がドイツのチームに入団したが，ドイツ・ハンドボール協会はこの選手を「非加盟国選手」としたことに始まる。このライセンスでは出場機会が減るため，同選手はドイツ国内の裁判所に，協力協定の規定に基づいてフル・ライセンスの交付を求める訴えを提起した。ドイツの裁判所はこの事件が欧州法の解釈にかかわるものとして，欧州司法裁判所に先決問題として付託した。

欧州共同体と将来の加盟国の協力協定は他にも 1993 年 12 月 13 日にポーランドとの協力協定などあり，条文はおおむね類似している。2002 年 1 月判決の事件はポーランド協力協定にかかわるドイツの地方自治体に対する行政訴訟であるが，欧州司法裁判所は「判例上，欧州共同体が第三国と締結した協定の規定は，その文言，目的と性格に鑑み，また執行または効果においてその後の追加行為を要しないほど明確かつ詳細な義務を課している場合，直接適用される」ことを述べ，「協定の規定は直接的効果を有し」，「原告は受入国の国内裁判所において訴えを提起することができる」としていたので，今回の事件でも同様に「直接的効果」を肯定し，ハンドボール協会の決定は協定の規定に反するとした[17]。

欧州共同体は 1994 年にロシアとパートナー協定を締結し，第 23 条 1 項で適法に雇用されたロシア人労働者に対する差別待遇を禁じた。スペインのクラブに入団し，欧州共同体域外選手とされたロシア人のフットボール選手がフル・ライセンスの交付を求めて，スペイン・サッカー協会と同国教育文化省を相手に国内裁判所に訴訟を提起し，同裁判所が欧州司法裁判所に付託した。欧州司法裁判所は，協力協定の規定によって国内規定は適用できないとした。

[18] A 規約第 9 条は「締約国は，社会保険その他の社会保障についてのすべての者の権

国際取引の現代的課題と法

3 税務訴訟 —— 欧州司法裁判所 1998 年 6 月 16 日判決第 C-162/96 号
（Racke 対マインツ関税局事件）

　これは関税事件である。1980 年の欧州経済共同体・ユーゴスラヴィア協力協定の第 22 条は，加盟国が輸入する同国産ワインに適用する優遇関税を規定し，第 60 条は協定当事者は通知によって協定を解除することができることとした。その後，1991 年にユーゴスラヴィア内戦というあらたな事情が招来したとして，欧州共同体は 1991 年 11 月の欧州共同体決定で協力協定の一時停止，さらに同月末に理事会が解除を決定し，この旨を通知した。なおウィーン条約法条約の第 62 条は，事情の根本的な変化を理由とする国際条約の解除については，当該事情が当事者の合意の主要要素であったことなどを条件としている。

　ドイツのワイン輸入業者は 1990 年 11 月から 1992 年 4 月までユーゴスラヴィア（コソヴォ）産ワインを輸入していたが，協力協定が解除された後の1992 年 5 月，ドイツ・マインツ関税局はこのワインを協定のない第三国からの輸入品として，税額を算定し，納付を命じた。輸入業者はこの処分に対してドイツの国内裁判所にマインツ関税局を相手として訴えを提起し，ドイツの裁判所は先決問題として，欧州司法裁判所に付託した。

　欧州司法裁判所は「判例上，欧州共同体が第三国と締結した条約の規定は，その文言と目的に鑑み，また執行または効果においてその後のいかなる行為の関与も要しないほど，明確かつ詳細な義務を定める場合，直接適用される」とし，この協定の規定は原告に訴えの提起の権利を創設するものではあるが，すでに協定は解除されていることを確認した。原告は条約法条約の規定に基づいて理事会による協定の解除決定の有効性を争ったが，欧州司法裁判所は第 62条に定める条件に反していないとして，解除決定を有効と判断した。

IV　フランスの裁判所の事例

1　行政訴訟 —— コンセイユ・デタ 2006 年 6 月 7 日判決第 285576 号

　これは行政訴訟（権限踰越訴訟）の事件である。同国の社会福祉・家族法典の施行規則は 2005 年に改正され，不法滞在外国人が同国で医療補助を受けるために，3 カ月以上の滞在実績条件などを加えた。これに対して複数の支援団体がこの改正は経済的・社会的及び文化的権利に関する国際規約（A 規約）第

9　国際条約に基づく私人の主体的権利〔谷口安平・小梁吉章〕

9条と第10条，市民的及び政治的権利に関する国際規約（B規約）第26条，移民労働者条約（ILO第97号条約）の第6条b号，均等待遇・社会保障条約（ILO第118号条約）の第3条1項，児童の権利に関する条約第3条1項[18]に反するとしてその取消しを求めた。

コンセイユ・デタは，これらの規定を個々に検討し，A規約第9条，第10条は締約国が私人の社会保障に対する権利を認めて，これを保護すると規定するだけで，私人に直接的効果を生じるものではない，B規約第26条の「すべての者は法の前に平等」の規定については「市民的・政治的権利について差別を受けていると主張する者だけが訴えを提起することができる」とした。この事件は支援団体が提起しており，差別された当人には直接的効果が認められるが，支援団体には直接的効果がないので主張できないことになる。さらに移民労働者条約第6条b号は医療補助に関する施行規則には無関係であり，均等待遇・社会保障条約第3条1項もこの事件では主張できないとし，支援団体の主張には根拠がないとした。ただし，最後に児童の権利に関する条約第3条1項を検討し，これは「行政，司法上の決定にあたって児童（18歳未満）の最善の利益を最優先に考慮する」ことを求めており，「児童の健康に必要な手当てへのアクセスを制限してはなら」ず，「外国人児童の権利に対する特別の規定を設けることなく，3か月の滞在を要件とし，充足されない場合には裁量によるとすることは児童または生まれるべき子に重大な悪影響を及ぼす」として，改正規則の3カ月滞在要件を取り消した。

児童の権利条約の第3条1項にいう児童の最善の利益を巡っては，その後，行政訴訟でも民事訴訟でもたびたび取り上げられている[19]。

利を認める」，同第10条は家族に対する保護援助を規定し，B規約第26条は「すべての者は，法律の前に平等であり，いかなる差別もなしに法律による平等の保護を受ける権利を有する」と規定する。移民労働者条約第6条は前記参照。均等待遇・社会保障条約（わが国は未批准）第3条1項は，社会保障の自国民待遇を規定する。児童の権利条約第3条1項は「児童に関するすべての措置をとるに当たっては，公的若しくは私的な社会福祉施設，裁判所，行政当局又は立法機関のいずれによって行われるものであっても，児童の最善の利益が主として考慮されるものとする」と規定する。

(19) コンセイユ・デタ2014年6月25日判決第359359号は，不法入国者がフランス国内法（外国人入国滞在・難民法典）に従って滞在許可を申請したところ，地方自治体が公共の秩序に脅威となるとして不許可とし，即時退去を命じ（同法典L.311-12条），処分の取消しの訴えが提起されたが，第一審・控訴審は請求を棄却した事件である。原告

国際取引の現代的課題と法

2 民事訴訟——破毀院民事第一部 2010 年 3 月 17 日判決第 08-14619 号

これは母 A の子の B を，母の愛人 C が認知し，子 B が愛人 C の氏を名乗っていたところ，母 A の死亡後に，鑑定によるとほぼ確実に父と推定される者 D が現れ，C による認知の取消しと D 自身による B の認知を求め，C の氏から D の氏への変更を求めたという事件である。

この事件の第一審，控訴審はいずれも D の請求を認容した。そこで C は「児童の権利条約は法律に優位する権威があるが，この条約の規定にしたがうと，児童に関する決定に当たっては，それと適合しない国内法令の規定を排除し，児童の最善の利益を考慮して行うべきであり，この事件では，C の氏を続けることが B の最善の利益である」と主張して上告した。

破毀院は「児童の権利条約第 3 条 1 項により，児童に関する決定では，児童の最善の利益が最優先に考慮され，この規定は裁判所において<u>直接適用</u>される」と述べた。さらに C は，C の認知が取り消されると B の最善の利益が害されると主張したが，「本件では，児童の最善の利益を考慮しても，いったん取り消した C の認知に効果を認められない」として，C の上告を棄却した。

わが国であれば子の氏の変更の事件として，民法第 791 条 1 項および家事事件手続法第 160 条にいう審判事件にあたるが，この事件では国際条約がそのまま私人間の民事訴訟に適用され，C の訴えの根拠とされている。

は病気の子を抱えていたため，コンセイユ・デタは児童の権利条約の第 3 条 1 項に基づいて「訴えを提起する権利がある」とし，「行政当局はその裁量の行使に当たり，児童に関する決定においてその最善の利益を第一に考慮しなければならない」として，原判決を取り消し，差し戻した。一方，わが国の東京地判平成 21 年 5 月 28 日の事件は，児童の権利条約ではなく，人種差別撤廃条約が問われた事件であるが，事情は前記事件に類似している。わが国の在留許可申請は，入国管理法に規定され，2006 年に在留資格に「素行善良要件」を加える法務省告示が出された。事件の原告は廃棄物の処理及び清掃に関する法律違反による略式命令を受けたことがあり，この告示により在留期間更新申請が不許可となった。東京地裁は，素行善良要件は「一般の外国人に比して差別的な不利益を課すものとはいえない」とするだけで，国際条約の直接適用については論じていない。

⒇ 事件当時の税法典第 209 条 B 第 1 項は，タックスヘイブン（第 238 条 A 項参照）の

3 税務訴訟 —— コンセイユ・デタ 2002 年 6 月 28 日判決第 232276 号（シュネーデル事件）

フランス・スイス租税条約の規定とフランス税法の抵触が問題となった事件である。この租税条約は OECD モデルに準拠している（前記のわが国とシンガポールの租税条約と同内容）。

フランス税務当局が同国の会社（シュネーデル社）の 1986 年法人税申告について同社のスイス子会社の所得不算入として，同国税法のタックスヘイブン対策規定（旧第 209 条 B 第 1 項）[20] に基づいて法人税の更正処分をした。シュネーデル社はこの処分の取消しを求め，第一審行政裁判所は更正処分を相当としたが，行政控訴院は，租税条約第 7 条 1 項の規定によって，税法のタックスヘイブン対策規定は適用を排除されるとして，第一審判決と更正処分を取り消した。

コンセイユ・デタは「憲法第 55 条（条約の国内法優位を規定）により，租税条約は特定事項について国内法を排除することがあるが，条約それ自体は，課税に関する決定の法的基礎にならない。条約に基づく不服申立てがあった場合，裁判官はまず，不服申立ての対象の処分が国内税法に従って適切に計算されたか判断し，適切とされた場合に初めて，その訴えの根拠を判断する。そして必要があれば，裁判官は条約の規定を解釈し，その主張に対して，または国内法の適用の範囲について，国際条約の規定が国内税法の適用を妨げるものか否かを判断する」と判示し，税務当局の上訴を棄却した。

同種の判断は，2011 年 7 月 11 日判決第 317024 号にも見られる[21]。ここではフランス・ノルウェー租税条約と国内税法の規定の抵触が問題となったが，コンセイユ・デタは一義的には国内税法に基づいてフランスでの所得に課税し，租税条約が国内税法の規定を排除するかどうかを判断するのは裁判所の役割であるとした[22]。

子会社（25 ％以上出資）の収益をフランス国内の親会社の収益税の算定に合算することを規定していた。現在の第 209 条 B 第 1 項前段はわが国の租税特別措置法第 66 条の6 第 2 項にいう「外国関係会社」に類似し，後段はグループによる出資を定めている。同条 B 第 2 項は，出資の連鎖による間接保有として法人の従業員役員，非従業員役員を共通にする他企業などを通じた保有の場合も対象であるとする。第 238 条 A 項は租税特別措置法第 66 条の 6 第 4 項に類似した規定である。

[21] ノルウェーの会社が 1991 年以降，南仏の不動産開発民事会社のほぼすべての持分を

国際取引の現代的課題と法

V　税務訴訟の特異性

　フランスの行政訴訟，民事訴訟では，国際条約が国内法に優先して適用され，国際条約の規定が直接的効果を生じるかを判断する。ところが，税務訴訟に限っては，国際条約ではなく，まず国内税法の規定を優先的に適用して，税務当局の処分の妥当性を判断するというアプローチをとっている。この点ではわが国の税務訴訟と同じである。

　ここには税務訴訟の固有の理由があり，これは同時に国際条約の主体的権利の検討にも参考になるものである。

　フランスの税法学者のコレ教授は，同国の条約優位論から見ると，同国の税務訴訟のアプローチは「奇妙である」とする。同教授は前記のシュネーデル判決を重要判決であるとしているが，これは「コンセイユ・デタが，課税処分に国際条約との不適合があろうと，直接の判断をしないことを再確認した」ものであるからである。個々の課税処分と国際条約が抵触する場合，コンセイユ・デタによれば，まず不服申立て対象の課税処分が国内法に合致しているかどうかを確認し，合致している場合に初めて，国内法の規定が国際条約に合致しているかどうかを検討する。同教授は，これでは「国際条約が法律に対して二次的な位置に置かれ，憲法第55条が法律に対する『条約優位』を定めているのに，おかしなことである」というのである。特異性の理由については「コンセイユ・デタは租税条約を二次的に適用するが，租税条約は二重課税回避を目的

　　有していた。民事会社は課税方法として株式会社型または組合型を選択することができ
　　るが，この民事会社は選択していなかった。フランス税務当局は，ノルウェーの会社に
　　民事会社の所得の持分相当の申告を催促したが，回答が得られず，税務当局はノル
　　ウェーの会社に対する法人税更正処分等をした。これに対しノルウェーの会社が処分の
　　取消しを求めた。控訴審は2008年，租税条約第22条は条約に規定のない所得は，ノル
　　ウェーに課税権限があると規定するとして，更正処分を取り消したが，コンセイユ・デ
　　タは原判決を取り消した。

⑵　最近もコンセイユ・デタ2016年3月7日判決第371435号がある。フランス・ベル
　　ギー租税条約が問題となり，ベルギーの会社が「租税条約は，憲法第55条によって，
　　特定の事項について，国内税法の適用を排除する」と主張したが，コンセイユ・デタは
　　国内税法に基づいて判断し，上告を棄却した。

⑵　Martin Collet, *Droit fiscal*, 5e éd., 2015, p. 78.

9 国際条約に基づく私人の主体的権利〔谷口安平・小梁吉章〕

とするので，『国際条約自体が課税処分の法的根拠にはならない』からであり，せいぜい『国内法を排除することがあるという程度』」であるが，「理屈付けがどうあれ，実務上この原則に重大な問題はない，条約の適用が二次的であろうと，納税者が不服を申し立てた課税処分が条約に反していれば，最終的には満足を得る。国際条約の二次的適用の原則は，法律実務的というより政治的，すなわち主権的なもので，憲法第55条も税法の立法権限を国際条約に移管しているわけでもなく，国際条約が適用されるのが二次的であるとしても，国内法に対して租税条約の規定を優位に置くこともないではない」としている。さらに「2002年判決では，税務当局による租税条約違反は，『職権によってでも』取り上げることができるとしているが，これは一種の公序則であり，当事者または裁判官がいつでも主張することができ」，この結果「納税者は国際条約が国内法に優先することを裁判官が保障していると安心できる」としている[23]。

コレ教授は，国際条約が課税の詳細を規定しているわけではなく，国内税法の技術性を理由にしている。租税条約の前提は締約国の課税処分であるから，他の行政訴訟や民事訴訟とは異なった扱いとなることは理解できよう。

またやや古い文献では課税の主権性が強調されてもいる。コトレ教授は伝統的に「国内法体系では，立法権は課税について指導的権限を有し，租税平等原則に従う限りは差別も自由」なのであり，本来，「国際的に二重課税は禁じられてはおらず，二国間租税条約による調整は，法の抵触（いずれかの国の税法を選択する）という解決方法をとるのではなく，国はそれぞれ主権の及ぶ限り税務の主役であり，納税者に二つの国が課税権を行使しようと，国内法上も国際法上も，二重課税は禁じられてはいない」と説明した。現実には「二重課税が納税者にとって耐えがたい水準に達し」たため，税務技術として，また政治的な理由から，国家の課題として，「二重課税防止のために，課税権限の共有に向けた租税条約の締結に至った」と説明している[24]。

また租税は，私人の義務であって権利・利益ではないことも理由であろう。わが国の最大判昭和60年3月27日は「租税は，国家が，その課税権に基づき，特別の給付に対する反対給付としてでなく，その経費に充てるための資金を調

---

(24) Louis Trotabas et Lean-Marie Cotteret, *Droit fiscal*, 8e éd., 1997, p. 94.

(25) 欧州司法裁判所1963年2月5日判決第26-62号（van Gend & Loos事件）（先決問

国際取引の現代的課題と法

達する目的をもつて，一定の要件に該当するすべての者に課する金銭給付」であり，「民主主義国家にあつては，国家の維持及び活動に必要な経費は，主権者たる国民が共同の費用として代表者を通じて定めるところにより自ら負担すべきもの」であるとしており，差別待遇の禁止や児童の権利の尊重など私人が主張することのできる権利や利益ではないと考えることができ，国際条約の位置が二次的であっても，税務訴訟の場合には理解ができよう。

Ⅵ　ま　と　め

　欧州司法裁判所やフランスの裁判所の判決は，私人の権利が明確かつ詳細に規定された国際条約に直接的効果，すなわち私人が法主体として裁判所に訴えを提起する権利があることを認めている。これはわが国の判決では見られないものである。

　欧州司法裁判所が国際条約の「直接的効果」をはじめて明らかにしたのは，1963 年判決（Van Gend & Loos 判決）[25]であり，国際条約と私人の権利の先駆的判決となっている。この判決は「直接的効果」の表現とともに条約を「適用する」という表現も使っている。欧州司法裁判所はこの判決以降，主体的基準と客観的基準を充足する国際条約の規定に直接的効果を認める姿勢を変えていない。またフランスのコンセイユ・デタが直接的効果を認めるアプローチをとったのは，1989 年判決（Nicolo 事件）[26]からであるが，その後，国内の行政や立法と国際条約の規定との適合性を審査すること（条約適合性審査）が認められている[27]。

　このような国際条約の規定から私人の主体的権利を認めるアプローチは比較的あたらしいことである。かつて国際条約は国家間の関係を規律するにとど

　　　題）。欧州経済共同体設立条約第 12 条が「加盟国は輸入及び輸出関税または同等の税を新たに導入すること，相互経済関係で適用されている関税を引き上げることを控える」と定めており，オランダ関税法が条約に違反するとして，同国の輸入業者が同国裁判所に当局に対する訴えを提起した。同国裁判所から事案を先決問題として付託された欧州司法裁判所は「条約第 12 条は作為ではなく不作為の義務の明確かつ無条件の禁止であり，この義務は実施に当たり国内法の行為を要せず，この禁止は性格上，加盟国とその管轄にある者との間に直接的効果を生じさせる」とした。

(26)　コンセイユ・デタ 1989 年 10 月 20 日判決第 108243 号は，欧州法とフランスが締結国

214

9 国際条約に基づく私人の主体的権利〔谷口安平・小梁吉章〕

まっていたからである。トリーペル[28]やアンチロッティ[29]がいうとおり，国際条約は国内法とは別の体系を構成していた。ドミニセ教授は「国際公法における私人の出現」と題する論文で「20世紀初頭，国際公法では私人は単なる国際法の対象に過ぎなかった」が，1928年の常設司法裁判所は勧告的意見[30]で「国際条約には，当事者による，私人のための権利と義務を創設し，国内裁判所で適用される一定の規則を採用するという目的もある」としたことを挙げている[31]。ここにさらに，同裁判所の1924年判決[32]を挙げることもできよう。

である国際条約の観点から，行政行為の直接的コントロールという，条約との適合性コントロールに十分な効力を与えた。欧州経済共同体条約第227-1条は欧州議会選挙の選挙区をフランス共和国と規定しているが，フランスには欧州域外に海外県・領土があり，選挙結果に対する異議が申し立てられた。それまで，コンセイユ・デタは革命以来の la loi-écran 理論（法律は一般意思の表明であり，裁判官を他の規範から遮断する）によって，国内法の条約適合性判断を避けていたが，これを覆した（Jean-Marc Sauvé, Justice administrative et État de droit, 18 février 2014, コンセイユ・デタでの講演）。

(27) コンセイユ・デタのソヴェ副院長は「条約適合性審査」といい，「フランス憲法第55条に基づき，フランスの裁判所は，司法裁判所も行政裁判所も，このように国際法・ヨーロッパ法の，後法を含むすべての国内法規範に対する優越を認める厳格な判例を展開」してきたとし，また「直接効（un effet direct régulateur）は，締約国の表明した意図，条約の仕組及び内容・文言に照らして判断され，条約の条項毎に検討され」ると述べている。（Jean-Marc Sauvé, Le Coneil d'État et le droit européen et international（東京大学法学部主催2016年10月26日特別講演会で，発言原稿はジャン＝マルク・ソヴェ（伊藤洋一訳）「フランス国務院とヨーロッパ法・国際法」として訳されている）。

(28) トリーペルは1882年初版の『国際法と国内法』で「国際法の規則は国家と国家の間の関係を規律するだけで」，「国家の法体系の中へのこれらの規則の受容はほとんど問題にならない」とした（Heinrich Triepel (1868 ～ 1946) (trad. René Brunet), Droit international et droit interne, 1920, p. 167 et s.)。

(29) アンチロッティは1906年初版の『国際法概論』で，最近，モニスト説が出て，「国際法を国内法の派生または委任とみなす，または国内法を国際法の派生または委任とみなす」が，「国際法と国内法は異なる秩序」であり，「国内法の形式に中に国際規則は存在せず，国際法の基本規則から国内規則が義務化されることもない」とした（Dionisio Anzilotti (1867 ～ 1950) (trad. Gilbert Gidel), Cours de droit international, 1929, p. 50 et s.)。

(30) 常設国際司法裁判所1928年3月3日勧告的意見（ダンツィヒ鉄道労働者事件）は，ポーランド国有鉄道行政に従事していたダンツィヒ鉄道の職員はダンツィヒ＝ポーランド間の職員協定である国際法に基づき財政的請求を国内裁判所であるダンツィヒの裁判所に出訴できるかどうか，同裁判所の管轄権が問題となった。

(31) Christian Dominicé, L'émergence de l'individu en droit international public, L'ordre

国際取引の現代的課題と法

それからまだ1世紀も経っていない。国際条約に基づく私人の主体的権利という問題は、ここ最近のまだあたらしい問題である。

ベルギーのフェルホーフェン教授は1980年の「国際法の『直接適用』の概念」と題する論文で「伝統的に直接適用とは、国際条約の規則それ自体によって、なんら国内の執行手段を要することなく、私人に対して、当該規則が発効している国家の裁判所において主張する権利を付与することを意味する」とされてきたが、最近では、国際条約が増加したことによって「なんの国内の執行手段も必要としないような、当該国際条約の発効国で適用されるような国際条約の規則」にまで「直接適用」の定義を拡張する意見もあるとしている。同教授は「直接適用」を「適用」と「直接」に分けて、「適用という概念は、国内裁判所が国際条約の規則を『適用する』こと、すなわち、受理した紛争の解決にあたって、国内法の適用のために国際条約の規則を考慮するというだけではなく、国際条約の規定を当てること」をいうとし、「直接とは、国際条約の規則が、国内当局がなんの特定の執行手段をとらなくても適用されること」をいうと説明し、さらに「伝統的に直接適用とは、私人・私法人が国内裁判所において国際条約の規則を主張することができるかという問題」であり、「直接適用と私人・私法人の保護の形態の関係が密接化し、私人・私法人の義務ではなく、『権利』に焦点が当てられている」と述べている。「直接適用」のための要件として「国際条約の規範の当事者の意思」とともに、国内の執行手段からの自律性、すなわち「自己充足性」（self-sufficient）の概念を挙げ、自己充足的であるためには「明確かつ詳細」であることを要し、「明確かつ詳細でない場合は、（国際条約の）適用には規範的補完を要するが、これは国内法の範疇であ

---

juridique international entre tradition et innovation, *Annales d'études internationales*, 1988, pp. 1-16.

(32) 常設国際司法裁判所1924年8月30日判決（パレスティナ・コンセッション事件）。1914年1月に当時のオスマン・トルコ政府はエルサレムの電車・電力供給等事業をあるギリシャ人に認可したが、その後の第一次大戦が起き、その終結後、イギリスが統治することになり、別の者が認可され、認可が重複した。ギリシャ政府が1923年に介入、さらに1924年に常設裁判所に提起した。イギリス政府は、委任統治決議上、同裁判所には管轄権はないとしたが、同裁判所は「他国の国際法違反で侵害された国民を保護する権利を有することは国際法の基本原則」とした。

(33) Joe Verhoeven, La notion d'applicabilité directe du droit international, *Revue Belge*

る」としている。同教授の言う「直接適用」とは私人に訴える権利を付与することであり，最近の欧州司法裁判所やフランスの裁判所が「直接的効果」と表現していることを意味するであろう[33]。

それから20年後，ファンデール教授とクレース教授は共著論文「国際条約の直接的効果」で，「直接的効果」と表現しているが，「直接適用」という表現も見受けられる。両教授は，欧州の国内裁判所や欧州司法裁判所の判決は必ずしも一貫せず，そのため学説も一貫しているとはいえないが，「学説・判例は伝統的に，国際条約の規定が直接的効果を有するために満足すべき二つの基準を示してきた」として，主体的基準と客観的基準を挙げている。

この二つの基準は，わが国で「直接適用」または「自動執行力」の要件とされる「主観的基準」と「客観的基準」と似た表現であるが，同じではない。両教授がいう主体的基準とは，国際条約の締約当事国が私人に対して訴えによって権利を主張することができることを意図していたことである。わが国でいう「主観的基準」は「条約締結国が当該条約の直接適用可能性についてどのような意思を有していたのか」[34]であり，私人による権利の主張可能性ではなく，裁判所による適用の可能性にとどまっているのに対して，両教授は「条文の文言と他の補完的解釈手段を理由に，客観的基準と主体的基準の充足を確認すると，裁判官は条文の規定に直接的効果を認める」，「裁判官はこの規範から，個別の権利の主体が国内の裁判所において主張することができる具体的な主体的権利を導き出す」としているからである。客観的基準については，両教授も，国際条約の規定が十分に明晰であり，詳細であることとしており，この点ではわが国の客観的基準の概念と同じである[35]。

また2007年にタクシル教授は「アメリカとフランスでの国際条約の直接適用の基準」と題する論文で，フェルホーフェン教授の上記論文を引用しつつ「直接適用の定義には二つの要素があり，まず国際条約の規範が執行に関する

---

de Droit International 1980, pp. 243-249.

[34] 東京地判平成28年3月17日を参照。

[35] Arne Vandaele & Erik Clae, L'effet direct des traités internationaux-Une analyse en droit positif et en théorie du droit axée sur les droits de l'homme, *Institut de droit international de K. U. Leuven, Working Paper No 15*-décembre 2001, pp. 1-59.

[36] Bérangère Taxil, Les critères de l'applicabilité directe des traités internationaux aux

国内手段を要することなく，それが即時的な適用状態にあることであり，次に，それ自体として私人・私法人のためにまたそれによって主張することができる主体的権利を創設することであり，それが直接的効果を有することである」とし，「客観的基準は，条約の『規範性』の程度をいい，アメリカで言う自動執行性基準であり，フランスで言う詳細かつ完全という規範に近く」，「主体的基準は規範の目的であり，私人・私法人に主体的権利を創設しているか」であるとしている。同教授では「直接適用」とは裁判所による国際条約規定の適用であり，「直接的効果」とは私人の法主体としての権利を生じる効果を指している[36]。

「直接適用」と「直接的効果」はいずれも慣用的に使われているが，その意味するところは微妙に異なる。キュイルヴィーク教授は「直接適用」を国内法体系で効力を有すること，「直接的効果」を私人の訴えの根拠となりうることをいうと説明している[37]。

ドニー教授は，欧州で国際条約の直接的効果の問題が論じられたのには，共同体の時代から欧州法と加盟国法の抵触が生じてきたという固有の事情があるとしている[38]。

これに対して，わが国でのアプローチは対照的である。

わが国では国際条約の締結に際し，国内担保法を制定することが通例で[39]，国際条約の規定がそのまま国内の裁判で適用される事例は少ない[40]。ハーグ国際私法会議が定める準拠法条約もわが国では国内法を制定している[41]。数

ÉTats-unis et en France, *Revue internationale de droit comparé*, 2007−1, pp. 157−176.

[37]　Kees Jan Kuilwijk, *The European Court of Justice and the GATT Dilemma: Public Interest versus Individual Rights?*, 1996, p. 33.

[38]　Marianne Dony, *Droit de l'Union européenne*, Ed. de l'univ. de Bruxelles, 2014, pp. 279 et s. 1963 年。

[39]　外交官であった松田氏は，「個人的な感覚」とことわったうえで「特定の法律との間で抵触問題が生じうる条約について，条約が法律に優位するという学説上の通説のみに依拠して，なんらの法的手当てをすることもなく，これを締結することは実務常識に反する」と述べ，「実務においては，日本の場合，完全担保主義というか，どのような条約を締結するにせよ，（国内）担保法が完全に整備」されるように努め，条約を直接に適用することはほとんどないとしている（松田誠「実務としての条約締結手続」新世代法政策学研究 Vol. 10（2011 年），312 頁，313 頁）。

[40]　外交官であった谷内氏は「条約の実施のために必要な担保手段」に，①「国内法令の

少ない直接適用の国際条約も国内手続法を根拠とする原告適格を前提とする[42]。

たとえばわが国が批准していないオーフス条約の場合を見てみよう。平成28年3月8日の衆議院環境委員会で批准が遅れている理由について質問された政府参考人は，司法アクセスを確保するための法制度の整備が遅れていると答え，司法アクセスを広く拡大することは民衆訴訟の許容につながるが，民衆訴訟は「法律に定める場合において，法律に定める者に限り，提起することができる」訴訟であるとし（第42条），別の参考人は「環境問題についてどのような制度を構築していくかということは，いわば政策の問題」であると答えている。わが国では国際条約を批准する前に，条約の要請に適合するようにあらかじめ国内法として担保法を定め，あるいは既存の国内法に改正を加えるから，裁判所が国内立法・行政の条約適合性審査をする余地はないのである。

しかしオーフス条約は「人間の福利および生命への権利自体を含む基本的人権の享受に不可欠な環境の適切な保護」を認識し，「環境分野において，情報へのアクセスおよび意思決定への公衆参画の改善が，意思決定の質を高め」という認識に立っている（前文）。国内手続法で民衆訴訟の範囲を制限することと条約の基本認識の間には大きな差がある。

わが国の裁判では，原告・申立人が国際条約の規定を主張しても，まず国内法の規定に基づいて原告適格性が判断され，これが肯定された場合に初めて，国際条約の規定の検討に入り，直接適用性があると判断された場合，本案の判断で国際条約の規定が考慮されるだけである。わが国の憲法は違憲審査を規定

新たな制定，或いは既存の法令の改廃，現行法令の維持」，②「自動執行力を有する（self-executing）条約の直接適用」，③「当事国同士で条約の具体的実施のために何らかの合意を行うこと」，④「国際約束に至らない実務的なアレンジメント」があるとし，②の例として，国際航空運送についてのある規則の統一に関する条約（モントリオール条約）（平成15年条約第6号）を挙げるが（谷内正太郎「日本に於ける国際条約の実施」国際法外交雑誌100巻1号（2001年）13頁～15頁），欧州司法裁判所やフランスの裁判所の例からするときわめて少ない。

(41) 遺言の方式の準拠法に関する法律（昭和39年法律第100号），扶養義務の準拠法に関する法律（昭和61年法律第84号）を参照。

(42) 国際物品売買契約に関する国際連合条約，国際航空運送についてのある規則の統一に関する条約は契約法の特別規定と考えられる。

(43) 2004年4月22日の衆議院憲法審査会・最高法規としての憲法のあり方に関する件

国際取引の現代的課題と法

するが（第81条），国際条約との適合性の審査の規定はなく，訴訟法上も「最高裁判所が法律の条約適合性審査には関与しない」とされている[43]。一方，欧州司法裁判所やフランス・コンセイユ・デタの条約適合性審査について，欧州法にもフランス法にも特段の規定はないようである。

　国際条約の締結は，各国の自由な意思によるものであり，その適用も締約国の自由であるから，欧州司法裁判所やフランスの裁判所がとるような国際条約による主体的権利の創設，国際条約適合性審査といったアプローチを導入すべきであるとも言えない。各国には固有の法文化・伝統があり，また原告適格を広げることで濫訴の急増も懸念されるからである。

　ただし少なくとも，国際条約の直接適用・自動執行の問題については，単に主観的基準・客観的基準の内容にわが国と欧州で大きな違いがないと結論するのではなく，その基盤にある法理念の違いを考慮すべきであろう。また人びとの人権や環境に関する認識や理解は変化しており，例えば児童の権利条約の直接的効果についてフランスの裁判所の判断にも変化が見られている[44]。

　（憲法と国際法）で参考人の齊藤正彰教授の説明を参照。

(44)　フランス破毀院2009年報告書は「児童の権利条約の直接適用」という章を設けて，その変遷を述べている。

II

私　法

10　継続的契約の解約の裁判例と契約履行のための投資の扱い

柏　木　　昇

Ⅰ　は じ め に
Ⅱ　継続的契約の裁判例における「投資」の意味
Ⅲ　投資の対象は明確であるが，理由付けが雑ぱくである裁判例

Ⅳ　正当に投資と費用を区別している裁判例
Ⅴ　初期投資と継続的契約
Ⅵ　投資の償却あるいは回収期間より，短い期間を契約期間と定めた場合の問題
Ⅶ　結　　論

Ⅰ　は じ め に

　継続的契約の解約が紛争になった裁判例では，契約の当事者の一方が契約の履行のために行った投資が，解約を制限すべきかどうかの判断の重要要素とされた例が多い。いわゆる継続的契約に該当するかどうかの認定の根拠の1つにされたり[1]，解約の制限事由として，相当の予告期間あるいは損失の補填[2]，あるいは契約の継続を期待し難い特段の事情[3]，合理的な理由[4]，信義則違反又は権利の濫用に該当する可能性の根拠[5]とされたりした例がある。そのような裁判例を子細に検討すると，いろいろな疑問が生ずる。第1の疑問は，継続的契約で問題となる「投資」の内容が雑ぱくに捉えられており，固定資産の取得

---

(1)　名古屋地判昭和46年11月11日判タ274号280頁，札幌高決昭和62年9月30日判タ667号148頁。
(2)　名古屋地判昭和46年11月11日判タ274号281頁。
(3)　東京地判昭和56年5月26日判タ455号130頁。
(4)　東京地判平成21年9月30日 Westlaw 2009WLJPCA09308027，12頁。
(5)　東京地判平成16年5月31日 Westlaw 2004WLJPCA05310006，13頁。

『国際取引の現代的課題と法』澤田壽夫先生追悼〔信山社，2018年4月〕

国際取引の現代的課題と法

のための支払と単なる経費の支払との区別がなされていない裁判例が多い。前
者であれば，償却あるいは固定資産の処分により資本が回収されるし，後者な
ら，商人の毎年の経費として粗利益から差し引かれ，営業利益の計上の前に回
収されることになる。販売店のような再販売目的の継続的取引においては，販
売店である商人は予想経費を計算の上，仕入れ価格と再販売価格の差である
マージンを決定する。裁判例では，「投資」という言葉が裁判所によっても，
当事者代理人によっても，かなりずさんに使われている。有形無形固定資産に
対するも投資ばかりではなく，経常的に発生する費用項目である人件費や消耗
品費などが「投資」に含まれるがごとき主張も裁判例中には多く存在する。会
計学辞典では「投資」は，「固定資産の分類において，有形固定資産や無形固
定資産のような事業投資以外の長期的金融投資（金融資産への投資）をいう。」
とある。しかし，株式や社債などの金融投資に限定する「投資」では，継続的
契約の法理の分析には不適当である。他方，法律用語辞典では，投資は「通例，
利益を得る目的で事業に資本を投下することをいう。……この場合の資本とは，
狭義の資本ではなく，事業経営の基礎となるべき資金全体の総称と解すべき
で」ある，としている(6)。これも継続的契約の裁判例の分析には意味が広すぎ
て適切ではない。継続的契約の分析においては「投資」が問題になる場面では，
投下した資金が回収されていれば，問題とする実益はない。継続的契約の被解
消者が，投下した資本を回収していない場合だけ，問題になるのであって，そ
うだとすれば，償却あるいは売却処分という形で回収できる有形無形固定資
産(7)への事業投資を意味するとする方が合理的と思われる。これに対して，人
件費を含む「費用」は，毎年の総売上高の中から営業利益を計算する前に差し

---

(6) 角田禮次郎他編『法令用語辞典第10次改訂版』（学陽書房，2016年）584頁。

(7) 川越憲治「継続的取引契約の終了」別冊 NBL19号（1988年）17頁は，「契約終了間際に
なって巨額の流動資産を買い入れた場合において…」と書いてあるが，販売店の流動資
産は，主として販売用在庫であろうが，販売用在庫を買うのは「投資」とは言わないし，
販売用在庫はいずれ転売されるものであるから転売までの期間と販売店契約の解約の問
題とは直接関係しない。ただし，販売店契約解除後には，供給者が販売店によるダンピ
ング処分を避けるためなどの理由で，目的商品の販売を禁じ供給者が買戻権を確保した
り，逆に，解約された販売店が在庫を抱えるリスクを避けるために供給者への売戻権を
規定する場合もある。原則として，供給者から買い入れる販売店は，自己のリスクと
勘定で買い入れるものである。いずれにしても流動資産への「投資」は意味不明である。

引かれる項目であり，営業利益がマイナスでないかぎり，そこで回収がなされたことになる。経常的に発生する人件費ではないが，継続的契約では，たとえばブランド製品のライセンシーが，ライセンス商品の生産のために多くの従業員を雇用する場合がある。このような場合，ライセンシーとしてはライセンス契約を解約されると，解約された事業に従事していた多数の従業員を配置転換したり，場合によっては解雇することになる。配置転換で済んだ場合には，多数の従業員を雇ったことと継続的契約の解消とその損害の因果関係は立証が非常に難しくなるであろう。本論文では，継続的契約の解消にともなって発生する従業員の配置転換と解雇の問題をどのように扱うべきかを論ずる余裕は紙面の制限からできない。このような場合には，被解消者に対しては，解約の場合の対策を取る十分な時間的余裕を与える必要があり，より長期の解約予告が必要とされることになろう。しかし，それ以上に，継続的契約の履行のために多数の従業員を雇ったことと，解約にやむを得ざる理由が必要になるということとは結びつかないように思われる[8]。

第2の疑問は，投資の回収に必要な期間あるいは償却完了に必要な期間と継続的契約の期間あるいは合理的期間を置いた解約予告との関係が分析されていない裁判例が多いという問題である。根本的疑問は，償却あるいは売却処分により，固定資産に対する投資が回収されていれば，その固定資産に対する投資を，継続的契約の解消の際に，解消を制限する理由として考慮する合理的理由はないのではないか，という問題である。解約に際して，被解約者が多額の「人的物的投資をした」ことを理由として述べるなら，その投資の回収がなされたか，または，回収の可能性と回収に要するであろう期間が分析されるべきである。

第3に継続的契約解約の場合，被解消者に未償却かつ回収不能の投資が残ってしまったと仮定して，未回収部分を解約者に補償させるとした場合，その要件と法的根拠をどう考えるか，という問題である。販売店が，ショールームの建設（初期投資）やリフォームなどに多額の投資をし，償却残がある時期に供給者が販売店契約を解約した場合，もしその償却残からショールームの転売売得金を差し引いた額を解約した供給者に負担させるとすれば，その理由は，不

---

[8] 機会を改めて論ずることとしたい。

法行為か，信義則違反から導かれる債務不履行か，という問題がある。以下では，信義則違反が根拠となり，そのなかでも供給者がその投資を誘引したなど先行矛盾行為が根拠となると考えるが，積極的な投資への誘引行為が必要か，あるいは黙認していたことも含め被解約者による投資を知っていただけで十分か，さらにはそのような供給者の行為あるいは認識は不要か，という点も議論される必要がある。しかし，日本の裁判例では，そのような検討の例はない。被解消者によってなされた販売店活動のための固定資産投資の未償却残がある間に，継続的契約が解消されると，被解消者にその分の未回収の損が発生する。それを解約者に負担させるとすれば，その被解消者による固定資産投資に対する解約者の関与の度合いと態様が考慮されなければならない他，解約のためのやむを得ない事由の要件や事前通告期間の算定（償却予定期間満了時以降）に関しても償却を見据えた配慮が必要となる。

　以上の問題点に関連する継続的契約の裁判例のいくつかについて検討する。

II　継続的契約の裁判例における「投資」の意味

1　農機具販売に関する札幌高決における投資

　有名な農機具販売に関する札幌高決[9]（以下「農機具札幌高決」という）の判決では，販売店が行った投資に関して，次ぎのように述べている。「また，抗告人（販売店）は既に原審において主張立証しているとおり，本件田植機の普及のため多大の資本と労力を投資し，他地区とは比較にならないほどの販売業績をあげてきたものである。」[10]しかし，販売店に期待される役割は，供給者が供給する製品の拡販あるいはマーケティングにある。販売店は，供給者からの仕入れ値と再販売価格との差額であるマージンを粗利としそこから経費を支払い販売活動をする。販売活動に伴い発生する経費は，別段の合意のないか

---

(9)　札幌高決昭和 62 年 9 月 30 日判タ 667 号 145 頁。

(10)　高橋善樹「継続的契約の終了に関する判例実務の検討(2)」NBL911 号（2009 年）106 頁はつぎのように言う。「『継続的な取引契約が長期間にわたって更新が繰り返されて継続し，それに基づき，製品の供給関係も相当長期間続いてきたような場合』は，製品の供給を行う者（または製品の供給を受けるもの）が，『契約の存在を前提として製品の販売のための人的・物的投資を継続することが多く，そうした者の投資等を保護するため契約の継続性が要請される』と考えられているのではないでしょうか。

ぎり，すべて販売店がマージンから支出すべきものである。販売店も，獲得できるマージン総額を予想しながら，支出できる経費の予算を作成する。広告宣伝費[11]も同じである。製品のマーケッティングに従事する社員給与や交通費や施設の賃料なども同様である。その事業に割り振られるべき他の一般管理費も同じである。もしここで言う「投資」が，これらの人件費等一般管理費を含む経費を意味するものであるなら，それはすべての商取引の当事者に必ず発生するものであり，販売店がこれらの費用を多額に発生させたとしても，そのことがいわゆる解消を制限されるべき継続的契約の特徴となるものでもない。まして，多大な「労力」を販売店が投下することは，これもすべての販売店に共通の要素であり，労力を投下しない販売店があったとしたら，そのこと自体が解約の正当事由になると思われる。「多大」ということの意味も不明である。多数の従業員を雇用していたのなら，前述のようなアパレルのライセンス生産に見るような問題が生じよう。しかし，一般的に単なる販売店の場合は，営業担当者がせいぜい数名雇用される程度であり，「多大」な労力というイメージはない。いずれにしても，この点の認定もない。

　経済学での「関係特殊的投資」には，固定資産への投資の他に，使用人の技能形成といった人的投資も含む[12]。しかし，販売店契約やフランチャイズ契約など，日本の裁判例で問題になる事例では，このような人的関係特殊的投資は OJT でなされるのが通例であり，学校に通ったり留学したりするわけではないから，その金額は高額にはならないし，その認定は困難である。また，仕事が変われば再度 OJT で学習するだけの話であるから，少なくとも，販売店やフランチャイズでは多額の経済的負担をして従業員を教育するわけではない。また，判決は「このような事態になれば，抗告人が十数年にわたり費やしてきた資本と労力は水泡に帰することはもとより…」と述べているが，ここでいう「資本と労力」も同じように年々支払ってきた経費と，経営者と従業員の給与

---

[11]　広告宣伝については，供給者と販売店で，広告の分担について取り決めがなされることも多い。

[12]　「取り替え不可能な，研究員，教師，事務管理者」オリバー・E・ウィリアムソン著，（石田光男・山田健介訳）『ガバナンスの機構』（ミネルヴァ書房，2017 年）68 頁，田中亘「『日本的取引慣行』の実態と変容──契約の経済理論を手がかりに」商事法務 2142号（2017 年）61 頁（注 3）。

国際取引の現代的課題と法

あるいは役員報酬を意味するものと思われるが，これらは販売店マージンを原資として支払われるものであり，経費として毎年回収されると了解されるから，解約されたとしても「水泡に帰する」わけではない。それを「水泡に帰する」と表現するならほとんど全ての継続的契約の解約に共通して発生する問題であり，販売店契約の解約だけの問題でもない。「水泡に帰する投資」があるとすれば，それは解約時に未償却の固定資産で，かつ，その売却処分により回収できなかった部分についてだけは「水泡に帰す」と言える。

2　印刷工程大断加工下請けの例

　昭和57年の洗濯柔軟剤容器ラベル印刷工程の一部である大断加工下請けの裁判例[13]も，雑ぱくに認定された投資を理由の一つとして，取引関係の解消に関する解消者の責任を認めている。判決は「原告は，被告の発注に応ずるため相当の投資をして大断加工に必要な機械設備，人員等の確保に努めてきたものということができるが，……受注者側がその受注のために相当の金銭的出捐等をなしている場合は，注文者は已むを得ない特段の事由がなければ，相当の予告期間を設けるか，または相当な損失補償をなさない限り一方的に取引を中止することはゆるされないと解するのが，公平の原則ないし信義誠実の原則に照らして相当である。」とのべている。しかし，この判決もまた，「相当の投資」の金額，内容，償却の状況，残存価値，投資対象資産の売却処分価格は認定されていない。しかも，本件では，大断加工に必要な設備は，解消者たる被告との取引が開始される前から原告が保有していたもので，新規投資でもない。「人員の確保」は，およそ商人が相当の金額が含まれる新しい取引を開始するに当たっては，当然に，その事業遂行の労務に充当するために新規従業員の採用あるいは配置転換で人員を確保しなければならないから，「人員の確保」はすべての取引に共通の要素であり，とくにこの事例で契約解消を制限するための理由にはならない。

3　ほっかほっか亭事件の例

　このような裁判例における雑ぱくな「投資」の理解は，農機具札幌高決や大

---

[13]　東京地判昭和57年10月19日判時1076号72頁。

断加工下請け事件だけに見られるものではない。ほっかほっか亭事件の平成
25年6月27日東京高判でも，「人的物的に多大の投資」をしていることを解
約制限の理由にしているが「人的」投資の意味は不明であり，十分に検討した
上での説明とは思えない。人件費とも取れるし，社員研修費とも取れるがその
具体的内容の認定はされていない。いずれにしてもフランチャイジーのマージ
ンから支払われるべき経費であり，毎年粗利から充当されているべきものであ
り，継続的契約法理の検討に関しては考慮されるべき要素とすべきではない。

4 山本山事件の例

山本山事件[14]は「控訴人は右製品を自社の主要商品として多額の出捐をし
たうえ，販売設備を整え，広告，宣伝に力を入れ，販路の開拓拡張に努めたも
のである。」と述べるが，どのような費用を出捐したのかの説明もその金額も
認定されていない。後段で，「控訴人（解約された販売店）は，…多額の費用を
投じて新聞，雑誌，放送，ダイレクトメール等を通じて被控訴人製品の広告，
宣伝に力を入れ，また控訴人の表看板および運搬車両10数台の車体に被控訴
人の商標並びに商品名を表示する等，……」とあるので，これが多額の出捐の
内容であろう。しかし，一般的に広告の効果は永続しないから広告費は繰延費
用[15]とは認められない。したがって，広告費が支出された期の売上から回収
されることが原則である。販売店としては，人件費などの一般管理費と同様に，
販売マージンから支出すべきものであり，販売店は獲得できるマージン額を予
測しながら，その範囲で広告費を含む諸費用を支出する。広告費は，供給者の
利益にもなり，販売店の利益にもなるものであるから，だれがどれだけの広告
義務を負うか，ということについては販売店契約のなかで規定されることがあ
る。もし，規定がなければ，広告をする者が自己のリスクと費用で行うもので
あって，他当事者に当然に転嫁できるものではない。

---

[14] 名古屋高判昭和46年3月29日判時634号50頁。

[15] 一般的には「繰延資産」とよばれている。それは，すでに対価の支払いが完了し…こ
れに対応する役務の提供をうけたにもかかわらず，その効果が将来にわたって発現する
と期待される費用は，その効果が及ぶ期間に合理的に配分するため，経過的に貸借対照
表に形状することになる。これを繰り延べし阿讃とよぶ。」（宮本匡章・森田哲彌『会計
学辞典（第5版）』（中央経済社，2008年）。

国際取引の現代的課題と法

5　工場用床材の販売契約

　工場用床材に関する東京地判昭和56年5月26日[16]では，「代理店は当該商品の販売のために多額の投資を行い，あるいは犠牲を払い，相当な営業努力をもって販路の維持拡大に努め，商品供給者の利益のためにも貢献しているのであって…」と述べている。この事件でも，判決からは販売店が特定の固定資産に投資をしたような事情はうかがえないし，勿論そのような投資の額や償却残のなかの回収不能分の額なども認定されていない。「…あるいは犠牲を払い，相当な営業努力をもって販路の維持拡大に努め…」に到っては，それが販売契約上の販売店の基本的な義務であり，その義務の履行を対価として，マージンを稼ぐことのできる権利である販売権を獲得したのであるからどの販売店契約にも当てはまる事情を述べたにすぎない。したがって，販売店の当然の義務の存在が解約を制限する理由にはならない。「…商品供給者の利益のためにも貢献している…」という表現も，商事契約であれば，その取引から両当事者が利益を得ることは当然であり，ほとんど全ての商事契約に妥当する事由であり，これもいわゆる継続的契約であることを理由とする解約権制限の法理を適用するための根拠にはなりえない。

Ⅲ　投資の対象は明確であるが，理由付けが雑ぱくである裁判例

　昭和46年11月11日名古屋地判は，トラックの賃貸借あるいはトラック運送請負契約に関する事例である。原告は零細企業である。被告は我が国において有数の乳製品の製造販売業者である。被告と原告の関係が，トラックの賃貸借なのか，トラック輸送の委託契約（請負）なのか，判決文からは分からない。判決文は「トラックの賃貸借契約」と言ってみたり，「トラックを1年ないし2年の期間で賃借し，あるいは運転手付きで傭車して，原告会社に被告会社の製品を配送させ」る契約であると言っている。被告は，原告に昭和32年9月頃から乳製品の運送をさせていた。原告は，昭和39年2月頃，被告「の製品

---

[16]　東京地判昭和56年5月26日判タ455号127頁。なお，「商品供給者の利益のためにも貢献しているのであって」としているが，その対価として販売店はマージンを取得しているのであって，販売店が商品供給者の利益のためにも貢献することはすべての販売店と代理店に共通の要素でありとくに指摘する意味はない。

230

のみを輸送する目的で貨物自動車運送事業（限定）免許を取得しようとして，被告会社から…証明書の交付を受けた」がその証明書には牛乳2,800トン，乳製品160トン，冷菓1,200トンを期限の定めなく輸送させることを推認させるような記載があったようである。そして，被告はこの乳製品運搬目的でトラックを購入した。その時期は判例集掲載の判決文からははっきりしないが，この証明書交付の前後であったようである。被告が購入したトラックは被告製品のみを輸送する目的にのみ使用でき，他の目的には使用できなかった。被告は，昭和41年3月からその製品を全く原告に配送させなくなった。この「被告会社の行為は，右の認定判断によれば期間の定めのない（…）継続的配送契約を解約した趣旨であると解するのが相当である。」と判断した。さらに「このように被告会社の製品の配送を請負った者が，相当の金銭の出捐等をしたときは，期間の定めのないときといえども配送をさせる者において相当の予告期間を設けるとか，または相当の損失を補償しないかぎり，配送業務を行う者に著しい不信行為または右の契約関係を継続しがたい重大な事由のないかぎり，配送をさせる者は一方的に解約できないものと解すべきである。」としている。さらに「なんとなれば，…かつ配送業務を行っていた原告会社はその間相当の人的物的投資をなしていたものであるから，…公平の原則ないし信義誠実の原則に照らして（自由に契約を解約することのできる権利を抑制し，相当の制限を加えることが）相当であると考えられるからである。」と述べている。このように判決は，被解約者が「人的物的投資」をしたことを理由として信義則から解約権を制限しているが，およそ商取引契約をした者は，その履行のために何らかの「人的物的投資」（担当者を雇用し，費用をかけ，の意味であろう）をすることは当然であるから，理由にはならない。本件では，原告が貨物自動車運送事業（限定）免許を取得しようとした際に，被告が貨物の運送予定を記載した証明書を交付し，その予定表程度の運送委託をするかのような期待を原告に持たせたにもかかわらず，その後わずか2年で貨物運送委託を止めてしまったことが，自己矛盾行為の禁止[17]あるいは禁反言の原則に反するとして，直接に信義則違反として解約制限をした方が，適切に処理できた事例である。トラックの償却残の有無についての認定が判例集記載部分からは分からないが，もしトラッ

---

[17] *venire contra factum proprium.*

国際取引の現代的課題と法

クが償却済み，あるいはトラックを転売して未償却部分を回収しているのなら，原告に損害賠償を認める理由はない。償却残があるなら，償却完了までの期間，解約を制限する方法もある。また，原告製品の運送にしか利用出来ないトラックであるとの認定があるが，トラックは荷台を改造すれば何の運送にも使えるようにも思え，これがいわゆる関係特殊的投資として継続的契約解約制限の方向に働くものか，疑問なしとしない。ここにおいてここでも「人的投資」と言っているが，一台のトラック（判決文上は一台と推測される）を使っての運送営業に多数の従業員が必要とは思われず，「相当な人的投資」をしたということは考えにくい。

Ⅳ　正当に投資と費用を区別している裁判例

1　結婚式場美容販売専属業務委託契約の例[18]

　原告は，美容室の経営等をする有限会社であり，被告は，国家公務員の厚生施設として，宿泊施設，宴会及び結婚式場等を営むなどの業務をしていた。原告と被告は，被告が設置する A 会館における結婚式場用の美容販売業務のための業務委託契約を締結した。契約期間は 1 年間で自動更新条項が規定されており，A 会館の建替えのための一時的な休止期間を除き，約 8 年間継続した。原告の業務の質に不満であった被告は，契約の不更新通知を原告に通告した。これを不満とする原告は，債務不履行を理由に被告を訴え，社員研修費，什器備品・美容器具代金，かつら代金等についてもその損害賠償を請求した。判決は，本件契約が継続的は契約であり，原告は A 会館の「リニューアルオープンにむけて多額の資本を投下していること」等を理由に不更新には「契約を終了させてもやむを得ない正当な理由があることを要」するとし，本件においては正当な事由がないとした。「多額の投資」の内容は，従業員を雇い入れ，研修を受けさせ，原告の業務に必要な什器備品を買い揃えたことが認定されている。しかし，「原告は，社員研修費，什器備品・美容器具代金，かつら代金等についてもその損害賠償を請求しているが，これらの費用は，原告が美容室の経営等を業とする会社であることからすれば，原告の業務にとって必要な費用

---

[18]　福岡地判平成 16 年 8 月 2 日判例集未搭載。

であり，被告施設での結婚式場の美容販売業務以外では意味のなさない性質の
ものではなく，被告が結婚式場用の美容販売をさせなかった事との間に相当因
果関係がない。」[19] として損害賠償の請求を認めていない。しかし，それなら
なぜ，「原告はＡ会館の「リニューアルオープンにむけて多額の資本を投下し
ていること」等を理由に不更新には「契約を終了させてもやむを得ない正当な
理由があることを要」すると認定したのか，論旨が一貫しない。

2 プジョー販売店事件[20]

　この事件は，平成９年に，原告販売店と被告プジョー・ジャポンと間に締結
したプジョー車の特約販売店契約の解約に関する事件である。特約販売店契約
は，契約期間が１年間で自動更新条項はなく，毎年，新しい契約を締結してい
た。最初の契約後，原告はプジョー車販売のためのショールーム（「本件ショー
ルーム」）を設置した。当事者は，平成17年と平成19年に新しい内容の契約
を締結している。平成19年の契約も契約期間が１年で更新条項はない。被告
は平成19年７月６日，原告に対して同年末を以て特約販売店契約を解約する
旨の通知をした。原告は，特約販売店契約の履行のため，「店舗設備，人員確
保に相当の投資をしてきたこと，本件ショールームはプジョー販売店の仕様に
沿った建物であり，他の商品にはすぐさま転用できるものではない」と主張し，
だから本件特約販売契約は「継続的取引契約」であり，解約には「やむを得な
い事情」が必要である，と主張している。ここでも「人員確保に相当の投資」
という従業員採用を「投資」とする主張がなされている。原告は，被告が設定
した新車販売目標台数について，全国平均を30％以上下回った成績しか上げ
られなかった。判決は，初期投資と１年の契約期間の関係については次ぎのよ
うに述べている。「一般に自動車ディラーは，初期に多額の投資をして何年も
かけて投下資本を回収していくもので，営業実績を積み重ねて固定客を獲得す
る側面もあり，そのことは，被告においても当然に理解して原告との契約を締
結していたと推認される上，契約の一方当事者が当事者間の合意の基に取引の
継続を前提とした投資を行っているような場合には，他方当事者は，契約期間

---

(19)　福岡地判平成16年８月２日判例集未搭載。

(20)　東京地判平成23年３月15日ウェストロー文献番号2011WLJPCA03158016。

国際取引の現代的課題と法

の定めに関わらず，取引の継続に向けて協力すべき信義則上の注意義務を一定
の限度で負うと解されることからすれば，なんらの合理的理由もないのに被告
が新たな契約の締結を拒絶して原告との特約販売店契約関係を終了させること
は信義則に反して許されないというべきである。」そして，本件では，原告に
は合理的に設定された新車販売目標台数が達成できていなかった等，被告の解
約通知には合理的理由がある，とされ，原告の請求は棄却された。ショールー
ムについては，それが原告側で設計プラン及び場所が選択・決定され，その転
用は可能であって，現実的にも既に中古車センターとして転用されていたこと
が認定されている。償却済であるかどうかについては言及がない。また，原告
は，本件ショールームに関する未回収投資の損害賠償を請求していない。

3　アウディ自動車ディーラー事件[21]

　原告は，札幌に本店を，川越市及び東京都に支店を持つドイツ車のアウディ
の販売店であった。被告は，フォルクスワーゲンの子会社のアウディ社の子会
社である。当初は，フォルクスワーゲンの子会社のフォルクスワーゲングルー
プジャパン社が日本でのフォルクスワーゲン車（大衆車）とアウディ車（高級
車）を扱っていたが，ブランド・セパレーションの経営を行うこととし，アウ
ディ車の取扱はフォルクスワーゲングループジャパン社から被告に引き継がれ
た。原告は，解約までの8年間，当初はフォルクスワーゲングループジャパン
社から，つぎにアウディ社からアウディ車の供給を受け，これを販売していた。
しかし，ブランド・セパレーション政策のため，被告からのアウディ車の供給
が停止してしまった。原告は，販売設備，事務所，ショールーム，整備工場等
に多額の投資をし，人員の訓練にも投資をしたが，それが回収困難になり，こ
のようななかで行われた被告による販売店契約の更新拒絶は信義則上許されな
い，として被告を訴えた。投資に関して，判決は，ショールーム改装やCI関
係（コーポレート・アイデンティティの略と思われる）について支出した費用は
1,600万円を下らない，と認定した。原告は，初期投資として7,500万円以上
の投資をしたと主張していたが，アウディ車の販売のためとの立証不十分とさ
れた。また，被告は種々の宣伝広告をし，CI関係費用を支出し，毎年デモカー

---

[21]　東京地判平成16年5月31日 Westlaw2004WLJPCA05310006。

234

を購入し社員を配置し教育を行ったと主張した。また，平成7年に2億円前後
をかけて新しいショールーム及び整備工場用に新しい建物を構築した，と主張
している。裁判所は次ぎのように判断した。まず，初期投資の1,600万円につ
いては「この回収のためには一定期間の取引の継続が必要であるが，原告が8
年8ヶ月…アウディ車の販売を行っていたことにかんがみれば，上記投資の回
収に必要な期間は経過したものということができ」る。宣伝広告，CI関係費用，
デモカー購入，社員教育については，「各年における営業を行っていく上で通
常必要な範囲のものと考えられ，この範囲を超えた規模の投資が行われたと認
めるべき的確な主張立証はない。」2億円の建物については，「原告は，上記投
資を（フォルクスワーゲングループジャパン社）に十分相談することなく自らの
判断で行ったものであり，（……）当事者の合意の下に投資を行ったものでは
ないし，その時点でアウディ車専用のショールームを設置すべき現実的必要性
があったとも認めがたいから，上記投資は，被告に取引の継続に向けて原告と
協力すべき義務を負わせるものとはいえない。」と判示している。

　この判決は，投資と必要費用の区別，投資の回収が済んでいるかどうか，被
解約者の投資が勝手に行ったものか，解約者の了解の下に行ったものか，とい
う点に言及した的確な理由付けの裁判例である。被解約者が，勝手に投資をし
た場合には，解約者において矛盾先行行為がなかった事例とみることもできる。

V　初期投資と継続的契約

1　ダスキン肉まん事件

　平成17年9月16日大阪地判[22]の例は，日本のファストフード等の事業を
している会社に販売するための肉まん供給取引が問題になった例である。契約
内容の証拠として作成された契約書は結局締結されていない。実際には，肉ま
ん製造依頼書が被告ダスキンから原告に交付されているが，交付時点の状況か
ら，原告の資金繰りのために作成されたものであって原被告間の正確な合意内
容を記載したものではない，と認定されている。原告は，被告のダスキンと打
合せをしながら，中国に肉まん工場をつくり，肉まんの製造を開始した。ちょ

---

[22]　判タ1205号193頁。

国際取引の現代的課題と法

うどそのころ，原告代表者が，ダスキンが別の供給者から調達していた肉まんに日本で禁止されている食品添加物が含まれていることを知り，これをダスキンに通告し，その関連でダスキンから6,300万円の支払を受けた。また，肉まん供給業務委託契約書も作成されたが，これは被告から原告に対して口止め料の意味で支払われることになった6,300万円の内の3,300万円の被告の経理処理上作成されたもので，法的意味を有するものではない，と認定されている。その支払に関連して，ダスキンの社内調査が行われ，調査委員会の結論として原告との取引を解消せよ，との結論がだされ，その結果，原告が農水省の許可も取得し肉まんの供給も可能になった日から5日後の平成13年10月30日に，平成13年12月末日をもって解約する旨の通知がなされた。判決は，肉まん供給業務委託契約に書かれた1年の契約期間は「個別の発注期間が1年を目処にしてなされるとの合意があったことを示すに過ぎ」ない。と認定し，期間の定めのない契約が成立したとした。さらに，「一般に，期間の定めのない契約や，一方当事者からの解約申し入れによって終了するのが原則である。しかしながら，契約の実現に一定の資本の投下が必要で，継続されることを前提に当該契約が締結された場合，当事者はその契約から投下した資本を回収することを期待しているから，このような場合には，「一方当事者の解約申し入れによって契約を終了させるのは，妥当ではなく，契約を解約するために『正当な事由』が存在することが必要であるというべきである。」とした。この事件では，試作品の製造から中国での製品供給元での製造工場の建設完成（大連食品工場）に到るまで，なしくずし的に取引関係が発展してきていた。原告が初期投資の回収について契約書による確認を重視せず，甘い期待に頼ってずるずると投資を行ってきたそのつけを誰が負担すべきか，という問題に帰着する。この事件では，解約通知がなされた時点では，まだ肉まん供給契約の履行は始まっていないのであり，期間の定めのない継続的契約と考えるには無理があるのではなかろうか。原告が建設した工場など多額の先行投資は，被告の了解あるいは黙認の下に行っており，原告に対して契約が開始され継続されるであろうと期待を抱かせたことは否めないように思われる。このように被告が原告をミスリードし金銭を出捐させ，そのあげくに契約履行が開始する前に被告が解約通知を出し，そのために原告が損害を被った点で，契約締結上の過失に類似した構造をもつ。マンションの購入予定者の希望によってマンション販売業者が変電室

改装等まで行ったが，その後購入予定者の事情で売買が成立しなかった裁判例の事実関係に類似する[23]。肉まん事件では契約が成立したので，その点で契約締結に到らない契約締結上の過失の事例とは異なるが，ダスキン側が再三にわたって肉まんの継続発注の意向を示しており，それを信頼しながら，原告側が工場建設を進めていた点で，被告にマンション事例と同様の自己矛盾行為がある。そこでこの事件では，自己矛盾行為の禁止[24]の原則に反するとして信義則違反として解約制限をした方が，継続的契約の法理に依拠するより適切に処理できたように思われる。先行矛盾行為禁止の原則に違反するとの理由で，信義則違反を理由に解約権を制限する場合は，解約権の制限は，投資の償却あるいは回収予定期間の完了までとなるであろう。これ以外の解約の合理的予告期間は問題とならない。解約してしまった場合には，被解約者には，投資固定資産の償却あるいは転売などによる回収できなかった部分について解約者に損害賠償を認めることになろう。

2　被解約者のフォント技術を解約者が利用して開発したソフトの販売契約[25]

　この事件は，被解約者が，契約交渉の際に，投下資本の回収を図るため契約を10年とするよう求めたが，最終的に5年間の契約となった場合の例である。取引は，被告（解約者）が有しているソフト・プログラムに原告（被解約者）が有しているフォント技術を応用し，新しいプログラムによるソフト製品を開発し，これを原告を通じて販売することを計画した。そのため，原告・被告は，ライセンス契約を締結した。ライセンス契約の期間は5年間。被告は，原告に初期費用として3,200万円のライセンス料を，また年間サポート費用としてのライセンス料を640万円を支払うこととした。期間は5年間であるが，自動更新条項がついている[26]。自動更新条項は，あまり検討されないで契約書に規定されたもののようで，それは文面上，両当事者が解約に合意した場合をのぞき，1年ずつ自動更新するというもので，字句通りに解釈するなら，両当事者

---

[23]　最三小判昭和59年9月18日判タ542号200頁。

[24]　*venire contra factum proprium.*

[25]　大阪地判平成27年6月1日判例集未搭載。

[26]　実際の自動更新条項は両当事者が解約合意をしないかぎり，無限に更新が繰り返されるという欠陥条項であった。裁判所による当事者の意思解釈による。

国際取引の現代的課題と法

が解約に合意しないかぎり，未来永劫に契約は継続することになってしまうものであった。結局，もくろんだ製品開発はできなかった。原告は，開発費用として少なくとも1億1640万円かかり，その回収のため契約期間を10年間とするよう主張し交渉していた。一方被告は，契約の交渉において契約期間を5年から7年にするよう要求し，原告担当者は社内で検討することを約した。その結果最終的に原告と被告は，契約期間を5年とすることで合意した。開発されたソフトがアドビ社のソフトで利用することを前提にしていたものであったが，アドビ社からは開発されたソフトについて承認が得られなかったため，開発が挫折したものである。本件では原告は契約期間内では回収できない金額の投資をしているが，判決は「原告ら及び被告の双方が，契約期間の長短についてのリスクをそれぞれ勘案した上で交渉を行い，その上で定められたものであって，原告らも被告も，契約期間の定めを契約上の重要な利害関係事項であると考えていたと認められる。」欠陥のある自動更新条項がなければ，これで期間5年の合意があったとして原告の請求棄却の結論をだしてもよさそうな口ぶりである。しかし，判決はさらに「そして，本件サポート契約は，原告が被告のために開発した本製品について維持改良を行うことを内容とするものであるから，委任契約に類似した継続的契約の性質を有するものと解すべきところ，やむを得ない事由があるときに当事者は契約を解除することができるとする民法651条の趣旨を考慮すると，少なくとも，更新を妨げるやむを得ない事由がある場合には更新を拒絶することができると解するのが相当である。」として，本件ではやむを得ない事由があるとして原告の請求を棄却した。契約締結時の両当事者のバーゲンを正当に評価した判決と言える。

VI　投資の償却あるいは回収期間より，短い期間を契約期間と定めた場合の問題

1　被解約者に多くの懈怠があった警備請負契約に関する事件

この事件[27]では，従来からの契約に代えて新規契約を締結する際に，警備保障会社である原告は，約1,180万円の投資設備をした。原告主張によれば新

---

[27]　東京地判平成21年9月30日 Westlaw2009WLJPCA09308027。

契約の期間を7年間にする必要があり，これに対して被告は「契約書上は（契約期間を）2年間とするが，これは形式であって…事故がなければ，2年毎に更新を繰り返すこと約した」と主張している。裁判所はこの約定の成立を否定したが，「原告と被告との間の警備請負契約は，相当長期間にわたって更新が繰り返されてきたものである上，被告は（新）契約の（締結の）際，多額の先行投資をしているなどの事情が認められることからすると，被告が原告との間の警備請負契約について更新拒絶をするためには，信義則上，合理的な理由を要するものと解すべきである。」と判示している。理由は，警備請負契約が長期間継続してきたことと，継続的契約関係が継続中になされた多額の先行投資であるが，これも先行投資の償却期間は認定されておらず，それが2年の新契約の期間を超えるものであるかどうかは判決上不明である。もし，2年の新契約期間が償却期間を超えるなら，継続的契約の解約制限については考慮する要素にはなり得ないであろう。原告に多々非難すべき点があったため，原告が警備請負契約の更新を拒絶したことについては合理的理由があると認められた。したがって，上記判決のなかの「多額の先行投資をしているなどの事情」に大きな意味はなかったものと考えられる。実際問題としては，先行投資の償却期間を考慮することなく，契約期間1年で毎年の自動更新条項を含む供給者の契約書式を使って契約が締結され，先行投資が未償却の間に解約通知あるいは契約不更新通知がなされる例がある。先行投資の償却期間より短い契約期間を定めた場合には，契約期間について前記のソフト開発契約のような真剣な交渉がなされたのではないかぎり，かつ，解約者が償却期間の長い先行投資を被解約者が行うことを誘引したり，黙認していた場合は，先行投資の償却期間満了までは，自己矛盾行為の禁止による信義則違反を理由に解約権を制限すべきであろう。その方が，いわゆる継続的契約法理によるより，具体的な判断基準が適用できるように思われる。

2　50年継続した競輪場の施設設備投資損失の負担と継続的契約

　横浜地判平成22年5月14日判決は，平塚競輪場に関する事件である[28]。原告神奈川県平塚市は，昭和27年に約57億円を投資して競輪場施設を建設し

⑵⑻　横浜地判平成22年5月14日判時2083号105頁。

国際取引の現代的課題と法

た。被告鎌倉市，藤沢市，逗子市等を組合員とする神奈川県六市競輪組合は，原告から毎年競輪施設を賃借りし，毎年数日間競輪を開催していた。競輪開催数は，原告が年6回36日，被告等がそれぞれ年2回12日であった。被告らは，毎年，通商産業大臣から開催回数についての指示をうけると，7月頃年度末までの期間で原告と契約し，賃貸借期間は毎年12日間程度としていた。さらに，被告は，被告が開催する競輪についての開催経費および従業員に支払う夏季と年末の一時金の分担金を支払っていた。その支払の法的根拠は不明である。競輪場建設から50年が経過した平成12年度末における原告の算定による償却残の金額は37億6000万円である。建築物の耐用年数は最大でも50年であるから，当初の施設は全額償却済の筈であり，37億6000万円もの償却残が残っているということは，50年の間に立て替え，改修，リフォーム等の大規模な追加投資がなされたものと想像されるが，この点はその内容についてはなにも認定されていない。これらが初期投資ではなく追加投資であったと仮定して，その投資が，被告や他の市の了解のもとになされたものか，原告が勝手に行ったものかの認定もない。その他，原告は，設備の一部をリースで調達していた。リース料総額は約22億円であった。判決は「これらの諸事情及び競輪事業がその性質上施行者において単年度で終了することなく継続的に行うことが一般的な事業であることに鑑みれば，原告・被告ともに，本件賃貸借を，単年度の契約として締結しながらも，相当程度の期間継続することを前提として行動しており，両者間に実質的な継続的な契約関係が成立していたものと解することできる。また，先行して設備資金を支出したり債務を負担するなどしていた原告において，平成12年の時点で被告が本件競輪場における競輪事業を相当程度の期間継続し，その間本件賃貸借を継続することに対し，法的保護に値する期待を有していたと認めることが相当である。」「被告が撤退し，原告が被告に代わり本件競輪場施設を賃貸して競輪事業を施行する新規参入者を見つけ出し，あらたに賃貸借に係る契約を締結するには相当の期間が必要であると考えられる」。「継続的な契約関係にある各当事者には，契約関係を終了させるに際して，相手方に対して不測の損害を発生させないように配慮すべき信義則上の義務があるというべき」で「少なくとも3年程度の予告期間をおいた上でこれを行うべき状況にあったと解することが相当である。」

　しかし，本件では，原告における競輪場建設プロジェクトの法的契約設計が，

民間のプロジェクトに比べて非常にずさんだった点を考慮しなければならない。民間では，57億円もの資金を投与してプロジェクトを遂行する場合は，かならず事業化計画（フィージビリィティ・スタディ）を作成し，収益性を確かめるとともにリスクを最小化する。たとえば，本件のような場合，原告だけが競輪場を利用したのでは，採算が取れずに近隣の市を巻き込んで競輪場の利用をシェアすることで利用効率をあげ，採算を良くしようとする場合には，施設の償却年数以上の期間の賃貸借契約（アウトプット・コントラクト）を締結して，借入金の元利返済と，償却費，維持費などの諸費用に充当し，なおかつ合理的な利益を計上できるだけの将来の賃料収入を確保することはプロジェクトの法的設計の常識である。もし，償却年数より短いアウトプット・コントラクトを締結すれば，当然その終了時には未償却の投資が残っていることになり，その回収にリスクが発生することは当然であり，そのリスクはプロジェクト・オーナーたる平塚市が引き受けたことになる。本件では，市は単年度会計原則のために長期契約の締結ができないという事情があるが，その場合は，2年目から投資施設の償却残が発生するリスクを確実に回避する方法はない。そのときは，それでもプロジェクトを実行するメリットとリスクを勘案して，実行することになる。たとえば，テーマパークや有料道路建設プロジェクトでは，アウトプットの対価は入場料や通行料であるから，長期契約で安定的に確保することはできない。そこでプロジェクト遂行者は，特に慎重に入場者数や通行車両数の予測をおこない，それだけのリスクに見合う収益（通常の利益にリスク料を加えた額）が得られるかどうかを念入りに検討するのである。本件では，原告にはそのような入念な契約設計とリスク分析がなされた形跡はない。そのようなずさんな計画から発生したリスクを契約相手方である被告などの他の市に転嫁すべき合理性はないと考える。本件においては，被告など他の市には，原告を禁反言的にミスリードしたようなところもない。被告や他の市が，毎年継続して競輪を開催するとの原告の信頼を作出した事実もない。判決は「継続的な契約関係にある各当事者には，契約関係を終了させるに際して，相手方に対して不測の損害を発生させないように配慮すべき信義則上の義務がある」というが，57億円もの巨額のプロジェクト施行者なら，長期継続の確約のない被告との契約が毎年毎年終了するかもしれないリスクを発生させることは当然に想定内のはずであり，「不測の損害」ではなく「当然起こりうべき損害」だったので

国際取引の現代的課題と法

はなかろうか。根拠のある「信頼」ではなく，根拠のない原告の甘い期待を保護すべき理由はないように思われる。結局，被告に対しては原告の3年間の得べかりし利益が損害として支払が命じられたが，施設の償却残については継続的契約関係認定の事情の1つとして摘示されたに止まっている。さらに，おそらくはこのプロジェクトは，開催日数比率から推測すると，原告平塚市がリーダーとして行ったプロジェクトに被告鎌倉市らは，原告がリーダーとして進めたプロジェクト構想の参加者にすぎないようにも見える。そういうバイプレーヤーが契約解消請求者である点で，通常のメーカー主体の販売店網に参加する販売店契約が契約被解消である事例とは様相を異にする。結論，理由付けともに説得力に欠く裁判例である。

Ⅶ　結　　論

第1に，継続的契約で「投資」が問題になる場合は，経費としての資金の投入は考慮されるべきではない。経費は，毎年の粗利の中から支弁され回収されるべきものであるからである。固定資産に対する投資がなされた場合は，償却残のある固定資産についてのみ，問題にすべきである。

もし，解約の直前に販売店が販売のための有形固定資産あるいは無形固定資産に投資をし，それが未償却の間に解約がなされた場合には，本来の意味の「投資」の償却残の中で，転売等による回収ができなかった部分（「償却残回収不能分」）の補償が問題になりうる。

さらには，投資を初期投資と，継続的契約有効期間中のメンテナンス投資を区別すべきか，という問題がある。有効期間中に，初期投資の固定資産を全面的に取り替えあるいは立て替えをする場合も考えられるが，これは初期投資と同視すべきであろう。いわゆる商品を供給者から買い受けこれをさらに別の販売店あるいは消費者に転売する販売店の例について見てみると，ショールームのような設備に対する高額の投資は初期投資にかぎられ，以後はその初期投資のメンテナンス費用が発生するだけであることが通常である。メンテナンス費用は，経費であり，投資ではなく，当然に製品の売値と買値の差額のマージン（粗利）から経費として処理されるべきものである。初期投資は通常数年間で償却される。償却費用も経費として営業利益を計算する前に粗利から差し引か

れる。

アメリカでは，ミズーリドクトリンとして知られている原理がある。その内容は，ディーラーにより相当な投資がなされ，かつ期間の定めを有しないフランチャイズ合意は，合理的な最低限が満了するまで終了され得ない。すなわちフランチャイジーにはその投資を回収するための公平な機会が与えられねばならないというものである[29]。ミズーリドクトリンを適用する裁判所は，ほとんどその保護の範囲を初期投資に限定してきている[30]。

日本でも，初期投資の償却残がある間には，その初期投資について相手が誘引し，承認し，あるいは黙認している場合には，先行矛盾行為あるいは禁反言による信義則違反として，解約を認めるべきではない。クリーンハンドの原則から，被解約者に債務不履行や背信的行為がないことが前提である。

また，初期投資の償却期間に足りない期間を契約期間としている場合には，その契約期間について真剣な交渉がなされていれば，当事者によるリスクの引受があったとして，契約期間の満了とともに契約は終了すべきである。事前の通知がないかぎり自動更新する約定があったとしても同じである。

第2に，被解消者が，解消者の了解なしに勝手に行った投資は考慮すべきではない。解消者が誘引し，承認し，あるいは黙認した投資だけが，解約に当たっては考慮されるべきである。解消者のあずかり知らないところで，被解消者がおこなった投資についてまで，解消者に不意打ち的に何らかの不利益を負わせる理由がないからである。解消者に，これらの投資について責任を負わせる理由は，先行矛盾行為あるいは禁反言による信義則違反である。いわゆる継続的契約の法理を経由して信義則を適用するという迂遠の論理をつかう必要性はない。

第3に，「人的投資」は原則として考慮すべきではない。取引に特殊な知識や技能の習得は，通常仕事をしながらのOJT教育で行われており，大きな金額とはならない。アパレルのライセンス生産契約のように，ライセンス生産でブランド品を製造する場合のように，多数の従業員をその取引のために雇用していて，ライセンス契約の終了とともに，配置転換だけでは対処できず，解雇

---

[29]　行澤行人「継続的取引関係の終了に関する法的考察（四）――アメリカ法を中心として」神戸法学雑誌第42巻1号（1992年）185-186頁。

[30]　同187頁。

国際取引の現代的課題と法

せざるを得ない場合には，退職引当金でまかないきれない退職手当については，解約者に債務不履行または信義則違反がある場合には，解約者に負担させるべきであろう。解約が問題となっている契約の履行のため，大量の専従従業員を抱えている場合には，彼等の配置転換等，契約解消による損害を最小限にする努力に必要な期間は解約を制限することが必要であろう。

11 ポスト関係的契約論
——バリューチェーン統治が生む契約実務の進化

小 林 一 郎

Ⅰ　は じ め に　　　　　　　　　Ⅲ　継続的契約関係の維持管理
Ⅱ　製品仕様にかかわる取引慣行　　　の現代的手法
　　　　　　　　　　　　　　　　Ⅳ　ま と め

Ⅰ　は じ め に

　商取引は複雑化・多様化が進み，契約によって取引を規律するニーズは日々
増している。取引が複雑になればそれだけ契約で記述すべき項目は増え，契約
内容も複雑になる。
　伝統的な戦後の日本的取引慣行において，企業は，当事者の特殊な関係の中
で取引上の諸問題を処理し紛争を解決してきたとも指摘されてきた[1]。たしか
に，商取引の根本は人間の営みである以上，人間関係の上に構築された契約に
は何かしらの関係的要素が常に存在するはずである。人間関係の維持のために
はそれなりのコストを要し，関係維持に向けて当事者が行う出捐行為は関係特
殊投資として認識される[2]。関係特殊投資は当事者の契約関係を継続的な方向

----

(1)　本稿は，2017 年の日本私法学会のシンポジウム「『日本的取引慣行』の実態と変容」
　　で公表されている日本的取引慣行に関する研究成果から着想を得て，筆者自身の実務経
　　験もふまえ，わが国の契約実務の実態を考察するものである。シンポジウム資料は旬刊
　　商事法務 2142 号に掲載されている。宍戸善一「『日本的取引慣行』の実態と変容：総論
　　——取引当事者間の動機付け交渉の観点から」商事法務 2142 号（2017 年）4 頁。清水
　　論文・後掲注(6)，増田論文・後掲注(5)，遠藤＝木下論文・後掲注(19)，田中論文・後掲注
　　(2)，後藤論文・後掲注(60) は，同シンポジウムでの発表資料である。

『国際取引の現代的課題と法』澤田壽夫先生追悼〔信山社，2018 年 4 月〕　　　*245*

に働かせ，問題解決は関係維持を前提とした再交渉に委ねられる。では，現代の取引社会において関係的な契約実務慣行はどのようなウェイトを占め，それは契約解釈のあり方にどのような影響を及ぼしているのだろうか。

筆者はこれまで，契約が関係的なものとなる背景には，当事者が関係特殊投資によって相互拘束を受ける取引構造と共に，取引ルールの記述力の限界の問題が大きなウェイトを占めていると主張してきた[3]。契約書を書く能力のある当事者は，契約書に取引条件の詳細を記述するインセンティブを有し，そうでない当事者は関係的な解決に身を委ねざるをえない[4]。筆者はこれをドラフティング・コスト（契約を書くための取引費用）の問題として説明を試みてきた。本稿は，その延長線上において，以下のような仮説を置く。

商取引において，契約を書く能力，すなわち契約の記述力が強く要求される取り決め項目は，大きく，契約の対象物となる物やサービスの価格，数量，品質，引渡条件といったコアの取引条件の取り決めと，不可抗力，履行遅滞，履行拒絶，倒産など債務の履行能力を損なうような事象への対処法の取り決めに分類される。継続的取引に着目すると，前者は個別の売買やサービスの基本事項にかかわる取り決めであり，後者は継続的な取引関係そのものの維持管理にかかわる取り決めである。取引社会は，それぞれの対処法について記述力を高められるような手立てを講じ，そうした環境の整備をはかっていく。

これら2つの大括りの取り決めは一つの契約の構成物として相互密接に関連するはずであるが，それぞれの取り決めを実質的に司るプレーヤーは異なっている。前者は，一般に営業担当者間の交渉によって決められるが，後者は，経営戦略（誰を戦略的な取引相手，パートナーとして選定するか）にも絡みやすく，長期的なコンティンジェンシー管理の問題が関わる事柄でもあることから，企業内法務部等のバックオフィスが関与する傾向が強い。

前者の個別の取引条件の中でも，製品やサービスの製造・提供方法，品質，

---

(2)　日本的取引慣行を説明する経済理論としての関係特殊投資と不完備契約理論については，田中亘「『日本的取引慣行』の実態と変容——契約の経済理論を手がかりに」商事法務 2142 号（2017 年）52-54 頁が詳しく纏めている。

(3)　小林一郎「日本の契約実務と契約法——関係的契約とドラフティング・コストの考察から (1)〜(6・完)」NBL930 号 11 頁，931 号 70 頁，932 号 76 頁，933 号 81 頁，934 号 49 頁，935 号 96 頁（2010 年）。

(4)　小林・前掲注(3) 934 号 49-55 頁。

検査基準，納品管理などの一連の要求事項をまとめた仕様（議論の便宜上，本稿では主に加工製品を念頭において，以下「仕様」ないしは「製品仕様」と称する）は，製造技術や営業現場の専門性が強く問われることから，法律家にとっても馴染みの薄い分野ではあるが，売買契約やサービス契約に求められる役割の核心的な部分にあたるといえる。コンプライアンスや企業の社会的責任に対する意識の高まりは，仕様の記述化に向けたインセンティブを与え[5]，技術革新の進展や製品技術の複雑化は，これらの記述のあり方に様々な影響を与える。技術の進歩，消費者の安心安全への配慮，環境意識の高まりなど，ある製品が属するバリューチェーンが抱える様々な課題が，製品仕様の記述のあり方を形作っている[6]。本稿では，製品バリューチェーンの統治手法と製品仕様をめぐる契約慣行との相関関係に着目して，契約実務の実態を検証してみたい。

　一方，後者の継続的契約関係の維持管理に関する取り決めのあり方は，長く法律家の注目を集めてきた論点であるが，契約技術が長期拘束的な契約関係構築へのニーズに対応すべくどのように進化し，そこにどのような限界があるのかの分析はあまりなされていない。当事者が長期にわたって固定された権利義務に拘束されるような契約が成立するためには，希少性の高いモノやサービスを長期安定的に調達したいと考える顧客の存在と，そうした希少性のあるモノやサービスを長期にわたって提供することへの耐性が強いサプライヤーの存在が前提となる。しかし，現実の取引において，そのようなマッチングを実現することは必ずしも容易ではない。マッチングを実現させるためには，サプライヤーが低リスクで長期安定供給することを可能にするだけのリスク管理を実現しなければならず，そこで契約の記述力は強く問われるであろう。また，そうしたリスク管理の要請は，しばしば長期契約の連鎖を要請する。長期安定的な供給義務を負ったサプライヤーは，安定供給のために必要となる原材料調達において，調達先に同様の長期のコミットメントを求める。長期拘束型の契約は，

---

(5)　コンプライアンス意識の高まりが契約慣行の変化に繋がっているとする仮説を検証した論文として，増田史子「コンプライアンス意識と『日本的取引慣行』──調査の仮説と分析(2)」商事法務 2142 号（2017 年）30-40 頁。

(6)　自動車産業等の調達取引における取引慣行が，モジュール化によってどのように変化したかについて論じた文献として，清水真希子「モジュール化と『日本的取引慣行』──調査の仮説と分析(1)」商事法務 2142 号（2017 年）17-29 頁。

国際取引の現代的課題と法

当事者が望めばいつでも成立するというものではなく，バリューチェーンの中で，それを可能とする土壌が醸成されていなければならない。そうした土壌の醸成にあたって，契約の記述力の問題がどのような影響を与えているのか，そこにはいかなる限界があるのか，その限界を補完するために関係的な契約実務はどのように機能しているのかについて検証を行いたい。

本稿は4章にて成り立つ。本章（Ⅰ）につづくⅡでは，製品の仕様に関する記述力の発展・進化が，技術革新や商取引の高度化・効率化にどのような影響を与えてきたか，そして取引条件を記述化できないことの限界を当事者はどのように克服してきたのかについて論ずる。Ⅲでは，継続的契約関係の維持管理の現代的手法の実態を観察し，契約を書く能力の向上は継続的契約実務の高度化に寄与することを示したい。Ⅱ及びⅢでの検証を経てⅣにおいて本稿の総括を行う。

Ⅱ　製品仕様にかかわる取引慣行

1　バリューチェーンの統治手法と製品仕様の記述力

ある最終製品の製造過程には部品の供給や組み立て加工など様々な工程が存在し，そこには，部品供給サプライヤー，委託加工業者，完成品メーカーなど様々なプレーヤーが関与する。多様なプレーヤーによる一連の取引活動は大括りにバリューチェーンとして一つの経済的単位を形成する。バリューチェーンが健全に機能すると，競争が促進され，技術革新も進展する。新規参入者は不当に締め出されることなく，各プレーヤーは技術革新に余念を怠らず，より上質な製品が世の中に出回る。そして，バリューチェーンが健全に機能するためには，それを制御するためのなんらかの統治構造が必要となる。

(1) バリューチェーンの統治手法

米国デューク大学のゲイリー・ジェレフィー教授をはじめとする社会学研究グループの研究によると，バリューチェーンの統治手法は，①市場型，②モジュール型，③関係型，④キャプティブ型，⑤垂直統合型の5つにカテゴライズされる[7]。

市場型の統治は，製品仕様が簡単で記述が容易であり，サプライヤーは購入者側から追加情報を得ることなく製品を生産することが可能であるような場合

248

にあてはまる[8]。新規参入は容易であり，市場の価格調整機能は効率的な競争環境を担保する。しかし，製品の仕様が標準化される結果の見返りとして，技術革新に向けた創意工夫の余地は狭まる。

一方，製品の構造が複雑で，市場において自由に取引可能となるだけのオープンな規格を持たない製品については，少数の特定された当事者間で製品仕様に関する情報交換が行われ，閉鎖的なバリューチェーンが組成される。サプライヤーは，複雑な製品の仕様を理解できるだけの高い能力を兼ね備えていることが求められるが，顧客の個別具体的な要望を漏れなく製品仕様として客観的に記述することが容易ではない場合，バリューチェーンは関係的な色彩を帯びる（関係型バリューチェーン統治）[9]。契約内容は相互依存型の関係的なものとなり，関係特殊投資が契約関係の拘束性を高めていく。

関係型のバリューチェーン統治は閉鎖的な契約関係を前提とするものであり，当事者は関係特殊投資に拘束され，契約相手を切り替えることが容易ではなくなる[10]。しかし，たとえば完成品の一部を構成する部品について，複数の部品間の繋ぎこみについて一定のルールを設け，一定の規格を定めることができれば，個々の部品についてサプライヤーのオリジナリティを認めながらも契約相手の切り替えを容易にすることが可能であろう[11]。部品間の繋ぎこみのルールと部品に最低限備わるべき規格を記述することができれば，当事者がスペックを一つ一つ擦り合わせる作業を減らせることができ，顧客のサプライヤーに対するモニタリングコストを軽減することができる（モジュール型バリューチェーン）[12]。

部品の規格化・モジュール化は，部品にかかわる仕様の記述可能性を大幅に高めることが可能となる。部品の仕様が複雑なものとなる場合であっても，サプライヤー毎にカスタムメイドで部品製造を行うことが可能になり，サプライ

---

(7)　Gary Gereffi, John Humphrey, and Timothy Sturgeon, "The governance of global value chains", Review of International Political Economy, Vol 12, No 178 〔2005〕 at 83-84.

(8)　See id. at 86.

(9)　See id. at 86.

(10)　See id. at 86.

(11)　See id. at 86.

(12)　See id. at 86.

図1　バリューチェーン統治の5類型

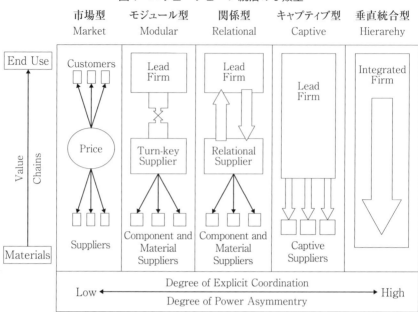

（出典）Gereffi et al., supra note（7）at 89 より転載

ヤーの切り替えコストも低減される[13]。ただし，規格化・モジュール化は，部品間のインターフェースを固定化することを前提とするため，技術革新への柔軟性をそれだけ削いでしまう[14]。新たな技術革新によって一旦構築された規格が破壊されると，仕様の記述力は弱まり，契約は関係的なものに戻っていく。一方，技術が成熟し，規格化がさらに進むと，製品はコモディティ化し，バリューチェーンは市場による統治のフェーズに移行する。

　関係的なバリューチェーン統治であれ，モジュール型のバリューチェーン統治であれ，サプライヤーは顧客の要求に柔軟に対応できるだけの高度の技術力が求められる。逆に，サプライヤーの能力がそれほど高くなく，顧客の仕様に合った製品の供給を行えない場合には，顧客の技術面での介入度合が高まり，

---

[13]　清水・前掲注(6) 19頁。
[14]　清水・前掲注(6) 19頁。

バリューチェーンはキャプティブ（拘束的）なものとなっていく。キャプティブ型のバリューチェーンは，製品の仕様が複雑で，仕様を客観的に記述することも容易でなく，それに対応できるだけの能力のあるサプライヤーも存在しないという状況において出現する[15]。さらに，キャプティブ型のバリューチェーンに適するサプライヤーが見つからない場合には，リード企業である顧客は垂直統合をはかり製品の製造工程の内製化を図る[16]。

(2) バリューチェーンの進化と製品仕様の記述力

最適なバリューチェーンは，①製品・製造プロセスの仕様の伝達に必要とされる情報の複雑性，②情報・知識の記述可能性，③製品を供給するサプライヤーの能力によって決定される[17]。

技術開発を内製化していた企業（垂直統合型）は，技術開発にかかるコストを削減するために，技術開発のアウトソースをはかり，アウトソース先のサプライヤーを探す。技術力に乏しいサプライヤーに対しては，リード企業が介入し積極的な技術支援を行う（キャプティブ型）。一方，能力の高いサプライヤーとの間では，対等な関係での製品供給体制が構築される。新しい技術は，一般に仕様が複雑であることから，限定されたプレーヤーのみで開発が行われる。仕様の記述が困難であれば，製品仕様をめぐる問題の解決は，当事者間の調整が大きなウェイトを占めるが（関係型），技術は次第に規格化（モジュール型），コモディティ化（市場型）の方向へと向かい，製品仕様の記述可能性は次第に高まっていく。しかし，成熟した技術が，新しい技術にとって代わられると製品仕様の記述可能性は一旦失われる。バリューチェーンは，関係型，キャプティブ型に回帰し，新規技術の内容次第では垂直統合がはかられる。

製品の規格化は，当該製品の製造をより迅速にかつ低コストで実現させることができるが，企業がこうしたメリットを享受できるのは，規格化によって製品仕様の記述が容易となることによるものが大きい。成熟した技術は規格化の対象となり，規格化が進んだ製品は，仕様を記述するためのコストを大幅に低減する。コモディティ化した商品は，市場においていつでも自由にその時点の相場で調達することを可能にする。一方で，生まれたばかりの技術は，規格化

---

[15]　Gereffi et al., supra note (7) at 86.

[16]　See id. at 87.

[17]　See id. at 85, 87.

に向けたハードルも高く，当事者間で一つ一つスペックを取り決める作業が必要となる。当事者間でコンセンサスに至った仕様が記述可能であれば，それは文書として記録に残され，そうでなければ言葉で表現できない仕様として当事者間の暗黙知として蓄積され，問題が生じた都度，当事者間で解決に向けた調整が図られる。仕様がしっかりと記述できれば問題解決に関係性が入り込む余地はそれだけ少なくなる。

(3) 自動車・電機産業における取引慣行

バリューチェーン統治の態様と契約の記述力の相関関係を明らかにするための実証研究として，自動車，電機産業におけるモジュール化の進展度合いと契約実務の変化の関係を明らかにすることをテーマとしたヒアリング調査の結果が公表されている[18]。自動車は，「製品の要求機能や性能と部品の関係が多対多対応で錯綜し，部品間インターフェースも製品ごとに特殊で」あり，製品ごとに部品の最適設計が求められる典型的な「擦り合わせ型」の製品であるといわれる[19]。一方，IT機器においては，「製品としての差別化要素が機能や性能にほぼ限定されるため」，インターフェース規約に従って設計しさえすれば，擦り合わせを要することなく部品の製造が可能である[20]。自動車の部品は，ほとんどが特定モデルのために設計された専用品で構成されていることから，直観的にも関係特殊投資の重要性が高いと考えられる[21]。専用品とはいえ，各社に共通の技術標準が存在し，それを各社のニーズにあわせカスタマイズするものではあるが，専用品の開発には長い年月を要することや，自動車メーカーごとに品質基準は異なることもあり，サプライヤーがメーカーと取引関係を構築するにあたっては，そうしたメーカーの独自性について事前に勉強し，メーカーとの綿密な擦り合わせを行うことが求められている[22]。まさに，関係的な契約実務が求められるような取引環境であると想像される。

ところが，ヒアリングの結果は，当初の予想に反し，専用化の傾向が強い自

---

(18)　前掲注(1) 参照。

(19)　遠藤元一・木下和明「取引実務の変容と取引基本契約」商事法務2142号（2017年）41頁。

(20)　遠藤・木下・前掲注(19) 42頁。

(21)　田中・前掲注(2) 56頁。

(22)　田中・前掲注(2) 56頁。

11 ポスト関係的契約論〔小林一郎〕

動車産業とモジュール化が進んだ電機産業で契約書の明文化の程度が異なる形跡は見当たらず，むしろ自動車産業であれ，電機産業であれ，仕様や供給に関する合意や，発注予定数量からの数量変更を取り決めるべく，さまざまな場面で，覚書や議事録という形で合意事項や了解事項が記録されているという実務の実態が明らかになった[23]。調査結果をまとめた清水真希子教授の論文は，1990年代の自動車部品取引の取引慣行について観察した浅沼萬里の論文[24]を引用した上で，日本の産業に典型的な部品取引においては，昔も今も，取引上の論点を網羅した単一の契約書の代わりに，「ひと組の契約書，契約として機能する諸文書，および確立した慣行」を組み合わせた形で契約の枠組みが復元でき，そこでは「フォーマルなもの，インフォーマルなものが…総体として取引の仕組みを形作っている」と総括している[25]。ヒアリング結果は，モジュール化が契約の記述力を高めているという仮説を実証するには至っていないものの，関係的な契約実務はフォーマルな契約実務の対極に位置するものとして二者択一的に選択されているものではなく，むしろ両者は相互補完の関係にあることを示唆している。

　モジュール化は，「契約書」と呼ばれる標準的な書式テンプレートを抜本的に変容させるものではないが，製品仕様，価格，数量などの合意内容を何らかの書面で記録に残すことが容易になることは想像に難くないであろうし，モジュール化が進んでいない専用開発部品の類であっても，仕様が記述可能な部分があれば，それを書面化するインセンティブを当事者が持ち合わせることも容易に想像される。企業は契約を記述できるところについては極力これを記述し，その限界を関係的な問題解決手法が補完する。バリューチェーンがモジュール型であるか関係型であるかは，契約実務を決定的に異ならしめるものではなく，関係的な問題解決の余地をどの程度残しておくかの程度の問題であるといえよう。日本経済を牽引してきた自動車や電機産業は，浅沼萬里がその実務慣行について紹介した1990年代頃においては，契約の仕様や取引条件について疑義の無いように当事者間で合意をはかろうとするインセンティブは既

---

[23]　清水・前掲注(6) 25-26頁。

[24]　浅沼萬里『日本の企業組織 革新的適応のメカニズム —— 長期取引関係の構造と機能』（東洋経済新報社，1997年）。

[25]　清水・前掲注(6) 27頁。

国際取引の現代的課題と法

に十分持ち得ていたはずであるし，それに応じた契約実務を確立させてきたことは想像に難く無い(26)。伝統的な日本的契約実務は，契約をおよそ関係的に処理してきたのではなく，その実態は，記述できるところは極力記述し，その限界を関係的な要素で補ってきたと見るのが正しかろう。その意味において，ヒアリング調査の結果は，筆者の仮説に十分親和的なものであると考えている。

2 食品バリューチェーンにおける品質管理

食の安心・安全が求められ厳格な品質管理が求められる食品取引の世界では，品質管理強化に向けた取り組みが契約関係そのものを大きく変容させている。小売業者は，サプライヤーが供給する食品が一定の仕様や品質管理基準を満たしているかについて強い関心を持ち，その品質管理のプロセスに強い関心を寄せる。

(1) 小売業者による品質管理基準の制定

加工食品の調達取引では，一定の仕様，ルールに従った調達プロセスの構築が課題となっている。コンビニエンスストアや大手のスーパーでは，納入される食材の品質管理のために，委託先業者に対し，さまざまな項目の自主点検を課し，従業員に対する教育・訓練等を施すことで，工場全体の品質衛生管理レベルの維持・向上を要求し，食品事故の発生防止につながる管理運用精度を高めている。たとえば，ファミリーマートでは，安全・安心を確保する取り組みの一つとして，外部機関による定期点検を通じて現場の品質衛生管理の評価を行うとともに，隔月で製造委託先の品質管理責任者と，「全国品質管理会議」を開催している(27)。セブン＆アイ・フードシステムズでは，新規食材の仕入先に対して自社の品質基準を定めた「取引条件」の遵守を求め，継続的に仕入れている食材については取引先工場を定期視察し，適正な品質管理が行われているかを確認している(28)。ファミリーマートが中食商品に使用する原材料は，

---

(26) この点，戦後日本の伝統的な関係的取引慣行が最も顕著に現れたのは，自動車や電機のような国際競争に晒された領域ではなく，国内の建設請負工事や銀行融資であったのであろうと筆者は考えている。小林・前掲注(3) 932 号 76-83 頁。

(27) 「製造委託中食向上での品質管理」ファミリーマート 〈http://www.family.co.jp/company/csr/safety/nakasyoku.html〉（閲覧日：2017 年 9 月 22 日）。

(28) 「食の安全・安心へのこだわり」セブン＆アイ・フードシステムズ 〈https://www.7andi-fs.co.jp/7fs/company/safety04.html〉（閲覧日：2018 年 2 月 27 日）。

事前に検査証明書の確認や工場点検を行うとともに，委託先の各工場に対して
は，食材の受け入れ検査を要求している[29]。こうした取り組みは，小売・納
入業者の間で統一の実務基準をルールとして設定し，それに従った画一的な運
用を実現させようとする試みの一つであると評価される。

(2) 食品廃棄ロスに向けた商慣習の改善事例

　日々大量に発生している食品廃棄ロスを削減することが重要な社会的課題と
なる中，農林水産省の主導による食品ロス削減のための商慣習改善に向けた取
り組みは，食品業界における契約実務の進化を示唆する実例の一つである[30]。
イオンリテールでは，翌日販売する商品を，毎日ゼロから考えて発注するので
はなく，事前に1週間分の計画を立て，その計画をメーカーと共有した上で，
日々その数量を調整していく「週間発注」のシステムを導入している[31]。発
注端末上に，過去1週間分の日別・単品別の販売数，販売金額，最終販売時刻
が表示される[32]。画面を見ながら，発注担当者が1週間分の計画数量を入力
した上で，前日までに数量修正し，発注数量を確定する。発注計画と最終の発
注数量の誤差は上下2割程度に抑えるよう取り決められる[33]。発注システム
を改善することで，向こう1週間の発注計画を精緻化し，計画値と最終の発注
数量との差異の極少化を達成している[34]。それでも差異が生じてしまう場合は，
都度メーカー担当者とイオンリテールの商品部で調整がなされる[35]。

　契約実務という切り口から見た場合，イオンリテールの事例は，発注日前日
にオーダーされた数量を唯一の合意事項とした上で見込生産との乖離は都度話
し合いで解決してきた従来型の契約に，発注計画を事前に共有した上で，計画
と発注数量の誤差を上下2割程度に抑えるものとする追加の合意事項を加えた

---

(29)　「安心安全な原料調達」ファミリーマート〈http://www.family.co.jp/company/csr/sa
fety/koujyou.html〉（閲覧日：2017年9月22日）。

(30)　「商慣習検討」農林水産省ホームページ〈http://www.maff.go.jp/j/shokusan/recycle/
syoku_loss/161227_3.html〉（閲覧日：2017年9月26日）。

(31)　「日配品　食品ロス削減事例のとりまとめ結果」財団法人流通経済研究所〈http://www.
dei.or.jp/foodloss/pdf/160317_04.pdf〉（閲覧日：2017年9月26日）。

(32)　食品ロス削減事例・前掲注(31)。

(33)　食品ロス削減事例・前掲注(31)。

(34)　食品ロス削減事例・前掲注(31)。

(35)　食品ロス削減事例・前掲注(31)。

国際取引の現代的課題と法

ものとなっている。発注システムの技術改善によって，契約上のルールを1つ追加することを可能にし，その結果，当事者の関係的な解決の余地が狭まる。

　コンビニエンスストアやスーパーなどの小売業者は，全ての納入業者に対して客観的な品質基準を設定し，その遵守を求める一方，個別具体的に設定される取引条件についても，サプライチェーン毎にそれに適した管理手法を導入している。加工食品などロットが小さく製品の製造から納品までのリードタイムが短い商品については，詳細の契約ルールを定めるのにはあまり馴染まない向きもあるが，それでも小売業者とサプライヤーとの関係において，要求される品質管理や納品プロセス等に関わる遵守事項は増え，当事者を拘束するルールの項目も増加している。そうした中，関係的な問題解決手法は，品質や納品の管理に関するルールや仕様の記述の限界を補完するものとして，依然としてその役割を果たしている。

Ⅲ　継続的契約関係の維持管理の現代的手法

1　バリューチェーンと継続的契約

　序章（Ⅰ）において簡単に触れたとおり，当事者が長期にわたって固定化された権利義務に拘束されるような契約が成立するためには，希少性の高いモノやサービスを長期安定的に調達したい顧客の存在と，そうした希少性のあるモノやサービスを長期にわたって提供することへの耐性が強いサプライヤーの存在が前提となる。

　企業取引において特定の当事者からの長期安定的な調達を必要とするプレーヤーの代表例としては，メーカーブランド品を一括して請け負う販売代理店があげられる。特定のメーカーブランド品のみを一手に扱っている代理店は，当該メーカーからの調達ができないと代理店機能を果たし得ない。しかし，供給者側にとって，長期にわたって供給をコミットするためには，それができるだけの十分な体力と万一の事態に備えた万全なリスクヘッジの対策が必要となる。販売代理店を起用するブランド品メーカーにとって，特定の販売代理店を通じた供給ルートで長期間販売チャネルを固定化できるだけの経営余力を持ち得るほど，競争環境は甘くはない。将来の環境変化に応じて流通チャネルを再構成できるだけのフレクシビリティが欲しい。したがって，代理店契約のほとんど

は契約期間を短期に抑えて，自動更新条項で更新していく手法が採られる。メーカーは代理店との長期継続的な付き合いを念頭にはおきながらも，契約上は，メーカー側がいつでも契約を打ち切るオプションを持ち，環境変化への耐性を確保しておく。

　一方，当事者が長期間にわたり一定の権利義務関係に拘束される継続契約を成立させようとする場合，長期にわたって抱えるリスクを低減し，適切に管理するための契約上の建て付けを確保しておきたい。そしてそうしたリスク管理の一環として，バリューチェーン内の隣接する取引にも同様の長期コミットメントを連鎖させることがしばしば求められる（長期コミットメント型バリューチェーン）。長期コミットメントの連鎖に耐えられないバリューチェーンでは，上述の販売代理店の事例のように，当事者は近い将来の契約解消（エンドゲーム）をメインシナリオとしてもたざるをえない（エンドゲームオプション付バリューチェーン）。以下，長期コミットメント型のバリューチェーンとエンドゲームオプション付バリューチェーンの特徴を比較しながら観察していきたい。

2　長期コミットメント型のバリューチェーン
(1) 公共性の高い事業バリューチェーンにおける長期安定供給の必要性

　最終需要家が長期安定的な供給を求める製品のバリューチェーンは，最終需要家のニーズに引っ張られて長期継続的な様相を帯びる。最終需要家が公共性の高い事業を営む場合，長期安定供給へのニーズは高まる。電力会社が調達する燃料についても，長期安定的な電気供給確保の必要性から，長期確保が求められる。資源やインフラビジネスに長期のコミットメントを求める契約類型が多いのはそのためである。

　長期継続的な事業を展開するためには，それに耐えうるだけの十分な先行投資が求められ，事業が公共性の強いものである場合には，規模は大きくなり，その金額は巨額になる。資源やインフラ開発の大規模プロジェクトでは，事業者（スポンサー）のみでは資金負担に耐えられず，金融機関（レンダー）によるノンリコースローンの供与が必要となる。レンダーは，プロジェクトのキャッシュフローのみを担保として融資を行う以上，将来キャッシュフローをできる限り確定的なものとする必要がある。そのためプロジェクトの関連契約には様々な制約が課される。

国際取引の現代的課題と法

　将来キャッシュフローをなるべく確定しておきたいプロジェクトファイナンスの世界では，契約当事者のみならず，プロジェクトを取り巻く金融機関やオフテイカーなどの第三者の目線もあり，契約の基本構造を変更するにあたっての利害調整の必要性は大きい。ゆえに，個々のプロジェクト契約において当事者が任意で契約条件を変更したり，契約関係を解消したりすることが制限される。

(2) 電力バリューチェーンと IPP 事業

　独立系発電事業者（Independent Power Producer: IPP）によって運営される電力事業（IPP 事業）は，事業に出資をするスポンサー，融資を供与するレンダー，プラント建設工事を請け負う請負業者，電力を購入するオフテイカー，原料を供給するサプライヤーといった様々なステークホルダーが関与する事業である[36]。スポンサーが出資するプロジェクト会社によって発電事業が運営されるが，プロジェクトには多数のステークホルダーが関係することもあり，契約では詳細にわたったプロジェクトのリスク管理が求められる[37]。

　プロジェクト会社は，地域に電力を供給する送配電事業者や民間の電力供給者などの電力購入者（オフテイカー）との間で，長期売電契約（Power Purchase Agreement: PPA）を締結する[38]。

　IPP 事業の場合，電力料金は，プロジェクト会社が赤字に陥ることのないような料金設定がなされる。料金設定は，一般に電力購入者がいつでも利用，購入可能な状態に保っていることの対価として固定的に支払われるキャパシティチャージ（固定部分）と主にプロジェクト会社の変動費をカバーするエネルギーチャージ（変動部分）に分けられる[39]。

---

[36]　発電事業は長期の安定的なキャッシュフローを見込みやすいことから，アジア，中東諸国の火力発電事業を中心にプロジェクトファイナンスは多数活用されてきたが，近年，わが国でも，再生可能エネルギーの全量買取制度導入以降，再生可能エネルギーの発電案件でプロジェクトファイナンスが活用されているほか，電力会社による大規模火力発電の入札募集も行われている。小林卓泰・齊藤憲司「プロジェクトファイナンスの契約実務における留意点──国内火力発電事業を念頭に①電力供給契約」NBL1042 号（2015年）65 頁。

[37]　エドワード・イェスコム『プロジェクトファイナンスの理論と実務（第 2 版）』（金融財政事情研究会，2014 年）22 頁。

[38]　イェスコム・前掲注[37] 162-163 頁。

[39]　イェスコム・前掲注[37] 165 頁。

図2 プロジェクトファイナンスを活用した電力(IPP)事業の仕組み

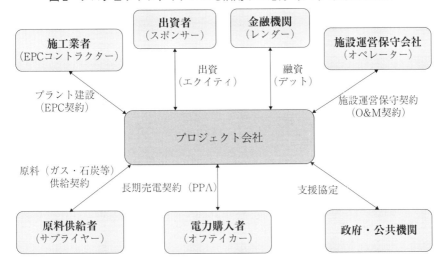

通常,プラントが稼働していない期間については,エネルギーチャージは発生しない[40]。しかし,プロジェクト会社と燃料供給者が締結するガス供給契約において,プロジェクト会社がテイクオアペイ(take or pay)の義務を負っている場合は,当該義務をヘッジする必要があるため,電力購入者に対しても,施設の稼働状況いかんにかかわらずキャパシティチャージとして固定料金の支払義務を負わせることがある[41]。キャパシティチャージとエネルギーチャージの二本立ての料金体系は,プロジェクトのキャッシュインフローのミニマムを確保できるというメリットがある。

発電事業を開始するにあたっては,施設の建設・保守整備に関する不確実性を排除しなければならない。完工遅延・コストオーバーランなど施設の建設費用が予想以上にかかる場合に生じる追加費用を誰が負担するかについて契約であらかじめ取り決めておく必要がある。長期売電契約では,こうした不確実生に対して,様々なペナルティ条項をプロジェクト会社に課している。まず,プロジェクト会社が売電契約に定められた施設の性能を確保できない場合には,

---

[40] イェスコム・前掲注(37) 167頁。
[41] イェスコム・前掲注(37) 167-168頁。

国際取引の現代的課題と法

予め定められたペナルティを支払わなければならない（予定損害賠償）[42]。完工後も，アウトプット量不足へのペナルティやアベイラビリティの低さに対するペナルティも設定される[43]。

施設の不具合のリスクは，プラント建設にかかわる EPC 契約において施工業者にヘッジされる[44]。大規模建設事業においては，施設の基礎設計・エンジニアリング，設備機械の製造・調達，事業施設の建設・組み立てといった複数の業務が発生するが，これをスポンサー企業に個別にアレンジさせるのでは，レンダーは不安であることから，プロジェクトファイナンス事業では，これらを一括して発注するのが一般的である。そして，請負企業は，事業施設を完成させ，直ちに運営できる状態でプロジェクト会社に引き渡さなければならない（ターンキー契約）[45]。スポンサーである施主は，事業用地の手当て，建設に必要なユーティリティの確保，事業実施のための第三者との契約確保，環境リスクなどについて責任を負う[46]。契約金額は原則として固定されるが，いくつか例外を設けて支払額の増額を認める[47]。完工遅延が生じた場合には，1 日あたり一定額の遅延金が予定損害賠償として支払われる[48]。

オフテイク契約では，安易な契約解除によってプロジェクトが頓挫するのを回避しなければならない。レンダーの許可なくして契約解除をさせない仕組み作りのため，レンダーおよび各プロジェクト当事者との間で直接協定（Direct Agreement）が締結される[49]。直接協定では，レンダーがプロジェクト関連契約に対して担保権（譲渡予約）を設定することを認め，プロジェクト当事者が行う支払につきレンダーが指定する口座への支払を義務付ける[50]。プロジェ

---

[42]　イェスコム・前掲注(37) 169-170 頁。

[43]　イェスコム・前掲注(37) 171-173 頁。

[44]　「EPC 契約」とは，設計（Engineering），調達（Procurement），建設（Construction）の頭文字をとったもので，これらを一括して請負業者に発注する契約を意味する。小林卓泰・齊藤憲司「プロジェクトファイナンスの契約実務における留意点——国内火力発電事業を念頭に②工事請負契約」NBL1047 号（2015 年）47 頁。

[45]　イェスコム・前掲注(37) 239 頁。

[46]　イェスコム・前掲注(37) 246-247 頁。

[47]　イェスコム・前掲注(37) 245 頁。

[48]　イェスコム・前掲注(37) 249-250 頁。

[49]　イェスコム・前掲注(37) 289 頁。尚，プロジェクト会社も直接協定の当事者となる場合もある。

クト当事者はレンダーの同意なくして関連契約の修正を行うことができず，関連契約が債務不履行となった場合には，レンダーにこれを治癒できる期間が与えられる[51]。

さらに，直接協定上，レンダーにはステップ・インと呼ばれる権利が与えられる[52]。レンダーは，自らが指定する第三者にプロジェクト会社の関連契約上の権利・義務を連帯して引受させ，当該権利・義務をプロジェクト会社に代わって処理させる[53]。レンダーは一時的にプロジェクト会社の立場に身を置き（ステップ・イン），任意の判断で介入を終了する（ステップ・アウト）[54]。ステップ・インを行ったレンダーは，最終的に新スポンサーによる事業の承継を行わせる判断を行う場合がある[55]。レンダーが指名した新スポンサーにプロジェクト会社の出資持分を譲渡し，あるいは新スポンサーに新会社を設立させ，新会社に旧会社の資産を譲渡する等の手続きがとられる。

プロジェクトファイナンスにおける直接協定の役割は，プロジェクト契約について，当事者が任意で契約を解約することを制限するだけでなく，相手方が債務不履行に陥った場合の契約の解除をも制限するという点において特徴的である。長期コミットメント型の契約を成立・維持させるためには，隣接する契約においても同様の長期契約を連鎖させなければならず，直接協定は，そのためのメカニズムを定めるものとして契約実務に定着したものととらえることができる。

(3) ファイナンスリースとノンキャンセラブル契約

長期継続型の契約で，任意の中途解除権が制限されている取引類型の典型例として，ファイナンスリースがあげられる。ファイナンスリースとは，ユーザーが希望する物件をリース会社がユーザーにかわって購入し，それをユーザーに貸し出す賃貸借契約である[56]。実質的にはユーザーの物件購入資金に

---

(50) イェスコム・前掲注(37) 290 頁。

(51) イェスコム・前掲注(37) 290-291 頁。

(52) プロジェクトファイナンスにおけるレンダーのステップ・インについて論じた文献として，村上祐亮「プロジェクトファイナンスにおけるステップ・インの再検討——英米における Direct Agreement の実務を踏まえて」NBL1052 号（2015 年）51-59 頁。

(53) イェスコム・前掲注(37) 291 頁。

(54) イェスコム・前掲注(37) 291 頁。

(55) イェスコム・前掲注(37) 291 頁。

対する融資という性格を持つ。原則としてリース期間中において，ユーザーは契約を解約することができず（ノンキャンセラブル），物件の購入代金，金利，固定資産税，損害保険料等のコストを実質的にユーザーが負担するようにリース料が設定される（フルペイアウト）[57]。物件の修繕・保守は，ユーザーが負担し，リース会社は，物件の瑕疵担保責任を負わない[58]。

　船舶ファイナンスの場合，船舶を保有する特定目的会社は船舶の傭船者（ユーザー）との間で長期傭船契約を締結する[59]。船舶ファイナンスを供与するレンダーにとって，傭船者に一定期間傭船契約を継続してもらうことは，安定的なキャッシュフローを確保するためにも欠かせない。従って，傭船者は傭船期間中の任意の契約解除が認められないことが多いが，その実質は資産ユーザーに対する資産購入資金の融資となんら変わらず，傭船者は，長期間契約に拘束されることについて抵抗を感じることはない。

　ファイナンスリースは，総じて物件の長期利用のニーズがあるユーザーに対する金融という特質を持つものであるが，ファイナンスを供与する金融機関は，対象となる物件を担保として確保するとともに，分散投資による資産ポートフォリオを形成することで，長期与信リスクへの耐性を確保している。これはその他の長期金融についてもあてはまる基本的な構造であるといえる。

3　エンドゲームオプション付バリューチェーン

(1)　継続的契約における契約期間設定の問題

　技術革新が激しい事業のバリューチェーンにおいて，プレーヤーは，将来の不確実性を所与の前提として取引に臨まざるをえず，確定的なリスクシナリオを描くことも困難である。リスク管理に限界がある以上，金融機関の融資も，特定プロジェクトのキャッシュフローに着目したプロジェクトファイナンスではなく，会社そのものへの信用を前提としたコーポレート融資の形態がとられ

---

(56)　ファイナンスリースの仕組みについては，江頭憲治郎『商取引法（第 7 版）』（弘文堂，2013 年）203-218 頁が詳しい。

(57)　江頭・前掲注(56) 204 頁。

(58)　江頭・前掲注(56) 204 頁。

(59)　「船舶ファイナンス」みずほ銀行ホームページ〈https://www.mizuhobank.co.jp/corporate/finance/fin_product/senpaku_finance/index.html〉（閲覧日：2017 年 9 月 25 日）。

11 ポスト関係的契約論〔小林一郎〕

る。コーポレート融資の融資期間は必然的に短期化の傾向を有し、レンダーは融資先企業の経営状況を観察しながら機動的に契約から解放される手段を確保する。

事業バリューチェーンにおいて取り交わされる継続的取引契約の契約期間も必然的に短期化の様相を帯びる。筆者の経験に基づくと、この種の継続的売買契約における契約期間の多くは1年、長くても2～3年程度に留まり、期間満了の数ヶ月前までに終了通知のない限り、更に一定期間契約を自動的に更新させる自動更新条項付きであるのが一般的である。自動更新条項がない1年契約の場合であれば、契約条件は年度毎に更改され、毎年一定の時期になると次年度の年度契約の条件交渉が行われる。長期または無期限の売買基本契約を締結する場合もあるが、個別取引については具体的な条件を定めず、当事者の行動規範の大枠だけを取り決めたものがほとんどであると思われる[60]。自動車や電機産業においては、取引先の切り替えにあたっては、基本契約は解消しないものの、ゼロ発注にすることで取引関係を解消するという[61]。

長期間一定の権利義務に縛られることを求めるような長期コミットメント型契約のニーズは、公共的見地から長期安定供給が求められるような場合や、実質的な意味での購入資金の融資のためにあえて長期契約の形態を創設するような場合以外には、それほど想定しづらい。長期契約には、それなりのボリュームの資金が必要である（たとえば20年にわたってモノを供給するためには、それなりの設備が必要で初期投資がかかる）ことから、その背後には投資家や金融機関による資金供給が控えている。長期の資金調達に支えられない限り、企業は長期間にわたって一定の権利義務に縛られるような契約を結ぶインセンティブを持ちえない。計画上事業は長期間存続することを意図していながら、契約はいつでも終了できる建て付けを採らざるをえない。事業計画と契約には期間のギャップが生まれる。

(2) 合弁事業と撤退権の確保

合弁事業で取り交わされる株主間協定や戦略的提携契約などの多くは無期限

---

[60] 自動車部品取引においては、メーカーによる発注量のコミットメントは月次の個別注文のみであり、見積の前提として示される生産計画台数はあくまで計画にすぎない。後藤元「『日本的取引慣行の』の実態と契約法への示唆」商事法務2142号（2017年）69頁。

[61] 清水・前掲注(6) 24頁。

国際取引の現代的課題と法

の契約である。これらは長期継続的な契約の一種であると考えられるが，契約期間が無期限であることは，必ずしも永続的な契約関係を志向しているというわけではない。株主間協定の交渉現場は，株主が自らの意思で合弁事業から撤退できる権利を確保することにエネルギーが注がれている。マイノリティ株主にとっては，会社の帰趨についてフリーハンドの決定権を持つ支配株主の専横に対する防御が課題となるが，支配株主との利害対立が解消に至らず，株主としてのメリットを見いだせなくなる場合には，株式を売却して撤退するしか途はない。株主間協定の意義は，永続的な合弁関係のあり方を模索することと同時に，株式に流動性がなく撤退が困難となる閉鎖会社において株主に撤退の機会を付与することにも強く見出される。

　無期限の合弁契約や提携契約においては，一般に事業のアクションプランは具体的に定められることは少なく，提携の理念などを青写真的に取り決めることのほうが多いと思われる。何かしら権利義務を定めるとしても，役員の選任方法や意思決定のプロセスについての取り決めに限られ，具体的な取引の条件が定められることは少ない。合弁事業が生み出す成果物を株主の出資比率に応じて引き取る義務が盛り込まれることはあるが，そのようなケースにおいては，合弁会社はもはや親会社のキャプティブ・エンティティとして位置付けられ，バリューチェーンの垂直統合のような様相を呈することとなる。

4　バリューチェーンの変容と継続的契約の帰趨

(1) 商品のコモディティ化に伴うバリューチェーンの変容

　対象商品のコモディティ化は，プレーヤーのリスク管理を容易にする。前章（Ⅱ）で検討したように，そもそも分厚い市場が存在していれば，企業はあえてある特定の顧客に向けた関係特殊投資に経営資源を集中する必要もなく，製品を大量生産し市場で確実に売却すればよい。成熟した製品はコモディティ化し，巨大な市場がバリューチェーンを統治する。商品取引所を通じた取引によって相場が形成される。電力自由化は，電力の自由な売買を可能とし，IPP事業者は作った電力を市場で売却することが可能となる。米国を中心に普及し，長期売電契約（PPA）による長期固定的な売電先を持たず，市場で電力を売却することを前提としたマーチャント発電事業（マーチャント IPP）では，電力の販売先は予め確定されず，巨大な市場が電力を吸収する[62]。電力事業に要

するプラント建設は，オフテイカーに依存する関係特殊投資ではなく，無事に完工さえすれば確実に市場での回収が見込まれる投資であると位置付けられる。IPP 事業者は，長期の契約に依存することなく事業を遂行する。

(2) 資産証券化

電力事業や不動産運用などに資金を供給する投資家の側では，証券化の進展が，投資家の電力や不動産事業への投資を容易にした。不動産をプールにした特別目的会社は資産担保証券を発行することを通じて，不動産から生み出されるキャッシュフローを画一化・細分化する[63]。複数の不動産をプールし，ポートフォリオを形成し，リスクの分散をはかる。投資家の金融投資は，不動産を分厚いセカンダリー市場に支えられた流動性の高い商品に変換する。従来は，経験値を積んだレンダーによる長期の間接金融によって組成されてきた大規模事業は，事業に精通していない一般投資家の投資対象としても認められるようになった。証券化（それは高度な記述力を伴った資産運用ガバナンスの手法に裏付けられた資産受益権の細分化・画一化であるといえる）によって長期の融資契約を消滅させた典型例である。

(3) プロジェクトファイナンスのミニパーム・ローン

伝統的なプロジェクトファイナンスの世界では，融資期間はプロジェクト期間と平仄をあわせるものがほとんどであった。しかし，昨今では，20 年を超えるプロジェクト期間に対して，融資期間を 3 ～ 5 年と短期に設定し，リファイナンスを前提としたミニパーム型の融資が欧米市場を中心に広がっている[64]。ミニパーム・ローンの場合，計算上，融資期間中にプロジェクトから生ずるキャッシュフローでは融資金額全額を回収できない。

---

[62]　イェスコム・前掲注[37] 342 頁参照。

[63]　不動産証券化については，本文で紹介する不動産証券化は，証券化の対象となる特定の不動産の存在が前提となる「資産ありきの不動産証券化」に対し，運用すべき資金の存在を前提とする「資金ありきの不動産証券化」と呼ばれる。不動産投資信託（リート）や不動産プライベートファンド等に代表され，複数の投資家から募った資金をプールし，当該資金を用いて不動産投資を行い，そこから得られる収益を投資家に対して配分する仕組みをとる。

[64]　ミニパーム・ローンについては，加賀隆一『プロジェクトファイナンスの実務──プロジェクトの資金調達とリスク・コントロール』（金融財政事情研究会，2007 年）203-207 頁参照。

金融機関が安定的なキャッシュフローを確保しないままミニパーム型のプロジェクトファイナンスが普及した背後には，プロジェクトボンド市場の普及がある[65]。民間銀行は，融資が長期にわたって固定することを嫌い変動金利による短期融資を望むが，プロジェクト着工から完工に至る迄のリスク分析能力に長けている。一方，プロジェクトボンドを購入する機関投資家は，長期の資金提供が可能であるもののプロジェクトリスクの精査には限界がある[66]。ミニパーム・ローンのスキームは民間銀行と機関投資家がうまく役割分担を果たすことで最適化をもたらしている。プロジェクトが完工し，短期のミニパーム・ローンの融資期間が到来すると，プロジェクト会社は融資をボンドに切り替える。レンダーの融資の返済資金はプロジェクトボンドによる調達資金によって賄われる。万が一プロジェクト会社がプロジェクトボンドの組成に失敗した場合には，レンダーは新たな条件で長期融資に応じる。その場合の融資金利は当初の融資金利よりも高めに設定される。分厚いプロジェクトボンドの市場が存在することで，プロジェクト会社は，資金調達が短期ベースにとどまる場合であっても，リファイナンスリスクを抑えながら，長期の事業継続への支障を排除することができる。分厚い金融市場への期待と安心，レンダーへの信頼が，融資期間満了時において金融機関との不透明・不確実な交渉に晒されるリスクを低減させている。

Ⅳ　ま　と　め

本稿では，現代社会における契約慣行の実態を，製品仕様の確定の場面と，継続的契約解消の場面についてそれぞれ検討した。

製品仕様に関する規律付けの問題は，バリューチェーンの統治手法の問題と密接に関連することを検証した。関係的な契約慣行の定着度合は個々のバリューチェーンの特性に大きく依存することとはなるが，一般に，製品仕様に関する記述力を高めることはバリューチェーンの統治力を高めることに繋がりやすいと考えられる。ただし，取引実務は，製品仕様に対する記述力を高め，

---

[65]　米国では主に私募債（ルール 144A 債）が用いられている。加賀・前掲注[64] 211-218 頁参照。

[66]　加賀・前掲注[64] 204 頁。

契約を確定的なものに高めるべく進化していく一方で，新規技術の登場は，製品仕様の記述を一からやり直す作業に迫られ，そこで関係的な実務が新たに醸成される場合もある。関係的な取引慣行は，仕様に対する契約記述力が弱まったところで補完的に発生する取引慣行であると整理することができる。

　契約の継続性の問題に関しては以下のことがいえる。一般に，企業が営む事業は長期間の存続を前提としているものの，企業が取り交わす契約は，必ずしも長期間当事者が拘束されることを前提としていない。企業をとりまく事業環境の変化は激しく，誰も数年先の未来を正確に見通せないのであれば，それは当然であろう。実際に，継続的な売買契約では，柔軟な契約解消が可能となるような自動更新条項付短期契約が主流であり，いざという時に備えた任意の契約解除権が確保されている。契約期間が無期限の契約であったとしても，任意の契約終了の途を閉ざしているものは少なく，あったとしても，具体的な権利義務が設定されない紳士協定的なレベルに留まっているものがほとんどであろう。合弁事業を規律する株主間協定のほとんどは，株主が一定の手続を踏めば，いつでも株式を売却して事業から撤退できるような条項が置かれている。計画上の想定としては長期間の事業存続を前提した事業であっても，契約期間はいつでも解約可能な建て付けとする点で期間のミスマッチが生まれるが，当事者はこれを関係的な問題解決で乗り切ってきたと考えられる。

　一方，任意の中途解約が制限されるような長期コミットメント型の契約が成立するためには，相応の厳格な契約リスク管理が前提となる。そして，ある取引契約を長期拘束的な契約とする場合，リスク管理上，バリューチェーン内で隣接する取引契約についても同様の長期拘束的な契約で固める必要も出てくる。リスク管理の要請は，長期コミットメント型契約の連鎖を生むからである。

　事業の公共的な性格ゆえに成果物の長期安定供給が要請されるようなケースでは，関連する契約は長期にわたって権利義務を固定するニーズが高くなる。お互いの退出を許さないような厳格な長期コミットメント型の契約が成立するためには，それだけの長期間契約を維持できるだけの安定的なキャッシュフローの確保が条件となる。長期継続的な契約は，おのずと金融機関による長期のファイナンスを背後に控えたものとなる。金融機関としても，ローンの返済を担保できるだけの十分なキャッシュフローを確保するためにも，関連するプロジェクト契約の当事者による安易な契約解消を制限する必要がある。多数の

国際取引の現代的課題と法

関係者の利害調整の必要から，プロジェクト契約は複雑かつ詳細なものとなる。

長期コミットメント型契約を支えてきた長期のノンリコース融資は，証券化の手法の導入により資本市場に代替され，投資の流動性を生む。金融手法の進化により，長期事業に対する金融の間口が広がることで，長期コミットメント型の取引契約がそれに見合うだけの長期にわたる確実な資金的バックアップがなくとも成立しやすくなるが，これは資本市場の発展が事業の資金調達面において長期コミットメントの連鎖を断ち切ったことによるものでもある。また，製品がコモディティ化すれば，そもそも長期コミットメント型契約のニーズもなくなる。米国で普及しているマーチャント型 IPP は，長期の電力オフテイク契約を消滅させ，電力事業の運営にフレクシビリティを与えた。

このように，契約実務は，長期コミットメント型の契約のニーズに応えるべく，リスク管理徹底のために契約の記述力を高める努力をすると共に，バリューチェーンの統治構造を変え，あるいは長期契約の連鎖を断ち切る工夫を凝らすことで，多様な契約パターンが柔軟に構築できるような環境整備に努めている。そうした中で，関係的とよばれる契約実務も必要に応じて契約の記述力が不足している契約において適宜補完的な役割を演じているものと思われる。

本稿の検証作業は，実証的な研究というには程遠く，単に契約実務に関する一つの仮説を示したにすぎないが，本稿が示した契約実務の姿は，筆者がこれまでの実務経験をふまえ，ひとまずたどり着いた結論である。今後の実証的な研究の成果が待たれる。

12 ウィーン売買条約第8条に規定する当事者の意思解釈について
── 契約成立に関する事例に基づいて

富 澤 敏 勝

I はじめに
II CISG 第8条の規定の意義

III 契約の成立に関して CISG 第8条が適用された事例
IV おわりに

I はじめに

ウィーン売買条約（「国際物品売買契約に関する国際連合条約」The United Nations Convention on Contracts for the International Sale of Goods，以下「CISG」という）の適用下においては，CISG の規定よりも売買契約の当事者の意思が優先する（CISG 第6条）。当事者の意思が明らかでない場合，当事者の意思解釈のために CISG 第8条の規定が重要になる。かつて筆者は CISG の契約成立に関する規定の事例研究を行ったが[1]，その折り第8条に規定する当事者の意思解釈の重要性を改めて認識した。実際のところ，契約の成立から履行に至るまで売買契約のそれぞれの局面において，第8条が頻繁に参照される[2]。ところがこの問題は研究者の間ではあまり重視されてこなかったうらみがある[3]。そ

---

[1] 拙稿「国連物品売買条約の契約成立に関する適用事例について」山形大学紀要 37 巻 2 号（2007 年）1 頁。今は亡き澤田壽夫先生の主宰された研究会で筆者がこのテーマで報告した日のことが偲ばれる。

[2] この点，CISG 適用下での書式の争いに関連して，第8条の重要性を明瞭に指摘した論考に田中誠一「国際取引法研究の最前線⑧」国際商事法務 Vol. 41 No. 2（2013 年）246 頁がある。

[3] 新堀聡『ウィーン売買条約と貿易契約』（同文館，2009 年）30 頁。

国際取引の現代的課題と法

こで本稿ではCLOUT[4]を基礎資料としてこの問題を取り上げてみたい。

　なおCISGの規律する売買契約であっても，国内法が適用されることがありうる。たとえばアメリカが法廷地の場合，口頭証拠排除原則が手続法の問題であるとの解釈に立てば，CISG第8条に基づく解釈が排斥されることがありうる[5]。しかし本稿ではこの問題には立ち入らず，CISG第8条が適用された前提で検討する。

　まず後述ⅡでCISG第8条の規定の意義を確認したうえで，紙数の関係から契約成立に関する事例に絞り，後述Ⅲで取り上げることにしたい。

---

[4]　CLOUT（http://www.uncitral.org/uncitral/en/case_law.html）（閲覧日：2017年3月23日，以下インターネット資料の閲覧日も同様）は，国連国際商取引法委員会（以下，UNCITRALという）の運営するデータベースである。本稿は，補足的にPace University の CISG Database（http://cisgw3.law.pace.edu/cisg/text/cisg-toc.html）も用いた。CISG適用事例のCLOUT掲載総数は閲覧日現在，873件でこのうち第8条の適用された件数は，130件である。また同日現在のPace Univ. のそれは，総数3,186件でうちCISG第8条の適用事例は423件であり，第8条適用ケースの総数に占める割合は，それぞれ14％および13％である。なお事例の紹介はCLOUTに基づいているが，その翻訳ではなく，Pace Univ. データベースの英文全訳等も参照し，本稿のテーマに関する事実ないし法律問題に焦点を合わせて，再構成している。

[5]　北京メタル事件（第5巡回区控訴裁判所1993年判決，CLOUT case No. 24）は，CISG第8条の適用を排除して口頭証拠排除原則を採用した。しかしCISGを排してテキサス州法を適用した根拠が，同原則を手続法として扱ったことによるものなのか，それとも争点の契約が国際売買契約ではなく，和解契約だと解したからなのかは判然としない。もっとも以下に述べるように以後の判例はすべて，CISG第8条を適用している。この問題を正面からとらえたMCCマーブル事件（第11巡回区連邦控訴裁判所1998年6月29日判決，CLOUT case No. 222）は，口頭証拠排除原則は具体的にいかなる証拠を取り上げるのかという実体法上の問題であるとし，法廷地法の適用を排してCISG第8条を適用した。この判決をリーディング・ケースとして，クローディア事件（ニューヨーク南部地区連邦地方裁判所1998年4月6日判決，CLOUT case No. 413），TVT事件（ニューヨーク州南部地区連邦地方裁判所2006年8月23日判決，http//wwwcisg.law.pace.edu），ECEM事件（ペンシルバニア東部地区連邦地方裁判所2010年1月29日判決，CISG-online 2090）が続いた。詳しくは拙稿「ECEM事件判決──ウィーン売買条約適用下の口頭証拠排除原則について」国際商事法務 Vol. 40，No. 11（2012年）1732頁以下参照。

II CISG 第8条の規定の意義

1 CISG 第8条の解釈原則
(1) 国内法の解釈原則の排除

CISG 第8条は，当事者の言明とその他の行為の解釈にあたり，大陸法と英米法の異なる解釈方法を統合するための包括的な規定とされ，国際商事法に広く受け入れられている原則を採用したものとされる[6]。

たとえば国際商業会議所の国際仲裁裁判所1994年仲裁判断（CLOUT case No. 303）は，ユーゴスラビア（当時）の売主（申立人）とイタリアの買主（被申立人）との牛革の売買に関する紛争の和解のために締結されたロシアの供給者も加えた三者間協定書について，特定の国内法によって解釈されるべきではなく，買主の所在するイタリア，売主の所在するユーゴスラヴィアおよび仲裁地であるフランスの3か国の国内法に共通の法的基準を適用すべきであって，英米法の要件である約因を要せずに変更・終了することができるとし，有効と判断した。そして当事者の意思に関する当事者の表明および契約条項の解釈は，客観基準によって評価されるが，当事者にそれと異なる主観的な了解があるときは，この限りではないとするのが一般に受け入れられた国際商事法の原則であり，CISG 第8条はこの原則を採用しているという。

そしてひとたび第8条が適用されると，国内法の解釈原則を排除し，もっぱら第8条の解釈原則を採用すべきものとされる（後述III 1(1)参照）。

(2) 当事者の意思解釈と契約の解釈

第8条は，その文言上「当事者の一方が行った言明その他の行為は」としていることから，直接的には当事者の言明その他の行為に基づいて当事者の意思を解釈し，合意を探求するという解釈方法を規定しているが，売買契約の解釈をも規律する[7]。たとえば物品の適合性（CISG 第35条第1項）に関する契約の解釈に関するスイス連邦最高裁判所2000年12月22日判決（CLOUT case

---

[6] 国際商事契約の一般的原則を定める「ユニドロワ国際商事契約原則」も CISG と同様の規定を置く。すなわち第4.1条第1項および第2項が CISG 第8条第1項および第2項に対応し，第4.3条が CISG 第8条第3項に対応するが，考慮すべき一切の事情についてより具体的に例示している。

国際取引の現代的課題と法

No. 877）がある。中古繊維機械をスイスの売主（被告）から購入したドイツの買主（原告）が契約解除により没収された頭金の返還を求めた訴訟である。最高裁は，当該機械が約14年前に製造されたものであって，専門知識を有する買主は追加部品を組み込むことなしに最新の技術には適合しないことを知っていたはずであり，他方売主は，自らと「同種の合理的な者が同様の情況の下で有したであろう理解」（CISG第8条第2項）に従って契約を締結したであろうから，CISG第35条第1項の要件に適合する物品の供給があったものと認定し，頭金返還請求を退けた。

(3) CISG第8条に対する第7条と第9条との関係

CISGには第8条の他に解釈原則を規定する第7条および第9条の規定がある。これらの条項の相互の関係についてみると，第7条が条約自体の解釈・欠缺補充の原則となる信義則[8]や一般原則について規定しているのに対し，第8条および第9条は，第2部および第3部の契約解釈に適用される。

第8条は，CISGの適用にあたり一方の当事者の言明その他の行為をどのように解釈すべきかの基準を示すのに対し，第9条は，契約の解釈・補充をするための慣習と慣行の基準を定めている。そして一方の当事者が第9条の定める慣習・慣行に拘束されるのは，他方の当事者がCISG第8条第1項に定める一方当事者の意図を知り，または知らないことはあり得なかった場合に限るものとする（後述Ⅲ3(3)参照）。

ところで第8条第3項の求める当事者の言明その他の解釈のために考慮されるべきすべての関連する状況には第9条の当事者間で確立した慣習や慣行が含まれる。とりわけ当事者間で確立した慣行と第9条第2項に定める当事者双方の知る国際取引に広く用いられている慣習とは重なり合うので，慣習の契約解釈・補充への取り込みにあたり，いずれの条項によるべきかの問題が生じうる。どちらにしても結果が同じということから敢えてこの問題に深入りせずに，結論を出している事例（後述Ⅲ1(1)参照）もあるが，前者は当事者の意思の解釈

---

(7) 杉浦保友＝久保田隆編著『ウィーン売買条約の実務解説（第2版）』（中央経済社，2011年）［久保田隆］38頁および潮見佳男・中田邦博・松岡久和編『概説 国際物品売買契約』（法律文化社，2010年）［樋爪誠］35頁も同旨。

(8) 日本民法上第1条の信義則とは異なる。つまり本条約の適用にあたり一般原則として制約的に機能するのではなく，本条約の解釈の次元において機能する。

に重点を置き，後者は契約への補充的効力に重点を置くので，個別事情におけるこのウェイトのかけ方によりいずれかの条項が適用されることになろう。

2 CISG 第8条の各項について

(1) 第8条第1項

本項は，一方の当事者の言明その他の行為によって，その意図を相手方が知り，または知らないことはあり得なかった場合，その意図に従った主観的基準により解釈されるものとする。当事者の意思が重視され，当事者の真意が探求されるから，方式の自由を定める CISG 第11条を排除することもできる。

英米法の口頭証拠排除原則（Parol Evidence Rule）[9]や明白な意味の原則（Plain Meaning Rule）も排除されうる（CISG-AC 意見第3号）。もっとも第8条にも第6条の契約自由の原則は貫かれているから，当事者の意思として契約条項に完全合意条項（Entire Agreement Clause）ないし完結条項（Merger Clause）を置くことにより，第8条を排除することもできる。ただし，この条項を当事者が合意したか否かは第8条第3項に従いすべての事情が考慮されなければならない。TVT 事件[10]では，当該契約に細字で印字された一般条項に完結条項が置かれていたのだが，一方の当事者が相手方に対し「意味のない条項」とか「本件取引に適用しない」などと述べていたことから，相手方が完結条項に同意していないと判断され，同条項の有効性が否定された。

(2) 第8条第2項

本項は，第8条の文言からすると，第8条第1項が当てはまらない場合，本項の客観的基準が適用され，相手方と同種の合理的な者が同様の状況の下で理解したであろうところに従うものとする[11]。しかし実際の第8条の適用にあたっては，通常，前述1(1)の事例（CLOUT case No. 303）のごとく，まず本項により契約書などの客観的事実に基づく判断がなされ，次に前項の主観基準によりそれを覆す主観的意図が存在したか否かが検討されることが多い。

---

(9) 前掲注(5) 参照。

(10) 前掲注(5) 参照。

(11) 合理性基準は本条約の重要な概念である。本項が合理的な人を基準とするほか，第39条第1項，第46条第2項・第3項の合理的な期間内の通知，第63条第1項の合理的な長さの付加期間，第65条第1項の合理的な期間内の指定などがある。

国際取引の現代的課題と法

(3) 第8条第3項

最後に本項は，第8条第1項および第2項に基づく判断をするにあたり，交渉，当事者間で確立した慣行，慣習，事後的行為などすべての事情を考慮することを求める。異議を唱えることなく物品を受領し転売した事後的行為が考慮された事例（後述Ⅲ2(2)）がある。なお第9条との適用関係の問題については，前述1(3)の通りである。

Ⅲ 契約の成立に関して CISG 第8条が適用された事例[12]

1 契約当事者の確定に関する事例

(1) CLOUT case No. 5，売買契約の当事者ではないという買主の主張が否定され，支払義務が認定された事例（ドイツ，ハンブルグ地方裁判所1990年9月26日判決）

(ⅰ) 事 実 関 係

イタリアの衣類製造業者である売主[13]（原告）は，ドイツの買主[14]（被告）の注文を承諾し，売買契約が成立した。衣類が引渡された後，AMG 社（訴外A，法人格を有しない）を振出人・引受人とする為替手形が売主に交付された。

売主は，この手形の支払期日の延長を認めたが，なお支払がなされなかったので，ドイツの裁判所に代金請求訴訟を提起した。買主は，A の名義でもしくは A を代理して契約を締結したのであって，売買契約の当事者ではなく，支払義務はないと主張した。

---

[12] CISG 適用事例のうち，今回取り上げた契約成立関係の事例は，『UNCITRAL CISG 事例ダイジェスト［2016年版］』（United Nations Commission on International Trade Law, Digest of Case Law on the United Nations Convention on Contracts for the International Sale of Goods (2016), New York : United Nations）の「第8条 序論」の脚注（54頁，Note 5）に記載された7事例にプラスして重要事例と思われる2事例（CLOUT case No. 5 および No. 23）を追加した。なお本書の初版は，2008年であり，4年毎に改定されて最新版が2016年版であるが，基本的な内容に変更はなく，事例の追加やそれに伴う解説が補充されている。

[13] 本稿で扱う事例のなかには，「売主」または「買主」であること自体が争われているものもあるが，敢えて訴訟当事者を指して「原告」や「被告」ではなく，契約実体上の立場である「売主」，「買主」および「代理人」等に統一した。

[14] 前掲注[13] 参照。

274

(ⅱ) 判　旨

　ドイツの国際私法に基づき本件契約の特徴的給付を行う売主の所在地の法である イタリア法に準拠し（当時, ドイツは CISG の締約国ではなかった）, イタリア法の一部として CISG 第 1 条第 1 項(b)に基づいて CISG を適用する[15]。

　CISG によれば, 本件訴訟当事者が売主または買主としての意思表示をしていればそれに拘束される。買主は, その意思表示によって買主自身が拘束されるのであって, 第三者ではない。当事者の意思解釈に適用される CISG 第 8 条は, 第三者への帰責は考慮外であって, 買主の意思表示により第三者の A が拘束されることはない。

　買主が A の名義で A のためになした行為かどうか, その結果, 買主による表明が第三者である A に効力を及ぼし得るか否か, この A との関係については, 別途に代理制度の規定に従ってのみ解決されるべきである。逆に意思表示の解釈は, 契約締結を規律する法に準拠すべきであって, 本件の場合, イタリア法によって導かれた CISG である。その限りにおいて CISG 第 8 条がすべてである。

　CISG 第 8 条によれば, 買主の表明からは A に帰責事由があると解釈することはできない。ましてや買主がそもそも実際に隠れた意図を有し, A のためもしくは A に代わってなした行為かどうかは認定できない。いずれにせよ売主はかかる買主の隠れた意図を認識してはいなかったし（第 8 条第 1 項前段）, さらに売主はかかる意図を知るべき立場にもなかった（第 8 条第 1 項後段, 同第 2 項および同第 3 項）。言い換えれば買主はその意図を表明することはなかったのであるから, その意図は単に自らの内面に隠れていたに過ぎないのであって, それを売主に認識させようともしなかったのである。

　この認識の問題については, 第 8 条第 1 項の主観基準によるべきか, 第 8 条第 2 項・第 3 項の客観基準によるべきか, という問題がある。それ故いずれの当事者が証明責任を負うか, いずれの法令に従って証明責任を決定するかという問題が生じうる。しかし, そうだとしても買主が A の名義で A のために行

---

[15]　CISG 第 1 条第 1 項(b)による CISG 適用方法に関して, 杉浦ほか・前掲注(7) 7 頁〔柏木昇〕は, 本事例に基づく簡明な解説を加えている。なお後述Ⅲ 1 (4)の事例（CLOUT case No. 429）も同様に準拠法に指定されたスイス法の一部として CISG が適用されている。

為したということについて，売主に認識がなかったことは明白であるし，少なくともそのことを知らなかったし，知っているはずはなかった，と当法廷は確信する。

またCISG第8条第3項によれば，当事者の意思表示の解釈のために事後の行為も考慮しなければならない。契約締結の後になされた売主の行為を考察するに，売主もしくは他の合理的な者なら誰であれ，あたかも買主が契約締結日にA名義でAに代わって行為したと認識したか，認識しないことはあり得なかったと解釈することは合理的とはいえないし，買主が契約締結日に明示的にA名義で行為したとしても，その有限責任について言及することもなく，Aという名称の会社の責に帰することはできない。

よって当法廷は，第8条に基づいて買主の責任を認定し，さらにドイツ会社法によればAの法人格は否定されるから，買主の代金支払義務は免れない。

(iii) コ メ ン ト

本判決は，CISG第8条の各項にわたり丁寧に事案への当て嵌めを行っている点で参考になる。本件は，代理関係の問題としてではなく，売買契約のメカニズムで解釈されて買主としての責任が認定されたが，この点については後述する（IV参照）。また代理関係の他に法人格の問題が取り上げられ，Aの法人格が否認され，背後の実体である買主の責任が認定されて，買主の責任が重ねて認められた。

買主がなにゆえ第三者名義で取引をしたかったのか，その意図は明らかではないが，仮に買主としての責任を免れるための詐欺的な意図があったとするならば，何をか言わんやである。それにしても買主にそのような意図があれば，ドイツ会社法に基づく法人設立手続ぐらいはしていそうなものであるが，腑に落ちない話である。

(2) CLOUT case No. 334, 織物業者の代理店による売買契約当事者としての代金請求権が否定され，債権の譲渡に基づく請求が認容された事例（スイス，トゥールガウ州高等裁判所 1995 年 12 月 19 日判決）

(i) 事 実 関 係

スイスの買主（被告）は，オーストリアの織物業者（売主）との間で取引条件を取り決め，代金決済に関しては織物業者の代理店（原告）から，請求書などを受領し，代理店の銀行口座に送金していた。買主は，1994 年夏の展示会

用織物を注文したが，売主が前年の7月に倒産したためその契約は履行されなかった。

その後，代理店が引渡済物品の代金を請求したのに支払がなされなかったので，買主に対する訴えを提起した。買主は，代理店は商業登記簿から抹消されており，訴訟の当事者能力がなく，かつ売主としての資格も有しないから，代金を請求することはできないと主張した。さらに買主は，売主の一部契約不履行によって生じた損害の額が代金請求額を超えているとし，損害賠償請求権との相殺を主張した。他方，代理店は，自身が契約当事者であるとし，そうでないとしても売主の倒産以前に債権譲渡を受けていると主張した。

第一審は，代理店は売主とは代理関係にあり，本人として行為したわけではないとして，買主に対する債権の存在を否定した。ただし債権譲渡については，その一部の債権について成立を認めた。他方，買主の相殺についての請求は，立証が尽くされていないとして棄却した。買主が控訴。

(ii) 判　　旨

代理店の訴訟当事者能力について判断するに，清算完了までは会社としての実体があり，商業登記抹消前に訴訟が提起されているので，当事者能力を認めた原審を支持する。また代理店は，契約当事者であると主張するが，これを否定した原審を支持する。

代理関係は，CISG 第7条第2項に基づき，国際私法によって指定された国内法を適用する余地がある。しかしながら，本件のように申込みと承諾による契約メカニズムで解釈することが可能な場合には，契約の成立に関する第14条以下の規定を適用し，その際当事者の言明および行為の解釈は第8条によるべきことになる。これは代理に関する法令の適用を要しないことを意味する。

CISG 第14条第1項の申込みの要件は，申し入れが十分に確定していること，および承諾があるときは拘束されるとの意思表示がされていることである。本件の場合，十分に確定的な申し入れがなされ，申込者が誰であるかを明白に示しているから，間違いようもない。それは単に発信者としてレターヘッドに表示されているだけではなく，申込者として注文の確認とその条件を要求しているからである。それゆえ書面で明白に売主のファックス番号と電話番号とが記されているのである。現に買主は，製造業者たる売主への確認のためにこれらの番号を用いている。客観的にみれば，これらの買主による意思表示の事実は，

国際取引の現代的課題と法

売主が契約当事者であるとする結論を導くことができる。

　第8条に基づく当事者の意思を判断すると，さらに売主の契約当事者としての立場が補強される。意思表示の解釈を適切に行うには，慣習への配慮および誠実の側面からみて，受け手がいかに理解したかを考察しなければならない。すると買主は，唯一の連絡先である織物業者を契約当事者の売主とみなしていたことがわかる。たといそのことに疑義があったとしても，以下に述べる実際の行為によって意思表示の真意を判断すれば，それらの事実によって織物業者の契約当事者としての資格が確認されることになる。いみじくも原審が指摘したように，買主は，不服や不適合通知など契約義務違反に関するすべての交信がまさしく売主たる織物業者との間で常になされていたという事実を援用することができる。さらに売主によるマーケティング費用の援助も直接の関係を示している。よって買主は売主たる織物業者と契約を締結したとみなすことができる。この契約の当事者を決定するに当たっては，支払が代理店を経由してなされたことなどは考慮する必要はないのである。

　当法廷は，すべての関連する状況を考慮した上で売買契約締結に関する当事者の意思表示を解釈した（CISG 第8条）。当法廷は，売主の行為を見れば，代理店ではなく織物業者が売買契約の当事者となることを意図したことは明らかであると認定する（CISG 第14条）。

　しかしながら売主は，代理店にその債権を譲渡したため，代理店に対し売買代金を請求する権利を有する。債権譲渡は，CISG 適用の対象外であるので，当法廷は，国際私法の規定により指定されたオーストリアの国内法に準拠して有効と判断した。

　(iii) コメント

　売主を自称する代理店の目的は，買主からの債権回収であるので，本件の事情からすれば，最初から売主たる織物業者から債権譲渡を受けたものとして構成すべきであったろう。現に裁判所は，織物業者の代理店に対する債権譲渡については認めている。本件の事実関係からすれば，代理店が契約当事者であったと構成することには無理があったように思われる。金銭の授受だけでは契約当事者であると主張するのは，十分な根拠とはなりえないことが示された事例である。

(3) CLOUT case No. 330, 契約当事者は買主の姉妹会社であるとの主張が否定され, 買主の契約成立が認定された事例 (スイス, ザンクト・ガレン州商業裁判所 1995 年 12 月 5 日判決)

(i) 事 実 関 係

ドイツの売主 (原告) は, スイスの買主 (被告) からコンピュータ周辺機器の注文ファックスを受領した。ファックスは価格など申込みの重要な要素を欠いていたが, その後の電話やファックスの交信により補充され, 機器の引渡しが行われた。そして買主は, 機器にいくつか欠陥があるといいつつ, 使用していた。しかし買主が支払をしないので, 売主は代金の支払を求め, スイスの裁判所に訴えを提起した。

これに対し買主は, 売主が契約を締結したのはドイツにある買主の姉妹会社であるとして, 当該売買契約の当事者であることを否定し, 支払債務の不存在を主張した。

(ii) 判 旨

機器を注文した買主からのファクスには署名がなされていないものの, そこには買主の営業所の住所が正確に記載され, その内容は十分に確定的であるから, そのファックスは売主との契約締結を意図する買主の申込みを構成する (CISG 第 14 条第 1 項)。買主の主張するように, そのファックスにはたとえば価格の記載がないなど, 契約のすべての要素が満たされているとはいえないけれども, 機器を購入することに拘束されるとの買主の意思は明確に示されている。また売買契約は, 方式に関していかなる要件にも服しないから, 署名も必要ではない (CISG 第 11 条)。

買主のセールス・マネージャーの証言によると, 電話による交渉においていずれの会社のために働いているかを明確にしてこなかったというのであるから, かかる状況の下では, 売主が善意でファックスの注文に依拠したことは許されよう。そしてまた買主は, 売主がドイツで機器を引き渡し, インボイスもドイツの会社に送付していたというが, 両社は姉妹会社であって, ドイツとスイスの会社が同一と買主が考えていたことに無理からぬ事情があり, 他方, 売主側は姉妹会社であるから, いずれの会社が責任を有するかを恣意的に決めることができる。したがってどちらにインボイスを送付したのかは重要ではないのである。

契約締結に関するすべての状況を考慮すれば，売主が契約の相手先は買主の姉妹会社ではなく，買主そのものと信じていたことは明らかであり，当法廷は，買主に購入代金支払義務があるものと認定する。

(iii) コメント

グループ企業との取引の場合，交渉相手がグループ内のいかなる会社の立場で行為しているかが明確でないことがある。本件の場合，物品の引渡場所とインボイスはドイツに所在する姉妹会社であったことから，スイスに所在する「買主」が契約当事者であることを否定されうる余地があった。しかしCISG第8条第3項に基づき交渉経緯などすべての状況に照らし，ファックスによる注文が確定的な申込みとみなされ，契約が成立したものと認定された。もっとも交渉段階で交渉相手がいかなる資格で応対しているかの確認はビジネスの基本であることはいうまでもなく，売主は交渉担当者の立場を確認すべきであったろう。

なお買主は機器に欠陥があったとしているが，使用しているとも述べており，また実際に欠陥があったとしても，合理的な期間内に不適合について具体的に特定した通知をしていなかった。したがって不適合を援用する権利を喪失しており，いずれにしても救済は受けられなかったであろう（CISG第39条）。

(4) **CLOUT case No. 429，売主は契約当事者には当たらないとして，原告適格が否定された事例**（ドイツ，フランクフルト上級地方裁判所2000年8月30日判決）

(i) 事実関係

ドイツの繊維卸売業者である買主（被告）は，インドの製造業者（訴外A）に織編用糸を自らの顧客のために注文の引合いをした。というのもAは，かつて物品の引渡しに問題があったので，買主は，顧客のために織編用糸のままで注文し，それを撚糸会社で加工して，顧客に引き渡すことにしたからである。

Aの子会社でスイス法人の貿易会社である売主（原告）は，親会社Aの指示により，インボイスを買主に送付するにあたり，買主に引渡場所を照会し，買主は撚糸会社を引渡場所に指定してきた。売主は，スイス法に準拠する旨を記載したインボイスを買主に送付するとともに，代金支払を担保するため物品引渡前の約束手形交付を要求した。買主は，A宛に振り出された約束手形を

交付したが，それには売主の従業員の名前とファックス番号が付記されていた。しかし新たに売主は，期日を繰り延べした約束手形を振り出すよう要求してきた。買主がこの手形を交付しなかったにもかかわらず，売主は本件物品を引き渡した。

　その後買主から代金の支払がなされなかったので，売主は，本件代金の支払を求めドイツの裁判所に訴えを提起した。

　(ii) 判　旨

　ドイツとスイスはともに CISG 締約国であり，インボイス記載の準拠法条項によれば，スイス法に準拠するとしているが，CISG の適用排除を明定しているわけではないので，CISG が適用される。

　すると有効な契約が締結されている限りにおいて，CISG 第57条に基づき売主は織編用糸代金を請求する権利を有するが，本件の場合は，そもそも売主の申込みが CISG 第14条所定の要件を満たしていないから，契約の成立を認めることはできない。

　まず売主の送信したファックスは，物品，数量および価格が示されておらず，「十分に確定している」とはいえない。また売主が2度にわたり送付したインボイスが仮に第14条の要件を充足し，かつ売主がそれを申込みと意図していたとしても，CISG 第8条第1項所定の買主がその意図を知り，または知らないことはあり得なかったと認めることができない以上，売主の意図にかかわらず申込みと認めることはできない。

　インボイスに先立つ売主のファックスによれば，売主の親会社 A が売主に対し買主にインボイスを交付するよう要求したとしており，またインボイスに添付されたファックスによれば，A のための代理行為であることが明示されている。そのファックスから買主は，A から物品の引渡しを受ける契約を締結したと解したものと読みとれる。その後の支払の確約を求めたファックスにおいても，インボイスが売主からの申込みであるとの明示はなく，「当社は指示された」との記述があったことからして，買主は売主が自らの勘定ではなく，A の指示で行為していると理解したことであろう。

　付言すれば，売主のインボイスが CISG 第14条の要件を満たす申込みであったと解することができたとしても，買主はこれに承諾を与えていない。被申込人の行為が同意を示すものならば，行為による申込みの承諾もありうるが，本

国際取引の現代的課題と法

件約束手形の交付のみをもって CISG 第 18 条に基づく承諾とはいえない。親
会社 A に宛てられた買主のファックスを売主の申込みに対する承諾である，
と売主が解したとすれば不可解である。買主は，売主が A の指示で手形を要
求し，かつ受領したと解したのである。その後に売主は期日を延長した手形の
交付を要求したのであるが，本来期日ではなく宛先を「売主」とする訂正を要
求すべきであった。そうしなかったことからすれば，買主からのファックスに
よって，売主が売買契約関係が確定したと考えていたかどうかも疑わしい。

売主と買主とは契約関係にないから，売主は原告適格を有せず，よって控訴
を棄却する。

(iii) コ メ ン ト

本件は，申込みと承諾の要件不備による契約不成立という点に比重を置けば，
次項（後述Ⅲ 2）に分類することも可能であるが，売主が契約当事者に当たる
かどうかに比重があると思われるので，本項に分類した。

裁判所が売主（原告）は契約当事者でないと認定した根拠について整理する
と以下の通りである。

まず売主の作成したインボイスが申込みと認めうるか否かについて，仮に申
込みの要件を充足していたとしても，インボイスは A の依頼による発行であ
ると告知されていたことから，主観基準（CISG 第 8 条第 1 項）に基づき，買主
は，売主の意図を知らなかったと認定した。そして買主の約束手形が A 宛に
振出されたことからすれば，合理的な者であれば，客観基準によって（CISG
第 8 条第 2 項），買主の事後の行為（CISG 第 8 条第 3 項）は売主を「売主」と認
めたことにならないとされた。

本件の場合のように，売主が親会社のためにインボイスを発行し，買主が売
主の親会社宛に約束手形を発行したという事実関係の下では，売主が契約当事
者と認定されないことは，容易に予測できたはずである。なにゆえ原告を親会
社の代理人と構成して売買代金を請求する方法が採用されなかったのか，不思
議である。

思うに親会社 A が代金回収責任を子会社に負担させるために，A から子会
社に販売し，子会社が買主に販売したという取引形態を押し付けたのではなか
ろうか。そのようなグループ間の問題に裁判所が嫌気をさした結果が原告の不
利に働いたというのは考え過ぎであろうか。

2 申込みと承諾に関する事例

(1) CLOUT case No. 189，買主の申込みは確定的か，これに対する売主の返答は承諾か反対申込みか，反対申込みであるとすればこれに対する返答は承諾に当たるかの審理のために差し戻された事例（オーストリア最高裁判所1997年3月20日判決）

(i) 事 実 関 係

ロシアの買主（原告）は，オーストリアの売主（被告）に1万トン（±10％）の燐酸モノアンモニウム5酸化リン含有量52％±1％・最低含有量51％の注文の引合いをした。これに対し売主は，5酸化リン含有量52％±5％・最低含有量51％，数量1万トン（±5％）なら注文を受けられると返答した。さらに交渉がなされたものの，結局，取引は行われなかった。その後，買主は契約の成立を前提として解除を主張し，代替品を高値で手当てしたことによって生じた損失を根拠に損害賠償を求めて提訴した。

第一審裁判所が契約は不成立と認定し，契約解除による損害賠償請求を棄却したので，買主は控訴。控訴裁判所が原審を取消し，差戻したので，売主は上告。

(ii) 判　　旨

売主に対する買主の返答が「承諾」であるためには，「申込み」がCISG第14条第1項の要件を充足するものでなければならない。すなわち注文が十分に確定しており，かつ承諾があった場合には拘束されるとの申込者の意思が示されているのでなければ，申込みとはいえない。したがってCISG第8条第2項に照らし，まず申込みが十分に確定しているかを判断すべきである。

これを本件についてみるに，燐酸モノアンモニウムに関する5酸化リン含有量についての売主の申込みは，「52％±5％」つまり47％から57％であるのに，一方で「最低含有量51％」とも記載されており矛盾がある。したがって第一審裁判所は，この点について検討しなければならない。すなわちCISG第8条第2項に照らし，「相手方と同種の合理的な者が同様の状況の下で有したであろう理解に従って解釈」し，買主の引合いに対する売主の返答がCISG第14条第1項の要件を充足するに十分な確定申込みに当たるか否かを明らかにすべきである。

ついで仮に売主の申込みが十分に確定的であるとすれば，それが買主によっ

て承諾されたかについて，第一審裁判所は判断すべきである。その際，CISG
第19条第1項に列挙されている変更事項が，慣習，交渉およびその事案特有
の状況に照らし，本質的要素でないと考えられるのであれば，CISG第19条
第2項の意味における申込みを実質的に変更するものとはいえない。また
CISG第19条第3項は，品質および数量についての変更は実質的な変更と定
めるが，そうだとしても他方当事者にとって有利である変更事項は，明示的な
承諾を必要としない。本件の場合，売主からの本船手配条件での数量1万トン
（±5％）の申込みに対する買主の返答は，本船手配条件で1万トン（±10％）
としており，本船をどちらが手配するかによって，当事者の有利不利が決まる。
買主が本船を指定する権利があるとすれば，売主が不利になるから，買主の返
答は反対申込みを構成することになるので（CISG第19条第1項），この点を第
一審裁判所は審理しなければならない。

　そして売主の申込みが買主によって承諾されなかったとすれば，買主の反対
申込みが売主によって承諾されたかが問題になる。この点について第一審裁判
所は，売主の従業員Kの証言を評価し，かつ買主からの反対申込みを承諾す
る権限をKが有していたか否かを判断しなければならない。

　よって契約の成否を判断するために申込みと承諾についての検討のため，本
件を第一審裁判所に差し戻す。

　(iii) コ メ ン ト

　本件のいくつかの論点のうち，CISG第8条が問題になったのは，申込みの
確定性についてである。本件の場合，買主と同種の合理的な者の理解である客
観基準に基づいて判断すべきとされたが，売主の申込みの意図を買主が知って
いたか否かという主観基準を当てはめることが難しかったからであろう。

　それにしてもかかる数量過不足認容条項（more or less clause）に関するトラ
ブルは，貿易実務では起こりがちな初歩的ミスではあるが，避けがたいことの
ようでもある。

(2) CLOUT case No. 106　売主の申込みはその要件を満たし，買主の物品受
　　領は承諾の要件を満たすとして契約成立が認定された事例（オーストリア
　　最高裁判所1994年11月10日判決）

　(i) 事 実 関 係

　オーストリアの買主（被告）は，中級もしくはそれ以上の質のチンチラの毛

12 ウィーン売買条約第 8 条に規定する当事者の意思解釈について〔富澤敏勝〕

皮を 1 枚 35 から 65 ドイツ・マルクで大量に注文し，これに応えてドイツの畜産業者である売主（原告）は，249 枚の毛皮を引き渡した。買主は，引き渡された毛皮の包装を開梱することなく，イタリアの毛皮業者に転売した。

イタリアの毛皮業者は，下級品 13 枚の毛皮を返品し，差額相当の代金を買主に支払ってきた。そこで買主は，返品された毛皮の目録をドイツの売主に送るとともに，毛皮業者から受領した額相当の代金を売主に支払った。

これに対し売主は，買主に対し代金の追加支払を要求した。買主は売主の代理人としてイタリアに転売したと主張し，この支払を拒絶したので，売主がオーストリアの裁判所に訴えを提起した。第一・二審とも契約の成立を認め，返品された物品は契約に適合しているとして，売主の請求を認容したので，買主が上告。

(ii) 判　旨

当事者は CISG の締約国に営業所を有し（CISG 第 1 条第 1 項(a)），紛争の対象も CISG の適用範囲に含まれることから，本件に CISG を適用し，買主による十分に確定した注文に基づき，有効な契約が締結されているとした原審の判断に誤りはない。

CISG 第 14 条第 1 項第二文によれば，数量および価格について明示的・黙示的な定めがあれば十分に確定する。そうであるかどうかは CISG 第 8 条第 2 項の売主と同様の状況にある合理的な者も同様に理解したか否かを検討し，また同条第 3 項の関連するすべての状況を考慮しなければならないが，本件はいずれの要件をも満たす。

申込みの数量が「大量のチンチラ毛皮」というのでは，十分に確定したものとはいえないとする買主の主張は是認できない。価格については，擬製による合意価格について定める CISG 第 55 条を適用するまでもなく[16]，価格を決定しうる基準を示しているのであるから，第 14 条に定める黙示的な価格の確定要件を十分に満たしている。したがって少なくとも数量および価格を決定しう

---

[16]　下級審の判断は，CISG 第 14 条(1)に定める価格決定なされていないとしたもののようである。この点，最高裁は，価格決定のメカニズムがあったものと判断し，十分に申込み要件を満たしているとの立場を採っていたものと解される。価格の明示されていない契約に関する第 55 条の解釈については，新堀聡『ウィーン売買条約と貿易契約』（同文館，2009 年）97 頁に実務的視点からの解説がある。

る契約が締結されたのである。買主が引き渡された毛皮について，数量・品質・価格に異議を唱えることなく転売した行為（CISG 第 8 条第 3 項）からしても契約は十分に確定している。

支払については，買主は特定の場所での支払を義務づけられていないから，CISG 第 57 条第 1 項(a)に基づき，支払場所は売主の営業所である。

(iii) コ メ ン ト

本件は，CISG 第 8 条第 2・3 項適用の典型事例であるが，輸入業者にとり重要な論点がある。輸入業者は，一般に輸入物品を自らが使用する目的で輸入するのではなく，本件のように開梱することなく，引き渡す。したがって物品検査義務と不適合通知義務（CISG 第 38 条，第 39 条）を負う輸入業者たる買主は，この義務を果たすことができない。したがって買主の立場で契約する場合は，CISG 第 38 条および第 39 条の適用を排除し，実行可能な規定にすべきである[17]。

3 包括契約と個別契約との関係に関する事例

(1) CLOUT case No. 424　包括契約の規定に反する反対申込みであっても，それが承諾されれば契約の成立に当たるとされた事例（オーストリア最高裁判所 2000 年 3 月 9 日判決）

(i) 事 実 関 係

オーストリアの買主（被告）は，ドイツの売主（原告）に屋根材を発注した。買主は包括契約（framework agreement）に定められた代金を支払ったが，売主は個別契約に基づきより高額の価格を主張して差額の支払を請求する訴えを提起した。商業裁判所が請求を認容し，控訴審が維持したので，買主が上告したのが本件である。

(ii) 判　旨

異なる CISG 締約国間に所在する当事者間の取引であるので，CISG 第 1 条第 1 項(a)により CISG が適用される。

買主からの「包括契約に基づく」と記載のある注文に対して，売主はこれを拒絶し，より高額な価格であれば販売する旨の反対申込みをなし，買主はこれ

---

[17]　より具体的には杉浦ほか・前掲注(7) 149 頁・155 頁参照。

を承諾したのであるから，本件契約が成立したとする原審の判断を支持する。

　売主が高値を提示する返答をしたのは，買主の注文の条件を実質的に変更するものであり，CISG 第 19 条第 1 項にいう反対申込にあたる。買主はファックスとその後の手紙において留保条件なしに買主の反対申込みを承諾している。この点，CISG 第 8 条第 3 項の規定を考慮するまでもない。

　買主は，個別契約は包括契約の条件に則して締結されるべきであって，緊急に当該物品を必要としていることを知った売主が価格をつり上げるのは，非良心的であり，契約違反を構成すると主張するが，これを是認することはできない。買主は，CISG 第 45 条第 1 項(b)により包括契約違反に基づく損害賠償を請求することは可能であるとしても，現に成立した個別契約を変更することはできない。また，買主が個別契約の解除権を行使していない以上，契約は有効である。

　買主は，顧客のために期限内に大量の契約を履行するのに当該物品を必要としたから，あえて包括契約と異なる価格を承諾したのである。売主の行為が包括契約違反であるとしても，個別契約の条件変更を求めることはできず，CISG 第 45 条第 1 項(b)に基づく包括契約違反による損害賠償請求ができるのみである。買主は包括契約違反に基づく損害賠償を請求しなかったのであるから，売主が物品を緊急に必要としていたかについて知っていたかどうかは本件には関係がない。

　上告を棄却し，訴訟費用は買主負担とする。

　(iii) コ メ ン ト

　判決から読み取れるのは，第 8 条第 3 項の出番がないほど明確に価格の条件変更に応じてしまったのが買主の敗訴原因ということになる。するとこの判決を教訓とするならば，包括契約に違反して売主が価格をつり上げてきたことに対し，包括契約違反を指摘したうえで，包括契約を前提として行われた転売先との契約により生じた損失について，損害賠償請求を行う旨の意思表示をしておくべきであったことになる。

(2) CLOUT case No. 23　転売先との基本契約を組み込んだ申込みに対する沈黙は当事者の慣行に基づく承諾であるとされた事例（アメリカ，ニューヨーク南部地区連邦裁判所 1992 年 4 月 14 日判決）

　(i) 事 実 関 係

買主のニューヨークの企業（被告）は，売主のイタリアの靴製業者（原告）との間で靴購入の複数の契約を締結した。これらの契約は買主とその転売先のロシアの企業（訴外 A）との間でモスクワを仲裁地とする仲裁条項の規定のある基本契約を引用していた。これらの契約の一つに基づき売主は靴を供給したが，代金の一部しか支払われなかった。そこで売主は，代金の支払を求めニューヨークの裁判所に訴えを提起した。買主は，A との仲裁合意を規定する基本契約が本件契約に包摂されているとして，仲裁合意の存在を根拠に妨訴抗弁した。

(ii) 判　旨

外国仲裁判断の承認及び執行に関する条約第2条第1項に照らし，当事者の書面による合意の有無を判断しなければならない。仲裁合意の有無は，本件契約の成否による。本件は州際間取引にかかわる連邦問題であるので，CISG 第1条第1項(a)により CISG を適用し，契約が成立したかを検討する。

すると買主の申込みに対し，売主はただちに返答しなかったこのであるから，A との基本契約を組み込んだ買主の申込みは，承諾されたものとみなす。

CISG 第18条第1項は沈黙または不作為は，それ自体では承諾にならないとするが，CISG 第8条第3項に基づき，関連するすべての状況を考慮しなければならない。本件の場合売主は，船積スケジュールの交渉など当事者の取引過程に鑑みれば，5月13日付合意覚書（Memorandum Agreement）の契約条件を拒絶するためには，ただちにその旨の返答をしなければならない義務が生じていた。にもかかわらず仲裁条項を規定するロシア基本契約の規定を拒絶する旨を記載した返信をしたのは，合意覚書受領後約5か月後のことであり，信用状入手後2か月後のことであった。かかる遅延は，買主の申込みに対する承諾を与えたことを意味する。

付言すれば，訴状および宣誓供述書において売主自身が本件契約の成立を認めており，また合意覚書の添状のなかでこそ仲裁に関する規定を拒絶する旨を述べているものの，合意覚書そのものには承諾のための署名をしており，そして何よりも重要なことは，売主が後日の手紙の中で，本件契約は A との基本契約に準拠すると明記しているのである。信用状まで入手した買主からすれば，買主からの申込みに対して，売主が拒絶ないし反対申込みをしたとの主張はジョークにしか思えなかったことであろう。

よってモスクワ商業会議所における仲裁手続を命ずる。ロシアは不安定とはいえ，仲裁手続の当事者に対し公正で偏見のない判断を提供できないと信ずるに足る理由はない。

(iii) コ メ ン ト

本件は，今回取り上げた事例のなかでは珍しく，仲裁合意の有無が問題になった事件である。仲裁条項は売買契約に定められており，仲裁合意と表裏の関係にある売買契約成否が争点となった。沈黙は承諾とみなさないとするCISG 18条第1項の規定があるにもかかわらず，CISG 第8条第3項に基づき関連する状況が検討された結果，ただちに申込みに対して返答する義務があると認定され，これを怠ったことにより承諾したものとされた。

(3) CLOUT case No. 176　基本契約に定められた書面要件を充足していないことを理由に契約成立を否定する売主の主張が否定され，書面と口頭に基づき契約成立が認定された事例（オーストリア最高裁判所1996年2月6日判決）

(i) 事 実 関 係

オーストリアの売主（被告）は，ドイツの買主（原告）が転売目的で購入するプロパンガスの売買についての交渉を行った。両当事者は当初，書面要件を含む一般条項の規定された基本契約（Basic Agreement）の締結を意図していたが，締結されないままであった。

両当事者は，ファクシミリおよび電話による交渉を行い，支払方法は信用状によること，FOB 条件で取引することが合意された。船積港等の詳細が未確定であったが，契約は締結されたと判断した買主は，ベネルクス三国に所在する第三者との間で転売契約を締結した。しかしながら売主は，信用状開設手続に必要な船積港等の情報を提供しなかったので，買主から信用状の開設を受けられず，売主は船積をしなかった。このため買主は，転売先との契約を履行することができなかった。その後，売主の供給するガスは，ベネルクス三国への転売禁止条件付であることも判明した。

買主は，買主の転売先からの損害賠償請求額および自らの利益の損失について，売主に対し損害賠償請求の訴えを提起した。第一・二審とも買主の請求を認容したので，売主はオーストリア最高裁に上告した。

(ii) 判 　 旨

国際取引の現代的課題と法

第一に本件売買契約の成否，第二に信用状を開設しなかったことに対する買主の責任について判断するに以下の通りである。

第一の争点に関して売主は，書面要件を充足していないから，契約は成立していないと主張する。売主は，書面要件の根拠として，当事者間で合意された基本契約において個別契約は書面によらなければならない旨規定していること，また基本契約が成立していないとしても，CISG 第 9 条の「当事者間で確立した慣行」に基づいて基本契約の一般条項が適用されるべきであるという。売主は，売買契約に関する一般条項が記載されたパンフレットなどを買主に提示して交渉してきた経緯から，本件が最初の取引であっても，当事者間に「慣行」が存在していたというのである。

しかしながら基本契約は締結されていないし，慣行の成立も認めることはできない。CISG 第 11 条は契約の締結について方式自由の原則を規定しているから，一般条項が契約交渉によっては申込みの一部を構成することも，当事者の慣行となることもありうるが，そうであるか否かの判断は CISG 第 8 条によって決せられる。

買主は，基本契約の規定を本件契約に組み込むことに同意していないし，そもそも売主のいう基本契約なるものは入札契約を想定して作成されたものであって，この種の通常のインコタームズ条件により電話で契約される短期売買には適していない。したがって通常の契約にかかる条件を付す意図が売主にあったことを買主が認識していたとは認められない。

パンフレットに記載された一般条項が当事者の慣行であったとの売主の主張は，一般論として事前のビジネス交渉において示された当事者の意図が CISG 第 9 条にいう「慣行」になることはありえないことではない。しかしこれは少なくとも CISG 第 8 条第 1 項の要件の充足，すなわち相手方が一定の条件または一定の方式に基づく場合のみ契約を締結する意思があるということを認識していたという事情がなければならない。本件においては，売主のいう売買契約の一般条項が買主に提示されたのか，買主がそれに合意したのか，もしくは買主にその認識があったのかが明らかではない。買主が一般条項を認識していたとはいえない以上，当事者が CISG 第 9 条のいう慣行に基づいて契約を締結したということを認めることはできない。

したがって売主のいう一般条項とは無関係に，一部口頭により一部書面によ

り本件契約が成立したものと認定するほかない。

　第二の争点，すなわち買主は，CISG第54条に基づき信用状を開設する義務を負うかについて検討する。買主は，売主の契約履行を担保するための信用状開設の前提となる船積港の通知を要求し，売主もこれを承諾していたのに，船積港の通知をしなかった。このように売主が必要事項の提供を怠ったのであって，買主に「白地」の信用状開設の義務はないのであるから，CISG第71条に基づき買主は信用状開設の責任を免れることができる。

　さらにガスの引渡しがなされなかった真因は，売主がその供給者から本件ガスのベネルクス諸国への引渡しを禁じられていたからであって，買主はそのような制限のあることを知らずして契約を締結しており，かかる仕向地を限定するような制限はCISG第41条の売主の義務違反を構成するのである。

　よって上告棄却，買主の請求を認容し，売主に訴訟費用支払を命ずる。

(iii) コメント

　本件の場合，売主のいう基本契約は，入札に用いられる書式によるもので，本件取引のような通常売買には相応しくない。またこの一般条項は，販売条件を示すために会社の営業方針を宣伝するためのパンフレットに掲載されているのだが，交渉経緯をみると，売主は単に書類を買主に手渡しただけに過ぎなかったようであり，CISG第8条第1項により慣行の存在が否定された。

　そもそも売主が供給者から転売を禁じられていた地域向けに販売を意図していた買主との間で売買契約を締結してしまったことに本件の紛争の根本的問題があり，この責任を逃れようとした売主が一般条項の書面要件を満たしていないことを盾にして，契約不成立の主張をしたように推察され，無理な主張であったように思われる。

IV　お わ り に

　契約の成立に関するCISG第8条の適用事例について，前述IIIで3類型に分け，第1に契約当事者の確定，第2に申込みと承諾，第3に包括契約と個別契約の局面を取り上げた。

　第1の契約当事者の確定に関しては，殆どが代理関係の問題が絡んでいる。代理関係が絡んでいないのは，グループ会社のいずれが当事者かが争われた事

国際取引の現代的課題と法

例（CLOUT case No. 330, 前述Ⅲ1(3)）のみである。

代理関係の問題は，いずれの事例においても，当該法律関係事項がCISGの適用範囲外の場合には，第7条第2項により国際私法に基づき国内法を適用する余地があるものの，そうでない限りCISGの申込みと承諾による契約メカニズムで解釈するものとしている。つまり第14条第1項の申込要件を満たした者を特定し，第18条第1項に基づいて承諾した者を特定することにより，売買契約当事者を確定している。そしてこの特定に当たり第8条が適用されている。

第2の申込みと承諾が問題となった局面においては，直截に契約の成否に関して申込みと承諾が当事者の意思であるかどうかをCISG第8条に依拠して判断している。これらの事例のうちCLOUT case No. 106（前述Ⅲ2(2)）は，買主が売主を代理したという主張もしているが，裁判所は代理問題に言及することもなく，当然のことのように契約当事者であると認定している。

第3の包括契約と個別契約の局面においては，契約の効力の優劣が問題となっているが，いずれの事例でも包括契約の規定に反しても，個別契約の成立要件を満たせば，契約の成立を認めている。そして個別契約の成否の解釈は第8条に依拠している。

CISG第8条の適用の仕方に目を転じると，条文の文言上は第1項の主観基準が適用できない場合に第2項の客観基準を適用するとされているが，実際はまず第2項の客観基準が検討され，それを覆す第1項の主観基準の事情の存在が検討されている。これは多くの場合，相手方がどのように認識していたかという主観よりも客観的事実の立証のほうが容易であるからと思われる。したがってCLOUT case No. 106（前述Ⅲ3(3)参照）のように，事実関係から容易に相手先が合意もしくは認識していたといえないことが明らかな場合に限り，ただちに第1項を適用している。そして第3項は，規定通り前2項に補完的にすべての事情が考慮されるという運用がなされている。

実務への教訓としては，客観基準を満しうる証拠を残しておくという当たり前のことに落ち着くが，それにしても事件化した事例のほとんどがビジネスの初歩的なミスに起因しているので，ビジネスの基本を教育することの重要性をこれまた当たり前のことを指摘しておきたい。

13 イギリスの契約条項の黙示についての判例の動向
── *Moorcock* 事件から *Belize Telecom* 事件を経て，*Marks and Spencer* 事件まで

杉 浦 保 友

Ⅰ　は じ め に
Ⅱ　伝統的な条項の黙示の基準，
　　The Moorcock 事件
Ⅲ　20 世紀の主要な条項の黙示
　　についての判例

Ⅳ　2009 年の枢密院 *Belize Telecom* 事件
Ⅴ　2015 年の英国最高裁 *Marks and Spencer* 事件
Ⅵ　日本法への示唆
Ⅶ　お わ り に

Ⅰ　は じ め に

　国際的な事業紛争の中で，契約条項の解釈をめぐる当事者間の紛争が最も多いといわれている。契約紛争について，裁判や仲裁で解決する場合は勿論，当事者が交渉で解決する場合でも，もし裁判で争った場合，裁判所はどのように契約条項を解釈するか理解した上で，交渉することは重要である。

　国際ビジネス法分野における長年の判例の蓄積，裁判官・法曹の高い国際的な資質と信頼性などの理由から，国際的な事業契約でイングランド法を準拠法とし，イングランドの裁判所や仲裁が選択されることが多い。また準拠法や紛争解決地がイングランドでなくても，イングランド裁判所はコモンロー体系国の中心として未だに国際ビジネス法分野では大きな影響力を持っている。契約解釈分野においても例外ではない。

　近年イングランドの最高裁判所（前の貴族院）は，明示条項の契約解釈についても，また条項の黙示についても，いくつかの重要な判決を出している。筆者はイングランドの弁護士であるため，契約条項の解釈分野について常に関心を持っており，これまで契約の明示条項の解釈に関する原則に関する最近の最高裁判決について報告や論文を発表する機会があった。しかし，契約は明示の

条項からだけでなく，黙示条項からも成り立っている。

　イングランでは，条項黙示の問題は，典型的には，当事者が重要な条項のみ明文で規定し，それ以外の詳細は特にそのまま放置していた等，予想外の事態が起きて，当事者間で争いになった場合に起きる。明文契約や法定の黙示条項で処理できないが，これ以外に裁判所が自らの判断で，当事者間には黙示の条項があるとしてこれにより処理できるか，それが認められる要件は何かという問題である[1]。伝統的には，19世紀以来の判例法で，条項の黙示を認める標準は，business efficacy 及び officious bystander のような基準が認められ，確立されてきた。これはイングランドのどの契約法の教科書にも必ず出ている。ここでは条項の黙示は契約解釈と区別すべきものか否かが問題となっている。

　最近になって，この点で大きな影響ある判決が出された。2009年の *Attorney General of Belize v Belize Telecom* 事件についての Privy Council 司法部での全員一致の判決[2]（以下 *Belize Telecom* 事件という）である。Belize Telecom 事件の判決は，明示条項の解釈原則の分野に非常に大きな影響を与えた貴族院の *Investors Compensation Scheme v West Bromwich Building Society*[3]（以下 ICS 事件という）の判決を書いた Hoffmann 卿が，この条項黙示の問題についても Privy Council の Board を代表して判決を書いている。これによると，前述の伝統的な基準は，解釈問題として，書類を関連背景から全体として読むと合理的に何を意味するかという単一の疑問に答えるために裁判所を補助するガイドラインとされた[4]。そのためこの判決は様々なアカデミックな議論を引き起こしたが，その後イングランドのみならず，コモンロー各国でこの判決が引用されており，黙示条項を考察する場合最も重要な判決の一つとなった[5]。

　しかし，2015年になり，これに対し，伝統的な立場を維持する立場から批判的な最高裁の判決が出された。これが，*Marks and Spencer plc v BNP Pari-*

---

(1) Chitty on Contracts 31rd ed.（Sweet & Maxwell 2012），パラ 13-002。

(2) [2009] UKPC 10; [2009] 1 WLR 1988.

(3) [1998] 1 WLR 896（HL）.

(4) 前掲 Chitty on Contract パラ 13-005。

(5) 契約解釈についての標準教科書である Kim Lewison, *The interpretation of Contracts* 6*th* ed.（Sweet & Maxwell 2015）Chapter 6，パラ 603（P. 308 及び 310）。

bas Securities Services Trust Company（*Jersey*）*Limited* 事件[6]（以下 *Marks and Spencer* 事件という）である。これにより再度契約法の教科書は書き換えが迫られている[7]。現在では *Belize Telecom* 事件の判決は *Marks and Spencer* 事件判決に照らして検討する必要がある。因縁めいているが，明示条項の解釈基準に関して，ICS 事件に批判的な最高裁の *Arnold v Britton* 事件の判決[8]（以下 *Arnold* 事件という）で判決文を書いた Neuberger 卿が，この黙示条項に関しても *Belize Telecom* 事件に対する批判的な判決文を書いている。Hoffmann 卿対 Neuberger 卿というのも個人的興味のわくところである。

　本稿では，かつて筆者が通った英国のロースクールで使った契約法のテキストを紐解き，著名な裁判所による条項の黙示に関する判決を思い出し，その上で，最近の英国枢密院の *Belize Telecom* 事件判決で提起されたアプローチと英国最高裁 *Marks and Spencer* 事件の批判的判示を重ねて考えてみた。最後に日本での法律行為の補充解釈の考え方がイングランドの黙示条項の考え方と極めて似ていることから[9]，イングランド法を検討することで，日本での議論に有益な示唆が得られないか考える。

　予め断っておくが，イングランドにおいては契約の黙示条項は大きく分けて 2 種類ある。*Geys v Société Générale* 事件[10]で Lady Hale はこれを分かりやすく，（i）契約の明文規定，商事常識及び契約締結日に両当事者に知られた事実などから照らして，裁判所により契約に認められるべき黙示条項と，（ii）明文で除外しない限り，法（制定法またはコモンロー）が特定の契約関係に課す黙示条項に分類している[11]。本稿では，前者の黙示条項に関し，そこで問題となっ

---

(6)　［2015］UKSC 72;［2016］AC 742.

(7)　前掲 Lewison は 2017 年末に Marks and Spencer 事件を入れた第 6 版の追補を予定している。

(8)　［2015］UKSC 36,［2015］2 WLR 1593.

(9)　エジンバラ大学の David Cabrelli 教授は，'Implying terms in law: Belize no more?', Edin. L. R. 2016, 20(3) 339 で，Hoffmann 卿による Belize Telecom 事件判決は，条項の黙示の理論を契約解釈原則の中にしっかり組み込むこととなり，イングランド法をドイツ法の方に近づけたと評している。日本での解釈と補充の議論からみて，面白い。

(10)　［2013］1 AC 523 パラ 55。

(11)　前掲 Lewison P. 293 では，（i）特定の契約関係を結んだ際にデフォールトルールとして挿入されるものと，（ii）特定の契約の目的及び背景事情から照らして解釈すると特定契約がどのような意味となるか説明するためのもの 2 種類に分類している。

国際取引の現代的課題と法

ている黙示条項が認められる基準を中心に検討をすることにしたい。

Ⅱ　伝統的な条項の黙示の基準，*The Moorcock* 事件[12]

　19世紀後半の古い判例が現代まで有効なものとして生き残り，今なお多く
の判例で引用されているのは驚きである。本事案での条項の黙示の問題は，埠
頭管理サービス契約において，埠頭所有者の被告が桟橋の河底が船を危険にさ
らさない状態を確保するために合理的な注意を払うという条項が認められるか
否かであった。第1審，控訴審ともにこのような条項の黙示を認めた。

　この事件は被告の St Bride's Wharf, Wapping と原告の蒸気船 Moorcock 号
の所有者との間で，ロンドン・アントワープ間で Moorcock 号が運送する貨物
の船積，荷揚，保管のために被告の埠頭管理サービスを使う契約についての紛
争であった。Moorcock 号がテムズ川の引き潮時に桟橋に係留したため，船が
河底に着座し，その際予想外の河底の隆起物により，船底が損傷する事件が発
生した。被告は，埠頭の安全性について明文で保障していないこと，また河底
の管理は Thames' Board Conservation の管理下にあり，河底の状態について
責任は持たず，危険であることを知り得る状態でなかったこと，もし危険であ
ると知っていれば，それを避ける措置をとる義務を負うのみであったが，上記
危険を知る立場になく，船の損傷に責任がないと主張した。原告は，桟橋は引
き潮時にそこに係留している Moorcock 号のような大きさの船が河底に着座せ
ずには使うことができない。従って，被告は河底が合理的に安全であることを
確実にするか，または，安全でなければ原告に警告を発するという黙示の条項
があるとして，船底の損傷について被告にクレームした。第1審は「桟橋の河
底が船を危険にさらさない状態を確保するために合理的な注意を払う」という
黙示表示があると判示として被告の訴えを退けた。控訴審でも，契約黙示条項
の存在を指摘して，控訴を棄却したが，その際 Esher 卿 MR は，負担が少なく，
誠実にビジネスを行うことを黙示条項が認められる根拠とした一方，Bowen
LJ は，ビジネスマンである両当事者が意図していたに違いない取引に，ビジ
ネス上の効果（business efficacy）を与えるために必要な場合に黙示条項が認め

---

(12)　(1889) 14 PD 64, 68.

296

られ，かつその場合のみ認められるという原則を根拠とした。結局このBowen LJの考え方が広く受け入れられることとなった。これは当事者の推定意思をベースにするものである。*The Moorcock*事件のBowen LJ原則はその後現在に至るまで引き続き多くの判例で引用され，Richard Austen-Baker氏の調査によると，LEXISで報告された400の事案で参照されており，未報告の上級審，下級審の事例や，名前を出さずに原則のみが適用された事例を入れれば，これよりはるかに多くの事案で参照されていると述べている[13]。

Ⅲ　20世紀の主要な条項の黙示についての判例

1　*Reigate v Union Manufacturing Co (Ramsbottom) Ltd*[14]

本事案で問題となった条項の黙示は，商事販売代理契約において，本人が事業を行っている場合に限り，この契約は有効であるとする条項の存在の有無であった。このような条項の黙示は控訴審で認められなかった。

原告のAlbert Reigate氏は1914年に戦争が勃発するまでドイツと繊維製品の取引をしていた。彼は被告であるマンチェスターのUnion Manufacturing Company（以下会社という）に対して，英国その他英国の植民地で排他的販売代理人となることを条件に多くの製品の製造を打診。また彼は株式購入により会社に1000ポンド投資した。代理権は7年継続し，その後は，どちらかの当事者から6か月前の通知により解約されるまで継続することになっていた。契約では，代理人が獲得した注文は会社による確認を条件とする規定があったが，会社はその確認を不合理に留保しないとされていた。1915年に会社が財務危機に陥り，Mr. Reigateに上場を維持するために更に資金を投資してくるよう依頼した。彼は努力したが，必要な資金を調達できなかった。会社は彼に対し，先に進めるために，貴重なマンチェスター地区の代理権を放棄することを要求したが，彼はこれを拒否したため，会社は任意清算に入り，事業は売却された。Mr. Reigateは，会社が彼に対して手を引くことを要求し，そして任意清算に入ったのは契約違反であると訴えた。

---

[13]　Richard Austen-Baker, *Implied Terms in English Contract Law 2nd ed.* (Edward Elgar 2017)，パラ7.21，P. 145。

[14]　[1918] 1 KB 592, 605.

国際取引の現代的課題と法

第1審は，被告は注文を承諾する必要はないが，正当な理由で拒絶できるのみであること。今注文を履行すると儲からないとして，一定価格以下の注文を拒絶できる正当な理由があったとしても，この現状は長く続くわけでなく，契約条項に従い解約する前に，拒絶できない注文があったはずで，その場合被告は原告が獲得した注文を履行すべきであった。それにより Mr. Reigate が大きな口銭を得ることができたかも知れないとし，これをベースに，被告には明示条項違反があったとした。

控訴審の Scrutton LJ は，別の方向の黙示条項の問題として検討した。「もしその条項が，契約を交渉している時，誰かから当事者が一定の場合にどうなるのかと聞かれ，両当事者とも『勿論，それは起きるだろう。我々は，それは余りに明らかだから，あえて言うまでもない』と答えると確信を持って言うことが出来る場合に限り」条項は黙示されると言った。このように Scrutton LJ は，Mackinnon LJ が次の Shirlaw 事件で有名になったお節介な現物人（officious bystander）基準を打ち立てる前に，既に本事案の中で，同じ譬えを用いていることが注目される。また彼は「ビジネス的意味で，契約に効果を与えるため必要な場合のみ条項が黙示される」と述べているが本事件で打ち立てられた「あまりに明白」という基準は，前述の Bowen 基準の代替として考えたわけでないようである[15]。

更に「一定の状態が存在する限り契約は有効であるとする黙示条項があるか。もしそうなら，契約が有効となるにはどんな状態があればいいのか。私が理解する限り，契約は会社が事業を行っている場合に限り有効であるというものである。それは必要な黙示か。もしこのことが，契約交渉時に議題となったら，同意されなかったと思う。黙示が必ずしも両当事者の意思であったと言えない限り，我々は条項の黙示はできない…」として，黙示条項は，必要性を条件として，極めて制限的にしか認められないとしている。

2 *Skirlaw v Southern Foundries (1926) Ltd*[16]

控訴審の Makinnon LJ が，一般的に *The Moorcock* の基準とは別に「お節

---

[15] 前掲 Richard Austen-Baker パラ 7. 34　P. 151。

[16] ［1934］2 KB 206, 227.

介な見物人（officious bystander）」基準を打ち立てた功績で認められている事案である。教科書でもよく引用されている[17]。本事案での条項黙示の問題は、会社と managing director との間で 10 年の固定期間の雇用契約が存在する場合、会社は自らの申し立てによりこの雇用契約を解除できないという条項が黙示されるかであった。第 1 審と控訴審でこの黙示条項は認められた。

Mr. Shirlaw は、当時個人所有の Southern Foundries Limited（以下会社という）に 10 年間固定期間で managing director として雇用された。会社の定款では、取締役の解任の項目で、managing director の解任については、managing director との契約に従うとの規定があった。Mr. Shirlaw が取締役でなくなった場合、managing director は取締役でなければならないことから、結果として managing director を辞めなければならない。約 3 年経過した後、会社所有者は Federated Foundries Ltd（以下 Federated という）に会社を売却した。Federated は、会社のようないくつかの小会社の新しい結合の持株会社であった。その傘下の会社は同じ定款を採用することが合意され、定款変更により新しい会社定款では、managing director は、取締役の解任の場合、その雇用契約に従うという規定がなくなり、他の取締役同様、必要書類の登記所提出だけで解任できることになっていた。ある時点で Federated は Mr Shirlaw を排除したいと考えたが、彼はこれを拒否。それで Federated は必要書類を作成することで、彼を解任し、結果として managing director でなくなった。彼の解雇に関して、彼には 10 年その職が保証されているか否かで議論が起きた。即ち 10 年以内に彼の同意なくして、または彼に対する損害賠償責任を生じないで、managing director 職から解雇できるかが争われた。第一審では、出来ないと判示し、控訴審の多数も同意した。貴族院も多数により支持した。

控訴審で MaKinnon LJ は、黙示条項を認め、「当事者が取引を行っている時、お節介な見物人（officious bystander）が、合意の中に何らかの明文規定を入れることを提案したとして、両当事者が『ああ勿論だ』と言って遮るような場合」黙示されるという有名な言葉を追加した。しかし、前述の通り、この基準は本事案の 21 年前に *Reigate* 事件で Scrutton LJ が既に同じようなことを述

---

(17)　J. Beatson・A. Burrow・J. Cartwright, *Anson's Law of Contract 13th ed*, (Oxford University Press 2016) p. 162.

国際取引の現代的課題と法

べており目新しいものではない。

　本事案では，必要な黙示であったかどうかについては議論の余地がある。Mr. Shirlaw は Federated の行為により解任が強制された。しかし会社は彼を10年間雇用する義務があった。会社には現実的選択の余地がなかったしても，会社は雇用契約の明文条項に違反しており，黙示条項は不要であった事案であったと言えるかもしれない[18]。

3 *Philips Electronique Grand Public SA v British Sky Broadcasting Ltd*[19]

　衛星受信については競合する PAL 標準と D-MAC 標準という2つのフォーマットがあったが，D-MAC 方式を採用していた British Satellite Broadcasting（以下 BSB という）は Philips エレクトロニクス傘下企業（以下 Philips という）との間で，Philips が一定期間，D-MAC 方式の一定数の受信器を生産し，その生産設備を 1992 年 12 月 31 日まで維持する契約（以下 D-MAC 契約という）を締結した。本件での条項黙示問題は，大まかに言えば D-MAC 契約の下で，BSB は自分の申し立てで D-MAC 受信器への要求を減らす，若しくは排除することはできない（いずれにせよ 1992 年 12 月 31 日前は）などとする趣旨の6つの条項が黙示されているか否かであった。この黙示条項は第1審では一部認容されたが，控訴審で認められなかった。

　D-MAC 契約締結後，契約期間中に BSB は，PAL フォーマットを採用していた Sky との競争に敗れ，集めた多くの契約者との間で効率的に運用ができなくなり，Sky と合併せざる得なくなった。BSB は最終的に Sky が採用していた PAL 方式単独への移行となった。その結果 D-MAC 受信器への需要がほとんどなくなり，Philips は，上記黙示条項を主張して契約違反で買収会社の BSB を訴えた。

　第1審で Tuckey J は，*B. P. Refinery（Westernport）Pty Ltd v President, Councillors and Ratepayers of Shire of Hastings*[20] での枢密院の多数を代表した Simon 卿が出した次の定式が，黙示条項の法の正確で包括的な宣言であるとし

---

[18]　前掲 Richard Austen-Baker パラ 7. 42　P. 155。

[19]　［1995］EMLR 472.

[20]　［1977］52 ALJR 20; ［1977］UKPC 26.

て受け入れ，Philips 勝訴の判決を出し，買収会社に対し，summary judgment を出した。

「条項が黙示されるためには，次の条件（重複するかもしれないが）を満足する必要ある：(1) それが合理的で公平であること；(2) 契約にビジネスの有効性を与えるために必要でなければならない，それがなければ，条項は黙示されない；(3) あまりに明白であることから言うまでもないことでなければならない；(4) 明確な表現が可能でなければならない；(5) 契約の明示条項と矛盾してはならない」

しかし，控訴審で，Sir Thomas Bingham MR は，Simon 卿の定式は単純し過ぎており，ミスリーディングになりうると警告する。「長くて注意深くドラフトされた契約を締結した時，何を当事者が意図していたか，自信を持って推測することは困難」である。しかし，問題の事項について，規定を置かなかった。「それを省略したことは，当事者の見落としか，それとも意図的な決定の結果かどうか，または当事者が万一の場合，何が起きるか合意できないと思って，それが起きないように願って契約ではそれをカバーしない選択をしたかも知れない」。Sir Thomas は続けて，「条項が黙示されているかどうかと，もしそうなら何かという問題は，ほとんど必然的にピークが契約履行段階に達した後に生じる。裁判所が，後知恵で黙示の仕事に取り組むことになる。そして裁判所は，それが現れる状況のメリットを反映した条項を作り出す誘惑にかられる。しかしこれは間違っている。(*Reigate* 事件での Scruttonn LJ の判示を引用して) 唯一の契約上の解決策のみか，いくつかの解決可能なうちの1つが疑いもなく望ましいことが立証できない限り，実際に起きた偶然の出来事を前もって予見したならば，それに対し，何らかの規定をしただろうことを立証しただけでは十分でない」。

更に契約解釈と黙示の関係について，よく引用されている下記コメントをした。「契約解釈での裁判所の通常の役割は，曖昧さを解決し，明らかな不一致を調和させることで，当事者自身が契約を表現した文言の真の意味を考えることである。契約条項の黙示は異なった，またより意欲的な作業を含む：仮定として，当事者自身が何らの規定を置かなかった事項を処理するために条項を挿入する。条項の黙示は潜在的に侵害的であることから，法はこの特別権限の行使に厳格な制限を課している」

国際取引の現代的課題と法

Sir Thomas は BSB の上訴を認め，Tuckey J が Philips 勝訴の判決で黙示を認めた条項，即ち，被告は受信器のマーケティングを妨げるか，若しくは，不可能にするか，又は受信器を使いものにならないか，売れないものとするようなことになる行為をしないことについては，黙示を認めないと判示した。彼は「妨げる」（impede）という用語の挿入が合理的に十分明確か疑問を呈した。しかし，「この異常な事実上の状況の中で，BSB は喜んでその商事的自由を事前にこの程度まで制限することを望んだか疑わしいこと」，もし「Philips にとり何らかの保護が合理的であったとして，いかなる形をとるべきか知らないこと，また Philips が約束した異例な義務を履行できるようにするための保護は必要ないこと」としてその条項を否定した。

IV　2009 年の枢密院 *Belize Telecom* 事件

本判決は，黙示条項について大きなインパクトがあった最近の判決であり，この分野の法を変えたとも言われていることから詳細検討する。

1　事件の経緯[21]

Belize 政府は，電話通信サービス会社（Belize Telecommunication Ltd）（以下会社という）の民営化を決定した。会社の定款では黄金株である償還可能特別株と徐々に民間に売却する普通株式として B 株と C 株を発行することとなっていた。特別株は，Belize 政府から書面による権限が付与にされた者のみが保有でき，特別株主は株主総会に出席し，発言はできるが，議決権はない。更に2 名の会社取締役の選解任権があり，またその同意なくしては取締役会及び株主総会での決議ができない重要事項の規定があり，これらを通じて会社を支配できる構造になっていた。会社には全部で 8 名の取締役が予定されており，2名（これを政府選任取締役という）は前述の特別株主が選解任でき，2 名（これを B 取締役という）は B 株主の過半数により選解任され，4 名（これを C 取締役という）は C 株主の過半数により選解任できることになっていた。ただし，特別株主が C 株の 37.5 ％以上を保有している場合，特別株主は C 株主に割り当

---

(21)　Belize Telecom 判決パラ 1-15。

てられている 4 名の C 取締役の中 2 名を選解任できる。特別株を保有する目的で Belize Telecom Ltd（以下 BT という）が設立され，BT は政府から特別株と，B と C 普通株式の過半数を取得し，上記定款規定に従い，8 名の取締役全員（2 名の政府選任取締役，B 株の過半数株主として 2 名の B 取締役，C 株の 37.5 ％保有の特別株主として，C 取締役の 2 名，また C 株の過半数株主として，2 名の C 取締役）を選任した。

一方 BT は会社の株式を購入するための借り入れ担保として，政府に対し普通株に質権を設定したが，1 年以内に返済が不履行となり，質権契約に基づき，2005 年 2 月 9 日に政府は普通株のほとんどを取り戻した。その結果 BT は特別株と 37.5 ％以下の C 株を保有するのみとなった。問題となったのは，BT が選任した 2 名の C 取締役が取締役会メンバーに留まるかどうかである。定款の下では，彼らを解任する権限を持つ唯一の者は，彼らを選任する権限を持った者，即ち 37.5 ％の C 株を所有する特別株主である。しかし，債務不履行と没収の結果そのような者は存在しなくなった。

会社の定款 112 条には，一定の場合取締役の職を辞するべき事項が明示で列挙されているが，C 取締役を選任した特別株主が十分な C 株を保有しなくなった場合，特別株主から選任された C 取締役の去就について明白に扱う規定はない。また仮に特別株が償還され，存在しなくなった場合についても，政府選任取締役の立場を扱う条項もない。被上告人は，取締役は自ら辞任するか，定款 112 条に抵触するか，または死亡する場合以外は，排除できないと主張。一方上告人は，これは不合理な結果で，定款には，そのような場合，C 取締役は職を辞めるという黙示条項があると解されると主張した。

Belize 最高裁は黙示条項を認めた一方，控訴院ではその余地もなければ必要性もないと認めなかった経緯があった。

2　争　点

定款規定により，特別株主が一定以上の C 株式所有の場合 C 取締役選任権が与えられていることにより，C 取締役を選任したが，その後特定株主が一定以上の C 株式所有者でなくなった場合，定款には C 取締役は職を辞さなければならないとする黙示条項があると解釈されるべきか，それとも定款で明示規定がないため，C 取締役は自ら辞任するか，定款 112 条に抵触する場合か，死

国際取引の現代的課題と法

亡するという事由が発生した場合以外は，このような C 取締役は排除できないと解されるか[22]。

3 判 旨

① 条項の黙示についての一般論として，Hoffmann 卿は，後述の通り，全体としての書類の解釈作業であるとし，伝統的な officious bystander や business efficacy などの基準については，異なった，若しくは追加的な基準ではないとし，関連の背景から，全体として読んだ時，書類は合理的に何を意味すると理解されるかという一つの疑問があるだけとした。

② これを本件に適用し，「2 つのことが直ちに明らかである。第 1 は，取締役会はそのメンバーが様々な会社参加者の利害を反映するように構成されてきたこと…。第 2 は，定款が政府（又は書面の指示によりその承継者としての特別株主）に賦与する権限は，関連時にその会社における経済的利益に従って注意深く段階的になっていること」[23]。

取締役の選解任の仕組みの優先的目的，即ち取締役会は定款に書かれたスキームに従って，適切な株主の利益を反映することを確保するという目的を損なうことを避けることが黙示に要求される。取締役会の構成についての黙示は，限られた人のみが知り得る外部証拠によるのでなく，定款自身のスキームと，限定的範囲で，基本定款から明らかであって，Belize の誰もが知っている背景，即ち電話通信は国家独占で，会社は民営化計画の一部であることを基にする。

特別株主が特別株の償還を求める権限を行使した場合，政府選任取締役は，その職から排除されない。何故なら，そうする権限を有する特別株主はもはやいないから。しかし，このことは合理的にみて，彼らが永久にその職に止まることを意味しない。定款は特別株がなくなった時に，政府選任取締役も共になくなることが黙示で規定されていると考えるべき。もし政府選任取締役についてこのような黙示条項が明らかに必要であるというのであれば，同時に特別 C 取締役もその職に止まることはない。同様に，特別株主は存在するが，特別 C 取締役を選解任できる C 株を 37.5 ％保有しない場合でも，特別 C 取締役に関

---

(22)　同判決パラ 14。
(23)　同判決パラ 28。

304

して同じ原則が適用される。

　以上の理由で，上告は認容された。

4　本判決の意義

(1)　黙示問題への一般的アプローチについて

　「条項の黙示は書類への追加ではない。それは書類が何を意味するかを述べるに過ぎない」[24]とし，「条項の黙示は全体としての書類の解釈作業である」[25]といった。更にそれを繰り返し，次のような問題意見を述べた。

　「書類の中で，条項が黙示されていると言われるすべての事案で，裁判所にとっての問題は，そのような条項は関連の背景に対して読まれたならば，書類が何を合理的に意味するか理解されるかが明文で言えるかどうかである。…（伝統的な officious bystander 基準や business efficacy 基準等について），これらは Board 意見では，異なった，若しくは追加的な基準ではない。一つの疑問があるだけである：関連の背景から，全体として読んだ時，書類は合理的に何を意味すると理解されるか？」[26]

　伝統的なアプローチでは黙示条項へのアプローチと明示条項の解釈は全く別のアプローチという立場であったが[27]，Hoffmann 卿は，本判示によると，黙示条項も，追加的な基準ではなく，また契約とその他の書類とを問わず，解釈（construction）の問題であるとした。この文章について，伝統的な黙示条項の基準を単なる解釈のための補助手段に格下げしたのか否かをめぐり議論を巻き起こすことになった。そのままストレートに読めば，シンガポール控訴裁判所がそう理解したように，business efficacy 基準や officious bystander 基準のような独自の黙示条項へのアプローチを否定し，広く解釈アプローチに吸収されることを主張しているようにみえる。ただしここで留意すべきは，Hoffmann 卿は解釈について Interpretation でなく Construction という用語を区別して使っていることである。前者は，契約の用語の実際の意味を明らかにするプロセスを意味し，明示条項に適用されるが，後者は全体として契約効果を確定す

---

(24)　同判決パラ 18。

(25)　同判決パラ 19。

(26)　同判決パラ 21。

(27)　前掲 Chitty on Contracts，パラ 13-002。

るプロセスとされており，黙示条項に適用されるとされる[28]。

(2) 黙示条項はめったに認められない

「黙示問題は，何らかの出来事が起きた時，書類で何が起きるか明示で規定しなかった時に発生する。良くあるのは，何も起きないと推定することである。もし当事者が何かが起きることを意図していたのであれば，書類はそのことを述べるだろう。そうでないなら，書類の明示規定はそのまま継続する。出来事が当事者の一方または他方に損失を生じさせた場合，損失はそれが落ちたところに留まる」[29]

契約当事者は全てを合意しようとするが，彼らが発生しないだろうと考えたことについて，それが発生しないことを期待して，敢えて何も合意しないということは珍しくない。しかし，期待に反して，その出来事が起きた場合には，当事者はそれを覚悟したのだから，明示条項の定めたところにより処理すべきで，条項を黙示する余地はないということになる。そうであるなら，弁護士が交渉して契約を規定したような場合，条項の黙示の余地はほとんどないことになろう。

(3) Business Efficacy 基準について

前掲の1889年の *The Moorcock* 事件での Bowen LJ のビジネス効果（business efficacy）を与えるために必要な場合に認められるという判示は，その後イングランドの判例で何度も引用され，Bowen 原則といわれている基準として定着した。Hoffmann 卿は，次のような興味あるコメントをしている。

「最初の点は，『ビジネス』という文言を使用することで，関連背景を知っている合理者にとり，書類が何を意味するか検討する場合，観念的な読み手は実務的な結果を考慮すると推定することになる。商事的な契約書類の場合，彼は別の解釈をすると当事者の明確なビジネス目的を損なうか検討するだろう。…第二の点は，必要という文言を使用していることで，裁判所は，黙示条項が当事者にとり合理的に表現していると考えただけでは十分でないということである。裁判所は，契約が実際に何を意味するか満足するものでなければならない」[30]とする。そして，「ビジネス効果を与えるために必要ということを書類

---

[28]　前掲 Richard Austen-Baker パラ 2.03, P. 18。

[29]　Belize Telecom 判決パラ 17。

[30]　同判決パラ 22。

の解釈の基本プロセスから切り離」して別物として扱う危険を指摘する[31]。

これを見る限り，Hoffmann 卿は，第一に business efficacy 基準を否定するものでなく，またそれに代わるものを提示したものではないようにも見える。この基準の重要性を認めた上で，一般の契約解釈と同じアプローチの中で，確認すべきと主張しているに過ぎないと思われる。第二に，提案される黙示の条項を当事者が合意することが合理的としても十分でなく，それが必要でなければならないと言っている。この必要性については，その後で黙示の条項がなければ契約が全く動かないという絶対的な必要性でなく，黙示の条項がなければ契約が当事者の合理的に期待したように動かないという必要性を意味していることを示していると考える[32]。

(4) Officious Bystander 基準について

Hoffmann 卿は，この基準を否定しているわけでないが，当事者が条項黙示について何と答えるかを問うという役割でなく，「合理者が何を意味すると理解しているかを別の方法で述べるに過ぎ」ないとする。その場合の警告として，契約の実際の当事者，若しくは書類の作成者（若しくは仮定的な作成者）が提案された黙示条項について，客観的な解釈からでなく，主観的に何を考えたか推測する方に注意が向いてしまうリスクがあることを指摘する。

また条項の黙示の必要性は，複雑な書類の起草者がいくつかの出来事について明示の規定を置かなかった場合に少なからず起きる。何故なら彼が明示の条項と背景を検討したが，起きるかもしれない偶然性を十分考えていなかったということがある。この場合，当事者がお節介な見物人に，「もう1回説明してくれますか」というような事実となることになり，黙示条項の必要性は発生しない。Officious bystander 基準は，必ずしも助けにならない場合がある。

(5) Simon 卿による黙示条項が認められる5条件

1977 年の枢密院の *BP Refinery (Westernport) Pty Ltd v Shire of Hastings* 事件[33]で Simon 卿が示した5つの満足すべき要素について Hoffmann 卿は次のように述べた。

「各リストは，それぞれクリアーしなければならない一連の独立基準として

---

(31) 同判決パラ 23。

(32) 前掲 Lewison，パラ 6.08，P. 326。

(33) 上記脚注(20) 参照。

国際取引の現代的課題と法

ではなく，判事が提案された黙示条項が，契約の実際の意味を説明するもので
なければならないという中心的な考え方を表現しようと試みてきた異なったや
り方か，又は，何故そのような意味になると考えないか説明してきた異なった
やり方の集まりとみなすべき」。

　それぞれの条件について，第(2)の要件と第(3)の要件の重要性の議論はした。
それ以外の黙示条項の条件に関しては，それが満足されない事実は，「合理者
が，それが書類の意味であると理解しなかったという良い理由になる」。

5　小　活

　Belize Telecom 事件判決が提起した問題は，従来裁判所が非常に長い間，
条項の黙示については，明示条項の解釈原則とは別のアプローチが働くとして，
business efficacy や officious bystander 基準を適用してきたところ，この判決
により明示条項と同じ解釈原則が適用されるべきとする全く新しいアプローチ
を採用したのか，そうだとすると伝統的なアプローチは単なる補助手段に格下
げになったと考えるかということである。一つの考え方は，この判決をそのよ
うに考えるが，その中でこれを肯定的に評価する者と，逆に，シンガポール控
訴裁判所のように否定的に評価するものがある。もう一つの考え方は，*Belize
Telecom* 事件判決は，伝統的なアプローチは維持されていて，その支えとな
る考え方を提示したというものである。前者の考え方に基づき否定的評価をす
る者は，*Belize Telecom* 事件判決は単なる一つの議論を提起しただけで，ほ
とんど意義は認めないことになろう。そのような考えに近いところで，*Marks
and Spencer* 事件判決が出され，一応イングランドの最高裁として一定の結論
を出したことになる。

V　2015 年の英国最高裁 *Marks and Spencer* 事件

　本事案は黙示条項について，最新の最高裁の Neuberger 卿による判決であ
る。本事案により特に新しい基準や目新しい意見が表明されたわけではなく，
伝統的なアプローチに立って，条項を黙示することを再確認し，Hoffmann 卿
による前述の *Belize Telecom* 事件判決の意義を認めていないことが注目され
る。少数意見として，Neuberger 卿の結論には賛成するものの，黙示条項に

308

ついての Belize Telecom 判決を肯定的に評価する Carnwath 卿の意見と, *Belize Telecom* 事件の判決直後に控訴法院判決で肯定的に評価した Clarke 卿の微妙にニュアンスの異なった意見も大変興味深いものがある。

1 事件の経緯[34]

被告の本物件所有者（以下 L という）は原告のテナント（以下 T という）に対して，2006 年 Deed に基づき，ロンドンの Paddington Basin の The Point として知られる建物（以下本物件という）の異なった階を駐車スペースと共に 2006 年 2 月 25 日から 2018 年 2 月 2 日に終了するリース（以下リースという）を付与。更に 2010 年 1 月 15 日付 Deed（2006 年の Deed も 2010 年の Deed も内容は大きく変わらず，70 頁の詳細な書類）でこれを変更・再述した。賃料は，基本賃料（Basic Rent）と駐車代（Car Park Licence Fee）から成る。基本賃料は年£919,800＋VAT で，Deed 附則 4 で一定の見直日に見直されることになっており，毎年 1 年分を均等に 4 分割し，quarter days 毎に前払されることになっていた。2011 年 12 月 25 日に，基本賃料は£1,236,689＋VAT となった。駐車代は年£6000 で基本賃料と同じ日に 4 分割均等前払であった。

リース契約 8.1 条で，原告（T）が L に対して 6 か月前の書面の解約通知（break notice）を出すことで，最初の解約日の 2012 年 1 月 24 日に終了する権利を与えていた。8.2 条では 2 回目の解約日が 2016 年 1 月 23 日であることを規定。8.3 条では解約日に基本賃料若しくは VAT が未払いでない場合に限り，解約通知が効果を生ずると規定。8.4 条では，最初の解約日以前に T が L に£919,800＋VAT の金額を支払った場合のみ，最初の解約日に解約通知が効力を有すると規定されていた。これ以外の取り決めについては中心的なものでないので省略。

2011 年 7 月 7 日，T は 8.1 条に従い，L に対して 2012 年 1 月 24 日にリースを解約する旨の解約通知を送付した。2011 年 12 月 25 日直前に，8.3 条に基づき，T は L に対して，この日から 2012 年 3 月 24 日までの 4 半期の賃料（見直しを反映した基本賃料£309,172＋VAT 及び駐車代£1500）を支払った。更に 2012 年 1 月 18 日，8.4 条に従い，T は L に対して£919,800＋VAT を支払っ

---

[34] Marks and Spencer 判決パラ 1 から 12。

た。これらの支払の結果上記解約通知は効力が発生し，リースは 2012 年 1 月 24 日に解約された。

　T は，リースは 2012 年 1 月 24 日に終了したが，T が 2011 年 12 月 25 日に支払われるべき次期 4 半期の賃料全額（£309,172＋VAT）を支払ったことから，リースが終了した 212 年 1 月 24 日から 2012 年 3 月 25 日までの期間についての基本賃料の割合相当部分について，リース契約では L が T に払い戻しする黙示条項があり，それに従い L に対して払い戻しを請求した。

　第 1 審では，原告 T の返済請求権を認めたが，控訴法院は被告 L の控訴を認めたことで，原告が最高裁に上告した[35]。

2　争　点

　T がリース契約 8 条の下で，解約権を行使し，リースが 2012 年 1 月 24 日に終了した場合，直前の 12 月 25 日に T が L に対して支払った基本賃料の中，2012 年 1 月 24 日から 3 月 24 日までの期間の割合分については，リース契約に明示条項がないが，その中に L は T に払い戻すべき義務があるとする黙示条項が存在するか[36]。

3　判　旨

　① 条項の黙示について，*Belize Telecom* 事件判決にかかわらず，法の変更はなく，伝統的なアプローチが変わったわけではないという立場から，これと解釈のプロセスは異なった作業であるとした一般的な考えを述べ，*Belize Telecom* 事件判決については，権威あるガイダンスを提案したわけでなく，1 つの考え方を示したものと評価した後，具体的に事案を詳しく検討し，原告が主張する黙示条項は認められないとした。

　② 賃料は前払いと後払いとを問わず，コモンローでは日数により分割されないという原則が長い間確立されている。これを修正するために制定された今でも効力ある Apportionment Act 1870 第 2 条は，「すべての賃料，年払い，配当，その他の所得の性質を持つ定期払いは」「金銭上の利息のように，1 日

---

[35]　同判決パラ 12。

[36]　駐車代と保険料についても同様の問題があり，判決パラ 55 で処理されているが，基本賃料と取り扱いは同じなので省略する。

310

ごとに発生すると見なされ，従って時により分割可能である」とされているが，この条項は後払賃料に適用され，前払賃料については適用ないという *Ellis v Rowbotham* ［1900］1 QB 740 解釈が今でも拘束力ある。第1審裁判所の要請で Ellis が変更されるべきと原告が議論したが，認められなかった。

　③ 本リース契約は非常に十分かつ慎重に考慮された契約であること，また，その中には，原告が主張している黙示条項と同じ性質の明示の義務が含まれていること，及び前述の明確で一貫した司法判断として，前払賃料が分割できないという原則が長い間明確に確立していることから，賃借人が支払日に前払した賃料の分割部分を受け取れるという意思を両者が共有していたと解釈するのは間違いである。賃借人が 2011 年 12 月 25 日の前と後とで，£919,800＋VAT を支払った結果が異なるということが異常であると言えるとしても，黙示条項がないと契約が働かないとの主張を正当化させるものでない。実際いつ支払うかは賃借人次第であるから，結果は商事的にもそれ以外でもおかしいとは言えない。従って，実質的に 2011 年 12 月 25 日に前払される Basic Rate は時間単位で分割されるべき条項がリースに黙示されているとする原告の主張は認められない。以上の理由で，上告は棄却された。

4　本判決の意義

⑴ Neuberger 卿の黙示条項についての6つの一般的コメント

① 条項の黙示は，交渉時の実際の当事者の意思を立証することで決まるわけでない。実際の当事者の仮定的な答えでなく，契約時に当事者と同じ立場にいる観念的な合理者の答えを基にするべき。

② 詳細な商事契約での黙示条項は，単に公平に見えるから，または，当事者が提案されたら同意するだろうというだけで認められるわけでない。

③ Simon 卿の5つの要素の第1要件の「合理性と公平性」は，何かを追加したものとは言えない。他の要件を満足する場合，合理的で公平でないとすることは難しい

④ Hoffmann 卿が *Belize Telecom* 事件パラ 27 で言っているように，Simon 卿の他の要件は累積的であるが，2番目と3番目の要件の事情の必要性と明白さについては，1つが満足すれば良いという意味で代替的である。もっとも実際的には，2つの要件のうち1のみ満足することはまれであろう。

国際取引の現代的課題と法

⑤ お節介な見物人により問題のアプローチをする場合，最大限注意して提起される質問を作成することが重要である[37]。

⑥ ビジネス効果の必要性は主観的な価値判断を含む。特に必要性はビジネス効果に照らして判断されるため，基準は絶対的な必要性ではないというのが，本上告での共通の根拠である。Simon 卿の 2 つ目の要件については，その黙示条項がないと契約が商事的，実務的な一貫性を欠く場合にのみ認められるという必要性が後押しをすることになろう。

以上のような Neuberger 卿のコメントは，特に目新しいことを述べたものでない。次の Belize Telecom 事件の Hoffmann 卿の判示についてのコメントが特に注目される。

⑵ Belize Telecom における Hoffmann 卿の判示について

Neuberger 卿は，特に Belize Telecom 判示パラ 21 で述べられた「たった一つの問題があるだけだ。関連背景を下に，書類を全体として読んだときに，それが合理的に何を意味するか理解できるか」であるとする見解について 2 点指摘した[38]。

① 条項の黙示についての伝統的アプローチを変更させたか

シンガポール控訴院の Foo Jong Peng v Phua Kiah Mai［2012］4 SCR 1267 パラ 34-36 では，Belize Telecom 事件判決は少なくとも，伝統的なビジネス効果とお節介な見物人基準が黙示条項の中心ではないことを提案するものと了解し，これはシンガポール法の考え方でないとしてこれに従うことを拒否した。Neuberger 卿は，Belize Telecom 事件判決が出た後でも契約への条項の黙示に関する法についてなんらの変化はないという点についてシンガポール控訴院の判断は正しいと述べた。しかし，Neuberger 卿は Belize Telecom 事件判決で示された「すべての規定と取り巻く環境を知っている契約の合理的読み手が，黙示されていると理解する場合に条項が黙示されるという考え方は同意できる」と言っていることから，シンガポール控訴院と同様に，全く受け入れられないということか否かは明確でない。しかしいずれにせよ，Marks and Spencer 事件判決は，伝統的な条項黙示のアプローチに立っていることは疑いない。

---

(37) その中で，Neuberger 卿は前掲 Lewison パラ 609，P. 326 を引用している。

(38) Marks and Spencer 判決パラ 22。

312

② 条項の黙示のプロセスは解釈作業の一環であるとの提案について－条項
　の黙示と解釈の関係の整理

本判決では、「解釈問題で考慮すべき要素、即ち、契約で使われた文言、契約当時両当事者が知っている周りの環境、商事的常識、及び合理的読み手、若しくは合理的当事者というのは、黙示問題でも考慮されねばならない。しかし、だからと言って、黙示の作業は、解釈と同時に行うべきとも、解釈作業の一部として分類されるのが適正ということも意味しない。条項や文章を黙示する場合、黙示される文言は仮説によるので、解釈されるためそこにあるわけでないから、文言を解釈するものでない；黙示条項を含めて契約全体を解釈すると言うことは、特にこの状況で解釈とは実際何を意味するか問題を避けることになる故に、助けにならない」[39]と言って、両者のアプローチは異なることを述べている。

Neuberger 卿は、Hoffmann 卿による契約解釈の一般原則において、合理者基準であらゆる状況を考慮して解釈するという状況主義の立場でなく、状況主義であるものの、文言の通常の意味を重視する伝統的な立場に回帰する立場を採ったと同様、黙示条項においても、条項の黙示が認められる基準と明示条項の解釈基準とは異なるプロセスであるという伝統的立場に立ち、明らかにHoffmann 卿と一線を画している考えられる。

更にこれに関連して、Neuberger 卿は、「恐らくほとんどすべての契約の黙示条項の紛争において、明文文言の解釈プロセスが終了してから初めて黙示条項の問題が考慮される。何を当事者が明文上合意したか決定する迄、そのように条項が黙示されたか、もしそうならどんな条項かを決定することができない。」「更に、明文条項に反する場合、条項の契約への黙示はできないという基本原則からみて、契約明文条項が解釈されるまで、少なくとも通常は更なる条項が黙示されるか適切に決定することができないというのが論理的なように思われる」[40]と説得的な意見を述べている。

その結果、Neuberger 卿は、Hoffmann 卿の *Belize Telecom* 事件における見解は、「黙示条項について権威あるガイダンスというより、特に秀逸な議論と

---

(39)　同判決パラ 27。

(40)　同判決パラ 28。

国際取引の現代的課題と法

して扱うべき」[41]と述べている。これはかなり手厳しい評価であるが，*Belize Telecom* 事件は枢密院司法部の判決であり，イングランドの裁判所を拘束するものでなく，また Neuberger 卿の上記考え方からして，必然的な結果と言えよう。しかし，これについては Carnwath 卿が異議を申し立てていることが注目される。

5 Carnwath 卿の意見[42]

本事件の当事者間の主張の処理については，Neuberger 卿が挙げた理由により，本件棄却することについて同意するが，*Belize Telecom* 事件の評価について Neuberger 卿のコメントには異論を述べた。Neuberger 卿の議論と Carnwath 卿の議論を比較すると，*Belize Telecom* 事件判決に対する評価の違いが非常に興味深い。

Neuberger 卿はそれほど重視してないが，Carnwath 卿は，前掲 Lewison（パラ 6.03）でも，*Belize Telecom* 事件判決はイングランド法の現在の状況を表すものと扱っていることを指摘し[43]，*The Moorock* 事件のような 19 世紀の事件でなく，*Belize Telecom* 事件を出発点とすべきことを主張する[44]。

Carnwath 卿は，本判決においても，*Belize Telecom* 事件判決の権威については争いないものと扱われており，問題となるとしたら，その解釈であるとしている。しかし，Neuberger 卿の上記判示（特に最後の）を読む限り，必ずもそれを権威あるものと評価してないように思われる。特に興味深いのは，*Marks and Spencer* 事件を一緒に担当した最高裁の判事の一人の Clarke 卿が *Belize Telecom* 事件判決が出た直後の控訴院において，*Mediterranean Salvage & Towage Ltd v Seamar Trading &Commerce Inc*[45]（以下 *Meiterranean*

---

[41] 同判決パラ 31。

[42] 同判決パラ 57 から 74。

[43] しかし，この Lewison 氏の意見は，最高裁の Marks and Spencer 事件の判決が出る前の第 6 版（2016 年）に発表されたものであることに留意が必要である。2017 年末に新版が予定されているようなので，その内容に注目したい。

[44] これについては，Carnwath 卿が Belize Telecom が伝統的基準を緩和するものでないと言うなら，何故これを出発点とするのか理解できないという反論がある（前掲 Richard Austen-Baker パラ 7.60）。

[45] [2009] EWCA Civ 531（10 June 2009）; [2010] 1 All ER (Comm) 1。

314

Salvage 事件という）で判決文を書き，*Belize Telecom* 事件の Hoffmann 卿の分析を高く評価して，ICS 事件での Hoffman 卿の契約解釈アプローチと同様に，これから多くの事案で引用されるだろうと予測していることである。Carnwath 卿は，更に *Mediterranean Salvage* 事件で，Clarke 卿が *Belize Telecom* 事件判決をイングランド法の下でも支持していることを詳しく紹介している。ただし，これらの肯定的評価を Clarke 卿本人がその後も持続的に持っているか否かについては疑わしい。何故なら後述の Clarke 卿自身の意見を見る限り，最高裁で *Marks and Spencer* 事件を担当し，Neuberger 卿の意見を検討した限り，Hoffmann 卿の解釈には広い意味が含まれているとして，Carnwath 卿のように Neuberger 卿の意見と異にすることを明確にしていない。

結論として，Carnwath 卿は，Hoffmann 卿の判決は通常以上の学問的論争を引き起こしたことは間違いないが，その判決の引き続く権威を疑わせる十分な根拠となるとは思えない。それどころか，貴重で，啓蒙的な裁判所を導く要素を結びつけたと高く評価した。

6 Clarke 卿の意見

Neuberger 卿が示した理由で上告棄却に同意したが，*Belize Telecom* 事件での Hoffmann 卿の解釈アプローチと黙示アプローチについての見解を巡り Neuberger 卿と Carwath 卿の間の見解の相違があり，また彼は *Mediterranean Salvage* 事件で *Belize Telecom* 事件を検討し，判示したこともあり，それが議論になっているため，自分の立場を明確にするためコメントしたとして以下の意見を表明した。

条項の黙示と解釈の関係について，Carnwath 卿が言っているように，条項の黙示は契約全体として解釈する作業であるという Hoffmann 卿の見解を疑ってなかったが，Neuberger 卿の上記見解から照らしてみると黙示される文言は仮定のものであり，解釈されるために提示されたものでないから，Hoffmann 卿の見解には解釈に広い意味を持たせることが含まれていると認識することとなった。しかし，Neuberger 卿と同じように，契約で当事者が使った文言を解釈することも，契約に条項を黙示することも，両方とも，契約の範囲と意味を決定することを含むものであるから，これを基にすると，両方のプロセスは広い意味で契約解釈の一部と言える[46]。*Belize Telecom* 事件判決は必

要性について伝統的基準を緩めたと解されるかに関して，これを否定する。Hoffmann 卿は黙示のプロセスは，契約解釈プロセスの一部と強調しているが，*Mediterranean Salvage* 事件で，自分としては，条項を黙示する必要がなければならないこと，及び，それが単に合理的であると言うだけでは十分でないという前提まで Hoffmann 卿がひっこめたものとは理解してないと述べたが，その見解を変えるものでない。

7 小 活

本事案は，黙示条項に関するイングランドでの最新の最高裁の判決である。判決文を書いた Neuberger は，本事案により特に新しい基準や目新しい意見が表明されたわけではなく，*Belize Telecom* 事件判決で，Hoffmann 卿が示した契約の条項黙示について，契約全体から契約解釈の一部というアプローチに対して，改めて伝統的なアプローチに立って，条項を黙示することを再確認したものである。*Belize Telecom* 事件判決は枢密院司法部の判決であり，イングランド裁判所に対して先例拘束性はなく，説得力ある議論という立場であることから，この判決の評価を巡り，Neuberger 卿と Carnwath 卿の対立は，核心に触れるものであり，注目されるところである。また，それに関連して，*Belize Telecom* 事件判決が出たすぐ後の控訴法院の *Meiterranean Salvage* 事件の Clarke 卿の判決の中で，Carnwath 卿が *Belize Telecom* 事件を積極的に評価したことを紹介したが，Clarke 卿自身がそれとは少々異なったニュアンスの意見表明していることも興味深い。

Hoffmann 卿は *Belize Telecom* 事件判決の結果，長年にわたり確立されてきた伝統的な条項の黙示の基準について，緩和若しくは軽視する提案をしたのか否かについて様々な議論を引き起こすことになった。立場によって *Belize Telecom* 事件判決の権威についての考え方も異なる。筆者は Neuberger 卿が，Hoffmann 卿の考えとは異なり，まず契約解釈をして，確定した後に，黙示を検討するべきとする順番の問題についても，またそれ故に条項解釈アプローチ

---

(46) Clarke 卿は，Mediterranean Salvage などで Belize Telecom 事件の判示に賛成しているように見えたが，Neuberger 卿の意見を聞いて自分の意見を変えたのか，Hoffmann 卿の見解に必ずしも賛成してないことを示している。本事案に改めて自分意見を発表したように，契約解釈と黙示を整理せざるを得なかったと思われる。

と条項の黙示アプローチは異なるべきとしているのは説得的であると考える。またHoffmann卿の契約解釈原則によると，置かれた状況をすべて知る合理者が，関係する取り巻く環境や商事目的等のすべてを考慮して上で，当事者が使った契約文言の意味をどう理解するかという基準から判断することになる。これを，条項の黙示に適用すると，条項の黙示を認めるか，その解釈はどうなるか，裁判所が，あらゆる状況を考慮し，合理人基準で判断することになる。そうだとすると黙示条項が契約に効果を持たせるために必要であるという基準は必ずしも必要なく，結果的に裁判所は広い裁量権が認められることになり，従来のように厳しく自己抑制をしていた黙示条項基準に歯止めがなくなることにつながるのではなかろうか。

VI　日本法への示唆

日本の現行民法には，契約解釈について明文の規定は置かれていないが，従来から法律行為の解釈という形で，民法学者の間で論じられてきた[47]。最近の民法（債権法）改正では，民法学者による2009年の『債権法改正の基本方針』[48]で，それまでの議論を踏まえて何らかの契約解釈原則を導入する提案が行われ，法制審議会，民法（債権関係）部会で議論された。しかし，最終的にはこれは受け入れられるところとはならず，改正民法には挿入されなかった。契約解釈原則は法典化されなかったものの，その重要性は変わりなく，従来の議論が継続することになろう。

日本では，契約の明示条項で規定されてない場合，条項の黙示というアプローチで処理するという議論はほとんどされていないようで，それに代わり補充的解釈または補充の問題として同じような議論がなされている[49]。かつて法律行為の解釈について表示主義が通説であった時は，解釈と補充を区別され

---

[47]　明治以来の日本での議論の動向については，沖野眞巳「契約解釈に関する一考察（二）――フランス法を手がかりとして」（法協109巻4号2頁以下が詳しい。例えば，内田貴『民法I（第4版）』（東京大学出版会，2008年）269頁。

[48]　『債権法改正の基本方針』NBL904号（商事法務，2009年）123頁。

[49]　補充的解釈について，山本敬三「補充的契約解釈（一）～（五）――契約解釈と法の適用との関係に関する一考察」（法学論叢119巻2号，4号，120巻1号，2号，3号）では，ドイツ法の学説を踏まえて，日本法での議論を詳しく分析している。

国際取引の現代的課題と法

なかったが，米国法での interpretation と construction の区別を参考に[50]，裁判官の法律行為の解釈の名の下に「意味発見」と「意味持ち込み」の異質の操作が含まれているという認識が一般的となり[51]，それと共に，「意味発見」としての狭義の契約解釈と，「意味持ち込み」として，補充にあたるものが分化した。法律の意味としての法律行為の解釈によっても意味が明らかにならない場合は，裁判規範の補充が必要となり，裁判官による裁判規範の定立が行われるとする。これを法律行為の解釈に含めてしまうと，意味の探求という作業との違いをあいまいにするという[52]。これは Hoffmann 卿のアプローチに対する Neuberger 卿が「使われた文言の解釈することと追加文言を黙示することとは異なったルールの支配する異なったプロセスであるという事実をあいまいにする」[53]と述べて批判したことに驚くほど似ている。更に具体的な補充は，慣習，任意法規（補充法規），条理や信義誠実という客観的規範によっている。しかし，このような客観的規範による補充だけでは問題があることが指摘され，契約についての当事者自治原則を可能な限り尊重して，実際の契約に即した個別的な補充解釈が行われるべきとして，当事者が実際に行った契約から一定の趣旨を読み取ることが出来る場合，それに従って補充を行うことが必要であることが認識された。その場合仮定的当事者意思を基礎にして，契約の両当事者が契約をする際に知っていれば，どのように合意したであろうかと問うものであり，それは，例えば当事者がその契約をした具体的目的，当事者が具体的に契約で定めている内容を手がかりとして確定するものである。このような実際の契約の趣旨に照らした個別的な補充を，「補充的（契約）解釈」と独立に位置づけるものである。このような個別的な補充に相当するものを認める必要があることについては，現在日本ではおおむね一致を見ているとされている[54]。

　この考えを法典化するべく，前掲『債権法改正の基本方針』では，本来的解釈及び規範的解釈によっても「契約の内容を確定できない事項が残る場合にお

---

[50]　前掲注[47]・沖野 109 頁。

[51]　前掲注[49]・山本（五）9 頁。

[52]　山本敬三「契約の解釈と民法改正の課題」伊藤眞ほか編『経済社会と法の役割 石川正先生古稀記念論文集』（商事法務，2013 年）715 頁。

[53]　Marks and Spencer 事件判決パラ 26。

[54]　前掲注[49] 山本「契約の解釈と民法改正の課題」717 頁。

いて，当事者がそのことを知っていれば合意したと考えられる内容が確定できるときには，それに従って解釈されなければならない」とする補充解釈の原則が提案された[55]。当事者が知っていれば合意したと考えられる内容が確定できるときには，それを尊重することが契約制度の趣旨に合致すると提案趣旨が説明された。しかし，前述の通り，法典化が実現しなかったことから，今後どのような展開となるのか不明確である。

　以上，日本での補充についての考え方の変遷を見たが，イングランド条項の黙示アプローチとの違いについて特に論じた論文は日本では見つからなかった。この点前掲 Richard Austen-Baker, Implied Terms in English Contract Law 2nd ed.[56]によると，コモンローの下では意味を持つ条項の黙示という議論は大陸法国では不要となっていると指摘する。何故なら大陸法では，民法典に典型契約が示され，その中にそれぞれの条項となるべき規定されていることと，更に信義誠実原則で広く補っているからと説明する[57]。ただ面白いことに脚注で，大陸法国でも国により異なり，特に日本法に言及し，日本では契約の履行上，もしくは，商慣行からの条項の黙示が使われているとしている[58]。

　狭義の契約解釈と補充を区別し，異なった客観的規範を基準とする考え方は，イングランドでの契約解釈と区別された条項の黙示と共通点がある。共に当事者の仮定的意思を前提としている。一方で，既に説明したように，多くの違いもある。例えば，黙示と明示を問わず条項の解釈は，あくまで当事者の実際の主観的意思を基準とするのでなく，客観的な合理者基準であること，前述のSimon 卿が BP 事件で提案した 5 つの具体的基準[59]のような具体的な基準の位置づけ，黙示される条項は合理的であるか，改善するからというだけでは認められず，それがビジネス効果を与えるために必要であるというような強い必要性条件などである。イングランドでのこれらの考え方の基礎には，伝統的にコモンローの世界における裁判所の役割の違いがある。裁判所は当事者の契約自治原則および契約自由の原則を最大限尊重し，当事者が結んだ契約をできるだ

---

[55]　123 頁。【3. 1. 1. 42】（補充的解釈）。

[56]　上記脚注 13。

[57]　同書パラ 1. 06，P. 3。

[58]　同脚注 6。

[59]　上記 6 頁。

け補充，修正しないようにする配慮する。そのため，裁判所が積極的に動くことはあくまで例外である[60]。契約における弱者保護への配慮は，法定の黙示条項というカテゴリーで処理している。

債権法改正の審議過程をみると，イングランド法については，基盤があまりに異なっていると考えられたのか，専門家がいなかったからなのか定かではないが，特に採り上げて議論されなかったようである。しかし，多くの共通点もある。契約の解釈や黙示の問題は特定国だけの問題でなく，普遍性ある問題分野でもあり，判例法国として実際的な判断がされているイングランド法での状況を学ぶことは日本での比較法的考察上有益であると思われる。

Ⅶ　お わ り に

上記の通り，イングランドで19世紀から長い間定着していた条項の黙示分野において，最近になり新しい波を起こしたと思われた Hoffmann 卿による *Belize Telecom* 事件判決が，Neuberger 卿による *Marks and Spencer* 事件判決により，再び伝統的なアプローチに引き戻されたことを見てきた。しかし，全面的に元の状態に戻ったわけではない。Clarke 卿が *Marks and Spencer* 事件で示したように，契約解釈も条項の黙示も契約の範囲と意味を決定するものと考えれば，両方のプロセスは全くかけ離れたアプローチによるわけでなく，広い意味で契約解釈（construction）の一部となる。裁判所が求められている究極的な目的は，Hoffmann 卿がシンプルに述べたように，契約の明示と黙示条項を確定し，それが合理者基準で何を意味するか解釈し，紛争を解決するものである。しかし，条項の黙示と解釈の関係や，前者に後者がどのように適用されるか，business efficacy や officious bystander 基準の具体的当てはめなどまだ明確でないことが多い。またそのこれからも契約紛争あった場合，黙示条項が当事者から主張され，これが認められるか否かについて，議論が繰り返し出てくると思われ，結局裁判所はその都度，Hoffmann 卿判決と Neuberger 卿判決の二つの先例の間で揺れ動くことになろう。

日本では条項の黙示という考え方は行われてないが，当事者間で，明示の合

---

[60]　Philips Electoronique 事件での前掲 Sir Thomas Bingham MR の判決，P. 481。

13 イギリスの契約条項の黙示についての判例の動向〔杉浦保友〕

意以外に，明示の合意が確定できない場合，一方の当事者が黙示の合意の存在を主張し，他方がこれを否定するような当事者間の紛争は起こっているはずである。この場合，日本では補充や補充的解釈で完全に処理できるのか，それともイングランドで議論されているような独特の黙示基準を適用する場面があるのかは不明確である。しかし，条項の黙示の議論のみならず，日本で行われてきた補充や補充解釈の議論を発展させるためにも，イングランドでの条項の黙示に関する議論の観点から見直すことは有益であろうと思われる。本稿がそのきっかけになることを望む。

14 労働契約における通則法12条と絶対的強行法規

大 塚 章 男

I　は じ め に　　　　　　　　　V　ローマ条約とローマ I 規則
II　絶対的強行法規の性質　　　　　　における強行法規
III　通則法 12 条の適用関係　　　　　VI　分　析
IV　絶対的強行法規の範囲　　　　　VII　結びに代えて

I　は じ め に

　法の適用に関する通則法（以下「通則法」という）は，法例と異なり，消費者契約および労働契約について，第 11 条および第 12 条に抵触法上の消費者・労働者保護のための規定を設けているが，他方で「強行法規の特別連結」や「絶対的強行法規」に関する規定は，制定過程で議論になったものの設けられなかった。

　一般に，法律行為の成立および効力につき準拠法として指定された法以外の法の規定を適用する可能性に関しては，多数の学説が承認するところである。特に法廷地の絶対的強行法規の適用があることに関しては特に異論はみられないが[1]，絶対的強行法規の範囲については争いがある。通則法第 11 条や第 12 条が規定する特定の「強行規定」と区別するために，ある法律関係に対してその準拠法の如何にかかわらず適用されるべき強行法規を，本稿では「絶対的強

---

[1]　通則法に明文の規定はないが，法廷地の絶対的強行法規はこれまでと同様に裁判所の職権により適用される。小出邦夫『一問一答　新しい国際私法』（商事法務，2006 年）（以下「小出 I」）84-85 頁，同『逐条解説法の適用に関する通則法』（商事法務，2009年）（以下「小出 II」）84 頁以下など参照。

『国際取引の現代的課題と法』澤田壽夫先生追悼〔信山社，2018 年 4 月〕　　*323*

国際取引の現代的課題と法

行法規」と呼んで区別することとする。また，特定の「強行規定」を適宜，
「相対的強行法規」と呼ぶこととする。本稿では，特に労働契約の準拠法の場
面での，通則法制定後の，絶対的強行法規と相対的強行法規について論じる。
なお，本稿では第三国の絶対的強行法規の特別連結の論点については論じない。

II　絶対的強行法規の性質

1　学　説

　準拠法選択ルールとは独立に場所的適用範囲が決定される法規は，ドイツに
おいては「介入規範（Eingriffsnormen）」，イギリスでは「優先適用法規（over-
riding statutes）」，フランスでは「直接適用法規（lois d'application immediate;
lois de police）」などと呼ばれている。公法上の規定にあって当事者間の私的な
権利義務関係に介入する性質の法規は「介入規範」とよばれており，また，抵
触規定の介在なしに直接適用されるという観点から直接適用法とも称される。
これらは絶対的強行法規，国際的強行法規とも称されている。

　この債権準拠法と法廷地法の適用関係について以下の点については争いがな
い。第1に，基本的には，債権準拠法中の強行規定（相対的強行法規）も適用
されるべきである（すなわち，ある法秩序が準拠法として適用されるならば，その
強行規定まで含めて適用される）。第2に，「法廷地法」の強行規定が，その他の
適用されるべき法規には左右されずに適用される（絶対的強行法規）。

　介入規範（絶対的強行法規）についてのこれまでの見解は，米津教授の以下
のような見解に集約されるであろう(2)。
「一般的な抵触法規に基づいて債権契約に適用される法とは無関係に事案を規
制する実体法は，介入規範…，絶対的強行法あるいは国際強行法規…と称され
る…。ドイツにおいては，労働法上の全ての定めがこの介入規範に属するので
はなく，むしろ介入規範としてみなすことのできる労働法は多くはない，との
考え方が一般的である。」

　更に，どのような法規が強行法規性を有するかにつき，以下のように詳細に
論じている(3)。

---

(2)　米津孝司『国際労働契約法の研究』（尚学社，1997年）75頁以下。

324

14 労働契約における通則法12条と絶対的強行法規〔大塚章男〕

「いわゆる介入規範（「絶対的強行法規」，「国際強行法規」）の適用の問題がある。」「介入規範は，第一義的には『放棄しえない国家的利益・秩序観念』あるいは『共同的利益』というものが基礎にある『秩序政策的規範』であるとされる。介入規範は，契約弱者（たる労働者）の保護の機能・役割を果たす場合もあり得るが，同規範において主として念頭におかれているのは，独占禁止法や，通貨・為替管理，貿易管理等に関する経済的行政法規，あるいは市場政策的法規である。」「介入規範であるかどうかは，強行法規自体がそれを明示する例外的な場合を除いては，法規の解釈によってこれを確定するほかない。そのメルクマークとしては，上述の『放棄し得ない国家的利益・秩序観念』（に基づく法規），「共同的利益」，「秩序政策的目的」といったことが一般に語られるわけであるが，具体的にいずれの強行法規がこれに属するのかについては，個々の国内実体法の目的，性格，機能に応じて，個別具体的に判断していくことになる。」「上にその典型例として，日本の就労許可に関する法規や，安全衛生法規，労働時間規制をあげたが，外国法におけるそれらの規定においても同様のことがいえるかどうかは，当該の外国法を具体的に検討しないことには判断することはできない。刑罰や行政的介入によってその実効性が確保されているかどうか，ということが重要な目安になるということはいえるであろうが，これも決定的なものではない…。」「いずれにしても，単に，刑罰，行政的介入による実効性の担保の有無というのみをもって，介入規範であるかを区別することはできないのであって，あくまでも個別の事案において問題となり得る個々の強行的労働法の具体的内容の検討を待たなければ，それが介入規範としての機能をもつものであるかどうかを判断することはできない。」

　いずれにせよ，（絶対的）強行法規，国際的強行法規，介入規範，直接適用法は，同一の種類の法規を異なった側面（すなわち，準拠法選択にかかわらず強行的に，当事者の権利義務関係に介入するもので，抵触規定の介在なしに直接適用される規定という側面）から表現されたものである。ここで改めて確認すべきは，絶対的強行法規の適用ルールは，通常の準拠法決定ルールとは別枠で，その法規の強行性（つまり公益）の強さから強行的に適用されるという点である。

---

(3)　米津・前掲注(2) 211頁。

国際取引の現代的課題と法

2 裁 判 例

労働関係法について，わが国労働関係法を絶対的強行法規もしくは介入規範として直接適用したとされる日本の裁判例はそれほど多くはないが，これらを契機として学界での議論が深まった。

(1) インターナショナル・エアー・サービスカンパニー事件・東京地決昭和40年4月26日（労民集16巻2号308頁，判時408号14頁）

東京地裁決定は，本件労働契約の準拠法はアメリカ合衆国連邦法あるいはカリフォルニア州法であると認定した上で，解雇の効力は，労務の給付地であるわが国の労働法を適用して判断すべきであって，この点に関するかぎり法例7条（通則法7条）の適用は排除されるとした。「けだし，労働契約関係を律する労働法はひとしく労使の契約関係を規律する一般私法法規と異なり，抽象的普遍的性格に乏しく各国家がそれぞれ独自の要求からその国で現実に労務給付の行なわれる労使の契約関係に干渉介入し，独自の方法でその自由を制限し規整しているので，労働契約に基く現実の労務給付が本件の如く継続して日本国内で行なわれるようになった場合には，法例第七条の採用した準拠法選定自由の原則は属地的に限定された効力を有する公序としての労働法によって制約を受けるものと解するのを相当とする」とした。そして，本件解雇は労働組合法7条1号にうかがわれる公序に違反し無効であるとした。

米津教授は，労働関係を規制する強行法規の多くは，性質上公法の範疇に属するものであり，その適用関係は国際私法とは別の規則によって定められるべきであるとし，本決定では公法の属地主義的適用原則に基づいて強行法的な労働法規の適用を根拠づけようとする考え方が採用されたとする[4]。

「文言中，『公序』という言葉が使われているが，判決文全体の趣旨からすれば，これは法例33条（旧法例30条）の意味における公序によって外国法を排除したものではなく，直接に労務給付地の強行法たる日本の労働法を適用したものであると解するのが相当であろう。すなわち，国際私法上の公序によるとするのであれば，適用が排除されるべき外国法の内容が検討され，それが法廷地法たる日本法上の公序と具体的にどのように離齟することになるのかが検討されなければならないが，同決定においてはそうした検討が行われた形跡はみ

---

(4) 米津・前掲注(2) 185頁。

あたらず，労働法の属地的強行性にその適用の根拠を求めている。同決定を論じた評釈の多くも，これが公序論によったものではないとしている。」

山川教授は，本決定は「公法の属地的適用の理論」を適用したものと端的に理解する[5]。すなわち，この決定は，「公序」という表現を用いてはいるが，直接労組法7条1号を適用して解雇を無効と判断しており，法例7条1項により当事者の選択した外国法を適用することを前提としつつ，それが公序に違反するかどうかを判断する法例33条所定のアプローチをとっていないので，公序理論によるものではなく，むしろ，労働法を国家による契約関係への介入と位置づけ，当事者による準拠法の合意にかかわらず労組法を適用していることからすると，日本国内で労務の給付がなされる場合には，法例7条の枠組とは別に労働法規が直接適用されるという枠組を示したものと考えられるとする。また，「この決定については，…労組法7条を絶対的強行法規と解する立場によっても同じ結果を導くことができる」とも述べている[6]。

なお，本決定は，伝統的な公序則を適用したものではなく，より積極的に法廷地であり労務供給地であるわが国の強行法規を適用したものであるとする澤木教授の見解[7]や，強行法規の介入問題を労働法規の公法的性格，属地的強行的適用の観点から構成し，基本的に当事者が選択する法と労働地の強行的（公法的）労働法との二元的構成を前提に，当事者による準拠法選択が一応成立したとした上で，法廷地であり不当労働行為地の強行法規を適用したと理解すべきであるとする尾崎教授の見解[8]も，基本的に同趣旨であろう。

以上のように，本決定は，法例33条（通則法42条）にいう「公序」によったものではなく，当事者の準拠法の合意に拘わらず，労務給付地の強行法である日本の労働組合法7条を直接適用したものであるという点で学説上大方の一致をみているといえよう。

---

(5) 山川隆一『国際労働関係の法理』（信山社，1999年）19頁。

(6) 山川・前掲注(5)200頁。なお，本決定に関する山川教授の評釈として，別冊ジュリ・国際私法判例百選（第2版）（2012年）32頁。

(7) 澤木敬郎「判批」昭和44年度重判解（ジュリ456号）（1970年）198頁。

(8) 尾崎正利「雇用契約」別冊ジュリ・渉外判例百選（第3版）（1995年）80頁。

国際取引の現代的課題と法

(2) **シンガー・ソーイング・メシーン・カンパニー事件・東京地裁昭和44年5月14日判決**（下民集20巻5・6号342頁）

当事者は契約締結地法たるニューヨーク州法等を準拠法として選択したものと認定されたが，解雇自由の原則を認めるニューヨーク州法を適用して判断することが日本の公序に反しないかが問題となった。同地裁判決は，「〔著者注，わが国の労働法上の〕強行法規は私的自治の原則の例外を定める民法90条にいう公の秩序に該当するにしても，そのすべてが法例30条〔現行33条〕にいう公の秩序，即ち外国法を適用することにより破壊されるに至る日本の社会秩序に該当するものではない。…ただ個々の外国法規を適用した結果日本の労働法規によって維持される社会秩序が個々的具体的に破壊されるか否かを判定すれば足りる」と判示する。そして，解雇権濫用法理が，長期雇用と年功賃金の慣行のもとで，いったん解雇されると同等の労働条件による再就職が難しい日本の労働事情を前提にしていることを指摘したうえ，数々の職歴を経た後，原告の日本支社のゼネラルマネージャーという使用者の利益代表者的地位を得て来日し，高額の報酬を得て就労している本件労働者は，かような日本的労働事情とは「無縁の存在」であるとして，同人に対して解雇権濫用法理を適用しなくとも，法例上の公序に違反するわけではないと判断した[9]。

学説は，労働契約について，公序により当事者自治の原則を制限するという本判決の理論構成に批判的な見解が多い[10]。

Ⅲ　通則法12条の適用関係

通則法12条において，最密接関係地法以外の法が選択されても，労働者は最密接関係地法中の強行規定を援用できるとし（1項），さらに，労務提供地法を最密接関係地法と推定している（2項）。労働者が労務提供法の強行規定を特

---

(9)　村上愛「法の適用に関する通則法12条と労働契約の準拠法」一橋法学7巻2号（2008）350頁は，通則法下での検討を行い，本件では，黙示の選択は困難であるとし，労務提供地である日本の法が最密接関係地法と推定されるものの，米国との関連性の強さゆえに推定が覆る余地が十分に認められる（12条3項参照）とする。

(10)　煉場準一「判批」判評134号（判時584号）（1970年）29-30頁，澤木・前掲注(7)「判批」199頁参照。

定し，その適用を主張する旨の意思を表示した場合には，その特定の強行規定が契約の準拠法に加えて重畳的に準拠法として適用され，労働者は，例えば契約準拠法上の解雇無効等のほか，労務提供地法上の当該強行規定による解雇無効等を抗弁等として併せ主張することが可能となった[11]。

　通則法12条にいう「強行規定」は任意規定に対する概念であって，ある実質法が準拠法となった場合において，その実質法の規定の中で当事者が意思によってその適用を排除することができない規定を意味し[12]，また労働者による援用を待ってはじめてこれは適用される。また，このような強行規定は，成文法の形で規定されているものに限らず，例えば判例であっても，強行的に適用される法理であれば，同様にその法理の適用を主張することができる（例えば我が国における解雇権濫用の法理等）。労働者の労務提供地法上，当事者の意思によってその適用を排除できない規定であれば，第12条の強行規定（相対的強行法規）となりえる。他方で，明文規定こそ設けられていないものの，法廷地の絶対的強行法規は，これまでと同様に裁判所の職権により適用されると解されている。絶対的強行法規は，通則法12条の規定を媒介とせずに，強行的・直接的に適用される。すなわち，絶対的強行法規は，それを有する国の実質法が準拠法とならない場合でも（法廷地において）当然に強行的に適用される。結果から逆に述べれば，準拠法により日本法が指定されたときにはじめて日本法の一部としてそれが適用可能となるのが相対的強行法規であり，それを俟たずに適用すべきなのが絶対的強行法規である。絶対的強行法規の適用の考え方は第12条とは直接の関係を有しない[13]。

---

[11]　選択制ではなく「優遇比較」方式も制定過程では検討されたが，優劣の比較は困難であり，場合によって当事者の準拠法の予見可能性を損なう，とされてこれは取られなかった。小出Ⅱ・前掲注(1) 137頁など。

[12]　小出Ⅱ・前掲注(1) 88頁，櫻田嘉章・道垣内正人編『注釈国際私法』（有斐閣，2011年）287頁〔高杉〕。

[13]　小出Ⅱ・前掲注(1) 88，89頁。

Ⅳ　絶対的強行法規の範囲

1　諸　法　令

前述のように，米津教授によれば，「絶対的強行法規」は，第一義的には「放棄しえない国家的利益・秩序観念」あるいは「共同的利益」というものが基礎にある「秩序政策的規範」であり，個々の国内実体法の目的，性格，機能に応じて個別具体的に判断していくしかないが，刑罰や行政的介入によってその実効性が確保されているかどうかも重要な目安となる。

佐野教授は，ドイツのドゥローブニッヒ（Drobnig）の見解[14]を引用して，以下のように介入規範の定義を行なっている[15]。「介入規定のメルクマールとされるのが，その法規の目的とその規制の態様である。たとえば，ドゥローブニッヒは，次のように定義している。『介入規定とは，国家の福祉のみを目的とし，個人の利益には奉仕しない法規であって，それが関連する私法的な法律関係の効果法にかかわらず，その適用を要求する法規である』と。」ここで「個人の利益には奉仕しない法規」としている点に注意すべきである。

石黒教授は，絶対性が付与されているか否かは，当該法規の立法目的ないし規制上の趣旨を勘案して決すべきことになるとされる[16]。例えば，利息制限法では，制限超過利息についての民事的介入がなされるにとどまり，証券取引法・独占禁止法・外為法などとは異なり，罰則による制裁はなされていない。もとより，罰則（刑事罰）による制裁の有無のみが，特別連結の対象たる（絶対的な）強行法規か否かを決するメルクマールではないが，わが国の利息制限法における国家的介入（state interference）の程度が比較的軽微なこともあって，はたしてそれがここで問題としている絶対的強行法規と言えるかが問題となるとして，利息制限法を絶対的強行法規から除外されるようである。

通則法制定に関わった小出判事によれば，絶対的強行法規は，「公の秩序等

---

[14]　U. Drobnig, "Die Beachtung von auslandischen Eingriffsgesetzen-eine Interessena-nalyse", Festschrift fur K. H. Neumayer, 1985, S. 178.

[15]　佐野寛「国際取引の公法的規制と国際私法」松井芳郎＝木棚照一＝加藤雅信編『国際取引と法』（名古屋大学出版会，1988 年）182，184 頁の注部分を参照。

[16]　石黒一憲『金融取引と国際訴訟』（有斐閣，1983 年）。

に関する一定の強い政策的な目的を達成するために明確な適用意思を有する法規」とされ，このようなものとして，「独占禁止法，外国為替及び外国貿易法，消費者・労働者保護関連法規，借地借家法等の中の特定の規定」が列挙されている[17]。

国際私法立法研究会によれば，通則法試案の作成に当たっては，特別連結すべき強行法の範囲について，経済的弱者の保護に関するものに限られるとする見解と，これに加えて経済政策的・社会政策的な考慮に基づくものも含まれるとする見解が対立したとされる[18]。また，法例研究会は，「我が国では一般に，(a) 独占禁止法，(b) 外国為替管理法，(c) 労働基準法，労働組合法，最低賃金法，労災保険法，(d) 利息制限法，(e) 借地借家法，(f) 消費者保護関連法規等が『絶対的強行法規』に当たると解されている」とする[19]。

通則法制定後の議論はどうか。村上教授は以下のように述べている。通則法12条にいう「強行規定」は私人間の利益調整を，他方国際的強行法規は主として国家の社会・経済政策の実現をその目的としている。このような趣旨・目的の相違が，2つの強行法規の強行性の強さに差異を生ぜしめ，ひいては法目的を実現するための手段にも影響を及ぼしている。すなわち，法規の実効性を確保するために公権力が介入する度合いが高いほど国家は当該法規の目的実現に強い関心を有しているといえ，つまり当該法規は国際的強行法規とされる可能性が高まると論じる[20]。

また西谷教授は以下のように述べる。絶対的強行法規は，通常の抵触規則による準拠法の決定とは異なり，その法規の性質及び規律目的を基礎として「法規からの出発」によってその適用の有無が決定される。よって，私人間の権利義務の調整を目的とする法規まで絶対的強行法規に含めることは背理であり，あくまで国家の政治的・社会的・経済的秩序の維持を目的とする法規だけを絶対的強行法規と解すべきである[21]。そして，労働組合法8条（絶対的強行法規）

---

[17]　小出Ⅰ・前掲注(1) 74，84頁。

[18]　国際私法立法研究会「契約，不法行為等の準拠法に関する法律試案 (1)」民商法112巻2号（1995年）123頁参照。

[19]　法例研究会「法例の見直しに関する諸問題 (1)」（別冊 NBL80 号）（商事法務，2003年）69頁。

[20]　村上・前掲注(9) 317頁。

と解雇権濫用法理（国内的強行法規）とを対比して論じる[22]。絶対的強行法規を「法規からの出発」であるという側面を正しく捉え，法規の目的が私人間の権利義務の調整なのか国家の政治的・社会的・経済的秩序の維持なのかをメルクマールとする点で妥当である。

高橋教授は，後述するようにローマⅠ規則の議論をとおし，純粋に私的利益のみを保護する法規は除外されるべきとする[23]。但し，準拠法の如何にかかわらず適用されるべきものとして立法された法規で，かつ，純粋に私的利益のみを保護しようとするものは実際には稀であり，したがってこの見解をとると，私的利益の保護が目的となっていても絶対的強行法規であるとして扱う説と事実上ほとんど同じ結論になるとする。

2 労働法規

労働法規の強行法的又は公法的性格は従来から多くの学説によって指摘されてきた[24]。例えば，遡れば折茂教授は，労働契約関係は原則的に国家の指導的立場からする統制的規制に服し，その規制を担う労働法規の大部分は濃厚な公法的色彩を帯びているが故に，その契約関係には，当事者の意思如何にかかわりなく，強い「属地的性質」を有する「労働地」法が適用され，労働契約の規律に関する問題は国際私法の固有の領域以外のものであると主張されていた[25]。

労働法規についても，前述のように，国家の労働政策の実現を目的としており，刑罰や行政監督等実効を確保するため公権力が介入する程度の高さを考慮して，絶対的強行法規であるか否かを判断することになる。

山川教授は，労働基準法，労働安全衛生法，最低賃金法などの労働法規を地

---

(21) 西谷祐子「消費者契約及び労働契約の準拠法と絶対的強行法規の適用問題」国際私法年報9号（2007年）40頁。

(22) 西谷・前掲注(21) 41頁。

(23) 高橋宏司「契約債務の準拠法に関する欧州議会及び理事会規則（ローマⅠ規則）：4つの視点からのローマ条約との比較」国際私法年報13号（2011年）16頁，同「契約債務の準拠法に関する欧州議会及び理事会規則（ローマⅠ規則）：ローマ条約からの主要な変更点を中心に」同志社法學63巻6号（2012年）2653頁。

(24) 米津孝司「なぜ労働法は強行法なのか」日本労働研究雑誌585号（2009年）54頁。

(25) 折茂豊「労働契約の準拠法について（2・完）」法学30巻（1966年）424頁。

域的適用範囲画定のアプローチに従って直接適用されるべき国際的強行法規と位置づけている[26]。また，荒木教授は，刑事罰により担保された労働法規は，その民事的側面も含めて当事者自治の原則が排除されるとして，労働基準法をはじめとする罰則の担保のある労働法規を国際的強行法規に分類する[27]。

村上教授は，法規の強行性が労働者に有利にのみはたらくのか，それとも有利・不利いずれの方向にもはたらくのかという違いとしてもあらわれると論じる。すなわち，通則法12条の「強行規定」（相対的強行法規）は労働者に有利にのみはたらくが（労働者に有利な形での違反（基準を上回る合意）を許容する），国際的強行法規はおよそ基準に対する違反を許容せず，その強行性は労働者に有利にも不利にもはたらきうるとする[28]。

V　ローマ条約とローマⅠ規則における強行法規

欧州共同体における契約債務準拠法に関する議論の進展は日本でも大いに参考になる。

1　ローマ条約

1991年4月1日に発効した「契約債務の準拠法に関する1980年条約」（以下「ローマ条約」という）は，強行法規の特別連結の手法を部分的に採用しており，各国の強行法規の適用の確保をはかっていた。

「第3条　法選択の自由

1．2．（略）

3．当事者が外国法を選択している場合で，かつその選択時に当該事案に関する他のあらゆる要素が一国にのみ関連する場合，外国裁判所の補充的な選択の有無にかかわらず，合意で排除できないその国の法の規定の適用は妨げられない。以下これを『強行規定（mandatory rules）』という。」

「第6条　個別労働契約

---

[26]　山川・前掲注(5) 172頁以下。

[27]　荒木尚志「国内における国際的労働関係をめぐる法的諸問題——適用法規の決定を中心に」労働法85号（1995年）105頁以下。

[28]　村上・前掲注(9) 317, 18頁。

国際取引の現代的課題と法

１．労働契約の場合，当事者による法選択は，第３条の規定にかかわらず，法選択のない場合に第２項により適用される法の強行法規による保護を，被用者から奪うものではない。

２．第４条の規定にかかわらず，第３条に従った法選択がなされていない場合には，労働契約は次の法による。

(a), (b) (略)」

「第７条　強行法規 Mandatory Rules

１．この条約に基づきある国の法を適用する場合，当該事実関係と密接な関連を有する他国の強行法規が，その［他］国の法によれば契約準拠法のいずれであるかを問わず適用されるべき場合には，この強行規定に効力を認めることができる。この強行法規に効力を認めるか否かの判断においては，その強行法規の性質，目的及びその適用又は不適用から生じる結果を考慮しなければならない。

２．この条約中のいかなる規定も，法廷地の法規則が通常の契約準拠法のいずれであるかを問わず強行的である場合，その法規則の適用を妨げるものではない。」

この条約は，強行法規の二分法を明文の形で示している[29]。すなわち，まず同第３条３項で一般的な強行法規（mandatory rules）が定義された。強行法規は，「契約によって排除することのできない規定」と定義されている。それとは別に，同第７条１・２項で，契約準拠法の如何にかかわらず適用されねばならぬ強行法規について規定が置かれている。この２項は，そうした絶対的強行法規が法廷地国にあった場合には，契約準拠法とは別途，それが適用され得るとする規定であり，１項は，第三国の絶対的強行法規の「介入」を認める条項である。また，同第６条は，労働契約につき，当事者の準拠法の選択を認めながら，その上で労務提供地国の労働者保護のための強行法規の適用を妨げることはできないとして抵触法上の弱者の保護をはかっている[30]。

---

[29]　Cheshire & North, Private International Law 499 (12th ed. 1992) など参照。

[30]　出口耕自「国際私法と消費者・労働者の保護」ジュリ増刊・国際私法の争点（新版）（1996年）42頁参照。

334

2 ローマⅠ規則

「契約債務の準拠法に関する欧州議会及び理事会規則」（以下「ローマⅠ規則」という）は，2008 年 6 月，欧州議会と EU 理事会によって共同で制定され，翌月発効している（同規則第 29 条 1 項）。2009 年 12 月以後に締結された契約に対して，デンマーク以外の EU 構成国において，ローマ条約に代わって適用されている。

「3 条　選択の自由

1．2．（略）

3．法選択時において，事案に関連する他の全ての要素が法選択された国以外の一国に所在する場合，その一国の法の中で当事者の合意によって排除できない規定は，当事者の法選択によってその適用は妨げられない。

4．法選択時において，事案に関連する他の全ての要素が一以上の構成国に所在する場合，共同体法（場合によっては，法廷地国である構成国において実施されているところの共同体法）の中で当事者の合意によって排除できない規定は，当事者による構成国以外の国の法選択によってその適用を妨げられない。

5．（略）」

「8 条　個別労働契約

1．個別労働契約は，第 3 条にしたがって当事者により選択された法が準拠法となる。しかし，法選択がない場合に本条の第 2 項，第 3 項，第 4 項にしたがって適用されるべき法の中で当事者の合意によって排除できない規定によって労働者に与えられる保護は，当事者による法選択によって奪われない。

2．当事者による法選択がない場合，個別労働契約は，労務提供が平常なされる国の法が準拠法となり，そのような国がない場合は平常の労務提供の起点となる国の法が準拠法となる。労務提供が平常なされる国は，労働者が一時的に他の国で労務提供しても，変更されたとみなされない。

3．4．（略）」

「9 条　絶対的強行法規（overriding mandatory provisions）[31]

---

[31]　当初案では "internationally mandatory rules" であったが，変更され現行になった。See Michael McParland, The Rome I regulation on the law applicable to contractual obligations（2015）at［15. 23］.

国際取引の現代的課題と法

　１．絶対的強行法規は，政治的・社会的・経済的組織などの公的利益を保護する（safeguarding its public interests, such as its political, social or economic organisation）ために遵守が極めて重要であると国家が考えるものであり，本規則にしたがって適用法の如何にかかわらず，その適用範囲に入る全ての事案に適用される。

　２．法廷地法の絶対的強行法規の適用は，本規則によって制限されない。

　３．（略）」

　ローマⅠ規則は，やはり２種類の強行法規を定めているが，内容はローマ条約とは微妙に異なっている。１つは「合意によって排除することができない規定」である（第３条３項・４項，第６条２項，第８条１項参照）（相対的強行法規）。ローマ条約で使用された強行規定（mandatory rules）の表現はローマⅠ規則では用いられていない[32]。もう１つは絶対的強行法規であり，これは第９条１項で定義が新設された。準拠法の如何にかかわらず適用されるべき法であることが明文化され，相対的強行法規との区別が明確になった。第９条１項の定義は著名な Arblade 事件・欧州裁判所判決[33]に依拠するものであって真新しいものではない。２つの強行法規の区別の必要性は前文第37項に表現されている[34]。

　第９条１項によれば，絶対的強行法規の要件は以下の３つとされている。すなわち，①当該規定が強行的（mandatory）であること，②その規定の遵守は，公的利益，例えばその政治的・社会的・経済的組織のような公的利益を保護するため極めて重要であるとみなされること，及び③本規則に基づき契約を別途支配する法律かどうかにかかわらず当該規定が適用されるべきであることである。当該規定が公法又は私法と分類されるか否かは重要ではない[35]。その規

---

[32]　従来のローマ条約では強行法規（mandatory rules）の定義は曖昧であった。第３条３項，５項２項及び６条１項に従い，この用語には「合意で排除できない」一切の規定に言及している一方，同一の用語は現在絶対的強行法規と称される規定に関する７条で使用されていた。この点についてのローマ条約の議論は id. at [15. 13]–[15. 18].

[33]　Joined Cases C-369/96 and C-376/96 Arblade [1999] ECR I-8453.

[34]　Andrea Bonomi, Article 9, European Commentaries on Private International Law Vol. II (Rome I Regulation-Commentary) ed. by Magnus, Ulrich / Mankowski, Peter (2017) at [57].

[35]　Id. at [61].

定が領土又は個人の範囲について特段の定義を規定している事実は，その規定が絶対的強行法規であることの強い表明である。遵守しない場合についての刑事的行政的制裁が規定されていることも重要である。しかし契約の無効や強制，又は損害賠償責任のような民事上の制裁でも重大とされる可能性もある[36]。

　第9条の対象は一国の共同の利益の保護を直接に目的とするものである。第9条の規定の対象は，独禁法，禁輸その他の経済制裁，輸出入管理，証券取引規制等に及ぶ。これらの規定の全ては，契約当事者の個人的利益の保護に関するものではなく，国の最優先の（overriding）法的利益を直接に保護する目的のものである[37]。これに対し，第9条が特定のカテゴリーの個人（特に消費者，労働者，賃借人，商業代理人などの弱者）を保護するための強行法規を含むものであるか否かは多くの議論がある。この種の規範は私的な利益を有する個人を直接保護することを企図するものであるが，少なくとも間接的に公的利益を保護することにもなる場合，絶対的強行法規のカテゴリーにこれらが包摂されるべきであると言う意見も広く存在する[38]。こういった考えは例えばフランス，イタリア及びベルギーで強い。欧州裁判所も Ingmar 事件判決[39]で同様の見解をとり，商業代理人指令（Commercial Agents Directive）の保護規定は当事者が選択した非構成国の法律より優越すると述べている[40]。他方，ドイツでは，公的な目的を追求する強行的な規範（Eingriffsnormen）と私的な利益を追求する規範（Partei-schutzvorschriften）との間には明確な線引きがある。前者の規定（例えば独禁法や出入管理規則）は明らかに共同の利益を追求するものであり，契約当事者の利益を追求するものではない。これに対し，後者の規範（典型例として消費者や労働者の保護法）については，その強行的な性質は契約当事者間の利害調整を図り又は再構築する役割を果たす[41]。しばしば指摘されるように，特定のカテゴリーの個人を保護する規範は，ある国の政治的，社会的，経済的

---

(36)　Id. at [69].

(37)　Id. at [71].

(38)　Hellner は，第9条は私的利益のみを保護する規定は除外されるが，公的私的両方の利益を保護する規定は除外されないとする。M. Heller, Third Country Overriding Mandatory Rules in the Rome I Regulation: Old Wine in New Bottle?, 5 JPIL 458 (2009).

(39)　Ingmar GB Ltd v Eaton Leonard Technologies Inc (C-381/98) [2000] ECR I-9305.

(40)　Bonomi, supra note 34, at [74].

(41)　Id. at [75]. See also McParland, supra note 31, at [15. 29].

組織のため決定的な重要性をも有し，したがってその公的利益を間接的に促進することがあり得る。したがって，Ingmar 判決によれば，商業代理人指令第17条及び18条の直接の目的は経済的弱者としての商業代理人の保護であるが，この規定の目的は同時に結社の自由と自由な競争のような EU 法の根本的目的を促進するためのものである。このように，ローマ I 規則第 9 条 1 項の文言からは，絶対的強行法規のカテゴリーから一切の保護法規規定をアプリオリに排除することにはつながらない[42]。第 9 条の立法過程を見ると，上記のような絶対的強行法規を狭く捉える解釈（弱者保護規定を除外する解釈）はドラフト段階では追求されていなかった。すなわち評議会（Commission）がこの規定の範囲から，個人を保護する規則全体を排除しようとした意図は見当たらない[43]。以上のように，個人の利益を保護する規範は絶対的強行法規の資格を有することがあり得る。弱者保護の規定はおしなべて国際的強行法規であると考えるのは誤りであるが，アプリオリに排除することもできない[44]。

規則第 3 条 3 項の適用の要件は，X 国の法を選択したこと及び一切のその他のすべての要素が X 国以外の国，つまり Y 国に関連している事実である。第3 条 3 項の目的は脱法的な法選択を無効にすることであるが，3 条 3 項が適用されるか否かは主観的な事情ではなく客観的な事情によって判断する。第 9 条2 項は法廷地法の絶対的強行法規の適用は本規則によって制限されないとする。理論的には，第 3 条 3 項と第 9 条 2 項の両方の適用が可能となる事案があるが，その場合は法廷地の絶対的強行法規の適用が優先する。

なお，ローマ I 規則施行後，Dicey & Morris は，「ルール 224　強行法規（mandatory provisions）」として新たなルールを設定している[45]。その第 1 項(a)(b)はローマ I 規則 3 条 3 項・4 項に，第 2 項(a)(b)(c)は同規則第 9 条に対応するものである[46]。ルール第 2 項(a)は，ローマ I 規則 9 条 2 項に基づいており，またこれはローマ条約 7 条 2 項と同一である[47]。

---

[42]　Bonomi, supra note 34, at [77].

[43]　Id. at [78].

[44]　例えば，Hellner, supra note 38, at 459. 全ての公的利益は個々の利益の上に築かれている。全ての私的利益は，少なくとも相当の数の個人に影響する場合，公的利益でもあると言ってよい。

[45]　Dicey, Morris & Collins, the Conflict of Laws（13th ed. 2012）at [32R-082].

[46]　Id. at [32-083].

第 9 条 2 項に基づく法廷地の絶対的強行法規の適用に加えて，法廷地の公序（public policy）の適用もある。第 21 条には，「本規則に規定する一国の法律の中の規定の適用は，その適用が法廷地の公序と明確に相容れない場合にのみ，拒絶することができる」と規定されている。本規則の文脈の範囲内で，伝統的に公序の問題として検討される事案は，絶対的強行法規に関する規定により処理すべき場合を含む可能性がある。つまり第 9 条 2 項と第 21 条との間で明確な境界線を引く事は困難かもしれないと指摘されている[48]。なお，第 9 条は絶対的強行法規の適用を求められるが，第 21 条は公序に反する法の適用を否定されるというように作用が異なっている。

当事者が法選択をしない場合，労働契約に適用される法は第 8 条により決定されるが，これは第 4 条と基本的に同じアプローチを採用している。当事者が法選択した場合，選択された法は一応契約を支配する。ただしこれには制限がある。その法選択がなければ労働者がその規定（これは相対的強行法規の規定）によって得られたであろう保護をその労働者から奪うことはできない。例えば，その法選択がなければ適用されていたであろう法律より手厚い保護を準拠法が従業員に与えるならば，従業員はより有利な法律の利益を与えられるべきである。第 8 条の目的において，合意によって排除することができない規定は，従業員保護を目的とする労働者立法における規定である[49]。

3 派遣労働者指令とローマ I 規則

海外派遣労働者（posted worker）は，通常就業する構成国（送出し国）の企業に雇用され，他の構成国（受入れ国）に限られた期間だけ派遣されて就業する労働者を指す。海外派遣労働者については，1996 年派遣労働者指令によって，現地労働者との間の平等な待遇などの権利保護が図られてきた。受入れ国で就労する労働者に現地の労働法制の適用を義務付けるほか，地域あるいは職種・業種の全ての企業に適用される労働協約等の適用による労働条件の保障がなされるべき 7 つの事項を列挙している（下記第 3 条 10 項参照）。ここで，この指

---

[47]　Id. at [32-092].

[48]　C. M. V. Clarkson & Jonathan Hill, The conflict of laws (4th ed) (Oxford University Press, 2011) at 238.

[49]　Id. at 245.

国際取引の現代的課題と法

令の解釈などを手掛かりとして，EU 構成国間の絶対的強行法規の適用の考え方につき考えてみたい。

派遣労働者指令（the Posted Workers Directive）[50]は，要旨，以下のように記述している。

「第3条　雇用の条件

1．構成国は，雇用関係に適用される法律がどうかを問わず，第1条1項所定の事業が，自国の領域に派遣される労働者に対し，労働が提供される当該構成国で（法令や労働協約等で）規定される下記の事項をカバーする雇用条件を保証するよう確保する。

(a) 労働期間の上限及び休憩時間の下限，(b) 有給休暇の下限，(c) 賃金率の下限，(d) 労働者の解雇条件，(e) 職場における健康・安全・衛生，(f) 妊娠中または出産直後の女性の雇用条件に関する保護手段，(g) 男女間の均等待遇及びその他の反差別の条項。

2．～ 9．（略）

10．この指令は，条約を遵守して，構成国が，以下の条項を，平等原則に基づき，国家の約束及び他の国の約束に対し適用することを排除するものではない。

・公序条項（public policy provisions）の場合，第1条1項で言及する以外の雇用条件

・第8条の意義の範囲内でかつ別表で規定する以外の活動に関し，労働協約または仲裁判断に記載された雇用条件」

Commission v Luxembourg で欧州裁判所は，派遣労働者指令の適用対象となる事件につき絶対的強行法規の考え方を以下のように述べている[51]。労働者が一定の期間他の構成国からイギリスへ派遣された場合，イギリス法がローマI規則第8条により労働契約に適用されないとしても，派遣労働者指令は，イギリス法の一定の強行法規（第3条1項の列挙事項）の適用を強制する可能性がある。欧州裁判所は，繰り返し，指令第3条1項は7項目を限定列挙する

---

[50] DIRECTIVE 96/71/EC OF THE EUROPEAN PARLIAMENT AND OF THE COUNCIL of 16 December 1996 concerning the posting of workers in the framework of the provision of services.

[51] Case C-319/06 [2008] ECR I-4232.

ものであり，この列挙事項につき受入れ側の構成国は自国の規則を優先することができると述べている[52]。さらに，本指令第3条10項により，構成国は非列挙事項につき「公序条項」を適用することもできる。ルクセンブルグ法は（第3条1項に列挙されていない）一定の事項に関する法規及び行政規則は国家の公序にあたる強行法規であると規定していたが，この事件はこの規定の解釈に関するものである。欧州裁判所は以下のように判断した。構成国において政治的・社会的・経済的秩序を保護するため一定の公序立法の遵守が極めて重要であるとみなす場合，その構成国の領域に所在する一切の個人にこの規定を遵守することを要求することになる[53]。この基準はローマ規則第9条1項における「絶対的強行法規」の定義に基づいている。欧州協議会の見解では，この指令はローマⅠ規則第9条を実行したものである[54]。欧州裁判所によれば，構成国は，一方的に公序の範囲を決定することができず，社会の根本的利益に真正な且つ重大な脅威が存在する限りにおいてのみ第3条10項に依拠することができる[55]。この立場はローマⅠ規則前文第37項[56]により支持される。

　このように欧州裁判所は，指令第3条10項は厳格に解釈されねばならず，その範囲は構成国により一方的に決定することができないと判断した[57]。この判決によれば，非列挙事項に関する雇用関係立法の規定は，それが絶対的強行規定であると明示に宣言する条項があったとしても，この第3条10項の基準を満たすことは著しく困難である[58]。

---

[52]　Id. at [26].

[53]　Id. at [29].

[54]　ローマⅠ規則前文第34項は，個々の労働契約の規定は，本指令に従い派遣される国の絶対的強行法規の適用を損なうべきではないと規定する。

[55]　Commission v Luxembourg, supra note 51, at [50].

[56]　「公の利益の考慮により，例外的な状況において，裁判所に公序及び絶対的強行法規に基づく例外を適用する可能性が付与されることが正当化される。『絶対的強行法規』の概念は，『合意で排除できない規定』の表現とは区別されるべきであり，またより厳格に解釈されるべきである」とある。See also Dicey, Morris & Collins, supra note 45, at [32-083].

[57]　Commission v Luxembourg, supra note 51, at [30]-[31].

[58]　Uglje Gru, The Territorial Scope of Employment Legislation and Choice of Law, 75 (5) MLR 722-751 (2012).

VI 分 析

1 絶対的強行法規のメルクマール

　絶対的強行法規か否かのメルクマールについては，その公益性が強いか否かで判断すべきである。それは，法の趣旨・目的，それを実現するための手段，例えば刑事罰や行政処分等を手がかりとして判断するしかない[59]。絶対的強行法規の対象として，政治的・経済的・社会的利益の保護を目的とするものとするのが通説である[60]。しかし，趣旨・目的の観点から，経済的弱者の保護を目的とするもの，個人の利益の保護を目的とするもの，純粋に私的利益のみを保護する目的のものを除くか，さらには作用の観点から（通則法 12 条につき）強行性が労働者の保護のみを志向し労働者に有利にのみはたらくものを（相対的強行法規として）除外するかなどが，ここでは論点となろう。

　絶対的強行法規も相対的強行法規も多かれ少なかれ私人間の法律関係に影響を及ぼす。また，ほとんどすべての強行法規は，公法的側面と民事的側面の両者を併せもっている。例えば独禁法や金商法[61]では，特定の規定に反すると，刑事罰，課徴金，行政処分などの対象になるとともに，損害賠償請求の対象ともなる。また外為法違反であっても損害賠償請求の対象なりうる。他方で，独禁法や外為法や金商法に違反してもその契約は民事的に必ずしも無効とされることはないが[62]，労働基準法では，基準に達しない労働条件を定める労働契約は，その部分については無効であり，しかも無効となった部分は同法の定める基準によって補充される（13 条）。しかし，絶対的強行法規は，その特別な

---

[59]　なお，ローマ I 規則の議論で，当該規定が領土又は個人の範囲について特段の定義を規定していることは絶対的強行法規と認める方向に働く要素であるという指摘は参考に値する。

[60]　ローマ I 規則第 9 条 1 項参照。

[61]　金商法で開示ルールに違反した場合，粉飾として損害賠償請求の対象となる。

[62]　独禁法：最判昭和 52 年 6 月 20 日・民集 31 巻 4 号 449 頁，外為法：最判昭和 40 年 12 月 23 日・民集 19 巻 9 号 2306 頁，最判昭和 50 年 7 月 15 日・民集 29 巻 6 号 1029 頁，証取法：最判昭和 35 年 5 月 24 日・民集 14 巻 7 号 1169 頁など。ただし，無効としなかった外為法の最判は，不払いの理由に外為法違反を主張するのは信義則違反で許されない，というに過ぎない。石黒一憲『国際私法（第 2 版）』（新世社，2007 年）68 頁。

強行性（公益性）の強さから，通常の準拠法適用原則の枠外で，私人間の法律関係に介入する規定であって，結局のところ，それが唯一のメルクマールなのではないかと考える。したがって，国家の政治的・社会的・経済的制度にとって極めて重要なものを対象としており，他方で純粋に私的利益のみを保護する規定は（上記の公的利益を目的としていない以上）除外されるべきである。ただし，これは基本的視点であり，現実には区分は簡単ではない。また，純粋に私的利益のみを保護しようとする規定は実際には稀であろう。労働者の保護を図り（直接目的），もって社会の健全な発展を目的とする（究極目的）という立法はよくある[63]。他方で，絶対的強行法規に当るかは厳格解釈に服するべきであり，ローマⅠ規則と派遣労働者指令に関する欧州裁判所の判決が述べるように，当該規定にそれが絶対的強行法規であるとの表明があるからだけでは絶対的強行法規と判別する根拠にはならないであろう。純粋に私的利益のみを保護する規定としては，例えば違反に対し損害賠償等しかなく，行政処分や罰則がないものが考えられる。例えば利息制限法などが当てはまるかもしれない。これに違反すれば契約無効や損害賠償にしかならず，したがって同法は相対的強行法規であろう[64]。

労働関係法規に当てはめれば，①労働者保護を刑事罰と行政機関による介入によって確保させる規定と，②労働契約法など私法的強行法規からなる規定の2つのタイプに大別される。①の労働法規は絶対的強行法規に親和性があり，②の労働法規は相対的強行法規（通則法12条の「強行規定」）とされることが多いであろう。ただし，最終的には，国家の政治的・社会的・経済的制度にとって極めて重大か否かによって決めざるを得ない。

なお，通則法12条の「強行規定」（相対的強行法規）の強行性は労働者に有利にのみはたらき，労働者に有利な形での違反（基準を上回る合意）を許容するが，国際的強行法規の強行性は労働者に有利にも不利にもはたらきうるとの見解[65]はどうか。これは労働基準法で，基準に達しない労働条件を定める労働契約はその部分については無効であると規定している（13条）ことを意識し

---

[63]　例えば競争法では独禁法1条参照。さらに，ローマⅠ規則に関する論述を参照。

[64]　もちろん同法とは別に，出資法違反で処罰されたり，貸金業法に基づく行政処分となるのは別の話である。

[65]　村上・前掲注(9) 317，18頁。

国際取引の現代的課題と法

ていると思われる。わが国労働基準法の解釈において鋭い指摘であり一つの見識と思われる。しかし，その「基準」がどのような意味をもつか，単なる個人的利益なのか，公的利益にまで昇華しているのかによるのではないかと思われる。結局，それが強度の公的秩序を目的としているかで見るしかないのであろう。

2 絶対的強行法規の刑事罰・行政取締法規的側面と民事的側面を区別すべきか

たとえば労働基準法は，その実効性を確保するために，刑事法規としての側面，行政取締法規としての側面，および民事法規（私法法規）としての側面を併せもっている。2つの側面があることは明らかであり，これを意識した抵触法ルールを確立することは重要である。なお，同法は「事業」が日本国内に存在する場合に適用されると解釈されている[66]。

この点に関連して，労働基準法の刑事罰・行政取締法規としての側面と民事的側面を区別して，民事的側面は通則法（いわゆる準拠法選択ルール）により処理されるとの立場がある[67]。村上教授は，労働基準法は，公法的取締法規たる側面が強いものの，私法的強行性も有しており（13条），労働者と使用者の権利義務関係を規律するという側面を併せもつ。同法の規定を一律に公法的取締法規と捉え，これを全体として国際的強行法規とみるのは適切ではない，とする。その中でも，たとえば，時間外労働の割増賃金（37条）や年次有給休暇（39条）など，労働者と使用者の権利義務関係に関わる規定は，刑事罰や行政取締の対象となるとともに，労働契約内容を規制しており，したがって民事的法規としては通則法12条にいう「強行規定」とみてよいとする[68]。

[66] 昭和25・8・24基発776号（以下「本基発」という）。国外への派遣労働者につき，国外の作業場が独立した事業と認められない場合にはわが国労働基準法の適用があるとする。「事業」によって労働基準法の場所的適用範囲を画定している。

[67] 有泉亨『労働基準法』（有斐閣，1963年）53-54頁。また，厚生労働省労働基準局編『平成22年度版 労働基準法（下）』（労務行政，2011年）1043頁は以下のように述べる。国外にある日本の商社等の支店等にも適用されるか否かの事例につき，行政取締法規と刑罰については属地主義の適用があるので適用されないが，基準法の民事的効力については，同法が適用される事業及び適用されない事業両方に対して，通則法7条，8条の適用場面で及ぶと考えている。したがって国外支店の事例について言えば，労働者は違反をした使用者の民事上の責任を追及できる場合があるとしている。岩崎伸夫「労働基準法の適用範囲」改正労働基準実例百選（1998年）8頁も同趣旨である。

これに対して，労働基準法は，場所的適用範囲画定のアプローチにより，事業が日本国内に存在する場合に強行的に適用される（絶対的強行法規）と考える立場がある。労働基準法の刑事罰・行政取締法規としての側面と民事的側面とを区別した処理を認めると，民事法規としての労働基準法は適用されないのに，刑罰法規・行政取締法規としての労働基準法は適用されるというアンバランスな結果（たとえば，民事上割増賃金支払義務がないにもかかわらず，行政監督や刑事罰によりその支払が強制される）となり妥当ではないとする[69]。この見解を述べる山川教授は，労働基準法は全体（刑事・行政的側面と民事的側面の両者）として絶対的強行法規であるとする[70]。

まず，アンバランスな結果という点については，相対的強行法規の適用場面については，これが生じる可能性があることを一言しておく。例えば，法廷地が日本で通則法が適用になる場面で，労働契約において，労務提供地が日本であり，準拠法選択がＸ国であるとする。労働者は通則法 12 条によって労務提供地であるわが国労働法中の相対的強行法規の適用を主張することができる[71]。しかし主張しないこともできる。後者の場合選択されたＸ国労働法（の民事的側面）が準拠法として適用となる。他方国内でわが国労働法中の当該規定に違反したことによる行政処分（あれば）がなされる。したがってこのような場合においては民事的エンフォースメントと行政的エンフォースメントとにズレが生じることになる。こういう状況は 12 条の適用場面では織り込み済みといえよう[72]。ただし，現実には民事責任さえ生じないのに行政処分がされる可能性は低いであろう。

ところで，以下事例を設定して考えることとする。法廷地を日本とし，契約準拠法としてアメリカ連邦法・州法が適用になる場面で，送致対象として公法・絶対的強行法規である公民権法[73]が含まれているとする。わが国裁判所は公民権法を適用することになるのか。

---

[68]　村上・前掲注(9) 318-321 頁。

[69]　山川・前掲注(5) 181 頁，荒木・前掲注(27) 106 頁。

[70]　山川・前掲注(5) 182 頁。

[71]　山川教授も労働契約法 16 条の解雇権濫用法理などは 12 条の強行法規とする。山川隆一『雇用関係法（第 4 版）』（新世社，2008 年）31 頁。

[72]　なお，通則法前の指摘として，山川・前掲注(5) 181 頁。

国際取引の現代的課題と法

　ここで問われているのは，①契約準拠法（通則法7条）として，任意法規，相対的強行法規および絶対的強行法規がすべて送致され適用されることになるのか，②適用される場合，どのような基準（属地主義など）で当該絶対的強行法規の適否が決まるのか，③絶対的強行法規たる公民権法の民事的側面と公法的側面の両方がワンセットで適用されることになるのかである。これは絶対的強行法規の抵触法ルール全般に関するものであって，労働関係法を特別扱いすることはあってはならない話である。

　まず，石黒教授は，契約準拠法で送致される法規として，任意法規，相対的強行法規，および絶対的強行法規の「私契約に影響を及ぼす部分」を挙げ，他方で絶対的強行法規の「公権力行使の部分（罰則，行政処分等）」については送致の対象外とされている[74]。また，法廷地法における絶対的強行法規の「私契約に影響を及ぼす部分」と「公権力行使の部分（罰則，行政処分等）」の適用を示しておられる。これは基本的に適切な分析である。なお，便宜的に，以下「私契約に影響を及ぼす部分」を民事的側面，「公権力行使の部分（罰則，行政処分等）」を公法的側面と呼ぶ。この枠組みは基本的に妥当である。

　では，どのような基準で送致対象となる絶対的強行法規の適否が決まるのか。他の法領域ではどういう議論がなされているのか。著名なカードリーダー事件で，東京高裁（東京高判平成12年1月27日判時1711号131頁）は，特許権については属地主義の原則が適用され，外国の特許権を内国で侵害するとされる行為がある場合でも，外国特許権に基づく差止め及び廃棄を内国裁判所に求めることはできず，外国特許権に基づく差止め及び廃棄の請求権については，準拠法決定の問題は生じる余地がないとした。これに対し，最高裁は準拠法選択の

---

[73]　アメリカにおいても，労働法規の域外適用が問題となっている。例えば，1964年公民権法第7編（以下「タイトルセブン」と言う）の域外適用につき問題となった。同法によれば，差別を受けた労働者はタイトルセブンに基づいて使用者に対し損害賠償請求ができる。この訴訟では，合衆国の領土外における合衆国市民に対し同法が適用されるのか，つまり域外適用をされるのかが問題となった。結論として，連邦最高裁判所はその域外適用を否定した。EEOC v Arabian American Oil Co., 499 U. S. 244 (1991) 参照。しかしこの判決を受けて法改正があり，合衆国企業が雇用する合衆国市民に対してのみ域外適用をなし得るよう規定が整備された。拙書『ケースブック国際取引法』（青林書院，2004年）220-232頁参照。

[74]　石黒・前掲注[62] 60頁。

手法によりアメリカ特許法を適用して解決した（最判平成14年9月26日民集
56巻7号1551頁）。

　ドイツでは，契約準拠法による送致によって当然にその絶対的強行法規の適
用が決まるのではなく，その固有の法理に従って適用の有無を判断している[75]。
絶対的強行法規をどの範囲で適用するかを判断する基準として，㋑属地主義説，
㋺密接牽連性説などが唱えられている。ドイツでは，各国家の政治的・経済的
な立法目的及び政策等は考慮せず，端的に事案と当該外国との密接牽連性を基
準としている。また絶対的強行法規の適用問題を双方的抵触規則として構成す
る可能性が開かれることからも，㋺説を支持する学説が多いとされる[76]。

　なお，石黒教授は，絶対的強行法規の説明の箇所で，その法規が具体的にど
こまで域外適用（国際的適用）がなされるべきかは，刑法の国外犯の規定のよ
うに明文がある場合は別として，内国と当該事実関係との牽連性，内国に及ぼ
す当該行為の効果，当該法規の政策目的などを勘案して決定すべきであると
し[77]，絶対的強行法規については域外適用がなされることを論じている。こ
れは，㋑㋺説のファクターを合わせたものと評価できるかもしれない。

　つまり，㋑説からは，公民権法が域外適用されるときにのみ日本での行為に
絶対的強行法規として適用されるが，日本では域外適用は否定されているから
結局同法は適用にはならない（カードリーダー事件最判）。これに対し，㋺説か
らは，公民権法が属地主義・域外適用となるかと関係なく，事案と日本との密
接関連性が強ければ絶対的強行法規として適用がある。確かに，連結点として，
事案と当該外国との密接牽連性を考えるのは客観的でよい。

　しかし，わが国抵触法ルールからは本基発が場所的適用範囲を画定している
こと，またカードリーダー事件最判などが（準拠法選択の手法をとりつつも）や
はり最終的に場所的適用範囲画定を基準にすえていることからすれば㋺説をと
ると適用につき混乱が生じるのではないかと思われる[78]。

　次に，絶対的強行法規において場所的適用範囲画定の原則が適用されるとし

---

[75]　西谷・前掲注(21) 47頁。

[76]　西谷・前掲注(21) 48，49頁。

[77]　石黒一憲『国際私法（新版）プリマ・シリーズ』（有斐閣，1990年）290頁。

[78]　公法と私法の適用に関する論稿として，早川吉尚「準拠法の選択と『公法』の適用」
　　国際私法年報5号（2003年）206頁。

国際取引の現代的課題と法

て，公法的側面は場所的適用範囲確定ルールによるとして，民事的側面も同じ
ルールによるのか準拠法選択ルールによるのかということ，公法的側面に属地
主義ルールが適用されるとした場合，民事的側面はこれに制限されて域外適用
の可能性はないのかという点が問題となろう[79]。

この点については，山川教授は，通則法の下でも労働基準法は民事的側面も
含めて，国際的強行法規として地域的適用範囲画定のアプローチに従うとす
る[80]。法廷地においては，民事的側面と刑事・行政取締法規とが一体となっ
てこの公益的な規定を実現すべきとすれば，当該規定の刑罰法規と民事法規と
の間で抵触法のルールは同一であるべきであろう。したがって，法廷地法の一
部としての労働基準法の規定としては，山川教授の見解は妥当であると考える。

ところで，労働基準局コンメンタールや村上教授は，労働基準法の適用につ
き，その刑事・行政の適用につき場所的制限があるとしても（本基発参照），民
事的側面に関して地域的適用範囲はかならずしも制限されないとし[81]，準拠
法選択ルールを適用している[82]。

この関連で，法廷地法中の絶対的強行法規（例えば労働基準法上の時間外労働）
としては属地主義であることが明示されている場合（前述のようにコンメンター
ル[83]では労働基準法としては属地主義である），わが国の領域外でなされた労働
基準法違反行為につき，契約準拠法中の絶対的強行法規（民事的側面）を適用
することによって，実質的に「域外適用的」効果を得られるのか。これにつき

---

[79] なお，アメリカ・反トラスト法のシャーマン法1条には民事救済と刑事罰とが一緒に
規定されているが，裁判例において刑罰法規と民事救済規定の両者が域外適用されるこ
ととされている。拙稿「米国反トラスト法の域外適用」国際商事法務20巻5号（1992
年）486頁，及び大塚・前掲注[73] 132-163頁参照。

[80] 山川・前掲注(5) 29頁

[81] 村上・前掲注(9) 320-21頁。また厚生労働省労働基準局編・前掲注[67]のコンメン
タールを参照。村上教授は，本基発及びコンメンタールを引用しつつ，民事的効力につ
いては，労働基準法が適用されない事業であっても，日本法が準拠法になるときには及
ぶと述べている。村上・321頁及び注26)。

[82] さらに，例えば，海外赴任中は管理職でなくても時間規制の適用除外であるとの合意
をした場合，日本国内であれば，労働基準法違反の合意として無効だが（労働基準法
13条），赴任先の法律によってはホワイトカラーエグゼンプションなど有効となる余地
がありえる，との説明もコンメンタールを踏まえたものであろう。石井妙子「海外赴任
と日本の労働法の適用」東京経営者協会「ぱとろなとうきょう」52（平成19年秋季号）。

[83] 前掲注[67]コンメンタール参照。

14 労働契約における通則法12条と絶対的強行法規〔大塚章男〕

コンメンタールは所問を肯定している[84]。このような抵触法ルールが，労働基準法をはじめとして他の法領域（例えば，絶対的強行法規とされる独禁法）でも同じように首肯できるかという問題である。

これは難しい論点であるが，理論的に言えば，当該絶対的強行法規を立法者が「属地主義」であると宣言したのであるから，それを法選択したからといって（民事的側面とはいえ）域外適用となるような結果は法秩序の一体性からは避けるべきと考えられる。例えば，独禁法が属地主義として適用されると考えるとき，契約準拠法として日本法と指定すれば，国外での違反事案にも独禁法が適用されて損害賠償請求ができ契約無効が主張できるというのは，立法者の意図に反するように思われる。

通常は，いわゆる公法と絶対的強行規定とは一つの法規のコインの表裏であって，たとえば「外国法不適用原則」や「属地主義の原則」というのは，公法的側面を意識した言い方に過ぎない。公法の域外適用と言うとき，立法管轄権の域外適用を意識していることは勿論だが，その規範の公法的側面の渉外事案への適用を意識している。他方で，民事関係に介入する場面では，「公法（公法的法規）」の名称の代わりに「介入規範」とか「強行法規」とかの名称が使用されるに過ぎない[85]。「私法の公法化」が進んでいる現代にあって，公法と私法の境界が極めて曖昧になるが，それでも抵触法ルールについては区分しなければならない[86]。

---

[84]　前掲注[67]コンメンタール参照。ただし，労務提供地でも「労働基準法」的な保護法があればその適用が，また，それが「敢えて」存在しなければその点が問題となろう。

[85]　山川教授は，（準拠法選択アプローチと場所的適用範囲確定アプローチとの多元的手法を前提として）公法・私法という概念区分を用いることなく，一定の強行法規（すなわち絶対的強行法規）については，準拠法選択ルールとは別個に直接適用が予定されていると解すれば足り，これらの法を，公法という概念によらずに，絶対的強行法規と呼べば十分であると述べる（山川・前掲注(5) 141，158頁以下）。私見も基本的に同じである。

[86]　東京地判平成11年9月22日・判タ1028号92頁は，二分法につき「私法とされれば国際私法に委ねられ，公法とされればそれぞれの法律の趣旨から地域的適用範囲が定められるという違いが生ずる」また「国家利益との結び付きが弱ければ私法であり，国家利益との結び付きが強ければ，その地域的適用範囲の問題は国際私法の埒外となり，当該法律の目的に沿って決せられる」とし，「二分法をとるというのが現在の法の適用関係に関するルールであるというほかない」と判示する。基本的に妥当である。

国際取引の現代的課題と法

3 12条1項の強行規定は絶対的強行法規を含むか

12条1項にいう強行規定は，絶対的強行法規を含むすべての強行法規を対象としているか，それとも相対的強行法規のみを指し絶対的強行法規は除外されるか。通常の国内的強行法規及び「絶対的強行法規」の双方が含まれるとの見解がある[87]。これに対し，通則法12条の強行規定は労働者による援用をまって適用されるが，国際的強行法規は裁判所の職権により適用されるというように，抵触法上の取扱いが異なるから，条文上の対象も区別するべきとの見解がある[88]。後者が妥当であると考える。

なお西谷教授は以下のように述べる。インターナショナル・エア・サービス事件の事案を通則法によって判断すると，通則法7条によって契約準拠法は米国連邦法又はカリフォルニア州法となるが，12条1項によって労働者が労務提供地である日本の労働組合法により解雇が無効であると主張した場合には，それによる保護が与えられる。もっとも，わが国の労働組合法7条1号は絶対的強行法規であり，その適用は通則法12条に優先するため，労働者による援用がなくても，裁判官は職権でそれを適用すべきことになる[89]。しかし，（西谷教授が正当に述べるように）12条1項の強行法規と絶対的強行法規とは抵触法ルールが異なるはずであるから，12条1項の強行法規には絶対的強行法規を含まないと考えてよい。

ただし，理論的には12条1項に言う強行法規と絶対的強行法規とは別のものとされるものの，実際の法廷において，労働者は，絶対的強行法規であると考えても裁判官の職権に任せず，念のため12条1項での適用を主張するに違いない。なぜなら，当該規定が，絶対的強行法規の範疇にあるとは保証されていないからである。したがって訴訟上は労働法中の当該規定の適用の主張をすることになると思われる[90]。

---

[87]　西谷・前掲注(21) 40頁。

[88]　村上愛「法の適用に関する通則法12条と労働法規の抵触法的処理——「法例」から「法の適用に関する通則法」へ」国際私法年報11号（2009年）156, 157頁。

[89]　西谷・前掲注(21) 40, 41頁。

[90]　理論上は，12条1項の強行法規については裁判内外での実体法上の意思表示が必要であり，（要件事実の主張立証につき）弁論主義が適用される。ただし労働者保護の観点から裁判官が適切に釈明権を行使すべきとされている。これに対し絶対的強行法規は職権探知の対象となる。

VII 結びに代えて

今回通則法によって相対的強行法規の適用主張ができる範囲は，消費者契約と労働契約の関係立法に限られている。これは，ローマ条約による規制対象がこの2つとされていることが一因すると考えられる。しかしながらこの2つに限定してよいのか。個人が事業者から金員を借り入れれば消費者契約として通則法11条の対象となり，（常居所地が日本であれば）わが国利息制限法の適用の可能性がある。利息制限法は相対的強行法規とするのが有力説である。仮に，どんなに零細でも事業者が借り入れたときは通則法11条の対象とはならない。したがって，契約準拠法で外国法を選択した場合常居所地が日本でも，利息制限法の適用の可能性はなくなる。なお利息制限法は本来，事業者・非事業者を問わず対象となる。また，同法は経済的弱者の地位にある債務者の保護を主たる目的としている（最判昭和39年11月18日民集18巻9号1868頁参照）。こういったことも踏まえて，消費者契約や労働契約以外の法規の強行法規性についてもさらなる検討が望まれる。

また，解釈論として，絶対的強行法規と属地主義との関係，一方的適用と双方的適用との関係について，議論をさらに深化させるべきであろう。

15 船舶先取特権とその準拠法
—— 海事債権の実現方法についての序論的考察

増 田 史 子

Ⅰ はじめに　　　　　Ⅲ 検 討
Ⅱ 前提となる状況　　Ⅳ おわりに

Ⅰ　は じ め に

　2008 年の金融危機に端を発する世界同時不況は船腹の供給過剰をもたらし，多くの船社を経済的苦境に陥れた。船舶の運航に伴って生じる様々な債権の実現には，英米法系諸国では船舶に対して手続を開始する対物訴訟制度が重要な役割を果たしており，日本でも，機能的にこれに類似する船舶先取特権の実行手続がしばしば利用される[1]。船舶先取特権は，一般債権者のみならず船舶抵当権者に対しても優先弁済的効力を有することを主な特徴とする法定担保物権であり，上記事情を背景として，船舶先取特権に関係する様々な紛争が起き，倒産法制との間には緊張も生まれている[2]。このように，船舶先取特権制度は，実務上の重要性が高く，また，きわめて国際的な性格を有している。しかし，その準拠法に関しては，国際的な利害状況と日本の船舶先取特権制度の趣旨を踏まえた俯瞰的な考察は，必ずしも十分には行われてこなかったように思われる[3]。本稿は，船舶先取特権に関する国内外の法的状況を概観した上で（Ⅱ），

---

(1)　海事債権の実現方法については，衝突債権に即した説明であるが箱井崇編著『船舶衝突法』（成文堂，2012 年）303 頁以下が詳しい。

『国際取引の現代的課題と法』澤田壽夫先生追悼〔信山社，2018 年 4 月〕　　*353*

日本法上の船舶先取特権制度の機能を踏まえ，近時の裁判例・学説を中心に船舶先取特権の準拠法について再検討を試みるものである（Ⅲ）。

なお，講学上は，船舶先取特権の準拠法は「法定担保物権の準拠法」に関する問題の一部として論じられる。しかし，本稿の射程は，法定担保物権全般ではなく，船舶先取特権に限定する。船舶先取特権の準拠法をいかに決定すべきかは，基本的には関連する準拠法選択規則，すなわち，法の適用に関する通則法（以下「通則法」）13条（及び考え方によっては7条以下の関連する規定）の一定の法律関係へのあてはめの問題であるところ，一般に法定担保物権と呼ばれている権利の中には船舶先取特権とは異なる特徴を有するものがあり，その相違ゆえに性質決定やあてはめの過程で異なる考慮が必要となる可能性を排除できないと考えるからである[4]。また，当然ながら準拠法によって権利の成立要件や内容・効力等に相違はあるが，本稿では，日本法上の「船舶先取特権」，「船舶抵当権」のほか，これにほぼ相当する外国法上の権利を含めて「船舶先取特権」，「船舶抵当権」という[5]。

---

(2) 特に英米法系諸国では，対物訴訟手続と倒産手続との間で緊張関係が生じており，2010年以降，万国海法会（CMI）において，海上資産の特殊性に応じた対処を求めるべく検討が続けられている。議論状況については〈http://www.comitemaritime.org/Cross-Border-Insolvency/0,27129,112932,00.html〉（2018年1月9日最終閲覧）のほか，池山明義「国際倒産」海法会誌復刊56号127頁（2012年），拙稿「船舶金融／国際倒産」海法会誌復刊58号99頁（2014年）103頁，「倒産手続と海事手続の競合」海法会誌復刊59号46頁（2015年），「国際海事倒産」海法会誌復刊60号133頁（2016年）参照。

(3) 先行文献については，さしあたり道垣内正人=櫻田嘉章編『注釈国際私法第1巻』（有斐閣，2011年）602-609頁〔増田史子〕参照。多数の文献があるため，本稿では網羅的な引用は行わない。

(4) 特定の債権に先取特権を与える政策的根拠は様々でありえ，先取特権の目的物の範囲や効力の強さも一様ではない。その中には，通則法の適用対象とみること自体が適切でないものもありえよう。留置権は占有型担保なので，非占有型担保である船舶先取特権に関する議論の一部は当てはまらない。また，被担保債権発生原因である契約の定めに基づき留置権を認める法制もあること等に鑑みると，債権と性質決定すべき場合がある可能性につきより慎重な検討を要すると思われる。

(5) 文脈によってはmortgageを含めてlienという語が使われることがあるが，本稿では「船舶先取特権」に「船舶抵当権」を含めずに用いる。前者にはフランス法上の船舶先取特権のほか，ドイツ法において船舶債権者に付与される法定質権などを含む。また，被担保債権が異なる場合を含めて「船舶先取特権の種類」と表現する。

II　前提となる状況

1　国際的な状況

(1)　法統一の状況[6]

　現在，船舶先取特権や船舶の差押えに関係する条約としては，1926年の船舶先取特権及び船舶抵当権に関する条約，同じ事項に関する1967年の条約，1993年の条約が存在する。さらに，船舶の暫定的な差押えに関し，1952年，1999年にアレスト条約が策定されている（以下，成立年により引用する）[7]。これらの条約の規定に従う国々では，アレスト条約が限定列挙する様々な海事債権に基づき船舶を暫定的に差し押さえることができる一方[8]，船舶の競売代金から船舶抵当権者に先立って弁済を受ける権利を有するのは船舶先取特権が認められる限られた債権者のみとなる[9]。特に，1967年条約，1993年条約は，

---

(6)　船舶先取特権につき，全般的には，谷川久「船舶先取特権を生ずべき債権」成蹊法学12号（1978年）111頁，111-130頁参照。

(7)　1926年条約，1993年条約，1952年条約，1999年条約の沿革及び解釈については，Francesco Berlingieri, *International Maritime Conventions vol 2* (Informa Law 2015) 131-193, 197-328がある。本稿では，条約の締約状況に関しては原則 *CMI Yearbook 2016*（〈http://www.comitemaritime.org/Yearbooks/0,2714,11432,00.html〉より入手可能。2018年1月9日最終閲覧）によった。

(8)　1952年条約，1999条約ともに，1条(1)でアレストの根拠となる「海事債権（maritime claim）」を限定列挙し（52年条約は17種，99年条約は22種），同(2)に権利を保全するための船舶の暫定的な差押えを「アレスト（arrest）」と定義する規定をおく。詳細は，1952年条約に関し鴻常夫「海法統一に関する一九五二年五月一〇日ブリュッセル三条約について」海法会誌復刊2号165頁（1954年）175-182頁，小町谷操三「最近の三つの海事国際条約について」『海商法研究第7巻　海事条約の研究』（有斐閣，1969年）253頁，272-284頁〔初出：法学17巻3号58頁（1953年）〕，1999年条約につき小塚荘一郎「船舶のアレストに関する一九九九年の国際条約」海法会誌復刊43号（1999年）59頁を参照されたい。

(9)　1926年条約については大橋光雄「海上先取特権抵当権統一条約概説」同『船荷証券法及び船舶担保法の研究──海商法研究第一巻』（有斐閣，1941年）367頁，1967年条約に関しては鴻常夫「第一二回海事法外交会議について」ジュリスト382号（1967年）110頁，111-113頁，1993年条約について江頭憲治郎「「一九九三年の海上先取特権及び抵当に関する国際条約」の成立」同『商取引法の基本問題』（有斐閣，2011年）219頁〔初出：海法会誌復刊37号（1993年）〕などを参照されたい。

国際取引の現代的課題と法

原則として契約に基づき生じた債権には船舶先取特権を与えないこととし，1926年条約に比して船舶抵当権者の地位を強化している[10]。日本はいずれの条約についても当事国となっていない[11]。なお，英法系諸国はほぼ条約に加盟していないが[12]，制定法により限定列挙された，しかし様々な種類の海事債権に基づきアレストを行うことが可能であり，かつ，船舶抵当権に優先する船舶先取特権の種類は限定されている点においては，その法制には条約体制との類似性がある[13]。

　船舶先取特権及び船舶抵当権に関する1926年条約（1931年発効），1993年条約（2004年発効）の締約国は少数にとどまり，1967年条約は発効すらしていない[14]。もっとも，1926年条約は，大陸法系主要国の一部，特に，航海継続に必要な金融・労務・役務の確保のために様々な債権に船舶先取特権を認めながら衝突債権にはこれを認めていなかった点で，英米法との乖離が特に大きかったフランス法系諸国において，比較的広く受容されている[15]。また，国内法に条約の内容を取り込む例もある[16]。例えば，（西）ドイツは，かつては，船主

---

[10]　江頭憲治郎「海上先取特権・抵当権統一条約の改正草案について」前掲注(9) 171頁〔初出：海法会誌復刊29号（1985年）〕186頁参照。

[11]　条約の内容を踏まえて日本の制度を概説するものとして，高橋美加「船舶先取特権・アレスト」落合誠一＝江頭憲治郎編『海法大系』（商事法務，2003年）109頁参照。ほかに総合的な研究として志津田一彦『船舶先取特権の研究』（成文堂，2010年）がある。

[12]　なお，英国は1952年条約締約国である。

[13]　なお，1926年条約が認める船舶先取特権の種類は，英法と比べると相当に多い。英法の紹介，検討として，小島孝「英国における海上財産上のLiensについて」海法会誌復刊6号（1958年）21頁，長田旬平「英国法上のリーエンと海事債権の実行」箱井崇史・木原知己『船舶金融法の諸相　堀龍兒先生古稀記念祝賀論文集』（成文堂，2014年）159頁参照。英法系諸国の法制には容易に比較可能な程度の共通性はあり，比較を含む概説書として，Sarah C Derrington and James M Turner, *The Law and Practice of Admiralty Matters* (2nd edn, OUP 2016), Damien J Cremean, *Admiralty Jurisdiction: Law and Practice: Australia, New Zealand, Singapore, Hong Kong and Malaysia* (4th edn, Federation Press 2015) がある。これに対し，米国法は，船舶抵当権に劣後するものも含め多種類の船舶先取特権を認め，船舶先取特権のみを対物訴訟の根拠として認める点で，独自色が強い。英法との相違について，やや古いが小島孝「米国法におけるmaritime liens（船舶先取特権）について」海法会誌復刊4号65頁（1956年）92-95頁，谷川・前掲注(6) 127頁参照。

[14]　1926年条約はこれまでに28か国（うち7か国は廃棄），1993年条約は18か国が加盟している。

責任制限につき海産（船舶及び運賃）に対してのみ強制執行を認める執行主義をとり，それゆえに責任制限の対抗を受ける債権に船舶先取特権を付与していたところ，1972年に1957年船主責任制限条約を批准し金額責任主義を採用した際に，商法の規定を改め，1967年条約の内容を取り入れている[17]。したがって，これら3条約は，加盟国数という観点からは成功した条約とはいい難いものの，国際的な法の調和にある程度は寄与してきたとみることができよう。なお，船舶抵当権に優先する船舶先取特権の種類を制限しながら，国内法上，船舶抵当権に劣後する船舶先取特権を定めることは許容するという，1926年条約以来採用されてきた条約の枠組みは，船舶抵当権に優先する船舶先取特権と劣後する船舶先取特権を認める米国の1920年船舶抵当権法（Ship Mortgage Act 1920）[18]を参考にしたものである[19]。便宜置籍国には，米国と同様の法制を採用するものがある[20]。

---

(15) フランス法については，小島孝「ドイツ法及びフランス法における船舶先取特権制度について —— 両国法の特色と統一条約との関係」法学論叢63巻5号45頁（1957年）46-49, 64-71頁参照。フランスのほか，イタリア，スペイン，ベルギー，北欧諸国（後に廃棄）などが加盟している。当時の有力国が当事国となった点で，93年条約の締結状況とは様相が異なる。

(16) なお，北欧諸国の一部は1967年条約に加盟しその内容を国内法に取り入れている。Christian Breitzke, Jonathan S. Lux and Philomene Verlaan (ed), *Maritime Law Handbook* (Kluwer) において紹介されている各国の法制をみると，便宜置籍国を含め1967年条約，1993年条約を反映しているとするものは多い。

(17) この改正については，海法会誌復刊17号（1974年）97頁以下に立法資料の翻訳（訳：大塚龍児・江頭憲治郎）が掲載されている。特に107-109頁，146-156頁参照。かつてのドイツ法については，小島・前掲注(15) 49-64頁参照。

(18) 現在はCommercial Instruments and Maritime Liens Act（CIMLA）の一部として，U. S. Code Title 46 Chapter 313に規定されている。

(19) 米国法については，小島・前掲注(13)「米国法」がある。特に，1920年法制定の経緯につき同86-90頁，1926年条約との関係につき同96-99頁参照。なお，現在の状況については，Thomas J Schoenbaum, *Admiralty and Maritime Law vol 1* (5th edn, West 2011), ch 9参照。

(20) リベリア，マーシャル諸島共和国は，船舶抵当権に優先する船舶先取特権と劣後するものを認め，制定法に規定されていない事項は米国一般海事法による旨を定めている（Nancy L Hengen and George E Henries, 'Liberia: Part II. Flag and Registration of Vessels and Mortgages of Vessels' in *Maritime Law Handbook* (n16) (Suppl. 57, 2016) 2, 22-23, Nancy L Hengen, Dennis J Reeder and Moira Maresky, 'The Republic of Marshall Islands: Part II. Flag and Registration of Vessels and Mortgages on Vessels'

以上に対し，1952年アレスト条約（1956年発効）は比較的広く受容されている[21]。2011年に1999年条約も発効はした[22]。もっとも，アレストのしやすさや不当なアレストがなされた場合の債権者の責任については，法域による相違がある[23]。

(2) 準拠法についての考え方

(i) 船舶先取特権・船舶抵当権条約と旗国（登録国）法

20世紀初頭に，万国海法会（CMI）において船舶の物権関係[24]を規律する条約作成に向けた議論が始まった当時は，実質法を統一する条約を作成する案のほか，船舶の物権関係について旗国法を適用する旨を定める国際私法条約を作成することも，選択肢として検討されていた[25]。当時は，実務上，船舶が差し押さえられ売却される場合，船舶の物権関係につき船舶の所在地である法廷地の法を適用する立場が主流で，どこで差し押さえられるかによって権利の内容や効力，船舶抵当権に優先する船舶先取特権の種類，担保物権間の優劣が

---

in *Maritime Law Handbook*（n16）(Suppl. 55, 2015) 2, 24)。後者について小塚荘一郎「船舶金融と旗国法・国際条約」海法会誌復刊60号（2016年）98頁，105-106頁も参照。パナマも船舶抵当権に優先する船舶先取特権とそうでないものを認める点では同様だが，やや独自色の強い法制となっている（María de Lourdes Marengo, 'Panama: Part III. Judicial Sales of Vessels and Priority of Claims' in *Maritime Law Handbook*（n16）(Suppl. 37 2010) 参照）。

(21) 1952年条約加盟国は70か国を超える。

(22) 締約国数は11にとどまり，主要国は未加盟。

(23) 問題状況については拙稿「違法なアレスト／海賊」海法会誌復刊58号（2014年）126頁参照。2015年よりCMIにて検討がなされている。議論状況につき〈http://www.comitemaritime.org/Study-Relating-to-Liability-for-Wrongful-Arrest/0,27147,114732,00.html〉（最終閲覧2018年1月9日）参照。

(24) 当時の記録では，仏語では 'propriétaire de navire, hypothèques et privilèges'（Comité Maritime Internatinoal, *Conférence d'Amsterdam 1904*（J.-E. Buschmann 1904）v），英語では 'property in a ship, mortgage, rights in rem and preference rights'（International Maritime Committee, *Hamburg Conference 1902 vol I*（J.-E. Buschmann 1902）10）といった表現が使われている。

(25) CMIは1902年のハンブルク会議に先立ち，船舶の物権関係に関し質問票を作成し，各国海法会に回答を依頼している。この質問票では，実質法の統一と旗国法の適用による解決のいずれが望ましいか，また，旗国法の適用に例外が認められるべきか，船籍変更の場合の旗国法適用のあり方，運賃・貨物上の担保物権への旗国法適用の適否，船舶抵当権の効力が及ぶ範囲，船舶先取特権が付与されるべき債権，その場合の要件，順位，期間について回答を求めている（*Hamburg Conference vol I*（n24）6参照）。

異なることとなり，船舶金融が妨げられているという認識があった[26]。このような状況は，船舶の物権関係につき全面的に旗国法によることとすれば，ある程度は改善される。また，船舶の物権の問題は各国の物権法秩序に関わる問題であるから，実質法の統一には困難も予想される[27]。当初，国際私法条約の作成も選択肢とされていた背景には，このような事情があったようである。もっとも，この案は，登録を要しない権利や競売の際の担保物権間の順位の問題など，旗国法を適用するのが妥当ではない問題があること，また，船舶抵当権者を害しないためには旗国法の適用を定めるだけでは不十分で，船舶先取特権の種類を統一し制限する必要があることが指摘され，1904年のアムステルダム会議において退けられた[28]。

　その後，紆余曲折を経て成立した1926年条約は，統一的な制度の創設が困難な船舶抵当権については，船舶の登録されている締約国においてその国の法に従い成立した権利を各締約国が相互に尊重するものとし[29]，船舶先取特権については，その種類，順位及び船舶抵当権に対する優先，存続期間等につき実質法を統一する規定をおく[30]。適用範囲については，1926年条約は登録国が締約国である場合に限っていた[31]。1967年条約，1993年条約は適用範囲を広げ，締約国は登録国が締約国であるかを問わず条約を適用するものとし[32]，

---

[26]　*Hamburg Conference vol I* (n24) 5 参照。実際，注[25]の質問票に対する回答には，差押え，競売がなされる際の順位，登録を必要としない権利には旗国法を適用すべきでないとするものが多い（各国の回答については，International Maritime Committee, *Hamburg Conference 1902 vol I, III & IV* (J.-E. Buschmann 1902) 参照。*vol II* は未見）。なお，当時の各国の立場については，大橋・前掲注[9] 385-389頁に簡単な紹介がある。

[27]　例えば，質問票に対する回答として，ドイツは，船舶は動産であるが一部不動産法の原則が適用されており一般法に影響を及ぼさない形で法を統一することは困難であるとしている（*Hamburg Conference vol IV* (n26) 11頁）。

[28]　注[26]のハンブルク会議の報告書，アムステルダム会議の決議及び議事録（*Conférence d'Amsterdam* (n24) x-xi, 184-265）参照。

[29]　1926年条約1条。なお，あわせて，国内法において船舶に備え置く書類への表示を義務付けるべき旨を規定している（12条）。

[30]　1926年条約2-11条。法廷地法を適用する国が大半であった船舶先取特権については（注[26]参照），条約自体がその種類や効力について規定している。

[31]　1926年条約14条。

[32]　1967年条約12条，1993年条約13条。適用範囲拡張の経緯につき，Berlingieri (n7) 165 fn 15 参照。

船舶抵当権等の順位は第三者効を含め登録国法によるとしている[33]。なお，強制売却により担保権を消滅させるためには，売却時に締約国管轄内に船舶が所在し，当該締約国法及び条約の規定に従い売却がなされることが必要となる[34]。

(ii) 比較法的な状況

ここで，ごく簡単にではあるが，現在の諸外国の立場を確認しておきたい。フランス法は，船舶先取特権に関し，法廷地法を適用し成立を被担保債権準拠法により制限する立場をとる[35]。旗国法により成立した船舶抵当権は，基本的には尊重されるものと思われる[36]。ドイツは輸送手段の物権に関し明文の国際私法規則を設けており，船舶に関しては原則として登録国法によるが（民法施行法45条1項2号），法定担保物権については，成立は被担保債権準拠法，複数の担保物権間の順位は物権準拠法の一般則（同43条1項）に戻り船舶の現実の所在地法による旨を定める（同45条2項）。ドイツで現実に所在する船舶につき担保権の実行がなされた場合，ドイツ法が知らない種類の船舶先取特権も被担保債権準拠法により成立していれば存在は認められるが，ドイツ法の認める担保物権に劣後することになるという[37]。英法は，船舶抵当権については旗国法によるようだが，船舶先取特権及び担保物権間の順位については，現在も，手続問題として法廷地法を適用した *The Halcyon Isle* による[38]。この問題を手続問題とする立場には批判もあるが[39]，英法系諸国は，カナダを除き[40]，概ね同様の立場に従う[41]。米国法は，船舶先取特権についても複数の要素を考慮して最も密接な関連を有する地の法を決定するアプローチをとっている[42]。船主が被担保債権の発生原因である契約の当事者である場合には，

---

[33] 1967年条約2条，1993年条約2条。

[34] 1967年条約11条，1993年条約12条。なお，1926年条約に強制売却に関する規定はない（なお，1926年条約7条参照）。

[35] Pierre Bonassies et Christian Scapel, *Traité de droit maritime* (2ᵉ édition, L. G. D. J. 2010) nº588. なお，フランス判例法理の紹介として，大西徳二郎「フランス判例法理からみるわが国の船舶先取特権の準拠法——わが国における近時の裁判例を主な対象として」流経法学17巻1号1頁（2017年），12頁がある。

[36] Bonassies et Scapel (n35) nº562 参照。

[37] Rolf Herber, *Seehandelsrecht: Systematische Darstellung* (2. Aufl., de Gruyter 2016) 125, 423-424. Dieter Rabe/Kay Uwe Bahnsen, *Seehandelsrecht* (5. Aufl., C. H. Beck 2018) 1565.

その契約準拠法の適用が導かれる[43]。なお，このアプローチに対して，Davies は，被担保債権準拠法，対物訴訟を提起することができる権利，順位の3つ問題を区別して分析する必要があると批判する[44]。その見解によれば，被担保債権準拠法が船舶先取特権を認める場合でも米国で対物訴訟を提起できる

---

[38] *Bankers Trust International Ltd v Todd Shipyards Corporation* (*The Halcyon Isle*) [1981] AC 221 (PC). 同事件はシンガポール法についての判断である。もっとも，英法の立場は必ずしも明快ではない。詳細な検討として，David Osborne, Graeme Bowtle and Charles Buss, *The Law of Ship Mortgages* (2nd edn, Informa Law 2017) 67–119 参照。なお，英法，米国法の紹介として，大西徳二郎・田邊真敏「米国および英国におけるマリタイム・リーエンの準拠法」修道法学 34 巻 2 号 (2012 年) 605 頁がある。

[39] 最近のものとして，Steven Rares, 'Maritime Liens, *renvoi* and Conflicts of Law: the Far from Halcyon Isle' [2014] LMCLQ 183 がある。

[40] カナダの最高裁判所は，*Todd Shipyards Corp v Altema Compania Maritima* (*The Ioannis Daskalelis*) [1974] SCR 1248; 1 Lloyds Rep 174 において，被担保債権準拠法の米国法により成立した必要品供給債権に関する船舶先取特権の存在を認めた。その後，2009 年の改正により，海事責任法 (Marine Liability Act) 139 条において，外国籍船舶に必要品を供給したカナダの債権者にも船舶先取特権を認めるに至っている。カナダ法の状況については，Norman Letalik, 'Forum Shopping Comes to Canada: The Recognition of Foreign Maritime Liens' in Aldo Chircop *et al.* (ed), *The Regulation of International Shipping: International and Comparative Perspectives: Essays in Honour of Edgar Gold* (Nijhoff 2012) 525 がある。

[41] 後掲 *The Sam Hawk* ((3)(i)) において，英法系諸国の立場が検討されている。南アフリカには被担保債権準拠法によった例もあったが (*The Khalij Sky* 1986 (1) SA 485; 1985 AMC 2794)，現在は *The Halcyon Isle* に従っている (*Transol Bunker BV v MV Andrico Unity* (*The Andrico Unity*) 1989 (4) SA 325)。

[42] 連邦第 5 巡回区控訴裁判所は，抵触法第 2 リステイトメント 6 条によるが，連邦第 2 巡回区控訴裁判所などその他の裁判所は *Lauritzen v. Larsen*, 345 US 571 (1953) において示された 7 又は 8 の要素 (①不法行為地，②旗国法，③被害者のドミサイル，④船主のドミサイル，⑤契約締結地，⑥外国法廷地の利用可能性，⑦法廷地法。さらに，⑧船主の運航の本拠地法 (*Hellenic Lines Ltd v Rhoditis*, 398 US 306 (1970) により追加)) を総合考慮して準拠法を決定する。全般的には，Martin Davies, 'Choice of Law and US Maritime Liens' (2009) 83 *Tulane LR* 1435 参照。

[43] 森田博志「アメリカ抵触法におけるマリタイム・リーエンの準拠法の現状とわが国の国際私法における船舶先取特権の準拠法についての解釈論」海事法研究会誌 123 号 1 頁 (1994)，7 頁。米国裁判所の管轄が認められ，外国法上の船舶先取特権の存在が証明されれば，当該権利を米国裁判所で実現できる (Schoenbaum (n19) 737–738) というのが，一般的な理解である。

[44] Davies (n42) 1436.

かは米国法により判断されるべき問題であり，逆に被担保債権準拠法が船舶先取特権を認めない場合でも当然に米国で対物訴訟を提起することができないと解すべきではない[(45)]。いずれにせよ，順位について法廷地法が適用されることには争いはない[(46)]。

以上に対して，広く旗国法を適用する国として，イタリア，韓国，パナマなどがある[(47)]。

船舶先取特権の種類が少ない法域では，他のより広く船舶先取特権の成立を認める法の下で成立した船舶先取特権をどう処遇するかが問題となる。英法系諸国で議論されてきたのは，主にこの場面についてである。原則法廷地法によるとしながら，このような場合について特則をおく立法例もある[(48)]。

（3）最近の動き

（i）新たな議論の展開

必要品供給債権に船舶先取特権を認めるかについては，国によって立場が分かれる[(49)]。これを認める米国法の規定[(50)]は，従来，米国の必要品供給業者を保護する規定と考えられてきた。ところが，規定の文言上は適用範囲についてのそのような趣旨の限定はなく，2008 年，外国の必要品供給業者が契約準拠法として米国法を選択していた場合に米国との関連性は希薄でも船舶先取特権

---

(45) Davies（n42）1437-1457. このような観点からは，第三者の利害を考慮せずに契約準拠法を適用する立場は批判されることになる（ibid, 1456-1457 参照）。

(46) Davies（n42）1457-1460. この点は早くから認められている。

(47) イタリア運航法 6 条，韓国国際私法 60 条など。立法例については，法例研究会『法例の見直しに関する諸問題(2)（別冊 NBL85 号）』（商事法務，2003 年）174-175 頁など参照。パナマ法は，Marengo（n20）11 によると順位は競売手続開始直前の時点における旗国法による。

(48) 例えば，Peter Appel and Thomas E Christensen, 'Denmark: Part III. Judicial Sales of Vessels and Priority of Claims' in *Maritime Law Handbook*（n16）(Suppl. 58, 2016) 13 によると，デンマークは原則として法廷地法を適用するが（商船法 75 条(1)），外国船上のデンマーク法において承認される抵当権その他登録された担保物権の順位及び第三者効，並びに船舶抵当権に劣後する船舶先取特権について，登録国法によると定める（同 75 条(2)）。1967 年条約 2 条の実施規定と思われる。

(49) 日本法では商法 842 条 6 号の船舶先取特権に相当する。1926 年条約は認めているが（2 条 5 号），1967 年条約，1993 年条約は認めておらず（各 4 条参照），船舶抵当権に劣後する船舶先取特権として各 6 条に従い国内法において規定できるにとどまる。

(50) 46 U. S. C. §31342.

362

15 船舶先取特権とその準拠法〔増田史子〕

を認める連邦控訴裁判所判決が現れた[51]。これを背景に、燃料油供給業者が燃料油供給契約の準拠法として米国法を選択し、米国外で船舶先取特権を行使しようとする事件が国内外で生じている[52]。

このような中、2016年、オーストラリア連邦裁判所合議法廷は、*The Ship 'Sam Hawk' v Reiter Petroleum Inc*[53]において、*The Halcyon Isle* を理論的に精緻化し、船舶先取特権に基づき対物訴訟手続を開始できるか否かを法廷地法により判断する立場を示した[54]。同事件は、定期傭船者（エジプト企業）との間で締結した燃料油供給契約に基づき、トルコで香港籍船に燃料油を供給した燃料油供給業者が西オーストラリア州アルバニーで本船をアレストした事案である。燃料油供給業者は、契約準拠法は米国法又はカナダ法であり船舶先取特権を有すると主張したが、Allsop 裁判長と Edelman 裁判官は、オーストラリア海事法（Admiralty Act 1988）に基づく対物訴訟が認められるかは、まず原因準拠法（*lex causae*）によりどのような権利が存在しているかを、次に当該権利が海事法 15 条の定義する 'maritime lien' にあたるかを同法の趣旨に照らして判断し決するという立場をとり、その主張を退けた[55]。原因準拠法については、船主に対する効力を問題としている以上、契約問題ではないとし、準拠法でありうるトルコ法、香港法、オーストラリア法のうち、前二者は証明が

---

(51) *Trans-Tec Asia v M/V Harmony Container*, 518 F. 3d 1120 (9th Cir. 2008), *Triton Marine Fuels Ltd., S. A. v M/V Pacific Chukotka*, 575 F. 3d 409 (4th Cir. 2009). 紹介として、伊藤洋平・田之脇崇洋「燃料油供給契約における US Choice of Law Clause と船舶先取特権」海事法研究会誌 222 号 35 頁（2014 年）、43-46 頁。

(52) 後掲水戸地判平成 26 年 3 月 20 日（Ⅲ 1 ①）もこのような事件であり、伊藤・田之脇・前掲注(51) は原告代理人弁護士による検討である。

(53) [2016] FCAFC 26. 第一審判決 *Reiter Petroleum Inc v The Ship 'Sam Hawk'* [2015] FCA 1005 は、実体問題と性質決定して米国法上の船舶先取特権の存在を認めていた。

(54) 本判決には、本文で紹介した意見のほか、Kenny 裁判官及び Besanko 裁判官の意見、Rares 裁判官の意見があり、特に Rares 裁判官のアプローチは多数意見と異なるが、結論は一致している。

(55) [102]-[106]. 順位は法廷地法による（[137]-[138]）。Davies (n42) のアプローチに類似する。*The Halcyon Isle* の多数意見は、米国法上の船舶先取特権の成立を承認し、法廷地法上の権利として置き換え（なお、実際にはシンガポール法には同種の権利がないので無視されることになる）、順位を法廷地法により判断したものと整理されている（[152]）。なお、1988 年海事法は、同 15 条が新たな船舶先取特権等を創設するものではない旨を明文で規定している（6 条）。

363

ないからオーストラリア法と同内容であると推定し，船舶先取特権不成立と判断している[56]。

(ii) 新たな法統一に関する動き

2014年，1967年条約及び1993年条約の強制売却の規律と一部重なる「外国での船舶の裁判上の売買及びその承認に関する国際条約案」が，CMIにおいて採択されている[57]。また，航空機，鉄道車両等の可動物件につき条約独自の国際担保権の制度を設ける2001年の可動物件の国際担保権に関する条約（いわゆるケープタウン条約）に船舶議定書を追加する動きが生じたため，2015年よりCMIにおいて船舶金融国際作業部会が設けられ情報収集等が行われている[58]。船舶議定書実現の見込みは定かでないが，いずれにせよ，立場が様々に分かれている船舶先取特権を正面から扱うものではない。

2 日本の実質法

(1) 日本法の変遷

現行商法のフランス的な規定は，明治32年に制定されて以来，大きく変更されないまま現在に至っている[59]。国際的な潮流を受け，船舶抵当権に優先する船舶先取特権の種類を制限する方向での見直しが必要といわれてきたが[60]，2016年10月に第192回国会に提出された「商法及び国際海上物品運送法の一部を改正する法律案」（以下「改正法案」）においては抜本的な改正は提案されていない[61]。国際条約への対応としては，1926年条約制定の過程では，

---

[56]　[180]-[186]．仮に成立しても，海事法15条の 'maritime lien' にはあたらない。

[57]　中村哲朗「外国での船舶の裁判上の売買及びその承認に関する国際条約案：二〇一四年六月万国海法会ハンブルグ国際会議総会における成案成立」海法会誌復刊58号（2014年）48頁参照。

[58]　この動きについては小塚・前掲注(20)及びCMIのウェブサイト〈http://www.comitemaritime.org/Ship-Financing-Security-Practices/0,27150,115032,00.html〉（2018年1月9日最終閲覧）参照。

[59]　なお，旧商法以降の沿革について，谷川・前掲注(6) 130-138頁参照。

[60]　1967年条約に準拠するのが妥当とする見解として谷川・前掲注(6) 144頁，見直しの必要性を指摘するものとして高橋・前掲注(11) 135頁，中田明「船舶先取特権の諸問題」前田重行ほか編『企業法の変遷　前田庸先生喜寿記念』（有斐閣，2009年）287-308頁など。判例として最判昭和59年3月27日集民141号435頁・判時1116号133頁参照。

船舶金融の円滑化のために船舶先取特権の種類を減少させるべきであるとしていたが[62]，1993年条約の審議においては，日本は，信用力に乏しい船舶運航会社が委託を受けて船舶を運航し自己の名で船用品の供給を受ける例があり，船用品供給業者の債権回収に対する不安を軽減するために船用品供給債権への船舶先取特権の付与は現代でも必要であるとする立場をとった[63]。

　1975年に船主責任制限法を制定し，商法上の免責委付の制度を廃止した際には，責任体系の変更にもかかわらず船舶先取特権制度の見直しはなされていない[64]。単に，委付の対抗を受ける債権に船舶先取特権を付与していた当時の商法842条9号を削除し，船主責任制限法95条により制限債権者に対して同順位の船舶先取特権を認めることとした[65]。船舶油濁損害賠償保障法40条も同様の趣旨から制限債権について船舶先取特権を認めている[66]。

　2014年4月から約2年にわたって開催された法制審議会商法（運送・海商関係）部会における議論では[67]，当初は，1993年条約などを参考に，契約債権についての船舶先取特権を中心に船舶先取特権の種類を制限すること，船舶抵当権に劣後させること等が検討されたものの[68]，大筋では現行法の枠組みが維持されることとなった[69]。審議過程では，船主責任制限法95条は英米法系諸国における対物訴訟制度の代替的機能を果たしているため，保険実務との関係で必要であるとの指摘があった[70]。また，順位の変更に関しては，競売手

---

[61] 改正法案は法務省ウェブサイト〈http://www.moj.go.jp/MINJI/minji07_00197.html〉（2018年1月9日最終閲覧）から入手可能。

[62] 松波仁一郎「万国海法ブラッセル外交会議（1923年）」海法会誌9号179頁（1924年）189頁。

[63] 江頭・前掲注(9) 220-222頁参照。

[64] ドイツの対応（上述Ⅱ1(1)）を受け，谷川・前掲注(6) 147-148頁は見直すべきだったとする。責任制限を受ける債権に代償的に船舶先取特権を与えるという考え方に対する批判として同142-144頁参照。

[65] 時岡泰ほか著『逐条船主責任制限法・油濁損害賠償保障法』（商事法務，1979年）279-280頁参照。なお，1957年制定の国際海上物品運送法19条の実質的意義はこれにより失われた。

[66] 時岡ほか・前掲注[65] 473-473頁参照。

[67] 部会資料，議事録等は法務省ウェブサイト〈http://www.moj.go.jp/shingi1/shingikai_syoho.html〉（2018年1月9日最終閲覧）から入手可能。

[68] 詳細は法務省民事局参事官室「商法（運送・海商関係）等の改正に関する中間試案の補足説明」（2015年）66-73頁参照。

国際取引の現代的課題と法

続開始決定後に無剰余取消しとなる可能性があるような場合も差押え自体は可能であるという説明に対して疑問が示された[71]。さらに，商法842条6号の船舶先取特権と船主責任制限法95条1項の船舶先取特権のうち物損に関するものを船舶抵当権に劣後させることについては，燃料油供給業者や漁業関係者等から強い反対があった[72]。

(2) 現代日本における船舶先取特権の機能

以上の経緯から，改正法案における船舶先取特権制度は，国際的な潮流とはやはり乖離しており，また，船舶先取特権制度の沿革との関係でもやや説明が難しいものとなっている[73]。ただ，改正法案は利害関係者からの意見を踏まえて作成されたものである。立法政策としての評価はさておき，日本法上の船舶先取特権制度は，その運用の過程で独自の経済的な機能を獲得するに至ったとみるほかないだろう。また，20世紀初頭に比すれば船舶金融の手法は高度化しており，船舶建造に際して融資を行う金融機関においても，船舶先取特権制度が一つの要因ではあるようだが，船舶抵当権のみに依存して与信を行うわけではない[74]。結局のところ，20世紀初頭から繰り返し主張されてきた，船

---

[69] 第15回会議部会資料17・29-34頁参照。むろん，全く現代化が予定されていないわけではない。現行法制の下では必要性が乏しいもの（842条1号の競売手続に関する費用，国際海上物品運送法19条），利用実態がないもの（842条1号の競売手続開始後の保存費，2号，8号）は削除される。また，改正法案では，人身損害についての船舶先取特権が認められ最上位となり（改正法案842条1号），海難救助料債権についての船舶先取特権が第二順位となる（同2号）。他方，1993年条約では最上位とされている雇用契約に基づく債権については，被担保債権の範囲をめぐって利害関係者間に鋭い対立があり裁判例も乏しいことから，現行法を変えず今後の解釈に委ねることとなった。

[70] 第6回会議議事録PDF版9-11頁〔山口委員，石井委員〕参照。実際上は，船主の賠償責任保険から回収されることになる。第11回会議議事録PDF版18頁〔山口委員〕参照。

[71] 法務省民事局参事官室・前掲注[68] 72頁及び第11回会議議事録PDF版15-16頁〔山口委員，宇野関係官〕，18頁〔道垣内委員〕参照。

[72] パブリック・コメントの結果について第12回会議部会資料13「「商法（運送・海商関係）等の改正に関する中間試案」に対して寄せられた意見の概要」123-128頁参照。先取特権の付与により法的保護を図る必要があるかは，債務不履行リスクへの保険による対処が可能かという問題にも関わる。なお，順位の変更には船主団体からも強い支持はなかった。

[73] 制度の沿革については，さしあたり，谷川・前掲注[6]，小島・前掲注[13]「英国」，「米国法」，同・前掲注[15] などを参照されたい。

舶先取特権は船舶抵当権者を害するためその種類を制限すべきであるという命
題は，現在の日本において広範な支持を得られるものではなかったようである。

3　小　括

　船舶先取特権に関する法制については，条約による統一は実現していないも
のの，条約，英法，米国法を軸とするある程度のまとまりは観察される（1(1)）。
これに対して，日本はやや特殊な法制を今後も維持し続けることになる（2）。
ただ，大筋で現状の法制を維持するという判断は，船舶先取特権制度が現在の取
引秩序において果たしている役割と現在の議論状況に鑑みてなされたものであ
る。取引秩序への影響を顧みない安易な法改正は避けられるべきであり，現状
では他の選択肢をとることは難しかったといわざるをえない。

　条約の制定過程における議論が，各国の法制にどの程度，どのような影響を
与えたかについては，十分な調査はできていない。しかし，1926年条約制定
過程の初期の議論に照らすと，船舶の物権関係に旗国法を適用するという考え
は船舶抵当権者の保護という政策目的と深い関わりがあるものであった，とは
いえそうである（1(2)(i)）。欧米主要国において旗国法説が主流になりきれな
い背景に，少なくとも効力の問題については，船舶の現実の所在地の法，ある
いは法廷地法によるべきであるという発想が元々あったのだとすれば，現在の
主要国の立場は，単にそれを発展させたものとして理解することもできそうで
ある（1(2)(i)(ii)）[75]。

　以上を前提とすると，通則法13条の解釈に際して旗国法説を所与の前提と
することは，その内包する実質法的価値と現在の日本の実質法の立場との乖離
が大きいばかりか，国際的にみても必ずしも広く受容されている説とは認めが
たいことから，適切ではないと思われる。船舶先取特権の種類を制限すべきか
否か自体についても，実質法上は複数の立場が存在し続けている状況にあり，

---

[74]　第13回会議議事録 PDF 版 3 頁以下参照。アセット・ファイナンスについては西村
　　あさひ法律事務所編『ファイナンス法大全（全訂版）上』（商事法務，2017年）726頁
　　以下，特に船舶につき 757-761 頁，802-813 頁参照。実務的な観点については，浦野
　　克久『船舶融資取引の実務（全訂版）』（日本海運集会所，2014年）に詳しい。

[75]　なお，本文の記述には，便宜置籍船の普及によって旗国法説の根拠が失われたという
　　指摘（特に，谷川久「旗国法の基礎の変化と海事国際私法（1）（2・完）」成蹊法学22
　　号1頁（1984年），43号23頁（1996年）参照）の正当性を否定する意図は全くない。

国際取引の現代的課題と法

一定のコンセンサスが成立しているとまでは認めがたい。また，「法廷地漁り」の懸念といったややステレオタイプな批判を向けられがちないわゆる法廷地法説については，解釈論として正当化できる範囲を子細に検討する必要があると思われる。次章（Ⅲ）では，この認識を前提に，船舶先取特権の準拠法に関する日本の議論を検討する。

Ⅲ　検　討

1　裁判例の動向

船舶先取特権の準拠法について判示した最高裁判例は，未だ存在しない[76]。従来の裁判例は，法定担保物権の成立について被担保債権準拠法と物権準拠法を累積適用し，効力については物権準拠法を適用するとした上で，物権準拠法として旗国法を適用するという従前の通説に，概ね従っていたとみることができる[77]。東京地決平成3年8月19日判時1402号91頁は，船主責任制限法95条の船舶先取特権（物上代位）につき法廷地法を適用し，流れを変えたかにみえたが[78]，近時の裁判例には，必要品供給債権を被担保債権とする船舶先取特権の成立につき累積適用説を採用し，物権準拠法として現実の所在地法を適用するものが現われている[79]。以下，近時の裁判例を簡単に紹介する。

水戸地判平成26年3月20日判時2236号135頁（①）[80]は，パナマ籍船の所有者（ヴァージン諸島法人）が定期傭船者（韓国法人）との契約に基づきシンガポール港で燃料油を供給した燃料油供給業者（韓国法人）に対して船舶先取特

---

[76]　なお，船主の運送品留置権については，主たる債権が債権そのものの準拠法によって有効に成立し，かつ担保物権がその準拠法たる目的物所在地法によって有効に成立することを要するとした大判昭和11年9月15日法律新聞4033号16頁がある。

[77]　必要品供給債権につき，山口地柳井支判昭和42年6月26日下民集18巻5・6号711頁，秋田地決昭和46年1月23日下民集22巻1・2号52頁，東京地判昭和51年1月29日下民集27巻1-4号23頁，高松高決昭和60年5月2日判タ661号150頁，高松高決昭和60年4月30日金判1117号38頁，救助料債権につき広島地呉支判昭和45年4月27日下民集21巻3＝4号607頁。

[78]　ほかに東京地決平成4年12月15日判タ811号299頁。東京地裁の近時の実務処理としては法廷地法によることが定着しているという認識があり（中田・前掲注(60) 298頁），最近の例として，理由は明らかではないが東京地決平成26年4月3日海事法研究会誌227号26頁（山下真一郎弁護士による紹介）がある。

権不存在確認の訴えを提起した事案で，累積適用説をとった上で，「①船舶先取特権が，航海継続の必要から生じた債権等につきその回収を確保するために法律に基づいて発生する担保物権であり，船舶が現実に運航している場所において登記や登録とは無関係に成立するものであること，②現実に債権が発生する国において船舶先取特権が認められていない場合，当該債権者は，取引関係に入るに当たり，船舶先取特権が成立することを通常期待しないはずであって，必ずしも明確性及び予測可能性を欠くものではない一方，当債権者が通常期待しないにもかかわらず，船舶先取特権による保護を与えるのは相当でないこと」を実質的根拠，通則法 13 条 2 項の文言との整合性を形式的根拠として，成立時の所在地の法を適用し不成立と判断した。この論旨は，福岡地小倉支決平成 27 年 12 月 4 日海事法研究会誌 232 号 70 頁（②），神戸地決平成 28 年 1 月 21 日海事法研究会誌 232 号 70 頁（③）によってもほぼ踏襲されている[81]。②③は同一当事者間の事件で，燃料油供給業者（中国企業の日本法人）の申立てにより燃料油供給債権等についての船舶先取特権に基づき競売開始決定がなされ，定期傭船者（香港法人）がその取消しを求めた事案である。日本が給油地である燃料油の代金債権については 842 条 6 号の船舶先取特権が成立する可能性があったが，この燃料油供給業者と当該定期傭船者との間で燃料油供給契約が締結されたとは認定されず，裁判所は，担保権の存在を証する文書の提出がないとして取消しを認めている。結論を決したのは当該燃料油供給業者が給油代金債権の債権者と認められるか否かであり，船舶先取特権の準拠法についての判断は傍論といえる。③の抗告審である大阪高決平成 28 年 3 月 28 日

⒆　これ以前の通則法施行後の裁判例について，松井孝之・黒澤謙一郎「法の適用に関する通則法施行後の船舶先取特権をめぐる最近の議論および裁判例について —— 近時の定期傭船者倒産事例の紹介」NBL 899 号 28 頁（2009 年）34–37 頁参照。船舶の現実の所在地法を原則としそれが妥当でないときには被担保債権準拠法によるとした福岡地小倉支決平成 20 年 7 月 18 日 2008WLJPCA07186004，条理により被担保債権の準拠法と差押地である法廷地法の累積適用によるとした福岡地決平成 20 年 9 月 8 日 2008WLJP-CA00986006 などがある。以上 2 件と後掲②③の検討として，大西・前掲注㉟ 21–32 頁がある。

⒇　なお，本判決に対する私見は，拙稿「判批」ジュリスト 1486 号（2015 年）107 頁で示した。

(81)　ただし，①③は効力について明確には言及していないのに対し，②には「成立及び効力」につき累積適用すると述べる箇所がある。

国際取引の現代的課題と法

（④）[82]，同一当事者間の事件である名古屋地決平成 28 年 4 月 22 日（⑤）[83]は，準拠法について判断せず，準拠法のいかんをとわず競売開始決定は取り消されるべきであるとしている。②③の先例としての価値は，過大視すべきではないのかもしれない。

2　学説の議論と検討
(1)　累積適用説について

①～③の裁判例のとる累積適用説は支持できるだろうか。法定担保物権の成立について被担保債権準拠法と物権準拠法を累積適用する説[84]に対しては，1980 年代から既に有力な批判があり[85]，現在は，学説ではむしろ，物権準拠法のみを適用すべきとする説が多数となりつつある[86]。船舶先取特権は一般にかなり強い第三者効を有することから物権と性質決定すべき権利であり[87]，物権を付与するという方法で一定の債権を保護するか否かは所在地の公益及び取引安全に関わる問題であるから[88]，やはり近時の多数説が妥当である。なお，

---

[82]　D1-Law. com 判例体系判例 ID28251758。

[83]　Westlaw 文献番号 2016WLJPCA04226001。

[84]　山田鐐一『国際私法（第 3 版）』（有斐閣，2004 年）296 頁，折茂豊『国際私法（各論）〔新版〕』（有斐閣，1972 年）109-110 頁，二重の性質決定を行う趣旨ではないことを強調するものとして溜池良夫『国際私法講義（第 3 版）』（有斐閣，2005 年）338-339頁，櫻田嘉章『国際私法（第 6 版）』（有斐閣，2012 年）209 頁，特に船舶先取特権につき山戸嘉一「海商」国際法学会編『国際私法講座Ⅲ巻』（有斐閣，1964 年）746-749 頁，川又良也「判批」『海事百選（増補版）』（有斐閣，1973 年）254 頁など。比較的新しいものとして西谷祐子「物権準拠法をめぐる課題と展望」民商法雑誌 136 巻 2 号 202 頁（2007 年）240-241 頁。

[85]　石黒一憲『金融取引と国際訴訟』（有斐閣，1983 年）314 頁以下。さらに，道垣内正人「判批」『商法（保険・海商）判例百選（第 2 版）』148 頁（1993 年）149 頁，同「海事国際私法」落合＝江頭・前掲注(11) 669 頁，682-683 頁参照。

[86]　道垣内正人『ポイント国際私法各論（第 2 版）』（有斐閣，2014 年）297-298 頁のほか，神前禎＝早川吉尚＝元永和彦『国際私法（第 3 版）』（有斐閣，2012 年）204 頁，中野俊一郎「判批」JCA ジャーナル 64 巻 10 号 32 頁（2017 年）（②の評釈），嶋拓哉「判批」ジュリスト 1506 号 123 頁（2017 年）（③の評釈），拙稿・前掲注(80) 参照。これに対し，佐野寛「判批」私法リマークス 51 号 152 頁（①の評釈）(2015 年）は①の判旨に肯定的。通則法を制定する際の審議においても，成立，効力ともに船舶の現実の所在地法によるべきとする意見が複数あったという。小出邦夫『逐条解説・法の適用に関する通則法（増補版）』（商事法務，2014 年）424 頁参照。

370

15 船舶先取特権とその準拠法〔増田史子〕

累積的連結には権利の成立をより厳格な要件に係らしめるという性格がある以
上，これを是とするには実質的根拠が必要と思われるが[89]，船舶先取特権の
成立を制限すべきであるという立場を所与の前提とすべきでないことは上述Ⅱ
3の通りである。以下，累積適用否定説を前提に論を進める。

(2) 判断枠組みの検討

(ⅰ) 成立時の所在地を確定できる場合（船舶抵当権との関係を含む）

まず，通則法13条を素直にあてはめるとどのような帰結が導かれるかを確
認する[90]。13条1項は物権について目的物の所在地法による旨を，同2項は
物権の得喪について原因事実完成時の目的物所在地法による旨を規定する。船
舶の物権関係につき旗国法によるとする説では，権利の内容や効力，得喪いず
れも旗国法によることになる[91]。これに対し，船舶の現実の所在地を連結点
と解する場合は，成立は成立時の所在地法（2項），その時点における効力は当
該所在地法（1項）により，船舶が法域を超えて移動すると権利の内容や効力
等はその時々の所在地法により判断される（1項）。船舶が差し押さえられた場
合は，現実の所在地が法廷地と一致するから，権利の内容や効力につき適用さ

---

(87) 嶋・前掲注(86) 125頁は累積適用説には性質決定論の基本原則との関係でも重大な問
題があると指摘する。中野・前掲注(86) 35頁は，債権準拠法が規律するのは当事者間で
の債権関係に尽きる旨，ある債権に担保物権が設定されるかは第三者も確知することが
可能な物権準拠法が規律すべき事柄である旨を指摘する。いずれも説得的である。

(88) 改正法案の審議過程での議論を想起されたい（Ⅱ2）。国際私法の観点からも，日本
の燃料供給業者等の保護の必要性が指摘された（第11回会議議事録PDF版17-18頁
〔野村美明委員〕）。

(89) この点につき，石黒・前掲注(85) 319頁参照。累積適用説を前提とすると，②～⑤の
例で仮に日本法のもとでは船舶先取特権が成立すると判断されたとしても，燃料油供給
契約の準拠法が例えば中国法や香港法であれば不成立と判断すべきことになる。そのよ
うな処理をなすべき根拠が明らかにされる必要があろう。累積的連結を採用する準拠法
選択規則には実質法的な価値が内包される旨の指摘として，中西康ほか『国際私法』
（有斐閣，2014年）50頁，竹下啓介「国際私法における価値中立性」国際私法年報18
号107頁（2017年）117頁参照。解釈論としての主張には慎重であるべきではないだろ
うか。

(90) 関連して神前禎「海事国際私法の独自性」国際私法年報2号152頁（2000年）160-
162頁参照。

(91) 旗国法が変更された場合，変更後の効力は13条1項により変更後の旗国法となろう
（前掲注(77) 秋田地決昭和46年1月23日）。なお，法的安定性ないし既得権保護の観点
から旧旗国法によった例として，前掲注(77) 東地判昭和51年1月29日がある。

国際取引の現代的課題と法

れる法は法廷地法となる（1項）。以上の原則論に照らすと、現実の所在地法説のうち、効力についても成立時の所在地法によるとする説は[92]、船舶につき例外的取扱いを行うものであり、その根拠が示される必要があろう[93]。旗国法説を支持できるかは上述Ⅱ3の通り疑問であり、私見は場所付けが可能である限りは、成立は成立時の、内容、効力等はその時々の現実の所在地法によることを妥当と考える[94]。

ところで、近時の裁判例及び学説は、船舶先取特権と、成立時の所在地との密接関連性（逆に旗国との関連性の弱さ）をその実質的根拠として、物権準拠法に関し旗国法を退け現実の所在地の法によるとしている[95]。しかしながら、船舶先取特権の主な効力は船舶抵当権者を含む他の債権者に先立って弁済を受けることができる効力であり、その成立を認めることは、その時点の所在地に関する限り他の債権者を劣後的に扱うということを必然的に含意する。逆に、効力・順位を判断する際にその存在を認めない法が適用されるのであれば、旧所在地で成立した権利を有していてもその段階では一般債権者と同列に扱われる[96]。この観点からは、果たして船舶抵当権の準拠法と船舶先取特権の準拠法とを全く別に論じることができるのか[97]、また、現実所在地法説のうち効力と順位を区別する立場[98]は成立しうるのか、疑問が生じる[99]。船舶先取特

---

(92) 西谷・前掲注(84) 241 頁。中野・前掲注(86) 36 頁も同趣旨であろうか。ただ、順位は差押え・競売開始時点での船舶の所在地法によるべきとしている（同 36 頁）。

(93) 中野・前掲注(86) 36 頁は権利発生当時の物権関係当事者の予測可能性を根拠とする。

(94) 大筋で石黒説（前掲注(85)）を妥当と考える。なお、船舶が場所を変更した場合、旧所在地で成立した権利は各所在地法のそれに置き換えられるか又は「休眠」状態となる。準拠法の異なる権利が蓄積されていくわけではない。

(95) 裁判例としては前掲①②③、この趣旨を述べる学説として石黒・前掲注(85) 343–344 頁、西谷・前掲注(84) 241 頁、嶋・前掲注(86) 126 頁、中野・前掲注(86) 35 頁など。

(96) 前述Ⅱ1(2)(ii)、(3)(i)の議論を参照されたい。

(97) 理論的に筋が通るのは、全般的に旗国法による道垣内説（前掲注(85)）か、船舶抵当権についても差押え時の効力は観念上所在地が船籍国から差押地国へと変更したものと考え新所在地法による石黒説（前掲注(85) 340–341、345–349 頁）（及びそれに準じる見解）のみではないだろうか。

(98) 西谷・前掲注(84) 241 頁。被担保債権準拠法説に立つ森田・前掲注(43) 17 頁も順位については旗国法を妥当とする。また、法廷地法説に立つ中田・前掲注(3) 298 頁は、旗国法により船舶抵当権に優先する船舶先取特権のみを優先させるべきとする。なお、注(92)も参照。

権の効力は，順位を含め，基本的に現実の所在地法によるのが妥当であろう。また，船舶抵当権についても，成立と差押えに至るまでの間の権利の内容，効力等[100]は，現実の所在地との関連は希薄で登録国法に従い公示がなされるため，利害関係者の予測可能性及び法的安定性の観点から登録国法によらしめるべきだが[101]，差押え時の効力は，現実の所在地法によると解すべきであると思われる。

(ⅱ) 通則法を介さず法廷地法によるべき船舶先取特権[102]

手続法的性格の842条1号[103]，公法的性格の同3号は，直ちに法廷地に

---

(99)　英米法での立論につきⅡ1(2)(ⅱ)のDaviesの見解と(3)(ⅰ)の *The Sam Hawk* 参照。特殊な訴訟制度を前提としない大陸法上の船舶先取特権に関し，順位と他の効力との切り分けは可能であろうか。確かに優先弁済的効力以外の効力の問題は想定されるが（対抗できる者の範囲，短期の存続期間，追及効，物上代位の可否，目的物の範囲等），法によって定められた相互に関連しあう効力であり，効力と順位を切り離すと現実世界に存在しない権利を創設することにならないだろうか。

(100)　現実の所在地では一旦成立した船舶抵当権は通常尊重されよう。船舶抵当権は，準拠法によっては必ずしも裁判手続によらず実行することができ，このような内容等は登録国法によるべきである。英法とパナマ法に基づき，デフォルト発生後の実行方法について解説したものとして，浦野克久・森田晃徳「船舶担保権者の権利行使と法的責任（上）」金融法務事情1725号16頁（2004年）18頁以下参照。裁判手続によらず船舶を売却した場合，船舶先取特権等の負担は，準拠法次第ではあるが多くの場合に存続する。除斥の方法，効果は登録国法によらざるを得ないと思われる。

(101)　このような扱いは，最判平成14年10月29日民集56巻8号1964頁の趣旨からも正当化できると思われる。雇用契約から生じる債権を被担保債権とする船舶先取特権についても，十分に検討できていないので結論は留保するが，労務の供給は基本的に旗国の法制に従って行われるものだとすれば，一応は同様の解釈になじむのではないかと思われる。

(102)　なお，例えば競売手続費用が発生した時点（842条1号），船舶が日本の管轄下に入った時点（船主責任制限法95条）など，船舶が日本国内に所在するようになった後の時点を成立時と解せば，迂遠ではあるが，通則法13条の解釈として整理することも可能ではある。英法系諸国の船舶先取特権については，債権発生時に不完全な状態で発生し対物訴訟手続により債権発生時に遡って効力が生じるという理解がとられている（衝突債権に関する *The Bold Buccleugh* [1851] 7 Moo PC 267 (PC) に基づく。Derrington and Turner (n13) para 2.17）。また，海事債権（maritime claim. 対物訴権 (statutory right in rem) が認められる）に基づき対物訴訟を開始した場合に生じる制定法上の担保物権（statutory lien）も，手続開始によって発生すると考えられている（ibid, para 2.24）。海事関係では，裁判手続開始によって（完全に）成立する担保物権という概念は，必ずしも珍しいものではないとはいえよう。

よると解して差支えないであろう[104]。また，船主責任制限法95条，船舶油濁損害賠償保障法40条の船舶先取特権は，立法政策としての当否はともかく，責任制限の対抗を受けることを理由として認められている権利である。責任制限自体は，日本で手続が開始されれば，債権発生時の船舶の所在地や被担保債権準拠法とは無関係に，船主責任制限法又は油損法に従い行われることから，日本で差押えが可能となったときに各法律に基づき被担保債権発生時に遡って成立し効力を生じると解するほかないと思われる[105]。

(iii) 公海上で被担保債権が発生する場合

船舶の現実の所在地法による立場をとった場合，理論上は，公海上で被担保債権が発生する場合にどの国の法により成否を判断するかが問題となる。個別事案ごとに通則法13条の趣旨に照らして判断せざるを得ないと思われるが，ただ，ほぽどの国の法制の下でも認められる船舶先取特権に関しては，どの国の法が準拠法となっても成立はするだろうから，効力の準拠法が確定しているときに(i)のような分析を行う実益は，一般には乏しいと思われる。

(3) 法廷地法説について

いわゆる法廷地法説に対しては，理論上の批判，法廷地漁りにつながるという批判が向けられがちだが[106]，実務家からの支持は根強く存在する[107]。そこで，(2)の検討を踏まえ，いわゆる法廷地法説の解釈論としての限界と立法論としての可能性を検討する。

(i) 解釈論としての限界

手続は法廷地法によるべきことはいうまでもない[108]。(2)(ii)については，上述の通り，法廷地法を直接適用すべきと考える。

---

(103) 842条1号のうち競売手続の費用については，現在でも民事執行法に基づき最優先の配当を受けることができ船舶先取特権を認める実益に乏しいことから，改正法案では廃止が提案されている（前掲注(61)・注(69)参照）。

(104) 同旨の見解として，山戸・前掲注(84) 749頁。原茂太一「判批」金融商事判例535号2頁（1978年）5頁も参照。

(105) 船主責任制限の準拠法については，さしあたり櫻田＝道垣内・前掲注(3) 627頁〔増田〕参照。注(78)の実務は，この観点から妥当と思われる。

(106) 前者につき道垣内・前掲注(85) 677頁，後者につき西谷・前掲注(84) 240頁，木棚照一編著『国際私法』（成文堂，2016年）334頁〔木棚照一〕など。

(107) 最近のものとして，田中庸介「船舶先取特権の準拠法」鳥山恭一ほか編『現代商事法の諸問題 岸田雅雄先生古稀記念論文集』717頁（成文堂，2016年）733頁参照。

15 船舶先取特権とその準拠法〔増田史子〕

(2)(i)につき船舶の現実の所在地を連結点とすると，効力については，実際上は法廷地法が適用されることとなる。この場合，日本法では認められる船舶先取特権に基づき，船舶先取特権者が船主や他の債権者の意に反して日本で船舶を差し押えたとしても，それは正当な権利行使である。船舶先取特権者が自己に有利な差押地を選択したという事実のみをもって法廷地漁りであるとし，法廷地法の適用を否定すべく解釈論を展開するのであれば，むしろ，正当な権利行使を妨げる恣意的解釈であり不当というべきだろう。(2)(iii)についても，やや粗雑だが，成立時の所在地を確定することに実益がない場合は，直ちに現実の所在地法としての法廷地法を適用しても不当とまでいえないと思われる。

便宜置籍の一般化を受けて有力化した存在・効力は法廷地法，成立は被担保債権準拠法による説[108]を，解釈論として整理することは可能であろうか。現実の所在地の公益に関わる問題であることを理由に現実所在地法としての法廷地法を適用することは，13条1項により正当化できる。他方で，累積適用説を否定し物権問題と解する以上は（(1)），被担保債権準拠法を持ち出すことに通則法上の根拠は見出しがたい。もっとも，海事債権の中には，債権発生時の現実の所在地を基準とすることが現実的ではないものが一般に含まれ，被担保債権準拠法が客観的連結により決定される場合は債権発生時の船舶の所在地法と一致することも多いだろうから[110]，立法論としては理解できる。ただ，この立場をとると，第三者効を規律する法の判断につき新たな問題を生じるため[111]，特に優れているとは思えない。

このように検討してみると，解釈論としていわゆる法廷地法説を首肯しうる

---

(108)　石黒説（前掲注(85)）を前提とする民事執行手続に関する考察として，林田学「外国担保権の実行——日本における外国船舶に対する担保権の実行」澤木敏郎＝青山善充編『国際民事訴訟法の理論』437頁（有斐閣，1987年）457頁以下がある。なお，日本で船舶が差し押さえられた場合，手続，効力ともに日本法によることになるから，被担保債権不存在等により，船舶先取特権の成否を判断するまでもなくその存在を認めえないケースでは，成立の準拠法について必ず判断する必要まではないと思われる（やや状況が異なるが前掲裁判例②〜⑤参照）。

(109)　谷川・前掲注(75)「旗国法 (2)」29-31頁，若干異なるが高桑昭「判批」判例評論401号198頁（1992年）200-201頁，実務家の見解として，近藤崇晴ほか編『民事執行の基礎と応用（補訂増補版）』（青林書院，2000年）271-272頁〔杉原麗〕。なお，債権ないし手続の問題と法性決定すべきとする大西・田邊・前掲注(38)も，権利の実行方法や裁判外での主張の可否は不明だが，一応これに類似していると思われる。

国際取引の現代的課題と法

範囲は存外に広い。これに対し，すべての船舶先取特権の成立及び効力につき
法廷地を連結点とする趣旨の見解があるとすれば，解釈論としては無理がある
といわざるをえないだろう。

(ⅱ) 立法論としての可能性

解釈論としても実質的に法廷地法によることができる場合はかなりの程度存
在するのに対し，現在の準拠法に関する各国の立場は様々に分かれる[112]。双
方的国際私法規則は，最密接関係地法を準拠法として定めることで国際的判決
調和を達成しようという発想に立つものであるが，この現状は，双方的方法に
よるこの理想の実現が，この問題については最密接関係地法の判断基準につき
一致点を見いだせず，著しく困難であることを意味しているのかもしれない。
そうすると，立法論としては，明確性と法的安定性の確保を優先し，船舶先取
特権の準拠法の問題については通則法に委ねるのではなく，原則法廷地法によ
るとし，必要品供給債権についての船舶先取特権ほか，普遍性を欠く船舶先取
特権等につき明文で日本における処遇を明らかにしておくといったアプローチ
も，検討されてよいのではないかと思われる。

Ⅳ　おわりに

船舶先取特権に関しては，今後も，条約による法の統一が実現する可能性は
乏しいことを前提に，対応していかざるをえない（Ⅱ 1 (1), (3)(ⅱ)参照）。

本稿では，船舶先取特権の準拠法に関し，旗国法説と特定の実質法的価値の
結びつきを示唆した上で，通則法13条の本則に立ち返ることを出発点とし，
検討を行った。このような態度をとる前提として，国際的な状況に加え日本の
実質法上の立場を援用していることから，本稿の検討に対しても，やはり特定
の実質法的価値に偏っているという批判がありうるかもしれない。ただ，日本

---

(110) 国際私法上は法定債権と性質決定すべき債権が被担保債権である場合，その原因事実
　　発生地が定まるときは，債権発生時の船舶の現実の所在地も通常は同一の場所に定まる
　　ことになると思われる（通則法14条，17条参照）。契約債権についても，物品や役務
　　の提供者が提供地にこれに関係する事業所を有していることは少なくないであろう（同
　　8条参照）。

(111) Ⅱ 1 (3)(ⅰ)の議論を参照。

(112) Ⅱ 1 (2)(ⅱ), (3)(ⅰ)参照。

15 船舶先取特権とその準拠法〔増田史子〕

で紛争が生じるのは日本に船舶が所在する場合が通常であるとすると，その公益を尊重する姿勢が通則法13条の趣旨に反するとは考え難いし，国際的にみても実質法上様々な立場がとられている問題である以上は，さしあたりは13条を素直に適用するのがもっとも不偏的ではないかと考えている。

　もっとも，本稿で検討の前提とした実質法の状況をみると，英(米)法を実務標準とする海運の世界において，大陸法系に属する日本の制度を英(米)法流に転用している結果，様々な軋みが生じているようにみえる部分も少なくない[113]。海事債権の実現方法については，今後はより広い見地からの実態に即した考察が必要と思われる。

　〔付記〕本研究にはJSPS科研費JP15K21089の助成を受けた。

---

[113]　民事執行法制に関し，伊藤・田之脇・前掲注[51] 46-48頁，田中・前掲注[107] 735-736頁参照。改正法案において順位の変更もままならなかった原因の一つでもあると思われる（上述II 2(1)参照）。

16 証券の間接保有における投資者のリスクと分散型台帳技術の利用について・序説

コーエンズ久美子

Ⅰ　は じ め に	Ⅲ　間接保有において投資者が
Ⅱ　証券口座振替決済制度につ	抱えるリスク
いて	Ⅳ　分散型台帳技術の利用可能性
	Ⅴ　結びに代えて

Ⅰ　は じ め に*

　ビットコインを支える分散型台帳技術（distributed ledger technology: DLT）[1]が，金融取引，市場を大きな変革へと導く可能性は，昨今，急速に現実化してきている。証券取引についても，とりわけポストトレードに分散型台帳技術を適用することにより，業務の効率性のアップとコスト削減を図りうるのではないかという関心から，世界中の関係機関がその可能性を模索している。

　証券決済制度は，高度な安全性と安定性の上に効率性，利便性が求められる。現行システムを運用するユーロクリア，米国の DTCC（The Depository Trust

---

＊ I am grateful for valuable comments and suggestions made by Charles W. Mooney Jr. (Professor of Law, University of Pennsylvania Law School). Now we are carrying on our joint research project on 'DLT and Securities Settlement'.

[1]　「分散型台帳技術（DLT）」および「ブロックチェーン」については，必ずしも確立された定義があるわけではないが，一般には，DLT は多数の参加者が，帳簿間の不一致や二重譲渡を避けながら同じ帳簿を共有する技術を指し，ブロックチェーンはそのための技術の一つを指すことが多い，と説明される。柳川範之・山岡浩巳「ブロックチェーン・分散型台帳技術の法と経済学」日本銀行ワーキングペーパシリーズ No. 17-J-1（2017 年）2 頁注 1。

『国際取引の現代的課題と法』澤田壽夫先生追悼〔信山社，2018 年 4 月〕

& Clearing Corporation），わが国の証券保管振替機構などの機関は，これまでに多くの技術開発，改良を重ね，堅牢な決済システムを構築している。そこへ従来とは全く異なる新しい分散型台帳技術を利用するためには，さまざまな観点からの安全性，安定性の確認作業が必要である。また，システムを変更するインセンティブとして，大幅な効率性アップとコスト削減がその前提となる。現時点においては，具体的なシステム移行の道筋が示されているわけではない[2]。さまざまなモデル，条件を設定し，実験を続けている段階にあるといわれている[3]。技術は日進月歩であり，またどの程度が公表されているのかも，実際には把握できない。

　本稿は，こうした流動的な状況において，まずは「現時点」で公にされている分散型台帳技術を利用した証券決済制度の実証実験を素材に，法的枠組みについて一定程度の整理を試みる[4]。その上で，現行の間接保有形態において投資者が抱えるリスクを再確認し，分散型台帳技術がそれにどのように対応しうるのか，その方向性について考えてみることとしたい。かつて紙ベースの証券がそうであったように，分散型台帳技術は，投資者が証券の発行会社と直接的な法的関係を持つことを可能とするものであるといわれている。その点に，とりわけ注目していきたい。

II　証券口座振替決済制度について

現在，多くの国々で実施されている証券決済制度の仕組みは，基本的に共通

---

(2)　Philipp Paech, *Securities, Intermediation and the Blockchain: An Inevitable Choice between Liquidity and Legal Certainty?*, Unif. L. Rev., Vol. 21, 612, 631（2016）.

(3)　DTCC, *Embracing Disruption: Tapping the Potential Distributed Ledgers to Improve the Post-Trade Landscape*, 8（January 2016），〈https://www.finextra.com/finextra-downloads/newsdocs/embracing%20disruption%20white%20paper_final_jan-16.pdf#search=%27embracing+disrution+tapping+the+potential%27〉

(4)　証券取引における分散型台帳技術の利用を巡る法律問題研究会「証券決済制度と分散型台帳技術」（日本銀行金融研究所，2017年）において，技術面の解説も含め，現行の社債，株式等の振替に関する法律のもとで，分散型台帳技術を利用することが可能かという観点から詳細な検討がなされている。本報告書には脱稿直前に接したため，本稿においては極めて限定的な参照にとどまっている。今後の研究において，詳細に検討したい。

の構造を有している。すなわち，中央預託機関（一般的に central securities depositary〔CSD〕と呼ばれる）が，口座を利用して証券の保有，譲渡等の取引を集中的に管理する[5]。中央預託機関は，金融機関，証券会社等（intermediary と呼ばれる）の口座を開設し，それらの機関は投資者のために口座を開設する。投資者はこのような金融機関等を通して間接的に証券を保有する[6]。国によっては，こうした金融機関等が幾層にも連なる場合もある。

わが国の「社債，株式等の振替に関する法律」の下では（券面は廃止されている），中央預託機関として「振替機関」があり，「口座管理機関」は直接振替機関に口座を保有し，一方，投資者は「加入者」として口座管理機関に口座を開設してもらっている。口座管理機関は，口座管理機関に口座を開設してもらうことも可能であるから，法的には，階層は幾層も構築可能である[7]。

1 証券振替決済制度（ペーパレス化）の始まり

そもそも証券振替決済制度の構築，すなわちペーパレス化の背景には，1960年代から顕著となった，証券取引量の増大による事務処理能力を超える事態に対応しなくてはならないという事情があった。米国では，こうした「ペーパー

---

(5) たとえば米国は，無券面化しているものも存在するが，上場企業の株式については券面を廃止せず，「不動化」し，中央預託機関（DTCC）に預託した状態で口座振替を利用したシステムになっている。

(6) 2009 年に，こうした間接保有・階層保有状態のもとでなされる証券の保有および譲渡取引・担保取引等について，私法レベルでの各国法の調整を目的とする条約が私法統一国際協会（ユニドロア）（UNIDROIT: International Institute for the Unification of Private Law）において策定された。条約の正式名称は，「UNIDROIT Convention on Substantive Rules for Intermediated Securities」，略称は「Geneva Securities Convention」である。神田秀樹「間接保有証券に関するユニドロア条約策定作業の状況」黒沼悦郎＝藤田友敬編『企業法の理論 江頭憲治郎先生還暦記念（下巻）』（商事法務，2007年）569 頁以降，神田秀樹「振替証券法制に関するユニドロア条約」東京大学法科大学院ローレビュー 5 巻（2010 年）169 頁以降参照。

(7) 「…証券会社・金融機関等の事業展開の弾力化や国際的な連携を可能とするため，口座管理機関の階層が制限されていない」と説明されている（高橋康文編『逐条解説 社債等振替法』（金融財政事情研究会，2003 年）22 頁）。なお，口座管理機関は登録制となっており公法的な規制を受けているので（神田秀樹「振替株式制度」江頭憲治郎編『株式会社法体系』（有斐閣，2013 年）182 頁参照），登録されていない口座名義人が他者のために口座を開設することはできない。

クランチ」を打開するため，当初，制度的には，証券の券面を廃止する「無券化」が指向され，統一商法典第8編（1978年改訂版）[8]において "uncertificated security"（「無券面証券」と呼ぶ）についての規定が整備された[9]。無券面証券は，従来の券面のある証券（certificated security）と法的には同一のものとして取り扱われ，たとえば，善意有償の第三取得者を保護する規定など，同一の法律効果が生じるように規定されている[10]。

　しかし実際には，実務は無券面証券への移行へは動かず，先述のように中央の預託機関に証券を預託し，投資者は仲介金融機関を通して証券を保有する，多層的な間接保有形態へと進んだ[11]。統一商法典第8編（1978年改訂版）は，このような間接保有形態についての規定も設けていた。その基本的な枠組みは，個々の特定された「証券」の移転，交付を前提とした伝統的な流通証券の概念を基礎としていた[12]。そうしたいわゆる「擬制」ゆえに，仲介金融機関が個別の投資者のために証券を分別保管している場合，あるいは複数の投資者のために証券を混蔵保管している場合などに区別した規定が設けられ，証券が直接投資者に帰属することもあれば，投資者は混蔵保管されている証券に対する割合的権利を有するにすぎないこともあることとなり，規定は複雑で，実際に適用するのが困難であった。また，そもそも中央預託機関に預託されている証券を，仲介金融機関が介在する間接保有において，誰かが「保有」，「所持」していると想定するのは，実態にそぐわないなど，さまざまな批判に晒された[13]。

---

(8)　1977年にアメリカ法律協会によって改訂が承認された統一商法典第8編は，1978年にオフィシャルテキストとして組み込まれた。以下，「1978年改訂版」と呼ぶ。

(9)　森下哲朗「国際的証券振替決済の法的課題（一）」上法44巻1号（2000年）21頁。Jeanee L. Schroeder, *Is Article 8 Finally Ready This Time? The Radical Reform of Secured Lending on Wall Street*, 1994 Colum. Bus. L. Rev. 291 (1994).

(10)　後述Ⅳ3参照。

(11)　「ペーパークランチ」が契機となり統一商法典第8編の改訂（1978年改訂版）につながったが，そもそもその改訂前に，中央預託機関に証券を預託することにより，実質的な問題はほぼ解決されていたともいわれている。*See*, Charles W. Mooney, *Beyond Negotiation: A New Model for Transfer and Pledge of Interests in Securities Controlled by Intermediaries*, 12 Cardozo L. Rev. 305 (1992), foot note 6.

(12)　木南敦「証券決済制度における物権法的構成と債権法的構成――統一商法典第八編による扱いについて」林良平先生献呈論文集刊行委員会編『現代における物権法と債権法の交錯　林良平先生献呈論文集』（有斐閣，1998年）123頁以降。森下・前掲注(9) 20頁以降。

一方，わが国においても，戦後の経済復興に伴う大量の証券発行により，同様の状況が生じていた[14]。事務処理は機械化により対応可能であったが，受渡業務は現物をもってしなければならないため，ドイツ，フランスの制度を参考に，証券を受寄機関に預託し，証券を現実に動かさずに口座の振替によって権利移転を行う制度の導入が検討された。株式会社は，平成16年の商法改正まで，株券の発行が義務づけられていたから，株券の存在を前提としつつ，実際には動かさない仕組みが必要だったのである。株券振替決済制度は，東京証券取引所における試験的実施の後，混蔵寄託（共有権）方式により，昭和46年から業務規定等に基づき実施された。そして昭和59年，「株券等の保管及び振替に関する法律（以下，「保振法」とする）」が制定され，株券は保管機関に預託され，権利の移転は口座簿の名義書換えによるとする形で，株券の帳簿化（ペーパレス化）が制度的に承認された。

ここで重要なことは，保振法は「証券」の存在を前提とする規定をそのまま取り込む形で，有価証券法理を存続させたということである[15]。つまり，①口座簿に記載された者は，その口座の株式数に応じた株券の占有者とみなし（同法27条1項），②口座簿の振替の記載は，その記載に係る株式の数に応じた株式を譲渡する場合において株券の交付があったのと同一の効力を有する（同法27条2項）と規定した。後になって，保振法という特別立法において，なお，券面の存在を前提とする規定が必要であったのか，口座簿の書換えによる権利譲渡を正面から承認すればよかったのではないか，といった指摘がなされている[16]。

2　現行の証券口座振替決済制度

その後，コンピュータ技術の革新から，口座（帳簿）を利用した振替制度は，いっそう簡易・迅速・大量・安全な権利移転処理が可能となった[17]。また，

---

(13)　*See generally*, Mooney, *supra* note (11).

(14)　上柳克郎他『新版注釈会社法（4）』（有斐閣，1993年）267頁以下〔河本一郎〕。

(15)　神田秀樹「ペーパーレス化と有価証券法理の将来」岸田雅雄他編『現代企業と有価証券の法理　河本一郎先生古稀祝賀』（有斐閣，1994年）161頁以下。

(16)　神田・前掲注(15) 161頁。

(17)　神田・前掲注(15) 157頁以下。

国際取引の現代的課題と法

証券市場の国際的競争が高まったこともあり，わが国の証券市場をいっそう魅力的なものとするために，より安全で効率的な証券の決済制度を構築する立法が進められた。

証券決済法制改革の一環として，2001 年には，コマーシャルペーパーの電子化のために「短期社債等の振替に関する法律」が制定された。同法は，その後 2004 年に，振替の対象を拡大して，株式を含む横断的な制度を構築するために改正され，その題名も「社債，株式等の振替に関する法律（以下，「振替法」とする）」に改められた。現在，上場企業の株式は，振替法に基づく口座振替制度において保有され，取引されている。

振替法は，株券などの証券の存在を擬制することをやめ，口座記録と権利の帰属を直接結びつける方法を取っている。すなわち，振替制度における株式（振替株式）についての権利の帰属は，口座記録により定まるとし（振替法 128 条），以下の規定を置いている。

①振替株式の譲渡は，振替の申請により，譲受人がその口座における保有欄に当該譲渡に係る数の増加の記載又は記録を受けなければ，その効力を生じない（振替株式の譲渡，振替法 140 条）。

②加入者（投資者）は，その口座における記載又は記録がされた振替株式についての権利を適法に有するものと推定する（加入者の権利推定，同法 143 条）。

③振替の申請によりその口座において特定の銘柄の振替株式についての増加の記載又は記録を受けた加入者は，当該銘柄の振替株式についての当該増加の記載又は記録に係る権利を取得する。ただし，当該加入者に悪意又は重大な過失があるときは，この限りでない（善意取得，同法 144 条）。

これらの規定から振替法においては，加入者が自己の口座に権利者として記載・記録されることが，株券の占有と同視されている，といわれている[18]。

---

[18]　江頭憲治郎『株式会社法（第 7 版）』（有斐閣，2017 年）191 頁。「…株券の占有者が適法な所持人と推定されるのと同趣旨であって，振替株式の譲渡・質入れは振替口座簿の振替によってのみ行われるので，振替口座簿に記録された者は権利者である蓋然性が高いことにかんがみ，法律上の権利推定をすることとしたものである」と説明されている（別冊商事法務編『別冊商事法務286　株券不発行制度・電子公告制度』（商事法務，2005 年）83 頁〔始関正光〕）。

振替株式を保有する株主も，株券発行会社で株券を占有する株主と同様の権利を有する，つまり，株券を口座記録に代え，従来の法律構成を基本的には維持していると捉えられる[19]。とりわけ口座管理機関を通して証券を保有する投資者にとって重要なのは，口座管理機関の破綻時に，投資者の株式はあくまでも投資者のものであり，口座管理機関の責任財産を構成しないということである。このような口座管理機関の破綻リスクは，"intermediary risk"と呼ばれ，現行の口座振替決済システムにおいて対処すべき重要な課題として各国で認識されていた。わが国においても，1997年の三洋証券や山一証券の破綻を受けて，振替法の改正の際には，投資者の利益をどのように保護するべきかが強く意識されていたように思われる[20]。振替法は，加入者の口座に記録された振替株式は，当該加入者に帰属するとして，口座管理機関が破綻しても，投資者は取戻権の主張ができるように手当てしている[21]。

　こうしたわが国の法整備に先立ち，米国においては，先に触れた統一商法典第8編（1978年改訂版）に対する批判を受けて，全面的な改訂作業が行われ，間接保有（Indirect Holding System）に関するパート5（PART 5）を新たに設けた改訂版が，1994年に策定された。その際，基本的指針として挙げられたのは，投資者が口座管理機関を通して証券を保有するということは，何を意味するのか，ということを機能的に明らかにすることであった[22]。間接保有形態にお

---

(19) 前田重行「社債株式等振替法における有価証券のペーパーレス化と商事留置権の成否」『有価証券のペーパーレス化等に伴う担保権など金融取引に係る法的諸問題（金融法務研究会報告書22）』（金融法務研究会，2013年）4頁，コーエンズ久美子「証券振替決済システムにおける権利の帰属と移転の理論——アメリカ統一商法典第八編の再検討を通して」淺木愼一他編『検証会社法 浜田道代先生還暦記念』（信山社，2007年）422頁参照。

(20) 1997年の三洋証券や山一証券の破綻を受けて，証券会社の破綻時に顧客資産が確実に顧客に戻されるよう，顧客資産の分別管理を強化するための旧証券取引法等の改正がなされた（浜田道代「顧客資産の分別管理」『金融システム改革と証券取引制度』（日本証券研究所，2000年）89頁以降参照）。

(21) 振替法に基づく証券決済の法律構成は，「顧客が所有している物権の同一性を保ったままの譲渡」という構成が採用され「口座管理機関が倒産手続に入って，管財人が任命されても，顧客は取戻権の主張ができる」（岩原紳作『電子決済と法』（有斐閣，2003年）79頁）。振替法128条。

(22) James Steven Rogers, *Policy Perspective on Revised U. C. C. Article 8*, 43 UCLA L. Rev. 1431, 1450 (1996).

ける投資者の証券に係る権利は，実質的に，以下のように表現されている[23]。

①口座名義人（投資者）の証券等の金融資産[24]に係る権利は，当該口座を管理する口座管理機関に対してのみ請求することができる。

②各口座名義人は，口座管理機関が口座名義人全体のために保有する代替性のある金融資産に対して共有持分を有する。

③口座名義人の代替性のある金融資産に対する共有持分権は，口座管理機関の一般債権者の権利に優先する。

④口座管理機関は，口座名義人全体が保有する金融資産に相当する資産を上位口座管理機関等を通して保有する義務を負う。

このように口座名義人の権利は，「口座管理機関に対する請求権と当該口座管理機関が所有する金融資産に対する権利のパッケージ」といった新しい，独自の概念によって構成されており，「セキュリティ・エンタイトルメント」と称されている[25]。具体的には，口座名義人の口座管理機関に対する請求権は，口座管理機関の義務として以下のように規定されている。

①口座管理機関は，金融資産の発行者によって行われる支払いまたは分配を得るために行動し，かつそれを受け取らなければならない（UCC8-505）。

②口座管理機関は，口座名義人によって指示された場合，金融資産に関して権利を行使しなければならない（UCC8-506）。

③口座管理機関は，口座名義人の金融資産を譲渡するという指示に従わなければならない（UCC8-506）。

他方，金融資産に関しては以下のように規定されている。

④口座管理機関は，口座名義人の権利の合計に相当する金融資産を速やかに取得し，かつ維持する義務を負う（UCC8-504）。

⑤口座管理機関によって保有されている金融資産のうち，口座名義人の権利を全て満たすために必要な金融資産は，口座管理機関が口座名義人のため

---

[23]　Joseph H. Sommer, *International Securities Holding and Transfer Law*, 18 ARIZ. J. INT'L & COMP. L, 685, 694-697 (2000). なお，パート5において証券を間接保有する投資者は，「エンタイトルメント・ホルダー」と呼ばれる（UCC8-102(7), 8-501(b)(2)(3)）。本稿では「口座名義人」としている。

[24]　UCC8-102(9)において，「金融資産（financial asset）」とは，株式，社債等，市場で取引される証券，と定義されている。

[25]　Rogers, *supra* note (22), at 1450.

に保有するものとされ，口座管理機関の財産でなく，したがって UCC8-511 によって異なる定めのない限り口座管理機関の債権者の請求対象ともならない（UCC8-503）。

⑥口座名義人は，口座管理機関が口座名義人のために保有する金融資産に対し比例的な物権的権利を有する（UCC8-503）。

このように統一商法典第8編（1994年改訂版）パート5にあっては，口座名義人が間接保有する口座記録は証券等を表すけれども，口座名義人がこれらを「占有」し，占有に基づき法律効果が生じるといった有価証券法理や物権法理が継承されているわけではない。証券の間接保有形態における取引の実態を踏まえて，口座名義人の権利を機能的に表現，規定するという方法を取ったのである。上記⑤および⑥にあるように，口座管理機関破綻のリスク（intermediary risk）については，口座名義人は口座管理機関が口座名義人のために保有する「証券等（金融資産）」に対して，物権的な権利を有するとし，口座管理機関に対して，「証券等」を適切に保有，管理する義務を課している。

Ⅲ　間接保有において投資者が抱えるリスク

振替法は，投資者（加入者）は自己が口座を開設する振替機関等の口座に記録された額の権利（発行会社に対する権利）を直接保有するという，いわゆる「直接方式」をとったといわれている[26]。これは保振法の策定の際にも議論された点である。法案の策定過程においては，信託方式も検討された。しかし信託方式においては，投資者は発行会社に対する権利を直接に有せず，口座管理機関に対する信託受益権を有することになる[27]。わが国では，会社と株主のコミュニケーションが緊密であり，また株主代表訴訟等，株主が会社に対して直接権利行使を行う制度との調整が信託方式では困難であるため，直接方式を採用したとされている。

投資者の権利についていかなる法律構成を取ろうとも，間接保有においては投資者は発行会社と実質的に直接の関係を持たないから，権利行使の際には口

---

[26]　高橋編・前掲注(7) 21 頁。

[27]　竹内昭夫「株券の保管振替制度と株主の権利行使」ジュリ 820 号（1984 年）7 頁，上柳他・前掲注(14) 275 頁〔河本一郎〕。

国際取引の現代的課題と法

座管理機関が何らかの形で介在することになり，そのための手当てが必要となる。とりわけ，株式については株主総会における議決権を始めとして，さまざまな株主の発行会社に対する権利が会社法に規定されているから，そのための手続きが必要である。

1 発行会社に対する権利行使

会社法上，株主であることを会社に対抗するためには，株主名簿上の名義人であることが必要であるから，発行会社に対して権利行使する株主は，株主名簿の名義を自己に書換えてもらう必要がある。振替株式は，口座振替制度において株式の移転，帰属が管理されているから，株主名簿の名義書換えのために，あるいはそれに代わるものとして，振替機関が振替口座簿の記録から株主を確定し，その正当性を担保し（発行会社が信頼し），発行会社に通知するという仕組みが構築された。それが，以下の総株主通知と個別株主通知である。

振替株式の場合，株式の譲渡のたびに株主名簿の名義書換えが行われるわけではない（振替法 161 条により会社法 133 条は適用されない）。振替法 151 条は，振替機関に対し，基準日等における振替機関およびその下位の口座管理機関の振替口座簿の記録事項を発行会社に通知することを義務づけている。これを総株主通知といい，原則として年 2 回なされるが（振替法 151 条 1 項 4 号），発行会社の請求に基づく総株主通知も認められている（振替法 151 条 8 項）。振替機関である証券保管振替機構は，証券会社等の口座管理機関の自己口座および顧客口座を開設し管理しているけれども，各口座管理機関が開設しているそれぞれの顧客口座の情報はもっていない。したがって総株主通知の際には，各口座管理機関が顧客口座の情報を振替機関に通知し，それを振替機関が集約することになる[28]。総株主通知を受けた会社は，通知事項を株主名簿に記載・記録する。これにより，株主名簿の名義書換えがされたとみなされる（振替法 152 条 1 項）。

一方，株主が「少数株主権等」に該当する株主の権利を行使する場合には，振替機関より会社に対して個別株主通知をしてもらう必要がある（振替法 154 条 2 項，3 項）。すでに株主名簿上，株主と記載されていても，個別株主通知が必要となる。個別株主通知は，株主が自己の口座管理機関を通して，振替機関に保有株式数その他法令で定められた事項を発行会社に通知してもらうよう，

388

申し出るものであり，この通知がなされた後に少数株主権を行使しなければならない。

個別株主通知については，振替株式の制度が稼働した直後に，全部取得条項付種類株式の取得に際して株主が価格決定の申立てをする場面で，個別株主通知の請求や手続きが遅延した結果，通知がなされないまま価格決定申立てがなされたことをめぐって，紛争が生じた。価格決定の申立てはそもそも「少数株主権」に該当するか，個別株主通知は権利行使の効力要件か，それをすべき時期はいつまでか，といったことが問題となった。最高裁は，「個別株主通知は，社債等振替法上，少数株主権等の行使の場面において株主名簿に代わるものとして位置づけられており（社債等振替法154条1項)，少数株主権を行使する際に自己が株主であることを会社に対抗するための要件であると解される。そうすると，会社が裁判所における株式価格決定申立て事件の審理において申立人が株主であることを争った場合，その審理終結までの間に個別株主通知がされることを要し，かつ，これをもって足りるというべきである」とした[29]。

本件においては，申立人が個別株主通知の手続中に発行会社が上場廃止となり，その結果，個別株主通知ができなくなったという事情もあり，最高裁の判断や，結論の妥当性への疑問が提示されている[30]。他方で，そもそも本件は，投資者や証券会社において振替株式制度についての理解がまだ十分でなかった中で起こったものであるにすぎず，また個別株主通知の手続きは株主にとって

---

[28] 口座管理機関に対しては，あらかじめ加入者（口座名義人）情報を証券保管振替機構に通知する義務が課されており，機構は，口座管理機関から通知を受けた加入者情報を機構の備える加入者情報登録簿に登録した上で，当該加入者情報と機構に登録済みの他の加入者情報との間の名寄せ処理を行う。機構は，加入者情報に係る加入者が登録済みの他の加入者と同一の者であると判定したときは，当該判定結果を加入者情報登録簿中に蓄積する。株主が複数の口座を保有していることもあり，総株主通知に関する規定（振替法151条）は，振替機関に口座ごとの株式の数ではなく，株主ごとの株式の株の通知を義務づけており，振替機関は当然に株主単位で名寄せを行うことが求められているとされる。神田秀樹監修・著『株券電子化』（金融財政事情研究会，2008年）140頁および同頁（注1)。

[29] 最高裁決平成22年12月7日民集64巻8号2003頁。

[30] 川島いづみ「個別株主通知と少数株主権等の行使」『別冊ジュリスト 会社法判例百選（第3版)』（2016年）39頁，橡川泰史「個別株主通知」『ジュリスト増刊 会社法施行5年 理論と実務の現状と課題』（2011年）186頁以降など。

国際取引の現代的課題と法

負担となるとも思われず，判旨は妥当との評価もある[31]。

なお，個別株主通知については，申出人の保有株式全てを集計して発行会社に通知しなければならないため，証券保管振替機構では，4営業日程度はかかる旨説明している。最高裁がいうように，審理終結までに通知すればよいのであるから，振替制度に対する認知も高まった現在，さほど問題となるとも思えない。しかし，株券発行会社とは異なって，株主名簿にすでに記載されている株主も個別株主通知が必要となるなど，やはり間接保有形態においては，株主情報の管理が二元的になるため，株主に一定の負担を強いることにはなる。

2　口座管理機関に対するリスク（intermediary risk）

間接保有形態では，投資者は口座管理機関の業務，財務状態等に対してリスク（"intermediary risk"）を負うことになる[32]。最も深刻なリスクは，先にも述べたとおり，口座管理機関の破綻であり，顧客の資産が十分に保有されていない場合である。また，口座管理機関の業務上のミスも "intermediary risk" に含まれる。上記の最高裁決定では，個別株主通知に関連して証券会社の不手際が指摘されていた。

口座管理機関の業務上のミスは，口座管理機関が破綻しない限り投資者に対する補償等で修復可能である。振替法は，口座管理機関が誤って過大記録をすることを想定して，善意取得の規定を置き，処理方法を定めている[33]。またもし，口座管理機関の破綻により投資者が損失を被る場合は，それぞれの持分に応じて按分比例により損失を負担した上で[34]，それに対し加入者保護信託で保護する仕組みを構築している[35]。

こうした間接保有形態特有のリスクに対する意識は，それぞれの国によって若干，温度差のあるもののようである。イギリスにおける議論の中では，"in-

---

[31]　伊藤靖史「振替制度と株主名簿に関する課題」法時 84 巻 4 号（2012 年）43 頁。

[32]　Charles W. Mooney, Jr. & Hideki Kanda, *Core Issues under the UNIDROIT（Geneva）Convention on Intermediated Securities: Views from the United States and Japan*, in INTERMEDIATED SECURITIES: LEGAL PROBLEMS AND PRACTICAL ISSUES, 72–73（Louise Gullifer & Jennifer Payne eds., 2010）.

[33]　振替株式については，振替法 145 条，146 条，153 条参照。

[34]　振替法 145 条以下の超過記録がある場合の規定参照。

[35]　加入者保護信託については，振替法 51 条から 65 条の 2 参照。

termediary risk" として，証券会社の過誤等による証券の不足や，口座管理機関との契約によっては証券の発行会社に対する権利行使が制限されるといった問題が，強く認識されている[36]。

　冒頭で述べたように，分散型台帳技術に対する関心は，大きくは決済の効率化やコストの削減に起因すると思われる。しかし同時に，この技術が間接保有から再度，直接保有を低コストで可能にするものでもある点が注目されている。とりわけ，"intermediary risk" に起因する問題がより強く認識されている場合は，システムの機能向上よりも，そうした投資者保護の視点からの関心が高い[37]。

　以下では，分散型台帳技術を用いた証券決済制度について，日本取引所グループが行った実証実験の報告書を基に，（筆者の能力の限界ゆえに）技術的な部分は捨象しつつ，その「仕組み」の特徴をまとめることとする。その上で，投資者保護，利便性の向上といった視点をも含めて，今後の法規整のあり方や検討の方向性について考察することとしたい。

Ⅳ　分散型台帳技術の利用可能性

1　分散型台帳技術 —— 「秘密鍵」と台帳の共有

　分散型台帳技術は，いくつかの基本的な技術要素から構成されていると説明されている。ここでは，それらの技術によって証券取引，決済の態様の変容をもたらすと思われる 2 つの点を示したい[38]。

---

[36]　*See,* Eva Micheler, *Custody Chains and Asset Values: Why Crypt-Securities Are Worth Contemplating,* C. L. J. Vo. 74 Part3, 505 (2015); Paech, *supra* note (2), at 626.

[37]　*See,* Micheler, *supra* note (36), at 532.

[38]　証券取引における分散型台帳技術の利用を巡る法律問題研究会・前掲注(4) 3 頁以降参照。山藤敦史他「金融市場インフラに対する分散型台帳技術の適用可能性について」JPX ワーキング・ペーパー Vol. 15（日本取引所グループ，2016 年）7 頁では，以下のように整理されている。「DLT は，(1) 台帳を管理するデータベース技術，(2) 暗号学的ハッシュ関数と呼ばれるデータを圧縮する関数，(3) 公開鍵暗号技術，(4) P2P と呼ばれる通信技術，(5) 分散台帳の整合性を保つためのコンセンサスアルゴリズム，の 5 つの技術要素から構成されている。現在，これらの核技術要素の組み合わせにより，様々な DLT の規格が提案・開発されており，仮想通貨以外にも様々なユースケースが提案されている」。

国際取引の現代的課題と法

　第1点。分散型台帳技術を利用する場合には，証券取引の決済を行うために，たとえば「AからBへ甲株式会社株式1,000株を譲渡する」というデータ（個々の取引等に関する情報を定型化したデータ。トランザクション・データ）を作成し，それを分散型台帳技術を利用する証券決済システム（ネットワーク）に送信する。その際，Aは自己のアドレスに係る秘密鍵を使い，暗号化したデータとして，トランザクション・データをネットワークに送信する。換言すれば，秘密鍵を保有していないと，自らトランザクション・データを作成することができない。つまり，秘密鍵を保有する者（この取引においてはA）のみが，直接的に取引のネットワークにアクセスすることができるようになっている。

　またトランザクション・データは，複数の固まり（ブロック）の単位で処理され，それぞれのブロックは一つ前のブロックの内容に基づいて作成される[39]。それらが暗号技術で生成された文字列とともにつながっていくので，たとえばデータの操作をしようとしても，前後のブロック内のデータの整合性を保ったまま改ざんすることは不可能である。また，トランザクション・データは，どのような情報も書き込むことができるといった高い拡張性を有している[40]。

　第2点。分散型台帳技術を利用するシステムにおいては，全てのトランザクション・データが集積した「台帳」を，複数の主体が共有する。このような主体をノードという。ノードは，台帳を保有し，受信したトランザクションの正当性を確認し，台帳に取り込むとともに，そのデータを他のノードに送信する。

　分散型台帳技術を利用するシステムには，誰もがこの認証過程に参加できるパブリックなシステムと，特定の「信頼できる」ノードのみに参加を限定するコンソーシアム型（あるいは単一のノードにより運営されるプライベート型）のシステムがある[41]。パブリック型は，多数のノードがトランザクションを認証し，台帳を共有することにより信頼性を確保するというものであり，いわゆるビットコインの仕組みである。中央管理機関を置く従来のシステムは，そのセキュリティや安定したオペレーションを確保するために高コスト，大規模開発，高メンテナンスという負荷がかかるといわれている[42]。それに対し，分散型台

---

[39]　ビットバンク株式会社＆『ブロックチェーンの衝撃』編集委員会『ブロックチェーンの衝撃』（日経BP社，2016年）128頁以下〔朝山貴生〕参照。

[40]　ビットバンク株式会社・前掲注[39] 175頁〔後藤あつし〕。

[41]　野口香織「ブロックチェーンと地域通貨の活用」金法2055号（2016年）17頁参照。

帳技術を利用したパブリック型のシステムは，多数のノードが地理的に拡散している上，容易にネットワークへのアクセスできるから，低コストで安全性を確保できるという利点があるとされる。一方で，このようなパブリック型においては，悪意のある参加者による市場の混乱も懸念されている[43]。いずれにせよセキュリティの面では，技術は確実に進歩しており，パブリック型やコンソーシアム型（プライベート型）のそれぞれの利点と特長を活かした多様な場面での利用が見込まれている[44]。

2　日本取引所グループによる 2016 年の実証実験

わが国においては，先に述べたように日本取引所グループが 2016 年に日本アイ・ビー・エム社，野村総合研究所，カレンシーポート社，そして国内金融機関等とともに実証実験を行い，その報告書を公表している[45]。本実証実験は，信頼できる参加者に絞ったコンソーシアム型である。その実験環境の概要は，以下のようにまとめられる。

①市場管理者（取引所，清算機関，振替機関）を置く。

②市場管理者および金融機関等が，ネットワークに直接アクセスでき，トランザクションの認証処理に参加する[46]。

③台帳には，投資者単位の情報を登録する。

④株式の振替は，認証処理をもって完了とみなす。

⑤取引内容と投資者情報が記録される台帳は共有するけれども，市場管理者のみが全情報を参照することができ，金融機関等は，自己の顧客分のみの情報を参照しうるものとする。

⑥発行会社は，自社の株式の所有者名と保有残高をリアルタイムで参照しう

---

[42]　ビットバンク株式会社・前掲注(39) 174 頁〔朝山貴生〕。

[43]　松村健・小野潔「証券決済とブロックチェーン──その可能性と課題」月刊資本市場 No. 371（2016 年）55 頁。

[44]　ビットバンク株式会社・前掲注(39) 135 頁〔朝山貴生〕。

[45]　山藤他・前掲注(38) 10 頁以降。

[46]　山藤他・前掲注(38) 11 頁。不正への対処方法については，プライベート型であっても，内部管理者でさえも不正トランザクションの追加やデータの改ざんが数学的にほぼ不可能な仕組みがすでに実現しているという（ビットバンク株式会社・前掲注(39) 134 頁以降〔朝山貴生〕参照）。

国際取引の現代的課題と法

る。

⑦過去のブロック生成時点における株式保有者情報も参照しうる。

⑧発行会社の申請に基づいて，市場管理者が，配当，株式分割等のコーポ
レートアクション処理を実行する。

分散型台帳技術は，中央管理者や取引仲介者を不要とするサービスモデルを
構築することを可能とする技術であるけれども[47]，実際には，証券決済の安
全性，信頼が極めて重視されることに照らすと，特定の管理者が責任を負い，
かつ当局による監督を受ける必要があると指摘されている[48]。このような点
を考慮し，本実証実験では，市場管理者を置き，かつ台帳を共有するノードを
金融機関等に限定するコンソーシアム型が採用された。

したがって，投資者は秘密鍵を保有しないから，自らネットワークにアクセ
スし，株式の取引を行うことができない。この意味においては，間接保有形態
と異なるところがない。投資者は仲介金融機関等（現行システムの口座管理機
関）を通して，株式の取引を行うことになる。

しかしながら，台帳にはどのような情報も書き込めるという特性を活かし，
この実証実験では金融機関等の名義ではなく，実質的な所有者である株主名で
トランザクション・データを作成している。そのため，現在は，振替機関の帳
簿と口座管理機関の帳簿によってそれぞれ口座管理機関の口座，顧客の口座を
管理していることから必要となっている「名寄せ処理」が，実質的に不要とな
る。発行会社は，株式保有者と保有残高をリアルタイムで参照しうるし，また
過去の時点での情報も容易に参照できることから，台帳を株主名簿とするなら
ば，総株主通知に係る事務処理や，先に最高裁までも争われたような個別株主
通知の問題は，技術的に解決されることになろう[49]。また，株主名と保有株
式数を市場管理者と発行会社が常時，把握できるとなれば，顧客の資産を顧客

---

[47] 既存の業者による実験は，自らの存在意義を否定しかねないような「過激な」実験を
行うことができないのが通常であり，実験に採用される分散型台帳技術は，取引の認証
者として既存業者が必要なモデルのものが採用されやすく，事業者やコンソーシアムで
取引を管理することができるような形態のアプリケーションが開発されやすい，ともい
われている（増島雅和＝堀天子編著『FinTech の法律 2017-2018』（日経 BH 社，2017
年）147 頁）。

[48] 森下哲朗「FinTech 時代の金融法のあり方に関する序説的検討」黒沼悦郎＝藤田友敬
編『企業法の進路 江頭憲治郎先生古稀記念』（有斐閣，2017 年）811 頁。

16 証券の間接保有における投資者のリスクと分散型台帳技術の利用について・序説〔コーエンズ久美子〕

のものとして管理する分別管理の透明性も高まる。

3 新しいプラットフォーム

日本取引所グループの実験は，証券決済制度の運用と発行会社の株主管理において，既存のサービスを高度化，効率化する可能性を示すものといえる。しかし，先にも述べたように，分散型台帳技術は，取引仲介者を不要とするサービスモデルを構築することを可能とする技術であるから，投資者が金融機関等を通さず，直接株式の取引ができるネットワーク（新しい「プラットフォーム」とする）についても，検討する意義は大きいのではないかと思われる[50]。なぜならば，第1に，そもそも特定の投資者（たとえば，長期保有が目的の投資者など）にとっては，直接保有が都合がよい。第2に，投資者がこうしたプラットフォームで直接取引をすることに関連して，投資者の利便性に寄与するさまざまな新しいビジネスが生まれる可能性があるのではないかと思われる[51]。第3

---

[49] 小出篤「『分散型台帳』の法的問題・序論——『ブロックチェーン』を契機として」黒沼悦郎＝藤田友敬編『企業法の進路 江頭憲治郎先生古希記念』（有斐閣，2017年）838頁注28参照。証券取引における分散型台帳技術の利用を巡る法律問題研究会・前掲注(4) 46頁。なお，会社法は，株式会社に株主名簿をコンピュータによる電磁的記録の形で作成することを認めている（会社法121条「記載し，又は記録」と規定されている）。株主等から閲覧・謄写請求があれば紙面または出力装置の映像面に全法定記載事項が表示される形になっていれば，電磁的記録自体を株主名簿として取り扱ってよい（会社法125条2項2号，会社法施行規則226条6号）。江頭・前掲注(18) 204頁参照。また，定款に定めれば，株主名簿の書換えなど株式事務を株主名簿管理人に委託することもできる（会社法123条）。山下友信編『会社法コンメンタール株式3 [1]』（商事法務，2013年）273頁以下〔前田雅弘〕参照。

[50] Charles W. Mooney, Beyond Intermediation as We Know it: Something Old (Direct Holding) and Something New (Distributed Ledger Technology) for Financial Market Infrastructures for Intermediated Securities, a Power Point presentation, Capital Markets and Intermediated Securities: Enhancing and Ensuring Legal Certainty in Both Current and Future Holding Systems (UNIDROIT COLLOQUIUM, 29 March 2017, Beijing). 配布資料の中で，'New Platform' と称されている。コロキアムのプログラムについては，以下を参照。
〈http://www.unidroit.org/english/news/2017/170329-em-beijing/programme-e.pdf〉

[51] 直接，本稿が示す新しいプラットフォームに関連するわけではないが，クラウドファンディングやロボ・アドバイザーなどの分野でスタートアップ企業が生まれている（増島・堀編・前掲注(47) 145頁以降）。

に，国外の金融機関等が投資者として（わが国の口座管理機関として登録せずに）プラットフォームで取引できる，といったことが考えられるからである。

今後はよりいっそうクロスボーダー取引が増大するであろうし，発行会社と投資者の間に介在する仲介機関が複数存在すると，より複雑な問題が生じうる。もちろん，投資者自身が，口座管理機関のマーケットにおける専門家としての機能，能力を活用するために間接保有形態を選択する場合も多々ある[52]。それも含めて，投資者の選択肢を増やすことは，市場における競争，その結果としてサービスの向上といった視点から意義のあることと思われる。

そしてこのようなプラットフォームを，既存の間接保有の仕組みと併存させ，部分的な取引形態として導入するならば，市場全体に対する影響を抑えながら，プラットフォームに「実験的な」役割を持たせることも可能となろう。加えて，投資者のニーズの変化にも対応できるよう，適宜既存のシステムへの移行も可能とした，全体的に柔軟な仕組みを構築することが望ましいと考える。

それでは，このような新しいプラットフォームにあって，法的にはどのような課題が生じるであろうか。これこそが，まさに今後の課題である。以下においては2点ほど，検討の方向性を示しておきたい。

一つは，テロ資金対策やマネー・ロンダリングの観点からの，プラットフォーム参加者に対する規制である[53]。口座管理機関には，顧客のために口座を開設する際に，犯罪による収益の移転防止に関する法律に基づき，厳密な本人確認義務等が課されている（同法4条）。この観点から，プラットフォームに参加する投資者の本人確認を行う市場管理者を置くべきであろう[54]。またこのプラットフォームは，基本的に投資者自身が自由に取引を行う場として

---

[52] Mark Kalderon, Ferdisha Snagg, Claire Harrop, *Distributed Ledgers: A Future in Financial Services?*, 31 J. I. B. L. R., 243, 248, foot note 39 (2016).

[53] 森下・前掲注[48] 813 頁参照。

[54] 森下・前掲注[48] 813 頁参照。また日本取引所グループのワーキング・ペーパーにおいても「…実際の運用を考えると，最新の金融市場向け DLT 規格の特長を活かすためには，DLT ネットワーク上でも中立的第三者が一定の機能を担う必要が生じる可能性もある。これらの役割の担い手については，既存の業界団体や金融市場インフラ運営者が候補として想定されるが，コンソーシアムを形成する金融機関同士が新たなエンティティを設立することも考えられる」と言われている（近藤真史他「金融市場における分散型台帳技術の活用に係る検討の動向」JPX ワーキング・ペーパー Vol. 20（日本取引所グループ，2017 年）19 頁参照）。

創設されるものの，取引の「修正」「取消し」「解除」といったことが不可能であるという分散型台帳技術の特徴に照らし[55]，それに代わる新たなデータの作成も必要となってくるであろう。プラットフォームの円滑な運営のために，市場管理者の役割をより具体的に検討することが必要であろうと思われる。

　もう一点は，株式の帰属，移転についてである。米国においては，分散型台帳技術を利用した株式について，先に見た統一商法典第8編1978年改訂時に導入された（かつ，あまり利用されてこなかった）「無券面証券（uncertificated security）」としてこれを位置づける見解がある[56]。無券面証券について現行統一商法典UCC8-102(a)(18)は，「無券面証券とは，券面（certificate）に表章されていない証券（security）をいう」とし，UCC8-102(a)(15)において「証券」とは，株式，持分等発行者に対する権利であると定義している。そしてUCC8-104(a)(1)は，「UCC8-301に基づき，証券が交付（delivery）された者が取得者である」とし，UCC8-301は「交付」について，券面がある場合は(a)(1)取得者が「占有」したとき，無券面証券については(b)(1)発行者が取得者を所有者として登録簿に登録したとき，と規定する[57]。

　このように無券面証券は，「登録」によって権利の移転，帰属を表すものであり，分散型台帳技術は，そのような記録，登録をする「登録簿」すなわち「台帳」を管理する仕組みということになる。それでは，会社がこのような無券面証券を発行することができるかということが問題になるところ，それは統一商法典第8編ではなく，会社法による。デラウェア州会社（Delaware General Corporation Law）では158条において，取締役会の決議により無券面証券である株式を発行することができるとされている[58]。加えて，登録簿は会社自

---

[55]　DTCC, *supra* note (3), at 8.

[56]　Jeanne L. Schroeder, *Bitcoin and the Uniform Commercial Code*, 24 U. Miami Bus. L. Lev. 1, 69 (2016).

[57]　それぞれ，代理人に「交付」される場面についての規定がある（UCC8-301(a)(2)および(b)(2)）。

[58]　Schroeder, *supra* note (56), at 70-71. デラウェア州会社法158条は以下のように規定している。'§158 Stock certificates; uncertificated shares: The shares of a corporation shall be represented by certificates, provided that the board of directors of the corporation may provide by resolution or resolutions that some or all of any or all classes or series of its stock shall be uncertificated shares. Any such resolution shall not apply to shares represented by a certificate until such certificate is surrendered to

国際取引の現代的課題と法

ら管理する必要はなく，これまでも管理代行者が行う場合もあったのであり，とすれば分散型台帳技術を利用したプラットフォームの参加者がこれを行うことを妨げる理由はない[59]。

また統一商法典第8編は，いわゆる善意取得の規定である「保護される取得者（protected purchaser）」についても，同一の条文の中で無券面証券と券面のある証券を並列的に規定している。すなわち UCC8-303 は，(1) 有償，(2) 善意で，(3)「支配（control）」を得た取得者を「保護される取得者」としている。

---

the corporation. Every holder of stock represented by certificates shall be entitled to have a certificate signed by, or in the name of, the corporation by any 2 authorized officers of the corporation representing the number of shares registered in certificate form. Any or all the signatures on the certificate may be a facsimile. In case any officer, transfer agent or registrar who has signed or whose facsimile signature has been placed upon a certificate shall have ceased to be such officer, transfer agent or registrar before such certificate is issued, it may be issued by the corporation with the same effect as if such person were such officer, transfer agent or registrar at the date of issue. A corporation shall not have power to issue a certificate in bearer form.'

[59] Schroeder, *supra* note (56), at 70. なお，デラウェア州会社法は株主名簿等を分散型台帳技術を使って管理することができるよう改正され，2017年8月1日に発効している。デラウェア州会社法 224 条は以下のように規定している。'§ 224 Form of records: Any records administered by or on behalf of the corporation in the regular course of its business, including its stock ledger, books of account, and minute books, may be kept on, or by means of, or be in the form of, any information storage device, method, or 1 or more electronic networks or databases (including 1 or more distributed electronic networks or databases), provided that the records so kept can be converted into clearly legible paper form within a reasonable time, and, with respect to the stock ledger, that the records so kept (i) can be used to prepare the list of stockholders specified in § § 219 and 220 of this title, (ii) record the information specified in § § 156, 159, 217(a) and 218 of this title, and (iii) record transfers of stock as governed by Article 8 of subtitle I of Title 6. Any corporation shall convert any records so kept into clearly legible paper form upon the request of any person entitled to inspect such records pursuant to any provision of this chapter. When records are kept in such manner, a clearly legible paper form prepared from or by means of the information storage device, method, or 1 or more electronic networks or databases (including 1 or more distributed electronic networks or databases) shall be valid and admissible in evidence, and accepted for all other purposes, to the same extent as an original paper record of the same information would have been, provided the paper form accurately portrays the record.'

ここでいう「支配」とは，取得者がその証券の所有者の行動をさらに必要とすることなく，当該証券を処分することができる地位に立つために必要な手順を踏んでいること，である[60]。取得者が支配を有するのは，UCC8-106により券面がある証券の場合は，(a)証券が取得者に交付（delivery）されたとき，無券面証券については，(c)(1)無券面証券が取得者に交付（delivery）されたとき（前述，UCC8-301(b)(1)参照），(c)(2)証券の発行者が，（当該無券面証券について）登録簿の名義人の同意を必要とせずに取得者の指示に従うことに合意したとき，である。

「支配」という概念は，「他者を排除する権限」と表現され[61]，モノの「占有」と同視できよう。実際，券面のある証券については，"possession"という文言を使った規定になっている。他方，無券面証券は，登録簿への登録に加えて（UCC8-106(c)(1)），（登録簿を管理する）発行者が指示に従うことに合意した場合も（UCC8-106(c)(2)），その取得者は「支配」を有するとしている。登録という事務的な作業に際しては，必ず登録簿を管理している発行者の関与が必要であることに即した規定である。「支配」は，1994年改訂統一商法典第8編において作出されたものであるが，券面が実在しないシステムにおいて，従来の「占有」による法律効果をもたらす状況を，機能的に表したものといえよう。「支配」は，担保取引において担保権の設定や，複数の担保権が設定されている場合に優先順位の決定の拠ともなる[62]。

先の実証実験では，トランザクション・データの認証処理を株式の振替としているから，認証された台帳記録が株式の帰属を表すものということになる。米国における議論と同様に，台帳を株主名簿と法的に位置づければ[63]，会社

---

[60]　木南・前掲注(12) 136頁。

[61]　Schroeder, *supra* note (56), at 26.

[62]　UCC9-314 (perfection of security interests), UCC9-328 (priorities among conflicting security interests).「支配」による担保権の設定について検討したものとして，神作裕之「電子化された有価証券の担保化――『支配』による担保化」金融法務研究会報告書（22）『有価証券のペーパレス化等に伴う担保権など金融取引にかかる法的諸問題』（2013年）12頁，コーエンズ久美子「振替制度における証券および証券口座の担保化」山形大学法政論叢62号（2015年）57頁。Kumiko Koens & Charles W. Mooney, Jr., *Security Interests in Book-Entry Securities in Japan: Should Japanese Law Embrace Perfection by Control Agreement and Security Interests in Securities Account?*, 38 U. PA. J. INT'L L., 761 (Number 3, 2017).

国際取引の現代的課題と法

法上，株券を発行せず，かつ振替制度を利用しない会社，つまり株主名簿によって権利の移転，帰属を管理する会社に近い取扱いが可能なのではないかと思われる。もっとも会社法は，株主名簿によって株式の移転を管理する会社は，そもそも株式の移転が滅多に起こらないであろうと想定している。たとえば，株主名簿の名義書換えは，原則として株式の譲受人と名義株主が共同でする必要があるけれども（会社法 133 条 2 項），これについては分散型台帳技術に適合した規定が必要となるであろう。また，株券発行会社における株券の占有者に対する権利推定や，善意取得[64]に相当する規定（同法 131 条）も置かれていない。分散型台帳技術を利用したプラットフォームにおける株式の取引について，こうした規定を置くべきか，あるいは振替法についても議論となっていた「占有」や「外観」について，どのように整理するのがよいかについて，改めて検討するべきであろう[65]。その際，「支配」という概念は，新しい技術と仕組みに対する規整を考える上で，貴重な示唆をもたらすように思われる。

---

[63] 本実証実験のように，発行会社がプラットフォームに参加していれば，台帳記録（株主名簿）をリアルタイムで閲覧できる。

[64] 株券の場合，その占有者は，適法な所持人と推定され，このような権利者の外観を備えた者から株式を譲り受ける場合には，譲受人は悪意，重大な過失がない限り，株券を取得し，株式の権利者となることができる，と説明されている（北沢正啓『会社法（第3 版）』（青林書院，1991 年）225 頁）。善意取得は，外観への信頼保護を根拠としている。

[65] たとえばビットコインの「保有」については，台帳に記録を行うための秘密鍵という情報に対する支配と説明されている。秘密鍵の排他的な管理を通じて当該秘密鍵に係るアドレスに紐付いたビットコインを任意のアドレスに送付できる状態を独占しているという事実状態である。ビットバンク株式会社・前掲注[39]〔芝章浩〕86 頁，辻岡将基「ビットコインの決済利用と流通の保護——UCC 第 9 編の議論を素材として」金法 2068号（2017 年）38 頁，末廣裕亮「仮想通貨の私法上の取扱いについて」NBL1090 号（2017 年）68 頁。なお，民法学の視点から，現行の証券決済制度に関して以下のような問題提起がなされている。「この証券決済制度においては，有価証券が表象していた権利の帰属は，振替口座簿の記録によって定まるものとされている。それでは，この振替口座簿の記録の法的性格をどのように捉えるべきか。従来の有価証券における紙媒体に代わる新たな媒体に過ぎないのか，それとも有価証券に表象された権利は，媒体を持たなくなったと捉えるべきなのか。それとの関係で，非物質化された権利の移転のメカニズムをどのように理解すべきか。この領域には，民法学が取り組むべき多くの課題が存在する」（吉田克己「財の多様化と民法学の課題——鳥瞰的整理の試み」吉田克己＝片山直也編『財の多様化と民法学』（商事法務，2014 年）9 頁）。

V　結びに代えて

　本稿では，現行の証券口座振替制度（証券の間接保有）の法規整を簡潔に整理した上で，日本取引所グループの実証実験を素材に，分散型台帳技術を利用した新しいプラットフォームの法的課題について序説的な検討を試みた。権利の帰属について振り返ってみるに，わが国の商法は，制定時より株式が発行されると必ず株券にこれを表章すべきとしてきたから[66]，ペーパーレス化（電子化）の過程においても，株券という券面のある証券，つまりモノを中心に据えて，法理論が展開され，制度が構築されてきたといえる。一方，かつての社債等登録法[67]は，商法の特別法として社債券の存在しない社債というものを正面から承認し（同法4条），そのような社債について，権利移転の定めを置いていた（同法5条）。同法には，善意無重過失の取得者を保護する規定は置かれていなかった。今後，帳簿（台帳）による権利移転の制度を考える際には，権利の流通性を確保するためにそれが必要であるかを実質的に検討すればよいだろう。その際，統一商法典第8編の規定，とりわけ「支配」の概念からは有益な示唆を得られるように思われる。

　また，これからさらに増大すると予想されるクロスボーダー取引に照らし，証券決済制度についてはさまざまなレベルで国際的な情報共有，意見交換がなされていくことが望ましい。技術的な展開を見ながら，法規整のあり方について研究を進めたい。

　　〔付記〕本稿は，科学研究費補助金・基盤研究(C)（課題番号 15K03192）による研究成果の一部である。

---

[66]　旧商法（明治32年3月9日法律第48号）148条は以下のように規定していた。「株券ニハ左ノ事項及ヒ番号ヲ記載シ取締役之ニ署名スルコトヲ要ス　一　会社ノ商号　二　第百四十一条第一項ノ規定ニ従ヒ本店ノ所在地ニ於テ登記ヲ為シタル年月日　三　資本ノ総額　四　一株ノ金額」。

[67]　昭和17年2月18日法律第11号により制定され，平成14年6月12日法律第65号により廃止された。神田・前掲注(15) 158頁参照。

17　クラウドサービスの法的リスクや課題についての一考察

河 村 寛 治

Ⅰ	は じ め に	Ⅵ	クラウドサービスにおける
Ⅱ	クラウドサービスとは		法的リスクと課題
Ⅲ	クラウドサービスの機能と	Ⅶ	クラウドサービス利用契約
	役割		における扱い
Ⅳ	クラウドサービス利用のメ	Ⅷ	法の域外適用問題
	リット	Ⅸ	準拠法等の合意
Ⅴ	クラウドサービスの安全性	Ⅹ	まとめ ── クラウドサービス
	と信頼性 ── セキュリティ対		利用契約の課題
	策		

Ⅰ　は じ め に

　インターネット技術の進化により，情報データのやり取りが格段に容易になり，大量に国境を越えて移動することも簡単に行われる状況となっている。そこでは情報データへの不正アクセスや漏洩問題など，その安全性の確保が重要な課題となっている。特に，クラウドサービスが利用されるようになると，インターネット回線を利用し，クラウドサービスの提供者が管理するデータセンター等を利用したサーバで利用者の情報データを保管するということから，クラウドサービスの提供者側に運用やデータ管理を依存するということとなるため，利用者が自身で情報システムの保守，運用，管理に関する負担が軽減されるなどのメリットがある一方で，情報セキュリティ対策をサービス事業者に大きく依存することになる。

　ちなみに，クラウドはヴァーチャルで，目に見えず，雲（クラウド）をつかむようだと言われているように，一般には技術的や法的なことはあまりよく知

『国際取引の現代的課題と法』澤田壽夫先生追悼〔信山社，2018 年 4 月〕　　*403*

られていない。またクラウドを利用したクラウドサービスは，産業界の技術や経済活動における進歩に伴って，急速に発達し，そして，クラウドサービスの利用に伴う問題もそれがヴァーチャルだという特徴のせいか，十分に考慮されることもなく，管理負担が軽減され，利便性がいいという理由により広く利用されてきているのが現状である。

　本稿は，国際取引法という学問分野を社会的に認知させた，先駆者の澤田先生のご指導を長く受けてきた者として，最近のグローバルビジネスに関連した情報技術の発展に伴う新しい課題に取り組みつつ，澤田先生のご遺志を次世代へ継承する橋渡しのため，すこしでも役に立ちたいという思いで，クラウドサービスに関して発生することのある法的課題を中心にまとめたものである。

Ⅱ　クラウドサービスとは

　クラウドサービスでは，主に仮想化技術や分散処理技術が使われており，実在するコンピュータ上で，ソフトウェアの働きにより，何台もの仮想のコンピュータがあるかのような働きをさせることができる技術であり，逆に複数台のコンピュータをあたかも1台であるかのように利用することもできることになる。この技術により，利用者はクラウドサービス事業者が保有するコンピュータの処理能力を，必要な分だけ利用することができることになる。利用者から見て，インターネットの先にある自分が利用しているコンピュータの形態が実際にどうなっているのか見えづらいことを，雲のかたまりのように表現したことから，「cloud＝雲」という名称がついたと言われている。

　クラウドサービスについては，統一的な定義はなく，外部化によってコンピュータ「クラウド」の中にデータをストックする遠隔サービスであるという定義(1)もあるようであるが，「共用の構成可能なコンピューティングリソース（ネットワーク，サーバ，ストレージ，アプリケーション・サービス）の集積に，

---

(1)　E. Sordet と R. Michior「クラウド・コンピューティング——未特定の法的対象」CCE, 2011, no. 11, p. 12.
　　E. Sordet と R. Michior「クラウド・コンピューティングの法的輪郭の定義」CCE, 2012, no. 11, p. 7.

どこからでも簡便に，必要に応じて，ネットワーク経由でアクセスすることを可能とするモデルであり，最小限の利用手続き，またはサービスプロバイダとのやり取りで速やかに割り当てられ提供されるものである」というアメリカ国立標準技術研究所（National Institute of Standards and Technology; NIST）による定義[2]がより詳しい。

そこでは，このクラウドモデルは，5つの基本的な特徴と3つのサービスモデルによって構成されるとしている。

① 5つの基本的特徴
　　―オンデマンド・セルフサービス（On-demand self-service）
　　―幅広いネットワークアクセス（Broad network access）
　　―リソースの共用（Resource pooling）
　　―スピーディな拡張性（Rapid elasticity）
　　―計測可能なサービスであること（Measured Service）

② 3つのサービスモデル
　　―SaaS（Software as a Service）
　　―PaaS（Platform as a Service）
　　―IaaS（Infrastructure as a Service）

こうしたクラウドサービスは，インターネットを通じて，事業者がクライアントに提供する遠隔サービスであり，そこでは，クラウドサービスとは「電子通信ネットワークを通じ，オンデマンドかつフリー・サービスで，共有されたコンピュータ資源にアクセスする」ことであるとしている[3]。また，クラウド・コンピューティングとは　コンピュータの特殊な管理方法であって，データがストックされるクラウドの場所と運営がクライエントである利用者に知らされていないことから，クラウドのなかに収納された情報データの所在地も特

---

(2) アメリカ国立標準技術研究所（NIST）は，アメリカ通商省の機関で，その Special Publication 800-145 において，クラウド・コンピューティングの定義がなされている。〈https://www.ipa.go.jp/files/000025366.pdf〉（閲覧日：2017 年 9 月 30 日）。

(3) 〈http://csrc.nist./gov/publications/nistpubs/800-145/SP800-143.pdf〉（閲覧日：2017 年 9 月 30 日）。

国際取引の現代的課題と法

定されていないという問題がある。クラウド事業者によっては，利用地域を限定するという対応をしているところもある。また，クラウドのなかに収納された情報データもセキュリティを高めるため，複数のサーバに分散化して処理されるなど分散処理技術[4]が利用され，保存されている状況である。現在のクラウドサービスのほとんどの場合，利用者としてはクラウドの技術的内容も，情報の所在も，原則として一切知らされていない。そのため，システム自体の問題に加え，さまざまな法的な問題が発生している。

本稿では，以上のようなクラウドサービスという新しい機能がもたらした課題を取り上げつつ，クラウドサービスの提供に伴う法的な問題を検討することとする。もちろん，ここでそのすべてをカバーすることはできないが，クラウドサービスの利用にあたって，おおよその問題意識をもってもらうことはでき，クラウドサービスの利用に伴うリスクを理解してもらう役割は果たせるのではないかと考えている。

III　クラウドサービスの機能と役割

法的な問題を検討する前に，以下，クラウドサービスとは何か，その利用形態，またその機能や役割について整理することとする。

1　クラウドサービス

クラウドサービスとは，従来，利用者が手元のコンピュータで利用していたソフトウェアやデータを，ネットワーク経由で，サービスの提供者である事業者から利用者に提供されるものである。これまでは，利用者はコンピュータのハードウェア，ソフトウェア，データなどを，自身で保有・管理し，利用していたが，CPU の処理能力の向上や，ネットワークの高速化・低価格化，仮想化や分散処理技術の進展，さらにはデータセンターの大規模化などという環境

---

(4)　分散処理技術とは，複数のサーバを組み合わせて一つのコンピュータのように見せるものであり，クラスタリングと呼ばれているものである。情報データが複数のサーバに分散され，並列で処理ができるため，大量のデータを高速処理することが可能となり，またデータ処理中に，いずれかのサーバに障害が発生した場合でも，別のサーバを利用して処理を継続できるとされている。

が整ったため，クラウドサービスの事業者側が提供するサーバ等のリソース等を，必要なときに必要な分だけ利用するという仕組み（クラウド・コンピューティング）が利用することができるようになった。そのため，利用者側としては，自社で負担してきた IT 投資コストを削減できるようになり，情報システムの構築・運用の負担軽減という課題を解決することができることとなった。極論すれば，利用者企業としては，最低限の環境（パーソナルコンピュータや携帯情報端末などのインターネット接続環境など）を用意することで，どの端末からでも，さまざまなサービスを利用することができるというものとなっている。もちろん，イントラネットなど情報システムの一部を自社内に構築することもできるという柔軟性のある情報システムの構築も可能である。

2　クラウドの特徴

NIST では，一般的なクラウドの特徴として，以下の5つを挙げている。

① オンデマンド・セルフサービス

事業者と直接やり取りせず，ユーザー個別の管理画面からサービスを利用できる。

② 幅広いネットワークサービス

モバイル端末などさまざまなデバイスからサービスにアクセスできる。

③ リソースの共有

事業者のコンピューティングリソースを複数のユーザーが共有する形で利用する。ただし，ユーザーは利用しているリソースの正確な所在を知ることができない状態である。

④ 迅速な拡張性

必要に応じて必要な分だけ，スケールアップ（処理能力を高めること）とスケールダウン（処理能力を下げること）が行える。

⑤ 計測可能なサービス

利用した分だけ課金される従量制である。

3　三つのサービスモデル

このクラウドサービスは，その利用の形態に応じて，主に以下の三つのモデルに分類されている。

① SaaS（Software as a Service）

インターネット経由での，電子メール，グループウェア，顧客管理，財務会計などのソフトウェア機能の提供を行うサービスである。ASP（Application Service Provider）とも呼ばれている。1つのサーバを複数の企業で共有することを前提としており，ユーザーアカウントが準備できれば，すぐにサービスの利用を開始することができる。会社のパソコンだけでなく，スマートフォンやタブレットなど端末を選ばず利用することができる。代表的なサービスとしては，グーグルの Google Apps がある。

② PaaS（Platform as a Service）

インターネット経由での，仮想化されたアプリケーションサーバやデータベースなどアプリケーション実行用のプラットフォーム機能の提供を行うサービスである。アプリケーションの実行環境やデータベースなどがあらかじめ用意されているので，短期間にアプリケーションを開発することができ，サービスを提供することができる。開発やテストの実施に大きな処理能力を必要とする場合や，自社で運用中のアプリケーションのピーク時の負荷を分散する場合などに有効である。IoT 向けのプラットフォームとして注目が高まっている。

③ IaaS（Infrastructure as a Service）

インターネット経由で，デスクトップの仮想化や共有ディスクなど，ハードウェアやインフラ機能の提供を行うサービスである。HaaS（Hardware as a Service）と呼ばれることもあった。ハードウェアリソースをソフトウェア的に分割してユーザーに提供するものであり，利用分に応じた従量制課金もしくは月額課金が多い。大量のデータの処理が可能であることから，キャンペーンなど短期間に膨大なアクセスが集中することがある WEB サイト用のサーバとして利用ができる。代表的なものとして，Amazon Web Servise が提供する Amazon Elastic Compute Cloud（EC2）などがある。

Ⅳ　クラウドサービス利用のメリット

クラウドサービスを利用することで，これまでのようなサーバ等の購入やシステムの構築，管理などにかかっていた費用負担，さまざまな手間や時間の削減をはじめとする業務の効率化やコストダウンを図れるというメリットがある。

（自社でシステム構築する場合—オンプレミスーと比較したクラウドのメリット）

	オンプレミスの場合	クラウドの場合
経済性	・事前にシステム利用のピーク時を想定しておき，使いたい機能の分だけ機器やソフトを購入する必要がある。ピーク時以外はリソースに無駄が生じる。 ・規模の経済が働かず，値下げが期待できない。	・使いたい機能を使いたい期間だけ利用できるので無駄を避けることができる。 ・ソフトやデータをクラウドで一元管理することができる。 ・ソフトの更新作業やデータの保守を効率的に行うことができ，コストが抑制できる。
柔軟性	・サーバ構築，システム拡張には高度な技術と多大な費用が必要である。 ・構築したシステムを気軽に拡張・縮小することは難しい。	・コンピューティングリソースの切り売りであるので，必要なときに必要な分だけシステムを拡張し，必要なくなったら縮小することが簡単に行える。
可用性	・サーバの障害対策が必要な場合，システムの二重化やバックアップなどの措置が必要である。	・災害に強いデータセンターを利用したり，障害の備えた構成をとるなど，システムの可用性を高めているため，自社システムより信頼性が高い場合がある。 ・可用性を高めるためサービスレベル契約を締結することができる。
構築スピード	・システムの設計後，ハードやソフトを調達し，配置するまで時間がかかる。	・クラウド側で用意されたインフラを利用して，すぐにシステムの構築に取り掛かることができる。

利用者としては，自社にシステム環境を構築しなくてもよく，ストレージの拡張性が高く，オンライン環境さえあれば，社内にいなくても情報データを利用することができるなどというメリットがある。特に，最近のようにスマートフォンのような携帯端末の利用が増え，利便性が高まっている状況においては，このサービスの提供は益々盛んになることが予想される。また，働き方改革の一環として柔軟な働き方がしやすい環境整備が求められるようになると，在宅

国際取引の現代的課題と法

勤務形態やサテライトオフィス勤務やモバイル勤務などへの対応が必要となるが，クラウドサービスはこれを解消する手段であると考えられている。

　一方で，クラウドサービス利用する場合には，情報データ等が事業者側のサーバ等に保管されていること，インターネットを介してデータなどがやりとりされることなどから，セキュリティに不安が残るため，十分な情報セキュリティ対策が施されているかどうかという点が重要となる。また障害が発生した場合の復旧なども，利用者側では，コントロールできないという不便さもある。

V　クラウドサービスの安全性と信頼性 ── セキュリティ対策

　クラウドサービスは，従来のパッケージソフトや独自に構築していた情報システムサービスを利用する場合と比較すると，クラウドサービスの特性に応じた情報セキュリティ対策が必要となる。つまり，クラウドサービスの提供者としては，不正侵入や災害対策などのデータセンターにおける物理的な情報セキュリティ対策，ハードウェア機器の障害対策，仮想サーバなどの事業者側のOSやアプリケーションにおける脆弱性に対する対策が必要となる。反対に，利用者としては，クラウドサービス事業者が，上記のような情報セキュリティ対策を適切に行っているかどうか，またそれを確認することが必要である。実際にクラウドサービスを利用する場合には，そのサービスの利用内容に応じて，自社内においても情報セキュリティポリシーを整備し，情報セキュリティ対策を十分にしておくとともに，役職員等にポリシーを遵守させることも重要となる。

　一方で，クラウドサービスにおいては，不正アクセスや通信傍受など，またネットワークの管理やサーバの管理不備によるシステムダウンに伴う情報データの漏洩や消失リスクが問題となる。この問題に関しては，情報データのバックアップを行うサービスを提供する事業者もいるが，そのためのサービス会社を紹介するというケースも存在している。ちなみに，クラウドサービス事業者としては，クラウドサービス環境の安全性を確保するために，事業者所定のセキュリティ防護措置を講じることとされているものの，サービス環境への不正なアクセスまたはクラウドサービスの不正な利用を完全に防止することまでは保証されていないことを理解しておくべきである。

410

したがって，実際には，情報データのバックアップは利用者自身で行うことが必要であろう。クラウドサービスの利用者側あるいは事業者側のデータセンターにクラウド関連技術を活用した自社専用の環境を構築して対応する「プライベートクラウド」や共通の目的をもった特定企業間でクラウドシステムを形成し，共同運用する「コミュニティクラウド」という仕組みもある。これらはいずれもファイアウォールは利用者側に構築されることとなる。いずれにしても，これらの対策内容については，利用するサービスや業務システムの機密性などの要求レベルによって，必要となる項目やレベルが異なることとなる。利用者としては，コンピュータ上で動作するソフトウェアに頼ることも必要となるが，このソフトウェア自体についてもセキュリティの脆弱性が存在することを認識した上で，利用者の判断において，ソフトウェアに対してライセンサーその他第三者より提供される修正ソフトウェアの適用その他必要な措置をとることが求められている。結果として，コンピュータ上で動作する基本ソフトウェア等のソフトウェアに存在する既知および未知のセキュリティ脆弱性に起因して契約者または第三者が損害を被った場合であっても，事業者はいかなる責任も負わないこととなっている。

VI クラウドサービスにおける法的リスクと課題

1 情報データの国境を越えた移転制限

クラウドサービスにおいては，情報データは，国境に関係なく，クラウド内を動き，データの保存場所が特定されないという特徴があるため，「同時に適用されるべきさまざまな法体系の間の権限の配分」という問題，つまり法の抵触問題が発生することとなる。この問題は，データの流通と場所の特定が不能だということから，クラウドサービスにおける問題点として，以前から EU において指摘されていた問題である。クラウド事業者のサーバを含め，情報データが保存されるサーバの物理的な所在地が特定されず，ネットワーク上で多数のコンピュータを通じて情報データが伝達することとなるため，第三者による不正アクセスや情報データ漏洩のリスクの高まりにどう対応するかという問題である。それが国内だけでなく，海外のサーバへの移転問題，つまり国境を越えて情報データが移転されてしまうということから，情報データの越境移転問

題となる。この越境移転問題については，個人情報の域外移転問題として問題化しており，EU などで法的な対応も検討されているが，個人情報だけでなく，高度な技術情報などの情報データそのものの越境移転問題が存在している。

　国外の物理的なサーバへの情報データの移転制限を認めるとする国々，特に新興国においては，越境データ移転制限（データ・ローカライゼーション）が，法制度として採用される国々が存在している。その代表的なものが「中国のサイバーセキュリティ法」であり，2017 年 6 月から施行されている[5]。その目的は，「サイバー空間における主権，国家の安全および社会の公的利益を維持するとともに，市民・法人・その他の組織の合法的権益を保護し，経済社会の健全な情報化を推進する」と定められているが（第 1 条），それまでは，国境を越えたデータ移転はほとんど規制されておらず，多くの中国の法律や規則がデータの収集，使用，保管（データ・ローカライゼーションを含む）に適用されてはいるものの，中国国境を越えたデータ移送の制約はない状況であった。

　それが新法では，個人情報に関するものの，中国で収集または生成された「国民の個人情報および重要データ」を中国国内で保管することを事業者に要求している（第 37 条）。そして，「個人情報」を，電子的にまたはその他の手段で記録された，単独でまたはその他の情報とともに，自然人の身元を特定するのに十分なあらゆる種類の情報と広範に定義しており，個人名，生年月日，身分証明書番号，個人生体認証情報，住所，電話番号等を含むが，これらに限定されないとされている（第 76 条）。新法ではさらに，「正当な業務上の理由」により，かかる情報を中国国外に移転する必要がある場合には，事業者は，国務院および国のサイバースペース部門が共同で制定した「セキュリティレビュー」を行わなければならないと規定している。このレビューがどこまで要求されているか，またその効果は不明であるが，国外移転を規制する手段としては，効果を発揮することとなろう。

---

(5)　デロイトトーマツ「中国サイバーセキュリティ法の概要と日本企業に望まれる対応」企業リスク 43 号（2017 年）4「研究室」〈https://www2.deloitte.com/content/dam/Deloitte/jp/Documents/get-connected/pub/risk/jp-pub-risk-china-cyber-security-law.pdf〉（閲覧日：2017 年 9 月 30 日）。

2 個人情報の越境移転問題

　個人情報の越境移転問題に関しては，これまでさまざまな議論が展開されてきているが，OECD の「プライバシー保護と個人データの国際流通についてのガイドライン」（OECD プライバシーガイドライン）に含まれる個人情報の取扱いに関する基本原則があり，この基本原則としての 8 つの原則が，「OECD8 原則」として，世界の個人情報保護のための共通した基本原則となっている。EU では，「EU 一般データ保護規則」（General Data Protection Regulation: GDPR）[6] が 2018 年 5 月 25 日から施行されることとなっている。特に，後者については，欧州経済領域（European Economic Area: EEA，EU 加盟国 28 ヵ国，ノルウェー，アイスランド，リヒテンシュタイン）と個人データをやり取りする日本のほとんどの企業や機関・団体が適用対象となっているが，十分な保護レベルにあると決定された場合（十分性の認証），事業者が適切な安全保護措置を講じることで十分性を満たすとされている場合，データ主体の十分かつ明確な同意，契約履行等に必要な範囲，公益に関する重要な理由による要件を満たす場合等，によって越境データ移転が認められる場合があるとしている。ちなみに，日本は，EU から「十分性の認証」をいまだ受けてはいない状態である。

　日本では，平成 17 年 4 月 1 日に施行された「個人情報保護法」が，企業活動の国際化への対応も必要であるとして改正され，平成 29 年 5 月 30 日から施行されている。そして，クラウド事業者が国内にある場合も外国にある場合も，事業者が契約条項によって，サーバに保存された個人データを取り扱わない旨が定められており，かつ適切にアクセス制御を行っている場合等，個人データを取り扱わないこととなっている場合には，国内での個人データの提供（法 23 条 1 項），個人データ取扱いの委託に伴う提供（法 23 条 5 項），外国にある第三者への提供（法 24 条）のいずれの「提供」にも該当しないこととされている[7]。

---

　(6)　EU Regulation 2016/679 of the European Parliament and of the Council of 27 April 2016 on the Protection of natural persons with regard to the processing of personal data and on the free movement of such data; EU データ保護指令（Directive）を各国で直接拘束力のある規則（Regulation）としたものである。一般財団法人日本情報経済社会推進協会（JIPDEC）からの和訳あり。

　(7)　個人情報保護員会による「『個人情報の保護に関する法律についてのガイドライン』および『個人データの漏洩等の事案が発生した場合等の対応について』に関する Q&A」〈http://www.ppc.go.jp/files/pdf/kojouhouQA.pdf〉（閲覧日：2017 年 9 月 30 日）。

国際取引の現代的課題と法

3 越境移転制限にかかる法的リスク

この情報データの越境移転制限に関しては，すでに解説したとおり，クラウドサービスでは，クラウド事業者サーバを含め，情報データが保存されるサーバが特定できず，またサーバ内の情報データの所在も不明な状況となっているため，情報データが国内に存在しているか，国外に移転しているかが不明であるという問題がある。したがって，外国への物品の輸出や技術の提供などのように，法的に規制されている場合，特に，テロ対策等国家安全保障，国際的な安全保障のための国連決議など国際的なコンセンサスの実施，経済制裁などの外交政策，輸出規制などの経済政策などの場合，情報データの越境移転制限に抵触するかどうかの判断が困難となるとともに，情報データの越境移転を規制する法やルールとして，どの国の法律等を適用するかという問題が発生する。同時に，法の属地主義の原則に従うこととなるのか，また属人主義が採用されるのかなど，法の抵触問題や法の域外適用の問題をも検討しなければならないかという問題も生じることとなる。以下，本稿では，安全保障貿易管理の問題について，解説することとする。

4 安全保障貿易管理等に関する問題

クラウドサービスでは，クラウド事業者サーバを含め，情報データが保存されるサーバが特定できず，またサーバ内の情報データの所在も不明な状況となっているため，情報データが国内に存在しているか，国外に移転しているかが不明であるという問題があることはすでに説明したとおりである。この問題は，前述の個人情報データの越境移転の問題だけでなく，クラウドサービスで利用される情報データの内容の問題があり，安全保障貿易管理を含め，様々な国際的な法規制や国際的な規制ルールをどのように遵守するかどうかの問題にもなる。

つまり，この問題は，兵器および兵器開発に用いられるおそれの高い物品や技術が，紛争当事国や大量破壊兵器を開発している国など，平和と安全を脅かすおそれのある国や地域，またテロリストなどの手に渡ることを防ぐため，このような物品や技術の輸出を管理するための国際的な規制に関しては，企業では，輸出管理の専門組織を設けて，物品の輸出や技術の提供が安全保障貿易管理関連規制に該当するかどうかをチェックしているが，その組織内で物品の生

414

産やそれに関連する技術等の情報データが自社内のサーバに保存されていれば
ともかく，それがクラウドサービスというクラウド事業者が提供する情報デー
タの保存サービスを利用している場合には，当該情報データが外部，それも海
外に移転しているかもしれない，まだどこに存在しているか不明であるという
問題が生じることとなる。これはクラウドサービスの利用者においては，情報
データの管理の問題であるが，国外への移転につき，経済産業省あるいは財務
省（日本銀行）の許可が必要とされている場合には，許可なく国外移転してい
るという問題が生じることとなる。

　現在は，核兵器，生物・化学兵器などの大量破壊兵器を規制する条約や，こ
れら大量破壊兵器および通常兵器の移転および関連するデュアルコース（民生
利用のための物品や技術の軍事的転用）を制限する多国間ルールである「ワッセ
ナー・アレンジメント」（The Wassenaar Arrangement on Export Controls for
Conventional Arms and Dual-Use Goods and Technologies）[8]と称する国際輸出管
理レジーム[9]が運用されているが，これら規制の対象となっている技術等が，
クラウドサービスを利用することによって，事実上，規制対象となっている
国々や地域またテロリスト等に提供されるおそれはないのか，あるいは不正ア
クセス等により規制対象となる情報データが流用されてしまうおそれはないの
かという問題である。

5　越境移転にかかるコンプライアンス問題

　この問題は，クラウドサービスの利用者にとって，国際的な規制や国内法に
よる規制についてのコンプライアンスの問題とはなるものの，クラウド事業者
に対しては，不正アクセス等に伴う情報データの開示に対して，セキュリティ
を高めることを求めることになる。一方で，クラウド事業者としては，ある程
度対応できるものの，情報データの中身についてまでチェックをすることはで
きないため，その責任はクラウドサービス利用者が負うこととなる。つまり，
クラウドサービスの利用者がこれら規制の対象となっている情報データについ

---

(8)　〈http://www.mofa.go.jp/mofaj/gaiko/arms/wa/〉（閲覧日：2017 年 9 月 30 日）。

(9)　このレジームについては，経済産業省貿易管理部「安全保障貿易管理について」（平
　　成 29 年 1 月）〈http://www.meti.go.jp/policy/anpo/seminer/shiryo/setsumei_anpokan
　　ri.pdf〉に詳しい解説あり（閲覧日：2017 年 9 月 30 日）。

国際取引の現代的課題と法

て，自ら十分なセキュリティ対策を設けるか，十分なセキュリティ対策が行われていないおそれのあるクラウドサービスについては，このような国際的規制の対象となる情報データに関しては，その利用をしないということを徹底するしかない。言いかえらば，クラウド事業者側のセキュリティシステムを信頼するか，あるいは，サービスの利用者自身のセキュリティシステムに頼るかという問題である。

　ちなみに，実際のクラウドサービス利用契約においては，クラウドサービスの提供にあたり必要とする情報をサービス提供業者に提供することが求められているが，同時に，サービス提供業者におけるサービス環境に登録・保存したデータ等のうち，重要と判断されたデータ等についてのバックアップは，自己責任と費用負担で保存することが求められている。このデータ等の保護に関しては，クラウドサービスの重要な要素となっていることから，そのための規定が用意されている場合も存在している。ある米国のクラウドサービス契約書では，そのクラウドサービスは，利用者が提供した情報データ等コンテンツを保護するように設計されているとされ，それに含まれる個人情報等の情報データに関しては，サービスの提供のために必要な範囲内でのみ使用するものとし，事業者の従業員以外にはコンテンツを開示しない旨を含め，他の目的に利用しない旨などの規定も用意されている。

　いずれにしても，前述のとおり，クラウドサービスで利用される情報データそのものに関する問題も存在しており，それについては，クラウドサービスの利用者による，不使用の保証，つまりサービス利用者における法令等遵守（コンプライアンス）に頼らざるを得ない問題でもあることは認識しておくべきである。これらの問題は，結果としてクラウド事業者と利用者間の責任分担をどうするかという問題にもつながるため，クラウド事業者と利用者間におけるクラウドサービス利用契約等において規定されているかどうかを確認すべきこととなる。

Ⅶ　クラウドサービス利用契約における扱い

　ここでは，典型的なクラウドサービス事業者として，著名なアマゾンや富士通のクラウドサービスで利用されている契約条項では，どのように扱われてい

るかを見ておきたい。いずれの場合も，国際的な安全保障貿易管理に関する
ルールのコンプライアンスの責任は利用者に転嫁されている。そのため，クラ
ウドサービスの利用者がクラウドサービスの利用に際して，自社の情報データ
が安全保障貿易管理に関連する法の適用を受けるかどうかという点を確認する
ことが重要であり，その適用法についても，下記契約事例にもあるとおり，外
国法である米国法の規制の対象となるかもしれないということをあらかじめ同
意していることに留意すべきである。

AWS カスタマーアグリーメント[10]

13.6 輸出入規則の遵守

　本契約に関連して，各当事者は，米国輸出管理規則，国際武器輸送規則，
および米国財務省外国資産管理局が実施する経済制裁プログラムなど米国企
業に適用されるすべての法律および規則を含む，輸入，再輸入，制裁，反ボ
イコット，輸出および再輸出に関して適用されるすべての法律および規則を
遵守するものとする。

　サービス利用者は，サービス利用者コンテンツの転送および処理，サービ
ス利用者コンテンツのエンドユーザーへの提供，ならびにこれらの行為が生
じる AWS リージョンを含め，提供される本サービス内容の利用のために
サービス利用者が選択する方法に関する法規制遵守について単独で責任を負
うものとする。

富士通クラウドサービス利用規約

　本規約上，クラウドサービスが日本国内向けのサービスであるという前提
となっているものの，設置場所が国内とは限らないサーバを利用して提供さ
れるという特殊性から，サービスの利用そのものが日本国外への情報の開示
にあたるとされる可能性もあるため，クラウドサービスの利用そのものが安
全保障の観点から，輸出管理の対象となる場合もあるとして，以下のとおり，
そのサービス利用の用途制限が必要とされていることに留意が必要である。

---

[10]　これは Amazon が提供しているクラウドサービスの基本契約であり，その条項の翻
訳は，以下にあり。〈https://aws.amazon.com/jp/agreement/〉（閲覧日：2017 年 9 月
30 日）。

国際取引の現代的課題と法

第30条
　(1)　核兵器等の開発，製造，使用または貯蔵
　(2)　核燃料物質・核原料物質の開発等，核融合の研究，原子炉又はその部分品・附属品の開発等，重水の製造，核燃料物質・核原料物質の加工・再処理
　(3)　軍・国防機関が行うもしくはこれらの者より委託を受けて行う化学物質の開発・製造，微生物・毒素の開発等，ロケット・無人航空機の開発等，宇宙の研究（天文学関連を除く）
　(4)　武器（大量破壊兵器を除く）の開発，製造または使用

　また，同2項において，外為法にて規制される取引を行う場合には，所定の許可を得ることが求められているという点にも留意が必要である。
　なお，富士通の契約書においては，第33条において，以下のように「ハイセイフティ用途」規制を確認することが必要となっている。つまり，クラウドサービスは，一般事務用，パーソナル用，家庭用，通常の産業用等の一般的用途を想定して実施されているものであるため，原子力施設における核反応制御，航空機自動飛行制御，航空交通管制，大量輸送システムにおける運行制御，生命維持のための医療用機器，兵器システムにおけるミサイル発射制御など，極めて高度な安全性が要求され，仮に当該安全性が確保されない場合，直接生命・身体に対する重大な危険性を伴う用途「ハイセイフティ用途」に使用されるよう実施されているものではない旨の確認をすることが求められている。そして，利用者としては，ハイセイフティ用途に要する安全性を確保する措置を施すことなく，クラウドサービスをハイセイフティ用途に使用しないこととされ，利用者がハイセイフティ用途にクラウドサービスを使用したことにより発生する，利用者または第三者からのいかなる請求または損害賠償に対しても事業者としては一切責任を負わないものとされている。

Ⅷ　法の域外適用問題

　法の域外適用問題とは，国内法の適用を国外の事業主体やその行為にも及ぼすことができるかどうかという問題であり，反対に外国法が国内事業者等やそ

418

の行為に対して適用されるかどうかという問題である。国内法か外国法のいずれが適用されるかどうかという点では，法の抵触という問題でもあるが，法は，原則，その国の主権が及ぶ領域内の主体に適用される属人主義と，領域内の行為に適用されるという属地主義が原則となっている。しかしながら，企業活動のグローバル化に伴い，国外でなされた行為でも，それが国内へ有害な効果をもたらす場合には，それを規制する法が適用され，また国内での行為であっても，その効果が外国においても有害な影響を及ぼす場合には，当該国においてそれを規制する法が適用されるという「効果理論」に基づいた域外適用の問題があることはすでに承知のことと思われる。

これまで特に有名なのは，米国の独禁法の域外適用問題であるが，米国外の行為の効果が米国内に及ぶ場合には，当該行為の主体やその行為に対して，米国独禁法を適用するという問題である。この効果理論に基づき，外国の法が国内の事業者やその国内における行為に対して適用されるかもしれないという外国法の域外適用や，反対に，国内の法が外国での行為や外国における事業主体に対しても適用されるという国内法の域外適用問題についても最近は話題になっている。

ちなみに，クラウドサービスにおける域外適用に関する問題については，さまざまなケースがあるが，個人情報の越境移転問題に関しては，たとえば米国における「セーフ・ハーバー・システム」がある。これは，EU のデータ保護指令[11]に基づいた EU から米国への越境データ移転に際して，その指令における「保護の十分性」を担保する手段として，欧州委員会と米国との間で締結された「セーフ・ハーバー協定」[12]に基づく自己規制の仕組みであった。しかし，実際にはセーフ・ハーバーのような許可手続を行うのは困難であり，そのメリットもアンチ・テロリズムというアメリカの法律を脅かしているとされ，とくに米国愛国者法（US Patriot Act, 2001）[13]は，テロリズムやスパイ等が疑われる場合，情報機関は米国のプロバイダーに保存されたすべての個人データ

---

[11]　1995 年 10 月 24 日欧州議会指令第 95/46/CE 号「個人データ取扱いに係る個人の保護及び当該データの自由な移動に関する指令」。2018 年 5 月 25 日から施行される EU 一般データ保護規則に代わる。

[12]　セーフ・ハーバー協定の詳細については，石井夏生利『個人情報保護法の現在と未来』（勁草書房，2014 年）203-217 頁を参照。

にアクセスできると規定しているため，法の域外適用の問題であるとされている。

　この「セーフ・ハーバー協定」の有効性については，欧州司法裁判所が判断する必要があるとし，最終的には，「セーフ・ハーバー協定」は無効であるという判決[14]を下したため，欧州委員会と米国は，2016 年 2 月 2 日に，プライバシーを保護しながら欧州の個人データを米国に移転できるようにする新たな枠組み「EU-US プライバシーシールド」を導入することで合意している[15]。

　以上のように，法の域外適用問題のほかは，法の抵触問題として，準拠法と裁判管轄の問題がある。当事者が合意すれば，契約自由の原則が優先することとなるが，裁判管轄権について，EU では，ブラッセル I 規則により，国籍ではなく，被告の住所地の加盟国にあるとされている[16]。ここで裁判管轄に関する問題をすべて解説することはできないが，EU 加盟国の判決は他の加盟国で承認されるものの[17]，この判決が欧州連合域外の国ではかならずしも承認されるとは限らないとされた事案がある。それは，2000 年 11 月 20 日にパリ大審裁判所が，ナチス第三帝国時代の物品を Yahoo.com のオークションに載せることを禁じた事件（Yahoo オークション事件）[18]であるが，米国の裁判所は，同国憲法修正第一条に基づいて，パリ大審裁判所の判決の効力を認めることを拒否したため話題となったものである。そこでは，フランスにおいては，差別

---

(13)　米国愛国者法とは，2001 年 9 月 11 日のテロリストによる世界貿易センター攻撃に対応するため，法執行機関のアメリカ国内における情報の収集に関する規制を緩和し，特に外国の個人または存在が関与している場合，米国国内において外国人に対する情報収集の制限に対する権限を緩和するために制定されたものである。

(14)　Case C-362/14, Maximillian Schrems v. Data Protection Commissioner, Digital Rights Ireland Ltd. ECLI: EU: C: 2015: 650.

(15)　日経コンピュータ情報による；〈http://itpro.nikkeibp.co.jp/atcl/news/16/020300349/〉（閲覧日：2017 年 9 月 30 日）。

(16)　2000 年 12 月 22 日欧州理事会規則第 44-2001 号「民事および商事に関する裁判管轄ならびに判決の承認と執行に関する規則」。

(17)　前掲注(14)　規則第 33 条。

(18)　433 F. 3d 1199; Yahoo! Inc., a Delaware Corporation, Plaintiff-appellee, v. La Ligue Contre Le Racisme et L'antisemitisme, a French Association; L'union Des Etudiants Juifs De France, a French Association, Defendants-appellants；松井芳郎『判例国際法（第 2 版）』（東信堂，2009 年）。

的表現として禁止されている表現が，米国では人権として保護を受けるべき表現行為とされたため，ヤフーとしては，パリ大審裁判所の命令は，米国国内では執行できない旨の判決を求めた事案である。この主張に対しては，反ユダヤ人排斥連盟とフランスユダヤ人学生連盟から，米国の裁判所は本件についての対人管轄権を有さないと主張されたものの，米国裁判所は，「フランスの裁判所の判決を執行することについてのフランスの主権的利益を尊重する。しかしフランスの主権的利益と米国自身の主権的利益を比較考量した結果，裁判所は管轄権を有するとし，インターネット上の言論を統制する国際基準を定める法が存在しない現状，外国裁判所の判決・命令を執行すべきとの国際礼譲よりも，アメリカの裁判所は憲法修正第 1 条を尊重すべき義務を負う」とした。

IX 準拠法等の合意

以上のような法の抵触問題を解決するため，実務では，当然のことながら，当事者間で準拠法について合意をするという解決方法を採用している。ちなみに，富士通の契約事例では，日本法を準拠法とし，AWS カスタマーアグリーメントでは，以下のとおり，準拠法として外国法である米国ワシントン州法を適用する旨の合意条項がある。

> 「本契約およびサービス利用者とアマゾンの間に生じるすべての種類の紛争は，抵触法の原則にかかわらず，アメリカ合衆国ワシントン州法に準拠する。」

なお，紛争解決手段としては，アマゾンの AWS クラウドサービスでは，連邦仲裁法および連邦仲裁規範に基づき，米国仲裁協会（American Arbitration Association; AAA）による仲裁による旨，規定されている。一方，富士通の場合は，東京地方裁判所における訴訟による旨の規定となっている。

クラウドサービスの特徴を考慮すると，適用されるべき法につき当事者が合意した準拠法だけによるということができるかどうかという実務的な問題があるが，少なくとも当事者間においては，この合意による準拠法が紛争解決の重要な規範となることは間違いない。ただ，当然のことながら，当事者が合意し

国際取引の現代的課題と法

た準拠法の定めと異なる，また取決めがない事項については，仲裁機関や裁判所の判断によることとなり，国際的なルールや前述のような安全保障貿易管理関連法などの公的な規制にも従うこととなる点，留意すべきである。

なお，アマゾンのクラウドサービスの場合は，以下のような規定を設けることにより，クラウドサービスの提供地域を限定するとともに，情報データの所在場所を限定することで越境移転問題に対応しつつ，法規制や政府機関等の命令に遵守することをサービス利用者に強制することで，これまで提起された問題に対応しているが，米国ワシントン州法を準拠法として合意していることから，米国における法規制や政府機関等の命令に従うことになっている点は，認識しておくべきであろう。ただ，未確認ではあるが，アマゾンのクラウドサービスに関しては，その利用地域を日本国内に限定しつつ，日本法を準拠法として合意することも検討中であるという情報もあるので，今後の検討事項となる。

「サービス利用者は，サービス利用者コンテンツが保存される AWS リージョンを指定することができる。サービス利用者は，自らが選択する AWS リージョンにおけるサービス利用者コンテンツの保存および当該 AWS リージョンへのサービス利用者コンテンツの転送に同意する。アマゾンは，提供される本サービス内容を維持もしくは提供するのに必要な場合，または法律もしくは政府機関の拘束力ある命令を遵守するのに必要な場合を除き，サービス利用者コンテンツにアクセスもしくはそれを利用しない。アマゾンは，法律または政府機関の拘束力ある命令を遵守するのに必要な場合を除き，(a) いかなる政府または第三者に対しても，サービス利用者コンテンツを開示せず，(b) 第3.3項を条件として，サービス利用者が選択した AWS リージョンからサービス利用者コンテンツを移動しない。法律または政府機関の拘束力ある命令に違反することにならない限り，アマゾンは，第3.2項に言及のある法的要件または拘束力ある命令についてサービス利用者に通知する。」

一方，富士通の場合は，サービス提供地域は，特に定める場合を除き，日本国内に限定するということを明記し，あくまでもクラウドサービスは，日本国内に限定しているという仕組みによって，サービス利用者の情報データの中身やその越境移転問題に対処しようとしている。

X　まとめ——クラウドサービス利用契約の課題

　本稿では，以上のようにクラウドサービスの利用に伴う法的リスクや課題のうち，主要なものに限定し，問題提起だけに留まったたが，これがすべてでないことは自明であり，今後の検討課題も少なくない。

　本稿で取り上げたクラウドサービス利用契約においては，クラウドサービスの利用に伴い発生することのあるリスクについて，クラウド事業者とサービス利用者との間の責任分担を明確にするとともに，クラウドサービスの利用に伴う法的規制などに対応するため，利用地域の限定を規定するとともに，準拠法の合意をしている。これらクラウドサービスの利用契約は，クラウドサービスの提供業者がWEB上に契約条件をアップしており，サービス利用者としても，その契約条件の交渉を経ることなく（交渉そのものが想定されていない），一方的にその利用契約上の条件そのものを受容するかどうかという形式となっていることを考慮すると，そもそも法的拘束力があるかどうかという問題もある。

　一般的に，企業が利用するクラウドサービスの利用契約は，サービスの利用を受けたい当事者（申込者，利用者）がクラウドサービスの提供業者による所定の書式の申込書を提出し，サービス提供業者から承諾の通知が発信されたときに成立するものとされているケースがほとんどである。そのクラウドサービスの利用料等の条件やクラウドサービス利用契約となる規約自体は，ホームページ上に掲載されていることが多く，その内容を変更することは意図されておらず，また利用者側からの変更は想定されていない標準契約だとされている。

　この点については，平成29年6月2日公布の民法（債権関係）改正法[19]においても，定型約款という契約類型が採用されたことにより，この定型約款に該当するかどうかという問題とともに，サービス提供業者において，随時，必要に応じて規約の変更はできるとされており，ホームページ上に変更を掲載することで，利用者への変更内容を通知するという規定となっているので，この一方的な変更権や，利用者データ等を無償で使用できる旨の規定などをクラウドサービス事業者に認めている規定については，それらの有効性が問題になる

---

[19]　この民法（債権関係）改正法は，平成32年4月1日に施行されることとなっている。

可能性もあることに留意すべきである。

　民法（債権関係）改正法においては，定型約款を利用する取引の場合，「定型取引」に該当するかどうかをまず検証しなければならないが，特定の者（事業者）が不特定多数の者を相手方として行う取引で，内容が画一的なことが契約当事者双方に合理的な取引を「定型取引」と定義し，この「定型取引」のために事業者があらかじめ準備した契約条項を「定型約款」としたうえで，

⑴ 事業者が定型約款を契約内容にすることをあらかじめ相手方に示していたとき等は，定型約款の内容で合意したものとみなす。

⑵ 相手方の利益を一方的に害する条項は合意がなかったものとみなす。

⑶ 定型約款の条項変更につき，事業者は，相手方の一般的な利益に適合し，必要性，相当性等に照らして合理的な場合等に限り，相手方の同意なく変更できる，

とした（改正民法548条の2,548条の4）。

　なお，事業者側があらかじめ不特定多数との契約のために用意した契約書でも，相手方の個性に応じてアレンジすることが予定されているものは定型約款ではないとされているが，そもそもクラウドサービス利用契約自体が，不特定多数を相手方とした「定型取引」であるかどうかという点でも疑問がある。解説等では，インターネットサービス利用契約やソフトウェア利用契約などは，定型約款に該当する典型例であるとされているが，クラウドサービス利用契約そのものは，さまざまなオプションが提供されていることなどを考慮すると，それに該当しないと考えることもできそうである。しかし，クラウドサービスの内容が定型的なものであり，個人による一般的なインターネットサービス利用の場合などは，定型取引であると考えることもできると思われる。これらは，今後の解釈を待つこととしたい。

　以上のように，クラウドサービスに関しては，域外適用の問題を含め，法の抵触問題を避けることができない国際的な法的課題やリスクが存在している。本稿ではそれらをすべて触れることはできなかったが，グローバルビジネスの先行きを見据えながら，国際取引法という学問分野を確立されてこられた澤田先生の先駆者としてのご苦労を偲びつつ，ここに先生のご冥福をお祈りしたい。

18 海外子会社とコーポレート・ガバナンス

山 浦 勝 男

Ⅰ　はじめに	Ⅳ　法制度面からの子会社ガバ
Ⅱ　海外子会社での不正事案の	ナンスの議論
時系列	Ⅴ　海外子会社の不正のリスク
Ⅲ　なぜ発生してしまうのか	への対処
現状への認識	Ⅵ　終 わ り に

Ⅰ　は じ め に

　経済産業省に設置された「CGS（コーポレート・ガバナンス・システム）研究会」が 2017 年の 3 月 10 日に報告書を公表したが，その報告書において CGS 研究会が積み残した議論に注目したい[1]。そもそもこの CGS 研究会は，2017 年 6 月 9 日に閣議決定された「未来投資戦略 2017」において示した経済成長戦略を支える規制緩和と企業統治改革を促す議論の場として設置されたのであった。さて，その CGS 研究会において積み残した議論とは，今回のテーマである「海外子会社」の「ガバナンス」をどうかんがえたらよいのか，というものであった。以下はその CGS 研究会の報告書の一部である。

　<u>「海外子会社も含めたグループ企業のガバナンスの在り方についても議論し，実務上有益な提言をしてほしいという指摘があった</u>。その関連で，報酬の慣行が我が国と海外で異なる中で，海外子会社を抱えるグローバル企業となった我が国企業の報酬慣行（報酬の考え方，報酬レベル）をどのようにしていくという

---

[1]　「CGS 研究会（コーポレート・ガバナンス・システム研究会）」経済産業省〈http://www.meti.go.jp/committee/kenkyukai/economy.html〉（閲覧日 2017 年 9 月 28 日）。

『国際取引の現代的課題と法』澤田壽夫先生追悼〔信山社，2018 年 4 月〕　　*425*

国際取引の現代的課題と法

点が課題であるという指摘があった。」[2]（太字，下線は筆者）

　今回，このCGS研究会では海外子会社のガバナンスについて提言までは行かず指摘にとどまったのであるが，逆に明確に課題として挙げているということはこの課題に対する有識者の意識が高いことを示している。

　一体この意識の高い背景となっているのは，最近目に付く日本企業の海外子会社をめぐる不正の頻発に起因しているからではなかろうか。最近の不正事案では，2017年6月に発覚した富士フイルムホールディングス傘下の富士ゼロックスニュージーランド支店での不適切会計がある[3]。また，若干遡るが2015年にLIXIL中国子会社での不適切な会計処理，あるいは2012年の沖電気でのスペイン子会社の過大な売上計上などがある[4]。本稿では，これら海外子会社の不正について過去の不正事案を振り返りつつその事案の傾向などから，なぜこのような不正が繰り返されるのか現状を振り返りながら，この海外子会社の不正事案に法律面ではどのように制度化，あるいは議論してきたのか，そして最後に企業実務家としてどのように海外子会社の不正事案に取り組んだらよいのか，について論ずることとしたい。

II　海外子会社での不正事案の時系列

　海外子会社の不正について細かく議論するときりがないが，コーポレート・ガバナンスのあり方に著しく影響を与えたのは，大和銀行のニューヨーク支店での不正事案であろう。まず「コーポレート・ガバナンス」というものを考える最初のきっかけとなった大和銀行の事案について改めて触れることとしたい。

1　大和銀行ニューヨーク支店の不正事件

　この事案は，1995年当時，大和銀行ニューヨーク支店において現地採用行員が損失の穴埋めをするために無断取引を繰り返し，結果として約11年間で

---

(2)　「CGS研究会報告書　実効的なガバナンス体制の構築・運用の手引（CGSレポート）」経済産業省〈http://www.meti.go.jp/report/whitepaper/data/pdf/20170310001_1.pdf〉（閲覧日2017年9月28日）。

(3)　『日本経済新聞』2017年6月13日朝刊。

(4)　『日本経済新聞』2015年5月22日朝刊。

総額約 11 億ドルに及ぶ巨額損失を大和銀行に生じせしめたことにあった[5]。しかしこれだけの損失を抱えながら支店を含め本店はアメリカ当局へこの損失について報告せず隠ぺいしたことからアメリカ当局から厳しい罰金を課せられ，最終的には支店を閉鎖せざるを得なくなったというものである[6]。その後大和銀行の元役員に対して日本国内で株主代表訴訟等が提起され，元役員等大和銀行に対して総額 2 億 5 千万円の和解金を支払うことで終わったのであった。このような巨額な損失が企業に発生し，支店を閉鎖せざるを得なくなった原因や背景については次のように言われている。①形式は整っているが実効性のない企業内のリスク管理，内部統制システム，②収益拡大や会社のシェア拡大等の妨げになるルールや規則を無視するメンタリティ③外部に知られたくない事件などは経営トップや一部役員によって隠ぺいしようとしてその深みにはまり込んでしまう[7]。

　この事案の原因や背景分析は，その後発生する海外子会社での不正の原因や背景についての多くの部分を言い当てていると思われる。当該不正事案は今からすでに 20 年以上前の古い話であるが，今でも子会社不正事案を検討するに十分な材料を提供する事案といえる。

2　エンロン事件

　さて，大和証券の不正事件以降で最も深刻な事態になったのがアメリカでのエンロン事件であり，今のコーポレート・ガバナンスのあり方について決定的に進路を決めた事案として記憶に残るものであった。エンロンは天然ガスのパイプライン事業などがそもそもの事業であったが，破たん時には子会社を使って様々なデリバティブを駆使し世界 40 か国にそれら子会社を有する著名なアメリカ企業になっていた[8]。そのエンロンが 2001 年に経営破たんしたときの負債総額は 630 億ドルとアメリカにおいては史上最大の経営破たん事件として記憶されることとなった[9]。その破たんのきっかけとなったのはエンロンの海

---

(5)　竹内朗，上谷佳宏，笹本雄司郎『企業不祥事インデックス』（商事法務，2015 年）133-135 頁。

(6)　竹内朗ほか。前掲注(5) 133-135 頁。

(7)　井上泉『企業不祥事の研究』（文眞堂，2015 年）50 頁。

(8)　高柳一男『エンロン事件とアメリカ企業法務』（中央大学出版部，2005 年）2 頁。

国際取引の現代的課題と法

外子会社である特定目的会社を利用した簿外債務などの不正会計であるが，それ以外にもインサイダー，さらにはカリフォルニアでの電力価格操作，脱税など次々とエンロン社内の不正が明るみになった[10]。しかし，他方でエンロンは経営破たんするまでは「社外の評価が高く」，「エンロンの監査委員会規定は，経営破綻寸前まで"モデル規定"としてアメリカ企業の参考にされてきた。」のである[11]。しかしそれだけ有効なガバナンス組織を持ちながら，それを効果的に運用できなかった。その原因については，トップの競争・売上至上主義とそれに反抗する役職員がいなかったことが原因として挙げられているが，①コーポレート・ガバナンスの形式と実体のかい離，②コーポレート・コンプライアンスの機能不全，③経営トップ間のコミュニケーション不足とイエス・マン社内文化，④取締役および経営執行幹部の報酬システムの不透明性，⑤リーガル・リスク・マネジメント体制の不備，⑥プロフェッショナル・サービスのコンフリクトが主要な要因として言われている[12]。これらはいずれも大和証券ニューヨーク支店での事案と比較しても大体同じような理由や背景であって，今でも通じるような内容といえる。ともあれ，このエンロン事件がその後のアメリカ経済に与えた影響が深刻であったがゆえに2002年に，会社のコーポレート・ガバナンスを強化する一環でサーベンス・オックレー法（SOX法）が成立したのであった。このSOX法を日本で導入したのがJSOX（金融商品取引法での内部統制義務）であり，JSOXにより日本では本格的な企業の内部統制，あるいはコーポレート・ガバナンスが始まったといえよう。

3　沖電気工業架空取引

　これは過去の不正事件を踏まえそのような不正を防止するためにできたJSOXなどコーポレート・ガバナンス強化後に発生した沖電気のスペイン曾孫会社での事案である。当該曾孫会社の社長が売上目標達成のために販売先への押し込み販売を行い，また当該販売先が資金面で問題になれば新たな売上を立てて監査の追及を防いだり，当該販売先からの支払いを猶予するなど不正な会

---

(9)　高柳・前掲注(8) 2頁。
(10)　高柳・前掲注(8) 3頁。
(11)　高柳・前掲注(8) 5頁。
(12)　高柳・前掲注(8) 7頁。

計処理を続け，当期純利益で308億円の損失を計上することとなった[13]。これについては，もともとスペインの曾孫会社社長が売上目標を達成する有能な幹部として本社幹部に認められ，その結果，本社は現地社長の裁量を任する一方，任した本社自体の子会社への内部統制管理が機能してなかったのではないか，と言われている[14]。ここでも問題となったのは，そもそもこの種の問題について社長から報告あったにもかかわらず，約1年間その報告から実際に調査開始するまでに時間を要していることの不備が指摘されている[15]。

　沖電気の事案はJSOX以降に発生した一つの海外子会社の不正事案であり，冒頭概略述べたように最近でも同様の事案が起こっている。では，なぜこのように海外子会社で不祥事が発生してしまうのかについて述べる。

Ⅲ　なぜ発生してしまうのか　現状への認識

　なぜ海外子会社での不正がなくならないのだろうか。海外子会社で不正が発生する要因としては次の3点とされている。①不正抑止に関する風土醸成が十分でない。②不正リスクに関する管理手続，ルールの見える化が十分でない。③現地業務のモニタリングが十分でない[16]。

　これらはいずれも親会社側の要因と密接に関連している。とりわけ現地業務のモニタリングが十分でない，というのは過去の事業発展の歴史，あるいは急拡大したグローバル事業を経験した企業であれば容易に頭に浮かぶであろう。

　一般に日本企業が海外市場にアプローチする場合には，次のような段階を踏むとされる。第一段階としては，営業部門内に輸出関連組織，あるいは外部に輸出関連会社を設立して輸出する仕組みを作る[17]。このときには大抵，海外拠点も事務所レベルであったり，支店レベルであったりする。そこで第二段階としては，さらなる海外市場での拡販を目指し，次々に海外販売子会社を設立

---

(13)　竹内・前掲注(8) 100-101頁。

(14)　竹内・前掲注(8) 100-101頁。

(15)　竹内・前掲注(8) 100-101頁。

(16)　吉川達夫・平野高志・小原英志『海外子会社・海外取引のためのコンプライアンス違反・不正調査の法務』（中央経済社，2015年）41-46頁。

(17)　吉原英樹『国際経営論への招待』（有斐閣，2005年）181-189頁。

国際取引の現代的課題と法

して海外販売網を築く。その販売網により事業拡大が確保されるようになれば，第三段階としては，輸出した製品の製造拠点を設けて輸出より「地産地消」を徹底させてコストを下げ海外市場に確固たる地位を確立するといったことである。あるいは輸出に伴う急激な為替変動などを回避する意味で海外に販売や製造子会社を設立することも考えられる。そのような発展した事業ネットワークが形成された場合，それらネットワークを管理する方法について海外拠点をまとめて本社，親会社で一括して管理する方法や製品・技術の得意分野に応じて事業部門それぞれが各海外拠点を管理する方法，さらには，それら海外拠点数の増加に伴い，地域統括会社を設立し，その海外拠点を地域ごとに束ねていく方法がある[18]。海外市場に進出する方法は，各企業の事業発展における最適な組織を構成するのであるから，それぞれ方法として正解はない。ただ，いずれの方法を採用したとしても，それら各拠点の社長クラスともなると，その事業（海外であれ製品であれ）に最も関連が深い事業部門（営業部門，あるいは製造・技術部門）から派遣される一方，その会社運営における具体的なガバナンスの指示などは本社，親会社からなく，派遣される社長はまさに「孤軍奮闘」であり，「企業運営をどうしたらよいのか」といったことが往々にして起こる。そのような状況下でよくありがちなことは，事業規模の見合いで情報共有やコンプラ体制などのロジスティクスに関心ない現地社長やそれを管理する部門からすればコストダウンによる企業全体の売上や収益向上にのみ目が行くため，ロジスティクスを支えるのがぎりぎりの中，目の前にある事業を運営しているのが実態ではないか。また，大体の海外子会社の社長は日本の本社，親会社との意思疎通に時間を割かれてしまい，他方現地従業員や役員に本社，親会社の経営方針などの情報について日本語などの壁があるため，本社，親会社への関心が薄れてしまう。そうなると現地従業員や役員からすれば自分が属する海外子会社内部でのコーポレート・ガバナンスあるいは会社のアイデンティティは何かといった意識付けはおろそかになってしまう。

　日本の本社，親会社側に目を転ずれば日本国内の子会社管理システムがすでにできているため，その管理体制を海外子会社に対して現地の状況を無視し制

---

[18]　有限責任監査法人トーマツエンタープライズリスクサービス『海外子会社管理の実践ガイドブック』（中央経済社，2015 年）24-32 頁。

430

度だけを「押しつけて」内部統制環境を整備してしまう。そのような現地を無視した「押しつけ」であるがゆえに，それぞれの海外子会社の従業員や役員すべてが親会社の「押し付け」への嫌悪感からその内部統制の本社，親会社の意図など十分に消化されず，現地従業員や役員独自のローカルルールによって運営されているのではなかろうか。よしんば各種内部統制に関するチェック項目に基づくモニタリングの制度が本社，親会社と海外子会社との関係であったとしても，それが形式化されて運用されたり，そもそも実地監査を含めてなされていなかったりすることもあるのではないか[19]。確かに，そのようなモニタリングには様々な障害（言語的な障害，地理的な障害，現地固有の商習慣などの障害）が言われており，それら障害が不正を助長させているともいえる[20]。たとえば，直接現地に視察する，あるいは監査するとしても地理的な要因で国内子会社と違って簡単には行けない。また現地の報告書についても，現地の会計制度の従う部分もあって本社で分析するには時間を要する，あるいは，とりわけ新興国での法執行の緩さからそれになじんでいる海外子会社と日本の本社，親会社との温度差に驚いているというものである[21]。しかしながら，この現状を見過ごすことなく確実に解決していかなければ，グローバルで事業を行い海外子会社の不正のリスクを防止するというには程遠い結果になるだろう。

　さらにここ最近では，LIXIL の事案のように M&A 後の海外被買収会社（海外子会社）に対するガバナンス不全で不正が発生しているが，このような不正が発生する理由を一言で言えば買収後の経営統合プロセスの失敗といえる。そもそも M&A の成功のカギはこの買収後の経営統合のプロセスにかかっているからである[22]。

　通常 M&A の場合には，被買収会社の選定から企業価値の見積もり，法務，税務，財務などの各種デューデリジェンスを実施，その評価等を踏まえて最終的に企業を買収する道筋になっている。ただ，その場合とりわけディールの成

---

(19)　吉川・前掲注(16) 41-46 頁。

(20)　吉川・前掲注(16) 41-46 頁。

(21)　長島大野常松法律事務所『不祥事対応ベストプラクティス――実例から読み解く最新実務』（商事法務，2015 年）247-251 頁。

(22)　長谷川俊明「海外子会社のガバナンスについて」国際商事法務 45 巻 8 号（2017 年）1191-1193 頁。

国際取引の現代的課題と法

功（買収）が目的化してしまい，いわゆる買収後の事業統合やシナジーの綿密な検討と実行については後回しになる例をよく見る[23]。ありがちな M&A の事例は次のようなものである。

① 事業部門とは異なる部署，例えば社長直轄の M&A 推進部門が独自に被買収企業を選定し，事業部門の意図とは別に M&A が進む。そのため，事業部門の意思と M&A 推進部門の意思が微妙に食い違ってしまう。あるいは，M&A 推進部門としては，買収後の統合作業（Post-Merger Integration PMI）は事業部門の問題であり，ディールをまとめることが目的化してしまう。

② 事業部門による丹念な市場調査に基づく被買収企業の調査と選定ではなく，全く別な企業なりコンサルタントが紹介した被買収企業との M&A が始まる。また，買収ありきのため形式的な法務，財務などの各種デューデリジェンスに終始し事業部門がその被買収会社を買収した後で具体的に事業部門の「誰が」「どのように」進めるのかという詳細かつ具体的な議論がない。

③ 買収後の議論は重要だと認識していても，コストあるいは人材難などの問題などで買収後の統合プロセスにおいて確認する作業が後回しにされるか，無視される。

いずれもこの種の M&A において陥りがちな問題といえる。このような理由のある M&A であればいくら時間を買いシナジー効果を求めようとしても買収後におけるガバナンスがおろそかになり被買収の海外子会社で不正を繰り返すのである。

これら企業での不正の現状や背景を踏まえ，これに対応すべく法制度面からどのように議論されてきたのであろうか。次に日本での海外を含む子会社の本社，親会社による管理の視点で法制度面での議論を見ていくこととする。

---

[23]　井原宏，河村寛治『グローバル企業法基礎研修 1 企業法編』（レクシスネクシス・ジャパン，2015 年）237-240 頁。

IV 法制度面からの子会社ガバナンスの議論

1 平成26年（2014年）改正会社法以前の議論

この種の不正について何も対策を講ずることはなかったわけではないが，とりわけエンロン事件がこの不正への様々な挑戦や議論を積み重ねてきたといって過言ではない。

まず法制度面での対策としては，エンロン事件やそれ以前の大和銀行の事件などを踏まえ，まず2002年の商法改正において委員会等設置会社を規定し，その中で内部統制システムを整備することを取締役の義務としたことが画期的なことであったといえよう[24]。しかしあくまで委員会等設置会社のみに限定しており，従来型の会社組織ではこの内部統制システムと取締役の義務関係があいまいなまま残された[25]。しかしこの問題はその後の2005年の会社法並びに翌2006年の金融商品取引法改正により従来型の会社組織の企業においても内部統制システム構築義務の決定や決議を取締役に課すこととなり，さらには東京証券取引所でも「コーポレート・ガバナンスに関する報告書」の提出・開示が義務付けられた[26]。これによって不正に対抗するコーポレート・ガバナンスの進展がみられたのであった。しかし，本社，親会社自身の議論は進む一方，国内，あるいは海外子会社といったグループ会社管理という点からでまだ具体的な進展はこのころ見られなかった。とはいえこの問題は認識されており，その後の法務省法制審議会にこの子会社のガバナンスの課題が委ねられたことになったのである。たとえば2006年当時の法制審議会の議論では，取締役会のこの内部統制構築はそもそも会社法362条が「決議」義務だけを定めただけであって「構築」義務を定めたわけではない，とされたのであった[27]。したがって，仮に取締役会で子会社の内部統制構築義務を決議したとしても，それは別法人である子会社には限られた範囲でのこととなろう，といったことで企業グループ内での構築義務はないとされたのである[28]。この親子会社間での

---

[24] 江頭憲治郎『会社法の基本問題』（有斐閣，2011年）330頁。

[25] 江頭・前掲注[24] 332頁。

[26] 奥島孝康『企業の統治と社会的責任』（金融財政事情研究会，2007年）22-23頁。

[27] 中村直人『判例に見る会社法の内部統制の水準』（商事法務，2011年）71-76頁。

国際取引の現代的課題と法

内部統制構築義務についてはこれから述べる改正会社法においても依然決着を見ず様々な議論があることは留意すべきであろう[29]。

2　平成 26 年（2014 年）改正会社法での議論と結果

　この改正会社法では，従来会社法規則で定めていた「企業集団における内部統制構築・運用」について会社法上で義務化されたとされる。正確に言えば「内部統制システム」の構築・運用について取締役会が決定または決議することを義務（会社法 348 条 3 項 4 号），とされたのであった[30]。そもそも子会社など企業グループ内の会社の管理に関しては，この平成 26 年改正に先立つ平成 22 年の法制審議会の会社法制部会の第 1 回会議において企業グループにおける規律の見直しが言われ，とりわけ本社，親会社の取締役の子会社監督責任義務の明文化が検討項目とされたのである[31]。監督義務の明文化においては，そのような明文化による語句の持つ意味合い（「監督」とは何か）や，子会社監督の責任範囲が広範になってはならない，あるいは子会社経営への過度な干渉による経営自主権を奪ってはならないといった議論を経て，最終的に本社，親会社の子会社監督責任の明文化が見送られたのである[32]。他方，そのような監督義務の明文化は見送られたとはいえ，2005 年段階で内部統制構築に関する法制化においては，すでに多くの過去の裁判例によってその内部統制構築の義務およびその懈怠による取締役の善管注意義務違反という考え方が踏襲されてきたとしており[33][34]，子会社監督責任については一定の判例の蓄積があることから，あえて明文化する必要はないとされた。本社，親会社の取締役の善管注意義務により監督責任が問えるという従来の解釈に則った考え方が共有さ

---

[28]　中村・前掲注[27] 71-76 頁。

[29]　深山徹『会社法の実務とコーポレートガバナンス・コードの考え方』（弁護士会館ブックセンター出版部　LABO，2016 年）52 頁。

[30]　河合正二『グループ経営の法的研究』（法律文化社，2012 年）30 頁。

[31]　塚本英巨「平成二十六年改正会社法と親会社取締役の子会社監督責任」旬刊商事法務 2054 号（2014 年）23 頁。

[32]　塚本・前掲注[31] 24-25 頁。

[33]　奥島・前掲注[26] 22 頁。

[34]　田澤元章「第 10 回　海外子会社の管理と親会社役員の権限・責任」『国際コンプライアンスの研究 第二部 国際コンプライアンスの諸相』国際商事法務 42 巻 11 号（2014 年）1730-1731 頁。

18 海外子会社とコーポレート・ガバナンス〔山浦勝男〕

れている点は，この子会社のガバナンスにおける親会社取締役の内部統制上の監督責任を考える上で重要な点といえよう。

さて，このような監督義務の明文化が見送られた一方で，最初述べたように内部統制構築を決議することが会社法「規則」から「会社法」そのものに格上げされたことで一見，取締役に対する内部統制構築義務を強化したとも読み取れるが，改正会社法導入時の説明ではそのような話ではないようである。無論，内部統制を通じての子会社の経営効率性や適法性は重要なことであるが，それを会社法において明文化したに過ぎず現行上の法律解釈において変化があるというものではない，とされる[35][36]。それは，改正前の会社法規則の文言との比較において顕著な変更がなかったことや内部統制の整備の決定を義務付けるということなど基本的な仕組みは改正前も改正後も変わらないからである[37]。

それゆえある議論では，会社法上の明文化により本社，親会社の取締役としては子会社についてその子会社の重要性や株式所有の態様，子会社の業務に対する影響力や指図の有無の程度，子会社で行われる行為の性質等に応じて，その業務について監督しなければならないという一般的規範が存することを意識してグループ内の内部統制構築を行うべきであり，その内容も，過去の判例で示した内容では不十分という意見が提起されている[38]。しかし，他方，本社，親会社が子会社の業務執行について介入すべきではないし，そもそも子会社の業務の適法性については子会社の取締役が責任を負っていると解すべきであって，本社，親会社の監督責任というのは，まず子会社自身が内部統制システムを構築すべきであり，子会社の不正において，まず子会社の取締役に親会社が責任を追及し，そのうえで親会社が当該不正につき子会社の取締役を更迭するなどの措置を講ずればよいとする意見もある[39]。

いずれにしてもこの会社法における子会社不正に対する本社，親会社の取締役の責任の法制度や解釈議論は，現在の内部統制システムにおける本社，親会社の責任や子会社の監督責任について，現在の会社法の立ち位置やそこにおけ

---

(35) 塚本・前掲注(31) 29 頁。
(36) 澤口実／奥山健志『新しい役員責任の実務』（商事法務，2017 年）172-173 頁。
(37) 塚本・前掲注(31) 29 頁。
(38) 澤口ほか。前掲注(36) 173 頁。
(39) 塚本・前掲注(31) 29 頁。

る本社，親会社の子会社不祥事に対する責任について判例等を踏まえた妥当な解釈を提供しており，その点では評価できる。しかし，一旦目をグローバルに事業活動を展開し，とりわけ海外子会社を積極的に運営する日本企業において前述の国内の議論のみで対応するのでは限界が来ていると言わざるを得ない。確かに海外子会社は国外の別法人であって日本の会社法が及ぶことはないし，内部統制システム整備に関する会社法上の決議義務はないとされる。さらに，実務上でも海外子会社に対する内部統制の整備は当該子会社の協力を得て進めていかざるを得ず，本社，親会社と子会社間の力関係に左右されてしまうのが現実である[40]。しかし，本社，親会社の子会社不正に対する各国の本社，親会社の責任についての考え方はかなり厳しいものとなっており，海外子会社について事業運営する日本企業にとっても国内の議論のみならず海外での議論も十分理解しておかなければならないと考える。

3　海外での子会社管理の議論

　海外に目を転ずればグローバル企業の子会社管理，あるいは当該子会社の不正，不祥事に関する議論あるいは制度面ではかなり考え方や制度での蓄積がみられる。いずれも本社，親会社の責任を問うことが多い。つまり子会社の不正や不祥事による損害などでは本社がその子会社の事業に対してコントロールを及ぼしたことに基づいて本社に損害を被った者が救済を求めるというものである。まずイギリスでは，本社がフォーラムノンコンビニエンス法理を持ち出して反論することは被害者救済の観点で却下されている[41]。具体的な例としては，南アフリカ石綿事業会社の従業員が石綿に被曝し健康被害を生じさせた事案であるが，この事案では被害者の原告が南アフリカの子会社を管理するイギリスの本社を被告として親子会社グループとして石綿に関する注意義務を怠ったとしてイギリスで訴えた。本社はフォーラムノンコンビニエンス法理でイギリスでの提訴を退けるよう裁判所において主張したが，イギリスの裁判所はフォーラムノンコンビニエンスの理論を適用せず提訴を認めた事案である[42]。また，

---

[40]　田澤・前掲注[34] 1730-1731 頁。

[41]　井原宏「第 27 回　海外子会社の不法行為に対する親会社の責任」国際商事法務 42 巻 3 号（2014 年）478-490 頁。

[42]　井原・前掲注[41] 478-490 頁。

18 海外子会社とコーポレート・ガバナンス〔山浦勝男〕

アメリカでは，法人格否認の法理に基づいて本社，親会社が訴えられそうになった事案もある。それは，アメリカのメキシコ鉱区における大量の原油流出事故での当該流出会社の親会社責任についてである。この流出事故当時，日本企業の現地孫会社が実際の鉱区に投資をしており，当該原油流出で被った損害についてアメリカ孫会社を通じて日本の親会社に対して損害賠償訴訟を提起されるのではないかという懸念があった[43]。アメリカでは日本に比べて法人格否認の法理が広く使われており，とりわけ本件のような不法行為においてこの法理が適用になりそうだと思われたのである。しかし，幸いなことに最終的に原告の和解により法人格否認法理の適用については杞憂に終わったが，後日，この事案を踏まえ当該法人格否認法理の適用をされないような仕組みや運用が必要だとされた。例えば，親会社の子会社への事業上の関与を極力なくする仕組みを構築すること，あるいは親会社の過度な経営への介入をなくすといったことがそれである[44]。

しかし，法人格否認の法理適用回避のための仕組みや運用が，企業実務の現場から見て本当に可能かは難しいのではなかろうか。例えば，過度な経営の介入を避ける一つとして，現地人に海外子会社の社長に就任させることがある。しかし，多くの場合には有能な現地人がいたとしても日本人が就任することが多い。現地の企業であるにも関わらず現地の有能な部下を社長とせず，日本の本社，親会社から日本人社長としてなぜ送り込むのか。あるアンケートでは「現地人社長だと親会社の意向に従わない（48％）」とか「日本親会社の関係がうまくいかない（28％）」といったことが率直に言われている[45]。つまり，親会社の関与をなくすといっても上記の理由が示すように少なくとも社長レベルでも親会社の意向に沿う社長を派遣するのであり，そのように何かしらの経営への関与を望む限りにおいて何等の関与もない，とするのは難しいのではないかと実務上考えられる。

なお最近，アメリカやイギリスではフォーラムノンコンビニエンス法理や法人格否認の法理での議論を経ることなく，本社，親会社が子会社に対して一定

---

[43] 鈴木幸弘「海外事業展開を行う企業集団におけるコードレート・ガバナンス」『コーポレート・ガバナンスにおけるソフトローの役割』（中央経済社，2013年）116-118頁。

[44] 鈴木・前掲注[43] 117頁。

[45] 吉原英樹『国際経営』（有斐閣，2015年）151-154頁。

国際取引の現代的課題と法

の「コントロール」があれば，直接不法行為を問えるようになっており，とりわけ，環境法，製造物責任法，競争法といった規制法規において親会社の責任を肯定するようである[46]。なお，現在，とりわけ独禁法や贈収賄に関する分野での Agent 理論による本社，親会社への追及が増加している。例えば，アメリカの FCPA（海外贈賄防止法）においては最近アメリカにない親会社が，第三国の子会社の贈収賄について親会社の関与から当局の追及を受けている。ドイツシーメンス社の FCPA 違反事案では各国ジーメンス子会社が政府関係者への贈賄を実施し，さらに本社，親会社のドイツのシーメンスがそれに関与したとして処罰された事案である[47]。このアメリカの FCPA の域外適用については様々な議論があるが，本社，親会社が子会社の違反行為について処罰されたものとしては記憶すべきことであろう。

このようにグローバルで事業活動し，その海外子会社を有する日本企業にとって上記のような課題は目の前にある危機といえよう。そうなると海外においては法人格否認の法理，あるいはフォーラムノンコンビニエンスの法理に基づく子会社不正へのリスク回避策の検討しても，事業現場からして海外子会社の経営や事業への関与をより望むのであれば，海外子会社への積極的な本社，親会社によるコントロールによるガバナンスの強化，徹底のほうがよりリスク回避策になるのではないかと思われる。そこで，日本企業として海外子会社のガバナンスはどのようにするべきかについて実務的な視点で論ずることとしたい。

V　海外子会社の不正のリスクへの対処

海外子会社での不正リスクを軽減させるには，どのようにしたらよいのだろうか。1990 年代から繰り返される子会社の不正について，国内の会社法やその解釈議論から消極的な海外子会社管理では上記海外での様々な執行などからして極めて難しい。この海外の動きに企業はどう取り組んだらよいのだろうか。冒頭の CGS 研究会においては，ガバナンス力の強化として(1) 形骸化した取

---

[46]　井原・前掲注[41] 478–490 頁。

[47]　「海外における外国公務員贈賄の摘発事例について」経済産業省〈http://www.meti.go.jp/policy/external_economy/zouwai/casestudies.html〉（閲覧日：2017 年 9 月 20 日）。

締役会の経営機能・監督機能の強化，(2) 社外取締役は数合わせでなく，経営経験等の特性を重視，(3) 役員人事プロセスの客観性向上とシステム化，(4) CEO のリーダーシップ強化のための環境整備を挙げている[48]。ただ，これらの議論はあくまで本社，親会社側の経営層側の強化であり，本題の趣旨とは異なる。ではどのような指標なり考え方でこの課題に企業は挑戦したらよいのだろうか。最近，海外子会社のガバナンスを考える有益なヒントとして，アメリカの司法省が出した「Evaluation of Corporate Compliance Programs」に基づいて評価する方法がある[49]。これは，アメリカ司法省が企業内でコンプライアンスプログラムが本当に機能するのかを質問形式にして確認するものである。逆に，企業がもし不正などで司法当局の調査が入った場合，当局がどのような視点でもって確認するのか，という点で役立つ。この司法省の評価項目は次の 11 項目に集約されている。

① Analysis and Remediation of Underlying Misconduct（根底にある不祥事の分析と改善）
② Senior and Middle Management（経営陣，中間管理職）
③ Autonomy and Resources（自治と資源）
④ Policies and Procedures（ポリシーと手続き）
⑤ Risk Assessment（リスク評価）
⑥ Training and Communications（訓練とコミュニケーション）
⑦ Confidential Reporting and Investigation（秘密報告と調査）
⑧ Incentives and Disciplinary Measures（インセンティブと懲戒処分）
⑨ Continuous Improvement, Periodic Testing and Review（継続的な改善，定期的なテストとレビュー）
⑩ Third Party Management（第三者管理）
⑪ Mergers and Acquisitions（M&A）

---

[48] 「CGS 研究会（コーポレート・ガバナンス・システム研究会）―報告書」経済産業省〈http://www.meti.go.jp/report/whitepaper/data/20170310001.html〉（閲覧日：2017 年 9 月 20 日）。

[49] 「Evaluation of Corporate Compliance Programs」US Department of Justice Criminal Division Fraud Section〈https://www.justice.gov/criminal-fraud/page/file/937501/download〉（閲覧日：2017 年 9 月 20 日）。

国際取引の現代的課題と法

この上記項目にある質問内容を見ると海外子会社のガバナンスの問題点を見ていく上で重要な視点を提供している。それぞれの項目について詳細見ていくこととする。質問項目は極めて実務的な内容となっている。

① Analysis and Remediation of Underlying Misconduct（潜在的不正の分析と改善）

不正についての真因分析について，また事前にそのような不正を探知できる機会（当該違反行為への監査報告など）があったのか。また，その不正を減らすための特質すべき変更や改善は何か。

② Senior and Middle Management（経営陣，中間管理職）

経営陣は，不正のタイプに応じてどのようにして言葉や行動で促したり，阻止したりしてきたのか。企業でのコンプライアンスや改善努力において自身のリーダーシップをどのような具体的に行動で示してきたのか。そのような経営層の振る舞いについて，企業の経営層へのモニタリングはどのようなものか。経営層の適切な振る舞いを下位の従業員がどのようにして手本としてきたのか。

そのようなコンプライアンスに対する経営層やそのステークホルダー（事業や執行の責任者，財務部，法務部，人事部，調達部）のコンプライアンスについてコミットするための具体的な行動とは何か。異なる部門間での情報共有はどのようになされているのか。

コンプライアンスの専門的知見が取締役会でどのように利用されてきたのか。当該取締役会や外部監査においてコンプライアンスや内部統制についての取締役会や非公式の会議などあったのか。不正が起こったとき取締役会でどのように情報が検証されたのか。

③ Autonomy and Resources（自治と資源）

不正に関連して，コンプライアンス部門はトレーニングや決定に関与しているか。コンプライアンスや内部統制機能（法務部，財務部，監査部）は不正の分野について懸念点を挙げていたか。

コンプライアンスの機能は，社内のほかの戦略的機能と比較して地位や補償のレベル，ランク，タイトル，報告ライン，資源，意思決定権者という視点でどのようなものになっているか。コンプライアンスや内部統制の職員の離職率はどうか。コンプライアンスは会社の戦略的あるいは経営的な観点でどのよう

な役割を担ってきたのか。コンプライアンスや内部統制の職員はその職責について十分な経験や資格を有しているか。

コンプライアンスや内部統制機能の部門は，取締役会の誰かに直接報告できる体制になっているのか。その部門はどれくらいの頻度，取締役会で会っているのか。これら会合に事業経営層は出席しているのか。コンプライアンス活動は誰がレビューし，どのようなプロセスでレビューがなされるのか。コンプライアンス役員の報酬やボーナス，任免を決定するのは誰なのか。コンプライアンスや内部統制機能の部門の報告については，本部への報告ラインはあるのか。もしなければ，コンプライアンスや内部統制機能の部門は独立しているのか。

不正行為が起こったときその分野での反論やコンプライアンスの懸念が提起された事例はあるのか。コンプライアンスの懸念とされる取引が中止されるか，変更されるか，あるいはその取引についての詳細な検討を行ったという事例はあるのか。

企業のリスク特性に応じてコンプライアンスや内部統制機能部門の人員配置，あるいは予算はどのようにして決定されているのか。コンプライアンスや内部統制機能部門の予算要求に対して拒否されたのは何回か。また拒否はどのようにして決定されたのか。

コンプライアンスや内部統制機能部門を外部（法律事務所，コンサルタント）にすべて，または一部を委託しているか。そのようにする合理的理由は何か。外部に委託する決定をしたのは誰か。その委託のプロセスはどのように管理されているのか（誰が監督し，誰が連携しているのかを含む）。外部の法律事務所やコンサルタントはどのようなレベルまで会社情報にアクセスできるのか。外部委託の効果についてどのように評価しているのか。

④ Policies and Procedures（ポリシーと手続き）

新しいポリシーや手続きの制度設計や導入における手続きは何か。誰がその制度設計や導入に関与しているのか。事業部門はそれらが本格展開する前に協議しているのか。

不正行為を禁止するポリシーや手続きがあるのか。そのポリシーや手続きが効果的に導入されているかどうかをどのように評価しているのか。ポリシーや手続きを持つ部門はその監督業務についてどのような説明責任を果たしている

のか。不正に関連して，内部統制プロセスにおけるゲートキーパー（たとえは支払承認者など）にガイダンスやトレーニングを実施してきたか。彼らが懸念を伝えた時のプロセスは何か。不正に関連するポリシーや手続きにおいて関連する従業員や第三者とどのように対話してきたのか。企業はポリシーや手続きの有用性をどのように評価してきたか。

コンプライアンスや内部統制の統合については誰が責任を負っているのか。誰と（事業部門）協議しているのか。どのように展開されているのか（コンプライアンスの担当者は従業員がコンプライアンスポリシーを評価しているか）。

不正を探知したり阻止したりするためのコントロールがなされない，または，欠けているのはどのところか。今はどうか。

不正はどのように資金提供されるのか（例えば，注文書，従業員への返金，小口現金など）。そのような資金への不正なアクセスはどのように探知され，阻止されるのか。その手続きは改善されているのか。

不正について，いつ，どのようにして懸念が拡大し，また何を探知するかについて承認責任者はどのようにして知らされていたのか。また，どのようなステップを経てそのような不正が改善されたのか。

もし，購買先が不祥事に関係しているとすれば，購買先の選定方法はどのようなもので，疑念ある購買先はその手続きを通ったのか。

⑤ Risk Assessment（リスク評価）

直面するリスクを定義し，分析し，対処するための方法は何か。

企業がその問題の不祥事のタイプを探知するために役立った情報や方法は何か。企業のコンプライアンスプログラムにその情報や方法は伝えられたのか。明示されたリスクについて説明するリスク評価方式とはどのようなものか。

⑥ Training and Communications（トレーニングとコミュニケーション）

内部統制機能部門の従業員が受講するトレーニングは何か。企業は不正が発生した分野でのリスクに対処する従業員への教育やトレーニングを実施したか。誰に教育し何を主題とするかを決定するに際して何を分析したのか。

出席する聴取者に適切な方式や言語を使ってきたか。トレーニング効果をどのように評価してきたか。

上級管理者は不正が起こったことによる会社のポジションを知らしめるため

に何をしてきたか。会社のポリシーや手続き，管理に従わない従業員の解雇することについてどのようなコミュニケーションをとってきたか。例えば，匿名にして不正の概要を伝えるなど。

コンプライアンスのポリシーについて従業員が利用可能なガイダンスは何か。企業は従業員がいつコンプライアンスに関するアドバイスを求めるのか。また，知りたいと思っているかどうかについてどのように評価しているのか。

⑦ Confidential Reporting and Investigation（秘密報告と調査）

報告メカニズムからどのようにして企業は情報を集め，分析し，使っているのか。受領した申し立ての重大性について企業はどのように評価するのか。コンプライアンス機能は不祥事について調査報告の情報について十分アクセスできるのか。

企業は調査が適切に範囲を決めて，独立で客観的，また，適切に実施され書面化したかをどのように評価するのか。

調査結論に対する回答はどのような手続きを経るのか。調査結論はどのようにしてトップに伝えられるか。

⑧ Incentives and Disciplinary Measures（インセンティブと懲戒処分）

不正に対する懲戒はどのようなもので，いつなされたのか。不正を監督する責任者の責任はあるのか。監督者の不作為による懲戒処分は考慮するのか。当該不正のタイプに応じての企業の記録は何か。不祥事のタイプで解雇，あるいは懲戒処分（減給など）についてあったのか。

不正に対する懲戒処分の決定に誰が加わるのか。

懲戒処分やインセンティブについた組織間で公平に一致して適用されているのか。

企業でのコンプライアンスへのインセンティブをどのように与えてきたのか。可能性のあるネガティブコンプライアンスをインセンティブやその報酬としてどのようにみなしてきたのか。コンプライアンスや倫理的な考慮の結果として取られた具体的な行動の例はあるのか。

⑨ Continuous Improvement, Periodic Testing and Review（継続的な改善，定期的なテストとレビュー）

不正の課題に応じてどのような監査を実施しているのか。監査は実施された

のか，またその結論は何か。通常どのような監査のタイプと改善プロセスが経営層に報告されているのか。経営層はどのようにしてその報告のフォローアップをしているのか。ハイリスクの分野についてどのくらいの頻度で監査実施され評価されているのか。

不正分野でのコンプライアンスプログラムの監査，評価は実施しているのか。具体的には，関連統制行為のレビューや，コンプライアンスに関するデータの収集，分析，従業員や第三者へのインタビューである。報告結果や具体的な行動はチェックされているのか。一般に企業が着手する統制行為のテストは何か。

どのくらいの頻度でコンプライアンスポリシーや手続き，実務をレビューし，リスク評価を実施しているのか。事業部門や関連会社等にコンプライアンスポリシーや手続き，あるいは実務が実施されているかどうかをどのようなステップで決定するのか。

⑩ Third Party Management（第三者管理）

企業によって明確にされた事業リスクの性質やレベルに応じて第三者へのマネジメントプロセスはどのようになっているか。このプロセスは調達や購買のマネジメントプロセスとどのように統合されているのか。

第三者を使う合理性は何か。契約書上適切に役務内容が述べられており，支払い条件が適切で，述べられた契約条件が実施され，提供された役務に対する補償がなされているかどうかを確認するメカニズムはどのようなものか。

コンプライアンスリスクに対する第三者のインセンティブはどのように考慮し，分析されてきたのか。コンプライアンスリスクが何で，どのように管理したらよいかというトレーニングを関係部門の管理者にどのように行ってきたのか。第三者によるコンプライアンスや倫理観のインセンティブはどのようなものか。

第三者の関与する不正がありレッドフラッグが立ったところがあるのか。それはどのように解決されたのか。似たような企業がこのコンプライアンスの課題によって中断，解除，監査されたことがあるのか。企業はどのようにモニタリングしたのか。（例えば解除の際，購買先を再び使わなかったことを確かめるなど）

⑪ Mergers and Acquisitions（M&A）

デューデリジェンスにおいて不祥事，あるいはそのリスクがあったのか。誰が被買収会社のレビューを実施し，それはどのようなものであったのか。一般に M&A でのデューデリジェンスはどのようなものか。

コンプライアンス機能は，買収，合併などにおいてどのように統合されるのか。

デューデリジェンス中に発見された不正，また不正リスクはどのようにして追跡，改善プロセスが実施されるのか。また，新しい企業でのコンプライアンスポリシーや手続きの導入はどのようにして実施されるのか[50]。

この司法省のコンプライアンスプログラム評価の質問項目は極めて企業グループのガバナンスを考慮する上で実践的内容を含んでいる。例えば，3 項目の自治と資源についてである。通常コンプライアンス部門というと，事業部門に比べるとあまり資金的，人的資源が割かれず，あるいは，割かれたとしても不十分なケースが多い。しかし，ここであえてその問題を質問形式という形で取り上げ，コンプライアンスに対して適切な経営資源（人や資金面）で投入しているかを確認している。また，M&A を入れているというところでもユニークなものといえよう。デューデリジェンスでのリスク評価についての質問項目は，実際 M&A できっちり詰めなければならないところであり，M&A で買収ありきというのが往々にして企業の事業部門サイドからあり，それにコーポレート部門が引っ張られる部分である。この項目はそのリスクを踏まえての質問となっており，企業のガバナンス制度等を考えるうえで貴重な示唆を提供していると思われる。

さて，この司法省ガイドラインについては特段海外子会社を念頭に入れているものではないが，M&A で加わった子会社も想定しているように，海外子会社へのガバナンスにおけるチェックを排除するものではなく，むしろ海外子会社を管理する上での実務的視点から不正についてガバナンス上機能していることを確認できる項目となっている。これら評価項目を一つ一つ確認することで海外子会社のガバナンスの課題が浮かびあがっている。この質問項目から次に

---

[50] 「Evaluation of Corporate Compliance Programs」US Department of Justice Criminal Division Fraud Section 〈https://www.justice.gov/criminal-fraud/page/file/937501/download〉（閲覧日：2017 年 9 月 20 日）。

国際取引の現代的課題と法

海外子会社の不正をなくする仕組みには，海外子会社に対する①規則，②組織，③教育・研修，④監査という4つの制度が重要といえ，これらについて具体的に Plan-Do-Check-Action として回すことができるかどうか，である。

まずは，規則についてである。これについて最も根本的な部分は，企業の根本的な精神，理念ともいうべき「経営理念，倫理綱領の制定と徹底」であるといえる。つまり，海外子会社に対して共通の経営理念，社是，社訓について教育していくことである。それには日本語から現地語への翻訳，あるいはウェブなど利用しての現地語による経営理念の浸透が考えられる。ある企業によっては経営理念だけではなくさらに細かな倫理綱領や企業行動基準についても各国語で提供しているようである。なお，各国語の経営理念や細かな倫理綱領などは本社，親会社で用意する，あるいは現地企業に母国語に翻訳するなど委ねることが考えられる[51]。よく海外子会社の現場で聞かれるのは，経営理念は，単なる「お題目」であってあまり評価しない，ということであろう。しかし，経営理念や倫理綱領は，現地での様々な事業活動や経営活動でふと生ずる現場での価値判断の重要な指標である。とりわけ，事業運営上の課題とコンプライアンス上の課題とが衝突する場面での現場のスタッフの判断のよりどころがまさに経営理念であり，倫理綱領ということができる。これによって現地子会社の従業員の判断に迷うことはなくなるし，このような経営理念の浸透により潜在的なリスクが顕在化することがある。つまり，本社と海外子会社が密に連携し，経営理念や倫理綱領を経営活動の要として共有することが規則運営の前提である[52]。

またこの理念に連なるのが各種規則についてである。規則はコンプライアンスのルール化において必要なものである。一例を挙げれば就業規則などや不正支払いに関する規則である。しかし，この規則を整備し海外子会社を管理する上で留意すべきことは，過去の不正事案を見てもよくあるのだが，規則自体が「絶対化」してしまうか「空文化」する可能性である。どうしても規則はそれ自体が目的化してしまい，また，定期的なメンテナンスもおろそかになってしまう。そこでは過去の不正についての記憶が薄れることから，規則の運用が形

---

[51]　小林俊治・高橋博夫『グローバル企業の経営倫理・CSR』（白桃書房，2013 年）114-115 頁。

[52]　小林ほか。前掲注[51] 114-115 頁。

式的なものとなる。これが再び海外不祥事を招く要因といえる。よって規則については，司法省の指針の「4 ポリシーと手続」にもあるように制定前から事業部門と規則についての考え方や導入プロセスを一緒に行っていくことが考えられる。さらには，制定後の定期的（毎年あるいは 1 年ごと。監査の結果を踏まえて）な規則の見直し，あるいは，監査に基づく規則自体の改廃を行うべきである。そもそも企業活動では，取り巻く環境や市場の変化などにより事業そのものは変化するものであって，規則制定当時と事業内容なりが変わらないというのはほとんどない。事業の変化や推移に応じた各種規則の改正と運用が必要となる。なお，規則に関してであるが，海外子会社の不正情報について，その情報の報告方法等は明確に規定し，子会社に情報の取り扱いについて裁量の余地をなくすることがよくいわれる。これは過去の不正において子会社内部で問題解決を図る結果，より事態が深刻になるというケースが多かったからである[53]。報告方法の明確化とは別に，海外子会社など企業グループ内部の調査規程を設けて本社，親会社による子会社調査に関する内部調査規程を設けることで一種のガバナンスを効かせるというのもある[54]。いずれにしても海外子会社へのガバナンスを効かせる仕組みづくりとしての規則や規程整備が必要である。

　次に②「組織」である。多くの企業では様々な海外子会社を管理する組織，ガバナンスの体制を構築している。ある企業においては関連会社の自律経営を原則として，関係会社の主管者（営業部門の本部長，あるいは地域ごとの本部長）を置き，次のような職責を担わせている。①連結経営体制の構築・維持，②内部統制の構築・維持，③重要な事項の把握および意思決定，④関係会社への役員の差し入れ，⑤重要リスクの把握。これら主管者を通じて関係会社の運営の重要事項について所定の手続きを行うとしている[55]。これはある企業での関連会社のガバナンスをどのように行うかという一例であるが，組織については各社の事業内容やコーポレート部門，コンプライアンス部門の位置づけなどによって変わるので一概にその組織形態が正しい，あるいは誤っているという議

---

[53]　持田大輔「第 12 回　海外子会社の管理に関する留意点」国際商事法務 43 巻 1 号（2015年）72 頁。

[54]　長島大野常松法律事務所・前掲注[21] 247-251 頁。

[55]　鈴木・前掲注[43] 102-103 頁。

国際取引の現代的課題と法

論はない。経営や事業運営を踏まえたうえでコンプライアンスが効率的に運用
される組織体制を検討すべきである。なお，親・子会社の管理組織としては直
接本社が管理する中央集権型と地域ごとの統括会社を置いて管理する地方分権
型があるとされている[56]。事業の発展形態により違いはあるが，中央集権型
の場合，とかく事業部門と直結することにより各事業部門の意思が明確に伝わ
りやすい反面，事業本部と海外子会社と一緒に不正に関与する場合，本社，親
会社のコンプライアンス管掌部門で管理やチェックができなくなるといったこ
とがある[57]。ゆえに，地域統括会社のコンプライアンス管掌部門から海外子
会社監視するという方法については企業規模にもよるが検討すべきである。

　なお，これら管理する組織の情報の流れでは組織の「壁」による情報遮断を
超えるものとして，情報の複数ルートからの報告という仕組みづくりである[58]。
それは単に海外子会社から本社への報告ルートだけではなく，内部告発制度や
ホットラインの仕組みを海外の事業拠点で制度化するといったことが重要であ
ある[59]。当該制度については，機能しないのではないか，あるいはほとんど
の情報が取るに足らないといった意見を聞くことがある。しかし，その中には
端緒となる貴重な情報が含まれていることがあり，実際その内部告発によって
不正が顕在化することはよく言われる。よってコンプライアンス機能を発揮さ
せる組織において様々な情報ルートの確保が何より求められる。

　さらに，この組織を運営する人事面での手当ても必要である。海外子会社の
場合，現地の慣れの問題や限られる人的資源などから，現地派遣者の固定化が
進んでしまう[60]。企業としては業務に精通しておりスピード経営が可能とな
る一方，不正の原因とされる。よって人事サイクルの工夫が必要である[61]。
一定程度の人事異動により不正が明るみになることもよくあることであり，そ
のような人事面での手当てが組織の健全化には必要なことである。

　さて「教育・研修」である。これは，海外子会社に対する定期的な教育研修

---

[56]　長谷川・前掲注[22] 39，45頁。
[57]　長谷川・前掲注[22] 39頁。
[58]　持田・前掲注[53] 72頁。
[59]　小林ほか。前掲注[52] 116頁。
[60]　持田・前掲注[53] 72頁。
[61]　持田・前掲注[53] 72頁。

448

であるが，海外子会社の教育研修といった場合，次のことを教育・研修の部門は検討することとなろう。海外子会社での教育・研修の対象者（役員，従業員），開催頻度，教育・研修コンテンツ，研修後のフォローアップなどが検討項目して考えられる。その場合，教育・研修は各会社に対してしつこいくらい繰り返し行うことである。毎年繰り返すによりその研修が形式に走りがちなることから，教育・研修の実を上げるには，運営状況や次に述べる監査活動から見える課題を反映させたコンテンツ作りが求められる。通常法改正，あるいは企業内での不正自体，頻繁に発生するものではないことから，どうしてもコンテンツ内容の陳腐化して，それがゆえに海外子会社の教育・研修がおざなりになってしまうのではなかろうか。例えば，法改正や不正がない場合には，監査活動の記録から課題について挙げること，あるいは，事業実態を踏まえての不正事業の想定集など様々な仕掛けを準備した教育・研修である。また，役員，従業員に疑問を持ってもらう教育・研修で，受講者から「聞いていると，これはどうだろうか。」といった質問を出させるようなコンテンツである。単に仕組みなどを説明するのではなく，事業実態や背景を想像しながら質問を引き出すような教育・研修を行わなければならない。教育・研修は，一方通行のものではなく，双方向での議論ができる唯一の場であり，この機会を利用することで様々なリスクを顕在化するメリットがあることを記憶しておきたい。

　最後に④「監査」である。監査については，よく PDCA サイクル（Plan-Do-Check-Action）の Check の機能であるといわれる[62]。海外子会社内部でのコンプライアンス活動が規程に基づいて組織が運営されているかどうかを確認し，その上でもし不十分な部分があれば手当てし，次のコンプライアンス活動を強化するというのがこの監査の目的である。実務上，実際の監査活動では人的リソースやコストの面で制約を受けることからリスクの高低などにより種類分けし，リスクの高い地域には重点的に往査を行うといったことが行われている[63]。限られた予算と人員で海外子会社の往査が行われているのが現実といえる。それゆえ通常，現地でのヒアリングを含む往査よりも書面に基づく監査といった

---

[62]　長谷川・前掲注⑳ 151 頁。

[63]　「監査役の海外監査について／アンケート調査結果／海外監査チェックリスト」海外監査研究会 5 頁〈http://www.kansa.or.jp/support/library/misc/post-90.html〉（閲覧日：2017 年 9 月 25 日）。

国際取引の現代的課題と法

手法を用いて，その海外子会社のリスク評定を行うことになる。しかし，監査においては，海外子会社の様々なリスクを考慮した上で定期的な往査を実施する中で皮膚感覚としてリスクを認識したうえで，各社のコンプライアンス活動のPDCAを回すことが重要である。また，監査活動といった活動で現地のスタッフと質疑を繰り返すことによってリスクの端緒が見えてくることもある。その意味では，書面監査と往査を各地域，あるいは過去の不正の内容などから，ただすべての地域において監査（往査）をするのではなく，メリハリをつけた監査活動が求められる。他方，その監査活動を支える人材についても中長期的な育成が必要だ。監査の人材については，端緒を見つけるかもしれない重要な役割を担っていることから，単にコンプライアンス活動の規則の整備状況や運用，さらには教育研修活動の実施の有無といったものだけではなく，各担当者とのヒアリングを通じて端緒を探すというクセをつけるといったことを日常的な監査活動からつけるといったことも地道な監査を支える意味で忘れてはならない「ノウハウ」である。

　最後にM&Aについて触れる。M&Aは不正の原因でも述べたが，買収後の統合プロセス（PMI　Post Merger Integration）がすべてといってよい。両者とも違うコンプライアンス規程，教育・研修，組織，監査をまとめるのはきわめて難しい。そもそもM&A自体，企業風土が異なる同士であるがゆえに簡単ではないといわれる。とはいえ，PMIを実施するためには，①トップのコミットメント（これからが始まりであり，統合に向けて準備することや経営理念の共有化），②人材面，資金面での支援（被買収企業の現場に任せることと買収企業がコントロールすることの峻別や継続的な支援，あるいはミドルクラスや現場担当者の関係構築），③PMIプロセスのモニタリング（統合プロセスの課題の共有，進捗の度合い，新たなリスクの確認など）が，先ほど述べた規則，組織，教育・研修，監査というプロセスでどのように機能しているのか，あるいは機能していないのか，といったことをモニタリングしたり，チェックしたりすること地道に続けることである。M&Aの不正対応は海外子会社のそれと項目としては同じだが，企業文化の違いといった部分で中身においてかなり時間と労力を要する。よってM&Aでの人的，資金的手当ては海外子会社の管理以上となろう。それゆえ，このプロセスを「現地のことは現地」といった安易な発想で無視する，あるいはプロセスを省略すればどのような結果となるかは過去の不正事例を見

れば明らかである。M&A では地道に規則，組織，教育・研修，監査という PDCA 対応することが一層求められる。

VI 終 わ り に

　海外子会社とコーポレート・ガバナンスについて過去事例から要因分析，法制度面の検討を経て最終的な不正防止の処方箋について議論した。日本は貿易立国であり，海外市場と結びつくことで経済が発展してきた歴史がある。日本企業はこれからも海外での事業をますます発展させるだろうし，その経済発展においては多くの海外子会社を展開させていくことになろう。さらに言えば「日本」企業という枠を超えて本社が日本国外にあるような世界企業となっていくであろう。最近，ある日本企業は本社をアメリカに本社を置いて，グローバルに事業展開する新会社の設立もあった[64]。このように日本企業が常に海外市場に目を向けている時代で日本企業はどのようにして海外子会社へのガバナンスを効かせたらよいのか，本論稿がそれを考える上での一助となれば幸いである。

[64]　「日立製作所プレスリリース」日立製作所〈http://www.kansa.or.jp/support/library/misc/post-90.html〉（閲覧日：2017 年 9 月 20 日）。

19 企業グループ内部統制と海外子会社管理の方法論

平 野 温 郎

I　は じ め に
II　問題の所在
III　構築すべき最低水準のシステム
IV　海外事業展開において子会社に求められる水準
V　モニタリング方式の限界と包括的な仕組み構築の必要性
VI　海外子会社管理の方法論
VII　お わ り に

I　は じ め に

　近年日本企業は，激化する企業間競争を勝ち抜くため，複数の企業が集団として連携するグループ経営を更に加速しており，海外事業展開においても，事業分野および展開地域の両面において，多様性に溢れた企業買収（M&A）による事業ポートフォリオの拡充を進めている企業グループが少なくない。そのような状況下，海外子会社等の拠点の適切な管理は，日本企業の経営課題として，ますます重要なものとなっている。海外子会社管理の目的は，国内子会社のそれと異なるものではなく，最終的には子会社の定性的，定量的事業目的の持続的達成にあるが，そのためには，子会社の自律的な成長の支援と経営の質の向上を図るとともに，企業価値の維持や拡大を阻害するリスクを予見し，極力防止する仕組み，および，仮にリスクが顕在化しても，組織的に発見・対処して直ちに影響を最小化し得る仕組みを構築，推進し，持続的に改善すること，すなわちリスクマネジメントが必須である。具体的には，①不祥事の防止体制，②不測の損失の防止体制，③効率的かつ有効なコンプライアンス体制の維持が必要であるが，内部統制システムは，これらの基盤的な「手段」ないし「装置」として位置付けることができ，企業グループ経営における適法性，適切性

『国際取引の現代的課題と法』澤田壽夫先生追悼〔信山社，2018 年 4 月〕　　*453*

や効率性の確保，向上を促進するための包括的な制度的メカニズムとして，グループコーポレートガバナンスの中核を担っているといえる。

2014 年の会社法改正（2015 年 5 月 1 日施行）によって，企業集団における内部統制システムが会社法本体に格上げされた結果，その法的位置付けが強化されたと解され[1]，特に大会社（資本金 5 億円以上または負債 200 億円以上の株式会社），指名委員会等設置会社および監査等委員会設置会社については，企業集団の業務の適正を確保するための体制を決定することが義務付けられた（例えば大会社である取締役会設置会社の場合，会社法 362 条 5 項）。また，会社が内部統制システムを決定した場合，その概要に加えて，運用状況の概要を事業報告において開示しなければならないこととされた（会社法施行規則 118 条 2 号）。本改正により，親会社取締役は，企業集団の内部統制システムの観点から任務懈怠責任を問われる可能性が高まったと認識すべきであるとされる[2]。子会社管理の要諦は，一般的には，透明性の確保（情報が適時適切に得られること）を含む適切な内部統制システムの構築・維持を通じて，子会社の業務執行の質を引き上げ，自律的経営を軌道に乗せることにあり，このことは企業グループ経営の観点からも重要であると考えられる。そこで，多くの大手上場企業において，そのコーポレートガバナンス原則が改正会社法に合わせて改訂され，会社法が求める企業集団内部統制体制の構築，運用が強化されている。

ところが，万全の体制を取っているはずの大手上場企業グループにおいて，海外子会社による法令違反などの不祥事が発生，深刻化し，グループ全体の信用・信頼をも毀損して，企業価値が大きく損なわれる事案や，巨額の損失が発生する事案が後を絶たない。多くの企業にとっては，こういった事案を他山の石とし，自社グループに内在するリスクの内容や，それが顕在化するとした場合の原因を明らかにした上で，自社の体制を客観的，具体的に検証し，運用を改善すべきである。しかし，現在の子会社管理に関する議論の主眼は，内部統制強化の文脈における抽象的な統制環境の整備水準であるとか，親会社取締役の善管注意義務の程度といった問題に止まっており，そこから更に進んで，海外事業展開を視野に入れた上での具体的な体制にはどのような方法論が考えら

---

(1) 高橋均「グローバル企業における海外子会社のリスク管理と親会社取締役の責任」国際取引法学会 2 号（2017 年）40 頁。

(2) 同上。

れるかについての本格的な検討は，実務においても必ずしも深まっているとはいえない[3]。本稿では，この企業グループにおける内部統制の構築・運用義務に関する，日本における最近の議論の動向を踏まえた上で，海外子会社の不祥事等を抑止するための管理体制構築にあたっての課題について述べるとともに，筆者の実務経験に基づく方法論を提示したい。

Ⅱ　問題の所在

これまでに海外事業展開において問題となった日本企業の事例は，①不祥事については，法令違反（就中，価格カルテル等の競争法違反や，外国公務員等への贈賄，事業規制法令違反）が主なものであり，②不測の損失については，買収した子会社グループ内企業（孫会社）の粉飾決算による減損，子会社が買収した企業（孫会社）における損失約定に伴う減損，子会社の事業法令違反を原因とする事業不振による減損などが挙げられる。これらは，①買収時における不十分な due diligence，②買収後における post-acquisition integration の不徹底，③コンプライアンスプログラムの不備，コンプライアンス軽視ないし感度不足，④戦略的なグループガバナンスポリシーおよびシステム（持続的な管理・育成のための方針，枠組み，組織的管理手法等）の欠如ないし不全，⑤法務・コンプライアンス部門の能力や関与の不足などが原因として想定できる。不祥事や不測の損失は，いずれも株主代表訴訟に結びつき易い重大な問題ではあるが，海外事業展開を行う企業であれば，本来はかなり抑止が可能なはずであるにもかかわらず，なぜ問題発生が後を絶たないのであろうか。事案毎に個別事情が存在することは当然であり，企業や経営陣の体質そのものに起因する場合もあるが，内部統制システムの整備という観点からは，会社法上の具体的な指針，基準が示されておらず，実務においても実効性のある管理手法の研究が進んでいないという事情も影響しているのではないかと考えられる。

会社法に基づいて大会社が決定義務を負うのは，会社法362条4項が列挙する事項中，6号の「取締役の職務の執行が法令及び定款に適合することを確保

---

(3)　ただし，高橋均『グループ会社リスク管理の法務（第2版）』（中央経済社，2015年）は，海外子会社に対するリスク管理の実践（第3編第1章）を含むグループ会社管理全般に亘って，詳細な実務的検討を行っている貴重な文献である。

国際取引の現代的課題と法

するための体制その他株式会社の業務並びに当該株式会社及びその子会社から成る企業集団の業務の適正を確保するために必要なものとして法務省令で定める体制の整備」に係る事項である。この体制の具体的な内容については，会社法施行規則に規定されており（取締役会設置会社の場合，100条1項5号），子会社の取締役等の職務の執行に係る事項の親会社への報告体制，子会社の損失の危険の管理に関する規程その他の体制，子会社の取締役等及び使用人の職務の執行が効率的に行われることを確保するための体制，子会社の取締役等の職務の執行が法令及び定款に適合することを確保するための体制とされている。なお，会社法の規制は，日本の会社法を準拠法として設立された「株式会社」ではない外国会社である海外子会社そのものに及ぶものではないが，外国会社（海外子会社）に対しても，日本法に基づき設立された会社（親会社）がその経営を支配していれば，会社法上の子会社になり得るとの規定から，外国法に基づき設立された海外子会社も企業集団に含むことになり，企業集団の内部統制システムの範囲が及ぶ[4]。

　同号にいう体制とは，企業集団全体の内部統制についての親会社の体制のことであり，企業集団全体の内部統制についての当該親会社における方針を定めることとなるのであって，当該親会社が企業集団を構成する子会社自体の体制についてまで決議する必要はないとされる（法務省・意見募集結果第3の2(9)③）。しかし，海外子会社に不祥事が発生した原因が，親会社が定めた企業集団の内部統制システムの不備にある場合には，親会社の取締役はその職務につき任務懈怠責任を問われるリスクがあるので，そのような不備のない内部統制システムを構築，運営する必要がある。この内部統制システムをどのように構築するかについては，従来の我が国裁判例では，基本的には経営判断の問題であり取締役の広い裁量があるとされてきた。この裁量の意味については，現実のリスク管理体制の良し悪しに立ち入った議論が展開されている裁判例が少なくないとして，より積極的に経営判断原則を適用し，裁判所は判断内容の合理性に立ち入るべきではないという見解[5]がある一方，内部統制システム構築義務それ自体に経営判断原則を及ぼすという趣旨ではなく，構築すべき最低水準のシス

---

(4)　高橋・前掲注(1) 41，42頁。
(5)　田中亘「取締役の責任軽減・代表訴訟」ジュリスト1220号（2002年）32頁。

456

テムを前提とした上で，最低水準を超えてどこまで充実させるか，そしてその具体的な手段の選択について，個々の会社の規模や特性に応じて経営者の裁量が働くに過ぎないと考えるべきであるとの見解が有力に主張されている[6]。内部統制システムを構築しないという決定も経営者の裁量として会社法上は許されるが[7]，海外で事業展開する企業グループの親会社取締役のそのような経営判断に合理性を見出すことは困難であると考えられる。その一方で，構築されるリスク管理体制の良し悪しや水準を立ち入って評価する場合には，海外子会社を含む企業グループとして構築すべきシステムの最低水準（不合理，不適切でない水準）とは何か，それを超えてどこまで充実させる必要があるかについての考え方の基準を，実務の指針となるように見極める必要がある。

　日本において子会社管理が裁判において問題となるのは，主に親会社取締役の任務懈怠が追及される場合であるが，親会社（の取締役）の責任が認められるのは，法人格否認の法理が妥当する場合か，親会社の取締役が子会社に指図するなど，実質的に子会社の行動を支配しているという状況がある場合であり[8]，学説でも，一般論として親会社取締役は子会社管理もその任務として担い，会社の資産である子会社の株式の価値を維持するために必要・適切な手段を講じることが，親会社取締役の善管注意義務から要求され，株主である親会社として，取ることのできる手段を適切に用いて対処するというのも，当然その内容に含まれ得るが[9]，親会社が子会社の意思決定，業務執行に逐一介入することが求められるものではなく，子会社の業務の効率性・適法性の確保については子会社（の取締役）が一次的に責任を負うとされている[10]。子会社から情報を収集し，必要に応じて子会社に対する是正措置を講ずるという意味での，親会社取締役の子会社監視・監督義務を認めた判旨と理解できる裁判例もあるが[11]，その一般的な規範化には疑問が呈されている[12]（ただし，これには批判も

---

(6)　野田修也「内部統制システム」『会社法判例百選（第3版）』（有斐閣，2016年）109頁。

(7)　中村直人編著『コンプライアンス・内部統制ハンドブック』（商事法務，2017年）90頁。

(8)　野村證券事件（東京地判平成13年1月25日判例時報1760号144頁），ビューティ花壇事件（東京高判平成25年3月14日資料版／商事法務349号32頁）。

(9)　法制審議会会社法制部会第22回会議議事録5頁（藤田友敬幹事発言）。

(10)　森田多恵子「裁判例にみる企業集団における内部統制」商事法務2092号（2016年）32頁ほか。

国際取引の現代的課題と法

ある）[13]。このため，日本法の下で求められる子会社管理の具体的な手法として，しばしば挙げられるのが，①内部統制の基本方針の策定，②親会社への報告体制の整備，③子会社役職員への教育の充実，④グループとしての内部通報制度の整備，⑤内部監査体制やモニタリングの強化といった，非介入的かつ二次的ないし間接的な手法である。これらは，筆者の前職企業（日本の総合商社である）においても実際に行われていた方法であり，実務として異論のないところではあるが，これらが最低水準なのかどうか，具体的な中身はどの様なものが望ましいかについては，必ずしも体系的に明らかにされているとはいえない。むしろ，過重な内部統制システム構築義務を回避するという観点から，子会社の業態や実情，費用対効果に照らした裁量が認められていることもあり，海外事業展開に伴う実質的な整備や運用の青写真が，必ずしも企業の経営者や事業管理部門，法務部門において十分な切迫感を持って形成されておらず，担当営業部門や内部監査部門任せになっている可能性がある。まして，内部統制システムに基づく様々な対応を，海外子会社に対して有効かつ効率的に実施していくための，上記のような個別的な手法を超えた包括的な仕組みを構築している企業は限定的であろう。企業グループ全体としての企業価値向上を使命とする親会社の取締役（そして事業管理部門や法務部門）としては，本来の任務の有り姿に立ち戻り，コンプライアンスを始めとするリスクマネジメントを主導的に推進すべく具体的な仕組みや基準を定めるとともに，間接的手法からより直接的で能動的な手法に軸足を移して実施するという考え方に，意識転換を図っていく必要がある。

Ⅲ　構築すべき最低水準のシステム

内部統制システムの最低水準として，グループ内の多数の子会社にとって最適で，最もコストがかからない包括的かつ効率的なものが見出せれば理想的ではあるが，これは容易ではない。そこで，公益社団法人日本監査役協会の海外監査研究会がまとめた「海外監査チェックリスト」（QUESTIONNAIRE for Au-

---

(11)　福岡魚市場事件（福岡高判平成 24 年 4 月 13 日金融・商事判例 1399 号 24 頁）。

(12)　森田・前掲注(10) 32 頁。

(13)　高橋・前掲注(1) 56 頁，注 37。

458

dits by Audit & Supervisory Board Member)[14]や，一般社団法人日本内部監査協会・CIA フォーラム研究会報告「海外監査の手引き」[15]といった，これまでの実務の結晶ともいうべき成果物に基づいた監査の実施を最低水準の要素とすることが考えられる。しかし，それだけでは，実質的に内部統制が機能しており，リスクが適切に管理されているかどうかまでは確認できないことも少なくないと思われる。このリスト自体もチェック項目を列挙したに止まり，具体的に何をどこまでやれば企業集団の内部統制システムとして最低水準を充足しているかという疑問に対する回答には，直接にはなっていない。この点について，より踏み込んで，①同時期の同業他社並みでよいか，②すべてのリスクを排除しなければならないか，③どの程度のリスクを想定すればよいか，④費用対効果を勘案してよいか，という要素から，水準を詳細に検討した興味深い先行研究[16]があり，筆者の前職企業（その米州本部・米国法人）においても，理論的な整理はさておき，現実として同様の考え方でリスク管理体制を構築してきたので，これらの要素に基づいて考えてみたい。

　まず，ここでいう最低水準を，我が国会社法において求められる水準と同一であると考えた場合には，日本システム技術事件最高裁判決[17]によって示された，「通常想定されるリスクを防止し得る」水準でよいということになる。この水準は，当該時点での国内同業他社並みの水準（平均点近辺）という意味であり，それは，知見の集積と水準感の共有によって，経済界全体で構想されている合理的な内部統制システムに従っていれば，それが著しく不合理であるとは考えられないからであるとされる[18]。この考え方に基づいて①から④の要素を検討すると，①の点については，例えば総合商社であれば，国内の他商社（必ずしも総合商社に限られず，海外展開している専門商社や貿易業者，資源会社なども含まれるであろう）が海外子会社管理について採用しているシステムと

---

[14]　高橋・前掲注(3) 102 頁にそのコア部分の抜粋（和英併記）があるほか，和文チェックリストの全項目は，同研究会「監査役の海外監査について」（2012 年 7 月 12 日公表）に掲載されている。同協会の Web site（http://www.kansa.or.jp/support/library/misc/post-90.html）参照（最終閲覧：2018 年 1 月 16 日）。

[15]　月刊監査研究 508 号（2016 年）54 頁。

[16]　中村直人『判例に見る会社法の内部統制の基準』（商事法務，2011 年）61 頁。

[17]　最判平成 21 年 7 月 9 日判例時報 2055 号 147 頁。

[18]　中村直人『ケースから考える内部統制システムの構築』（商事法務，2017 年）82，83 頁。

同等（平均点近辺）であれば良さそうであるということになる。しかし，国内事業のみを行っている企業グループに比べれば，水準は切り上げて考えることになるとはいえ，グローバルに事業展開する総合商社において，国内の同業者の中で平均的な体制が，リスクの顕在化を抑止できる管理体制と判断することに合理性があるというのは，少なくとも欧米等の海外投資家の視点からは説得力に乏しいように思われる[19]。国内他商社比較での平均点を超えて，欧米のグローバル企業の動向をにらみながら最低水準を自ら見極め，更にそれをどこまで切り上げるべきかが，経営判断の合理性を左右する争点になるのではないかと考えられる。もっとも，海外の同業者，例えば，世界的にも最高水準のコンプライアンス体制を敷いている米国 GE グループ並みである必要があるのかと言えば，同グループ水準の体制が平均点ではないのは明らかなので，通常は，類似の業容，業態を取る欧米同業他社の平均的基準（これは，欧米系弁護士やコンサルタントなどを通じて，知見や水準感などの情報を得ることが可能である）が最低水準になるものと考える。

　次に，②および③の点については，考えうるリスクを網羅的に想定することは可能ではあるが，すべてのリスクを完全に予測した上でそのすべてを排除するシステムを構築し，維持することは，極めて過重な体制を求めることになり，そもそも裁量があるということの意味がなく，管理上も逆に重要なリスクに対する備えが手薄になることが考えられ，それは内部統制の本旨にも反するものと思われる。日本システム技術最判は，すべてのリスクではなく通常想定されるリスクが回避できる体制であればよいと言っており，また，弥永真生教授も，「リスクを完全に排除できるリスク管理体制を整備すべきことまでは求められていない」と言われている通りであって[20]，水準の見極めにあたってリスクベースアプローチの手法を用いることは許容されるべきである。実務上も，この手法を取っているグローバル企業は少なくないと思われる。

　最後に，④の点は判断が難しい。例えば，事業規制法によって法令遵守制度構築義務が法定されているならば，これは費用対効果にかかわらず現に求めら

---

[19]　同主旨の見解として，森田・前掲注(10) 34 頁。
[20]　「有価証券報告書の虚偽記載と内部統制システム構築責任」ジュリスト 1385 号（2009年）61 頁。

れている制度の構築が当然かつ最低限であるといえそうである。一方で，経営判断とは，具体的状況下で，事実認識・意思決定過程に不注意がなければ，取締役には経営資源に照らした広い裁量が認められ，原則として後知恵的に責任を問われることはないというものであるから，上記のような法令上の義務があるもの以外は，適切なリスクプロファイリングによるリスクベースアプローチに基づき，「効果」が大きいもの，すなわち法令違反の影響度（定性，定量）が大きいものや，発生頻度が高いものの抑止にはリソースを優先的に配分し，他の軽微なリスクについては必要最低限ないし敢えて事後対応に徹する，というやり方は許容されるべきである。田中亘教授も，「一般に，内部統制システムの整備には費用がかかる以上，システムの内容は，対費用効果を考慮して決定する必要があり，高度な経営上の知見・経験を必要とする。したがって，どのような内部統制システムを整備するかについては，取締役に広い裁量が認められるべき」としている[21]。例えば，近年頻繁に問題となっている競争法違反や腐敗防止法違反については，子会社による違反が親会社に責任として遡上する場合が想定され，また課徴金等の額も高額になるものであることから，優先度が最も高いと考えられる。これらの法令のエンフォースメントの状況や各種ガイドラインの内容，専門的な知見を持つ弁護士の助言に基づけば，海外展開する企業グループにとっての最低水準がどこにあり，自社固有の業態や事業内容に応じてどの程度の制度を構築すれば良いか，そのための費用がどの程度になるかは，十分見通すことが可能である。逆に言えば，そのようにして違反結果や抑止策を認識することができるのに，必要なリソースを投入して上述のグローバル同業他社基準に合致した予防体制を構築せず，結果として違反により多額の課徴金等を負担することとなった場合には，会社法上も取締役としての責任を免れないのではないかと考えられる。なお，費用対効果を勘案するという場合，少なくとも具体的にどのような選択肢を検討し，費用をどのように算定して効果と対比したのかの記録を残すことは重要であろう。

---

[21] 田中亘『会社法』（東京大学出版会，2016 年）268 頁。

Ⅳ 海外事業展開において子会社に求められる水準

次に、海外子会社について企業グループ内部統制上求められ得る、現時点での最低水準を具体的に見極められないか、日本における裁判例を手がかりにしながら検討する。

(1) 三菱商事株主代表訴訟事件（東京地判平成16年5月20日判例時報1871号125頁）

「原告らは、補助参加人（＝三菱商事）の法令遵守体制の構築義務違反をも主張しているので、この点を検討するに、《証拠略》によれば、補助参加人は、各種業務マニュアルの制定、法務部門の充実、従業員に対する法令遵守教育の実施など、北米に進出する企業として、独占禁止法の遵守を含めた法令遵守体制をひととおり構築していたことが認められる」と判示されており、①北米において事業展開する企業として、独占禁止法を遵守体制の対象としていること、②予防策としてのマニュアルの制定および教育、③リスク管理体制の一環としての法務部門の充実という組織の存在が評価されている。企業集団の内部統制においても、これらが最低水準（不合理でない水準）であるとされる可能性がある。もっとも、本判決から既に10年以上が経過しており、内部統制は時代に応じて進化すべきものであるから、グローバル化が進展した現在の水準として十分かどうかは再考を要する。例えば、米国市場に影響を与えるようなカルテルのリスクがある企業グループの場合、米国独占禁止法の規制当局である司法省が企業のコンプライアンス体制についてどのような運用を求めているかを継続的に検証し、自社（親会社および子会社）のマニュアルや教育内容に適切に反映し続ける必要があると考えられる[22]。更に、独占禁止法の執行は、米

---

[22] 司法省当局者の発言などをみても、連邦量刑ガイドラインのコンプライアンスプログラムは最低水準であり、その上に具体的な内部通報制度の整備、積極的な予防対応能力を持つ法務部門の設置、定期的な独禁法内部監査などが求められている。欧米系弁護士が持つ知見や水準感は、こういった当局の動向を基に形成ないし修正され、顧客であるグローバル企業に継続的にアドバイスされるので、それが平均的水準になっていくことは、少なくとも実務的には容易に想定できる。日本の公正取引委員会も、同様に、企業のコンプライアンス体制について、詳細な指針等を2012年（国内法関係）、2015年（外国法関係）に公表している。

国のみならず，EU や中国などアジアにおいても厳格化されていることにも留意する必要がある。特に EU 独禁法に関して注意すべきは，グループ子会社の違反行為に対する親会社の責任を問う動きである。2009 年 9 月 10 日，欧州裁判所の最終審（European Court of Justice）が，オランダの化学品メーカー Akzo Novel 社に対して，同社の 100 ％子会社 4 社の EU 競争法違反（カルテル・制裁金 2,099 万ユーロ）に関し，親会社である同社（カルテルには直接参加していない）が子会社と single economic unit を構成しており，連帯して責任を負う旨の判決を下した事例が話題となった。この事例は，100 ％子会社の競争法違反については，親会社が子会社に対し「決定的な影響」（decisive influence）を与えているものと推定され，子会社が市場において独立して行動していたことを有効に反証できない限り親会社の連帯責任が認定されるというものであり，この反証のハードルが非常に高い点が問題である。本判決に先立って提出されたココット司法官意見書（Opinion of Advocate General Kokott delivered on 23 April 2009）によれば，①親会社が投資会社であって，純粋な金融収益目的の投資であること，② 100 ％保有が一時的かつ短期間であること，③親会社が法的な理由で子会社に対する 100 ％のコントロール権を行使できないこと等の立証が必要であるとされる[23]。他の関連する裁判例を見ても，親会社が通常の事業会社である場合に，100 ％ないしこれに準ずる出資先の子会社に対して違法行為を指示しておらず，むしろ法令遵守を求めていたとか，そのマーケット・販売政策や日常経営に関与していないといった親会社側の主張は，上記意見書の考え方に則して悉く認められていないのが現状である。この問題は，欧米等の弁護士によって広く認識され，随時アラートも発信されており，企業内の法務担当ルートを通じれば情報の入手は容易である。「親会社と海外子会社は別法人であるから子会社の不祥事につき親会社の責任は問われない」

---

[23] 同意見書の関係部分（パラグラフ 75 の脚注 67）は次の通りである：“The Commission correctly mentions the following examples in this regard: (a) the parent company is an investment company and behaves like a pure financial investor, (b) the parent company holds 100 % of the shares in the subsidiary only temporarily and for a short period, (c) the parent company is prevented for legal reasons from fully exercising its 100 % control over the subsidiary; see also the examples cited by Advocate General Warner in his Opinion in *Commercial Solvents*, cited in footnote 62.”（このワーナー司法官の例示も，考え方は基本的にココット司法官の見解と同様である。）

という考え方が日本の親会社側で強調される場合があり，このような考え方は，「海外子会社の重大不祥事防止のための体制構築については，親会社が深く関与しない方が親会社取締役のリスクヘッジになる」という認識に基づくことが多いが，EU 市場に関わる事業を行っている場合，EU 競争法遵守の観点からはこのような考え方は妥当しないことになる（そのような認識を「別法人ドグマ」と呼び，そもそも誤りであると指摘するものもある）[24]。法人格否認や親会社による実質支配を親会社責任発生の根拠とする前出の野村證券事件の判旨に沿って，内部統制体制の最低水準を定めることは，もはや適当ではないと考えるべきである（会社法改正もあり，当該裁判例に先例的価値はないという見方も少なくない）。親会社としては，グローバルな観点から自社における独占禁止法遵守のための有効かつ効率的な体制を構築，運用することはもとより，グループ内の子会社に対し，グローバル同業他社基準に基づく親会社の体制に準じた体制を構築，運用するように強く働きかけ，法務要員の配置を促すとともに，リソースが限られている子会社任せとせず，自らも法令の改廃やエンフォースメントの動向など，関連情報のアップデートやグループ内での共有について，主体的な立場で関与する必要がある。

(2) **ヤクルト株主代表訴訟事件**（東京高判平成 20 年 5 月 21 日判例タイムズ 1281 号 274 頁）

「デリバティブ取引に係るリスク管理の方法が模索されていた当時の状況においてみると，このようなリスク管理体制は，確かに金融機関を対象に，大蔵省金融検査部（当時）が平成 6 年（1994 年）11 月に発表した「デリバティブのリスク管理体制の主なチェック項目」や，日銀が平成 7 年（1995 年）2 月に発表した「金融派生商品の管理に関するガイドライン」には劣るものの，他の事業会社において採用されていたリスク管理体制に劣るようなものではなかったということができる」と判示しており，上述の同業他社基準の考え方に基づく同業他社との比較の前提として，政府機関等が定めるガイドラインとの比較も行われている。結論としては，当該ガイドラインが金融機関を対象としたものであることから，これを事業会社にとっての最低水準とは判断していないわけであるが，逆に言えば，仮に事業会社を対象としたガイドラインが存在すれば，

---

[24] 中村・前掲注(7) 389 頁。

それが最低水準と判断されることになる。これを海外事業展開する企業に引き直して考えれば，例えば外国公務員に対する贈賄の問題では，我が国の経済産業省が公表している外国公務員贈賄防止指針（2015 年改訂版）に加えて，米国 Foreign Corrupt Practices Act（FCPA）や英国 Bribery Act 関し取締当局である米司法省／英法務省が法令遵守体制を含む詳細なガイドラインを公表しており，これらは広く周知されているものであるから，海外子会社を含む企業集団における当該指針やガイドラインに準拠した法令遵守体制の構築が最低水準であるとされる可能性がある。

V　モニタリング方式の限界と包括的な仕組み構築の必要性

では，このような最低水準ないし必要に応じそれ以上の水準を充足する体制の構築，運用をグループとして確実に行うためには，どのような海外子会社管理手法が考えられるであろうか。現在，日本企業が取っている代表的な管理手法は，親会社によるモニタリング・内部監査であると考えられ，子会社管理のためのグループ内部統制の強化ということが言われる場合には，その機能強化や，監査の質・精度を高めることに主眼をおいた議論が中心である。しかし，この手法には，主に以下のような理由から限界がある。

① 子会社（特にその経営陣）にとって，株主（の内部監査部門）によるモニタリングやフォローアップとは，指示・命令なのか支援・助言なのか，どのような位置付けのものとして理解すればよいか明確でないこと。
② 個々の海外子会社に対して本格的に実施できる内部監査は，せいぜい年1回ないし2回程度であると考えられること。
③ 子会社管理は，問題・リスクの的確な予防的発見と処理が主目的であるが，そのためには，事業投資管理，財務・会計，法務・コンプライアンスの高度な専門的ノウハウや情報収集・分析力が必要であるところ，内部監査部門やその要員には，必ずしもこれらの蓄積がなく，その養成も容易ではないと思われること。
④ 子会社との間で制度的，恒常的な接点がないため，情報の収集や意思疎通が十分に行えないこと。

国際取引の現代的課題と法

　まず①については，親会社が子会社をモニタリング・内部監査する根拠として，株主権ないし契約上の権利が考えられる。しかし，日本法上，法律が認める株主権には内部監査権が含まれていないため，親会社が行使できるものは事実上の影響力に止まる。一方，親会社の監査役等は，子会社に対する報告徴収権や業務財産調査権が認められうるが，そのためには親会社従属法（日本法）と子会社従属法（通常は，子会社の設立準拠法）の両方でこれらが認められていることが必要であるというのが通説的見解である[25]。従って，子会社は，子会社従属法が上記権限を認めていない場合，これらを拒むことができる。そもそも，監査役は人数が限られており，必ずしも十分なスタッフを持っているとは限らないため，海外子会社に対して恒常的かつ実効的な調査を行うことは困難であることから，この役割は内部監査部門が担っているが，その監査には何ら法的根拠がない。実務上は，子会社経営陣が表立って親会社の関与を拒むことはないであろうが，親会社の監査役や内部監査部員その他の関係者に対して，法的な位置付けの不明確な情報提供や何らかの要請事項への対応を行うことには，困惑や消極的な姿勢を生じさせる場合も少なくない。経営陣（Officers）の立場からすれば，彼らが従うべきは自社の取締役会の意思であるところ，取締役会やその構成員からではない異なるルートからの指示等については，それに従うべきなのか否か，従ったとしてそれが取締役会の意思に沿うのか，常に疑問を持った不安定な状況に置かれることになる。子会社が親会社による内部監査に合意し，契約上の権利として監査権を行使できるとしても，その契約の主眼は親会社から子会社に対して提供するサービスの根拠となるものといった意味合いが強く，親会社から子会社に対して規程の遵守を求めることを目的とした契約ではなく，子会社からのボトムアップ方式であるという実務的な見解もあり[26]，やはり限界の存在が窺われる。

　更に，企業集団内部統制システムには，統制色の強いグループ一体型の監視・監督体制だけでなく，必要な監視・監督体制の内容や水準にかかる子会社

---

[25]　弥永真生「会社法の下での企業集団における内部統制」商事法務 2090 号（2016 年）11 頁。

[26]　「グループ・ガバナンス強化に向けた企業の取組みと法的論点〔下〕」商事法務 2114 号（2016 年）42 頁，上野正樹氏（キリンホールディングス　グループ法務担当ディレクター）発言。

経営陣の判断を尊重し，親会社（取締役）は，平時は子会社からの報告，内部監査部門の働きを通じて定期的に状況を把握することにとどめるといった分権型のタイプもまた，考えられ得るとの見解がある[27]。確かにその通りであるとも言えるが，実務が苦慮しているのは，あたかも自社の一部門のように扱えば良いグループ一体型の子会社ではなく，後者の独立性の高い分権型の管理手法であり，親会社自身の内部管理体制に組織的に組み込まれていない独立型の子会社の管理は，平時は子会社からの報告や状況把握のみという性善説的，受身的なものでは，筆者の実務経験からは十分に機能するとは思われないのである。

　次に，②については，上記のような頻度では，専門的知見の不足に加えて，時間的な制約から，業務プロセスにおける内部統制は別にして，当該子会社のコンプライアンスプログラムやその運用および実効性，リスクマネジメントの質や具体的な妥当性を深掘りすることは困難であろう。例えば，米国FCPAガイドラインに沿ったコンプラインスプログラムの基準が形式，実質ともに充足されているかどうかの判断を，年1回の内部監査部門による監査で確認することは，ほぼ不可能であると言ってよい。ビジネスや企業文化を熟知した法務部門と対象分野の専門弁護士が共同で，綿密な準備を行い，十分な時間をかけて，ようやく有効な監査および提言が可能となるのである。

　③については，内部監査要員の育成強化や，現地で適切な内部監査要員を雇用すればよいといった意見がある。しかし，意味のある監査を行うには，財務・会計面のみならず，法務面での高度なノウハウや経験が必要なので，その育成は容易ではなく，また一定の資質や経験を持つ要員が雇用できたとしても，今度はその管理や成果物等の評価を内部監査要員にできるのかという問題がある。専門部署との連携を強化すべきとの意見もあるが，専門部署は繁忙であり業務上の優先順位の問題もあることから，現実的には難しい場合が少なくない。現地弁護士を起用すればよいとの意見もあるが，使う側にも専門性やノウハウがなければ，結果として適切な指示や十分な成果の検証もできないまま過度に依存することになり，コスト増に加えて誤りや漏れを見逃す事態にもなりかねない。

　最後に④の点については，会社法が求めるグループ内部統制システムの一環

――――――――――

[27]　齊藤真紀「企業集団内部統制」商事法務 2063 号（2015 年）22 頁。

として，親会社への報告体制の整備やグループとしての内部通報制度の整備が求められているが，親会社への報告体制については，まず報告の項目設定や頻度の問題，報告を受けた監査役や内部監査部門，あるいは担当営業部門がその内容を咀嚼できるか，適時適切に社内の専門部署に情報提供できるかという問題がある。更に，そもそも子会社の経営陣が報告すべき事項を適切，適時に把握ないし理解しているとは限らないという問題もある。また，内部通報制度は通報者の存在および意図などにも左右されるため，常に有効かつタイムリーに機能するとは限らず，機能した時には既に問題が深刻になっているという場合も少なくない。

そこで，内部監査は，主に内部統制環境や業務プロセスの効率性・有効性，基盤となる手段ないし装置が適切に構築され，規定通り運用されているかのチェックに注力し，運用面のモニタリングを含む実質的な監督そのものについては，内部監査とは別の，上記①から④の難点を克服し，最低水準（そのアップデートを含む）が充足されているかどうかを恒常的に監視できるような，常設的な枠組みを用意すべきであると考える。

VI　海外子会社管理の方法論

1　組織的，効率的な管理手法の重要性

海外事業展開する企業グループにおいては，この枠組みをどのように定めるべきか。子会社毎に個別具体的に検討するという考え方もありえるが，特に海外子会社の場合は，①物理的な距離の問題（どうしても管理の目が届きにくい），②文化的，習慣的な相違（リスクマネジメントに対する意識やレベル感の違い），③言語の問題，④情報格差の問題（管理に必要十分な情報が適時に収集できない）など，特有の問題があるため，受け皿となる組織，明確なルール，ガイドラインを設け，体系的管理を行うことが重要である。しかし，筆者の実務経験では，現地法人を除けば，米国における子会社の場合でさえ，意外に脆い面があることは否めない。例えば，事業規制が厳しいような業界の子会社であるにもかかわらず，買収しようとしてみると実は Chief Compliance Officer や General Counsel を置いていないというケースが少なからず存在した。この原因については，実証的に確認しているわけではないが，こういった Officer を置くと，

外部の弁護士等に必要の都度委嘱することに比べて恒常的なコストが発生する上，その費用対効果を定期的に確認する術もないことから，特に業績向上を目指すインセンティブがあるようなCEOにとっては優先順位が低いということが考えられる。また，株主である日本の親会社としても，子会社の自主性尊重という大義名分の下，CEOに対してこういったOfficerの設置を含む内部統制システムの強化を求めることを憚ってきたという事情も想定できる。

　そうであれば，いっそのこと，子会社が別法人であるという法的位置付け（法人格のドグマ）から脱却し，あたかも一事業部門であるかの如く扱い，親会社の規程を直接適用したり，子会社の日常経営上の重要事項について親会社の承認を必要としたり，親会社（の管理担当者）が子会社（の経営者や従業員）に対し直接的な指揮命令を行い，日常業務の監視や介入を行ったりすること，あるいは子会社の法務やコンプライアンス業務を親会社の法務担当セクションが直接処理するような方法を取ることでグリップを効かせるという方法が思い浮かぶ。実務においても，管理対象子会社の位置付けや性質を考慮せずに，このような，親会社内の各部門に対するものと同様の直接介入型の“マイクロマネジメント”を一律に行っているケースが少なくないと考えられる。しかし，こういったケースでは，子会社の意思決定が実質的に親会社によって行われたり，本来自律的であるべき日常経営において，親会社の管理者側が子会社に対し過剰な直接的指揮命令ないし細部への干渉を行ったりするなどの結果，経営陣の活力や自主性，モチベーションが減殺され，人材流出を招き，子会社の自律的な成長や経営の質の向上，企業価値の向上をむしろ阻害している可能性がある。一口に海外子会社と言っても，本社の商号を冠した現地法人や，事業部門を切り出したいわゆる分身分社型子会社の様に，子会社が法的には親会社と別の法人格を維持しながらも組織的には親会社またはその事業部門（Division）の一部として位置付けられ，意思決定，人事，財務などの面で実質上一体として経営される形態（これを以下「一体型」とよぶ）もあれば，子会社の独立経営（autonomy）が重視される形態（これを以下「独立経営型」とよぶ）もある。また完全子会社（100％子会社）もあれば，他者との合弁会社，あるいは合弁とはいえないにしても，既存株主（例えばオーナー一族）や旧経営陣が，少数株主や経営陣として残留するものもあり，画一的なマイクロマネジメントを親会社が行うことには無理がある。

国際取引の現代的課題と法

2　マイクロマネジメントの問題点

　法的にも，マイクロマネジメントは，親会社としての管理責任が広く及ぶ法的リスクを抱えている。まず問題となるのは，親会社と子会社は別法人であるというメリットを放棄することになりかねないという点である。親会社と子会社は本来別法人であり，海外においても広く妥当する伝統的な有限責任の法理によって，親会社は子会社の債務，責任，損失から遮断されている。特に，独立経営型子会社のように自律的な経営が行われている場合には，事業上の損失や法令違反の責任は原則として当該子会社に止まり，法的には株主にすぎない親会社に及ぶということは，通常は想定されていない。例えば日本法では，法人格否認の法理の適用は慎重であるべきと考えられており，濫用事例，形骸事例のいずれにもあたらない，事業実態のある子会社との関係で法人格が否認されることはないのが原則である（ただし，従業員保護への配慮から，親会社が100％子会社の活動を現実的・統一的に管理支配している場合に，両者を単一の経済体と見て，解散した子会社がその従業員に対して負担する賃金支払債務の親会社による引受けがあると判示した裁判例はある）[28]。英国・香港のグループ会社に関連する事案でも，親会社と子会社を single economic unit であると看做したり，信義則的な考え方（requirement of justice）を用いたりするなどして法人格を否認（corporate veil を pierce）するような下級審判決例があるが，上級審では覆ることが少なくない。明確な詐欺，不当性が認められないのに，信義則を理由に法人格を否認することは容易ではないと考えられている[29]。

　もっとも，このことは，別法人ドグマに立ち戻れという意味ではない。別法人ドグマの問題点として，①親会社取締役としてのグループ全体の企業価値毀損防止という任務の懈怠であること，②欧米においては子会社の法令違反に関する親会社の法的責任が広く認められていること，③野村證券事件（前出）の先例的価値が大きくないと考えられることが指摘されている通りであり[30]，法人格を超えて親会社と子会社を単一のものとして捉えるとか，グループ内部統制上の不備を理由にするなどにより，子会社のみならず親会社の責任をも追

---

[28]　仙台地判昭和45年3月26日。

[29]　例えば香港に関し，D. K. Srivastava (General Editor), *Business Law in Hong Kong* (4th Ed. Sweet & Maxwell 2014) at 420。

[30]　中村・前掲注(7) 389頁。

及しようというのがグローバルな潮流であることも上述した。しかし，こういった問題に企業グループ全体として対処することが重要であるからといって，直ちに，法人格を考慮せずに直接介入型のマイクロマネジメントを行うことが適当であると結論づけるのには，飛躍がある。一体型はともかく，独立経営型の子会社が重大な危機に遭遇した場合に，親会社への責任遡上を防御し，different entity であるという主張を当局対応，訴訟対応や和解交渉で維持できることのレバレッジを軽視すべきではない。「別法人ドグマの排除」と「法人格の維持」は別次元のものであり，上記指摘も，「別法人ドグマ」から脱却して，親会社として，リスクベースアプローチの考え方に基づき必要な対応を能動的に取ることが求められているという主旨である。更に，直接介入型のマイクロマネジメントは，法人格否認の法理のみならず，代理の理論（agent theory）や環境法上の運営者責任（operators liability）のような法定責任など，親会社への責任の遡上を招く他の法理の適用リスクも内包するが，この点については後述する。

3　独立経営型子会社における取締役会の活用

　そこで，親会社事業部門との紐付けがある一体型の子会社と独立経営型の子会社とは，取り扱いを明確に区別し，後者については自主性とリスクマネジメントの有効性・効率性とのバランスを考慮した管理手法が用いられるべきである。一体型の典型は，総合商社の場合，特定の貿易・販売部門の別会社化であるし，メーカーの場合は，例えばエレベーター事業部門の中に，新たな地域製造・販売部門が当該国・地域の会社法等に基づく会社の形で作られる場合（現地法人）であり，経済実態としては支店（branch）に近いともいえる。そこで，完全な同化や一体経営を最優先に，親会社マネジメントによる子会社マネジメントに対する直接の管理，指揮命令が行われることが本質的な枠組みになるであろう（ただし，少なくとも米国では，そのような実態は，敢えて対外的に表明されることはないのが通常であると思われる）。内部統制も，親会社システムの中に親会社の事業部門等と並列的に組み込まれ，取締役会は形式的で，子会社の重要な意思決定は原則として親会社の主管者（担当営業部門の長）が独自に，又は親会社内の意思決定手続を通じて行う場合が多い。親会社法務・コンプライアンス部門も，あたかも子会社の部門でもあるかのような立場で，その日常的

な法務業務に関与すると考えられる。このような一体型では，子会社の重要な意思決定が親会社の意思決定システム（稟議制度等）に組み込まれ，親会社の事前承認が必要とされる場合が通常である。

　一方，独立経営型の場合は，上述したような責任遡上の法理の適用を招来し易い，親会社が当該子会社を直接管理（control）していると看做されるリスクを極小化すべく，親会社の出資者としての意思決定と，子会社の意思決定を明確に分けられる仕組みを取ることが原則となろう。具体的には，子会社の取締役会を中核とする管理の仕組みが現状最も適当であると考える。筆者の前職企業の米州本部・米国法人では，独立経営型子会社（主に買収によって傘下に入れた会社である）の経営陣に対し，一体型の場合と異なり，株主総会決議事項を限定して比較的広い裁量権を付与する一方，監督（oversight/monitoring）と助言（coaching）を主な役割とする取締役会に，非常勤ではあるが，①米州における当該子会社担当営業部門（Division），②事業投資管理ないし財経部門，③法務部門からそれぞれ取締役を派遣するという方法を用いた。子会社に対して特に明示はしないが，各取締役は，①が事業全般，②が計数面，③が法務・コンプライアンス面の監督および助言を担当し，更に，当該子会社の事業が親会社の知見の浅い業界であるならば，④社外人材である業界 OB やコンサルタントを派遣する。また，現場には常勤出向者を派遣し（ただし，同人の子会社における業務上の機動性を確保するとともに，子会社の自主性やマネジメントの継続性重視の観点，親会社責任発生リスクの回避という観点から，CEO や COO 等のマネジメント職は原則として担当させない），これらを通じて自律的に管理するという手法を取った。取締役会の構成は，上記①から③（ないし④）の3名（ないし4名）に，執行側の CEO（通常は，買収前からその役職にある者や，新たに外部から雇用された者である）およびその片腕であるともいえる CFO を加えた5名（ないし6名）が基本形である（合弁事業などで他に Minority Shareholder がいる場合には，当該株主が派遣する取締役1名前後が加わることもある）。取締役会には，専門性の高い米国法人の法務課員（社内弁護士等）が上記取締役のアドバイザーとして陪席することを原則とする。必要に応じて米国法人の他の社員や上記出向者がオブザーバーとして参加することもある（議決権はないが，発言権はある）。経営陣には，取締役会の決定や助言，内部監査部門の監査結果に基づく指摘や提言（ただし，取締役会の承認というフィルターを経たもの）に基

づいて，内部統制システムの整備その他，経営執行に当たらせ，また随時フィードバック，フォローアップさせる。出向者は，一般的な役割として，親会社派遣の取締役会構成員と緊密に連携しながら経営陣の執行状況を監視し，問題（違法行為その他のリスクの予兆を含む）があれば直ちにその是正を促すことが求められる。筆者が取締役であった子会社の米国人経営者から，出向者の彼女はスパイか？　と冗談交じりに言われたことがあるが，上記のような職責を隠しているわけではないのでスパイではなく，子会社においては子会社の社員としての帽子を被っており（この意味は後述する），むしろ親会社や派遣取締役と子会社経営陣の間の窓口なり潤滑油であると説明したことがある。実際，米国人経営者は，適切に説明されれば彼女らの役割を十分に理解し，積極的に協働し，利用することを厭わないことの方が多かった。

4　取締役会活用のメリット，デメリットとデメリットへの対応

　この取締役会を活用するという手法のメリットとしては，①取締役会，取締役は法律上の位置付けが明確であり，透明性，汎用性，納得性が高いこと。②子会社の意思決定は，限定された重要事項を除き，取締役会で完結できること。③例えば四半期毎の物理的な会議体での開催のほか，毎月1回，加えて必要と考えられる都度，ビデオコンファレンスの方法により機動的に，十分な時間を取って実施できること。④取締役に多様性，専門性があり，監視と助言の両面においてそれぞれが特有の機能を相乗的に発揮できること。⑤必要な報告や情報提供を，随時子会社経営陣に対して要求できること。また自ら情報収集を行う権限もあること。⑥それぞれの取締役が自らの役割に基づいて子会社の関係する officer（例えば法務であれば General Counsel）との間で，報告，情報交換，重要事項の協議等のためのドットラインを引くことが容易になること（なお，どのような事項について報告や情報共有が必要かを予め子会社に示すための reporting guideline を定め，場当たり性を極力排除している。またIT の活用により子会社側の負担を軽減することも行っている）。⑦親会社における経営人材の育成に繋がること等が挙げられる。

　一方，デメリットとしては，①やや機動性に問題があること（ただし，この懸念については，電子的な会議の開催や委員会（board committees）の設置によってかなり軽減できる）。②親会社側において一定の量，質の取締役要員を確保す

国際取引の現代的課題と法

る必要があること（筆者の経験では，米国内に限るとしても，1人が担当できる子会社の数は3社ないし5社が限度である。もっとも，総合商社にとっては事業ポートフォリオの中心的な存在である海外子会社の管理は最重要経営マターであるから，そこに人的リソースを配分するためのコストは優先度の高い適切なものであると位置付けられる）。③親会社から派遣されている取締役はその従業員でもあるために，独立性に疑問があり，利益相反の可能性があること等がある。特に問題となるのは③の点であることから，利益相反行為の排除方針の徹底，取締役ハンドブックの作成および研修等の機会を通じて，子会社の利益を第一として，独立して行動することを徹底した（担当 Division の長を取締役会メンバーとするのは，この点も考慮してのことである）。

　また，この点は上述した親会社への責任遡上の法理の適用を回避するという観点からも重要である。子会社に派遣される取締役が，親会社の指示に基づいて，親会社の利益のために子会社の意思決定を行ない，子会社がその意思決定に基づいて何らかの行為を行なった場合には，子会社は実態として親会社の代理人であり，当該行為による子会社名義の債務や責任は親会社に帰属するものと判断される可能性がある。また，米国の包括的環境対処補償責任法（Comprehensive Environmental Response Compensation and Liability Act, CERCLA）上，有害物質によって汚染された施設（facility：工場用地，工場他）の現在又は過去の所有者（owner）・管理者（operator）は，原則として当該施設等の浄化（クリーンアップ）又は浄化費用を負担する無過失責任を負うが，親会社がこの施設等の管理者（operator）として責任を負う場合がある。親会社が，例えば子会社の工場の運営をコントロールしたり，環境汚染対策の策定や運用に積極的に関与したりしている場合は管理者と認定され，工場の操業によって汚染された土壌や地下水などの浄化義務を，子会社とともに負うほか，子会社のみならず親会社も共同被告とする被害者からの民事訴訟の提起も想定される。それでは，子会社の役職員に親会社の役職員が派遣されている事実そのものが，これらの法理の適用リスクを高めることになるのであろうか。この問題に関する米国最高裁判所の判例に United States v. Bestfoods, 524 U. S. 51（1998）がある。下級審は，親子間の役員が兼務していること，当該役員が子会社の運営に当たっていたこと等から，実質的には親会社が子会社の汚染排出施設を管理していたとの理由で親会社の浄化義務を認定したが，最高裁は，親会社が積極的に

19 企業グループ内部統制と海外子会社管理の方法論〔平野温郎〕

子会社の運営に参加しているからといって，法人格否認や代理の法理が適用されるような場合でない限り，子会社の行為に責任を負うものではないという原則を確認した上で，兼務役員は，親会社の役員と子会社の役員としての立場を使い分けることが許される（子会社の役員として行動している場合には，通常，子会社の役員であるという"帽子"を被っていると推定される）として，下級審の判決を覆している。これはコモンローにおける伝統的な dual hats の法理といわれるもので，上述の野村證券事件の判旨にも重なる部分があるが，その三つの例外のうちの一つに，役員が外観上は子会社のために行動しているように見えて，実態として親会社のために行動している，すなわち親会社役員としての帽子を被っている場合というものがあるため，親会社から派遣される取締役は，親会社の役職員としてではなく，子会社取締役の帽子を被って行動する，即ち子会社の利益を第一として独立して行動する必要がある。子会社取締役がこのように行動できるようにするためには，子会社の意思決定と親会社の意思決定は明確に分離し，「子会社の重要事項を親会社が承認する」という手続ではなく，「子会社の重要事項は原則として子会社の取締役会が決定するが，特に株主である親会社が決定すべき事項（主に法令や定款に定められている事項ないしこれらに準じた事項，例えば年間事業・投資計画，多額の投資，予算，重要な訴訟等など，子会社の資産価値に実質的な影響を与えるような重要事項が考えられる）については，子会社の株主総会において（会議体または書面決議により）子会社取締役の発議に基づいて決定する」という方針，手続を明確化し，実行することが重要である。ただし，子会社の株主総会でどのように議決権を行使するかについて，予め親会社内の稟議等の手続によって意思決定をしておく必要があるが，これは法人株主が議決権を行使する上での手続として当然のことであり，特段問題視するべきことではないと考えられる。もっとも，このような方法論をとる場合でも，株主総会決議事項や親会社内の稟議等の手続を要する事項に，本来は子会社の取締役会で完結すべき日常経営（day-to-day operation）に関わる事項が広く含まれているような場合には，この dual hats の法理が適用されないリスクがあることに注意が必要である。

　なお，以上はある時点における米国法を前提とした議論であり，実際にこの方法を導入する場合には，子会社所在国の法理や裁判例を個別に検討する必要があるのは言うまでもない。

Ⅶ　おわりに

　日本企業が，今後，グローバル市場で競争力を高め，企業価値を向上させる一方で，適切なリスクマネジメントを実行するためには，我が国会社法を基礎としながらも，海外，とりわけ欧米や中国事業におけるコンプライアンスを維持する，グローバル基準のグループ管理手法が不可欠である。子会社の経営陣が意思決定にあたって親会社（＝株主）の意思を尊重すること自体は当然のことであるが，従来の日本企業の稟議制度に代表される意思決定システムにおいては，日常経営事項まで事細かく親会社の承認を得るように定められている例は少なくないと思われ，これはグローバル基準であるとは言い難いものではないかと考えられる。本稿では，その代替的な方法として子会社取締役会の活用を提言したが，このことは，内部監査の有用性までも否定するものではもちろんない。むしろ，企業内部統制の観点からは，子会社取締役会が期待通りに機能しているかどうかについても内部監査の重点的な対象とすべきである。子会社の利益と自主性を原則に，取締役会や board committees が定期的に開催され，"rubber stamp" ではない，子会社の価値向上を目指した実質的な議論と決定がなされていることが重要なのであり，このことが正に内部統制システムが機能していることの現れであるとも言えよう。

　最後に，子会社取締役会を機能させるためには，取締役としての任に堪える多様な経営人材の育成，グループ事業管理部門・法務部門の充実（親会社事業管理部および法務部の強化と，子会社の事業管理・内部監査担当および法務担当の配置・育成，ドットラインの維持等）が不可欠であり，海外において事業子会社を保有するということは，そのような労力やコストをかけるべきほどのものであるということを指摘しておきたい。

III

手 続 法

20 国際商事仲裁における仲裁人の資格と公正性・独立性
—— 忌避の場面を中心に

高 杉 　 直

　　I　は じ め に　　　　　　　　III　国際仲裁人の個別的な資格
　　II　国際仲裁人の一般的な資格　　　　　制限 —— 公正性・独立性
　　　　制限　　　　　　　　　　　　IV　準拠法の決定（国際私法）
　　　　　　　　　　　　　　　　　　V　お わ り に

I　は じ め に

　本稿は，国際商事仲裁における仲裁人（国際仲裁人）をめぐる法律問題，特に仲裁人の資格と公正性（ないし不偏性 impartiality）・独立性（independence）の問題を考察するものである。

　国際仲裁人をめぐる問題については，はやくも 1990 年代に，澤田壽夫先生が「仲裁人の独立」と「国際仲裁の指揮」と題する 2 つの論稿を公表され，また，仲裁研究会「仲裁法試案」の「仲裁人」部分の解説を執筆されている[1]。これらの澤田論文は，現在においても，国際仲裁人をめぐる法律問題を検討する際に必読の文献である。本稿は，澤田論文に依拠した上で，その後の内外の学説・裁判例等の動向を補うことを試みるものである[2]。国際仲裁人をめぐる

---

(1)　澤田壽夫「仲裁人の独立」中野貞一郎ほか編『民事手続法学の革新　三ケ月章先生古稀祝賀（上）』（有斐閣，1991 年）563 頁［澤田・独立］；同「国際仲裁の指揮（1〜5・完）—— 仲裁人の権利義務」JCA ジャーナル 44 巻 10 号 2 頁，11 号 22 頁，12 号 9 頁（以上，1997 年），45 巻 1 号 25 頁，2 号 32 頁（以上，1998 年）［澤田・指揮］；同「仲裁人」仲裁研究会『仲裁法の立法論的研究 —— 仲裁法試案とその解説』（商事法務，1993 年）69 頁［澤田・試案］。

『国際取引の現代的課題と法』澤田壽夫先生追悼〔信山社，2018 年 4 月〕　　　*479*

国際取引の現代的課題と法

(2)　参照した主な邦語文献は，中村達也『仲裁法の論点』（成文堂，2017年）［中村①］；
道垣内正人＝古田啓昌編「国際商事仲裁における仲裁人の選定」ジュリスト1502号
（2017年）81頁；二瓶ひろ子「国際商事仲裁における仲裁人の選び方」Business Law
Journal 94号（2016年）56頁；谷口安平＝鈴木五十三編『国際商事仲裁の法と実務』
（丸善雄松堂，2016年）［谷口＝鈴木］；日本仲裁人協会模擬国際仲裁プロジェクトチー
ム編『国際仲裁教材』（信山社，2015年）；山本和彦・山田文『ADR仲裁法（第2版）』
（日本評論社，2015年）［山本＝山田］；小島武司・猪股孝史『仲裁法』（日本評論社，
2014年）［小島＝猪股］；三木浩一ほか編『国際仲裁と企業戦略』（有斐閣，2014年）［三
木ほか］；小島武司＝高桑昭編『注釈と論点 仲裁法』（青林書院，2007年）［小島＝高
桑・論点］；三木浩一＝山本和彦編『新仲裁法の理論と実務』（有斐閣，2006）［三木＝山
本］；豊田博昭「仲裁人の忌避（上・下）」JCAジャーナル53巻9号2頁，10号10頁
（2006年）；近藤昌昭ほか『仲裁法コンメンタール』（商事法務，2003年）［近藤ほか］；
中村達也『国際商事仲裁入門』（中央経済社，2001年）；高桑昭『国際商事仲裁法の研
究』（信山社，2000年）［高桑］；小島武司『仲裁法』（青林書院，2000年）；多喜寛『国
際仲裁と国際取引法』（中央大学出版部，1999年）；松浦馨＝青山善充編『現代仲裁法の
論点』（有斐閣，1998）［松浦＝青山］；小島武司＝高桑昭編『注解 仲裁法』（青林書院，
1988年）［小島＝高桑・注解］；小山昇『仲裁法（新版）』（有斐閣，1983年）［小山］な
どである。外国語文献として，Marike Paulsson, The 1958 New York Convention in
Action（Kluwer, 2016）［Paulsson］; Nigel Blackaby et al., Redfern and Hunter on Inter-
national Arbitration, 6th ed.（OUP, 2015）［Redfurn & Hunter］; Gary B. Born, Interna-
tional Commercial Arbitration, 2nd ed.（Kluwer, 2014）［Born (2nd)］; UNCITRAL,
2012 Digest of Case Law on the Model Law on International Commercial Arbitration
（Uncitral, 2012）［UNCITRAL-Digest］; Jeff Waincymer, Procedure and Evidence in In-
ternational Arbitration（Kluwer Law International, 2012）; Karel Daele (ed), Challenge
and Disqualification of Arbitrators in International Arbitration, International Arbitra-
tion Law Library, Volume 24（Kluwer Law International, 2012）［Daele］; Reinmar
Wolff ed, New York Convention on the Recognition and Enforcement of Foreign Arbi-
tral Awards of 10 June 1958 －Commentary－（Beck, 2012）; Franco Ferrari & Stefan
Kröll (eds.), Conflict of Laws in International Arbitration（Sellier, 2011）; Herbert Kro-
nke et al. (ed.), Recognition and Enforcement of Foreign Arbitral Awards（Kluwer,
2010）; Thomas H. Webster, Handbook of Uncitral Arbitration（Sweet & Maxwell,
2010）; Julian Lew et al., Comparative International Commercial Arbitration（Kluwer,
2003）［Lew et al.］; Emmanuel Gaillard & John Savage (eds), Fouchard Gaillard Gold-
man on International Commercial Arbitration（Kluwer Law International 1999）
［Fouchard Gaillard Goldman］; Albert Jan van den Berg (ed), Improving the Efficiency
of Arbitration Agreements and Awards: 40 Years of Application of the New York
Convention, ICCA Congress Series, 1998 Paris Volume 9（Kluwer Law International,
1999）; van den Berg, The New York Arbitration Convention of 1958（T. M. C. Asser
Institute, 1981）などが挙げられる。

法状況をアップ・デートすることで，澤田先生から賜った学恩にいささかでも報いることができれば幸いである。

　折しも，日本政府は，国際仲裁の活性化に向けた基盤整備の取組を進めており[3]，今後ますます日本を仲裁地とする国際仲裁が増加するものと見込まれる。これに伴い，日本の仲裁機関や裁判所等においても，国際仲裁人をめぐる法律問題が重要になってくると思われる。

　この点に関して，2017年末に，国際仲裁人の開示義務に関する最高裁決定[4]が出たことも指摘すべきであろう。この最高裁決定の事案では，米国法人が日本法人およびシンガポール法人と締結した売買契約に関する紛争について，日本で行われた仲裁における第三仲裁人（仲裁廷の長ないし首席仲裁人 prisiding arbitrator）の公正性・独立性と仲裁人の開示義務が問題となった[5]。第三仲裁人と同じ法律事務所に所属する弁護士が，別件の米国での訴訟において本件仲裁の一方当事者の関連会社の訴訟代理人を務めていた事実（本件事実）について，第三仲裁人が開示していなかったからである。原審（大阪高決平成28年6月28日）は，本件事実が仲裁法18条4項にいう「自己の公正性又は独立性に疑いを生じさせるおそれのある」事実であるとした上で，第三仲裁人が本件事実を開示していないと判示した。そして，同法18条4項所定の開示義務が仲裁手続及び仲裁人の公正を確保するために必要不可欠なものであることを考慮すると，第三仲裁人による開示義務違反は，同法44条1項6号所定の仲裁判断の取消事由に当たるとして，仲裁判断を取り消した[6]。このように，国際仲裁人の公正性・独立性の問題は，実務上もきわめて重要な問題であり，我が国

---

(3)　経済財政諮問会議『経済財政運営と改革の基本方針2017──人材への投資を通じた生産性向上』（2017年）［骨太の方針］26頁を参照。

(4)　最高裁平成29年12月12日決定（裁判所ウェブサイト，金商1533号28頁）。浜辺陽一郎「判批」WLJ判例コラム126号（2018年）。

(5)　この決定の原審をめぐる我が国の学説については，拙稿「国際商事仲裁における仲裁人の開示義務違反と仲裁判断の取消」小田敬美ほか編集委員『市民生活と現代法理論三谷忠之先生古稀祝賀』（成文堂，2017年）247頁以下などを参照。

(6)　最高裁決定は，「仲裁人が，当事者に対して法18条4項の事実を開示しなかったことについて，同項所定の開示すべき義務に違反したというためには，仲裁手続が終了するまでの間に，仲裁人が当該事実を認識していたか，仲裁人が合理的な範囲の調査を行うことによって当該事実が通常判明し得たことが必要であると解するのが相当である」と判示し，この点について更に審理を行うために，原審に差し戻した。

国際取引の現代的課題と法

の学説においても，今後，この問題についての議論が活発化するものと思われる。

最高裁決定では，仲裁判断の取消の場面で仲裁人の開示義務違反が問題となったが，そもそも仲裁人の開示義務が認められているのは，仲裁人を忌避するかどうかの判断資料を当事者に提供するためである[7]。日本の仲裁法 18 条 1 項は，「当事者の合意により定められた仲裁人の要件を具備しないとき」（1 号）のほかに，「仲裁人の公正性又は独立性を疑うに足りる相当な理由があるとき」（2 号）を忌避事由と定めているからである。その意味では，仲裁人の公正性・独立性も，仲裁人の要件と同様，仲裁人としての地位を維持するために必要な資格の 1 つであるとも言えよう。

そこで本稿では，仲裁人の忌避（仲裁法 18 条 1 項）の場面に限定して，仲裁人の資格と公正性・独立性の問題を検討する。仲裁人の資格と公正性・独立性の問題は，仲裁人の選任拒否，仲裁人の解任，仲裁判断の取消，外国仲裁判断の承認・執行などの場面でも問題となりうるが，法律問題として最も直接的に問題となるのは忌避の場面だからである[8]。また，仲裁人の忌避は，仲裁機関でも問題となりうるが，紙幅の関係上，本稿では主として裁判所での忌避手続を想定する[9]。

以下では，仲裁人の資格と当事者の合意の問題を概観した後，仲裁人の公正性・独立性と当事者の合意の問題を考察する。なお，国際商事仲裁では，当事者が異なる国に本拠地を有するのが通常であり，複数国の法令が関連することから，いずれの法によって規律されるかという準拠法の問題が生ずる。本稿では，「準拠法」の問題や 1958 年の「外国仲裁判断の承認及び執行に関する条約」（NY 条約）[10]の適用の有無にも言及する。

---

(7) 最高裁決定・前掲注(4)を参照。

(8) 澤田・前掲注(1) 独立 565 頁。

(9) 機関仲裁の場合には，当事者の合意または当該仲裁機関の定める仲裁規則上の忌避事由に照らして，当該機関が定める決定権者が判断を行うことになり，各機関の仲裁規則を前提に考察を行う必要がある。各機関における取扱いにつき，澤田・独立 566 頁以下：谷口＝鈴木・180 頁以下［高取ほか］を参照。なお，各機関が定める決定権者は，仲裁地の裁判所の取扱いを考慮した上で判断を行うのが通常であることから，本稿の叙述は，機関仲裁の場合にも一定範囲で妥当しよう。

482

Ⅱ　国際仲裁人の一般的な資格制限

1　一般的な資格制限と個別的な資格制限の区別

誰が仲裁人になれるのか。仲裁人の資格に関して何らかの制限や要件があるのか。例えば，法人も仲裁人になれるのか，弁護士でない者も仲裁人になれるのか。これが仲裁人の資格の問題である。

仲裁人の資格も，仲裁人の公正性・独立性も，これを欠いていれば，仲裁人の地位の喪失を招く点で共通する。その意味で，これらはいずれも仲裁人の資格制限の問題であるといえよう。しかし，法人や弁護士などの仲裁人の資格・要件は，具体的な仲裁事件を問わずに一般的に問題となるのに対して，仲裁人の公正性・独立性などは，特定の仲裁事件との関係で個別的に問題となることに留意すべきである。

また，仲裁という制度自体が当事者自治に基礎を置くことから，各国の法は，原則として，当事者の合意による仲裁人の資格制限を認めている[11]。日本法も，「当事者の合意により定められた仲裁人の要件を具備しないとき」（仲裁法18条1項1号）を忌避事由としており，仲裁人の資格・要件を，当事者が定めることができることを前提としている[12]。国際商事仲裁の実際上も，仲裁合意中の条項や仲裁合意が取り入れた仲裁規則で，仲裁人の資格制限を定めていることも少なくないといわれている[13]。そこで，準拠法とされる各国の法令上の資格制限と当事者が合意で定めた資格制限との関係が問題となる。例えば，法令上は弁護士でなければ仲裁人となることができないと定められているにもかかわらず，当事者が，その合意によって，弁護士でない者を仲裁人に選任した場合や，逆に，法令上は弁護士でなくとも仲裁人になることができると定められているにもかかわらず，当事者が，仲裁人を弁護士に限るとの条項を仲裁

---

[10]　United Nations Convention on the Recognition and Enforcement of Foreign Arbitral Awards. 日本も締約国である（昭和36年条約10号）。

[11]　UNCITRAL-Digest, Art. 11, para. 3. Redfurn & Hunter, para. 4. 50 は，紛争発生前に仲裁人の資格を厳格に設定することが，実務的には得策でないと指摘する。

[12]　近藤ほか・前掲注(2) 76頁。

[13]　Born (2nd), p. 1751.

国際取引の現代的課題と法

合意に定めていた場合である。

　諸国の法令上，仲裁人の資格制限に関して問題となることが多いのは，①法人，②公人，③外国人，④制限行為能力者，⑤法曹資格を有しない者などである。

2　具体的な問題

(1) 法人その他の団体（法人等）

　仲裁人となることができるのは自然人だけか，それとも，法人等も仲裁人となることができるか。

　大半の先進諸国は，法人等が仲裁人となることを許容しているといわれている[14]。例えば，スペインの裁判所は，仲裁人として法人を指名した仲裁合意に基づく仲裁判断を有効であると判断している[15]。これに対して，（少なくとも国内仲裁において）仲裁人が自然人でなければならない旨を定めている国もある。例えば，フランスやオランダなどである[16]。

　日本の仲裁法は，この点に関する明文規定を有しないが，通説は，仲裁人となることができるのは自然人に限られると解している[17]。その根拠として，①自然人に限定することを前提にするように解される条文を置いていること[18]，②法人を仲裁人と選任したとしても，実際に仲裁手続を進行して仲裁判断を行うのは自然人であること[19]などを挙げる。

　なお，日本法上，当事者が法人等を仲裁人とする合意を行った場合であっても，当該合意が当然に無効となるわけではない。当該合意の合理的な解釈を行い，原則として，その法人等に対して仲裁人の選任権限を与えたものと解するとされている[20]。

(2) 公　人

　裁判官その他の公務員が仲裁人となることができるか。

---

(14)　Id., p. 1745. もっとも，実際に法人が仲裁人となっている事例は少ないとのことである。

(15)　UNCITRAL-Digest, Art. 11, para. 5.

(16)　Born (2nd), p. 1744. フランス民訴法 1450 条，オランダ民訴法 1023 条。

(17)　小島＝猪股・前掲注(2) 172 頁；山本＝山田・前掲注(2) 328 頁。

(18)　例えば，仲裁法 21 条 1 項 1 号は，仲裁人の死亡をその任務の終了事由としている。
　　小島＝猪股・前掲注(2) 173 頁；山本＝山田・前掲注(2) 328 頁。

(19)　小島＝猪股・前掲注(2) 172 頁-173 頁。

多くの国では，現役裁判官は，仲裁人とはなれず，あるいは，特別の許可を要するとされている[21]。米国は，裁判官が仲裁人となることを法律で禁じていないが，実際には仲裁人として活動できないようである[22]。これに対して，裁判官が仲裁人となることを認める国もある[23]。

日本の仲裁法は，この点に関する明文規定を有しないため，解釈問題となる。多数説は，日本の実定法上，公害等調整委員会による仲裁など，公務員に当たるといえる者による仲裁が認められていることを理由として，仲裁人が私人には限定されないものと解している[24]。ただし，公務員が仲裁人となることは，実際にはほぼないであろう。

なお，日本法上，当事者が合意によって，仲裁人を私人に限定することは可能であると解される。

(3) 外 国 人

外国人も仲裁人となることができるか。

多くの国は，外国籍の仲裁人を選任する権利を明示的に保障している。その代表例は，「国際商事仲裁に関する UNCITRAL モデル法」[25]（MAL）であり，MAL11 条(1)は，「当事者が別段の合意をした場合を除き，何人も，その国籍を理由に，仲裁人として行為することを妨げられない」と規定する。ベルギー，オランダ，イタリア，ロシアなどの仲裁法も，同様の規定を置いている[26]。これに対して，仲裁人の資格に関して外国人を制限する国も，かつては存在していた。例えば，サウジアラビア，エクアドル，コロンビアなどである[27]。

---

[20]　小島＝高桑・前掲注(2) 注解 109 頁［森勇］；三木＝山本編・前掲注(2) 150 頁［山本和彦］；山本＝山田・前掲注(2) 328 頁。ただし，小島＝猪股・前掲注(2) 173 頁および小山・113 頁は，合意の解釈により，その法人の代表者を仲裁人として選任する趣旨である可能性も指摘する。

[21]　Born (2nd), p. 1746. 現役裁判官が仲裁人になれないとするのは，コロンビアである。特別な許可が必要なのは，英国，フランス，ドイツ，チュニジアなどである。

[22]　松浦＝青山・前掲注(2) 201 頁［服部弘］；Born (2nd), p. 1746. ABA Code of Judicial Conduct, Canon 5 (E).

[23]　例えば，メキシコ，スウェーデン，ウクライナ，ノルウェーなどである。Born (2nd), p. 1746.

[24]　小島＝高桑・前掲注(2) 論点 98 頁［河野正憲］；小島＝猪股・前掲注(2) 173 頁。

[25]　MAL については，UNCITRAL-Digest のほか，高桑・293 頁以下を参照。

[26]　Born (2nd), p. 1739.

国際取引の現代的課題と法

しかし，これらの国においても，国籍による資格制限は廃止されており，現在では，外国人であるか否かにかかわらず，仲裁人の資格を認めるという国際的なコンセンサスがあるといわれている[28]。

日本の仲裁法も，この点に関する明文規定を有しないが，外国人も仲裁人の資格があると解するのが通説である[29]。なお，日本法上，当事者が合意によって，仲裁人を一定国籍の保有者に限定することは可能であると解される。

(4) 制限行為能力者

行為能力を制限されている者（制限能力者）も仲裁人となることができるか。

多くの国の法は，仲裁人が行為能力を有しなければならない旨を定めている[30]。おそらくは，仲裁人の地位が当事者と仲裁人との間で締結される仲裁人契約に基づくものであり，また，仲裁手続中にも種々の法律行為がなされることから，これらの法律行為が事後的な取消等によって仲裁手続の安定性が損なわれることを避けるためであると考えられる。

日本でも，かつては制限行為能力者であることが仲裁人の忌避事由とされていた（旧民訴法792条3項）[31]。しかし，現行の仲裁法は，制限能力者であることを独立の忌避事由とするのではなく，具体的事情に応じて，「事実上その任務を遂行することができなくなった」（仲裁法20条1号）かどうかを判断して，仲裁人を解任することができるようにしている。これは，制限能力者を仲裁人に選任するかどうかについては，基本的には当事者の自己責任に委ねてよいと考えられるからであると説明されている[32]。

なお，日本法上，当事者が合意によって，仲裁人を制限能力者でない者に限定することは可能であると解される。

---

(27) *Ibid.*

(28) *Ibid.*

(29) 小島＝猪股・前掲注(2) 176頁；山本＝山田・前掲注(2) 328頁。

(30) 大半の国で行為能力が要件とされていることにつき，Redfurn & Hunter, para. 4. 49. また，例えば，フランス，ベルギー，オランダ，エストニア，ラトビア，イタリア，ポーランドなどが，明示的または黙示的に仲裁人の完全行為能力を要求していることにつき，Born (2nd), p. 1745.

(31) 小山・前掲注(2) 136頁；小島＝高桑・前掲注(2) 注解109頁［森勇］。

(32) 小島＝猪股・前掲注(2) 203頁。

(5) 弁護士以外の者

弁護士資格（法曹資格）を有しない者も仲裁人となることができるか。

一定数の国は，少なくとも国内仲裁において，単独仲裁人または第三仲裁人が法曹資格を有することを要求しているようである[33]。ただし，スペインなどをはじめ，この制限を撤廃する傾向が見られる[34]。実務上も，紛争の対象が特定の技術に関する事件では，当該技術の専門家を仲裁人に選任する場合も少なくない[35]。

日本では，弁護士法72条との関係が問題となるが，仲裁人となるためには法曹資格の有無を問わないとするのが多数説であろう[36]。その理由としては，①仲裁の妙味が社会常識やビジネス慣行に即した紛争解決を行う点にあることや，②日本の仲裁実務において弁護士資格を有しない学識経験者が仲裁人として活動してきたという実績があり，こうした慣行が確固たる慣習として定着するに至っているとみれば，弁護士法72条にいう「他の法律に別段の定めがある場合」に該当することなどが挙げられている[37]。

なお，日本法上，当事者が合意によって，仲裁人を弁護士に限定することは可能であると解される。

(6) そ の 他

以上の制限のほか，重大犯罪や破産宣告などによって公民権が停止されていないことを仲裁人に要求する国がある[38]。また，国によっては，仲裁人の資

---

[33] 例えば，ポーランド，中国，チリ，コロンビアなどが，この立場を採っているとの指摘として，Born (2nd), p. 1745.

[34] スペインは，2003年仲裁法13条により，紛争が法律問題に関連する場合には，仲裁人が法曹資格を有しなければならないとの1988年法12条(2)の旧規則を廃止した。Redfurn & Hunter, para. 4.52.

[35] 谷口＝鈴木・前掲注(2) 167頁［高取ほか］を参照。

[36] 小島＝猪股・前掲注(2) 174頁。

[37] 小島＝猪股・前掲注(2) 174頁-175頁。ただし，こうした慣行には，弁護士以外の者は単独では仲裁人になれないという含意があると解されている（同・前掲注(2) 175頁）。しかし，日本を仲裁地とする「国際商事仲裁」においては，日本の弁護士でなくとも単独仲裁人になることができると解すべきであろう。

[38] 例えば，フランス，スペイン，イタリア，韓国，台湾，アルゼンチン，ペルー，エジプト，クウェート，リビア，オマール，チュニジア，イエメンなどである。Born (2nd), p. 1745.

格として，一定の宗教や法に関する知識を要求するものがある[39]。

日本法上，このような資格制限はなされていないと解されるが[40]，当事者の合意によって，このような要件を課すことも可能であろう。

3　小　括

以上のように，仲裁人の一般的な資格制限について，各国の法は様々である。

日本法上の資格制限としては，自然人に限られることくらいであるが[41]，他方で，当事者は，合意によって仲裁人の資格として様々な要件を課すことができる[42]。

Ⅲ　国際仲裁人の個別的な資格制限 —— 公正性・独立性

1　仲裁人の公正性・独立性
(1)　公正性・独立性の要件

仲裁人の公正性・独立性は，個別事件との関係で問題となる仲裁人の資格である[43]。仲裁人が公正かつ独立でなければならないこと（公正性・独立性の要件）は，国際仲裁において普遍的に認められている基本原則であるといわれている[44]。実際に，各国法，各仲裁規則，当事者の合意などで仲裁人の公正性・独立性が要求されている。例えば，一方当事者のみが仲裁人を選任できる旨の

---

(39)　Redfurn & Hunter, para. 4. 52. 例えば，サウジアラビアは，すべての仲裁人がシャリア法の知識を有する男性でなければならないとの要件を，2012 年に削除したが，3 人から成る仲裁廷の第三仲裁人については，なお，シャリア法に関する学位保有者であることを要求している。*See also*, Born（2nd），p. 1742.

(40)　日本の旧法（民訴 792 条 3 項）は，公権の剥奪または停止中の者を忌避事由としていた。小山・前掲注(2) 138 頁以下を参照。

(41)　意思能力を欠く者が仲裁人となることができないのは当然である。小島＝高桑・前掲注(2) 注解 109 頁［森勇］；澤田・試案 69 頁も参照。

(42)　松浦＝青山・前掲注(2) 203 頁［服部弘］；小島＝高桑・前掲注(2) 論点 98 頁［河野正憲］；三木ほか・前掲注(2) 126 頁［手塚裕之ほか］。例えば，仲裁人を商人に限るとの合意も認められる。

(43)　そもそも，仲裁人は，「第三者」でなければならないから，当事者およびその法定代理人（当事者等）以外の者でなければならない。ここで問題となるのは，当事者等と一定の関係にある者が仲裁人となることができるかという点である。

(44)　Lew et al., para. 11. 4; Redfurn & Hunter, para. 4. 75; Born（2nd），p. 1762.

当事者の合意があったとしても，選任された仲裁人が公正性・独立性を欠く場合には，選任拒否や忌避事由とされ，また，当該仲裁人が関与した仲裁判断の取消や承認拒否を導きうる[45]。

この点で，仲裁人の公正性・独立性は，当事者の合意に対して優越するものである。この優越の根拠は，仲裁制度の司法的な機能から導かれる。すなわち，国家が司法権を排除して，仲裁という当事者自治に基づく紛争解決制度を認めて仲裁判断に法的効力を付与する前提として，仲裁手続自体が適正に行われている必要がある。仲裁人の公正性・独立性の要求は，仲裁手続の適正を確保するために不可欠のものである[46]。

（i）公正性・独立性の意義

「公正性」とは，仲裁人が一方当事者を厚遇せず，かつ，問題に関して偏向を持っていないことといわれている[47]。これが，仲裁人の心理状態を意味するとすれば，その証明は極めて困難である[48]。また，「独立性」とは，現在または過去において，当事者と仲裁人との間に，仲裁人の判断の自由に影響を与えうる（少なくともそう見える）ような従属関係が存在しないことといわれている[49]。公正性は，正義の実行を確保するものであるのに対して，独立性は，正義の外観を確保するものであるともいわれる[50]。

公正性と独立性の一方だけを要求する国や，双方を要求する国などがあり，学者も，両者の相違点を明らかにするために相当な努力を行っている。しかし，両者は同一の事象を異なる側面から扱っているもので，相互に密接に関連していることから，公正性・独立性を厳密に区別する必要はないとも主張されている[51]。

---

[45] Born (2nd), p. 1762. ただし，米国の連邦仲裁法（FAA）は，仲裁人に明白な不公正があった場合の仲裁判断の取消については定めているが，仲裁人の公正性・独立性の欠如を理由とする仲裁の忌避を定めていない。*Id.*, p. 1765.

[46] *Id.*, p. 1762.

[47] Redfurn & Hunter, para. 4. 78.

[48] Lew et al., para. 11. 11.

[49] Redfurn & Hunter, para. 4. 77.

[50] Lew et al., para. 11. 19. ただし，公正性も独立性も，国際的に一般的に受け入れられている定義は存在していないとする。

[51] Born (2nd), pp. 1775-1777.

国際取引の現代的課題と法

(ii) 公正性・独立性の判断基準

前述のとおり，仲裁人の公正性・独立性の要件は，普遍的なものであるが，公正性・独立性の具体的な基準・内容については，国ごとに異なっている[52]。

公正性に違反する場合の具体例としては，①Ａ国企業が一方当事者である仲裁手続において「Ａ国人は嘘つきだ」と仲裁人が発言した場合[53]，②具体的な法律問題に関する見解を既に明示している場合や当該問題に関して当事者の代理人として行為している場合[54]，などがあげられている。逆に，選任前の仲裁人候補者と一方当事者の面談は，適切に行われていれば仲裁人の公正性を損なうものではない[55]。また，仲裁判断における一方当事者の主張を支持する意見表明も，通常は，仲裁人の公正性を損なわない[56]。

独立性に違反する場合としては，①仲裁人が事件の結果に金銭的またはその他の利害関係を有する場合[57]，②仲裁人が当事者の顧問弁護士であるなど，当事者と重要かつ実際の関係を有する場合[58]，などがあげられている。ただし，仲裁人と当事者との間にどのような関係があれば独立性を欠くことになるかについては，難しい判断となる[59]。この点に関しては，「国際仲裁における利益相反に関するIBAガイドライン」（IBA利益相反ガイドライン）が参考になると

[52] *Id.*, p. 1762. 公正性・独立性の基準に関する詳細な検討として，Daele, p. 269 以下を参照。

[53] Lew et al., para. 11. 14.

[54] *Id.*, para. 11. 15. これに対して，公刊物において行った意見表明は，仲裁人の公正性を損なうものではない。特に当事者選定仲裁人は，むしろそのような仲裁人の意見を前提に選任されることがある。

[55] *Id.*, para. 11. 16 は，事件の詳細を検討するものではなく，かつ，事件の進め方や枠組みに関して仲裁人が当事者にアドバイスを与えていないことを要するとする。また，澤田・前掲注(1) 指揮(4)27 頁や，仲裁人候補者へのインタビューに関する実務上の要請および仲裁人の公正性を担保するための英国仲裁人協会（CIArb）によるガイドライン「Interviewing of Prospective Arbitrators」も参照。このガイドラインについては，谷口＝鈴木・前掲注(2) 169 頁 [高取ほか] を参照。なお，IBA の「国際仲裁倫理規則（Rules of Ethics for International Arbitrators)」(1987) の 5. 2 条は，第三仲裁人の候補者に関する当事者の意見を聞くため，当事者選定仲裁人が当該仲裁人を選任した一方当事者と接触することも，公正性には反しないとする。

[56] Lew et al., para. 11. 17.

[57] *Id.*, para. 11. 21. 当事者の主要株主や取締役は，仲裁人に適していない。

[58] *Id.*, para. 11. 22.

[59] *Ibid.*

主張されている[60]。

(2) 公正性・独立性に関する合意

　当事者は，仲裁人の公正性・独立性について，法令上の基準とは異なる基準の適用を合意できるか。例えば，当事者が，仲裁人の公正性・独立性の義務を免除したり，逆に，仲裁人と代理人との間の一切の接触を禁止して基準を高めたりすることを合意した場合，この合意が尊重されるか。

　第1に，より厳格な基準について合意（厳格合意）することは可能であるといわれている。厳格な基準の合意は，仲裁人に特定の資格を求める合意と同様の性質のものであり，厳格な基準の合意の効力を否定した裁判例も見当たらないとされている[61]。

　これに対して，第2に，より緩やかな基準の合意（緩和合意）が認められるか否かについては，国によって立場が分かれるようである。例えば，米国では，当事者選定仲裁人については，当事者の合意によって公正性・独立性を欠く者を仲裁人とすることが許容されている[62]。他方で，MAL をはじめとする多くの国の仲裁法では，この問題について明確な解答が出されていない[63]。さらに，英国仲裁法のように，当事者の別段の合意があったとしても，当事者選定仲裁人に対して公正に行為することを要求する国もある[64]。学説上は，緩和合意を原則として許容すべきとの見解も有力である。Born は，NY 条約が仲裁合意の承認義務を締約国に課していること，当事者自治の尊重という仲裁制度の基本に合致すること，多くの国で仲裁人の公正性・独立性に対する忌避権の放棄が認められていること，当事者選定仲裁人の役割を明確化できることなどを理由に，仲裁制度の信頼性を損なわず，過度に不当な場合を除き，緩和合意を有効とすべきであると主張している[65]。その上で，仲裁制度の信頼性を損な

---

(60)　IBA Guidelines on Conflicts of Interest in International Arbitration (2014). Redfern & Hunter, para. 4. 88. *See* also, Born (2nd), p. 1864.

(61)　Born (2nd), p. 1814.

(62)　*Id.*, p. 1815.

(63)　*Ibid.* インド最高裁は，仲裁合意が仲裁人として行動する人物を指名していた場合であっても，その人物の公正性・独立性に正当な疑いが存在するとき，または，その他の事情が別の仲裁人の選任を許容するときには，この選任を無視できると判示している。UNCITRAL-Digest, Art. 11, para. 7.

(64)　Born (2nd), p. 1815.

国際取引の現代的課題と法

う場合として，当事者の衡平待遇や審問権の保障に反する場合，単独仲裁人・第三仲裁人に関して緩和合意をする場合，IBA 利益相反ガイドラインの放棄不可能なレッド・リストに該当する場合などを挙げる[66]。

(3) 日本法の解釈

日本法も，「仲裁人の公正性又は独立性を疑うに足りる相当な理由があるとき」（仲裁法 18 条 1 項 2 号）を忌避事由としており，独立性・公正性を欠く仲裁人は，仲裁手続から排除されうる。仲裁人に公正性・独立性が求められる理由としては，「仲裁人の地位及び職責並びに仲裁判断の効力に照らし，仲裁人は，当事者から独立した中立な立場で公正に仲裁手続を進め，仲裁判断をする必要がある」からであると説明されている[67]。

「公正性」とは，一方当事者に偏っていないこと，仲裁人が不公正な行為を行わないことを意味し，「独立性」とは，一方当事者ないし第三者に依存していないこと，仲裁人が不公正な行為をする関係を当事者との間で有していないことを意味する[68]。公正性と独立性を明確に区別することはできないし，また，『公正性または独立性』という規定のしかたからみても，厳密に区別する必要もないと主張されている[69]。

公正性・独立性の具体的な判断基準については，「裁判官の忌避事由」として定められている「裁判の公正を妨げるべき事情」（民訴 24 条 1 項）と，基本的に同義と解してよいとの主張がある[70]。また，裁判官の除斥事由に相当する事由も，仲裁人にも妥当しうる事由については，公正性・独立性を欠くとの判断の際に考慮可能なものと主張されている[71]。抽象論としては，仲裁人の

---

[65]　*Id.*, pp. 1816–1818.

[66]　*Id.*, pp. 1818–1819.

[67]　近藤ほか・76 頁。

[68]　小島＝高桑・論点 98 頁［河野正憲］；小島＝猪股・205 頁。

[69]　小島＝高桑・論点 98 頁［河野正憲］；小島＝猪股・206 頁。これに反対するものとして，中村①・244 頁。

[70]　小島＝猪股・207 頁。なお，仲裁法 18 条 1 項 2 号は，公正性・独立性を「欠いていることを疑うに足りる相当の理由があるとき」と規定されていることから，裁判官の忌避事由と比べて，一層緩やかな事由によって仲裁人の忌避を行うことができると指摘する。

[71]　近藤ほか・77 頁。小島＝猪股・208 頁は，民訴 23 条 1 項 1 号から 5 号までは，仲裁人にも当てはまるといえるが，「これを一つの事情として参酌しつつ，個々の事件において忌避事由たりうるかどうかを具体的かつ実質的に判断することになる」と主張する。

「公正性または独立性を疑うに足りる相当な理由があるとき」とは，①仲裁人がその事件と一定の関係があるために公正な仲裁判断が期待できないとき，②具体的な仲裁人の行動が当該仲裁人の公正性または独立性に合理的な疑いを生じさせるときをいうと主張されている[72]。①の例として，当事者の申立代理人と仲裁人が同じ法律事務所に所属する場合や仲裁人が以前に当該当事者の顧問等をしていた場合，②の例として，仲裁手続において過度に偏頗な手続指揮を行う場合などがあげられている[73]。

　国際商事仲裁においては，「仲裁人の公正性又は独立性」（仲裁法18条1項2号）の解釈に際して，「IBA 利益相反ガイドライン」を参考にすべきではなかろうか[74]。IBA 利益相反ガイドラインは，法的拘束力を有するものではないが，国際商事仲裁実務において，世界的に広く受け入れられており，公正性・独立性の判断を行う際に常に念頭に置かれているものだからである[75]。IBA 利益相反ガイドラインは，7 カ条の一般基準とその実務的な適用指針を定めている。実務的な適用指針では，①第三者から見て仲裁人の公正性および独立性について合理的な疑いをもたらす重大な事由（レッド・リスト），②個別具体的な事情の下で当事者から見て仲裁人の公正性および独立性について疑いをもたらす事由（オレンジ・リスト），③客観的な基準に照らして仲裁人の公正性および独立性に疑いをもたらさない事由（グリーン・リスト）に分けて列挙しており，仲裁法の解釈においても十分に参考となろう[76]。

　仲裁人の公正性・独立性に関する当事者の合意については，我が国の法解釈としても，厳格合意は有効なものとして尊重すべきであろう。また，緩和合意については，仲裁制度の信頼性の確保と当事者自治のバランスの問題であるが，

---

(72)　近藤ほか・77 頁；小島-猪股・211 頁；山本-山田・334 頁。小島-猪股　211 頁から214 頁までに，具体的で詳細な検討が行われている。

(73)　山本=山田・334 頁。

(74)　三木=山本・163 頁［中村達也］；芳賀雅顯「判批」JCA ジャーナル 63 巻 4 号 55 頁（2016）58 頁；谷口＝鈴木編・174 頁［高取ほか］などを参照。澤田・前掲注(1) 独立 587 頁も，仲裁人の独立に関して，「特に国際仲裁においては独自の普遍的事由を考えることができるであろう」と述べる。

(75)　Redfern & Hunter, para. 4. 88.

(76)　ガイドラインの具体的な内容については，谷口＝鈴木編・前掲注(2) 174 頁［高取ほか］以下を参照。

国際取引の現代的課題と法

例えば，単独仲裁人・第三仲裁人に妥当する基準と比べて当事者選定仲裁人に妥当する基準を相当な範囲で緩和することは，日本の国際的な公序に反するものでないから，Born の見解と同様，認めても差し支えないと思われる[77]。

2 仲裁人の中立性
(1) 第三国籍の要件

仲裁人の「中立 (neutrality)」とは，「第三仲裁人または単独仲裁人が，仲裁当事者の国籍以外の第三国籍を有すべきこと」をいう[78]。仲裁人の国籍に関する一般的な資格制限については前述したが，ここで問題とするのは，仲裁人を，当事者の国籍とは異なる国籍を有する者に限定するかという，特定の仲裁手続との関係での仲裁人の資格制限の問題である。特に国際仲裁では，当事者の一方と仲裁人の国籍が同じである場合には，その仲裁人の独立性が損なわれるおそれがあることや，英米法や大陸法などの相違を前提として仲裁廷の法文化な中立性を確保することを目的として，仲裁人の国籍に対する制限が課されることがある[79]。

この問題について，MAL11 条(6)は，当事者が仲裁人選任をしない場合の裁判所による仲裁人の選任に関して，「仲裁人の選任に関して，当事者の合意によって仲裁人について要求される資格並びに独立で公平な仲裁人の選任を確保することができるような考慮に留意しなければならず，単独仲裁人又は第三仲裁人の場合には，当事者の国籍以外の国籍の仲裁人を選任することも考慮しなければならない。」と規定し，中立的な仲裁廷を確保しようとする[80]。しかし，この規定は，当事者自治を制限するものではなく，あくまでも当事者が仲裁人

---

[77] 澤田・前掲注(1) 指揮(1)5 頁も参照。ただし，近藤ほか・前掲注(2) 132 頁は，仲裁法18 条 1 項が強行規定であるとし，緩和合意も厳格合意も許容されない旨を示唆する。また，中村①・前掲注(2) 249 頁以下は，MAL の立法過程の検討から，忌避事由の拡張合意は許容されないが，仲裁の公正を阻害する重大性の低い事由の縮減合意は許容されると主張する。

[78] 小島＝猪股・206 頁。

[79] 澤田・前掲注(1) 指揮(1)7 頁を参照。国際仲裁における法文化的中立性の重要性については，小島武司「国際仲裁と法文化的中立性」中野ほか編・前掲注(1)書 589 頁以下，特に 593 頁を参照。

[80] Born (2nd), p. 1743.

494

の選任をしない場合において，裁判所に対して仲裁人の国籍の考慮を求めているにすぎない[81]。従って，一方当事者と同一国籍の仲裁人が選任されたとしても，その仲裁人は，国籍自体を理由に公正性または独立性を欠くとして，忌避されるわけではない。

(2) 第三国籍に関する合意

　問題となるのは，当事者の合意や仲裁合意で取り入れた仲裁規則によって，仲裁人の国籍を第三国に制限した場合に，その制限が法律上も有効なものとされるか否かという点である。特に多くの仲裁規則が単独仲裁人または第三仲裁人の国籍に関する制限を定めていることから，実務上も重要な問題となる[82]。例えば，2017年ICC仲裁規則13条5項本文は，ICC仲裁裁判所が単独仲裁人または第三仲裁人を選任する場合に，「単独仲裁人または仲裁廷の長の国籍は，当事者の国籍以外のものでなければならない。」と規定する[83]。このような規則は，潜在的な偏見の重要な源を除去すること（すなわち，一方当事者と単独仲裁人または第三仲裁人が同一の国籍であることを禁ずること）により，仲裁廷の中立性を確保することを目的とするものである[84]。従って，仲裁人の国籍を制限する合意や規則も，準拠法上の強行法規に反しない限り，有効とされる。

---

(81)　*Ibid.* 同様の規定をもつ国・地域として，ドイツ，シンガポール，香港，インド，ニュージーランドなどが挙げあられる。

(82)　仲裁規則の中には，選定機関による単独仲裁人および第三仲裁人の選任に関し，国籍要件を意図的に定めていないものもある。例えば，スイス規則，VIAC規則，SIAC規則やCIETAC規則などである。このような規則は，仲裁機関の裁量権を尊重したものである。*Id.,* p. 1739. ただし，このような規則の下でも，一方当事者と同一国籍の単独仲裁人または第三仲裁人を選任することは，実務上は稀である。

(83)　なお，同条但書は，「但し，適当な状況が存在し，仲裁裁判所が定めた期間内にいずれの当事者も反対しない場合，単独仲裁人または仲裁廷の長をいずれかの当事者が国籍を有する国から選ぶことができる」と規定する。このほか，ICDR規則6条(4)，LCIA規則6条(1)，LCIA・インド規則6条(1)，2013年HKIAC規則11条(2)および(3)，2010年SCC規則13条(5)なども，ICC仲裁規則13条5項と類似の規定を置いている。*Id.,* p. 1738. また，やや緩やかな制限であるが，UNCITRAL仲裁規則6条(7)も，選定機関が単独仲裁人または第三仲裁人を選任する際に，「独立かつ公正な仲裁人の選任を保障するような考慮を行い，当事者の国籍以外の国籍を有する仲裁人の選任が望ましいことを考慮するものとする」と規定する。

(84)　澤田・前掲注(1) 独立573; Born (2nd), p. 1738; 谷口＝鈴木・前掲注(2) 168頁〔高取ほか〕。

国際取引の現代的課題と法

(3) 日 本 法

MAL に準拠した日本法も，仲裁法 17 条 6 項 3 号で，裁判所が仲裁人を選任する際に，「当事者双方の国籍と異なる国籍を有するものを選任することが適当かどうか」という事項を配慮しなければならないと定めている。この規定は，MAL11 条(6)と同趣旨の規定であり，当事者自治を制限するものではなく，あくまでも当事者が仲裁人の選任をしない場合において，裁判所が援助として行う仲裁人の選任の際に，仲裁人の国籍への配慮を求めているにすぎない。従って，日本法上も，当事者の合意で仲裁人の国籍に関する資格制限を行うことができると解される。

また，裁判所が，このような配慮を欠いたとしても，仲裁人の選任の効力には影響がないと解されている[85]。従って，一方当事者と同一国籍の仲裁人が選任されたとしても，これ自体が，仲裁人の忌避事由に該当するものではない。

3 小 括

以上のとおり，仲裁人の公正性・独立性は，普遍的に認められている要件であるが，その具体的内容は，国によって異なる。日本法上も，仲裁人の公正性・独立性が忌避事由とされているが，その具体的な判断においては，IBA 利益相反ガイドラインを参照すべきである。公正性・独立性に関する当事者の合意については，日本の国際的な公序に反しない限り許容されると解すべきである。

仲裁人の中立性の違反（仲裁人と当事者の国籍の同一性）については，それ自体では忌避事由に該当しないが，望ましいものではない。当事者は，合意によって仲裁人の中立性を定めることができる。

なお，忌避事由とはされていないが，仲裁人の任務遂行可能性（availability）も，実務上，極めて重要な仲裁人の要件である。当該事件について十分な任務遂行時間をとることができない仲裁人は，仲裁人として不適格である[86]。この点に関して，日本の仲裁法 20 条は，「仲裁人が法律上又は事実上その任務を遂行することができなくなったとき」（1 号），「仲裁人がその任務の遂行を不

---

[85] 近藤ほか・前掲注(2) 73 頁。

[86] 谷口＝鈴木編・前掲注(2) 172 頁 [高取ほか]。

当に遅滞させたとき」（2号）を仲裁人の解任事由としている。このような事由がある仲裁人は，当該仲裁手続から排除される。その意味で，仲裁人の任務遂行可能性も，個別的な資格制限の一種であるといえよう。

Ⅳ　準拠法の決定（国際私法）

以上のとおり，仲裁人の一般的な資格制限の内容や，仲裁人の公正性・独立性の具体的な判断基準について，各国の法は様々であった。そこで，仲裁人の資格や公正性・独立性の問題については，準拠法を決定する必要がある。

1　NY 条約の適用

まず問題となるのは，仲裁人の資格や公正性・独立性の問題について，NY条約の適用があるかという点である。なぜなら，仲裁合意中の条項や，仲裁合意で言及する仲裁規則において，仲裁人の資格や公正性・独立性の問題が定められていることがあるためである。NY 条約2条1項が，仲裁合意を承認するよう締約国に義務づけていることから，このような仲裁合意を締約国が承認しなければならないかが問題となる。

特に，Born は，当事者が仲裁合意中の条項で，仲裁地法の規定に反するような仲裁人の資格や仲裁人の公正性・独立性の要件を定めている場合，締約国である仲裁地国は，NY 条約2条によって（仲裁廷の構成に関する条項を含む）当該仲裁合意を承認する義務を負うと主張する[87]。

しかし，そもそも NY 条約2条1項が適用されるのは，仲裁地が外国とされている仲裁合意に限ると解するのが国際的な多数説である[88]。NY 条約1条は，同条約の場所的な適用範囲を定めているが，「仲裁判断」だけに言及するため，「仲裁合意」に関する条約2条の場所的適用範囲が解釈上，問題となっている。この点に関して，条約の起草過程や統一解釈の促進という観点から，多数説は，条約1条を類推適用して，「仲裁地が外国にある仲裁合意」に条約が適用されると主張する[89]。従って，多数説に従えば，そもそも締約国である仲裁地に

---

[87]　Born（2nd）, pp. 1644–1645.

[88]　Paulsson, p. 74; 拙稿「国際取引契約における仲裁合意の成立・効力の準拠法：妨訴抗弁の局面を中心に」帝塚山法学 26 巻（2014 年）45 頁，78 頁。

国際取引の現代的課題と法

おいて仲裁合意が承認されることはありえないことになる。

　日本の裁判所が仲裁人の忌避を扱う場面では，NY条約の適用が問題となることはないと解される。というのは，日本の裁判所が仲裁人の忌避を扱うのは，仲裁地が日本にある場合だからである（仲裁法3条1項，同法18条）。

2　各国の国際私法による準拠法決定

　NY条約の適用がない場合には，各国において，その国の国際私法によって準拠法が決定されることになる。

　仲裁人の資格や公正性・独立性の要件の準拠法について，各国の学説には対立がみられる。

　第1に，仲裁地法によるとの説（仲裁地法説）がある。この説は，仲裁人の資格を手続に関する問題と考えた上で，「手続は法廷地法による」の原則に従い，仲裁地法を準拠法とするものである。この説によれば，仲裁人が完全行為能力者であることなどの仲裁人の資格・要件については，仲裁地法によることになる[90]。

　第2に，仲裁人の能力の問題として，仲裁人の属人法によるとの説（仲裁人の属人法説）がある[91]。この説は，「人の身分・能力は属人法による」の原則に従い，仲裁人の能力の問題を，その属人法としての住所地法または本国法によらしめるものである。しかし，仲裁人の属人法説に対しては，3人から成る仲裁廷の場合に，それぞれの属人法を適用すれば，法適用関係が複雑となるだけでなく，（特に当事者選定仲裁人に関して）当事者間の衡平を損なうおそれがあるとの批判がなされている[92]。

　第3に，仲裁合意の準拠法によるとの説（仲裁合意の準拠法説）がある。この説は，仲裁人の資格に関する当事者の期待を最も保護できるのは，仲裁合意の準拠法であることを理由とする[93]。

　以上のような学説の中で，仲裁地法説が国際的な多数説であると思われる[94]。

---

[89]　Paulsson, p. 74; 同上。

[90]　Born (2nd), p. 1758.

[91]　*Fouchard Gaillard Goldman*, para. 765.

[92]　Born (2nd), p. 1758.

[93]　*Ibid.*

特に仲裁地の裁判所で忌避が問題となっている場合には，裁判所での手続であることから，「手続は法廷地法によるの原則」の根拠が一層妥当するからである[95]。

当事者が仲裁人の資格や公正性・独立性の要件について，仲裁地以外の国の法を準拠法として選択することは可能か。当事者によるこのような準拠法選択は，法規律が複雑になるため賢明でもなく，また実務上も滅多にないようであるが，理論的にはこれを禁止する理由がないことが指摘されている[96]。ただし，選択された法の内容が，仲裁地法上の公正性・独立性の基準よりも緩やかな場合には，このような法選択を肯定してよいかの問題が生ずる[97]。例えば，英国を仲裁地とする仲裁の当事者が，仲裁人の公正性・独立性に関して米国法を選択した場合である。このような場合，多くの国は，仲裁人の公正性・独立性の要件が強行法規であるという理由から，当事者の法選択を認めないであろうとの指摘がある[98]。

3 日本の国際私法

日本における国際私法の主たる法源は，「法の適用に関する通則法」（通則法）であるが，通則法には仲裁手続の準拠法に関する規定は見当たらない。従って，条理に基づき，仲裁人の資格や公正性・独立性の要件の問題の準拠法を決定することになる[99]。

日本の学説上も，仲裁人の選任の問題は，当事者の期待する妥当で信頼しうる仲裁判断のための重要な要因であるという理由から，仲裁合意の準拠法によるとの考え方がありうるとの指摘がある[100]。しかし，裁判所における仲裁人の忌避の場面で仲裁人の資格や公正性・独立性が問題となる場合には，開始された仲裁手続に関する問題であり，仲裁地が最も密接に関連するものと考えられる。また，仲裁人の忌避事由を定める仲裁法 18 条が適用されるのは，仲裁

---

[94]　*Ibid.*

[95]　*Id.,* p. 1825.

[96]　*Ibid.*

[97]　*Ibid.*

[98]　*Id.,* p. 1826.

[99]　小島＝猪股・前掲注(2) 631 頁を参照。

[100]　小島＝高桑・前掲注(2) 注解 228 頁［澤木敬郎］を参照。

地が日本国内にある場合であること（仲裁法3条1項），仲裁判断の取消事由や承認拒否事由としての「仲裁廷の構成」に関して仲裁地法を基準としていること（仲裁法44条1項6号，45条2項6号）などを考慮すれば，日本の仲裁法自体，仲裁地法説を前提とするものと考えられる。さらに，世界的な多数説である仲裁地法説を採用することは，国際的調和にも適う。

それ故，我が国においても，仲裁人の資格や公正性・独立性の要件の問題については，仲裁地法によると解すべきであろう[101]。すなわち，仲裁地を日本とする仲裁手続に関して，仲裁人の忌避の申立てがなされた場合，日本の裁判所は，仲裁法18条を適用すべきである。そして，「当事者の合意により定められた仲裁人の要件を具備」するか，「仲裁人の公正性又は独立性を疑うに足りる相当な理由」があるかを判断することになる。

日本を仲裁地とする仲裁手続に関し，仲裁人の資格や公正性・独立性の要件について，当事者がA国法を準拠法として選択している場合でも，我が国の国際私法上は，「抵触法的指定」としては認められないと解される。我が国の裁判所は，あくまでも日本の仲裁法18条1項を適用して忌避事由の有無を判断すべきである。もっとも，当事者によるA国法の指定は，「実質法的指定」として，仲裁法18条1項が許容する範囲内で尊重される[102]。例えば，A国法が仲裁人を法曹資格者に限定している場合に，仲裁人が仲裁手続中に法曹資格を喪失したときには，厳格合意の場合と同様，当事者は，当該仲裁人を忌避することができる。逆に，A国法が公正性・独立性に関して緩やかな基準を採用している場合には，緩和合意と同様の扱いをすべきであろう。

V　おわりに

以上，国際仲裁人をめぐる若干の法律問題につき，特に仲裁人の資格と公正性・独立性の要件に焦点を当てて，準拠法の問題を含めて考察した。

本稿の主張は，次のとおりである。第1に，日本法上，仲裁人の資格につい

---

[101]　小島＝高桑・前掲注(2)注解228頁［澤木敬郎］；松浦＝青山・前掲注(2)384頁［高桑昭］；小島＝高桑・前掲注(2)論点167頁［中野俊一郎］；小島＝猪股・前掲注(2)635頁；山本＝山田・前掲注(2)382頁。

[102]　山本＝山田・前掲注(2)382頁。

ては，自然人であること，意思能力があることなどの要件しか課されていない。ただし，当事者の合意によって制限を課すことは可能である。

　第2に，日本の仲裁法18条1項2号の「仲裁人の公正性又は独立性」については，IBA 利益相反ガイドラインを参考に解釈すべきである。当事者は，日本法よりも厳格な基準に合意できるだけでなく，日本の国際的な公序に反しない限り，緩和された基準に合意することも可能である。

　第3に，仲裁人の資格や公正性・独立性の要件などの問題については，仲裁地法が準拠法とされる。従って，日本を仲裁地とする仲裁手続に関しては，日本の仲裁法18条1項の忌避事由に該当するか否かを判断すべきことになる。

21 国際取引と多重代表訴訟

高 橋 　 均

　Ⅰ　は じ め に　　　　　　　　　Ⅴ　今後の多重代表訴訟のあり
　Ⅱ　わが国における多重代表訴　　　　方と制度設計
　　　訟の法制化　　　　　　　　　Ⅵ　お わ り に
　Ⅲ　他国の多重代表訴訟制度
　Ⅳ　ケース別の国際取引と多重
　　　代表訴訟の適用有無

Ⅰ　は じ め に

　グローバル化が進んだ今日においては，もはや自国のみを取引先とした企業活動は考えられない。鉄道や百貨店など従前は典型的な国内産業と考えられていた業種においても，車両や鉄道システムの輸出，外国訪日客への対応など，国境を越えた人・物・金の動きが活発化している。国際企業間取引における決済の仕組みも含め，国際取引の仕組みが従前と比較して，格段にその利便性が増していることも要因の一つであろう。

　わが国の企業が海外展開を行うにあたり，海外に子会社を設立したり，M&Aにより子会社化し，これら子会社を中心としてその地域での製造・販売を行うとともに，周辺国への拡販や技術サービスを提供する方法が一般的である。1980年代に発生した貿易摩擦の教訓のみならず，企業競争力確保のためには，より安価で製造できる地域やスピードが求められるビジネスにおいて，わが国から輸出することは，時間的にもコスト的にも割が合わなくなっているからである。また，輸入取引についても，海外で製造した物をコスト面のメリットから，わが国に逆輸入することは一般的となっている。

　子会社化するメリットは，単に経営の効率化や収益拡大にとどまらない。親

『国際取引の現代的課題と法』澤田壽夫先生追悼〔信山社，2018年4月〕　　*503*

国際取引の現代的課題と法

会社の事業部門が自ら企業活動するのと比較して，子会社の法令違反や事業による失敗等に対して，株主有限責任の原則から，親会社は子会社株式の簿価の範囲で責任を取るのが基本である。とりわけ，海外における企業活動は，テロや環境問題をはじめとして，わが国内とは比較にならないほどのリスクの中で行われている。子会社として法人格を別とすることにより，親会社に多大な損失を及ぼさないようにするメリットがあるわけである[1]。

　企業が国際取引を行うにあたり，国際法上の規則に則った上で，さらに各国の準拠法を遵守した企業活動を行うことが前提である。国際法上のルールに違反すれば，その制裁を受けることになるであろうし，各国の準拠法を遵守しなければ，裁判管轄に基づいた裁判の判決に服することになる。したがって，子会社が不祥事を起こせば，当該国の準拠法に則って，役員は責任追及をされ損害賠償の責任を負うことになる。たとえば，アメリカでは，企業不祥事に対して多額の損害賠償を請求する株主代表訴訟（derivative suit）や集団訴訟（class action）が提起されることも珍しくない[2]。これらの子会社への直接的な訴訟に限らず，わが国の親会社のブランドも大きく毀損されることとなり，場合によっては，日系企業の不祥事として外国メディアに大きく報道され，ネット社会での影響も相俟って，不売運動の標的とされるリスクも，わが国国内の子会社とは比較にならないほど大きいものと認識すべきである。

　これら海外子会社のリスクに対して，親会社として，海外子会社を含めた企業集団の内部統制システムを整備すること（会社法362条4項6号）は大前提となる。もっとも，企業集団の内部統制システムが，親会社としての海外子会社リスク管理の予防措置であることに対して，株主の権利としての是正権によって，海外子会社不祥事の抑止を図ることも考えられる。いわゆる株主代表訴訟制度である。

　株主代表訴訟制度は，自社の損害について，本来は会社として任務懈怠の取

---

[1]　リスクの大きな事業を別法人である子会社に行わせる点からも不祥事が子会社で多く発生するのは当然であるとの意見として，長谷川俊明『海外子会社のリスク管理と監査実務』（中央経済社，2017年）7頁。

[2]　集団訴訟（クラスアクション）を紹介した上で，わが国の消費者裁判手続特例法との関連を解説した論考として，島岡聖也「米国集団訴訟（クラスアクション）の教訓と『消費者裁判手続法』の施行について」国際取引法学会2号（2017年）155-182頁参照。

締役等に対して直接，損害賠償責任の追及を行うべきであるところ，会社内部の特殊な感情によって，取締役の責任を追及しない可能性があることから，一人または一部の株主が会社に代位して一般株主を代表して取締役の責任追及を行う制度である。

しかし，海外子会社の親会社が唯一の株主であったり，取引先もしくは合弁のパートナー企業が株主の場合には，これら株主が子会社の不祥事に対して，当該子会社の取締役に対して株主代表訴訟を提起することは，相互の関係が強固であるために通常では考えられない。かかる場合に株主代表訴訟が提起されるのは，合弁パートナー先と対立し合弁契約を解消する事態に至った場合等，例外的な場合と考えられる。

海外子会社取締役の善管注意義務等の任務懈怠による当該子会社の損失について，子会社株主による代表訴訟の脅威に晒されることはない場合には，違法行為等による不祥事に対する抑止力が効かないこととなる。そこで，かかる場合への対応としては，親会社の株主が子会社の不祥事に対して，直接的に責任追及が可能となる多重代表訴訟制度がある。すなわち，多重代表訴訟制度は，親会社の株主が親会社に代わって子会社取締役の責任追及を行う株主としての是正権の行使と位置づけられる。

平成27年5月1日から施行された改正会社法（以下「平成26年会社法」という）で，わが国の法制史上初めて，多重代表訴訟制度が創設された[3]。そこで，本稿では，現行のわが国の多重代表訴訟制度の内容と多重代表訴訟制度が海外子会社に及ぶか否かを確認した上で，主要な他国の多重代表訴訟制度を概観しつつ，国際取引に関連して海外子会社不祥事に対して，多重代表訴訟制度のあり方を検討する。

---

(3)　多重代表訴訟の導入論が浮上した背景には，平成9年の独禁法の改正による持株会社解禁とその後の株式交換・株式移転に伴って持株会社を活用した企業集団のグループ経営の急速な普及があるとの指摘（川島いづみ「多重代表訴訟の導入」鳥山恭一＝福島洋尚編『平成26年会社法改正の分析と展望』（経済法令研究会，2015年）54頁）の通りである。

II わが国における多重代表訴訟の法制化

1 平成26年会社法

(1) 平成26年会社法以前の状況

親会社株主にとって、子会社の不祥事は、連結決算や子会社の保有株式価値の下落による直接的な影響のみならず[4]、ブランドイメージの毀損などの間接的な損害の影響もあり得ることから、全く無関係というわけではない。このために、わが国の会社法は、親会社株主の共益権として、子会社に関する情報収集を行うための法定文書の閲覧・謄写請求権を定めている。すなわち、親会社と子会社間の特別な支配関係を利用して、親会社（取締役）が子会社を利用して違法行為や不正行為を行う可能性があることから、親会社に多大な影響を及ぼす子会社の不祥事に対する親会社株主としての調査権である。閲覧・謄写できる具体的な法定文書は、①株主総会議事録（会社法318条5項）、②取締役会議事録（同法371条3項・5項）、③監査役会議事録（同法394条2項・3項）、④定款・株主名簿・新株予約権原簿・社債原簿（同法31条3項・125条4項・252条4項・684条4項）、⑤会計帳簿（同法433条3項・4項）、⑥計算書類等（同法442条4項）である。

⑤の会計帳簿閲覧・謄写請求権は、親会社株主が親会社の総株主の議決権の3％以上の株式を有する少数株主権である（会社法433条1項）が、その他はすべて単独株主権である。親会社株主が、上記の権利を行使する際には、閲覧・謄写請求の理由を明らかにした上で、予め裁判所の許可が必要である。子会社は親会社とは法人格が別であり、親会社株主による濫用的な権利行使を防止するために、閲覧・謄写請求権の理由の明示や裁判所の許可が必要となっている。

もっとも、かかる親会社の子会社に対する調査権は、子会社の不祥事に関す

---

(4) 親会社取締役が子会社を監視・監督する義務がある根拠として、親会社が保有する子会社株式の価値の下落の影響を主張する有力説もあった。舩津浩司『「グループ経営」の義務と責任』（商事法務、2010年）155頁以下、230頁。ドイツでも類似の考え方があり、子会社の違法行為によって、親会社の子会社持分価値が減少することを防止するための親会社取締役の義務を「コンチェルン・コンプライアンス義務（Konzernweiren Compliance Verantwortung）」と称して、多くの学説の支持を得ているとのことである。高橋英治「企業集団における内部統制」ジュリスト1452号（2013年）29-30頁。

る子会社の取締役に対して，直接的に責任追及を行う権限ではない。とりわけ，親子関係が最も強固な完全親子会社形態の場合には，完全子会社の不祥事による損害の影響は，当該子会社には他の株主が存在しないことから，損害の影響が株主に分散されることなく，唯一の完全親会社にその影響が及ぶこととなる。したがって，かねてより，親会社の株主は，子会社の取締役の任務懈怠責任に対して，親会社に代位して子会社取締役に対する提訴権を行使できる多重代表訴訟を法的に認めるべきとの主張があった[5]。そこで，平成26年会社法において多重代表訴訟制度が創設された[6]。

(2) 多重代表訴訟制度の内容

株式会社の最終完全親会社等の株主は，当該株式会社に対し，取締役・会計参与・監査役・執行役・会計監査人・発起人・設立時取締役・設立時監査役（以下，まとめて「取締役」という）の責任追及の訴えの提起を請求することが可能である（会社法847条の3第1項）。そして，当該株式会社が当該請求の日から60日以内に責任追及の訴えを提起しないときは，当該請求をした最終完全親会社等の株主は，その責任追及の訴えを提起できる制度が，平成26年会社法で創設された多重代表訴訟である（会社法847条の3第1項・7項）。最終完全親会社等[7]とは，その子会社の発行済株式の全部を直接または間接に保有

---

[5] 森本滋「純粋持株会社と会社法」法曹時報47巻12号（1995年）3048頁，畠田公明「純粋持株会社と株主代表訴訟」ジュリスト1140号（1998年）18-21頁，志谷匡史「親子会社と取締役の責任」小林秀之＝近藤光男編『新版株主代表訴訟大系』（弘文堂，2002年）157頁，浜田道代「役員の業務と責任・責任軽減・代表訴訟・和解」商事法務1671号（2003年）42-45頁等。

[6] 多重代表訴訟の創設が法制審議会会社法制部会の中間試案で示されたのに前後して，多くの研究者や実務家が他国の紹介や導入の賛否について論考を発表した。たとえば，志村直子「二段階（多段階）代表訴訟」商事法務1909号（2010年）23頁以下，加藤貴仁「企業グループのコーポレート・ガバナンスにおける多重代表訴訟の意義（上）（下）」商事法務1926号・1927号（2011年）4頁以下（上）・37頁以下（下），小林一郎「デラウェア州判例が示す多重代表訴訟の実像と日本法への導入の限界」商事法務1943号（2011年）7頁以下，北川浩「多重代表訴訟導入に対する問題意識──海外子会社に関する議論の必要性を中心に」商事法務1947号（2011年）26頁以下，清水円香「フランスにおける多重代表訴訟に関する議論の状況」商事法務1964号（2012年）4頁以下，柳伸之介「多重代表訴訟における子会社役員の責任に関する実質的考察」阪大法学62巻3・4号1135頁以下（2012年）1135頁以下，藤田真樹「多重代表訴訟制度を巡る問題」彦根論叢402号（2014年）4頁以下等がある。

国際取引の現代的課題と法

している会社であって，かつ当該会社の完全親会社が存在しない会社のことである（会社法847条の3第1項。以下，条文の記載の場合以外は，最終完全親会社等を「完全親会社」という）。多重代表訴訟制度による責任追及の訴えを，会社法上は「特定責任追及の訴え」としている。すなわち，子会社取締役の責任が「特定責任」である。

　法制審議会会社法制部会（以下「会社法制部会」という）の審議では，多重代表訴訟制度創設の理由の一つとして，組織再編行為によって子会社化されることにより，親会社株主は，それまでは，親会社の意思決定に対して株主総会決議等や取締役の責任追及によって関与することができたのに対して，子会社の事業活動の監視・監督等の関与ができなくなることから，「親会社株主の権利の縮減」の問題として捉えていた[8]。多重代表訴訟制度が導入されれば，完全親会社株主は，子会社の不祥事に対して，直接子会社取締役の任務懈怠責任を追及することによって，是正機能による関与が可能となる。もっとも，多重代表訴訟の創設については，経済界の意向の反映に中心的な役割を果たしている経団連の代表者から会社法制部会において強い反対があったこと[9]などもあり，多重代表訴訟制度の対象子会社の範囲や原告適格要件に制限が設けられた。すなわち，対象の子会社は，責任原因事実の発生日において，完全親会社によって保有される株式の簿価（当該完全親会社の完全子法人が有する当該株式会社の帳簿簿価を含む）が当該完全親会社の総資産額の5分の1超[10]である完全子会社

---

(7)　最終完全親会社等の「等」が意味するところは，株式会社の完全親会社に限らず，株式会社の発行済株式総数のすべてを親会社自身と親会社の完全子会社等が保有するか，もしくは完全親会社自身の完全子会社等が保有する株式会社も含むことである（会社法847条の3第2項・3項）。

(8)　実質的には従業員にすぎない子会社取締役を多重代表訴訟の対象にすることは，「親会社株主の権利の縮減」の問題では基礎づけられないとの意見として，加藤・前掲(6) 6頁。

(9)　経団連代表の杉村委員は，会社法制部会の審議の中で，多重代表訴訟制度の創設には断固として反対であると主張している（法制審議会会社法制部会第11回会議議事録（平成23年7月23日開催）［杉村豊誠委員発言］4頁）。その他，同17回会議議事録（平成24年2月22日開催）［杉村豊誠委員発言］14頁・30頁等。

(10)　総資産額の5分の1要件は，事業譲渡や会社分割において，株主総会の決議を不要とした要件を参考にしたとのことである。坂本三郎編著『一問一答平成26年改正会社法（第2版）』商事法務（2015年）186頁。

に限定することとされた[11]。

　立案担当者は，完全子会社に限定した理由として，「子会社に少数株主が存在する場合には，当該少数株主に，子会社の取締役等の責任の追及を委ねることができること」と説明している[12]。完全子会社に規模の基準を採用したことによって，現実的に対象となる子会社は，親会社が事業会社ではない持株会社形態を採用したその完全子会社が該当する可能性が高く，一方で，大規模な事業会社が，一部の事業部門を完全子会社として分社した場合には，当該子会社は，多重代表訴訟の対象から外れるケースが高くなる。また，多重代表訴訟に，規模の基準を採用したことは，重要性を有する子会社に限定した趣旨を踏まえて，子会社の役員に就任している親会社の部長クラスの従業員までを代表訴訟の対象とするのは適切ではないなどの意見を考慮しているようである[13]。会社の規模が大きくない子会社に対しては，親会社の部長をはじめ，中間管理職の従業員が親会社の事業部門を代表して当該子会社の役員に就任するケースが多いと思われることを考慮したのであろう。

　さらなる制限として，多重代表訴訟を提起できる原告適格については，完全親会社の総株主の議決権の100分の1以上の議決権または当該完全親会社の発行済株式総数の100分の1以上の数の株式を有する少数株主権とされた。公開会社の場合には，6ヶ月の継続株式保有要件もある。株式を保有している会社に対する単体の代表訴訟は，一株（または一単元株）を保有してさえいれば代表訴訟を提起できる単独株主権であることと比較して，多重代表訴訟の原告適格を少数株主権としたことは，株主からみれば，株主としての是正権の行使のハードルが高まったことを意味する[14]。

　多重代表訴訟の原告適格を少数株主権としたことに対しては，立案担当者か

---

[11]　この要件に該当する会社は，持株会社であるフィナンシャルグループ傘下のメガバンク等であり，親会社自身が事業会社である場合の完全子会社は，親会社が実質的に事業活動を行っていないなど特殊なケース以外は該当しない会社が多いものと考えられる。

[12]　法務省民事局参事官室「会社法制の見直しに関する中間試案の補足説明」商事法務1952号（2011年）39頁。坂本・前掲注[10] 177頁。

[13]　落合誠一『会社法要説（第2版）』（有斐閣，2016年）181頁。

[14]　もっとも，親会社株主は単独で1％以上の株式を保有していなくても，他の株主が有する株式と合せて満たしていれば，共同で提訴請求を行うことが可能である。坂本編・前掲注[10] 181頁。

国際取引の現代的課題と法

らは、「完全子会社とその完全親会社の株主との関係は、当該完全親会社を通じた間接的なものであること」が考慮されたようである[15]。この点については、会社法制部会長からも「一般の代表訴訟における濫用の問題との違いが問題となることから、濫用のおそれを理由とするのではなく、株主としての権利のリモートさを理由としたもの」[16]と説明されている。

完全親会社の株主が完全子会社の取締役の責任追及を行おうとした場合には、完全子会社の監査役に対して提訴請求を行わなければならない（会社法847条の3第1項）。その上で、子会社監査役が、親会社株主の提訴請求の日から60日以内に提訴請求の取締役の責任追及の訴えを提起しないときには、親会社の株主は正式に、当該取締役の特定責任追及の訴えを提起できる（会社法847条の3第7項）。もっとも、完全子会社に回復することが出来ない損害が生ずるおそれがある場合には、直ちに訴訟を提起できる（会社法847条の3第9項）。

なお、親会社株主の提訴請求が認められない場合としては、①当該訴えが当該株主もしくは第三者の不正な利益を図りまたは当該株式会社もしくは当該最終完全親会社に損害を加えることを目的とする場合、②当該訴えに係る責任の原因となった事実によって、当該最終完全親会社に損害が生じていない場合、が規定されている（会社法847条の3第1項1号・2号）。①は、単体の代表訴訟においては、既に同様の規定が存在している（会社法847条1項但書）が、提訴請求対象取締役が所属している子会社のみならず親会社にも損害を加えることを目的とした訴えについても、却下事由としている。また、②については、新しく加わった要件であり、親会社の株主は、法人格が別の子会社に対して直接の利害関係を有しているのではなく、親会社自身と利害関係があることから要件とされたものである。したがって、被告となった子会社取締役は、親会社に損害が生じていないことを主張・立証することとなる。具体的には、「親会社が子会社から利益を得た場合や親子会社間において利益が移転した場合等」である[17]。たとえば、完全子会社から親会社が原材料を通常より著しく安価

---

[15]　法制審議会会社法制部会第23回会議議事録［塚本英巨関係官発言］13頁。坂本・前掲注[10] 181頁。

[16]　岩原紳作「会社法制の見直しに関する要綱案の解説［Ⅲ］」商事法務1977号（2012年）6頁。

[17]　法務省民事局参事官室・前掲注[12] 39頁。

に継続的に購入したとすると，当該子会社の損害は固定化する一方で，完全親会社はそのまま利益となることから，多重代表訴訟の対象とはならない[18]。完全親会社の株主にとってみれば，親会社に利益をもたらしているから多重代表を提起する目的はないとは言える一方で，その結果，子会社の保有株式の簿価が低下したり，子会社に係る多額の減損処理をすることになれば，親会社の損失にもなり得ることに注意しなければならない。

　他方，具体的に想定されている親会社の損害事実としては，子会社の取締役の任務懈怠と親会社の損害との間に相当の因果関係がある限りにおいては，親会社から子会社への損失補てんや，親会社が保有している子会社の株価の下落による減損処理等が考えられる。

　さらに，実務的に重要な手続としては，最終完全親会社が原告または被告の当事者に対して補助参加できること（会社法 849 条 1 項），最終完全親会社株主が正式に子会社の取締役を提訴したときには，当該子会社に訴訟告知をするとともに，当該子会社は最終完全親会社に通知する必要があること（同条 4 項）がある。補助参加に関しては，完全子会社の取締役に任務懈怠責任がある場合には，完全親会社が株主の立場で当該子会社取締役の責任追及をすることが本筋であることから，親会社として責任追及を行わない時点で親会社と子会社被告取締役の利害が一致しているものと考えられ，現実的には親会社は子会社被告取締役に補助参加するケースが多いであろう。もっとも，親会社が子会社取締役に補助参加する場合には，親会社の監査役または監査（等）委員全員の同意が必要となる（会社法 849 条 3 項）。親会社監査役等として，親会社の子会社取締役に対する補助参加の意義を再確認するためである。

(3) 海外の会社とわが国の多重代表訴訟の適用有無

　国際取引を行っている子会社の中には，わが国で活動している海外親会社の子会社，もしくはわが国で設立された親会社の海外子会社もある。これらの子会社に，わが国の多重代表訴訟が及ぶ対象会社となるのか論点となる。このう

---

[18]　このような事例については，会社法上は，親子会社間の非通例取引で処理され，平成 27 年会社法施行規則では，親会社等との取引について，子会社の利益を害さないように留意した事項や当該取引が子会社の利益を害さないかどうかについて，会計監査人設置会社（会計監査人非設置会社であっても公開会社は含む）においては，子会社取締役の判断や理由を事業報告等への開示義務が課せられた（会社法施行規則 118 条 5 号）。

国際取引の現代的課題と法

ち，リスクとの関係で，圧倒的に注意が必要なのは，海外子会社の場合である。わが国で活動しているいわゆる外資系の子会社の場合，子会社単体として，大会社または指名委員会等設置会社もしくは監査等委員会設置会社は，わが国の内部統制システムを構築・運用する義務があり（会社法362条5項，399条の13第1項1号ハ，416条1項1号ホ），非大会社や委員会型の会社でなくても，わが国の法令に従う法的義務が存在するからである。

海外では，わが国と質的にも量的にも異なるリスクが存在している中で，海外子会社は様々なリスクに直面することが有り得る。かかる状況下において，海外子会社が活動を展開する国や地域の実情に沿ってリスク管理を行う体制を整備することが基本であるが，わが国で法令化されている企業集団の内部統制システム（会社法362条4項6号・5項，会社法施行規則100条1項5号）が海外子会社に及ぶことを考えれば[19]，わが国の親会社も海外子会社に対する適切なリスク管理を整備する必要がある。

他方で，法人格が別なために，親会社取締役は海外子会社に対して，直接の善管注意義務を負わないことから，法的には，海外子会社の不祥事に対して直接的に任務懈怠責任を問われることはない。まして，海外子会社も含めて完全子会社の場合には，親会社以外に株主は存在しないことから，一般株主による監視機能は存在しない。

平成26年会社法で創設された多重代表訴訟制度が適用となる親会社も子会社も株式会社であるとされている（会社法847条の3第1項・4項）。株式会社とは，わが国の会社法に準拠して設立された会社の一形態であり（会社法2条1号），外国の法令に準拠して設立された法人その他の外国の団体である外国会社（同法2条2号）とは明確に異なる。したがって，わが国の多重代表訴訟制度は，海外親会社傘下の日本法人の子会社は勿論のこと，親会社が日本で設立された株式会社であっても，海外子会社に対しては，多重代表訴訟は及ばないことになる[20]。

---

[19] 日本法に基づいて設立された会社がその経営を支配していれば，会社法上の子会社になり得る（会社法2条3号，会社法施行規則3条1項・2条3項2号）から，外国法に基づき設立された海外子会社も企業集団に含むことになる。江頭憲治郎『株式会社法（第7版）』（有斐閣，2017年）9頁。

[20] 法務省参事官室・前掲注[12] 38頁，坂本・前掲注[10] 189頁。

たとえば，アメリカで設立された親会社のアメリカ人株主が，当該親会社の完全子会社である日本法人である子会社の取締役に対して，その責任追及の訴えを提起することは不可能であるばかりでなく，わが国の親会社の完全子会社がアメリカで設立・活動している場合に，その取締役に対して，日本の親会社の株式を保有しているアメリカ人株主が責任追及の訴えを提起することも同様に不可能である[21]。すなわち，海外株主によるわが国の海外子会社に対して，濫用的な訴訟提起が行われるリスクは存在しないことにもなる。しかし，あくまで多重代表訴訟が海外子会社に及ばない規定はわが国の法制度であって，海外の親会社が設立した海外子会社に，わが国の会社が合弁企業として参画したり，出資することはあり得る。この場合，海外の法制度に多重代表訴訟が存在し，かつ日本法と異なり，自国以外で設立された子会社の取締役に対して，親会社株主が責任追及をすることができるとなれば，わが国の企業にとっても影響がないわけではない。そこで，以下，主要国における多重代表訴訟制度の状況を概観する[22]。

Ⅲ　他国の多重代表訴訟制度

1　アメリカ

アメリカはコモンローの世界であり，判例法理によって，株主代表訴訟も生成・発展してきたが，早くから親会社（支配会社）株主が子会社（従属会社）への訴権を認めるという多重代表訴訟（multiple derivative suit）が存在した[23]。

---

[21]　本田技研工業の株主が，アメリカ子会社の取締役に対して提起した多重代表訴訟は（Batchlder v. Kawamoto, 147 F. 3d951（9th Cir. 1998）），アメリカ連邦裁判所において却下された（本判決の紹介として，澤井啓「ADR保持者による株主代表訴訟の原告適格」商事法務1538号（1999年）31-34頁参照）。当時，わが国で多重代表訴訟制度が創設されていなかったためであるが，多重代表訴訟制度が創設された今日においても，わが国の多重代表訴訟制度は海外子会社に及ばないことから，結論的には変わらない。

[22]　多重代表訴訟制度に関して，現地での調査をもとに，多重代表訴訟制度の導入に否定的な見解をまとめた報告書として，21世紀政策研究所「多重代表訴訟についての研究報告――米・仏の実地調査を踏まえて」（2012年1月公表）がある。

[23]　少数ではあるが，多重代表訴訟を否定的な見解を示している判例もある。Schneider v. Greater M. & S. Circuit, 259 N. Y. S. 319（1932），DeVan v. United States, 50 F. Supp. 992（D. N. J. 1943）。

国際取引の現代的課題と法

アメリカの場合には，わが国の多重代表制度とは異なり，完全親子会社関係に限定されたものではなく，子会社に少数株主が存在する場合でも，多重代表訴訟を裁判所の多くが認めている点に特徴がある。

アメリカにおいて，多重代表訴訟制度を認める理論は，19世紀後半以降，判例・学説上色々と主張されてきた[24]。その中で，子会社に少数株主が存在する場合にも，親会社の株主に子会社の取締役の責任追及の訴えの提起が可能と考える背景には，親会社株主は，親会社が持つ訴訟提起権を代位行使できるという理論が主張されてきたから[25]と思われる。すなわち，親会社が子会社に持つ訴訟提起権は，何も完全子会社に限定されるものでなく，何らかの支配関係にあれば適用となると考えているからである[26]。そして，この訴訟提起権の代位行使理論を基礎として，多重代表訴訟を通常の代表訴訟の延長・拡張ととらえ，株主が会社に代位して当該会社の取締役に対して訴訟提起権を行使するとの考え方を応用して[27]，複数段階を追加したものと考えられた。言い換えると，親会社が子会社に対して持っている訴訟提起権を親会社株主が派生的に利用するものであり，親会社株主は，多重的に訴権を行使できることになる。したがって，多重代表訴訟は，通常の代表訴訟と類似の制度設計となっている。具体的には，親会社株主は，アメリカの株主代表訴訟の特徴である行為時株式所有原則（contemporaneous ownership requirement）や原告株主の適切代表性（fairly and adequately represent the interests of the shareholders or mem-

---

[24] 背景となる理論を主に紹介したものとして，周剣龍『株主代表訴訟制度論』（信山社，1996年）103-108頁，山田泰弘『株主代表訴訟の法理――生成と展開』（信山社，2000年）259-275頁，髙橋陽一『多重代表訴訟制度のあり方』（商事法務，2015年）38-81頁を参照。

[25] *Remedies of Stockholder of Parent Corporation for Injuries to Subsidiaries*, 50 Harv. L. Rev. 963, 963-964 (1937).

[26] もっとも，支配関係は多重代表訴訟の独立要件として捉えていない学説として，たとえば，Note, *An Examination of the Multiple Derivative Suit and Some Problems Involved Therein in Light of the theory of the Single Derivative Suit*, 31 N. Y. U. L. Rev. 932-935 (1956).

[27] 延長・拡張とは，親会社の株主が親会社に対して持つ訴訟提起権を，子会社にまで派生的に（derivative）行使することである。なお，多重代表訴訟を通常の代表訴訟の延長として理論づけた中心的な判例としては，Brown v. Tenney, 532 N. E. 2d 230, 125Ill. 2d 348, 126Ill. Dec. 545 (1988) がある。

bers）の原告適格要件が要求されるとともに，親子会社の双方に対して，親会社と子会社の各々の取締役会に対する提訴請求（demand requirement）があり，また，特別訴訟委員会（special litigation committee）による却下制度の手続も制度化されている[28]。

　行為時株式所有原則とは，被告が対会社責任行為を行った時点において，原告株主が既に株式を所有している原則のことであり，連邦民事訴訟規則に規定されている（連邦民事訴訟規則 23.1 条）。行為時株式所有原則は，取締役の違法行為が明らかになった後に，株主が代表訴訟を提起することを目的として後追い的に株式を購入することの防止である[29]。原告株主の適切代表性とは，他の株主の利益を適切かつ公正に代表していることを基本としている内容のことであり，アメリカの代表訴訟制度がクラスアクション的性格を備えていることからくるものである[30]。また，アメリカの提訴請求制度は，取締役の責任を追及しようとする原告株主が，取締役会に対して事前に提訴請求をしたところ，拒否された場合に訴訟委員会が原告の提訴を却下すべきか否かを判断するアメリカ独特の制度である[31]。

　その後，多重代表訴訟の伝統的な理論とは異なる理論がデラウェア州裁判所で主張されている[32]。デラウェア理論とは，親会社の子会社に対する支配権が存在する前提で，親会社株主は，親会社に代わって子会社を提訴するというものであり，伝統的に考えられていた親会社の訴権を派生的に行使するという

---

[28]　伝統的理論の下では，単体の代表と同様の原告適格要件や手続が課せられることから，多重代表訴訟の多重性が多くなるほど，原告株主の主張・立証の負担は重くなる。

[29]　原文の核となる箇所は，"the complaint shall be verified and shall allege that the plaintiff was a shareholder or member thereafter devolved on the plaintiff by operation of law"（Fed. R. Civ. P. R. 23.1）である。行為時株式所有原則の詳細は，高橋均『株主代表訴訟の理論と制度改正の課題』同文舘出版（2008 年）123-129 頁参照。

[30]　連邦民事訴訟規則での原文は，"The derivative action may not be maintained if it appears that the plaintiff does not fairly and adequately represent the interests of the shareholders or members similarly situated in enforcing to the right of the corporation or association"（Fed. R. Civ. P. R. 23.1）である。適切代表性については，高橋（均）・前掲注[29] 119-123 頁参照。

[31]　提訴請求手続および却下制度については，高橋（均）・前掲注[29] 136-145 頁参照。

[32]　Lambrecht v. O'Neal. 3 A. 3d277（Del. 2000），Sagarra Inversiones. S. L. v. Cometos Portland Valderrivas, S. A., 34 A. 3d1074（Del. 2011）etl.

国際取引の現代的課題と法

理論と一線を画すものである[33]。すなわち，伝統的理論が，多重代表訴訟とは，通常の単体代表訴訟を何重にも積み上げた派生的に利用したものとの理解に対して，デラウェア理論では，子会社取締役への訴訟は，親会社に代位した親会社株主の直接的な権利と位置付けていることから，親会社との関係が最も重要視されることになる。このために，原告適格要件である行為時株主所有原則は，親会社との間でかつ提訴時点での問題となり，手続も，提訴請求先は親子会社の取締役会ではなく，親会社取締役会のみで足りることとなる[34]。

　以上のように，アメリカでは，多重代表訴訟制度の裏付けとなる理論根拠については異なる判例・学説が見られるが，多重代表訴訟は実務では定着している。とりわけ，M&A が盛んなアメリカでは，M&A による組織再編行為が行われたことにより，親会社の株主となった元の株主が，元の会社取締役の責任追及を行うという事例が多い。

2　欧州主要国

　欧州主要国の中では，ドイツが 2005 年の株式法改正（株式法 148 条），イギリスが 2006 年の会社法改正（会社法 260 条〜 264 条）によって，初めて株主代表訴訟制度を法制化したが，両国とも多重代表訴訟制度についての明文規定は存在しない。とりわけ，ドイツは，株主代表訴訟は経営事項への介入として位置づけられ例外的に扱われるべきとの意見が強い点に特徴がある[35]。加えて，ドイツでは，子会社が株式会社の場合は，グループを一体のものとする考え方が強い契約コンツェルン法制の適用となり，親会社取締役がその責務としてグループ会社を監視・監督する一方で，子会社は親会社の指揮・命令に従うものとされ，親会社株主による子会社への関与を認める多重代表訴訟制度には距離感がある。

---

(33)　デラウェアの判例理論において，特に完全子会社の資産処分は親会社が自らの責任で管理・監督すべきであるという前提に立っているとの意見（小林・前掲注(6) 43 頁）は，子会社の管理は，親会社としての経営判断原則の範疇にあるとの意識があるものと思われる。

(34)　In re Bear Stearns Co., Inc. Sec., Derivative & ERISA Litig., 2011 U. S. Dist. LEXIS6026（2011）.

(35)　松井秀征「ドイツにおける株式会社法制の運用実態とわが国への示唆［上］」商事法務 1941 号（2011 年）29 頁。

他方，フランスは，欧州主要国の中では珍しく，従前より株主代表訴訟と思われる制度が存在する。フランスでは，株主代表訴訟とか派生訴訟とは呼称せずに，「会社訴権の個別行使」（Action sociale ut singuli）と呼ばれている。すなわち「株主は，個別にまたは共同もしくは集団として，取締役または執行役員に対して責任追及を目的とする会社訴権を行使することができる。原告は会社が被った損害賠償請求を行うことができ，訴えが認容された場合には，損害賠償金は会社に帰属する」と規定されている（商法245条～252条）。その際，共同行使または団体行使の場合の行使条件は，少なくとも発行済株式総数の20分の1以上を有する株主により所定の条件の下で認められている。もっとも，フランスでも，多重代表訴訟制度が商法で明文化されているわけではなく，多重代表訴訟を認めたと思われる判例が存在するのみである[36]。

欧州主要国の間でも，法理論はともかく，会社の特別支配関係に基づく子会社の不祥事に対して，親会社の利害関係者にも何らかの監視機能を持たせる必要があるのではないかとの認識はある。企業戦略が多様化しグループ経営が重要視される中で，子会社に対する一定の規律について，子会社取締役や子会社株主のみに監視・監督機能を負わせることの正当性の論点である。

3　主要アジア諸国[37]

主要アジア諸国においても，株主代表訴訟制度そのものが制度化されたり定着している国は少ない。たとえば，中国では，2005年の会社法改正の際に，株主代表訴訟を法制化した（会社法151条）。もっとも，中国の株主代表訴訟の原告適格は，発行済株式総数の1％以上を保有する少数株主権であり，かつ株主継続保有要件が180日と長いことから，実際に活用されている実態は，極めて少ないようである[38]。このため，単体の株主代表訴訟の活性化について，

---

[36]　子会社財産を濫用した子会社取締役に対して，親会社株主による損害賠償を請求する申立てが受理される場合があり得るとの判断に対して，多重代表訴訟を認めたものとするフランスの研究者の主張も存在するとのことであるが，裁判官の中には，フランスにおいては，多重代表訴訟の存在を否定する意見もあり，評価が分かれているようである。清水・前掲注(6) 7-11頁。

[37]　アジア主要国の株主代表訴訟について比較法の観点からまとめた書籍として，国際民商事法センター監修・株主代表訴訟研究会編『アジアにおける株主代表訴訟制度の実情と株主保護』（商事法務，2010年）3頁以下参照。

国際取引の現代的課題と法

最高人民法院は，さらなる改正に向けて対応に着手している。その中で，多重代表訴訟についても，司法解釈を通じて認める方向に舵を切るのか現時点では未定である[39]。

韓国では，代表訴訟制度は1962年の商法改正の際に法制化されている（商法403条）が，原告適格要件が発行済株式総数の1％以上の少数株主権であることもあり，制度利用件数は多くはなく，活性化されているとは言い難いようである[40]。他方，2006年の商法改正に向けて検討が行われた際に，二重代表訴訟創設の議論が行われたが，財界の反対が強く，最終的には見送られている[41]。

台湾における代表訴訟制度は，日米の株主代表訴訟制度を参考にして，1966年から法制化されている（会社法214条～215条）。原告適格要件は，発行済株式総数の3％以上の少数株主権であることと，株式継続保有要件が1年以上であることから，株主代表訴訟の実例は少ない[42]。むしろ注目すべき点は，支配会社（親会社）やその役員の行為によって，従属会社（子会社）が損害を被ったときには，支配会社および支配会社の役員に対して，従属会社の株主および債権者は損害賠償の訴えを提起できるという下から上への訴訟ができること[43]が法制化されている点である（会社法369条4項）。

シンガポールにおける株主代表訴訟は，イギリスの系譜から判例法理として認められていたが，法制度としても規定されている（会社法216A条）。原告適格要件は単独株主権であるが，対象は，非上場会社の役員に限定されている。もっとも，訴訟費用が高額であるため，濫用的な訴訟の懸念はないようである[44]。一方，シンガポールでは，判例法理として，多重代表訴訟（二重代表訴

---

(38) 周劍龍「中国会社法における株主代表訴訟」鳥山恭一＝中村信男＝高田晴仁編『現代商事法の諸問題 岸田雅雄先生古稀記念論文集』成文堂（2016年）611頁参照。

(39) 中国の株主代表訴訟制度については，国際民商事法センター・前掲注(37)〔宣偉華〕3－13頁，周・前掲注(38) 591－612頁参照。

(40) 国際民商事法センター・前掲注(37)〔權鍾浩〕25頁。

(41) 国際民商事法センター・前掲注(37)〔權鍾浩〕30－31頁。

(42) 国際民商事法センター・前掲注(37)〔廖大穎〕65－66頁。

(43) わが国においても，下から上への訴訟提起は，平成26年改正会社法の審議過程の中間試案でも検討の俎上に上がっていた（中間試案第2部第2.1【A案】④）が，最終的には経済界の反対が強く見送りとなった。

(44) 国際民商事法センター・前掲注(37)〔EWING-CHOW Michael〕46－47頁。

訟）は存在する[45]。

　他方，香港では，判例法理として多重代表訴訟が先行して認められたことを受けて[46]，2014年3月から施行された会社条例で制定された。すなわち，企業集団に属する会社の株主は，企業集団内の会社に代位して，企業集団内の他のグループ会社の取締役の責任追及が可能である（会社条例733条(2)）。この規定は，企業集団内であれば，会社をまたがって株主代表訴訟を提起できることを明文化したものであるが，この中に親子会社も含まれることから，香港では多重代表訴訟制度が制度化されているといって良いであろう。

　いずれにしても，かつてのわが国でもそうであったように，アジア諸国では，単体の株主代表訴訟が必ずしも十分に活用されていない中で，多重代表訴訟制度の導入が議論されることはなく，単体の株主代表訴訟制度の活用の定着の後，または並行して本格的に検討される状況下にある。

Ⅳ　ケース別の国際取引と多重代表訴訟の適用有無

　前述したように，主要国における多重代表訴訟は，アメリカでは判例法理が確立して存在しているのに対して，多重代表訴訟を正面から制度として認めている国は，現時点では，主要国の中ではわが国が唯一である。しかも，多重代表訴訟の前に，各国に単独の代表訴訟制度の存在があることから，両者の制度的な整合性も図られていなければならなく，多重代表訴訟制度がグローバルレベルで一気に進展するとは考え難い。しかし，グローバルな国際取引が普通に行われている中で，株主代表訴訟が持つ損害回復機能のみならず，ガバナンスの観点からその抑止効果を認めて株主代表訴訟制度が改めて注目を受けることもあり得るものと考える。したがって，多国間をまたぐケース別の国際取引における多重代表訴訟の適用の可能性を確認した上で，わが国企業にとっての留

---

[45]　シンガポール高等裁判所は，シンガポールの合弁会社の株主が，中国で設立されていた子会社の取締役の不正により合弁会社が損失を被ったとして，当該子会社の取締役に対する訴訟提起を認めた。Hengwell Development Pte Ltd v. Chiang Ching [2002] 4SLR902.

[46]　Waddington Ltd v. Chan Chun Hoo Thomas and others [2009] 4HKC381, 404-407., (2008) 11HKCFAR370, 370-371.

意点を以下検討する。

(1) 海外完全子会社

前述したように，現行会社法では，わが国の多重代表訴訟制度は，わが国で設立された株式会社が対象となることから，海外子会社は適用とはならない。したがって，日本で設立された親会社であるＰ社の外国人株主は，当該国で活動している完全子会社であるＳ社の不祥事に対して，その取締役の責任追及を行うことはできない。

もっとも，わが国で多重代表訴訟制度が創設されていなかった時期ならばともかく，既に制度的に導入されている今日においては，海外子会社が適用されないというわが国でも制度上の解釈が海外の裁判所で理解されるという保証はない。たとえば，アメリカにある日本の現地法人である完全子会社Ｓ社に対して，Ｐ社の株式を保有しているアメリカ人株主は，裁判管轄上，当該現地法人が設立されている州の裁判所に訴訟提起することになる。その際，当該株主のみならず，訴訟代理人や裁判所が，日本の会社法では，Ｓ社は多重代表訴訟の適用にならないという理解がされないで訴訟準備や訴訟提起が行われるかもしれない[47]。

現時点では，わが国の多重代表訴訟は，原告適格要件や対象子会社の範囲が狭いこともあり，国内の完全子会社に対しても濫用的な訴訟が行われるリスクは極めて低いものと考えられる。しかし，将来的には，原告適格要件等は緩和される可能性もないとは言えないことから，わが国の親会社としては，企業集団の内部統制システムの関連から，海外子会社のリスク管理を一定レベル以上に引き上げておくことが重要である。

(2) 海外の親会社によるわが国で設立されている外資系子会社

海外の親会社Ｐ社に外資系完全子会社Ｓ社がわが国で活動している場合に，当該外資系子会社の不祥事と多重代表訴訟の関係がある。この場合は，多重代表訴訟制度が適用となる親会社も子会社も株式会社であるとされている（会社法847条の3第1項・4項）ことから，わが国で活動している外資系子会社は，親会社が設立されている国が多重代表訴訟の制度が認められているか否かにか

---

[47] 実務家からは，アメリカの裁判官が日本法の解釈通りに判断されない可能性があるとの懸念が示されている。北川・前掲注(6) 30頁。

かわらず対象外である。

もっとも，わが国で活動している外資系子会社は，業績不振や不祥事があると，割と短期間で事業の撤退や会社清算を行う傾向があるため，外国籍の親会社の監視・監督機能が強く，親会社の関与の度合いが大きいといえよう。

(3) 海外の親会社の子会社に日本企業が資本参加している場合

Ａ国で設立されているＰ社の子会社Ｓ社が，Ｂ国で設立・活動しており，そのＳ社に日本のＪ社が資本参加しているとする。Ｓ社に対する出資比率は，Ｐ社が60％，Ｊ社が40％であった場合，Ｓ社にとっての株主はＰ社とＪ社のみであり，一般の株主が存在しない中で，Ｓ社の取締役に対して責任追及をする可能性は低い。この場合，わが国の多重代表訴訟制度では，完全子会社が対象であることから，完全子会社ではないＳ社に対して，Ｊ社の株主が多重代表訴訟制度を活用することはできない。

他方，Ｐ社の株主の場合は，Ａ国の多重代表訴訟制度の制度設計による[48]。たとえば，完全子会社に対象会社を絞っていないアメリカでは，Ｐ社のアメリカ人株主がＳ社の取締役に対して，Ｓ社が被った損害に対する責任追及を行うことが可能である。

もっとも，Ｓ社に不祥事が発生すると，その原因がＰ社とＪ社のどちらの出身者によるものなのか，また管理責任はＰ社とＪ社のどちらにあるのかなどによって対立することが多く，その結果，処理の方法や損害賠償の分担等によって係争に発展する事態となると，不満を持った側が，株主としてＳ社の取締役の責任追及を行う可能性もある。

実務的には，かかる事態を回避するために，予めＰ社とＪ社との間の株主間協定を締結し，責任の所在を明確にしておくことが通例である。

---

[48] たとえば，スペインで設立された親会社の株主が，アメリカデラウェア州にある孫会社の取締役に対して多重代表訴訟を提起した事案では，デラウェア裁判所は，スペイン法制度如何であると判示した上で，スペインには多重代表訴訟制度がないことから，却下している。Sagarra Inversions, S. L. v. Cementos Portland Valderrivas, S. A., et al., No. 6179-VCN (Del. Ch. Aug. 5, 2011).

V　今後の多重代表訴訟のあり方と制度設計

　多重代表訴訟制度は，世界的にみて，未だ確立した制度ではない。そもそも，株主代表訴訟制度が，イギリス・ドイツ・中国等で近年になって創設されたように，株主の是正権の一つの手段として利用できる制度としては歴史が浅い。また，わが国をはじめ，株主代表訴訟制度が従前から法制化されていた国でも，必ずしも，利用される頻度が多くない実態もある。株主代表訴訟制度の性格として，一部の株主がその他の株主を代表して会社のために取締役の責任を追及する内容である中で，一部の株主が他の株主の多数の意向を反映したものでは必ずしもないこと，株主が勝訴しても自らの直接的な経済的利益を得るものではない特異な法構造を持っていることから，使い勝手が必ずしも良くないことが考えられる。

　取締役の善管注意義務は，所属している会社に対して存在していることが基本である点は，わが国に限らず，各国の法制度にとっても同じである。したがって，株主の是正権は，あくまで株式を保有している会社の取締役に対してであって，法人格が別の子会社の取締役に対してではない。親会社株主にとっては，子会社取締役の不祥事が親会社からみて，極めて多大な影響を及ぼすことが明確な状況下にある際に，例外的に，当該子会社取締役の責任追及を行うことができるという性格のものである。

　他方，子会社の取締役の不祥事に対する牽制機能に着目するならば，多重代表訴訟の制度的意義が否定されるべきものではない。もっとも，国際取引の一環として，わが国の企業が海外子会社を通じて，企業活動を活発化させている現在の状況においては，濫用的な多重代表訴訟にも留意しながら制度設計を行うことが肝要である。前述したように，立案担当者によれば，わが国の多重代表訴訟制度は海外の子会社には及ばないとの解釈を示しているものの，その解釈が広く海外の裁判所に理解されるか保証の限りではない。あくまで，多重代表訴訟を提起する株主は，海外子会社の所在地を管轄している裁判所に提訴するからである。

　そこで，海外に展開しているわが国の子会社を意識して，以下，多重代表訴訟制度のあり方の観点からその方向性と制度設計について検討する[49]。

(1) 多重代表訴訟制度の現状のあり方

現行では，文理解釈により，多重代表訴訟の対象子会社は，わが国で設立された子会社に限定されており，海外子会社には及ばないとされているが，明確に，外国会社には及ばないと条文上明記すべきと考える[50]。

平成26年会社法では，企業集団の内部統制システムが従来の会社法施行規則から会社法に格上げになった上に，平成27年会社法施行規則において，親子会社から成る企業集団は，親会社として整備することが明示的に示された。その上で，具体的な体制整備の内容として，①子会社の取締役・執行役・業務執行者（以下「取締役等」という）からの親会社への報告体制，②子会社の損失危険管理体制，③子会社の取締役等の業務執行の効率確保体制，④子会社の取締役等および使用人の法令・定款遵守体制，が列挙された。外国会社については，日本法に基づき設立された会社がその経営を支配していれば，会社法上の子会社になるとの規定（会社法2条3号，会社法施行規則3条1項・2条3項2号）から，海外子会社も企業集団の内部統制システムの範囲が及ぶこととなる。したがって，海外子会社については，親会社が責任を持って海外子会社を管理することが基本であり，子会社の不祥事の原因が，親会社が整備した企業集団の内部統制システムの適切な運用を子会社取締役が実行しなかったことが原因であるならば，親会社が当該子会社取締役の責任追及を行うことが基本である。

とりわけ，海外子会社の場合には，わが国内の子会社と比較して，親会社の管理がおよびにくいことから，リスク管理の観点から，企業集団の内部統制システムの整備にも特段の対応が求められる。しかも，単に外形的な整備にとどまらず，適切な運用が行われなければならない[51]。すなわち，海外子会社はわが国の親会社が整備した内部統制システムに対して，現地スタッフや地域性を考慮に入れつつ適切に遵守する必要があり，親会社は海外子会社に対して企

---

[49] 国内外の子会社に対して，提訴要件に差を設けるのは，海外展開に支障を来たしたり，制度が複雑になることを考えると，立法としてはとり得る方策ではないであろう。

[50] 21世紀政策研究所による報告書の中でも，会社法立案担当者が海外子会社は除外されていると書籍などで解説したとしても確実とは言えず，会社法上，明文で除外することが望ましい趣旨の提言を行っている。21世紀政策研究所・前掲注(22) 98頁。

[51] たとえば，親会社への報告体制として，国内の親子会社間では，グループ内部通報制度を整備している会社が増加しているが，海外子会社の場合には，言葉の問題一つとっても，その適切な運用を図ることは必ずしも容易なことではない。

国際取引の現代的課題と法

業集団の内部統制システムの運用状況をモニタリングや監査を通じて監視・検証する必要がある[52]。したがって，企業集団の内部統制システムの法的位置づけが強化された状況下においては，多重代表訴訟による親会社株主の監視・是正機能の前に，親会社の監督責任の遵守によって，海外子会社の不祥事防止の対応を図ることが先決である。その上で，親会社の監督責任が不十分であることを原因として，海外子会社に不祥事が発生し，親会社にも重大な影響を及ぼす事態となれば，親会社取締役が親会社株主から株主代表訴訟による責任追及の訴えを提起されることが基本であると考える。まして，現行の多重代表訴訟の対象子会社は完全子会社であることから，利益相反取引規制も対象外であるなど[53]，親子会社間の関係が表裏一体の形態であることを考慮すれば，当面は，多重代表訴訟に海外の子会社を除外することで足りると考える。確かに，企業集団の内部統制システムが及ぶ範囲は，国内外の子会社であることから，多重代表訴訟の適用範囲に国内子会社と海外子会社との間で差を設けることの是非の議論はあると思われる。しかし，第一に，現行法の文理解釈において，海外の子会社に多重代表訴訟の制度は及ばないと立案担当者らが明言しているならば，海外の株主や裁判所が誤解を生じないように，条文上も明記することが筋であること，第二に，海外子会社特有の事情がある中で，企業集団の内部統制システムが海外子会社に及ぶとはいえ，基本は子会社が設立されている国の準拠法に従うことを考えれば，海外子会社の取締役は，各国特有の事情による対第三者責任の義務を負っていることから，国内外の子会社を別個に分けて考えることも，不合理とまではいえないであろう。

(2) 多重代表訴訟の今後の方向性

もっとも，将来的に海外子会社の不祥事が増加し，かつ親会社による企業集団の内部統制システムの整備を通じた監視・監督義務が十分でないという認識が広まり，海外子会社の取締役の不祥事防止のための抑止機能の観点からも，海外子会社にも多重代表訴訟制度が及ぶという立法化はあり得ると思われる。その際の制度設計として留意すべき点がある。

---

[52] 海外子会社に対する企業集団の内部統制システムへの対応については，高橋(均)「グローバル企業における海外子会社のリスク管理と親会社取締役の責任」国際取引法学会第 2 号（2017 年）48-50 頁参照。

[53] 最判昭和 45・8・20 金判 231 号 6 頁。

第一は，濫用的な訴訟提起に対する担保である。政治的な問題も絡んで，国際取引における海外子会社は，国内とは比較にならないほど多様なリスクが存在している。このために，日系企業をターゲットにした訴訟提起の懸念が払拭できない中で，濫用的な訴訟に対する一定の歯止めともいうべき内容が制度的に組み込まれていることが重要である。具体的には，現行の少数株主権と完全子会社の要件は維持されるべきである。

多重代表訴訟制度の原告適格要件を少数株主権とすることに対しては，海外子会社も対象とする以上，必要条件となろう。1株（または一単元）で訴訟が提起できる単独株主権では，原告株主の経済的負担が著しく軽減されることから，海外株主による濫用的な訴訟のリスクが格段に高まること，非完全子会社以外の場合では，親会社以外の株主が存在することから，当該株主が必要に応じて訴訟提起をする権限を行使することが基本であるからである。

第二は，完全子会社の範囲を一定規模の完全子会社に限定する規定は，撤廃して良いのではないかと思われる。現行法の要件である親会社総資産に対して，子会社の株式簿価が20％超の規模要件の根拠がやや曖昧であること，規模が小さい会社であればあるほど，社内のリスク管理体制が十分でない傾向があること，持株会社の総資産規模は事業会社の総資産規模と比較してはるかに小さいことから，持株会社傘下の完全子会社の方が対象となる子会社の数が多くなり，制度としての整合性に問題があること，多重代表訴訟の抑止効果を考えれば，対象子会社を極端に絞り込む必要性は薄いことがその理由である。

もっとも，多重代表訴訟の対象となる完全子会社の規模要件の緩和措置は，国内外で差を設ける合理的な理由は存在しないことから，最終的には，国内外合わせて，完全子会社要件の撤廃の立法措置が有り得るであろう[54]。

第三は，多重代表訴訟の手続に関する各国の法制度との整合性である。外国人株主が多重代表訴訟を提起しようとした場合には，子会社が存在する国・地域の裁判管轄によって，当該国・地域の法令にそって手続行われる。すると，現行の国内子会社取締役に対するわが国の多重代表訴訟の手続と異なることになる。

---

[54] 完全子会社の要件も含めて，少数株主権や子会社の規模要件の3点は撤廃すべきとの意見として，高橋（陽一）・前掲注(24) 292頁。

国際取引の現代的課題と法

　たとえば，アメリカでは，株主代表訴訟の原告適格要件として，株主の行為時株主原則が定められている。いずれも，濫用的な訴訟を防止する意図で定められたアメリカの代表訴訟制度の特徴である。

　これを多重代表訴訟に当てはめれば，アメリカの子会社取締役を多重代表訴訟制度によって損害賠償請求をしようとした親会社の原告株主に対して，訴えを提起された取締役は，当該株主の株主代表の適切性と行為時株主原則を利用して対抗できる。仮に被告取締役の主張・立証がアメリカの裁判所で認められれば，原告株主は，原告適格要件を満たさないとして，却下される。したがって，アメリカで設立された子会社の取締役は，原告株主の行為時株主に関する原告適格要件の適否を判断する際に，取締役の行為時に親会社株主であったか否かについて親会社と連携を取る必要がある。

　もっとも，多重代表訴訟の場合，親会社株主が親会社に代位して子会社の取締役の責任追及を行う性格から考えれば，子会社取締役としては，当初から，無条件で親会社に頼ることも，親会社が子会社をサポートすることも，原告株主から問題視されかねない。したがって，親会社が子会社に補助参加を要請し，それが裁判所で認められた段階で，親会社と子会社取締役は，原告株主の主張・立証に対して，必要に応じて共同で反証する手続が合理的であろう。

　この他にも，アメリカにおける訴訟委員会による判断，欧州主要国における裁判所による事前許可制度など，濫用的な訴訟提起に対して，わが国の代表訴訟制度とは異なる制度設計となっていることに対して，海外子会社の取締役は十分に認識する必要がある。海外子会社で事業を行う以上は，当該国や地域の準拠法への理解は不可欠である。

Ⅵ　お わ り に

　最近，わが国で著名な製造業において，海外子会社の会計不正が大きく報道された。報道によると，持株会社（holding company）がグループとしての収益を支え，かつ歴史的にも独立性の強い子会社をコントロールできていなかったことが原因のようである。かかる子会社が上場していると，当該子会社の株主による監視機能が働くことになるが，持株会社形態を採用していると，傘下の子会社は非公開会社であるのが通例であり，ガバナンスの観点から親会社のコ

ントロールが機能しないと子会社の不祥事が放置されやすい。

　この点を解消する手段として，多重代表訴訟制度は一つの方策である。もっとも，現時点においては，多重代表訴訟制度が法制化され，かつ活発に運用されている国は見当たらない。わが国でも，多重代表訴訟制度は法制化されたものの，完全親子会社関係であること，少数株主権であること，対象会社が一定以上の規模の完全子会社であることなどの訴訟要件が厳格であり，多重代表訴訟制度はほとんど活用されない可能性が大きい。

　子会社の不祥事は，親会社および企業集団としてのブランドを大きく毀損するリスクがある。とりわけ，グローバルに展開している企業は，海外子会社の不祥事はリスクも高い。したがって，企業集団としてのリスク管理たる内部統制システムの整備を進めることは当然のことながら，多重代表訴訟制度がもつ抑止効果を念頭に置きつつ，濫用的な訴訟への制度的な対応を含めて今後の制度設計に活かすことが必要である。

22 米国クラスアクションにおける和解と 「消費者裁判手続特例法」の実務への示唆について

島 岡 聖 也[1]

I　はじめに
II　クラスアクション制度の発
　　展と問題点の概観 —— 和解へ
　　の影響
III　和解を巡るクラスアクショ
　　ン手続の進行と主要な問題点
　　の素描

IV　新法における和解の考え方,
　　手続, 規律とクラスアクション
　　実務からの示唆
V　おわりに

I　はじめに

　米国クラスアクション制度の歴史的発展に関しては, 社会的, 経済的弱者の集団的・効率的救済という社会正義の実現と, その反面, 米国の多様な司法制度と関係者の利害対立がもたらすクラスアクション制度の弊害や濫用の顕在化という, いわば理想と現実との相克が繰返されてきたといわれている。その結果, 法制度改革だけでなく, 判例による実務の改革が繰返され, 現在に至るまでその動きは非常に活発で, 未だ流動的であるといっても過言ではない状況にある。その意味で, クラスアクション制度の変遷は, 米国司法制度の光と影の縮図とも言うべきものであるが, クラスアクションの動向は確実に変わりつつある。

　一方, わが国においては, このような少額多数の消費者の拡散的な被害の救済に適する制度がなく, 消費者保護の観点で新制度を導入することは長年の懸

---

(1)　㈱東芝において法務部長, 取締役監査委員, 経営法友会において副代表幹事, （公社）日本監査役協会において常任理事等を歴任し, 現在, （公財）アジア刑政財団審議役, 国際取引法学会理事, 日本大学法科大学院非常勤講師等。

『国際取引の現代的課題と法』澤田壽夫先生追悼〔信山社, 2018 年 4 月〕　　　*529*

案といわれてきた。消費者庁設置を契機に諸外国の立法例を参考に慎重に制度設計の議論がなされ，2013 年 12 月に「消費者裁判手続特例法」（正式名称：消費者の財産的被害の集団的な回復のための民事の裁判手続の特例に関する法律。以下，「新法」という）が成立し，2016 年 10 月に施行された。新制度は，米国におけるクラスアクションに関する反省と教訓を生かすとともに，その他の諸外国の立法例も参考にしながら，わが国独自の工夫が込められた制度であるといわれている。2017 年 9 月末時点では，新法に基づく共通義務確認訴訟・簡易確定手続での唯一の主体となるべき「特定適格消費者団体」（以下，「特定団体」という）は 2 団体[2]が認定されているにすぎず，新法に基づく訴訟提起もなされていない模様なので，実際の訴訟運用がどのようになされるかについては，今後の実務の積重ねによるところが大きいであろう。特に多数の消費者個人の請求を念頭に置いて，第三者である特定団体がこれらの対象消費者から授権を受けずに共通義務確認訴訟を提起したり，和解等の処分を行ったり，さらに簡易確定手続において個々の消費者の権利の確定の段階に至り，その内容を確認しながら最終的にどのように公正かつ確実に損害賠償金を対象消費者に配分するのかという実務的な課題については，制度の違いはあるとはいえ，その集団的取扱いのゆえに，クラスアクションにおける問題点と必然的に共通する点も考えられる。そのような観点に立てば，クラスアクションにおける実務と課題は，わが国の制度をどう運用するかに関して貴重な示唆となるのではないかと考えられる。

　本稿では，上記のような問題意識のもとに，クラスアクション制度の歴史，発展とその過程で生じた問題を概観するとともに，提起されたクラスアクションの解決手段としては大多数を占めるといわれる和解に焦点を絞り，特に被告側の観点で，わが国実務の示唆となるべき事項について検討いたしたい。

---

(2)　2017 年 9 月末時点で，特定非営利活動法人消費者機構日本および特定非営利活動法人消費者支援機構関西のみが認定されている。http://www.caa.go.jp/policies/policy/consumer_system/collective_litigation_system/about_qualified_consumer_organization/list_of_specified_organizations/（2017 年 9 月最終確認）。

II クラスアクション制度の発展と問題点の概観——和解への影響

　現在，最も多用されるクラスアクションは，個々には請求は独立しているが，共通原因等に基づく多数の金銭請求を糾合するオプト・アウト型のクラスアクション制度（いわゆる連邦民事訴訟規則（以下，「連邦規則」という）23条(b)(3)に基づく訴訟。以下，単に「クラスアクション」という）であり，1966年の連邦規則の改正により，当初まったく想定していなかった突然変異ともよばれる発展をしたといわれる。

　クラスアクションは，他の被害者からの授権を受けないで，だれでも同種の被害を受けた集団を代表するとして一人でも訴訟を提起でき，特に社会的，経済的な弱者を効率的に救済するという制度として考案されたといわれている。当時の背景としては，ケネディ政権下で公民権法や消費者の権利章典が成立し，人種差別解消や，証券市場の発展により多発した証券取引に関する集団被害を救済するため，伝統的な訴訟制度に代わる実験的で強力な武器として，クラスアクションが成立したといわれている。

　クラスアクションは，本来，損害や因果関係等の観点では定型性を欠く不法行為等には不適なものとして設計されたが，大型PL訴訟や大規模不法行為（MASS TORT）訴訟のほか，証券訴訟，消費者訴訟，労働差別訴訟等に広く活用され，爆発的な増加とともに，濫用をみるに至ったといわれている。濫用される背景としては，①被告企業の経営の根幹を揺るがす予測不可能な懲罰賠償制度[3]，②極めて経済的負担が大きく，勝敗を左右するディスカバリー制度[4]，③無作為抽出された一般人が評決を行うため，予測困難で，被告企業へのバイアスが生じやすい陪審裁判制度[5]，④巨額の報酬を追求するクラスアクション原告弁護士とその弁護士報酬制度[6]，⑤当事者主義と，裁判所と陪審と

---

(3)　懲罰賠償制度は，事案の悪性に応じて被告に再発抑制の動機として十分に効果のある額の賠償を懲罰として課すもので，実損の何倍はおろか，場合によっては天文学的数値の賠償額を課されたこともある。しかもその決定は陪審が行うため，故意や重過失が主張される場合，予測困難で企業存立に影響を与える額の賠償を課される可能性があり，後述するBLACKMAIL SETTLEMENT（恐喝的和解）等の濫用の要因となったといわれる。

国際取引の現代的課題と法

の役割分担により，クラスアクションの成立要件のコントロールに関するゲートキーパー機能が弱いとされてきた米国裁判所制度，および選挙でえらばれる州裁判官[7]等の要素が複合したことで，訴訟の勝敗を予測したり係争利益（最大敗訴額）を把握することが極めて困難になったことが濫用を招く結果になったといわれている[8]。

これらの結果，クラスアクションは，時に，合法的な恐喝（LEGALIZED BLACKMAIL）とか一部原告弁護士のビジネスであるといわれるまでに悪評が

---

(4) ディスカバリーは，事案に関連性がある証拠，情報等は相手方の要求に応じて，秘匿特権の対象等を除き原則としてすべて開示すべきとする制度で，開示の拒否，遅延，情報の隠蔽，改竄，破棄には厳しい制裁を行う等，他の諸国の類似制度に比べても最も厳しいといわれる制度である。また，昨今の各種の電子情報の発達に伴い，いわゆるE-DISCOVERYと呼ばれる電子情報の開示のルールが確立し，大量の証拠を発掘，開示させることが可能となる一方，電子情報の適切な保存，廃棄，開示等その適切な運用を巡って多くの争いが生じ，時として濫用的な開示要求がなされることもあるといわれる。

(5) 陪審裁判は米国司法制度の特徴の一つであるが，事実問題や懲罰賠償を含む賠償額算定まで，法的な訓練を受けない一般人から無作為に選ばれた陪審員が評決を下すもので，地域によっては原告有利のバイアスがあり，原告の訴訟戦略として有利な裁判地漁り（いわゆるFORUM SHOPPING）がなされる等の結果，被告にとっては評決の予見可能性が非常に低くなる場合があることが指摘されてきた。

(6) 一部の原告弁護士は訴訟費用を原告に請求しないが，勝訴または和解した場合には，その額をベースにCONTINGENT FEE SYSTEM（完全成功報酬制度）により，30％程度の巨額の成功報酬を受取ることが可能であるので，CLASSACTION BARと呼ばれる特定の原告弁護士は，ハイリスク・ハイリターンの訴訟ギャンブルを行いがちであるといわれる。このような弁護士は，勝訴・和解できなければ破綻するという強いプレッシャーの下で，強引に恐喝的和解（BLACKMAIL SETTLEMENT）に持ち込むか，被告弁護士と通謀して適当なところでまとめる通謀的和解（SWEETHEART SETTLE-MENT）や，被告弁護士が原告弁護士と通謀してクラスの利益をないがしろにする一方，弁護士費用では最優遇を与えるという不当な条件で，被告に最も有利な和解を先に行ったうえで，他の原告との和解条件を切下げるという逆オークション和解（REVERSE AUCTION SETTLEMENT）が横行したといわれる。後述するとおり，裁判所の承認を要する規律である和解の公正性の観点で恐喝的または通謀的要素がないかが詳細に審査されるのは，上記のような背景事情があるからであるといわれている。

(7) 米国制度上，当事者主義の貫徹によって裁判所はクラス認定の手続要件充足を判断することにとどまり，本案の判断は陪審の役割であるとされてきたことから，クラス認定要件の運用が形式的で緩く，クラスアクションが容易に濫用される要因となったといわれている。また，特に州の裁判官は選挙で選ばれることから地元の原告有利のポピュリズムに陥りやすく，地域によっては陪審の構成も併せ，原告有利のバイアスが極めて強い地域があるといわれている。

532

一般化し，原告弁護士からの不当な圧力もあり，予測困難な巨額のリスクを避けるため和解による賠償の支払いを余儀なくされたといわれるケースは枚挙に遑がない。このような弊害は，以上の米国特有の制度と，クラスアクション制度に内在している不安定要素の双方によって生じているとみるべきであり，米国においては立法的な側面と運用の側面の両面にわたって改善の努力がなされてきた。そして，米国経済の競争力に影響を与える問題として政治問題化した結果，その是正のために何度も立法的な解決の努力（TORT REFORM, CLASS ACTION FAIRNESS ACT（クラスアクション公正法。以下，CAFA という）制定等）もなされた。他方，近時に至り，運用面でも連邦最高裁はクラス認定（CLASS CERTIFICATION）等の厳格化を示す判決を続けて出すに至っているが，後述する通り，これは，クラスアクションの成立要件が単なる手続要件から実体要件化するといってもよいほどの大きな変化であり，その基本的な動きは最近に至るまで，未だに続いていると評される[9]。

また，米国においてはこのようなクラス認定等の厳格化の動きは，濫用的和解の発生防止も念頭においてなされたともいえるので，和解については裁判所がその公正性，合理性，妥当性の確保に責任と権限を有する以上，和解に関する実務に与える影響も大きいものと考えられる。

それでは，以下においては，クラスアクションにおける和解の手続的，実体的な規律を概観しながら，このような変化が和解との関係でどのように影響を与えてきたのか検討いたしたい。

---

(8) これらの濫用の背景の詳細については，島岡聖也「米国集団訴訟（クラスアクション）の教訓と消費者裁判手続特例法の施行について」国際商事法務 44 巻 9 号 1349 頁（2016 年）および国際取引法学会第 2 号 155 頁（2017 年）参照（以下，島岡・論稿という）。

(9) クラス認定の即時抗告制度，クラスアクション公正法の制定による連邦管轄の拡大や弁護士報酬の適正化（クーポン和解の制限），連邦最高裁判決によるクラス認定要件の強化等がなされた。Robert H. Klonoff, *The Decline of Class Actions*, 90 Wash. U. L. Rev. p. 729 (2013)，島岡・論稿参照。

国際取引の現代的課題と法

Ⅲ　和解を巡るクラスアクション手続の進行と主要な問題点の素描

1　クラスアクションにおける和解の流れ，タイミングと裁判所の姿勢

　米国においては，クラスアクションの手続全体を通じて，代表原告およびその弁護士はクラス全体の公正かつ公平な利益の保護のために注意義務・信認義務を負い，さらに裁判所は，特に代表原告・原告代理人の訴訟行為に対して，オプト・アウトしない多くのクラスメンバー（ABSENT MEMBER といわれる）の利益の保護のために，その後見人的役割を果たすこととされている。そのために裁判所は，クラスアクションの取下げ，和解等の終結についてすべて関与し，和解についてはその予備承認の後，関係者への十分な通知，オプト・アウト，クラスメンバーからの異議申述の機会を保障したうえで，最終承認する権限と責任を負うものとされる（連邦規則 23 条(e)等）。

　複雑大規模訴訟（COMPLEX LITIGATION）では，裁判所は裁判手続の冒頭から積極的に和解の勧試を行い，また，和解の推進のための様々な工夫を行う。

　それでは，和解がどのような時期にどのようなパワーバランスでなされ，これをどう具体的に規律しようとしているのか，全体の流れとともに，連邦裁判官のマニュアル（MANUAL FOR COMPLEX LITIGATION）[10]を手掛かりに，簡単に述べてみたい。

(1)　訴訟提起当初からクラス認定まで

　通常，クラスアクションが提起された直後に，いわゆるプリーディング手続（冒頭の書類のやり取り）において，訴状送達，訴答，さまざまな MOTION が出され，争点が整理されながら，裁判所は両当事者を呼び全体スケジュールを調整する。その要点は，整理された争点に関するディスカバリーのタイミングと内容，専門家証人による陳述，法律論点に関する略式判決（SUMMARY JUDGEMENT），クラス認定のための陳述と申請手続というクラス認定までのプレトライアル手続と，クラス認定後の陪審審理に至る手続に関するトライアル手続に大別される。かつての当事者自治重視の姿勢とは異なり，現在の裁判

---

[10]　*Manual for Complex Litigation, Fourth Ed.,* Federal Judicial Center 2004, https://public.resource.org/scribd/8763868.pdf （2017 年 9 月最終確認）。

実務では，まず，最初のスケジュール協議の際に，両当事者に対して，和解が進んでいるかまたは今後検討する予定があるか否かを確認し，その後も和解による解決を成功させるために，中立性を失うことなくさまざまな働きかけを行うべきであるとされている。そして，当事者に対しては，裁判所と密に連携しながら，訴訟の進行に合わせて和解協議を進めることを勧奨し，そのために必要であれば和解協議に当たらせるため，主任裁判官が監督する他の中立の裁判官（MAGISTRATE JUDGE）や和解専門家（SPECIAL MASTER）を任命したり，一定期間他の見識あるADR機関（たとえばJAMSやABA）による和解協議に付したり，和解を円滑化するためにスケジュールの進行の調整を行う。また，実際に和解の契機となるかどうかという意味では，ディスカバリーの果たす役割は非常に大きい[11]。ディスカバリーが進めば，事案の性格や有利不利はおのずと明らかになり和解の契機となる。しかし，元来，本案審理は陪審の役目であるとともに，初期にフルレンジのディスカバリーを求めることによる当事者の負担を考え，従来，裁判所は特に初期のディスカバリーは，共通性を中心としたクラス認定の手続要件に関するものに制限し，本案（MERITS）に関するものはクラス認定の後に行うことを前提として手続を進行させてきた（二分化，BIFURCATION）。この時期までに当事者は，事実についても法理論についても調査を精力的に進め，敗訴のリスクと手続にかかるコストを避けるために早期のタイミングでの和解を模索するのかどうかという判断を迫られる。しかし，後述するWALMART事件判決以後の実務としては，原告は，クラス認定は手続要件としてだけでなく，本案に関連する重複した事実であっても，共通性，支配性等の実質に踏込んで証明する必要があり，被告としては，クラス認定の阻止に向けて事実関係と法適用の両方についてこれを否定する訴訟活

---

(11) わが国においては，ディスカバリー制度がないことによって経済的な弱者救済が進まないとの批判があるが，このことについては，証拠の収集・開示に関する民事訴訟の大原則に係る問題であるとともに，最近の国際調査の事例を見ても，ディスカバリー・立入検査による証拠の強制収集（刑事，行政，民事事件）に対して，弁護士立会権を制限したり，弁護士秘匿特権を全く認めないわが国の法制は国際的に見れば異例ともいわれていることに注意すべきである。特に米国を中心に発展著しい社内弁護士の地位向上運動（"Inside Counsel Movement"）の歴史から見れば，秘匿特権の存在は弁護士の独立性・専門性を守るための必要条件であるといわれており，ディスカバリー制度を論じる場合には，当然一緒に論じられるべき問題であろう。

国際取引の現代的課題と法

動を集中して行うことが必要となる。

(2) 和解の手続と規律

クラス認定が否定されれば，訴訟は代表原告による個別訴訟の価値しかなくなるので，取下げにより終結するのが通常であるが，クラス認定がなされれば，クラスメンバーの利益の保護とその後の手続進行のために，認定された対象クラスの範囲と請求内容を知れたるクラスメンバーに対して通知し，公告がなされ，期限を定めてクラスメンバーにオプト・アウトするかどうかの選択をさせなければならない。クラス認定前に和解をする場合には，手続の進行状況によるが，プリーディング手続は終了しディスカバリーもある程度進んでいるので，事実についても争点についてもある程度お互いの強み弱みはわかっていることを前提に交渉がなされるが，それでもその時点ではクラス認定がなされるかどうかに確証はなく，相互に賭けの部分があるため，実質的な交渉を通して互譲がなされる契機となる。そして和解合意に至った場合，以下の通り2段階の手続がとられるのが通常である。

(i) 和解の予備承認 (PRELIMINARY APPROVAL)

まず，和解合意が成立した場合は，クラス認定要件への適合性，和解契約内容・条件だけでなく，それによって拘束されるクラスの定義・範囲（和解のためのクラス認定）とオプト・アウトに関する手続，通知等の内容や，具体的救済を求めるためにはクラスメンバーからの申請手続を要する場合（CLAIM MADE SETTLEMENT と呼ばれる）にはその手続，書式を含め，原告被告は裁判所に対して和解の予備承認を共同申請する必要がある。この時点の裁判所の和解の見方は，クラス認定の前の和解であるので，クラス認定要件への適合性，和解の公正性，合理性，妥当性の具備については，特に通謀的でないこと，真摯に交渉したかどうかをはじめ，クラス認定の後の和解より厳しいチェックを行うものとされる[12]。クラス認定の後になされる和解は，被告の共通義務が

---

[12] クラス認定への適合性については，"The judge should make a preliminary determination that the proposed class satisfies the criteria set out in Rule23(a) and at least one of the subsections of Rule23(b)" とされる（前掲注[10]，p. 321 参照）。また，クラス認定以前に行う和解は，和解の公正性についてクラス認定後の和解より高い基準で判断するとされる（In re *Bluetooth Headset Prods. Liab. Litig.*, 654 F3d 935, 946 (9th Cir. 2011)）。

あることを前提に，特にWALMART事件以後は手続要件とともに陪審審理に向けていれば一貫した本案の証明が見通せるかどうかを前提としてクラス認定がなされるので，被告のポジションが弱くなることは否めず，和解に関連した裁判所の見方は，クラス認定を自ら行っているので，和解条件はこれを前提に，原告に有利な心証をベースに承認することとなろう。

(ii) 和解の最終承認手続

これらの合意された和解のためのクラスの範囲，和解条件がクラスメンバーに通知・公告された後（この和解条件に基づく救済手続を申請するか否か，和解からオプト・アウトするか否かについて，一緒に通知・公告される場合が多い），特に和解のためのクラスメンバーである旨の証明書類や，CLAIM MADE SETTLEMENTの場合には所定の書面による申請書類等を第三者の請求管理の専門業者（CLAIM ADMINISTRATOR。以下，「クレームアドミニストレーター」という）に提出させる。そして，和解条件に対するクラスメンバーの反応，オプト・アウトの状況，クレーム申請率，異議や反対の状況等を見て，和解条件が実際の救済に役立つか，実際の救済に使われた金額規模に応じた適切な原告弁護士報酬となっているか等，さまざまな観点で審査を行い，最終和解ヒアリング（FAIRNESS HEARING）がなされる。オプト・アウトしなかったクラスメンバーや，原告弁護士以外の関係弁護士等の関係者は，ヒアリングに参加して異議を申し述べることができ（OBJECTOR），和解条件の一部変更や，しばしば高すぎる原告弁護士費用の是正がなされ，裁判所が最終的に承認（FINAL APPROVAL）して始めて，和解条件に従った救済，分配，弁護士費用の支払いがなされる。

2 クラス認定要件の意義と和解との関係
(1) クラス認定要件とはなにか。その意義と和解への影響

クラスアクションは，被告の行為によって同じ被害を受けている多くの被害者を代表するとして，最低一人の代表原告がいわば勝手に始めることができ，訴状の内容は一応真実であるとして仮定されるが，さまざまな手続やディスカバリーによって，その集団的な請求が本当に，原因，因果関係や損害についてクラスの構成員に共通しており（共通性），共通している事項が構成員の個別の事情を超えて支配的であり（支配性），そしてそのような被害者が多数いる

こと（多数性）に加え，代表原告の被害がクラスに共通する典型例であり，その原告弁護士を含めてクラスを適切に代表することができるか（典型性，適切代表性等）を認定する手続を経て初めて成立するものである。もし，クラス認定がされた場合には，たとえば些細なミスによる被害額が一人一人は少額でも（たとえば 10 ドル），被害者が 10 万人いればその価値は 100 万ドル（1 億円レベル）の訴訟となるが，もしクラス認定が認められなければ一人の原告のただの 10 ドルの訴訟となって，原告にとっても原告弁護士にとっても訴訟は費用だけが掛かる全く意味をなさないものとなる。このような状態は「DEATH KNELL（弔いを告げる鐘）」といわれ，原告は訴訟を取下げ，訴訟の終了となるのが通例である。一方，クラス認定がなされれば，共通の賠償義務がある前提でその後の手続は進むため，引続き本案についてディスカバリーがなされ，陪審審理において具体的な審理がなされるとしても，クラス認定を前提に陪審が厳しい判断を示すことが想定され，被告にとっては巨額敗訴のリスクの可能性は一気に高まる。

　したがって，クラス認定は原告にとっても，被告にとっても勝敗に決定的な影響を与えるものであるので，クラス認定要件の成立を巡って相互に攻撃防御方法を尽くす最大の山場であることが通例である。特に被告にとっては，和解のタイミングとしてもクラス認定の後になれば，いわば負け戦を認めた敗戦処理に近づくため，できるだけ交渉力を残す形で，クラス認定前に行うことも多い。

(2) クラス認定要件（成立要件，立証責任）の厳格化，濫用への制限動向

　クラス認定に必要な要件はクラスアクションの成立要件であるので，すべて原告によって主張・立証されなければならない。しかし，伝統的な米国裁判制度の当事者主義および裁判所と陪審との役割分担の考え方に加え，裁判所の運用としても，クラスアクションをいわば入口で門前払いすることには消極的で，従来は，成立要件は極めて緩やかに解釈され，濫用の引金になってきたといわれてきた。このような批判に対して，2011 年以降連邦最高裁は，相次いで主要な要件について手続要件が実質的に実体要件に変化したのではないかと思われるような厳格化を行い，濫用の制限を行ってきており，その方向は現在に至るまで基本的には変わっていない。したがって，被告側の防御もこの流れの源となった以下の判例を大前提に，如何に成立要件の立証を阻止するかに重点が

置かれている。

(i) WALMART 事件連邦最高裁判決——「共通性」立証要件の実体化・厳格化

WALMART 事件連邦最高裁判決は，WALMART の女性従業員に雇用条件の差別があり，公民権法に違反するとして，現在および過去の女性従業員150万人をクラスとし，請求総額は約250億ドルといわれた，巨大クラスアクションである。クラスアクションの成立要件のうち「共通性」（COMMONALITY: common question of law or fact）については，従来の判例は，クラス認定に当たり本案を実質的に検討せず（裁判所の問題ではなく陪審の問題），訴状における主張か，せいぜい最小限の証明である「何らかの証明（SOME SHOWINGS），入口程度の証明（THRESHOLD SHOWINGS）」だけで共通性の要件を満たすとされる傾向にあった。これに対してこの連邦最高裁判決では，単に主張を行うレベル（PLEADING STANDARD）だけでは不十分で，「現実に」多数の当事者が存在し，共通の問題が存在することを，証拠をもって（証拠の優越基準）示すことが必要で，そうした厳格な分析を行うためにはクラス認定の段階で本案に踏込んで証拠を判断することは避けられないとした。そして，証明すべき対象である「共通性」として，原告はクラスメンバーが現実に同じ被害を被っていることを示さなければならないとし，この「同じ被害」には，その問題を解決すればクラスメンバーの問題が同時に解決するというレベルでの具体的な共通性が必要であるとした[13]。

この判決では，①原告が負うべき共通性の証明責任（証拠の優越基準）は，具体的で中心的な争点が共通であり，現実に存在していることを証明するために本案に踏込むこともやむを得ないと明示したこと，②原因における共通性では足りず，現実に同じ被害を被っていることを示さなければならないことを証明の対象として明示したこと，③これらの結果として従来クラス認定は手続要

---

[13] 具体的には，原告は，女性への偏見という会社の文化があるという専門家証人の証言，120人超の女性従業員からのヒアリングや統計データにより，男性に比べ女性従業員の給与が低く昇進が遅いのは，差別についての「パターンまたはプラクティスがある」からであることを証明できると主張した。しかし，判決では，全米3,400店舗に共通する差別方針があることが中核的な問題であるが，むしろ雇用条件の決定は各店舗のマネージャーの裁量に委ねられているにもかかわらず，統一した差別方針の証明が不十分で，共通性はないと判示した（*Dukes v. Walmart Stores, Inc,* 131 S. Ct. 2541 (2011)）。

件と理解されてきたところが，ある程度の本案の裏付けを伴ってクラスの主張全体が本案に進んでも一貫していることが事実上求められるようになった点で，画期的であり，裁判所が厳しいゲートキーパーの役割を負うことを示したものと評価され，以後のクラスアクションに関する裁判実務に多大な影響を与えているといわれる。

(ii) COMCAST 事件連邦最高裁判決——共通争点の「支配性」要件の厳格化

上記の通り，共通性の要件が強化されたことをベースに，共通争点の「支配性」（PREDOMINANCE）の要件についても，WALMART 判決の趣旨が同様に適用されるとして，この判決[14]により，本案の判断と支配性の要件は重複し，また支配性の証明は厳格化されることが明示された。この支配性の要件とは，必ずしも請求が一体であるとは言えない多くの金銭請求を糾合する場合には，請求根拠が共通であるだけでは足りず，連邦規則 23 条(b)(3)により，クラスメンバーに個別に生じる様々な事情の差を超えて共通争点が支配的であること (the questions of law or fact common to class members predominate over any questions affecting only individual members) が必要とされる。この判決は，独禁法違反の事案で，違法行為による損害について，本案である独禁法違反の認定事実に一致した，クラス全体に適用される損害算定方法を示し，その損害算定方法は，個別の事情を超えて共通した一つの算定方法で損害額の立証ができることを証明する責任を負うことを示したため，支配性の要件は格段に厳格化されたといわれている。

これら二つの最高裁判決により，原告は「共通性」としてその点を解決すればすべての問題が解決するという程度の核心の争点に関して，原因だけでなく，被害が共通であること（因果関係を含む）について，本案に踏込んで厳しい分析（RIGOROUS ANALYSIS）を行うとともに，「支配性」についても，その共通争点が支配的というためには，損害についても，本案の主張と符合する算定方法として共通した一つの計算方法で算出できるということが必要であり，損害に関するそのような立証責任を負うことが明確になったといわれる。その後の下級審判例も基本的にその流れで厳格化されていることは明らかである。これらの連邦最高裁判決は，結果としてみれば，クラス認定の段階で，共通性，

---

(14) *Comcast Corp. v. Behrend*, 133 S. Ct. 1426, 1432 (2013).

支配性等の要件に関してクラス全体に共通する問題の核心に関する実体に踏込んで原告に証明責任を負わせるという形で，クラスアクションを適切に規律しようとするものである。見方を変えれば，クラス認定の時点で，原因だけでなく損害や因果関係についてもその後の審理が見通せる共通性や支配性等があるという定型的な類型性に関する証明を要するという実務に変わりつつあるといってもよいのではないかと思われる。

(3) 和解のみを目的としたクラスアクション（SETTLEMENT ONLY CLASS ACTION）と和解におけるクラス認定要件の具備

一方，原告被告双方に和解を進める利害が共通する場合には，原告被告で和解協議を行い，合意が成立した時点で，クラスアクションを提起し，和解承認手続を利用して，実効的な救済を得るとともに一回解決を図るという，最初から和解のみを目的とするクラスアクションという形式を認めるべきかどうかが問題となった。通常の和解は，クラスアクション提起後に協議により和解に至るので，通常和解と区別する意味で「和解のみを目的としたクラスアクション」（以下，「和解目的クラスアクション」という）と呼ばれる。和解目的クラスアクションは，裁判所の監督が及ばない段階で実質合意に至り，訴訟手続を利用するものなので，濫用的和解（通謀的和解がその例として指摘される）の温床になることが指摘され，未だにその有効性の議論がなされている。

このような中で連邦最高裁は AMCHEM 判決[15]において，和解目的クラスアクションの有効性とその承認条件について初めて判示した。この事件はアスベストによる大規模不法行為事件で，原告は，被告が製造したアスベストに被曝し実際に症状がすでに発生しているグループと，症状はないが被曝したことは明確なグループ（特に将来の症状発症に対してどのような措置を認めるべきかが問題とされた）に分かれていた。控訴審である連邦第3巡回控訴裁判所の判決は，第1審がその両方の利害の違いに配慮することなく一つのクラスとして和解を認めたのは，損害の有無，因果関係等での取扱いはまちまちで支配性を欠くこと，および各州不法行為法による取扱いが異なるので集団としての訴訟を維持管理できるか（manageability：「管理可能性」，連邦規則23条(b)(3)(D)）という観点で連邦規則23条(b)(3)の要件を欠くという理由等で，和解のクラス認定を

---

[15] *Amchem products., Inc. v. Windsor* 521 U. S. 591, 620 (1997).

国際取引の現代的課題と法

否定した。連邦最高裁は，この事件において，和解においても判決の場合と同様，クラス認定要件をすべて充足すべきで，和解の公平性に配慮する控訴審の姿勢は正しいとして控訴審のクラス認定否定の結論自体は支持している。しかし，当事者が判決を求めず和解承認を求めている場合には，①クラスアクションの成立要件のうち連邦規則 23 条(a)に定める共通性等の要件は集団的訴訟取扱いのコアとなる要件であるが，(b)(3)の支配性・優越性（管理可能性）はいわばその付加要件としてオプト・アウト型クラスアクションの審理の観点で請求に十分なまとまり（COHESIVENESS）があることを確認する意味で求めるものである。②和解の場合には判決を求める際の要件である管理可能性は必要ではない，と判示した。この判決は，クラス認定の成立要件は判決を求めることを前提とするもので，和解の承認の場合は，集団性のコアである共通性等は緩めてはならずむしろクラスの定義はより厳しい基準で画定すべきだが，管理可能性は必要ではないとすることで，成立要件のうちの支配性・優越性（管理可能性）の位置付けを明確化したといわれる。

　以上の通り，和解目的クラスアクションは多用されるが，どのような和解でも許されるということではなく，「管理可能性」を除き，判決で要求されるクラス認定要件をすべて満たすことを基準に，その公正性，合理性，妥当性が求められることに留意すべきである。

3　和解条件を巡る諸問題
(1) 和解の承認条件

和解の承認条件としては，以下のような事項を特に精査してその公正性，合理性，妥当性の判断がなされる。

- ・和解に至る経緯・事情（適切なディスカバリーを経て，真摯に交渉し，互譲がなされたか，和解の濫用・通謀的要素はないか，クラスメンバーの利益は確保されているか）
- ・和解の有利性（陪審審理に移行した場合の見込みと，和解することの有利性，コスト・期間の有利性，救済の柔軟性）
- ・和解条項の性格および具体的な救済の見込み，それによる影響
（少額・純粋な経済事案のように，適切な額が分配されれば終了するものか，大規模不法行為のように，人身損害，遅れてくる請求，後遺症等複雑な要因があ

るかどうか。和解基金が設定されるのか，申請なく分配されるものか，申請行為が必要でその手続が厳格で認定されにくいようなものか，申請の見込みが少なく，一方で和解基金の大半（残金）が被告に戻されるような偏頗な基金となっていないか。現金支払いではなく，クーポンや修理の提供で，実際には使いにくい条件になっていないか。FLUID RECOVERY, CYPRES DISTRIBUTION等の被害者の現実被害救済と直接関係のない救済を認める場合，適切な条件になっているか等である）

・他の訴訟や救済との関係
　（和解が他の訴訟や救済に影響を与えないか）

・手続に対する反応・反対
　（オプト・アウトが多い，OBJECTOR が多い等，和解手続に対する反対者が多くないか）

・原告弁護士・代表原告への報酬の妥当性
　（クラスが実際に受取る救済額に対して，釣合いの取れない報酬を原告弁護士，代表原告に払おうとしていないか）

(2) 和解条項を巡る諸問題

(ⅰ) CLAIM MADE SETTLEMENT の問題点

　直販を行っている場合を除き，流通経路を経て販売等を行った消費者のクレームに関するクラスアクションについては，メーカーや卸売業者は END USER 情報を持っておらず，そのような場合は権利者を確定するための請求手続を必要とする，CLAIM MADE SETTLEMENT とならざるを得ず，消費者製品・サービスについてはその例が多い。その場合，①証拠書類を含む申請書類の偽造やなりすまし等が多く，モラルハザードが無視できないという点と，②申請率（REDEMPTION RATE）が概して極めて低いわりに原告弁護士報酬は高く，クラスアクションの存在意義に反するという問題がよく指摘される。

① 申請を巡るモラルハザードの防止

　原告側からは，救済の範囲を広げるためには，申請手続をできるだけ簡単容易にし，審査手続を簡略化することが常に主張される（このような手続なしで自動的に配分されるやり方は AUTOMATIC DISTRIBUTION と呼ばれるが，個々の被害の程度や対象者の情報が把握されていなければかえって不公平となり，そのような例は決して多くない）。しかし，ある程度の経済価値のある救済の場合，

国際取引の現代的課題と法

申請手続を簡単にすると，なりすましや偽造が後を絶たず，クレームアドミニストレーターはそのような請求を排除するよう努めるものの，このようなモラルハザードは完全には避けえないことを指摘する。

② 申請率の低さ

申請手続が実際どのくらい活用されるかという点については，実証的なデータがあまりないものの，高額の配分を受けることができる場合を除き，少額であればあるほど，通知を受けていても申請しない消費者が極めて多く，おおむね申請率は 10 ％未満（少額の場合 1 ％未満というデータすらある）に過ぎない。

少額被害の救済を主たる目的としてきた消費者クラスアクションの目的から見ると，多額の手続費用をかけ，裁判所という国家機関を利用しながら，実際に救済される比率は極めて低く救済にほとんど役に立っておらず，他方，原告弁護士には実際に救済された額を基準とするのではなく，かかった時間や，和解の経済価値（和解基金が形成される場合等）をベースにした1/3 程度の高額の報酬が払われるという実態には，未だに強い批判がある。また，証券クラスアクションを中心に，あまりに申請率が低い場合，和解を解除できることを定める（BLOW 条項）場合がある。

このような実態に対しては，申請率が低くなるのは不特定多数の消費者を対象とすることに由来するもので仕方なく，クラスアクション制度の問題とはいえない，むしろ通常の制度では全く救済される機会すらないことから見れば消費者の選択により申請率が低くなっても救済の機会が与えられていること自体に意味があるという反論がなされる。さらに，配分されない残金（和解基金がある場合）を CYPRES 救済で事案と関係のある CHARITY 目的で寄付する仕組みと組合わせれば，公益増進だけでなく，事業者の不当な利益を吐出させ，制裁と再発防止につながるという意味で公平と正義を実現でき，クラスアクション制度の公的役割にかなうという。

(ii) 代表原告およびクラスカウンセル（原告弁護士）[16]への報酬

代表原告に対してはその役割に対するインセンティブ報酬が支払われる。ケースによるが，多くの場合数千ドル程度までであれば最終ヒアリングでも反

---

[16] クラス認定がなされた場合には，代表原告とともに原告弁護士は正式にクラスを代表するものとされるが，クラスカウンセルと呼ばれる。

544

対されることは少ない。

　一方，クラスカウンセルへの報酬は和解契約書には単純に総額が記載されるが，その額の根拠，計算方法等については，クラスカウンセルの報酬が過大であるとの批判を前提に様々な議論があり，特にクーポン和解を取入れた場合の報酬の計算方法について，CAFA において，規制が導入されているのでその内容を含めて概要を紹介する。

　伝統的に米国においては費用の敗訴者負担ルール（LOSER PAY）はとられておらず，当事者各自がその費用を負担する AMERICAN RULE といわれる原則で運用されてきた。しかし，これには多くの例外があり，クラスアクションもその例外の一つであり，和解においても被告がクラスカウンセルの弁護士費用も負担する合意を行うことは珍しくない。クラスの想定請求総額（経済価値）が比較的大きい場合には，和解の最終承認後一括支出される和解基金が形成され，その中から，裁判所手続，通知，公告その他の共通費用とともにクラスカウンセルの費用，クラスへの救済費用等が支払われ，残額は CYPRES 救済として事案に関係のある公益目的・団体に寄付されることも多い。

　このような場合，弁護士費用の計算根拠と方法については，伝統的にLODESTAR 方式という，弁護士の時間単価×実際使った時間数×係数（弁護士の経験，事案の複雑性や期間に応じた係数。1.3 程度までが多いといわれる）という方式がとられてきたが，和解基金が形成された場合はクラスカウンセルの貢献の成果と見て，その報酬として PERCENTAGE 方式といわれる，和解基金の価値×一定の割合計算（一般的には 25-35 ％。メガケースの場合には数％から17-18 ％）という方式がとられる場合が多い。しかし，この和解基金方式による弁護士報酬計算は実際に弁護士が働いた報酬よりしばしば過大であり，原告弁護士によるクラスアクションの濫用の大きな誘因材料になるとして，強い批判がなされてきた。特に和解基金方式の場合でクーポンを救済に用いる場合には，実際には使われない部分を含めクーポンの総額を弁護士報酬の算定基礎に算入して，実質的に大きく水増しすることが行われたので，立法的な規制が必要であるとの議論がなされた。そこで，CAFA では，クラスアクションにおける弁護士報酬はあくまで消費者が現実に受取った救済額をベースに計算することが適切とされ，和解基金―PERCENTAGE 方式の場合はクーポンを使っている部分はそのうち実際に使われた額をベースに計算し，それ以外の場合は

国際取引の現代的課題と法

LODESTAR 方式により計算することが原則とされるようになった[17]。また和解基金－PERCENTAGE 方式による計算をクロスチェックする目的で，LODESTAR 方式で裏付けをとるという方法もとられている。

　(iii) クーポン和解の実際

　クーポン和解とは，和解救済の一部に，金券や当該被告企業の製品やサービスの引換券や割引券を交付するもので（取引時価を救済額と見る），被告にとっては一時の現金支出を抑えたり，自社製品サービスの販促になりうるメリットがあり，原告弁護士にとっては，それらのクーポンの使用率は低くてもかつては交付総額を報酬の基礎として算入できるメリットがあったので，クーポン和解は急速に普及した。しかし，GM ピックアップトラック事件[18]で問題にされたように（和解条件の一部として，新しい高額のピックアップトラックを購入する場合にしか使えない，譲渡不能の 1000 ドルの割引券を交付），あまりにも高額で処分性がなく，とても使われないものや，被告の高額の製品等をまた購入させる結果になるものは救済としては認められないとされる。クーポンを交付する場合には，原告からはそのクーポンが二次マーケットで販売（本来の目的に利用されるのではなく，換金される例が多いといわれる）できるような経済的価値を高めるため，無記名，譲渡・換金自由，何枚でも蓄積して使える，長い利用期限等という条件を求められるケースが多いが，他方，偽造が多く，偽造判定と偽造防止の仕組みにコストがかかるなど，実務的な問題も多い。

　(iv) 流動的損害賠償（FLUID RECOVERY）および近似的損害賠償（CYPRE DISTRIBUTION）

　和解基金が設定される場合において，請求総額が基金の額ぎりぎりで，手続費用，弁護士報酬等を支払うと不足を生じるような場合は，PRORATA で配分することが行われることが多く，その旨が和解契約書にも記載される。

　しかしながら，配分・送金等の手続コスト（たとえば 10 ドル）に比して，一人当たりの請求額が少なく（たとえば 1 ドル），配分しても意味がないような場合には，クラスメンバーを特定しないで被害の原因となった製品やサービスの価格を一律に割引く形で，事実上損害額の返還を行うことがある。例えば，タ

---

　[17] 28 U. S. C § 1712.

　[18] *In re General Motors Corp. Pick-up Truck Fuel Tank Prods. Liab. Litig.* 55F. 3rd 768, 799-800 (3rd Cir. 1995).

クシー料金，鉄道運賃や公共料金の取りすぎが分かった場合，被害者が知りえない場合も多く，配分手続を取らず，関係の料金を一定期間一律に引下げる方法で事実上返還する方法（流動的損害賠償：FLUID RECOVERY）が認められる。この方法に対する最も強い批判は，真の被害者と実際の受益者が異なっており，純粋な意味では損害賠償とは言えず，被害救済となっているのかどうかが不明であるというものである。

　また，逆に，CLAIM MADE SETTLEMENT においては，オプト・アウトが多い，オプト・アウトしなくても請求を殆んど行わない，請求しても証拠類がないために認定されない請求が多数に上る等の事情で，和解基金にかなりの残額を生じる場合の処理が問題となる。その残額処分の方法として，クラスメンバーへの再配分に理由がない場合には，あらかじめ和解契約書に記載されれば拠出した被告に返還することが認められるケースもあるが，その結果，被告の不当な利益を吐出さず，抱込むことを認めるものとして一般的には裁判所は好まない方法であるといわれる。そのような場合には，問題となった損害の防止，回復等にできるだけ近い関係のある公益目的を持った団体等に寄付することが定められる。このような救済は近似的損害賠償（CYPRE DISTRIBUTION）と呼ばれ，その例は少なくない。この方法も直接の損害と関係はなく，損害の公平な回復とは言えず，むしろ被告の制裁や再発防止を主眼とするもので，クラスアクションの本質を変質させるものとの批判がある[19]。

Ⅳ　新法における和解の考え方，手続，規律とクラスアクション実務からの示唆

　新法における手続構造は，第一段階として共通義務確認訴訟において，特定団体は確定勝訴等を行って，相手方事業者の共通義務が確認された場合にかぎり，第二段階に接続でき，簡易確定手続でその後の手続に関する包括授権を債権届出を行った対象消費者から受けることができることにしている。その結果，和解の基本的な考え方は，第二段階である簡易確定手続以降においては，債権届出団体（特定団体）は対象消費者との間で包括的な授権関係を作出することができる結果[20]，和解についても，従来の規律と実務に従って自由に行うことができる。これに対して，第一段階である共通義務確認訴訟においては，特

国際取引の現代的課題と法

定団体は対象消費者から具体的権利の授権を受けることなく共通義務確認訴訟
を提起し遂行することができる（新法3条）反面，特定団体の和解権限は新法
10条により共通義務（新法2条4号）の存否に限られるとされる。新法の基本
構造は，共通義務確認訴訟では対象消費者からの授権なく特定団体の裁量で訴
訟遂行ができることとして，対象消費者の権利保障を考える必要がなく，その
結果敗訴しても対象消費者にその効力は及ばない一方，訴訟の帰趨がわからな
い段階で通知・公告を行う必要がないので費用がかからないというメリットが
あるものの，第二段階でのオプト・イン型とした結果，第一段階での和解では
以下のような問題がある。

1　共通義務確認訴訟に関する裁判上の和解

　共通義務確認訴訟に関する裁判上の和解について，新法10条は共通義務の
存否に関して和解できると定め，和解が既判力を持ち，特に第二段階の簡易確
定手続の開始原因となるためには，裁判上の和解[21]として裁判所が関与する
和解調書が作成される必要があるとされるだけで，それ以上の手続的規律につ

---

[19]　CYPRE法理とは，元来，公益目的の信託財産が事情により当初の信託目的に使えな
くなったような場合，設定された信託目的にもっとも近い目的に使う（*Cy Pres Com-
me Possible* とはフランス語で，as near as possible の意味）ことができるという，EQ-
UITY上の法理を，特にクラスアクションに応用したものといわれる。つまり，残額を
損害賠償として配分することが難しいか適当でないときは，その額を "NEXT BEST"
な目的，方法で寄付し，間接的にクラスの利益になるようにしようというものである。
具体例としては，クレジットカード情報が消費者保護法令に違反して管理が十分になさ
れず，その結果，1億人以上の秘密の支払情報がハッカーに窃取されたとして，被告管
理会社に対してクラスアクションによって損害賠償を求めたが，和解に至り，被告は支
払のために1百万ドルのFUNDを設け請求を受付けたが，これに応じたクラスメン
バーはわずか11人，その総額は2000ドルに満たなかったケースで，残額はすべてこの
ようなクレジット支払のシステムセキュリティに詳しく消費者のプライバシーの保護の
ための非営利団体に寄付することとなった例がある（*In re Heartland Payment Sys-
tems, Inc. Customer Data Breach Litigation* in the Southern District of Texas）。米国に
おいては，救済方法は実質を重んじ柔軟な方法をとるといわれているが，特にクラスア
クションにおいては，わが国での損害賠償の基本にある損害の回復，公平な損失の分配
だけではなく，被告への懲罰，不当利益の吐出しを通じて，被告への制裁，被害の再発
防止をも目的としており，司法制度の在り方という点で大きな相違がある。

[20]　新法31条1項，消費者の財産的被害の集団的な回復のための民事の裁判手続の特例
に関する規則6条～8条参照。

いては特段の定めを置いていない。新法は民事訴訟法の特則であるので，新法による和解も私的自治を基本として民法と民事訴訟法で実体面と手続面を複合的に規律することとされ，米国のように内容自体の実体的な審査をする手続は定められてはいない。

　もとより，民事訴訟において，裁判官の和解に対する事実上の作用機能は極めて重要であるとされ，大型・複雑事件が増えたこともあって様々な仕組みが置かれてきた。すなわち，まず，受訴裁判官は訴訟がどの程度にあるか否かにかかわらず，和解の勧試ができ（民事訴訟法 89 条），争点・証拠の整理が終了する前であればいつでも職権で調停に付し，調停委員会に委託したり，和解期日に専門委員に和解に関与させることができ，柔軟で公正な和解の促進がなされる。先鋭な利害対立も予想される新法による訴訟手続で，米国のような和解の勧試を，裁判所がいつ，どのように行うのかは今後の実務によるが，訴訟要件である共通性，多数性，支配性の事案での位置づけ・立証方針の確認はできるだけ早く行い，当事者の意見を聞く中で，少なくとも和解の可能性や和解の障害となる事項を合わせて確認することは，その後の手続の展開にとって必要なプロセスではないかと思われる。

　集団的訴訟の取扱いの特殊性に鑑み，当事者に十分な準備を行わせ，審理をスムーズに行わせるには，わが国においても，以下のような問題が明確化されることが望ましいと考えられる。

(1) 共通義務確認訴訟における判決の場合と比較した場合の和解の成立に関する諸条件

　わが国の実務では裁判上の和解成立の規律は，裁判官が関与して書記官が和解内容を和解調書に記載した場合，確定判決と同一の効力を有する（民事訴訟法 267 条）が，和解の成立要件に関する判断はすべて裁判官の裁量に任され，米国でのクラスアクションの和解の規律として定められているような，承認手続，承認基準（公正性，合理性，妥当性の内容）は明確ではなく，判決と比較した場合の和解成立要件の具備の必要性も解釈に委ねられている[22]。

　新法に定める「共通義務」の構成要素である共通性，多数性，支配性は米国

---

[21] 新法 12 条によれば，共通義務確認訴訟の係属を前提に和解を行った場合，その際の特定団体のみが簡易確定手続の申立ができるとされているため，裁判上の和解の範疇に入る即決和解（起訴前の和解）であっても簡易確定手続の開始原因とはならない。

国際取引の現代的課題と法

制度とは多くの点で異なっているが，最も大きな違いは，米国制度では，上記の要件はすべて「成立要件」──原告に立証責任があり，しかも主張レベルでは足りず，証拠の優越レベルでの証明が必要──とされることに対して，わが国では，共通義務の構成要素のうちいわゆる多数性については明らかに原告の主張，立証責任はあるが，共通性，支配性，請求適格については，すべて「訴訟要件（一般に，口頭弁論終結時において判決を行うための要件とされ，立証事項の公益性が高い場合は裁判所が職権により調査（探知）し，被告の利益の保護のためである場合には，通常の立証責任の配分に従う）」とされ，その立証責任は明確には論じられていない。特に，米国と異なるのは，新法においては被害の原因となる事実および法律構成が主要部分において共通であれば，被告の行為による被害の結果・損害や因果関係の共通性は必ずしも必要ではないとしている点である。この点については，新法が制約として抱えるいわゆる片面的既判力を正当化するには，米国のように被害の結果・損害，因果関係について類型的に共通性が認められるという立証責任を原告が負うのでなければ，被告事業者の立場では共通義務確認訴訟での裁判を受ける権利との関係で問題があることは別稿においてすでに指摘した[23]。

　この点は措くとしても，共通義務確認訴訟に関する裁判上の和解の場面において，請求適格（権利保護の資格といわれる。新法3条2項により共通義務確認の対象となる債権）を超える債権を含む和解（たとえば，債務不履行とともに拡大または精神的損害の存在を認める和解），および共通性（原因に関する共通性）ならびに支配性（簡易確定手続での書面だけによる立証で困難を生じない程度に，個別

[22]　一般に，裁判上の和解の成立要件としては，①合意の客体たる権利関係およびその他合意の対象となる権利関係が当事者に委ねられること，すなわち私的自治に服すること，②合意の主体として訴訟能力の存在や代理人への特別授権があること，③和解調書に確定判決と同一の効力が認められる以上，当事者の実在，当事者能力あるいは権利保護の資格など，判決効の不可欠の前提となる訴訟要件の具備は必要であるとする（伊藤眞『民事訴訟法（第5版）』（有斐閣，2016年）478頁以降）。

[23]　被告は共通義務確認訴訟について片面的既判力の不利益を甘受せざるを得ないのであれば，共通義務確認訴訟で，被告の共通義務の存否の構成要素のすべて（損害・因果関係を含む）について，原告が主張立証責任を負う下で，攻撃防御の機会が十分に与えられるべきことは当然である。さもなければ，このような片面的既判力が「許容」される根拠を欠き，被告の裁判を受ける権利は縮減される結果に陥るという批判はまぬかれないものと考えられるからである。島岡・論稿参照。

請求が集団としてのまとまりがある）──AMCHEM 判決が指摘する連邦規則 23 条(a)の基本要件の具備と同(b)(3)に定めるその COHESIVENESS があるか──を実質的に不要とする和解は，新法により請求の集合的処理を行うことに内在的に必要とされる要件を欠き，認めるべきではないと考えられる。すなわち，和解成立要件のうち，訴訟要件の具備の要件については，裁判上の和解が確定判決と同一の効力を有することから，権利保護の資格である請求適格は判決による場合を乗越えることはできず，また，共通性・支配性・多数性については，共通義務確認訴訟での和解は実質的に請求の認諾・放棄しかできない以上，これらは当然に具備される必要があるからである[24]。これをより実務的に見れば，裁判上の和解を行う際には，簡易確定手続に接続される以上（新法 12 条），その後の手続は原則として個々の請求が書面だけで簡易に証明・確定できることが見通せる必要があることは，判決による場合となんら変わらないから，支配性の要件──その前提となる共通性・多数性も──和解の場合にも緩めることはできないと解すべきであるからである[25]。

(2) 共通義務の存否に限る和解の困難性[26]

　和解等の処分に関しては，「共通義務」という消費者の具体的権利の基礎とはなるが，具体的権利とは異なる抽象的な法律関係について，その存否に限り，処分権限を限定的に特定団体に与えたものと解されている[27]。共通義務確認訴訟では対象消費者からの具体的権利の授権がないため，許容される「共通義務の存否」の和解としては，対象消費者の具体的権利に関する処分を行うこと

---

[24]　請求の認諾・放棄については，確定判決と同一の効力があることを理由に，共通義務確認訴訟の訴訟要件を具備する必要があるとする（伊藤『消費者裁判手続特例法』（商事法務，2016 年）67 頁。

[25]　例えば，製品の不具合の原因（共通性）はあるが発生のバラツキ（支配性）が十分に詰められないまま，不具合が多いという理由だけで対象消費者の範囲を十分に画定できない場合には，判決においては支配性を欠くとして却下されうる（新法 3 条 4 項）。その理由は，結局，そのような状態で簡易確定手続に移行しても，不具合が実際発生しているのかを一人一人について確認せざるを得ず（しかも立証方法は新法 45 条により書証に限られる），手続全体の遂行に支障を生じることとなれば，集団として迅速に救済するという新法の目的は達成できないからであるが，裁判上の和解においても，簡易確定手続を利用する以上，その観点では同じであるからである。

[26]　島岡聖也「集団訴訟（クラスアクション）の教訓と「消費者裁判手続特例法」の施行について(2)」国際商事法務 Vol. 45, No. 6（2017）836 頁以下参照。

国際取引の現代的課題と法

はできず，判決で想定される共通義務として認められる範囲を乗越えるような
和解は許されないと説明される[28]。具体的には，共通義務についてその全部
または一部（たとえば共通義務となる訴訟物が複数ある場合にはその個々の単位[29]
で，時期・区分態様等で可分な場合はその可分な単位[30]で）について全面的に認
めるか（被告の認諾的和解），全く認めない（原告の請求放棄的和解）か，という
二者択一的なものに限られ，個別の権利の処分にかかわる和解は認められない
とされる。たとえば，これまでの訴訟では一般的であった，対象消費者に対し
て支払うべき損害額等の具体的金額を定めることや，「解決金として〇〇円支
払う」等という共通義務の存否を明確に定めないで支払義務を定める和解[31]，
「（裁判官の心証に応じて）〇割の責任の範囲で支払義務を認める」等という一
つの共通義務を割合的に認める和解[32]，また，実務的には最も多用される「〇
〇円を支払う代わりに，その余の権利を放棄する」等という特定団体（対象消
費者）が反対給付を受取る代わりに特定団体が請求放棄的和解を行うこと[33]等
は，共通義務の存否に関する和解の範疇を超えており，認められないという。

---

[27] 「共通義務」とは，対象消費者の具体的な権利そのものではなく「（特定団体にとって
は第三者である）対象消費者群と相手方事業者との概括的法律関係」（伊藤眞教授），
「各消費者に帰属する権利の一部分を一般化抽象化したもの」（山本和彦教授）などとい
われる。「共通義務」は対象消費者の具体的権利ではないとしても自由に処分できるも
のではないが，第二段階での具体的な権利の授権による救済権限の前提として，「（特定
団体に）共通義務の存否に限り限定的に処分の権限を認めたもの」と説明されている
（伊藤眞教授）。

[28] 山本和彦『解説 消費者裁判手続法（第2版）』（弘文堂，2016年）（以下，山本・解
説という）190頁。

[29] たとえば，いわゆる学納金のうち授業料については認諾し，入学金は否認する等。東
京・大阪両地裁の有志裁判官の私的見解としているが，後藤健・北澤純一・長谷部幸
弥・北川清・増森珠美・金地香枝「共通義務確認訴訟と異議後の訴訟について」判例タ
イムズ No. 1429（2016年）（以下，「後藤他・判タ」という）27頁。5頁以下で新法の
内容と運用について詳細に紹介している。

[30] 後藤他・判タ27頁。たとえば，当初の対象消費者を「1年間に購入した者」として
いた場合，「前半の半年に購入した対象消費者」に限定する等，期間等によって可分な
場合とされる。製品番号，製造期間，製造（ロット）番号等で特定可能な場合もこれに
当たると考えられる。

[31] 山本・解説193頁は，簡易確定手続への移行は共通義務が存することを前提としてお
り，それを超えて特定団体は対象消費者の実権法上の権利を処分する権限を与えられて
いないことを指摘する。

その結果，相手方事業者にとっては，結局，訴訟物単位等で全面認諾する和解しかできないとされ，従来の実務からみると使い勝手が極めて悪く，和解に応じるというインセンティブになるかどうか疑問があるとさえいわれている[34]。これらの見解に対しては，互譲による和解の実務的な重要性は裁判所，特定団体，相手方事業者のいずれからも理解できるので，工夫を重ね柔軟な和解を検討すべきであるという見解[35]や，特に裁判官の立場からも，一つの共通義務の存否を割合的に認める和解につき積極的に検討できる余地を示唆する見解[36]が示されている[37]。

　上記の状況からは，当事者が期待する和解の柔軟性のメリットは見込めそうになく，和解機会が失われるか，和解してもその結論は択一的にならざるを得

---

(32) 後藤他・判タ27頁。割合的に共通義務を認める裁判上の和解は，①共通義務があることを前提にその支払金額を調整する合意であるか，②共通義務の存否を明らかにしないで対象消費者に対して一定の給付を行う合意であり，いずれも共通義務の存否の範囲を超え個別の消費者の権利を処分する合意である，さらに，このような和解は，和解中で認められた事実上および法律上の原因と矛盾する内容を含むこととなりかねず，共通義務確認訴訟で確認された共通義務を前提に簡易確定手続に移行するという制度の趣旨にも反し許されないとする。

(33) 山本・解説194頁。その理由としては，特定団体は共通義務確認訴訟の遂行にあたり相手方から金銭等を受取ってはならないし，第三者（対象消費者）に当該利益を受けさせてもならない（届出債権に関する和解に関するものは許容されるが共通義務確認訴訟に関する和解に関するものは含まれない）とされるからであるとされる（新法83条1項3号）。

(34) 山本・解説189頁以下。実務上は，和解の理由として，責任の所在を認めず，訴訟の見通しの不透明さや時間やコストを避けて，柔軟な和解ができることが自らの最大利益になると説明できることが日米を問わず最大の誘因であることを考えれば，このような和解の硬直性は特に相手方事業者にとっては深刻な問題である。

(35) 伊藤眞・今井和男・加藤新太郎・後藤健・野々山宏・我妻学「座談会　消費者裁判特例手続の施行に向けて」法の支配 No. 182（以下，「伊藤他　法の支配」という）21頁以下。

(36) 具体的には，「事後的に簡易確定手続が予定されているから，共通義務と無関係に一定額を支払う和解そのものとはいえないこと，請求放棄的な和解も認められること，訴訟の目的である義務が可分な場合にその一部に限定する和解も可能であること，和解の内容が裁判所の心証に合致し，双方当事者が納得するのであれば必ずしも不当であるとはいえないこと，特定団体が共同訴訟参加をして和解を阻止することにより不当な和解は避けられること等を理由として，割合的和解を認める見解がありうる」とされる（後藤他・判タ27頁）。

(37) 伊藤他・法の支配23頁以下。

ず，結局，条理と実情に即した解決からは乖離した無理を強いられる結果となりかねない[38]。

　米国実務における規律と対比した場合，明文はないものの，もとより裁判上の和解である以上，裁判官は和解に関与してその公正性，合理性，妥当性を実質的に直接確認できることから，その裁量の一部として，特に両当事者の共同申請により，裁判官が和解案を提示する場合には（民事訴訟法267条），新法特有の訴訟要件の具備が見込め，和解内容に対して簡易確定手続において一定の包括授権が得られる見通しがあり，簡易確定に支障を生じない和解条件であれば，新法10条の規定を柔軟化して，従来の実務に近づけることが検討されてもよいのではないだろうか[39]。

(3) 和解条件に関する諸問題

i) ASCERTAINABILITY, CLAIM MADE SETTLEMENT のわが国での取り扱い

　事業者が流通システムを通じて商品，サービスを提供している場合に，債務不履行，瑕疵担保，不法行為等を理由として特定団体が共通義務確認訴訟を提

---

[38] その結果，米国では大きな問題とされる恐喝的和解または通謀的和解の危惧も排除できない。もちろん新法は，このような不当和解の恐れに対しては，特定団体同士または監督官庁に対する通知による牽制（新法78条），事後的な特定団体への行政処分（新法86条2項）や和解にも類推適用のある（詐欺）再審制度（新法11条）による是正を行う等の措置を定めているが，いずれも間接的，事後的または特定団体に対する行政監督によるものである。また，訴訟外で（または共通義務確認訴訟提起後取下げて）特定団体が適格消費者団体の資格で相手方事業者と和解することは禁止されないという議論はあるが，簡易確定手続に接続できない結果，新法の定める簡易な消費者救済ができない結果となることは，本末転倒の便宜的な議論ではないだろうか。

[39] わが国の共通義務確認訴訟における和解の在り方は，私的自治と授権を前提とする和解の性質と従来の裁判所の役割を前提に，授権がないというドグマを重視しすぎるために共通義務の存否に限るという制約からまぬかれることができない結果になっているものと思われる。米国では，オプト・アウト型であることからそもそもクラスからの事前の授権の存在を認識することができず，その代償的な措置として通知・公告，オプト・アウトの機会の保障，裁判所の後見的役割を重視する制度として発達したが，新法の規律としては，和解の一方主体を厳しい認定と監督のもとにある特定団体に限定し，訴訟要件の具備を緩めない前提で，さらに訴訟上の和解のためその内容について裁判所がその経緯を確認し，内容自体を事実上コントロールできることに加え，対象消費者はオプト・インしないことで和解への加入は自由に選択できることから，事前授権を絶対的な前提としなくても，そもそも対象消費者の保護に欠けることはないと考えられる。

起する時は，被告になりうるのは原則として直接の消費者契約を締結した相手方であるが，大型小売店舗等で現金で大量に販売した日用品等に不具合がある場合には，領収書も保存されておらず，被告側ですら消費者が特定できないことは通例であろう。まず不具合が現実に発生していることが確認できる場合には，特定団体も相手方事業者も可能な限り対象消費者情報を特定できるよう，相互に努力すべきであるが，その特定可能性が低い場合，米国では ASCER-TAINABILITY（被害者を特定する手段の見込みがある）がないとして争われる。特に，購入等の記録や不具合の記録がない場合に備え，和解条項中に，証明書類がない場合，陳述書（AFFIDAVIT）や刑事罰付きの宣誓書（DECLARATION UNDER PENALTY OF PERJURY）をもってかえる場合が多いが，これらに依存したクラス認定が否定された最近の判例[40]もあり，実効性も疑わしい場合があるといわれる。

　わが国においてはこのような場合は支配性がないとして却下の対象となりうると考えられる。仮に特定可能な対象消費者が多数あるとしても，和解条件に従って対象消費者にその救済資格を証明させるためには，対象消費者から証明書類等を添付して申請がなければならないが，米国では極めて低い申請率が一般的であり（一般に10％以下。金額が少額の場合1％以下），わが国においても同様の事態を想定しておく必要がある。このような事態が想定される場合には，上述した通り和解における支配性（簡易確定手続に困難を生じる）の問題として，裁判上の和解を事実上阻害する要因となりうる。さらに，簡易確定手続に参加して特定団体に包括授権を行う消費者が極めて少ない場合（特に少額の場合）は，多くの対象消費者から費用・報酬の支払いを受けることができなくなる結果，救済総額に対するトータルコストは大きく逆転し，特定団体は費用倒れとなりかねず，案件選択に係る特定団体の注意義務の問題となりうる。

　その他にも，共通義務について裁判上和解が成立しうる場合においても，米国実務を支えるクレームアドミニストレーター制度はわが国にはなく，その事務処理実務と費用負担は大きな問題であるとともに[41]，証明書面がない場合陳述書で代用できるか（簡易確定手続での証拠方法を書面に制限－新法45条－していることとの関係では，理論的には陳述書も対象として証拠調べが可能とするが，

---

(40)　Carter v. The Dial Corporation, No. 17-8009, 2017WL3225104（1st Cir. 2017）.

国際取引の現代的課題と法

特定団体の手間の問題としてすべてを代用することは不可能であろう），また，立法経緯から見て，米国と異なり総額判決や和解基金が設定されることはないものの，あまりに低い申請率の場合，事業者の不当利益を吐出させるために実質的に流動的損害賠償や近似的損害賠償を和解条件として認めるべきか（米国の議論でも本来の目的である損害賠償から離れることについては強い批判がある。和解であるからといってこれを認めることとなれば，損害の公平な分担というわが国の損害賠償制度の根幹に係る問題を生じるほか，濫用的和解の恐れも生じる）等，解決すべき問題が多い。

　ⅱ）クーポン和解の可能性，特定団体，弁護士の費用・報酬

　わが国においてクーポンの活用については，リコール等の案件で既に少額のプリペイドカードの実例があり，少額金銭の代替手段として活用されている。米国では少額ではミールクーポン，ある程度の額になれば単なる金券だけでなく，新製品等の引換券，割引券の形で交付され，二次マーケットで販売されるため，換金性が高く，使用可能期間が長いものが好まれる傾向があるが，他方偽造が多発するなど，モラルハザードも指摘される。わが国にクーポン和解を取入れるべきかどうかについては，このような状況を考慮して，慎重にその範囲や条件，処理の仕組みを考慮し，導入の可否を検討しておくべきであろう。

　また，わが国においては，対象消費者が負担すべき費用，報酬等は実際かかった費用をベースにするのではなく，消費者が実際に受けた利益にリンクして定められるべきこととなっており[42]，米国のような高額の弁護士報酬には制限がかかる構造となっているが，さまざまな費用の負担を原告負担から被告

---

[41]　弁護士志部淳之介「米国クラスアクション制度における通知・分配実務の調査報告」御池ライブラリー No. 44（御池法律事務所，2016 年）40 頁以下 http://www.oike-law.gr.jp/wp-content/uploads/OL44_all.pdf（2017 年 9 月最終確認）参照。「消費者は授権時に一定の費用負担をして第二段階への参加をすることになる可能性が高いため，申請率を確保するためには米国以上に種々の対策を講じることが必須である」との認識のもと，さまざまな工夫が必要であることを指摘される。

[42]　消費者庁　平成 27 年 11 月 11 日制定「特定適格消費者団体の認定，監督等に関するガイドライン」（http://www.caa.go.jp/policies/policy/consumer_system/collective_litigation_system/about_qualified_consumer_organization/guidelines/pdf/guidelines_170929_0003.pdf　2017 年 9 月最終確認）16 頁によれば，「被害回復関係業務が消費者の利益の擁護を図るものであることに鑑みると，少なくとも回収額の 50 ％超は消費者の取戻分とする必要がある」とされている。

負担に変更することでコスト負担を減らそうということはありうるので，和解に至る事情や費用の性格を考慮すべきであるものの，和解においても原告負担の原則を変更することに関する合理性，妥当性は今後の実務において検討されるべきであろう。

V　おわりに

もとより，新法による救済には米国のクラスアクションの教訓を生かした様々な工夫がなされ，米国制度とは異なるわが国独自の制度である。和解が適する事案では，新法の規律の趣旨の範囲内で裁判所と当事者は可能な限り早期の段階で柔軟な和解による解決に向けて協力することも必要であろう。濫用を戒めつつ，公正性・合理性・妥当性があり，対象消費者の利益となる和解の柔軟化は促進されるべきであり，和解に関する議論がさらに深まることを期待したい。

23 仲裁人の開示義務・調査義務と仲裁判断の取消し
── 最決平成29年12月12日を素材に

森 下 哲 朗

Ⅰ　はじめに	Ⅴ　法律事務所に所属する仲裁
Ⅱ　最決平成29年12月12日	人の開示義務・調査義務
Ⅲ　ICC ガイドライン	Ⅵ　表明書と Chinese Wall
Ⅳ　諸外国における裁判例の状況	Ⅶ　開示義務違反と仲裁判断の
	取消し
	Ⅷ　おわりに

Ⅰ　はじめに

　国際商事仲裁における仲裁人には不偏であり（impartial），独立であること（independent）が求められる[1][2]。例えば，我が国の仲裁法18条1項は，「仲裁人の公正性又は独立性を疑うに足りる相当の理由があるとき」は，「当事者は当該仲裁人を忌避することができる」と規定するが，この規定は，不偏であり独立でなければならないという仲裁人の義務を間接的な形で規定したものである。仲裁人の不偏性や独立性が問題となる典型的な場面は，仲裁人が事案や当事者について，何らかの利害を有していることにより，仲裁人が不偏・独立に仲裁人としての職務を遂行するという義務を果たすことにつき疑問が生じ得

---

(1)　Julian Lew, Loukas Mistelis and Stefan Kröll, Comparative International Commercial Arbitration (Kluwer Law International, 2003), at 256; Gary Born, International Commercial Arbitration, 2nd edition, Vol. Ⅱ (Wolters Kluwer Law & Business, 2014), at 1762.

(2)　諸外国の仲裁法では，不偏性あるいは独立性のいずれか一方のみを規定する例もあり，この両者の関係をどのように理解すべきかについても議論がある（小島武司・猪俣孝史『仲裁法』（日本評論社，2014年）205頁以下）。

る場合，すなわち，仲裁人に利益相反がある場合である[3]。

　不偏であり独立でなければならないという仲裁人の義務に関しては，仲裁人は不偏性や独立性に疑いを抱かせる事情を開示しなければならないという開示義務があるとされている。我が国の仲裁法18条3項・4項も仲裁人への就任の依頼を受けた者や仲裁人には「自己の公正性又は独立性に疑いを生じさせるおそれのある事実」を開示する義務があると規定する。さらには，仲裁法には明文の規定はないものの，仲裁人への就任の依頼を受けた者や仲裁人には一定の調査義務があると解されている[4]。しかし，このような公正・独立である義務，開示義務，調査義務の具体的な内容は，必ずしも明らかではないし，時期や国によっても同一ではない。

　また，仲裁人の公正性や独立性が争われる局面も多様であり，日本の仲裁法との関係でも，仲裁人の忌避の申立て（仲裁法19条1項・2項），裁判所に対する仲裁人の忌避の申立て（仲裁法19条4項），仲裁判断の執行決定手続における承認執行拒絶事由の主張（仲裁法46条8項），仲裁判断の取消しの申立て（仲裁法44条）が考えられる。仲裁判断が出た後，仲裁判断の結論に不服な当事者が，仲裁人やその所属法律事務所について詳細な調査を行って，新たな事情を発見し，取消しの申立てを行うという戦略が採られるケースもあるようである[5]。

　仲裁人の利益相反に関しては，2004年にInternational Bar Association（IBA）が公表し，2014年に改訂版が公表された "IBA Guidelines on Conflicts of Interest in International Arbitration"（以下「IBAガイドライン」という）が知られている[6]。IBAガイドラインは，国際仲裁における仲裁人の不偏性や独立性，

---

(3)　筆者は，一般に，利益相反という問題を考えるに際しては，漠然と「利益」について考えるよりも，誰が誰に対して負うどのような「義務」の履行が，利害関係の存在により影響を受けるのか，という視点が有用であると考えている。このことを，金融取引との関係での利益相反について検討したものとして，拙稿「金融取引と利益相反についての基本的視座——M&A・証券引受業務を主たる題材に」金融法務事情1927号（2011年）52頁を参照。仲裁人の利益相反についても，基本的に同じことが言えると考えている。

(4)　小島・猪俣・前掲注(2) 220頁。

(5)　例えば，後述の(4)(7)の裁判例は，そのような戦略が用いられたことを示すものであると思われる。

560

仲裁人の利益相反という問題について，仲裁廷や裁判所において有用なリファレンスとして参照されているが[7]，仲裁人の利益相反が問題となる場面は多様であり，全ての問題を解決してくれるわけではない[8]。

そうした中で，我が国でも仲裁人の利益相反を理由に仲裁判断の取消しが申し立てられ，最高裁まで争われる事例（最決平成29年12月12日）が登場している[9]。この事例は，法律事務所に所属する仲裁人の利益相反についての開示義務・調査義務の具体的な内容や，義務違反があった際の仲裁判断の取消しの要否等について，興味深い問題を提示してくれるものである。

本稿では，仲裁人の利益相反に関する問題のうち，前述の最決平成29年12月12日において提起された幾つかの問題，すなわち，①法律事務所に所属する仲裁人の開示義務・調査義務の具体的な内容，②表明書と法律事務所におけるChinese Wall の効用，③取消手続における仲裁人の開示義務・調査義務違反の取扱い，について検討するものである。以下では，まず，最決平成29年12月12日の概要を見たのち，関係するIBA ガイドラインの規定，そして，幾つかの外国の裁判例を検討する。その後，上記の3つの問題について，具体的な検討を行うこととしたい。

---

(6) 同ガイドラインについては，高取芳宏・一色和郎・松本はるか「仲裁人・仲裁廷」谷口安平＝鈴木五十三編著『国際商事仲裁の法と実務』（雄松堂書店，2017年）174頁以下を参照。

(7) Margaret Moses, The Role of the IBA Guidelines on Conflicts of Interest in Arbitrator Challenges, Kluwer Arbitration Blog, November 23, 2017, *http://arbitrationblog.kluwerarbitration.com/2017/11/23/role-iba-guidelines-conflicts-interest-arbitrator-challenges/*. なお，White & Case and University of London Queen Mary College 2015 International Arbitration Survey, では，回答者の60％が同ガイドラインを "effective" と評価している（at 36）。

(8) IBA ガイドラインの性格やその内容の曖昧さもあって，不偏性や独立性の基準は依然として不明確であって，仲裁人の不偏性・独立性に関する紛争も増加しており，また，ガイドラインは各国法よりも（意識的に）開示義務の範囲を広げていると指摘する見解もある（Born, supra note 1, at 1854ff.）。

(9) なお，筆者は，抗告審決定（大阪高決平成28年6月28日判時2319号32頁）について，私見を述べたことがある（ジュリスト1505号315頁）。もし，そこでの見解と本稿での見解が異なる点があれば，その範囲で見解を改めたものとして理解されたい。

国際取引の現代的課題と法

Ⅱ　最決平成 29 年 12 月 12 日

1　事実の概要

テキサス州法人である X₁ 及び X₂ と，日本法人である Y₁ 及びシンガポール法人 Y₂ は，Y₁ が製造する空調機器の販売や新製品の開発に関して，2002 年に締結された売買契約（「本件売買契約」）を含む複数の契約（「本件各契約」）を締結していた。Y₁ は日本法人 E の完全子会社である。本件売買契約には，当事者間に紛争等が生じた場合には，日本商事仲裁協会（JCAA）の商事仲裁規則に従い，日本における仲裁に付託する旨の規定が含まれていた。

2009 年，Y₁ は空調機器事業から撤退することを決定し，2010 年 10 月，Y₁ らは X₁ に対して本件売買契約を解除するとの意思表示を行った。そして，2011 年 6 月，Y₁ らは X₁ らを被申立人として，JCAA に対し，Y₁ らには本件各契約に関する義務違反がない旨を宣言する等の仲裁判断を求める申立てを行った。これに対して X₁ らは，Y₁ らに対して本件各契約に関する債務不履行を理由とする損害賠償を命ずること等を内容とする仲裁判断を求める反対請求申立を行った。

2011 年 8 月，JCAA の規則に基づき，Y₁ らは訴外 A を仲裁人に選任した。X₁ らは仲裁人を選任しなかったため，JCAA が訴外 B を仲裁人に選任し，同年 9 月 20 日，A と B は複数国にオフィスを有する国際的な法律事務所である King & Spalding のシンガポール・オフィスに属する弁護士である訴外 C を仲裁廷の長に選任した[10]。仲裁人就任に際し，C は，2011 年 9 月 20 日付で表明書（「本件表明書」）を提出したが，そこでは，「私は，公正性及び独立性に正当な疑いを生じさせるおそれのある事実を認識していないことを，ここに表明いたします。もっとも，添付用紙をご参照ください」と記載され，添付用紙には，「以下の事項に対して両当事者の注意を向けさせることが，私がパートナーを務める法律事務所である King & Spalding のポリシーです。(1) 私は，私の公正性又は独立性に正当な疑いを生じさせるおそれのある現在又は過去の案件を

---

[10]　同法律事務所のウェブサイトによれば，現在，同事務所は世界に 20 のオフィスを有し，1000 人超の弁護士が所属しているとされている。

562

認識しておりません。(2) King & Spalding の弁護士は，将来，本件仲裁事件に関係性はないけれどもクライアントの利益が本件仲裁事件の当事者及び／又はその関連会社と利益相反する案件において，当該クライアントに助言し又はクライアントを代理する可能性があります。また，King & Spalding の弁護士は，将来，本件仲裁事件に関係しない案件において，本件仲裁事件の当事者及び／又はその関連会社に助言し又はそれらを代理する可能性があります。私は，本件仲裁事件の係属中，かかる職務に関与し又はかかる職務の情報を与えられることはありませんし，また，かかる職務が，本件仲裁事件の仲裁人としての私の独立性及び公正性に影響を与えることはないと考えています。」との記載があった。

　2014 年 8 月 11 日，仲裁廷は Y₁ らの主張を認め，X₁ らの反対請求を棄却する仲裁判断（「本件仲裁判断」）をしたが，X₁ らは，同年 11 月 13 日，C が以下に述べるような利益相反事由の開示義務に違反したことが，仲裁法 44 条 1 項 6 号又は 8 号の取消事由にあたる等と主張して，本件仲裁判断の取消しを求める本件申立を行った。

　X₁ らが主張する開示義務違反は次のとおりである。遅くとも 2013 年 2 月以降，King & Spalding のサンフランシスコ・オフィスに，弁護士 D が加入した。この弁護士 D は，本件仲裁の審理期間を通じて，Y₁ の完全親会社であった E 社の 100 ％子会社である F（従って，Y₁ と F は完全兄弟会社であった）を被告として米国カリフォルニア州北部地区連邦地方裁判所に継続していたクラスアクション（「本件クラスアクション」）において F の訴訟代理人であった（「本件利益相反事由」）。X₁ らは，本件クラスアクションは，F が極めて高額の損害賠償を負うおそれがあるもので，相手方 Y₁ を含む E グループ全体に影響を及ぼし得る重大な訴訟であって，King & Spalding と Y₁ の関係会社 F との間に重要な商業上の関係があることを意味するものであるから，仲裁人の公正性又は独立性に疑いを生じさせるおそれのある事実として C によって開示されるべきであったにもかかわらず，開示されなかったと主張した。

2　大阪地決平成 27 年 3 月 17 日

大阪地裁は，以下のように述べて，X₁ らの申立てを棄却した。

①「(i) C は King & Spalding のシンガポールオフィスに所属する弁護士で

あるのに対し，Dはサンフランシスコに所属する弁護士であって，両弁護士の間に本件クラスアクションに関する情報交換等の交流があったというような事情は窺われないこと，(ii) 本件仲裁と本件クラスアクションは事案及び当事者を異にし，関連性もないこと，(iii) C自身は本件クラスアクションに関与しておらず，King & Spalding に所属する弁護士が本件クラスアクションに関与していることを含め，本件クラスアクションに関する情報に接する機会はなかったこと」…「に鑑みれば，King & Spalding の所属弁護士であるCが仲裁人に選任された後，本件クラスアクションでFの訴訟代理人を務めるDが King & Spalding のサンフランシスコ事務所に移籍したとの事実があっても，このことのみでは，いまだCの仲裁人としての公正性又は独立を疑うに足る相当な理由があるとまでは認められないから，同事実をもって，Cにつき仲裁人としての忌避事由が存在したということはできず，また，同事実の存在が本件仲裁判断の結論に影響を及ぼしたとも認められない。」

② Cは，仲裁人に選任されるにあたり，JCAA に対して既述のような本件表明書を提出したが，X₁らは「これに対して何ら異議を述べなかったものであって，上記のような事態が生じ得ること（Cが本件仲裁事件の仲裁人に選任された後，King & Spalding に所属する他の弁護士が本件仲裁事件に関係しない案件において相手方 Y₁ の関連会社の訴訟代理人を務めること）は，X₁らにおいてもあらかじめ想定できたにもかかわらず，申立人らは，このことを格別問題視していなかったことが認められる。このことをも併せ考慮すれば，Cが上記の事実を開示しなかったことが開示義務違反（仲裁法18条1項4号）にあたるとしても，それによる瑕疵は軽微なものといえる。」

3 大阪高決平成 28 年 6 月 28 日

大阪高裁は，以下のように述べて，大阪地裁決定を取消し，仲裁判断を取消すとの決定を下した。

① 「本件クラスアクションにおいて，Cと同じく King & Spalding 所属の弁護士であるDが，相手方 Y₁ と完全兄弟会社の関係にあるFの訴訟代理人を務めているという事実（以下「本件利益相反事由」という）は，Cの代理人としての公正性又は独立性に疑いを生じさせるおそれのある事実に該当

するといえるから，開示義務の対象になる。」

「開示義務は，仲裁人を忌避するかどうかの判断資料を当事者に提供するためのものであるから，その対象となる事実は，忌避事由（仲裁法 18 条 1 項）そのものよりも広い範囲の事実が含まれると解するのが相当である。」

「本件利益相反事由は，… X₁ らの立場からすれば，C を忌避するかどうかを判断するための重要な事実といえるから，これが，開示義務の対象となることは明らかである。」「D が King & Spalding 所属の弁護士であり，かつ，本件クラスアクションにおいて相手方 Y₁ の関連会社を代理している以上，C について利益相反のおそれがあり得るものと疑いを持たれるのが通常であり，それぞれが勤務するオフィスの所在国が異なるとか，本件仲裁と本件クラスアクションとはそれぞれ当事者が異なり，また，事案の同一性も関連性もないといってみても，これにより上記疑いがなくなるものではない。」

② 「仲裁人は，仲裁手続の進行中，開示義務の対象となる事実の発生時期のいかんを問わず，開示していない事実の全部を遅滞なく開示しなければならないとされており（仲裁法 18 条 4 項），これは，仲裁人の忌避制度の実効性を担保するとともに，仲裁に対する信頼を確保するためのものであるから，仲裁人の公正性又は独立性に疑いを生じさせるおそれのある事実が客観的に存在しているにもかかわらずその事実を仲裁人自身が知らなかったという理由で上記開示義務を免除することはできない。また，本件利益相反事由は，X₁ らの立場からすれば，C を忌避するかどうかを判断するための重要な事実であり，その内容をみると，仲裁人の忌避事由に該当する可能性がないとはいえないところ，このような事実が存在するのに，E からその不知を理由に開示されないとすると，X₁ らは，最終的に，E を忌避するかどうか判断するための契機を与えられないままに仲裁判断を受けることになりかねない。このように考えると，仲裁人が手間をかけずに知ることができる事実については，仲裁人には，開示のための調査義務が課されるべきである。」

「本件利益相反事由については，C が所属する法律事務所である King & Spalding 内においてコンフリクト・チェックを行うことにより，特段

の支障なく調査することが可能であった。本件においてこのような調査が
King & Spalding 内で実施されたかどうかは一件記録上明らかでないが，
当該調査が実施されたのに開示されなかった場合にはもちろんのこと，当
該調査が実施されなかったために開示されなかった場合であっても，本件
利益相反事由の不開示につき，開示義務違反の責任を免れない。」

③ 開示義務の対象となる事実は，「現実に発生し，又は発生しうる具体的に
特定可能な事実でなければなら」ないが，本件表明書における記載は，
「将来，生起する可能性のある抽象的，かつ，潜在的な利益相反を表明し
ているものにすぎ」ないから，本件利益相反事由を既に開示したとはいえ
ない。

④「仲裁人の開示義務が，仲裁手続の公正及び仲裁人の公正を確保するため
に必要不可欠な制度であることを考慮すると，本件開示義務違反は，それ
自体が仲裁廷の構成又は仲裁手続が日本の法令に違反するものとして仲裁
法44条1項6号の取消事由に該当する…。」

「本件利益相反事由は，その内容からして，仲裁人の忌避事由に該当す
る可能性がないとはいえないもの」で，「重大な手続上の瑕疵というべき
であるから，それ自体が，たとえ，本件仲裁判断の結論に直接影響を及ぼ
すことがないとしても仲裁法44条1項6号の取消事由に該当するという
べきである。」

「本件開示義務違反は，重大な手続上の瑕疵というべきであるから，…，
当裁判所は，本件申立てを裁量棄却することはしない」

4　最決平成 29 年 12 月 12 日

最高裁は，以下のように述べて，高裁決定の③には賛成したが，高裁決定を
破棄し，原審に差し戻した。

①「仲裁人は，仲裁手続の進行中，当事者に対し，法18条4項の事実の全
部を遅滞なく開示すべき義務を負う（法18条4項）。その趣旨は，仲裁人
に，忌避の事由である『仲裁人の公正性又は独立性を疑うに足りる相当な
理由』（同条1項2号）に当たる事実よりも広く事実を開示させて，当事者
が忌避の申立てを的確に行うことができるようにすることにより，仲裁人
の忌避の制度の実効性を担保しようとしたことにあると解される。仲裁人

は，法18条4項の事実が『既に開示したもの』に当たれば，当該事実につき改めて開示すべき義務を負わないが（同条4項括弧書），仲裁人が当事者に対して法18条4項の事実が生ずる可能性があることを抽象的に述べたというだけで上記の『既に開示した』ものとして扱われるとすれば，当事者が具体的な事実に基づいて忌避の申立てを的確に行うことができなくなり，仲裁人の忌避の制度の実効性を担保しようとした同項の趣旨が没却されかねず，相当ではない。したがって，仲裁人が当事者に対して法18条4項の事実が生ずる可能性があることを抽象的に述べたことは，同項にいう『既に開示した』ことには当たらない」

② 「上記のような法18条4項の趣旨に加え，同項は開示すべき事実を仲裁人が認識しているものに限定していないことに照らせば，仲裁人は，当事者に対し，法18条4項の事実の有無に関する合理的な範囲の調査により通常判明し得るものをも開示すべき義務を負うというべきである。また，同項は，仲裁人が法18条4項の事実を開示すべき義務を負う時期につき「仲裁手続の進行中」とするのみで他に限定をしていない上，「既に開示したもの」のみを開示すべき事実から除外しているにとどまることからすれば，仲裁人は，仲裁手続が終了するまでの間，当事者からの要求の有無にかかわらず，同義務を負うというべきである。したがって，仲裁人が，当事者に対して法18条4項の事実を開示しなかったことについて，同項所定の開示すべき義務に違反したというためには，仲裁手続が終了するまでの間に，仲裁人が当該事実を認識していたか，仲裁人が合理的な範囲の調査を行うことによって当該事実が通常判明し得たことが必要であると解するのが相当である。」

③ しかし，「原審までに提出された資料に照らしても，本件仲裁判断がされるまでにCが本件事実を認識していたか否かは明らかではない。また，King & Spalding において本件事実が認識されていたか否かや，King & Spalding において，所属する弁護士の間の利益相反関係の有無を確認する態勢がいかなるものであったかについても判然としないことからすれば，本件仲裁判断がされるまでにCが合理的な範囲の調査を行うことによって本件事実が通常判明し得たか否かも明らかではない。上記の各点について確定することなく，Cが本件事実を開示すべき義務に違反したものとした

国際取引の現代的課題と法

原審…の判断には，裁判に影響を及ぼすことが明らかな法令の違反がある。」

Ⅲ　ICC ガイドライン

1　関係する ICC ガイドラインの条項

　ICC ガイドラインは，第一部で「一般基準」として総論的な問題を扱ったうえで，第二部では，利益相反が問題となり得る典型的な状況を，レッド，オレンジ，グリーンの3つに分類しており，レッドは，合理的な第三者からみて仲裁人の不偏性・独立性に合理的な疑問を生じさせる事情，オレンジは当事者が仲裁人の不偏性・独立性に合理的な疑いを抱き得る事情，緑は利益相反が存在しないと考えられる事情である[11]。レッドは，仲裁人が当該事情を当事者に開示したうえで当事者が異議申立権を放棄したならば，仲裁人になることが許容されるべき事情と，利益相反の重大性故に当事者が同意したとしても仲裁人になることが許されるべきでない事情に分けられる。

　最決平成 29 年 12 月 12 日の事実関係に関連すると思われる ICC ガイドラインの条項は，以下のとおりである[12]。

　まず，仲裁人の開示義務に関しては，一般基準(3)に以下のように述べられている。

「(a) 当事者の見地から仲裁人の不偏または独立についての疑いを生じさせ得る事実または事情が存在する場合，仲裁人は，当該事実または事情を，選定の受諾より前にまたはその後であればそれらを知り次第可及的速やかに，当事者，仲裁機関またはその他の仲裁人選定機関（もし存在しかつ適用される機関規則によって開示が要求されるのであれば），および共同仲裁人（もし存在するのであれば）に対し，開示しなければならない。(b) 事前の宣言あるいは権利放棄（waiver）であって，将来発生しうる事実や事情から生じる可能性のある利益相反に関するものは，一般基準(3)(a)のもとでの仲裁人の継続的な開示義務を免除しない。…以下略」

---

(11)　高取他・前掲注(6) 178 頁以下を参照。

(12)　以下の訳文は，原則として，日本仲裁人協会による 2004 年版ガイドラインの翻訳に依拠し，2014 年版での改訂部分については筆者が翻訳した。

なお，この(b)は 2014 年版で新たに追加されたものであるが，(b)についての
注釈において，「事前の宣言あるいは権利放棄の有効性や効果は，事前の宣言・
権利放棄の具体的な文言，個別の状況そして適用法規の観点から評価されなけ
ればならないので，事前の宣言・権利放棄は一般基準(3)(a)の開示義務を免除
しないが，これ以外の点については，ガイドラインは述べていない」としてい
る点には注意を要する。

次に，法律事務所との関係や企業グループとの関係については，次のような
記述が一般基準(6)に見られる。

「(a) 仲裁人は原則として自身の法律事務所と同一に扱われる（is considered
to bear the identity of his or her law firm）が，潜在的な利益相反が存在する
か否かまたは開示を行うべきか否かを判断するために，事実または事情の関
連性を考慮する場合，もしあるなら，仲裁人の法律事務所による活動は，そ
して仲裁人と法律事務所との関係は，個別事件毎に，合理的に考慮されるべ
きである。仲裁人の事務所による活動が当事者の一方に関与しているという
事実は，必然的に利益相反の原因または開示を行うべき理由を構成するもの
ではない。同様に，いずれかの当事者が仲裁人の事務所と関連する集団の構
成員である場合，かかる事実または事情は，個別事件毎に，合理的に考慮さ
れるべきであり，それだけで，必然的に利益相反の原因または開示を行うべ
き理由を構成するものではない。」

このような一般基準での記述を踏まえて，注釈では，法律事務所の活動との
関係では，法律事務所による業務の性格，時期，範囲，法律事務所と仲裁人の
関係が，個々の事案毎に検討されなければならないし，同一企業グループに属
する企業間の関係や，同一企業グループに属する企業と仲裁人の法律事務所と
の関係についても，個々の事案に即して検討がなされる必要があると述べられ
ている。

また，仲裁人の調査義務については，一般基準(7)が以下のように規定する。

「(d) 仲裁人は，利益相反や，自身の不偏性・独立性に対する疑問を合理的に
生じさせ得る事実や事情を特定するために，合理的な調査を行う義務を負う。
仲裁人が合理的な調査を行わない場合には，利益相反を知らなかったからと
いって，利益相反の不開示について免責されない。」

次に，第二部における具体的な事情との関係では，以下のような事情が列挙

国際取引の現代的課題と法

されている。

〈放棄できないレッド〉

1.4「仲裁人またはその法律事務所が，当事者またはかかる当事者の関係会社に対して定期的に助言しており，仲裁人またはその事務所が，これにより重大な財務上の収入を得ている。」

〈放棄できるレッド〉

2.3.6「仲裁人の法律事務所が，現在，一方の当事者またはその関係会社との間で，重大な商業上の関係を有する。」

〈オレンジ〉

3.2.1「仲裁人の法律事務所が，現在，重大な商業上の関係をつくることなく，かつ当該仲裁人が関与することなく，一方の当事者またはその関係会社に役務を提供している。」

なお，注4において，「「関係会社」とは，親会社を含む，一つの会社グループ内の全ての会社を包含する」とされている。また，「重大な」という用語については定義はなされていないが，この点については，ガイドライン第2章の前文8項において，「リストはまた，様々な事情において，「重大な」…というような一般的な用語を含んでいる。リストは，最大限可能な限り国際的原則やベストプラクティスを反映している。各事案の事実や事情に照らして合理的に解釈されるべき規範をさらに定義することは，非生産的である。」と述べられている。

なお，ICCガイドラインは，開示義務や調査義務が仲裁判断の取消しとの関係でどのような意味を有するかについては立ち入っていない。

2　ICCガイドラインに照らした最決平成29年12月12日

最決平成29年12月12日において問題とされた事情，すなわち，仲裁人と同じ法律事務所に所属する他の弁護士が，当事者の関係会社の訴訟代理人となっているという事実については，ICCガイドラインにおける〈放棄可能なレッド〉の2.3.6にあたるという見解や[13]，〈オレンジ〉の3.2.1にあたると

---

[13]　高杉直「国際商事仲裁における仲裁人の開示義務違反と仲裁判断の取消」小田敬美他編『市民生活と現代法理論 三谷忠之先生古稀祝賀』（成文堂，2017年）258頁。

いう見解[14]，上記の2つの条項に言及しつつも，いずれに当たるかは明言せずに，開示義務の対象となるべき事情であったとする見解[15]，が示されている。

　筆者も，本件利益相反事由は形式的にはICCガイドラインにおける2.3.6あるいは3.2.1に該当し，開示されるべき事情であった可能性が高いと考えるが，本件の決定文を見る限りは，「重大な」関係があったかどうかは判断できない。また，さらに進んで，本件利益相反事由は，形式的には，2.3.6あるいは3.2.1に該当するように思われるが，既述のICCガイドラインの一般基準6(a)が，「仲裁人の事務所による活動が当事者の一方に関与しているという事実は，必然的に利益相反の原因または開示を行うべき理由を構成するものではない。同様に，いずれかの当事者が仲裁人の事務所と関連する集団の構成員である場合，かかる事実または事情は，個別事件毎に，合理的に考慮されるべきであり，それだけで必然的に利益相反の原因または開示を行うべき理由を構成するものではない」としており，また，その注釈が，仲裁人と法律事務所との関係や企業グループの態様は千差万別であることを踏まえ，仲裁人と法律事務所との関係，そして，当事者と関係会社の関係等についての個別の考察の必要性を述べていることを考えると[16]，ICCガイドラインのもとでは，形式的に2.3.6あるいは3.2.1に該当したからと言って，直ちに開示義務が認められるわけではないと思われる[17]。しかし，最決平成29年12月12日の事案では，第一審の大阪地裁決定においては開示義務違反の深刻さについての検討がなされているものの，大阪高裁決定や最高裁決定では，少なくとも決定の文面を見る限りにおいては，そのような個別の考察の過程が伺われない[18]。ICCガイドラインも述べるように，法律事務所と仲裁人の関係，当事者とグループ企業との関係，事案の個性や態様等は千差万別であり，開示義務違反や調査義務違

---

[14]　芳賀雅顯・本件原審判批・JCAジャーナル63巻4号（2016年）58頁。

[15]　内藤順也・鈴木毅「仲裁人の利益相反事由の非開示と仲裁判断の取消し —— 平成28年6月28日大阪高裁決定について」NBL1097号（2017年）42頁。

[16]　ICCガイドラインが形式的に一定の関係があるかどうかで判断しているのではなく，仲裁人の利害関係が実際にどの程度重要なものかといった点を重視しているとの理解は，後述の(5)の裁判例でも示されている。

[17]　一般基準6(a)の記載内容が実質的な検討を必要としているのに対して，第二部のリストが形式的な類型の記載となっていることによる問題について述べた裁判例として，後述の(6)がある。

国際取引の現代的課題と法

反があったかどうかを判断する際には[19]，事案の個性に立ち入った検討が求められるべきである。

Ⅳ　諸外国における裁判例の状況

次に，諸外国において，仲裁人の利益相反を理由として仲裁判断の取消しが争われた比較的最近の裁判例を検討することとしたい[20]。これらの裁判例は一致した方向性を示すものではなく，仲裁人の利益相反や仲裁判断の取消しという問題の難しさを示すものであると思われる。

1　米　国

米国では，連邦仲裁法10条が，仲裁人について明らかな不公正（evident partiality）があった場合には裁判所は仲裁判断を取消すことができると規定する。この規定に基づき，仲裁人に利益相反があったにもかかわらず開示されなかったことを理由として，仲裁判断の取消が求められるケースは少なくない。但し，米国における裁判例は，必ずしも一貫しておらず，利益相反の不開示を理由とする仲裁判断の取消しについて比較的緩やかな基準を示すものと，より厳格な基準を示すものがある。

(1) Commonwealth Coatings Corp. v. Continental Casualty Co., 393 U. S. 145 (1968)

本件は，仲裁人による開示義務違反を理由として仲裁判断を取り消すことができると判示した米国のリーディング・ケースである。本件では，塗装作業の

---

[18] 但し，高裁決定では，申立人X₁らが，クラスアクションの帰趨はＦやそのグループ全体に影響を及ぼし得る重大な訴訟であり，このような訴訟を代理しているということは，King & SpaldingとＦとの間に「重要な商業上の関係があることを意味する」と主張したとされている。

[19] 一方，これから開示や調査を行おうとする際には，後日の紛争や当事者の無用や懸念を回避するため，形式的な基準に照らして，幅広く開示・調査を行うといった実務上の対応が考えられる。

[20] 仲裁判断の取消しに関する各国法の規定の内容には違いがある。我が国やカナダ等の仲裁法のモデルとなっているUNCITRAL仲裁モデル法や英国・米国の仲裁法における仲裁判断の取消に関する規定の概要については，拙稿「仲裁判断の取消し」谷口・鈴木・前掲注(6)391頁以下を参照。

下請会社である申立人と元請会社の保証会社との間の紛争が仲裁に付され，3人の仲裁人が選任されたが，第三仲裁人はプエルトリコでコンサルタントの仕事をしており，元請会社は第三仲裁人の主要顧客の1社であった。両者の取引は不定期であり，仲裁手続の開始の前1年間は元請会社と第三仲裁人との間の取引はなかったものの，第三仲裁人は元請会社から過去4～5年の間に12000米ドル程の手数料を受領しており，仲裁の対象となったプロジェクトに関してもサービスを提供していた。このような第三仲裁人と元請会社の取引関係は，仲裁判断が下されるまで開示されることはなかった。

　連邦最高裁の法廷意見は，訴訟の場合には裁判官が僅かでも金銭的な利害を持つ場合には判決は取り消されるべきであるとしたうえで，これは訴訟においては根本的な原則であり，仲裁手続を規律し，明らかな不公正があった場合には仲裁判断を取り消すことができると定める仲裁法の中にも同様の概念を見出すことを拒絶すべき理由はないとして，仲裁判断を取り消した。そして，仲裁人は全ての収入を仲裁人としての活動から得ることを期待されているわけではないので，仲裁人をビジネスの世界から切り離すことはできないが，仲裁人は法だけではなく事実についても判断し，かつ，上訴審の判断に服することもないのであるから，仲裁人の不公正の防止については裁判官の場合よりも一層念入りでなければならない，そして，仲裁人が偏っているとの印象を与え得る事情を当事者に開示することを求めたからといって，仲裁手続の有効性が阻害されるわけではない，と述べた。

　なお，White 判事は補足意見で，「仲裁人と当事者との間にビジネス上の関係があったとしても，当事者がその関係を前もって通知されているか，あるいは，当事者がその関係を知らなかったとしても関係が些細なものであったならば，自動的に不適格とされるわけではない」と述べた。

(2) Schmitz v. Zilveti, 20 F. 3d 1043 (9th Cir., 1994)

　本件は全米証券業協会の仲裁手続に関するものであり，顧客が証券会社に対して仲裁を申し立てた。3名の仲裁人は全員一致で証券会社側の主張を容れる仲裁判断を下したが，その後の申立人の調査により，主仲裁人の所属する法律事務所が過去35年に19件の事案で被申立人である証券会社の親会社（Prudential Insurance）を代理していたこと，直近の事案は仲裁申立ての21か月前に終了したこと，主仲裁人はヒアリングの前に Prudential Insurance が被申立人

国際取引の現代的課題と法

の親会社であることを知っていたが，被申立人についてのコンフリクト・チェックしか行わなかったことが判明した。主仲裁人は Prudential Insurance と彼の法律事務所との利益相反関係について知らなかった。

　原審は，主仲裁人が利益相反を知らず，また，調査する義務もなかったとして，仲裁判断を取り消さなかった。

　しかし，控訴審は，「不開示（nondisclosure）」の事案における判断基準と「現実のバイアス（actual bias）」の事案における判断基準は異なり，「不開示」の事案では仲裁人が選任される手続の清廉さ（integrity）が問題なのであって，「偏りについての合理的な印象（reasonable impression of partiality）」を示すことで足りるとした。そして，実際に利益相反の存在を知らなかった場合には，「現実のバイアス」はなかったと言えても，「偏りについての合理的な印象」が常に否定されるというわけではない，と述べた。そのうえで，仲裁人が自らの不偏性や独立性について調査する義務を負う場合には，そのような調査する義務の不履行は，「偏りについての合理的な印象」を生じさせる「不開示」となり得るとした。

　協会の規則では，自らの公正さに影響を与えたり，偏っているとの外観を合理的に生じさせ得る現在及び過去の関係を知るための合理的な努力をするよう仲裁人に求めていた。控訴審は，主仲裁人は調査義務を負っていたがその義務を怠っていたとしたうえで，実際に利益相反があり，主仲裁人は利益相反を知っていたとみなすことができる（constructive knowledge）ことから，主仲裁人がその利益相反を当事者に伝えなかったことは「偏りについての合理的な印象」を生じさせるとして，仲裁判断を取り消した。本判決は，利益相反を理由とする仲裁判断の取消しを主張する側の当事者によって度々引用されるケースである。

(3) Applied Indus. Materials Corp. v. Ovelar Mekine Ticaret Ve Sanayi, A. S., 492 F. 3d 132 (2nd Cir., 2007)

　1997 年，合弁契約の当事者であるＡ社とＢ社との間に利益の分配を巡って紛争が生じ，当事者は紛争を仲裁で解決することとした。当事者間の仲裁契約に基づき，3 名の仲裁人が選任された。第 3 仲裁人は 30 か国に 50 の拠点を有する大手企業の CEO であった。2003 年 9 月，仲裁手続のヒアリングが開始する前に，当事者の一方であるＡ社がＣ社に売却されるという情報が仲裁人に伝

えられた。第3仲裁人は，開示文書において，仲裁の当事者やその関係会社との間に個人的・ビジネス上の関係はない，と回答した。2005年3月のヒアリングにおいて，当事者は仲裁手続を当事者の責任に関するフェーズと賠償額に関するフェーズの2段階に分けることに合意した。責任に関するフェーズが開始した後の2005年4月，第3仲裁人は当事者に対して電子メールを送り，彼の会社のセントルイス・オフィスがC社と石油のコークスの運搬を巡ってやり取りしていること，第3仲裁人自身は先週までそのようなやり取りがあることを知らず，また，本件に関する契約交渉やセントルイス・オフィスの日々の業務には関与していないこと，以上の点で以前の開示文書を修正したいこと，今後，セントルイス・オフィスとC社との間のやり取りには関与しないこと，本件は自己の公正さには影響しないと考えていること，を伝えた。その後，当事者から特段の反応はなく，仲裁廷は2対1でB社はA社に対して責任を負うとの仲裁判断を下した。その後，賠償額に関するフェーズの途中で，B社の代理人は，責任に関する仲裁判断の後にB社が行った調査の結果，2004年から仲裁判断までの間に，C社と第3仲裁人のセントルイス・オフィスと間で27万5000米ドルもの利益を当該オフィスにもたらすような取引が行われていたにも関わらず，それが開示されていなかったとして，第3仲裁人に対して辞任を求めた。これに対して第3仲裁人は，最初にセントルイス・オフィスとC社との間のやり取りについて聞いたとき，セントルイス・オフィスの長に対して，自分はやり取りについて知りたくない旨を述べ，いわゆる「チャイニーズ・ウォール」を設けたので，B社から聞くまで取引について知らなかった，と述べて辞任を拒否した。B社が仲裁判断の取消しを求めたところ，連邦地裁は，①仲裁合意に仲裁人の開示義務が規定されていたこと，②第3仲裁人は当初，利益相反はないとの開示を行ったこと，③その後，第3仲裁人はセントルイス・オフィスとC社とのやり取りの詳細は知らないと述べたこと，といった事情は，当事者に対してセントルイス・オフィスとC社との間の契約関係があれば通知されるはずであるとの合理的な期待を抱かせるものであり，そうした状況において，第3仲裁人がそうした関係について自ら聞かないようにし，かつ，そのようにしたことを当事者に説明しなかったことは，実際に少なからぬ商業上の関係があった場合には，「偏りの外観（appearance of partiality）」を作り出していたことになる，と述べて，仲裁判断を取り消した。

国際取引の現代的課題と法

　控訴審は，仲裁人が一方当事者と実質的な関係（material relationship）があ
ることを知りながら開示しない場合には，合理的な人はそうした仲裁人は一方
当事者に偏っていると判断せざるを得ないのであり，「明らかな偏り」がある
といえるとした。そして，前記(1)判決の White 判事の意見を引用したうえで，
仲裁人が些細とはいえない利益相反があり得ると信じる理由がある場合には，
仲裁人はその利益相反を調査するか，あるいは，利益相反があり得ると信じる
理由及び自分は調査しないという意思を開示しなければならないと判示した。
控訴審の見解では，利益相反の可能性があると知りながら調査も，調査しない
という意思をも開示しない場合には，明らかな不公正があると考えられること
になる。本件では，第3仲裁人がもし調査していれば相当の関係があったこと
が明らかになったはずであるが，第3仲裁人は，調査もせず，また，チャイ
ニーズ・ウォールについても当事者に伝えなかった。このような状況の下では，
合理的な人は仲裁人には「明らかな偏り」があると結論づけるはずであると述
べて，仲裁判断を取り消した。

⑷ Ometto v. ASA Bioenergy Holding A. G., 2013 U. S. Dist. LEXIS 7402
　（Dist. Ct. for the Southern Dist. of New York, 2013）

　本件では，International Chamber of Commerce の仲裁規則に基づき，3名
の仲裁人による仲裁がなされた。主仲裁人は，Debevoise & Primpton のパー
トナーである。仲裁判断により高額の損害賠償の支払いを命じられた原告は，
仲裁人に利益相反がなかったかどうかについての本格的な調査を開始し，主仲
裁人が仲裁人に就任した後，Debevoise が3回にわたり，コーポレート案件に
おける被告の相手方を代理していたことを発見した。原告は，⑵や⑶の判決を
引用しながら，Debevoise がこれらの相手方を代理していたことは，仲裁判断
を取り消すべき明らかな不公正に当たると主張した。主仲裁人は，自分は De-
bevoise による上記の案件を知らなかったので，これらの事情が手続や判断に
影響を与えたことはないと主張した。

　判決は，⑶判決は仲裁人が実際に利益相反を知っていた事案であり，本件と
は区別されると述べた。また，⑵判決のように不公正さについての印象で足り
るとする第9巡回区とは異なり，第2巡回区では，裁判所による仲裁判断の取
消しは厳格に限定されるべきであるとされており，裁判所が仲裁判断を取消す
のに十分な「明らかな不公正」があると認めることができるのは，合理的な人

576

間が，全ての事情を考慮した結果，仲裁人が一方に偏っていたと結論づけざるを得ない場合に限られる，とした。そして，本件では，事務所のコンフリクト・チェックのシステムが万全ではなかったであるとか，また，主仲裁人が仲裁人に就任するにあたって事務所のコンフリクト・チェックのシステムに案件を登録する際に，一部の当事者の名前をインプットし忘れたといった事情（このため，Debevoise の他の弁護士が本件仲裁の存在に気付かずに案件を受任した）はあったが，それは，第2巡回区の基準では「明らかな不公正」があったというのに十分なものではないとして，取消しを認めなかった。

(5) Republic of Argentina v. AWG Group Ltd., 211 F. Supp. 3d 335 (Dist. Ct. for the Dist. of Columbia, 2016)

本件は，1992 年以降，英国法人である AWG その他の数社がコンソーシアムを組成してアルゼンチンにおける上下水道事業におけるコンセッションを獲得し，アルゼンチンと期間 30 年の契約を締結して，2001 年までに約 170 億米ドルを投資したものの，同国が経済危機に対応するため 2002 年に緊急法（Emergency Law）を施行する等したために，事業の継続が困難となり，結局，2006 年に契約が解除されるに至ったものである。AWG は英国とアルゼンチンとの投資協定に基づき，ICSID での仲裁を申立て，2003 年に 3 名の仲裁人が選任された。手続継続中の 2006 年，3 名の仲裁人のうち，AWG の選任した仲裁人が，世界的な金融機関である UBS の社外取締役に就任した。この仲裁人は，UBS の社外取締役就任に際して，UBS に対して本件仲裁における仲裁人を含む自身の職務を通知して，コンフリクト・チェックを依頼したが，UBSから本件仲裁における仲裁人の職務が利益相反を生じさせるとの回答はなかった。この仲裁人は，この UBS の社外取締役就任の事実を当事者に開示しなかったが，2007 年になってこの事実を知ったアルゼンチンは，UBS が本コンソーシアムに参加している他の 2 社について，それぞれ 2.38 ％，2.1 ％の株式を保有する「主要株主」であること，UBS がアルゼンチンの水道事業への投資を推奨するレポートを書いていること，当該仲裁人が報酬の一部を UBS の株式で受領していること，を挙げて，当該仲裁人の公正さ・独立性には疑問があると主張し，当該仲裁人の忌避を申し立てた。しかし，他の 2 名の仲裁人はこの申立てを退けた。その後，2009 年には当該仲裁人は UBS の社外取締役の職を辞した。2015 年 9 月，アルゼンチンに対して損害賠償の支払いを命じ

る最終的な仲裁判断が下されたところ，アルゼンチンは上述の仲裁人の利益相反の存在及びその不開示は「明らかな偏り」に該当するとして，仲裁判断の取消しを求めて訴えた。

連邦地裁は，①UBSの本コンソーシアムの参加者に対する権益はUBSの規模を考えるととるに足らないものであり，仲裁人が仲裁の当事者でもないこれらの参加者の株主の取締役であったという事実は，合理的な人であれば偏りがあるとは考えないような些細なものであること，②UBSがアルゼンチンの水道事業への投資を推奨するレポートを書いたからといって「明らかな偏り」を示すことにはならないこと，③UBSと本コンソーシアムの参加者との関係は薄く，仲裁人にはこうした事情についてまで調査・開示する義務があるとはいえないことを挙げて，アルゼンチンの訴えを退けた。なお，アルゼンチンは，IBAガイドラインにおいて，仲裁判断に直接的な経済上の利害を有する会社の取締役等である場合は，「放棄不能なレッド」であり（1.2），本件はそれに該当すると主張した。連邦地裁は，「他の裁判所はIBAガイドラインを説得力はあるが，拘束力があるものではないとしている」と述べたうえで，IBAガイドラインでは「直接的な経済上の利害」等を求めることによって仲裁人の利害の重要性に焦点を置いているが，本件では重要な利害関係は存在しない，と述べた。

2 英 国

英国の仲裁法は，仲裁廷，手続，あるいは仲裁判断に影響を与える「重大な不正（serious irregularity）」がある場合には，当事者は裁判所に対して仲裁判断の取消しを求めることができるとする。こうした仲裁法のもと，利益相反の不開示を理由として仲裁判断を取り消すべきかが争われた最近の裁判例が注目されている。

⑹ W Limited v. M SDN ［2016］EWHC 422（Comm）

本件では，英国領バージン諸島法人（原告）とマレーシア法人（被告）との間の紛争がLICA（ロンドン国際仲裁裁判所）における仲裁に付され，2012年4月，Burnet Duckworth & Palmersという中規模弁護士事務所のパートナーであるAが単独仲裁人に選任された。なお，Aは過去5～6年，専ら仲裁人として活動しており，事務所のパートナー・ミーティングにも殆ど出席していな

かったようである。この時点で，同事務所のシニア・パートナーであるBがQ社という法人の取締役かつ株主であり，マネージング・パートナーであるCはQ社の秘書役（Company Secretary）であった。被告はP社の子会社であったが，2012年6月，P社はQ社の買収を公表し，同年12月に買収が実施された。この買収は広く報道され，この買収の結果，被告とQ社はP社のもとで兄弟会社となった。この買収の際に，BとCはQ社における職を辞したが，同事務所はQ社に対するサービスを提供し続けた。同事務所とQ社との間の取引は相当の規模に上るものであった。同事務所はP社にはサービスを提供していない。

Aは2012年5月，仲裁人を引き受けるにあたり，事務所のコンフリクト・チェックのシステムによって確認された幾つかの些細な事項について当事者に開示を行い，また，9月にも同様の些細な事項の開示を行ったが，同事務所のコンフリクト・チェックのシステムはQ社が同事務所の顧客であることや，買収によって生じたP社と同事務所との関係をAに知らせることはなかった。Aは，Q社とP社との関係を知らず，また，Q社が同事務所の顧客であることを知らなかった。Aは，もしこうした事実を知っていたならば開示しただろうと述べている。

2014年10月，Aが仲裁判断を下したところ，原告が「偏っているとの外観（apparent bias）」を理由に，仲裁判断の取消しを求めた。判決は，「偏っているとの外観」があるかどうかの判断基準は，公正で事実関係を知る第三者が，仲裁廷が偏っていた現実の可能性がある（a real possibility that the tribunal was biased）と結論づけるかどうかであるとした。そのうえで，①Aは同事務所のパートナーであり，同事務所は仲裁の当事者の兄弟会社から相当の収益を得ていたが，同事務所は仲裁の当事者やその親会社に対してサービスを提供しておらず，また，Aが当該兄弟会社のためにサービスを提供したことはなかったこと，②Aはパートナーであったが専ら仲裁人として活動しており，同事務所を仲裁人として仕事をする上での事務的なサポートのために用いていたこと，③Aは，コンフリクト・チェックの結果判明した他の事情については開示しており，本件事情についても，もし知っていたら開示したであろうこと，を指摘して，P社がQ社を買収したことが広く知られていたという事実を考慮したとしても，公正で事実関係を知る第三者は仲裁廷が偏っていた現実の可能性があるとは結論づけないとして，原告の訴えを退けた。

国際取引の現代的課題と法

　なお，判決は，2014 年版の IBA ガイドラインについて，拘束力はないが参考になる，と述べたうえで，2014 年版の IBA ガイドラインが「仲裁人またはその法律事務所が，当事者またはかかる当事者の関係会社に対して定期的に助言しており，仲裁人またはその事務所が，これにより重大な財務上の収入を得ていること」(Paragraph 1.4) を「放棄不能なレッド・リスト」に挙げており，本件の事実関係は，少なくとも客観的には，この「放棄不能なレッド・リスト」に該当することに関して，このような 2014 年版の IBA ガイドラインには，①仲裁人本人とその弁護士事務所，また，当事者とその関係会社を単純に等しく扱っている点，そして，②ある事実が仲裁人の公正さや独立性に現実的な影響を与えるかどうかを考慮していない点で，弱点があると指摘している。また，判決は，IBA ガイドラインの一般基準(2)(d)が，「放棄不能なレッド・リスト」に挙げられた状況では仲裁人の公正性や独立性についての合理的な疑いが「当然に存在する」としつつ，一般基準の(6)(a)が，仲裁人と法律事務所の関係は個別の事情に即して判断されるべきであり，仲裁人の法律事務所が当事者と関係があるからといって，必然的に利益相反があるというわけではないし，当事者が仲裁人の法律事務所が関係のある企業グループの一員であるからといって，直ちに利益相反があるというわけではない，としている点を指摘し，このような一般基準(2)(d)と一般基準(6)(a)は一貫しないとも述べている。

　このケースに関しては，IBA ガイドラインは利益相反について考える際の有用な出発点ではあるが，IBA ガイドラインを機械的に適用することは不適切な結果を生じさせることがあることを明らかにしたもの，とのコメントが実務家によって示されている[21]。

---

[21]　O'Melveny, English Law Update: IBA Guidelines on Conflicts of Interest Criticised by English High Court in W Limited v M Sdn Bhd (April 25, 2016) (available at https://www.omm.com/resources/alerts-and-publications/alerts/iba-guidelines-on-conflicts-of-interest-criticised-by-english-high-court-in-w-limited-v-m-sdn-bhd/); Herbert Smith Freehills, English Court Identifies "Weakness" in the 2014 IBA Guidelines on Conflicts of Interest when Considering Challenges of an Award for Apparent Bias (March 3, 2016) (available at https://hsfnotes.com/arbitration/2016/03/03/english-court-identifies-weaknesses-in-the-2014-iba-guidelines-on-conflicts-of-interest-when-considering-challenge-of-an-award-for-apparent-bias/).

3 カ ナ ダ

カナダは我が国と同様，UNCITRAL モデル法を採用した国であり，モデル法それ自体が International Commercial Arbitration Act の別添という形で採用されている。

(7) Jacob Securities v Typhoon Capital, 2016 ONSC 604

本件は，カナダの投資銀行である原告とオランダ法人である被告との間の紛争であり，被告による風力発電プロジェクトへの投資者としてN社を紹介したことによる報酬を原告が求めて，2013 年 10 月，仲裁を申し立てたものである。単独仲裁人としてH氏が選任されたが，H氏は 40 年余り McCarthys という法律事務所で litigator として活躍し，その後，2008 年にはパートナーを退き，2012 年 12 月には事務所を辞めていた。H氏は仲裁人就任を引き受けるにあたり，当事者との間の関係はなく，利益相反もない，と当事者に伝えていた。2014 年 10 月，原告の請求を棄却する仲裁判断が出された。

2014 年 11 月，原告の依頼を受けて仲裁判断の取消しのための材料がないか調査を行った法律事務所が，①H氏がまだ McCarthys に在籍していた 2012 年，McCarthys が上記プロジェクトの引受企業（underwriters）を代理していたこと，また，② McCarthys は別の取引でN社を代理していたこと，を発見した。そこで，2015 年 1 月，原告は，①H氏が利益相反の調査を怠り，以前所属していた法律事務所がN社や引受企業を代理していたことを開示しなかったこと，②モデル法 12 条では仲裁人は自身の不偏性について疑問を抱かせるおそれのある事情を開示する義務を負うこと，③合理的な第三者は本件では仲裁人の不偏性を損なう合理的な恐れがあると判断するであろうこと，④ IBA ガイドラインでは仲裁人の法律事務所の活動や仲裁人と法律事務所との関係を個々の事情に即して検討することとされているが（一般基準6），本件では仲裁人が必要な調査を行わなかったため，原告は仲裁人の利益相反について争う機会を奪われたこと，を主張して，仲裁判断の取消しを求めて訴えを提起した。これに対して被告側は，①H氏は McCarthys とN社等との関係を知らなかったこと，②法律事務所には守秘義務があり，H氏が McCarthys の顧客についての利益相反関係を調査することはできなかったこと，③不偏性についての合理的な恐れは取消しについて規定するモデル法 34 条において明示的には取消理由とされておらず，むしろ，12 条・13 条における忌避手続の対象になっているが，

13条(2)では当事者は忌避事由を知ってから15日以内に忌避の申立てをしなければならないとされていることに鑑みると，仲裁手続が完了した後についても，当事者は忌避事由を知ってから15日以内に忌避の申立てを行うべきであったこと（そして，そのような申立てがなされたならば仲裁人は忌避の申立てについて決定し，その決定に不服であれば，13条(3)に基づき，当事者は裁判所の決定を求めるべきであった），を主張して争った。

　まず，判決は，仲裁判断が出された後は13条の手続ではなく，仲裁判断の取消しあるいは承認拒絶のみが許されるとして，被告側の③の主張を退けた。判決は，本件では仲裁人はMcCarthysに在籍中にN社が関与した案件に携わっておらず，また，McCarthysとN社や引受会社との関係についても知らなかったとしたうえで，本件におけるN社，引受会社，McCarthysと仲裁人との関係は，不偏性についての合理的な恐れがあったということを立証するには不十分であるとした。

　次に，仲裁人が適切な調査を行わなかったために，十分な情報を踏まえたうえで仲裁人の選任に同意するかどうか判断する機会を奪われたという原告の主張については，法律事務所のパートナーである仲裁人が自分の開示義務を満たすためには所属する法律事務所の利益相反の可能性についても調査する義務があるというべきであるが，本件のような以前に所属していた法律事務所についてまで調査義務が及ぶと解すべきではなく，仮に調査する義務があったとしても仲裁の当事者や主要人物を超えて，N社等にまで及ぶものではない，として，原告の主張を退けた。結論として，仲裁人の不偏性についての合理的な恐れはなかったとして，原告の訴えを棄却した。

4　フランス

　フランスの民事訴訟法1456条は，仲裁人は就任の前に自身の独立性や公正性に影響を与えうる全ての事情を開示しなければならず，就任後に生じた事情も速やかに開示しなければならない，と規定している。また，1492条は「仲裁判断は以下の場合にのみ取り消し得る」としたうえで，仲裁廷の構成が不適切である場合等を挙げている。仲裁判断の取消しの訴えは，仲裁地の控訴裁判所に対して行わなければならない（1494条）。

⑻ Groupe Antoine Tabet c/ la République du Congo, Cass. Civ. 1re, n° 11-16444 of 25 June 2014

1992 年及び 1993 年，レバノン法人である A 社はコンゴ政府に対する資金供給に関する契約を締結したが，これらの契約に関しては，T 社グループに属する TEP Congo 社がコンゴ政府の A 社に対する一定額の支払いを保証することとなっていた。A 社とコンゴ政府との間で紛争が生じ，International Chamber of Commerce（ICC）での仲裁手続が開始された。手続の過程で，A 社は主仲裁人が T 社グループの法人株主のうちの一社の取締役を務めていること（この事実は仲裁人からは開示されていなかった）を理由として当該仲裁人の忌避を申し立てたが，ICC はこの申立てを退けた。2009 年 10 月，A 社に対してコンゴ政府に対する一定額の支払いを命じる仲裁判断が出されると，A 社は仲裁判断の取消しを求めて訴えた。パリ控訴裁判所が A 社の訴えを退けたため A 社は破棄院に上訴した。

破棄院は，TEP Congo 社は仲裁の結果の如何に関わらず一定額を支払うことになっていたのであるから，仲裁人が TEP Congo 社とビジネス上の関係があったという事実だけでは仲裁人の不偏性は影響を受けないとした控訴裁判所の判断は正当なものであったとした。また，仲裁の結果は TEP Congo 社には影響を与えないし，TEP Congo 社は仲裁の当事者でもないので，仲裁人が T 社グループとの関係を開示しなかったという事実は，仲裁人の不偏性や独立性に合理的な疑いを抱かせるようなものではない，として，控訴審の判断を支持した[22]。

⑼ Société J. & P. Avax v Tecnimont Spa, Cour d'Appel de Paris, Pôle 1 - Chambre 1 (12 April, 2016), European International Arbitration Review, Vol. 5:1, 115[23]

本件は，ギリシャ法人である原告（Avax 社）とイタリア法人である被告（Tecnimont 社）との間でのギリシャにおけるプラント建設工事に関する紛争に係る ICC での仲裁手続に関するものである。E 氏を主仲裁人とする 3 名の仲

⑵ 本件を紹介したものとして，Herbert Smith Freehills, French Supreme Court Refuses to Set Aside ICC Award in Favour of the Congo (29 August 2014) (available at https://hsfnotes.com/arbitration/2014/08/29/french-supreme-court-refuses-to-set-aside-icc-award-in-favour-of-the-congo/)。

国際取引の現代的課題と法

裁人からなる仲裁廷が構成された。E氏は，グローバルに展開する法律事務所（Jones Day）のパリのオフィスにオフ・カウンセルとして所属していた。E氏は就任時に，同事務所のワシントンとミラノのオフィスが以前に被告の親会社にサービスを提供したことがあるが自分は関与していないとの開示を行っていた。

2007年9月，原告の代理人は，E氏の法律事務所と被告との間にE氏が開示していなかった関係が発見されたとして，ICC仲裁裁判所にE氏の忌避を求めた。ICC仲裁裁判所はICC仲裁規則では当事者は事情を知ってから30日以内に忌避の申立てを行わなければならないところ，本申立ては30日を経過した後になされたことを理由として，忌避の申し立てを退けた。

その後，仲裁廷が原告の責任を認める仲裁判断を出すと，原告はパリ控訴裁判所に仲裁判断の取消しを申立てた。2009年2月，控訴裁判所は，E氏がオフ・カウンセルとして所属する法律事務所が仲裁手続の期間中に被告の子会社へのコンサルティング業務を行う等していたこと等を理由として，仲裁廷の構成が不適切であったとして仲裁判断を取り消した。被告が上訴したところ，破棄院は2010年11月，手続的な瑕疵があったとして控訴審判決を破棄し，実体について改めて審理させるためにReims控訴裁判所に差し戻した。2011年11月，Reims控訴裁判所は，仲裁人は仲裁手続の間は継続的に自己の不偏性や独立性に疑いを生じさせる事情を開示しなければならないこと，裁判所はICCの判断には拘束されないこと，E氏の独立性に合理的な疑いを生じさせるようなE氏の法律事務所と被告やその関係会社との関係が開示されていなかったこと等を述べて，改めて仲裁判断を取り消した[24]。2014年6月，破棄院は，仲

---

[23] 本件に関する紛争の経緯を紹介したものとして，Clément Fouchard, Tecnimont Saga: Episode V- The Paris Court Strikes Back; Kluwer Arbitration Blog, August 3 2016 （http://arbitrationblog.kluwerarbitration.com/2016/08/03/tecnimont-saga-episode-v-the-paris-court-strikes-back/）; Eva Paloma Treves, Tecnimont v. Avax: The Return of Procedural Estoppel（February 7, 2017）（http://blogs.law.nyu.edu/transnational/2017/02/tecnimont-v-avax-the-return-of-procedural-estoppel/）。

[24] ここまでの経緯については，Herbert Smith Freehills, New Ruling of the French Cour de Cassation in the Tecnimont Judirical Saga on Challenge of an Arbitrator（3 July, 2014）（https://hsfnotes.com/arbitration/2014/07/03/new-ruling-of-the-french-cour-de-cassation-in-the-tecnimont-judicial-saga-on-challenge-of-an-arbitrator/）が詳しい。

裁人の開示義務に関する実体的な問題には立ち入らず，仲裁人の不偏性や独立
性に疑いを生じさせる事情を知りながら仲裁規則で定められた期間内に忌避の
申立てをしなかった当事者は，当該事情に依拠する権利を放棄したものとして
扱われるが，控訴裁判所は原告が依拠した事情が仲裁規則で定められた 30 日
の期間制限内のものであったかどうかを検討していなかったと述べて，Reims
控訴裁判所の判決を破棄してパリ控訴裁判所に差し戻した。

　パリ控訴裁判所は，①事情を知りながら，また，正当な理由なく，適時に仲
裁廷の構成についての異議を述べなかった者は，当該事情に依拠する権利を放
棄したものとみなす，②仲裁人の開示義務は問題となる事情の深刻さ，紛争と
の関係，仲裁人の判断への影響の程度により判断されなければならない，とし
たうえで，③原告が忌避の申立ての際に依拠した事実は 2007 年 7 月にはウェ
ブサイト等で公表されており原告は容易に当該事実を知ることができたこと，
④したがって，原告は，事情を知ってから 1 か月を超えて仲裁機関に異議を申
し立てているというべきであり，その申立ての際に依拠した事情を裁判所に持
ち出すことは許されないこと，⑤原告は，2005 年の案件で法律事務所が被告
から 180 万米ドル超の報酬を得たこと，2005 年や 2007 年に被告の子会社のた
めに E 氏が所属する法律事務所の他の弁護士が行った案件の内容，2004 年か
ら 2007 年にかけて行われた被告の子会社が当事者である仲裁において E 氏が
所属する法律事務所の他の弁護士が仲裁人を務めた事実等，を新たに知るに
至ったと主張するが，E 氏が所属する法律事務所と被告やその子会社との関係
に関するこれらの情報は，E 氏の独立性や不偏性に対する疑いを著しく悪化さ
せるものとはいえないこと，等を述べて，原告の請求を棄却した。本判決に対
しては，仲裁人の利益相反に関する事情についての調査義務の一部を当事者に
課すとともに，当事者に合理的な疑いを生じさせるような事情のみを開示する
義務があるといった立場を示したもの，との見方が示されている[25]。

5　ド　イ　ツ

　ドイツの仲裁法も，我が国同様，UNCITRAL モデル法に準拠しており，仲
裁判断の取消に関するドイツ民事訴訟法 1059 条は，UNCITRAL モデル法 34

---

[25]　Fouchard, supra note（23）.

条と類似しているが，UNCITRAL モデル法 34 条(2)(a)(iv)が，単純に「仲裁廷の構成又は仲裁の手続が，当事者の合意に従っていなかったこと」を取消事由としているのに対して，ドイツ民事訴訟法 1059 条(2) 1 (d)は，「仲裁廷の構成又は仲裁の手続が，この法律の規定又は当事者の合意に従っておらず，かつ，これが仲裁判断に影響を与えたと考えられること」と規定しており，ドイツ法が仲裁判断への影響に言及している点で違いがある。

⑽ ドイツ：BGH, Beschluss vom 11. 12. 2014 － I ZB 23/14

本件では，リース契約を巡って紛争が生じ，リース契約の規定に従って，仲裁手続が開始された。各当事者が仲裁人を 1 名ずつ選任し，この当事者選任仲裁人が主仲裁人を選任したが，一方当事者が主仲裁人のバイアスを理由として忌避を申し立てた。仲裁廷がこの申立てを退けたため，当該当事者が上級裁判所に主仲裁人の忌避を求めた。2014 年 1 月には，上級裁判所が主仲裁人を忌避するとの決定を出したが，2013 年 4 月には既に仲裁廷は仲裁判断を行っていた。そこで，当該当事者は上級裁判所に仲裁判断の取消しを求めた。相手方当事者は，仲裁判断は全員一致であるので，主仲裁人のバイアスは仲裁判断に影響を与えないと主張した。

最高裁は，仲裁判断の取消しについて，ドイツ法が，仲裁廷の構成が法令等に従っていないことが仲裁判断に影響を与えたと考えられることを要求しているのは，純粋に形式的な理由で仲裁判断が取り消された後，新しい手続において，取り消された仲裁判断と同じ判断が下されるといったような事態を回避するためであるので，仲裁廷の構成上の問題と仲裁判断との因果関係はとても強いものが認められる必要はなく，手続的な瑕疵がなければ仲裁廷が異なる判断を行った可能性があるというだけで十分であるとした。また，全員一致の場合であっても，一人の仲裁人が他の仲裁人の意見形成や投票行動に影響を与える可能性はあるので，全員一致の場合にはバイアスのある仲裁人が関与したからとって仲裁判断に影響を与えない，とはいえないとして，仲裁判断を取り消した上級裁判所の判断を支持した。このような最高裁の判断に対しては，こうした最高裁の考え方によれば，忌避の対象となる仲裁人が仲裁判断に参加している場合には，常に 1059 条(2) 1 (d)との関係で必要な構成上の問題と仲裁判断の間の因果関係があると考えられることになるとの指摘もなされている[26]。

裁人の開示義務に関する実体的な問題には立ち入らず，仲裁人の不偏性や独立性に疑いを生じさせる事情を知りながら仲裁規則で定められた期間内に忌避の申立てをしなかった当事者は，当該事情に依拠する権利を放棄したものとして扱われるが，控訴裁判所は原告が依拠した事情が仲裁規則で定められた30日の期間制限内のものであったかどうかを検討していなかったと述べて，Reims控訴裁判所の判決を破棄してパリ控訴裁判所に差し戻した。

　パリ控訴裁判所は，①事情を知りながら，また，正当な理由なく，適時に仲裁廷の構成についての異議を述べなかった者は，当該事情に依拠する権利を放棄したものとみなす，②仲裁人の開示義務は問題となる事情の深刻さ，紛争との関係，仲裁人の判断への影響の程度により判断されなければならない，としたうえで，③原告が忌避の申立ての際に依拠した事実は2007年7月にはウェブサイト等で公表されており原告は容易に当該事実を知ることができたこと，④したがって，原告は，事情を知ってから1か月を超えて仲裁機関に異議を申し立てているというべきであり，その申立ての際に依拠した事情を裁判所に持ち出すことは許されないこと，⑤原告は，2005年の案件で法律事務所が被告から180万米ドル超の報酬を得たこと，2005年や2007年に被告の子会社のためにE氏が所属する法律事務所の他の弁護士が行った案件の内容，2004年から2007年にかけて行われた被告の子会社が当事者である仲裁においてE氏が所属する法律事務所の他の弁護士が仲裁人を務めた事実等，を新たに知るに至ったと主張するが，E氏が所属する法律事務所と被告やその子会社との関係に関するこれらの情報は，E氏の独立性や不偏性に対する疑いを著しく悪化させるものとはいえないこと，等を述べて，原告の請求を棄却した。本判決に対しては，仲裁人の利益相反に関する事情についての調査義務の一部を当事者に課すとともに，当事者に合理的な疑いを生じさせるような事情のみを開示する義務があるといった立場を示したもの，との見方が示されている[25]。

5　ドイツ

　ドイツの仲裁法も，我が国同様，UNCITRALモデル法に準拠しており，仲裁判断の取消に関するドイツ民事訴訟法1059条は，UNCITRALモデル法34

---

[25]　Fouchard, supra note（23）.

条と類似しているが，UNCITRAL モデル法 34 条(2)(a)(iv)が，単純に「仲裁廷の構成又は仲裁の手続が，当事者の合意に従っていなかったこと」を取消事由としているのに対して，ドイツ民事訴訟法 1059 条(2)1(d)は，「仲裁廷の構成又は仲裁の手続が，この法律の規定又は当事者の合意に従っておらず，かつ，これが仲裁判断に影響を与えたと考えられること」と規定しており，ドイツ法が仲裁判断への影響に言及している点で違いがある。

⑽　ドイツ：BGH, Beschluss vom 11. 12. 2014 − I ZB 23/14

　本件では，リース契約を巡って紛争が生じ，リース契約の規定に従って，仲裁手続が開始された。各当事者が仲裁人を 1 名ずつ選任し，この当事者選任仲裁人が主仲裁人を選任したが，一方当事者が主仲裁人のバイアスを理由として忌避を申し立てた。仲裁廷がこの申立てを退けたため，当該当事者が上級裁判所に主仲裁人の忌避を求めた。2014 年 1 月には，上級裁判所が主仲裁人を忌避するとの決定を出したが，2013 年 4 月には既に仲裁廷は仲裁判断を行っていた。そこで，当該当事者は上級裁判所に仲裁判断の取消しを求めた。相手方当事者は，仲裁判断は全員一致であるので，主仲裁人のバイアスは仲裁判断に影響を与えないと主張した。

　最高裁は，仲裁判断の取消しについて，ドイツ法が，仲裁廷の構成が法令等に従っていないことが仲裁判断に影響を与えたと考えられることを要求しているのは，純粋に形式的な理由で仲裁判断が取り消された後，新しい手続において，取り消された仲裁判断と同じ判断が下されるといったような事態を回避するためであるので，仲裁廷の構成上の問題と仲裁判断との因果関係はとても強いものが認められる必要はなく，手続的な瑕疵がなければ仲裁廷が異なる判断を行った可能性があるというだけで十分であるとした。また，全員一致の場合であっても，一人の仲裁人が他の仲裁人の意見形成や投票行動に影響を与える可能性はあるので，全員一致の場合にはバイアスのある仲裁人が関与したからといって仲裁判断に影響を与えない，とはいえないとして，仲裁判断を取り消した上級裁判所の判断を支持した。このような最高裁の判断に対しては，こうした最高裁の考え方によれば，忌避の対象となる仲裁人が仲裁判断に参加している場合には，常に 1059 条(2)1(d)との関係で必要な構成上の問題と仲裁判断の間の因果関係があると考えられることになるとの指摘もなされている[26]。

プに対する影響が小さい，といった場合には，そもそも開示義務の対象にならないというべきである。大阪地裁決定では，このような観点からの検討が一定程度なされているが（但し，大阪地裁決定は開示義務の対象であったかどうかについては結論を示さず，仮に開示義務違反であったとしても，違反は軽微なので仲裁判断を取り消すべきではないとする），大阪高裁や最高裁の決定には，こうした観点からの検討が見られない。

なお，仮に開示する義務があったとした場合，どの程度の開示が求められるか。この点については，King & Spalding の弁護士が反トラスト訴訟でＦの訴訟代理人をしているという事実だけでは不十分であり，「本件クラスアクションの規模・内容，［King & Spalding］とＦとの業務上の関係等の具体的な利益相反事由の内容を開示する義務があるのではないか」との見解がある[35]。しかし，公表されている情報を超えて，訴訟の規模や内容，Ｆと法律事務所との業務上の関係等について開示することは，弁護士の守秘義務との関係で問題を生じる可能性がある。従って，仲裁人としては，事務所が別件訴訟で当事者の関係会社の代理人をしていると開示すれば足り[36]，当事者がそれで不十分と考えるのであれば忌避の申立てを行う，と考えればよいように思われる。

∠ 調 査 義 務

仮に，仲裁人が本件事実を知らなかった場合には，仲裁人には調査義務があるか，仲裁人には本件事実を発見できなかったことについて，調査義務の違反があったか，ということが問題となる。

開示義務に比べると，調査義務は比較的新しく議論されるようになってきたものであり[37]，仲裁法にも，また，そのモデルとなった UNCITRAL モデル法にも明文の定めはない。以前は仲裁人の調査義務を否定する裁判例もあったが[38]，ICC ガイドラインでも「合理的な調査を行う義務を負う」とされており（一般基準(7)），我が国でも，仲裁人は自ら知っている事実を開示するだけで

---

[35]　中村達也「国際仲裁判断を取り消した平成 28 年 6 月 28 日大阪高裁決定について」国際商事法務 44 巻 11 号（2016 年）1627 頁。

[36]　小島・猪俣・前掲注(2) 112 頁〔森勇〕。

[37]　Rogers, supra note (29), at 247ff.

[38]　Born, supra note (1), at 1912.

国際取引の現代的課題と法

は足りず，利益相反に該当する事実や事情がないかを調査する義務があるとの見解が有力である[39]。諸外国の最近の裁判例でも，(3)や(7)のように調査義務を認めるものがみられるが，大阪高裁決定と最高裁決定も，調査義務を認めた。

　但し，調査義務を認めるべき根拠は必ずしも明らかではないように思われる。大阪高裁決定は，仲裁人が知らないことを理由に忌避事由に該当し得る事実が開示されないとなると，当事者は仲裁人を「忌避するかどうか判断するための契機を与えられないままに仲裁判断を受けることになりかねない」とし，また，最高裁決定は，開示義務について規定する仲裁法「18条4項の趣旨に加え，開示すべき事実を仲裁人が認識しているものに限定していないこと」を理由とする。しかし，そもそも仲裁人が忌避事由に該当し得る事実を知らなければ忌避を必要とするようなバイアスに仲裁人が陥ることはないように思われる[40]。また，一般に，現に知っていることを開示する義務と，知らないことも含めて積極的に調査して開示する義務は異なるというべきである。開示義務に加えて，調査義務までが仲裁人に求められる理由は，仲裁人の公正性・独立性の要請が，単に，「実際にそれらを満たすという必要性とともに，当事者あるいは関係者に『そのように見える』という外見（appearance）に対する信頼・信用が非常に重要」な点に存在するように思われる[41]。仲裁人自身がバイアスの原因となる事情を知らなかったとしても，仲裁人がバイアスに陥る可能性を示す事情が存在する場合には，仲裁人の公正性・独立性の外見が損なわれる可能性があるからである。

　調査義務が肯定されるとしても，就任の際に調査を行うだけではなく，仲裁手続が継続している間中，調査をし続ける義務があるか。この点について，最高裁の決定は仲裁手続が終了するまでの間，仲裁人は「合理的な範囲の調査を

---

[39]　小島・猪俣・前掲注(2) 220頁は「開示義務の趣旨からすれば，開示のために調査義務を負うことも，当然の前提とされていると解すべき」という。三木・山本・前掲注(28) 164頁［三木］も，「仲裁人または仲裁人候補者は，…広い範囲において『疑いを生じさせるおそれ』があるかどうかを自ら知る必要がありますから，当然に一定の調査義務が課されることになる」とする。

[40]　Rogers, supra note (29), at 94 では，そうした考え方があり得ることが示されている。

[41]　高取他・前掲注(6) 161頁。なお，(2)判決はそのような考え方を明示的に述べたものであると思われる。なお，調査義務を巡る諸外国の裁判例の動向については，高杉・前掲注(13) 259頁以下も参照。

もってしても免除できないとの見解が有力である[30]。このような開示義務について，仲裁法18条4項は，仲裁人の開示義務が仲裁手続中も継続するものであることを明文で定めており，仲裁手続開始後，開示すべき情報を仲裁人が知ったのであれば，仲裁人はそれを開示する義務がある。

したがって，最決平成29年12月12日の事案において，仮に仲裁人が上記事実を知ったのだとしたら，問題は，仲裁人が所属する法律事務所の他の弁護士が当事者の関係会社を代理しているという事実（以下「本件事実」という）が開示すべき事実であるといえるかどうかである。当事者が仲裁人を忌避することができるのは，「仲裁人の公正性又は独立性を疑うに足りる相当な理由があるとき」（18条1項2号）であるのに対し，開示義務の対象は「疑いを生じさせるおそれのある事実」（同条3項）であり，忌避事由に該当する事実よりも広い[31]。これは，「当事者が忌避の申立てをするかどうかについての判断を的確にさせる趣旨である」と説明されている[32]。忌避は公正さや独立性で問題のある仲裁人を排除するための制度であるのに対して，上述のように，開示制度の目的は当事者による忌避の機会を実質的に確保するための検討材料となる情報を提供することに加え，仲裁手続の透明性向上や信頼確保ということにもあるので，自ずから開示義務の対象となる事実は，実際に忌避事由に該当する事実よりも広いことになる[33]。

既述のように，本件事実は，ICCガイドラインのもとでは，形式的には，放棄可能なレッドあるいはオレンジに該当すると考えられ，開示すべき事実である可能性が高いと思われる[34]。但し，ICCガイドライン（特に，一般基準(6)）や，(5)(9)の裁判例でも明示的に述べられているように，開示すべきかどうかは形式のみならず，実質的な重要性によっても判断されるべきである。仲裁人と法律事務所の関係が希薄である，関係会社Fのグループ全体における位置づけが小さくFと当事者との関係が希薄である，訴訟の規模が小さくFや企業グル

---

(30) 小島・猪俣・前掲注(2) 217頁，山本和彦・山田文『ADR仲裁法（第2版）』（日本評論社，2015年）335頁。

(31) 近藤昌昭他『仲裁法コンメンタール』（商事法務，2003年）80頁。

(32) 山本・山田・前掲注(30) 335頁。

(33) Rogers, supra note (29), at 92.

(34) 猪俣孝史・本件判批・TKCローライブラリー 新・判例解説Watch：民事訴訟法No. 79，3頁，芳賀・前掲注(14) 57頁以下。

V 法律事務所に所属する仲裁人の開示義務・調査義務

最決平成 29 年 12 月 12 日の事案では，仲裁手続が開始した後に生じた弁護士の移籍によって，仲裁人が所属する弁護士事務所の弁護士の一人が当事者の関係会社の訴訟を代理しているという事実が発生しており，これが仲裁人の開示義務や調査義務の違反に当たるかどうかが問われている。

最高裁の決定文によれば，仲裁人が上記事実を認識するに至ったのかどうかは裁判所の記録からも明らかではないようである。もし，仲裁人が，手続の開始後，何らかの事情で上記事実を知るに至ったとしたならば，調査義務は問題とならず，開示義務の問題に純化する。そこで，まず，仲裁人が仮に上記事実を知っていたとしたら開示する義務があったのか，そして次に，知らなかったとしたならば調査義務に違反したのか，を検討することとしたい。

1 開示義務

仲裁人の開示義務の趣旨は，当事者に対して，仲裁人を忌避する必要があるかどうかを判断するための情報を提供するためのものであるとされている[27]。当事者への情報提供のための制度であるとすると，当事者が制度の趣旨やリスクを理解したうえで合意したのであれば，免除したり，その開示義務の範囲を限定したりすることは可能であるということになりそうであるが[28]，開示制度の趣旨はそれのみではなく，開示義務は，仲裁手続の透明性を高め[29]，仲裁に対する信頼確保のために欠くことのできないものであり，当事者の合意を

---

[26] Ragnar Harbst, Low Threshold for Setting Aside of an Award Rendered by a Tribunal Including an Arbitrator who was Successfully Challenged (July 14, 2015) https://globalarbitrationnews.com/bgh-low-threshold-for-setting-aside-of-an-award-rendered-by-a-tribunal-including-an-arbitrator-who-was-successfully-challenged-20150714/.

[27] 小島・猪俣・前掲注(2) 216 頁。

[28] 三木浩一＝山本和彦編『新仲裁法の理論と実務』（有斐閣，2006 年）164 頁［三木浩一発言］。

[29] Catherine Rogers, Ethics in International Arbitration (Oxford University Press, 2014), at 92.

行う」必要があるとする。何が合理的な範囲かについては，「少なくとも3か月ごとに，仲裁の当事者およびその関連会社について，仲裁人が属する法律事務所のシステムによるコンフリクト・チェックを行うことくらいは要求できる」との見解[42]，仲裁人就任後の継続的な調査義務は過度な負担にもなりかねず，選任時よりは限定的でありえてよいとの考え方[43]，などが示されている。

　開示義務との関係でも述べたように，法律事務所の状況や当事者のグループの状況，また，事案の内容は多様であり，一概に，何を行えば合理的であるか，ということは言い難い。何が合理的については，事案毎に異なるというべきであるし，合理的な調査義務を果たしたかの判断も事案の個性を踏まえたうえで判断がなされる必要があるが，一般に，依頼者の関連会社の異動も含めて，仲裁手続中，仲裁人が積極的に継続的にコンフリクト・チェックを行い続けることが，現実的であるかどうかについては疑問を抱かざるを得ない[44]。仲裁人を受任する際に当該仲裁の当事者やその関係会社を法律事務所のシステムにインプットしておき，その後，他の弁護士が案件を受任したり，移籍してきたりする際に，他の弁護士の側がチェックをし，コンフリクトを発見したならば他の弁護士が受任を控える，あるいは，必要に応じて仲裁人と協議する（従って，仲裁人が自ら積極的に何度もチェックをしなければならないわけではない）というのが合理的な範囲ではないかと思われる[45]。

　利益相反関係が最も影響するのは仲裁判断を下す時点である，との指摘もあ

----

(42)　高杉・前掲注(13) 261頁以下。

(43)　日下部真治「忌避及び利害関係情報開示に関する諸問題」仲裁・ADRフォーラム1号（2007年）59頁，浜辺陽一郎・本件判批・WLJ判例コラム第87号3頁，猪俣孝史・本件判批・新判例解説 Watch Vol. 20 187頁。

(44)　内藤・鈴木・前掲注(15) 43頁は，「グローバルな法律事務所には，世界中の数十カ所のオフィスに数千人の弁護士が所属しており，すべてのオフィスのすべての所属弁護士について，コンフリクト・チェックを行うことが現実的であるとは思われない。ましてや，子会社・兄弟会社等も含めると，会社名だけでは資本関係や実質的な支配関係の有無・程度が判然としないことも多く，完璧なチェックは不可能であろう」とする。

(45)　但し，(4)の事例のように，システムに課題があったり，仲裁人自身がインプットを間違えるといった事態もあり得る。仲裁人が合理的なコンフリクト・チェックのためのシステムが存在しないことを知りながらそれを開示せず，また，そうしたシステムの不存在を補うような調査を行わなかったり，仲裁人自身が合理的に考えて行うべきシステムへのインプットを行わなかった場合には，調査義務に違反しているということになろうか。

国際取引の現代的課題と法

る[46]。確かに，利益相反によって生じる問題は仲裁判断に集約されるので，ヒアリングを実施して仲裁判断を作成する期間が，利益相反の影響が最も懸念される時期であるといえる。無用な紛争を回避するという観点からは，仲裁機関の規則等において，審理の直前あるいは審理の修了後のタイミングで，仲裁人に対して改めて利益相反についての開示を求めるといった制度的な対応も考えられるかもしれない。

VI　表明書と Chinese Wall

最決平成 29 年 12 月 12 日の事案では，仲裁人の事務所の他の弁護士が，当事者と利益相反する案件を代理する可能性がある旨を述べる表明書が提出されていた。このような表明を有効なものとして扱うことには，①当事者自治に適う，②国際的な法律事務所に所属する経験ある弁護士が仲裁人となりやすくなる，③重要でない利益相反を理由に法律事務所がサービスを差し控えることが減る，④利益相反や開示義務についての仲裁人の立場についての透明性を増す，⑤仲裁人の忌避や仲裁判断の取消し等を巡る争いを減らす，といったメリットがある一方，①公正性・独立性を阻害する，②仲裁人との関係を考えると当事者は表明に反対しにくい，③当事者は権利放棄の意味をよく理解していないことがある，④開示義務が継続的なものであることとの間の関係が問題となる，等の問題があるとされる[47]。

こうした表明書について，前述の IBA ガイドラインは，将来生起しうる事態から生じる可能性がある利益相反を予め開示していたとしても，仲裁人の開示義務を果たしたことにはならないとする（一般基準(3)(b)）が，大阪高裁も，最高裁も，この表明書では開示義務を果たしたことにはならないとした。将来，利益相反が生じる可能性があることを漠然と述べたからといって，利益相反を開示したことにはならない，ということには首肯できる。

---

[46]　浜辺・前掲注(43) 4 頁。

[47]　New York City Bar, Advance Waiver of Arbitrator Conflicts of Interest in International Commercial Arbitrations Seated in New York, at 2ff. (2016) (available at https://nyiac.org/nyiac-core/wp-content/uploads/2013/01/NYC_Bar_AdvanceWaiversReport.pdf).

23 仲裁人の開示義務・調査義務と仲裁判断の取消し〔森下哲朗〕

　しかし，例えば，開示文書の内容が，利益相反を防止するために法律事務所内にチャイニーズ・ウォールを設置すること，チャイニーズ・ウォールの外では他の弁護士が利益相反の可能性のある案件を受任する可能性があること，そのチャイニーズ・ウォールを設置することにより仲裁人がそうした他の案件について知ることも，他の案件の存在が仲裁人に影響を及ぼすこともないこと，を具体的に述べ，当事者がそれに同意していた場合はどうか。例えば，(3)の裁判例では，法律事務所がチャイニーズ・ウォールを設けていたが，その事実を当事者に伝えていなかった点が問題とされたが，チャイニーズ・ウォールの設置をきちんと説明していたならば，(3)の裁判例の考えによっても仲裁判断の取消しは不要といった判断に至った可能性があるように思われる。

　チャイニーズ・ウォールは，金融機関等で利益相反への対策として広く用いられているものである。金融機関のチャイニーズ・ウォールの場合，ウォールの外にある資源を利用できなくなってしまう，最上位の経営層との関係ではウォールが機能しないことがある，といった限界が存在する[48]。一方，仲裁人の場合には法律事務所の他の弁護士の力を借りる必要はないと思われる。但し，経営陣が所属弁護士に対して影響力を行使し得るような法律事務所においては，金融機関におけるのと同様，ウォールを上に立つ経営者を介したチャイニーズ・ウォールの限界といった問題が存在し得る。そのような事情が存在する場合には別であるが，チャイニーズ・ウォールを設け，その設置と意義についてしっかりとした説明がなされたうえで，顧客が同意しているのであれば，前述の事前の放棄のメリットに鑑みても，そうしたチャイニーズ・ウォールとその説明・同意の効力を認めてもよいのではないかと思われる。なお，IBAガイドラインも，事前の開示や権利放棄は開示義務を果たしたとはならないと述べているだけであって，上記のような具体的な説明とそれに対する同意の効力も全く認められないといっているわけではないように思われる。

---

[48]　拙稿「金融機関における利益相反の動向とその考察」ファイナンシャルコンプライアンス 619 号（2010 年）64 頁，拙稿・前掲注(3) 57 頁を参照。

国際取引の現代的課題と法

Ⅶ　開示義務違反と仲裁判断の取消し

　仲裁判断を取消すことのできる事由は仲裁法44条1項に列挙されており，仲裁人の開示義務違反は同項6号にいう仲裁廷の構成につき法令違反があった場合に該当しうると解されている[49]。但し，44条6項は，1項に該当する取消事由があった場合に，裁判所は「仲裁判断を取り消すことができる」と規定しており，仮に取消事由があったとしても常に取り消さねばならないわけではなく，それが重大ではなく，仲裁判断の結論を左右しないような場合には，裁判所は裁量により取消しの申立てを棄却することができると解されている[50]。そして，この44条6項に規定された裁判所の裁量は自由なものではなく，取消事由の重大性や仲裁判断への影響を配慮したものでなければならないと正当に指摘されている[51]。

　仲裁人の利益相反の開示義務や調査義務との関係では，仲裁手続の当初あるいは途中で忌避事由に該当するかどうかの判断がなされる場合と，ひとたび費用と時間をかけて仲裁判断がなされた後で仲裁判断の取消しが問題となる場合とでは，判断基準は異なるべきである[52]。なぜならば，仲裁判断の取消しが当事者等に与える影響と手続開始時点における仲裁人の忌避が当事者に与える影響には違いがあり，前者の方がかなり大きいと考えられるからであり，そうした影響の違いを踏まえて，仲裁判断を取り消すかどうかといった判断がなされるべきであるからである。44条6項に規定された裁量は，そのような違いを反映させるための道具であるといえる。

---

[49]　小島・猪俣・前掲注(2) 221頁以下，中村達也「仲裁判断取消しの裁量棄却について」立命館法学2015年5・6号434頁以下。

[50]　近藤他・前掲注(31) 249頁，中村・前掲注(49)，423頁。

[51]　山本・山田・前掲注(29) 370頁。仲裁法のモデルとなったUNCITRAL仲裁モデル法についてのUNCITRAL Digest, at 156も，"In determining whether to exercise discretion, courts should take into account the nature of the breach in question and determine whether the breach is of such a nature to undermine the integrity of the process, and assess the extent to which the breach had any bearing on the award itself"とする。

[52]　小島・猪俣・前掲注(2) 222頁，Born, supra note 1, Vol. I, at 1823ff., Vol. III, at 3278ff.

23　仲裁人の開示義務・調査義務と仲裁判断の取消し〔森下哲朗〕

　具体的には，開示されなかった事実が仲裁判断に影響を与えたと考えられる場合や，仲裁人が故意に情報を隠蔽した場合等，仲裁手続の公正さに対する信頼を害するような場合であれば，開示義務違反を理由として仲裁判断の取消しを認める余地があると思われるが，開示義務や調査義務の違反があったとしても，仲裁判断への影響がないと考えられる場合には，仲裁判断を取り消すべきではない[53]。海外の裁判例をみても，例えば，(4)(8)(9)は明示的に結果への影響に言及しており，開示義務の違反が仲裁判断に影響を与えたかどうかを具体的に検討しているものが少なくない（但し，(10)のような裁判例もある）。その上で，仲裁人が開示すべき事実を知りながら，あえて隠蔽したような場合には，仮に，客観的にはその事実が仲裁判断に影響を与えたかどうかが判然としない場合であっても，あえて隠蔽するという仲裁人の行動に公正性への疑いを見出すことができ，例外的に仲裁判断を取り消す余地があるといえようか。

　なお，仲裁判断の取消しを判断するにあたり，大阪地裁は，当事者が本件表明書の内容に異議を述べなかった点をとらえて，開示義務違反が軽微であったとする。また，表明書によって当事者は利益相反事由の存在の可能性を抽象的にとはいえ知っていたのであるから，表明書の存在は，取消しを制限する方向で斟酌されるべきであるとの見解もある[54]。この点に関しては，「仲裁人は表明書を提出したことにより，調査をしないことを認識しつつ故意に調査義務を果たさなかったように思われ，そうであるならば，不開示の事実が忌避事由に当たる場合，仲裁判断は取り消されるべきである」との見解も見られるが[55]，仲裁人は法律事務所の方針を伝え，それに従って行動したのであり，そこには仲裁人の公正性・独立性を疑わせるような要素は見出し難いように思われる。

---

(53)　中村・前掲注(49) 425頁以下，中村・前掲注(35)，1628頁以下。なお，3名からなる仲裁廷で全員一致で仲裁判断がなされた場合には，1名の仲裁人に利益相反があったとしても，他の2名の仲裁人がその仲裁判断を支持している以上は，1名の仲裁人の利益相反が仲裁判断に影響を与える蓋然性はなく，仲裁判断は取り消されるべきではないとの見解が示されている（中村・前掲注(35) 1628頁）。この点について，(10)の裁判例は否定的な見方を示すが，プロフェッショナルである仲裁人については，(10)の裁判例のいうような1名の仲裁人が他の仲裁人の意見形成や投票行動に与える影響は，あるとしても実質的なものである可能性は小さいと思われることから，前記の見解に賛成したい。

(54)　内藤・鈴木・前掲注(15) 42頁以下。

(55)　中村・前掲注(35) 1629頁。

国際取引の現代的課題と法

大阪地裁決定が開示されなかった事実の仲裁判断への影響を検討しているのに対し，大阪高裁決定はそのような検討を行っていない。また，大阪高裁決定は，本件利益相反事由を開示しなかったことは忌避事由に該当する可能性がないとはいえず，重大な手続上の瑕疵であり，仲裁判断の結論に影響を及ぼさないとしても裁量棄却しないとする。しかし，大阪高裁決定では，なぜ仲裁判断への影響の有無を考える必要もないほど重大な手続上の瑕疵といえるのかについての具体的な検討がなされていない。

最高裁決定は仲裁判断への影響という点に言及していない。従って，差し戻しの結果，仲裁人が本件事実を認識していた，あるいは，合理的な調査により判明しえたとの判断が示された場合，差戻審（やその後の上告審）が本件利益相反事由が仲裁判断に影響を与えるかどうか等を検討することなく仲裁判断を取り消す可能性や，仲裁判断に影響を与えたとして仲裁判断を取り消す可能性がないとは言えない。しかし，例えば，仲裁判断への影響がなくても仲裁判断を取り消す場合，何故に仲裁人の公正性への疑いを示すような重大な手続上の瑕疵があるといえるのかについての具体的な検討がなされないまま仲裁判断が取り消されたりするならば，仲裁法44条6項の裁量を適切に行使したことにはならないと思われる。

Ⅷ　おわりに

大阪高裁決定に対しては，結論に賛成する見解と反対する見解が対立していた[56]。反対する立場からは，仲裁に対する裁判所の介入は謙抑的に行われるべきであり，「本決定のような判断が出ると，我が国における仲裁に対する裁判所の介入が過剰であり，我が国における仲裁は法的安定性が期待できないとの印象を与える懸念がある」との指摘もなされている[57]。最高裁は大阪高裁決定を破棄したが，いまだ，今後の方向性が定まったとは言えない状況であると思われる。

諸外国の裁判例の状況も参考に，開示義務や調査義務の意義，仲裁判断の取

---

[56]　賛成するものとして，浜辺・前掲注(43)，高杉・前掲注(13)，反対するものとして，内藤・鈴木・前掲注(15)，唐津恵一・本件判批・ジュリスト1516号（2018年）98頁など。

[57]　唐津・前掲注(56) 101頁。

消制度の趣旨，法律事務所や仲裁人の実務等も踏まえて，過度に理念に走ることとなることなく，現実的・効果的な指針が，仲裁実務に携わる方々の主導により形成されていくことが期待される[58]。

---

[58] 筆者は，上智大学における澤田壽夫先生の後任者として，澤田先生から多くのご教示を頂いた。澤田先生に心から御礼を申し上げるとともに，謹んでご冥福をお祈りしたい。澤田先生は，長らく ICC 仲裁裁判所の副所長を務められ，国際的な仲裁人としてご活躍された。澤田先生が，本稿で取り上げた問題について，どのようなお考えを示されるかを伺ってみたい。

澤田壽夫先生　略歴

昭和 8 (1933) 年 6 月 29 日　東京都に生まれる

昭和 33 (1958) 年 3 月　中央大学法学部法律学科卒業（法学士）

昭和 33 (1958) 年 5 月　米国カリフォルニア大学大学院留学（昭和 34 年 5 月まで）

昭和 34 (1959) 年 6 月　米国ニューヨーク市エコノメットリック研究所で，順次，調査員，研究員，上席研究員として，国際経済，国際取引法の研究にあたる（昭和 36 年 6 月まで）

昭和 36 (1961) 年 6 月　米国ニューヨーク市ヒル・ベッツ法律事務所勤務（国際取引法）（昭和 37 年 6 月まで）

昭和 37 (1962) 年 6 月　米国コロンビア大学パーカー比較法研究所所員（助教授待遇）（昭和 38 年 6 月まで）

昭和 39 (1964) 年 6 月　米国ハーバード大学ロースクール客員（比較私法）（昭和 40 年 6 月まで）

昭和 40 (1965) 年 10 月　米国コロンビア大学 LL. M

昭和 41 (1966) 年 6 月　ミシガン大学ロースクール博士課程修了

昭和 41 (1966) 年 6 月　上智大学法学部助教授（国際取引法，国際法）（昭和 41 年から 42 年まで，国際部（国際法）授業兼担）

昭和 42 (1967) 年 5 月　米国ミシガン大学 S. J. D.

昭和 48 (1973) 年 4 月　上智大学法学部教授

昭和 50 (1975) 年 7 月　弁護士登録

昭和 55 (1980) 年　米国ワシントン大学ロースクール客員教授（比較商取引法）

昭和 56 (1981) 年　国際連合国際取引法委員会日本政府代表（昭和 62 年まで）

昭和 61 (1986) 年　米国カリフォルニア大学ロースクール客員教授（比較民事訴訟法）

平成元 (1989) 年 12 月　ICC 国際仲裁裁判所副所長（平成 21 年 9 月まで）

平成 7 (1995) 年 8 月　アジア開発銀行行政裁判所裁判官（非常勤）（平成 10 年 7 月まで）

平成 7 (1995) 年 4 月　上智大学大学院法学研究科委員長（平成 9 年 3 月まで）

平成 11 (1999) 年 4 月　上智大学名誉教授

国際取引の現代的課題と法

平成 12(2000)年 1 月　　国際取引法フォーラム初代会長
平成 15(2003)年 10 月　　日本仲裁人協会初代理事長（平成 17 年 10 月まで。その
　　　　　　　　　　　　　　後，常任顧問）
平成 26(2014)年 12 月　　国際取引法学会名誉顧問

　以上のほか，昭和 49(1974)年から平成元(1989)年まで最高裁判所司法研修所
演習担当，昭和 52(1977)年から昭和 54(1979)年まで東北大学で国際経済法，昭
和 59(1984)年から昭和 61(1986)年まで名古屋大学で国際取引法，昭和 62(1987)
年 Hague Academy of International Law External Seminar at Beijing 講師，
平成元(1989)年東京大学で国際私法を非常勤講師として担当。また，平成 2
(1990)年フランス・パリ大学（日仏交流史，日仏取引法），平成 3(1991)年イタリ
ア・ボローニア大学（法曹の役割），平成 6(1994)年ブラジル・サンパウロ大学
（紛争解決の諸制度），平成 7(1995)年中国・華東政法学院（貿易，為替管理の漸進
的自由化），平成 8(1996)年フィリピン大学（国際仲裁）で講義を行われたほか，
1962 年以降，数回にわたり，英国，ベルギー，ドイツ，ルクセンブルク，イ
タリア等で，ヨーロッパ共同体法，銀行法，投資信託を含む証券取引実務，プ
ロダクションペイメント，プロジェクトファイナンスの研修を経験された。
　弁護士としては，特に，アジア，ヨーロッパでの国際ジョイントベンチャー
（プロジェクト設計，交渉コーディネーション，ドキュメンテーション），資源開発，
建設，金融取引ほか国際法務一般や，代理人，仲裁人，調停人あるいは顧問と
しての国際紛争処理と企業協力の実現補助の分野でご活躍された。
　世界を代表する仲裁人としてご活躍され，平成元(1988)年 12 月から平成 21
(2009)年 9 月まで，ICC 国際仲裁裁判所副所長を務められたほか，仲裁人・調
停人等として名簿に登載された機関は，日本商事仲裁協会，スポーツ仲裁裁判
所（CAS），国際商事仲裁カイロセンター，国際商事仲裁クアラルンプールセ
ンター，大韓商事仲裁院，豪州国際商事仲裁センター，シンガポール仲裁セン
ター，ルーマニア国際商事仲裁裁判所など数多い。

澤田壽夫先生　主要著作

I　編 著 書

"Subsequent Conduct and Supervening Events"（東京大学出版会，1968 年）

『国際取引法講義』（有斐閣，1982 年）〔曽野和明，岡田弘道，柏木昇，渋谷達紀，落合誠一，松下満雄，飯塚重男，小松芳明各氏と共著〕

『新国際取引ハンドブック』（有斐閣，1990 年）

『解説国際取引法令集』（三省堂，1994 年）〔編集代表〕

『中央・北欧の仲裁』（国際商事仲裁協会，1996 年）

『マテリアルズ国際取引法』（有斐閣，2004 年）〔柏木昇，森下哲朗各氏と共編〕

『国際的な企業戦略とジョイント・ベンチャー（国際取引法フォーラム研究叢書)』（商事法務，2005 年）〔柏木昇，森下哲朗各氏と共編著〕

『マテリアルズ国際取引法（第 2 版)』（有斐閣，2009 年）〔柏木昇，杉浦保友，高杉直，森下哲朗各氏と共編〕

『マテリアリズ国際取引法（第 3 版)』（有斐閣，2014 年）〔柏木昇，杉浦保友，高杉直，森下哲朗，増田史子各氏と共編〕

II　論 文

"American-Japanese Antitrust Law" Columbia Journal of Transnational Law, Vol. 1&2（1961-1963）〔Mr. Peter W. Brown との共著〕

「U. C. C. のもとにおける契約解釈に関する当事者の行為」アメリカ法（1968 年）

「U. C. C. における履行不能と目的滅失の交錯」上智法学論集 15 巻 2 号（1972 年）

｜UCC の信義則」竹内昭大編『現代商法学の課題』（有斐閣，1975 年）

「国際経済法と国際取引法」『上智大学法学部創設二十五周年記念論文集』（上智大学法学会，1983 年）

「UNCITRAL 工業施設建設リーガルガイド──免責（Exemptions)と履行困難（Hardship)条項（上）・（下）」国際商事法務 12 巻 5 号，6 号（1984 年）

「為替管理に因る国際金銭債務不履行の免責」国際商事法務 12 巻 12 号（1984 年）

「アライド銀行事件判決の破棄」国際商事法務 13 巻 6 号（1985 年）

国際取引の現代的課題と法

「米国輸出管理法の緩和と強化」国際商事法務 13 巻 11 号（1985 年）

"International Commercial Arbitration-Practice of Arbitral Institutions in Japan" Japanese Annual of International Law, Vol. 30（1987 年）

"Practice of Arbitral Institutions in Japan", Arbitration International, Volume 4, Issue 2（1988 年）

「UNCITRAL国際商事仲裁模範法(1)～(5・完)」JCAジャーナル 34 巻 9 号・10 号・11 号・12 号，35 巻 1 号（1987～1988 年）

「仲裁人の独立」中野貞一郎他編『民事手続法学の革新』（有斐閣，1991 年）

"On Mr. Ragan's Lessons on Arbitration in Japan: A. Response" Arbitration International, Volume 7, Issue 2（1991 年）

"La conciliation-Perspectives de succés dans les transactions internationales", OMPI, Colloque Mondial sur l'Arbitrage des Litiges de Propriété Intellectuelle（1994 年）

"Supplemental Procedural Rules of International Non-Judicial proceedings" in Michael Young and Yuji Iwasawa（eds), Trilateral Perspectives on International Legal Issues: Relevance of Domestic Law and Policy（Transnational Publishers, 1996 年）

「中欧・北欧の仲裁——オーストリア・スウェーデン・フィンランド」商事仲裁研究所委託研究論文（1996 年）

「WTO と金融サービス」貿易と関税（1997 年）

「多数当事者仲裁：付託事項書：仲裁人契約と責任：判断の補正」JCAジャーナル 43 巻 3 号

「国際仲裁の指揮——仲裁人の権利義務」JCA ジャーナル 44 巻 10 号，11 号，12 号，45 巻 1 号，2 号（1997 年）

「仲裁の課題と ICC 規則の改定」NBL639 号（1998 年）

「仲裁機関規則の展開」松浦馨＝青山善充編『現代仲裁法の論点』（有斐閣，1998 年）

"Hybrid Arb-Med: Will West and East Never Meet?"（2003）14(2) ICC International Court of Arbitration Bulletin（2003 年）

「国際紛争解決の手段としての調停と他の仲裁代替手法」小島武司編『ADR

の実際と理論 I 』（中央大学出版部，2003 年）

「ICC仲裁と調停の帰趨」小島武司編『ADRの実際と理論 I 』（中央大学出版部，2003 年）

「仲裁人・調停人養成と倫理」JCA ジャーナル 49 巻 10 号（2004 年）

"The 2004 Japanese Arbitration Law in relation to the UNCITRAL Model Law and the Japanese ADR and Attorneys Law", in Gerald Aksen, Karl-Heinz Böckstiegel, Michael J. Mustill, Paolo Michele Patocchi, Anne Marie Whitesell (eds.), Global Reflections on International Law, Commerce and Dispute Resolution (ICC Publishing, 2005 年)

「積極仲裁～複合手続の課題」国際商事法務 34 巻 3 号（2006 年）

「ICC 判断における CISG（上）（下）」国際商事法務 34 巻 6 号 7 号（2006 年）

「UNCITRAL 仲裁模範法の改定」ジュリスト 1319 号（2006 年）

"Conduct of the Hearings", in Michael Pryles and Michael J. Moser (eds.), Asian Leading Arbitrators' Guide to International Arbitration (JURIS, 2007 年)

「新しい国際商事調停規則」JCA ジャーナル 56 巻 8 号（2009 年）

Ⅲ　翻　訳

宋相元『韓国の独占禁止法および公正去来法』」国際商事法務 12 巻 8 号（1984 年）

「UNCITRAL 国際商事仲裁模範法」ジュリスト 857 号（1986 年）

H. シュトウムフ「無条件（"auf erstes Aufordern"）保証の濫用」国際商事法務 15 巻 10 号，11 号（1987 年）

Ⅳ　そ の 他

「また会う日まで　澤田美代子の想い出」（中央出版社，1974 年）〔編者〕

「国際協力のための教育」（鹿児島県教育センター，1974 年）

「西洋人と日本人の契約観」ソフィア 33 巻 4 号（1985 年）

「澤田節蔵回想録――一外交官の生涯」（有斐閣，1985 年）〔編者〕

「権と経」ソフィア 34 巻 2 号（1986 年）

国際取引の現代的課題と法

「フランスと日本」ソフィア 40 巻 3 号（1991 年）

「「蝶々夫人」と祖母・大山久子」中央公論 1998 年 7 月号

「国際取引法と法科大学院と基礎教養」ソフィア 50 巻 4 号（2002 年）

「マテリアルズ国際取引法」書斎の窓 2004 年 5 月号

「回想」トーマス・ベイティ博士の業績とその再評価（2004 年）（ベイティ・
　セミナー事務局）

『星を仰いで——大戦の前から現在まで』（中央公論事業出版，2009 年）

「リレー連載・国際法 二つの想い「法学部教育の手直し」「デッカー少将の
　模範」」書斎の窓 2013 年 5 月号

　　＊以上の御略歴・主要著作は，澤田壽夫先生ご自身が生前作成されていた御略歴書，お
　　　よび，上智法学論集 42 巻 3・4 号に掲載された「澤田壽夫教授略歴および主要著作目
　　　録」を参考に，森下哲朗が作成した。

国際取引の現代的課題と法
―― 澤田壽夫先生追悼 ――

2018(平成30)年4月1日　第1版第1刷発行

編　者	柏木　昇・杉浦保友・森下哲朗
	平野温郎・河村寛治・阿部博友
発行者	今井　貴　今井　守
発行所	株式会社　信　山　社

〒113-0033　東京都文京区本郷6-2-9-102
Tel 03-3818-1019　Fax 03-3818-0344
info@shinzansha.co.jp
出版契約 2018-5693-2-01010 Printed in Japan

©編著者, 2018　印刷・製本／亜細亜印刷・牧製本
ISBN978-4-7972-5693-2 C3332　分類329.601-a010 国際取引法
5693-01011：012-040-005《禁無断複写》.p.624

JCOPY　〈(社)出版者著作権管理機構　委託出版物〉
本書の無断複写は著作権法上での例外を除き禁じられています。複写される場合は、
そのつど事前に、(社)出版者著作権管理機構(電話 03-3513-6969, FAX 03-3513-6979,
e-mail:info@jcopy.or.jp) の許諾を得てください。(信山社編集監理部)

◆ 学術世界の未来を拓く研究雑誌 ◆

国際法研究　　岩沢雄司・中谷和弘 責任編集

ＥＵ法研究　　中西優美子 責任編集

憲法研究　　辻村みよ子 責任編集
〔編集委員〕山元一／只野雅人／愛敬浩二／毛利透

行政法研究　　宇賀克也 責任編集

民法研究　　広中俊雄 責任編集

民法研究 第2集　　大村敦志 責任編集

消費者法研究　　河上正二 責任編集

環境法研究　　大塚 直 責任編集

社会保障法研究　　岩村正彦・菊池馨実 責任編集

医事法研究　　甲斐克則 責任編集　（近刊）

法と哲学　　井上達夫 責任編集

法と社会研究　　太田勝造・佐藤岩夫 責任編集

ジェンダー法研究　　浅倉むつ子 責任編集

法と経営研究　　加賀山茂・金城亜紀 責任編集

信山社

国際取引の現代的課題と法
—— 澤田壽夫先生追悼 ——

2018（平成30）年 4 月 1 日　第 1 版第 1 刷発行

編　者	柏木　昇・杉浦保友・森下哲朗
	平野温郎・河村寛治・阿部博友
発行者	今井 貴 今井 守
発行所	株式会社 信 山 社

〒113-0033　東京都文京区本郷6-2-9-102
Tel 03-3818-1019　Fax 03-3818-0344
info@shinzansha.co.jp
出版契約 2018-5693-2-01010 Printed in Japan

Ⓒ編著者, 2018　印刷・製本／亜細亜印刷・牧製本
ISBN978-4-7972-5693-2 C3332　分類329.601-a010 国際取引法
5693-01011：012-040-005《禁無断複写》.p.624

JCOPY　〈(社)出版者著作権管理機構 委託出版物〉
本書の無断複写は著作権法上での例外を除き禁じられています。複写される場合は、
そのつど事前に、(社)出版者著作権管理機構（電話 03-3513-6969、FAX03-3513-6979、
e-mail:info@jcopy.or.jp）の許諾を得てください。(信山社編集監理部)

◆ 学術世界の未来を拓く研究雑誌 ◆

国際法研究　　岩沢雄司・中谷和弘 責任編集

ＥＵ法研究　　中西優美子 責任編集

憲法研究　　辻村みよ子 責任編集
〔編集委員〕山元一／只野雅人／愛敬浩二／毛利透

行政法研究　　宇賀克也 責任編集

民法研究　　広中俊雄 責任編集

民法研究 第2集　　大村敦志 責任編集

消費者法研究　　河上正二 責任編集

環境法研究　　大塚 直 責任編集

社会保障法研究　　岩村正彦・菊池馨実 責任編集

医事法研究　　甲斐克則 責任編集　（近刊）

法と哲学　　井上達夫 責任編集

法と社会研究　　太田勝造・佐藤岩夫 責任編集

ジェンダー法研究　　浅倉むつ子 責任編集

法と経営研究　　加賀山茂・金城亜紀 責任編集

信山社

◆小松一郎大使追悼 **国際法の実践**

柳井俊二・村瀬信也 編

◆**実践国際法**(第2版)

小松一郎 著

◆**国際法実践論集**

小松一郎 著　御巫智洋 編

変転する国際社会と国際法の機能
—内田久司先生追悼—

柳原正治 編

柳原正治・中谷和弘・植木俊哉・櫻井利江・森田章夫
山崎公士・中川淳司・磯崎博司・石橋可奈美 〔掲載順〕

サイバー攻撃の国際法
—タリン・マニュアル2.0の解説—

中谷和弘・河野桂子・黒﨑将広

ブラジル知的財産法概説
ヒサオ アリタ・一宮正人 著

21世紀国際私法の課題
山内惟介 著

国際私法論集－国際私法の真髄を求めて
森田博志 著

韓国家族法
青木 清 著

信山社

Japanese Statute Book

JSB英文六法
【I 会社法・商法編】
Vol.1 Part 1. Companies Act; Commmercial Law

柏木昇 監修

国際私法年報　1〜（続刊）

国際私法学会 編

外国弁護士法　上・下

小島武司 編

仲裁・ADRフォーラム　Vol.4〜（続刊）

日本仲裁人協会 編

信山社